百衲本二十四史

南齊書

上海涵芬樓借江
安傅氏雙鑑樓藏
宋蜀大字本景印
原書板高營造尺
七寸三分寬六寸

《百衲本二十四史》 新版刊印序

《百衲本二十四史》是近百年來校考最精良、版本最珍貴、蒐羅最廣泛的二十四史，先父王雲五先生於一九七六年〈重印補校百衲本二十四史序〉中已有論證。

一八九七年商務印書館在上海創立，創館元老張元濟先生於一九〇二年正式主持商務印書館編譯所，將商務帶入「出版好書、匡輔教育」的出版之路。一九二一年（民國十年）王雲五先生經胡適先生推薦，接替主持商務印書館編譯所，並於一九三〇年兼任總經理，與張元濟先生共同為商務印書館的百年大業作出貢獻。

張元濟先生入館後，積極蒐購民間珍貴藏書，一方面用來印製、廣泛發行，另一方面也為成立「涵芬樓」藏書室（後來開放為「東方圖書館」）預作準備。當年他並積極向各公私立圖書館商借影印各種版本的二十四史，逐一比較補正缺漏，然後在一九三〇年開始付印，至一九三七年全部出齊。校印工程之艱鉅與可貴，從他所撰寫的《校史隨筆》可以了解。

商務涵芬樓所珍藏的二十四史及各種珍貴版本，可惜在一九三二年日本發動淞滬戰爭時，被日軍炸毀，化為灰燼。《百衲本二十四史》的傳印，就顯得格外有意義。

王雲五先生於一九六四年在臺重新主持臺灣商務印書館，與當時總編輯楊樹人教授，依據臺北故宮博物院和中央圖書館珍藏的宋元版本，修補校正《百衲本二十四史》，並於一九七六年重版印行。

《百衲本二十四史》初印至今，已經八十年，雖經在臺補正重版，舊書均已售完，而各界索購者絡繹不絕，不得已先以隨需印刷供應，但仍然供不應求。

為了適應讀者的需要，本公司由副董事長施嘉明先生、總編輯方鵬程先生和舊書重印小組一起規劃，決定放大字體，以十八開精裝本重印《百衲本二十四史》，每種均加印目錄頁次，讓讀者方便查考，也讓我們與《百衲本二十四史》共同邁向百年大慶。值此付印前夕，特為之序。

臺灣商務印書館董事長王學哲謹序

二〇一〇年三月二十五日

一

南齊書五十九卷

梁蕭子顯撰。

子顯事蹟，附載《梁書》蕭子恪傳。章俊卿《山堂考索》引《館閣書目》云，《南齊書》本六十卷，今存五十九卷，亡其一。劉知幾《史通》、曾鞏《敘錄》，則皆云八紀、十一志、四十列傳，合為五十九卷，不言其有闕佚。然《梁書》及《南史》子顯本傳，實俱作六十卷，則《館閣書目》不為無據。考《南史》載子顯自序，似是據其敘傳之詞。又晁公武《讀書志》載其進書表云，天文事祕，戶口不知，不敢私載。疑原書六十卷為子顯敘傳，末附以表，與李延壽北史例同，至唐已佚其敘傳，而其表至宋猶存，今又併其表佚之，故較本傳闕一卷也。

又《史通》序例篇，謂令升先覺，遠述丘明，史例中興，於是為盛。沈宋之志序，蕭齊之序錄，雖以序為名，其實例也。子顯雖文傷蹇躓，而義甚優長，為序例之美者。今考此書，良政、高逸、倖臣諸傳，皆有序，而文學傳獨無敘，殆亦宋以後所殘闕歟。齊高好用圖讖，梁武崇尚釋氏，故子顯於高帝紀卷一，引太乙九宮占，《祥瑞志》附會緯書，《高逸傳》論推闡禪理，蓋牽於時尚，未能釐正。又如高帝紀，載王蘊之撫刀，袁粲之郊飲，連綴瑣事，殊乖紀體，至列傳尤為冗雜。然如紀建元創業諸事，載沈攸之書於張敬兒傳，述顏靈寶語於王敬則傳，直書無隱，尚不失是非之公。高十二王傳，引陳思之表，曹冏之論，感懷宗國，有史家言外之意焉，未嘗無可節取也。

自李延壽之史盛行，此書誦習者鈔，日就譌脫。州郡志及桂陽王傳中，均有闕文，無從補正。其餘字句舛誤，如謝莊傳，《南史》作詔徙越巂，此書作越州。崔懷慎傳，《南史》作臣子兩遂，此書作兩節者，又不可勝乙。今裒合諸本，參核異同，正其灼然可知者。其或無考，則從闕疑之義焉。（本文引自景印《文淵閣四庫全書》總目史部卷四十五，頁二之二一）

二

重印補校百衲本二十四史序

百衲本者何？彙集諸種善本，有闕卷闕頁，復多方蒐求，以事配補，有如僧衣之補綴多處者也。

我國正史彙刻之存於今者，有汲古閣之十七史，有南北監之二十一史。清高宗初立，成明史，命武英殿開雕，至四年竣工；繼之者二十一史。其後又詔增劉昫唐書，與歐宋新唐書並行，越七年遂成武英殿二十三史。及四庫開館，諸臣復據永樂大典及太平御覽，冊府元龜等書，裒輯薛居正舊五代史，得旨刊布，以四十九年奏進；於是二十四史之名以立。

武英殿本以監本為依據。清高宗製序，雖有監本殘闕，併勅校讎之言，始意未嘗不思成一善本也。惟在事諸臣，既未能廣蒐善本，復不知慎加校勘，佚者未補，譌者未正，甚或彌縫缺乏，以譌亂真，誠可惜也。

本館前輩張菊生先生，以多年之時力，廣集佳槧，審慎校讎，自民十九年開始景印，迄二十六年甫竟全功。嘗聞菊老葺印初稿，悉經手勘，朱墨爛然，盈篇溢幅，點畫纖細，鉤勒不遺，與同人共成校勘記，多至百數十冊，文字繁冗，尚待董理。爰取原稿若干條，集為校史隨筆，而付梓焉。

雖中經一二八之劫，抱書而走，亂定掇拾需時，然景印之初，海宇清寧，亦緣校讎精審，多費時日。就隨筆所記，殿本訛闕殊多。分史言之，則史記正義多遺漏，漢書正文注文均有錯簡，三國志卷第淆亂，宋書誤註為正文，南齊書地名脫誤，北齊書增補字句均據北史，而仍與北史有異同。魏書考證有誤，舊唐書有闕文，訂正錯簡亦有小誤，唐書有衍文，舊五代史遂於嘉業堂劉氏刊本，元史有衍文及闕文，且多錯簡，重出之傳，亦未刪盡。綜此諸失，殿本二十四史不如衲史遠矣，況善本精美，古香古色，尤非殿本所能望其項背。

茲將百衲本二十四史據以景印之版本列述於後：

三

宋書　宋蜀大字本，北平國立圖書館吳興劉氏嘉業堂藏，闕卷以涵芬樓藏元明遞修本配補。

南齊書　宋蜀大字本，江安傅氏雙鑑樓藏。

梁書　宋蜀大字本，北平國立圖書館及日本靜嘉堂文庫藏，闕卷以涵芬樓藏元明遞修本配補。

陳書　宋蜀大字本，北平國立圖書館及日本靜嘉堂文庫藏。

魏書　宋蜀大字本，北平國立圖書館江安傅氏雙鑑樓吳興劉氏嘉業堂及涵芬樓藏。

北齊書　宋蜀大字本，北平國立圖書館江安傅氏雙鑑樓藏。

周書　宋蜀大字本，北平國立圖書館及自藏，闕卷以涵芬樓藏元明遞修本配補。

隋書　宋蜀大字本，吳縣潘氏范硯樓及自藏，闕卷以涵芬樓藏元明遞修本配補。

南史　元大字本，闕卷以北平國立圖書館藏本配補。

北史　元大德刊本，北平國立圖書館及自藏。

舊唐書　元大德刊本，北平國立圖書館及自藏。

新唐書　宋紹興刊本，常熟鐵琴銅劍樓藏，闕卷以明聞人詮覆宋本配補。

舊五代史　北宋嘉祐刊本，日本岩崎氏靜嘉堂文庫藏，闕卷以北平國立圖書館江安傅氏雙鑑樓藏宋本配補。

五代史記　原輯永樂大典有注本，吳興劉氏嘉業堂刻。

宋史　宋慶元刊本，江安傅氏雙鑑樓藏。

遼史　元至正刊本，北平國立圖書館藏，闕卷以明成化刊本配補。

金史　元至正刊本。

元史　明洪武刊本，北平國立圖書館及自藏。

明史　清乾隆武英殿原刊本，附王頌蔚編集考證擷逸。

上開版本之搜求補綴，在彼時實已盡最大之能事。惟今者善本時有發見，前此認為業已失傳者，漸集於一隅，尤以中央圖書館及故宮博物院在抗戰期內，故家遺族，前此秘藏不宣，因播遷而割愛者不在少數；盡量收購，寄存盟邦，以策安全。近年悉數運回，使臺灣成為善本之總匯。百衲本後漢書原據本館前涵芬樓所藏宋紹興本影印，益以北平圖書館及日本靜嘉堂文庫殘本之配備，當時堪稱人間瑰寶；且志在存真，對其中未盡完善之處

一仍其舊。然故宮博物院近藏宋福唐郡庠覆景祐監刊元代修補本及中央圖書館所藏錢大昕手跋北宋刊本與宋慶元間建安劉元起刊本，各有其長處。本館總編輯楊樹人教授特據以覆校百衲本原刊，計修正原板影本因配補殘本而致首尾不貫者五處，其中重複者四處，共圈刪衍文三十六字，補足脫漏一處，缺文二字，原板存留墨丁四十六處，補正五十二字。另有顯屬雕刻錯誤者若干字，亦酌為改正。於是宋刊原面目，大致可復舊觀矣。又前漢書原景本闕漏目錄全份，亦據故宮博物院珍藏宋福唐郡庠覆景祐監刊元代修補本補印十有四頁，以成全璧。校書如掃落葉，愈掃愈落，礙難悉數掃清，然多費一番心力，對於鑽研史籍者，定可多一番裨益。區區之意，當為讀者所樂聞，亦可稍慰本館前輩張菊老在天之靈，喜其繼起有人也。

本館衲史原以三十二開本連史紙印製，訂為八百二十冊，流行雖廣，以中經多難，存者無多，臺省尤感缺乏，各國亦多訪購，爰應各方之需求，改訂為十六開大本，縮印二頁為一面，字體較縮本四部叢刊初編為大，用上等印書紙精印精裝，訂為四十一鉅冊，以便檢閱，經重版數次。茲為謀普及，再縮印為二十四開本五十八冊，字體仍甚清晰，而售價不及原印十六開本之半，莘莘學子，多有購置之力，誠不負普及之名矣。付印有日，謹述概要。

中華民國六十五年雙十節王雲五識

五

股東會全體股東獻禮

本公司董事長王岫廬（雲五）先生，學界巨擘，社會棟樑，歷任艱巨，功在國家。一生繫中國文化出版之命脈，惠澤士林。本公司三度罹國難而得復興。咸賴　先生之大力。每次復興，莫不聲光煥發，蔚為奇蹟。民國五十二年冬，　先生退出政壇。次年秋重主本公司，謀慮擘劃，晨夕辛勞，不取分文之酬，而甘之如飴；蓋純出於愛護本公司與宏揚文化之心願。無　先生之犧牲精神與卓越領導，不能有今日之商務書館，已為識者之定評。今歲欣逢　先生八秩華誕，社會同慶。股東會同人本崇功報德之念，群思有以祝賀。　先生謙辭至再至三，當以恭敬不如從命，爰於五十六年股東會議席上全體決議，利用重印之百衲本二十四史，作為　華誕獻禮。要不過體認先生造福文化界之功績，聊表嵩祝悃誠於萬一耳。

中華民國五十六年四月十五日

臺灣商務印書館股份有限公司
股　東　會　全　體　股　東　謹啟

六

八

南齊書八紀十一志四十列傳合五十九篇梁
蕭子顯撰始江淹已為此書臣等沈約又為齊紀而
子顯自表武帝別為十志沈約等因校正其訛謬而
而敍其篇目將以是非得失興壞理亂之故
而為法戒則必得其所託而後能傳於久此史
之所以作也然而所託不得其人則或失其意
或亂其實或析理之不通或設辭之不善故雖
有殊功異德非常之迹將闇而不章鬱而不發
而喬枉覓瑣姦回凶慝之形可幸而掩也嘗試
論之古之所謂良史者其明必足以周萬事之
理其道必足以適天下之用其智必足以通難
知之意其文必足以發難顯之情然後其任可
得而稱也何以知其然邪昔者唐虞有神明之
性有微妙之德使由之者不能知知之者不能
名以為治天下之本號令之所布法度之所設
其言至約其體至備以為治天下之具而為二
典者推而明之所記者豈獨其迹邪并與其深
微
無不盡也本末先後無

不白也使誦其說者如出乎其時求其指者如即平其人是可不謂足以周萬事之理道足以適天下之用以通難知之意文足以發難顯之情者乎則方是之時當其特任政者皆天下之士哉蓋爲史者去之時遠矣司馬遷從之徒也兩漢以來蓋執簡操筆而隨者亦皆聖人之徒三王既沒數千載之後秦火之餘因散絕殘脫之經以及傳記百家之說區區掇拾以集著其善惡之迹興廢之端又創己意以爲本紀世家八書列傳之文斯亦可謂奇矣然而蔽害天下之聖法是非顛倒而未撫謬亂者亦當豈少哉是豈可不謂明不足以周事之理道不足以適天下之用智不足以通難知之意文不足以發難顯之情者乎夫自三代以後爲史者如遷之文亦不可不謂儁偉拔出之材非常之士也然顧以謂不足以發難顯之情者何哉蓋聖賢之高致遷固有不能逮其情而見之於後者矣故不得而與之也遷之得失如此況其他邪至於

宋齊梁陳後魏後周之書蓋無以議爲也子顯之於斯文喜自馳騁其更改破析刻彫藻繢之變尤多而其文益下豈夫村固不可以強而有邪數世之史既然故其辭迹曖昧雖有隨世以就功名之君相與合謀之臣未有赫然得傾動天下之耳目播天下之口者也而一時偷奪傾危悖理反義之人亦幸而不暴著於世豈非所託不得其人故邪邪可不惜哉蓋史者所以明夫治天下之道也故爲之者亦必天下之材然後其任可得而稱也豈可忽哉豈可忽哉臣恂臣寶臣穆臣藻臣洙臣覺臣彥臣肇謹敘目錄昧死上

南齊書一

臣蕭 子顯 撰

高帝上

南齊紀一

太祖高皇帝諱道成字紹伯姓蕭氏小諱鬪將
漢相國蕭何二十四世孫也何子䣅定族延生侍
中彪彪生公府掾章章生皓皓生仰仰生御史大
夫望之望之生光光生御史中丞紹紹
生光祿勳閎閎生濟陰太守闡闡生吳郡太守
永永生中山相苞苞生博士周周生蛇丘長矯
矯生州從事達達生孝廉休休生廣陵府丞豹
豹生太中大夫裔裔生淮陰令整整生即丘令
儁儁生輔國參軍樂子宋昇明二年九月贈太
常生皇考蕭何居沛侍中彪免官居東海蘭陵
縣中都鄉中都里晉元康元年分東海為蘭陵
郡中朝亂淮陰令整守公齊過江居晉陵武進
縣之東城里寓居江左者皆僑置本土加以南
名於是為南蘭陵蘭陵人也皇考諱承之字嗣
伯少有大志才力過人宗人丹陽尹摹之比亢

州刺史源之並見知重初為建威府參軍義熙
中蜀賊譙縱初平皇考遷揚武將軍安固汶山
二郡太守七年右將軍到彥之北伐為威烈將軍濟
南太守善於綏撫元嘉初徙為威烈將軍乘勝
破青部諸郡國別帥安平公乙旃卷寇濟南皇
考率數百人拒戰退之虜大集皇考使偃兵
開城門衆諫曰賊衆我寡何輕敵之甚皇考曰
今日縣守窮城事已危急若復示弱必為所屠
惟當見彊待之耳虜疑有伏兵遂引去青州刺
史蕭思話欲委鎮保險皇考固諫不從思話失
據潰走明年征南大將軍檀道濟於壽張轉戰
班師滑臺陷沒兗州刺史竺靈秀抵罪宋文帝
以皇考有全城之功手書與都督長沙王義欣曰
譚理民直亦不在武幹後今擬為兗州
南譙之皇考與道濟無素故事遂寢還輔國鎮
北中兵參軍員外郎十年蕭思話氏師為梁州刺史
皇考為其橫野府司馬漢中太守楊難當
寇漢川梁州刺史甄法護棄城走思話至襄陽

南齊書紀一

一

二

不進皇考輕軍前行攻氐偽魏興太守薛健於
黃金山尅之黃金山張魯舊戍南撲漢川北枕
驛道險固之極健既潰散皇考即據之氐偽梁
秦二州刺史趙溫先據州城聞皇考至退據小
城薛健與偽馮翊太守蒲早子悉力出戰
皇考大破之健等閉營自守不敢出思話繼至
賊乃稍退皇考進至峴公山為左衛將軍蕭
刺史呂平大衆所圍積日建武將軍蕭汪之平

■南齊紀■　三　林

西督護段虬等至表裏奮擊大破之難當又遣
息和領步騎萬餘人夾漢水兩岸援趙溫攻遇
皇考相拒四十餘日賊皆衣犀甲刀箭不能傷
皇考命軍中斷矟未長數尺以大斧摧其後賊不
能當乃焚營退皇考追至南城衆軍自後而進
連戰皆捷梁州平詔譚稟命先驅蒙險深入
全軍屢剋奮其忠果司龍驤將軍隨府轉寧朔
司馬太守如故入為太子屯騎校尉府文轉
氐之勞青州銳將欲授用彭城王義康東政皇

考不附乃轉為江夏王司徒中兵參軍龍驤將
軍南泰山太守封晉興縣五等男邑三百四十
戶遷右軍將軍元嘉二十四年殂年六十四梁
土民思之於峴公山立廟祭祀昇明二年丁卯
騎常侍金紫光祿大夫太祖以元嘉四年丁卯
歲生姿表英異龍顏鍾聲鱗文遍體儒士雷次
宗立學於雞籠山太祖年十三受業治禮又左
氏春秋十七年宋大將軍彭城王義康被黜鎮
豫章皇考領兵防守太祖舍業南行十九年竟

■南齊紀一■　四　林

陵蠻動文帝遣太祖領偏軍討沔北蠻二十一
年代索虜至五檻山並破走二十三年雍州刺
史蕭思話鎮襄陽啓太祖自隨戍沔北討樊鄧
諸山蠻破其聚落初為左軍中兵參軍二十七
年索虜圍汝南戍主陳憲臺遣寧朔將軍臧質
安蠻司馬劉康祖救之文帝使太祖宣旨授節
度闇虜主拓跋燾尚彭城閭發尋回軍救援至盱
眙太祖與質別軍主胡宗之等五軍步騎數千
人前驅壽已潛過淮卒相遇於尪山下合戰敗

續緣淮奔退宗之等皆陷没太祖還就質圍守
為虜所攻圍甚危急事寧還京師二十九年領
偏軍征仇池梁州西界舊有武興戍中
没屬氐武興西北有蘭皋戍去仇池二百里太
祖擊二壘皆破之遂從谷口入關未至長安八
十里梁州剌史劉秀之遣司馬馬注助太祖攻
談坱城拔之虜偽河間公奔走虜救兵至太祖
軍力疲少又聞文帝崩乃燒城還南鄭襲爵
晉興縣五等男孝建初除江夏王大司馬參軍隨

南齊書紀一　五　石昌

府轉太宰遷員外郎直閤中書舍人西陵王撫
軍參軍建康令新安王子鸞為有盛寵簡選僚佐
為北軍中郎中兵參軍陳太后憂起為武烈將
軍復為建康令時四方及叛會稽太守
值明帝立為右軍將軍如故景和世除後軍將軍
尋陽王子房及東諸郡皆起兵明帝加太祖輔
國將軍率衆東討至晉陵與賊前鋒將程捍孫
景璡等戰一日破賊十二壘六分軍定諸縣晉陵
太守袁標棄城走東境諸城相繼奔散徐州剌

史薛安都反彭城從子索兒見寇淮陰山陽太守
程天祚舉城叛徐州剌史申令孫又降徵太祖
討之時太祖平東賊還又將南討出次新亭前
軍已發而索兒自睢陵渡淮馬步萬餘人擊殺
臺軍主孫耿繼兵逼前軍張永營營惡離永
遣寧朔將軍王寬據盱眙過其歸路索見擊破
賊渡瀆追太祖太祖往救之屯破釜索見向鍾
臺軍主高道慶之於石鼈將軍西歸王寬與軍
主任農夫先據白鵠澗張永求遣太祖馳督寬索

〔南齊書紀一〕　六　王

兒東要擊太祖使不得前太祖鼓行結陣直入
寬舉索見望見不敢發經數日索見引軍頓若
梁太祖追之至葛家候還云賊至太祖乃頓
軍引管分兩馬軍夾螢外以待之俄頃賊馬步
奄至又推火車數道攻戰相持移日乃出輕兵
攻賊西使馬軍合擊其後賊衆大敗追奔獲其
器伏進屯石梁澗比索見夜遣千人來斫營營
中驚太祖卧不起宣令左右緊部不得動須臾
賊散太祖議欲於石梁西南高地築朱壘通南道

斷賊走路索兒果來爭之太祖率軍擊破之賊
馬自相踐藉死索兒走向鍾離太祖追至瞼黧
而還除驍騎將軍封西陽縣疾邑六百戶遷巴
陵王衛軍司馬隨鎮會稽江州刺史晉安王子
勛遣臨川內史張淹自鄱陽嶠道入三吳臺軍
王沈思仁與偽龍驤將軍任皇鎮西參軍劉系
朝廷罷甲皆充南討太祖軍容寬闕乃編鷚皮
緒各據險相守明帝遣大祖領三千人討之時
為馬具裝析竹為寄生夜舉火進軍賊望見恐
懼未戰而走還除桂陽王征北司馬南東海太
守行南徐州事初明帝遣張永沈攸之以眾喻
降醉安都謂太祖曰吾今因此北討卿意以為
何如太祖對曰安都才識不足狡猾有餘若長
轡緩御則必遣子入朝今以兵逼之彼將懼而
為計恐非國之利也帝曰眾軍猛銳何往不剋
卿每杖策非幸勿多言至果引索虜永
等敗於彭城淮南孤弱以太祖為假冠軍將軍
持節都督北討前鋒諸軍事鎮淮陰泰始三年

沈攸之吳喜北敗於雎口諸城戍大小悉奔歸
虜遂退至淮北圍角城戍主賈法度力弱不敵
諸將勸太祖渡岸救之太祖不許遣軍主高道
慶將數百張弩浮艦淮中遙射城外虜弩一發
數百箭俱去虜騎相引避之乃命進戰城圍即
解遷督南兖徐二州諸軍事南兖州刺史持節
假冠軍督北討如故五年進督青冀三州六
年除黃門侍郎領越騎校尉不拜復授冠軍將
軍留本任明帝常嫌太祖非人臣相而民間流
言云蕭諱當為天子明帝愈以為疑遣冠軍將
軍吳喜以三千人北使令喜留軍破釜自持銀
壺酒封賜太祖太祖戎衣出門迎即酌飲之喜
還帝意乃悅七年徵還京師部下勸勿就徵太
祖曰諸卿暗於見事主上自誅諸弟為太子稚
弱作萬歲後計何關佗族惟應速發事緩必見
疑今骨肉相害自非靈長之運禍難將興方與
卿等勠力年拜散騎常侍太子左衛率時世祖
以功當別封穎縣太祖以一門二封固辭不受

詔許之加邑二百戶明帝崩遺詔爲爲右衞將軍
領衞尉加兵五百人與尚書令袁粲護軍褚淵
領軍劉勔共掌機事又別領東北選事尋解衞
尉加侍中領石頭戍軍事明帝誅戮蕃戚戚江州
刺史桂陽王休範以人凡獲全及蒼梧王立更
有窺窬之望密與左右閹人於後堂習馳馬招
聚六命元徽二年五月舉兵於尋陽收略官民
數日便辦衆二萬人騎五百匹發戍口恐乘期告
旅船舫大雷戍主杜道欣鵲頭戍主劉僧嶷音期告

一、南齊紀一　九　石寅

變朝廷惶駭太祖與護軍褚淵征北張永領軍
劉勔僕射劉秉游擊將軍戴明寶驍騎將軍阮
佃夫右軍將軍王道隆中書舍人孫千齡貞外
郎楊運長集中書省計議莫有言者太祖曰昔
上流謀逆皆因淹緩至於覆敗休範必遠懲前
失輕兵急下乘我無備今應變之術不宜念遠
若偏師失律則大祖衆心宜頓新亭後無委積求
宮披東府石頭以待賊千里孤軍不得自然瓦解
戰不得自然瓦解我請頓新亭以當其鋒征北

可見甲守白下中堂舊是置兵地領軍宜屯
宣陽門爲諸軍節度諸貴安坐殿中石軍諸人
不須競出我自前驅破賊必矣因索筆下議並
注同中書舍人孫千齡與休範有密契獨曰宜
依舊道軍據梁山萬顯間石衞若不出白下則
應進頓南州太祖正色曰賊今已近梁山豈可
得至新亭既是兵衞所以欲死報國目常日乃
可屈曲相從今不得也座起太祖顧謂劉勔曰
領軍已同鄙議不可改易乃單車白服出新亭

三十切　南齊紀一　十　董

加太祖使持節都督征討諸軍平南將軍加鼓
吹一部治新亭城壘未畢賊前軍已至太祖方
解衣高臥以安衆心乃索白虎幡登西垣使寧
朔將軍高道慶羽林監陳顯達員外郎王敬則
浮舸與賊水戰自新林至赤岸大破之燒其船
艦死傷甚衆賊步上新林至朱雀大破之燒其船
開大小桁擊淮中船舫悉渡北岸休範乘肩輿
率衆至壘南遣寧朔將軍黃回馬軍主周盤
龍將軍步騎出壘對陣休範分兵攻壘東短兵接

戰自巳至午衆皆失色太祖曰賊雖多而亂尋
破也楊運長領三丞射手七百人引彊命中故
賊不得逼城未時張敬見斬休範首太祖遣隊
主陳靈寶送首還臺靈寶路中遇賊軍埋首道
側臺軍不見休範衆疑懼賊衆亦不知休範
巳死別率杜黑螺急攻墨東司空主簿蕭惠朗
數百人突入東門叫噪至堂下城上守門兵
披退太祖挺身上馬率數百人出戰賊皆推楯
而前相去數丈分兵橫射太祖引滿將發左右
聞將士積日不得寢食軍中馬夜驚叫不復相
自晡達明旦矢石不息其夜大雨敵叫不復相
死戰不能當乃却衆軍復得保城與黑螺拒戰
將戴仲緒舉楯扞之箭應手飲羽傷百餘人賊
太祖秉燭坐鷹擊聲呵止之如此者數四賊帥
丁文豪設伏破臺軍於皁莢橋直至朱雀桁劉
勳欲開桁王道隆不從勳及道隆並戰沒初勳
高尚其意託造園宅名為東山頗忽世務太祖
謂之曰將軍以顧命之重任兼內外主上春秋

未幾諸王泣幼沖上流聲議退邐遍所聞此是將
軍艱難之日而將軍深尚從容廢省羽翼一朝
事至雖悔可追勳竟不納賊進至杜姥宅羽騎
典籤茅恬開東府納賊冠軍將軍沈懷明於石
頭奔散張永潰於白下宮內傳新亭亦陷太后
執蒼梧王手泣曰天下敗矣太祖遣軍主陳顯
達任農夫張敬見周盤龍等從石頭濟淮間道
從承明門入衞宮士庶惶惑詣壘投名者千數太
稱休範在新亭士庶惶惑詣壘投名者千數太
祖隨得輒燒之乃列兵登城北謂曰劉休範父
子先昨皆巳即戮屍在南岡下身是蕭平南諸
君善見觀君等名皆巳焚除勿有懼也臺分遣
衆軍擊杜姥宅宣陽門諸賊皆破平之太祖振
旅凱入百姓緣道聚觀曰全國家者此公也太
祖與袁粲褚淵劉秉引各解職不許遷散騎常侍
中領軍都督南兗徐兗青冀五州軍事鎮軍將
軍南兗州刺史持節如故進爵為公增邑三千戶
太祖欲分其功請益粲等戶更日入直決事號

為四貴秦時有太后穰侯涇陽高陵君稱為四
貴至是乃復有為四年加太祖尚書左僕射本
官如故休範平後蒼梧王漸行凶暴南徐州剌
史建平王景素少有令譽朝野歸心景素亦潛
為自全之計布款誠於太祖太祖拒而不納七
月遣羽林監表袛奔景素便舉兵太祖出屯玄武
湖深相猜忌幾加大禍陳太妃罵之曰蕭諱有
功於國今若害之後誰復為汝著力者乃止太

祖密謀廢立五年七月戊子帝微行出比湖常
單馬先走羽儀禁衛隨後追之於堤塘相踣藉
左右張互見馬墜湖帝怒取馬置光明亭前自
馳騎剌殺之因共屠割與左右作羌胡伎為樂
又於蠻岡賭跳際夕刀還仁壽殿東阿氈屋中
寢語左右楊玉夫伺織女度報我時殺害無常
人懷危懼玉夫與其黨陳奉伯等二十五人同
謀於氈屋中取千牛刀殺蒼梧王稱敕使廂下
奏伎因將首出與王敬則敬則送太祖太祖夜

從承明門乘常所騎赤馬入殿內驚怖既知蒼
梧王死咸稱萬歲及太祖踐阼號此馬為龍驤
將軍世謂為龍驤赤明日太祖戎服出殿庭幄
下召四貴集議太祖謂劉秉曰丹陽國家重
戚今日之事屬有所歸備法駕詣東城迎
順帝於是長刀遮馬秉等各失色而去甲午太
祖移鎮東府與袁粲褚淵劉秉各甲仗五十人
入殿丙申進位侍中司空錄尚書事驃騎大將

軍持節都督刺史如故封竟陵郡公邑五千戶
給油幢絡車班劍三十人太祖固辭上台即驃
騎大將軍開府儀同三司庚戌進督南徐州刺
史封楊玉夫等二十五人爵邑各有差十月戊
辰又進督豫司二州初荊州刺史沈攸之與太
祖於景和世同直殿省申以歡好以長安義興
公主妻攸之第三子元和攸之為郢州遷為荊州
晚運陰有異圖自郢州遷為荊州值明帝
吏逃亡輒討質隣伍養馬至三千餘四百分賦

戊遷將士使耕田而食廩財悉充倉儲荊州作
部歲送數千人仗攸之割留簿上供討四山蠻
裝治戰艦數百千艘沈之靈谿裏錢帛裝械巨
積朝廷畏之高道慶家在華容假還過江陵道
慶素便馬攸之與宴飲於聽事前合馬槊道慶
槊中破攸之馬鞍攸之怒索刀槊襲之朝議廢其
出遠都說攸之反狀請三千人龍驤立遺攸之
事難濟太祖又保持不許太祖既廢立遺攸之
子司徒左長史元琰賣蒼梧王諸虐害器物示
之攸之未得即起兵乃上表稱慶井與太祖書
推功攸之有素書十數行常韜在衲襠角云是
明帝與巳約誓十二月遂舉兵其妻崔氏許氏
諫攸之曰官太后令已下都宗師恐懼乙卯
襠角示之稱太后令召下召諸將西討平西將軍黃回為
太祖入居朝堂命諸將西討平西將軍黃回為
都督前驅前湘州刺史王蘊太后兄子少有膽
力以父指名官不達欲以將途自奮每撫刀曰阿答汝
龍淵太阿汝知我者叔父景文誠之曰阿答汝

滅我門戶蘊曰答與童烏貴賤覺異童烏者又
子絢小字答蘊小字也蘊遭母喪罷任還至巳
陵停舟一月日與攸之密相交構時攸之未便舉
兵蘊乃下鄖州世祖為鄖州長史蘊還至東府前
弔因作亂據鄖城世祖知之不出蘊再計不行外謀
又期太祖出太祖又不出弔威權稍盛慮
固司徒表袁粲尚書令劉秉見太祖殿內宿衛
不自安與蘊及黃回等相結舉事殿內宿衛主
帥無不愜同攸之反問初至太祖往石頭與粲
謀議粲稱疾不相見壬申夜起兵據石頭劉
秉怯暗時從丹陽郡載婦女入石頭劉
知也其夜丹陽丞王遜告變東從弟領軍韞又
直問將軍卜伯興等嚴兵為內應太祖命王敬
則於宮內誅之遣諸將攻石頭王蘊將數百精
手帶甲赴粲城門已閉官軍文至乃散眾軍攻
石頭斬粲劉秉東走雖檐湖逃闖場並禽斬之
粲位任雖重無經世之略踈好酒步屧白楊郊
野間道遇一士大夫便呼與酣飲明日此

人謂被知顗到門求通燊曰昨飲酒無偶聊相
要耳竟不與相見當作五言詩云訪跡中宇
循寄乃滄州蓋其志也劉秉少從宗室清謹見
知孝武世秉弟退坐通嫡母翑氏養女翑云
中血出衆疑行毒害孝武使秉從弟祗諷秉啓
同盡無容奉敕衆以此稱之故爲明帝所任著
證其事秉曰行路之人尚不應介今日酒可門
梧廢秉出集議於路逢弟韞韞開車迎問秉曰
今日之事固當歸兄邪秉曰吾等已讓領軍矣

韞搥胷曰南君肉中詎有血槧典籤莫嗣祖知槧
謀太祖召問嗣祖袁謀反何不啓聞嗣祖曰事
主義無二心雖死不敢泄也蘊擘人張承伯藏
匿蘊太祖竝赦而用之黃回頓新亭聞石頭鼓
噪率兵來赴之朱雀航有戍軍受節度不聽夜
過會石頭已平因稱敕援太祖知而不言撫之
愈厚遣回西上流涕告別太祖屯閱武堂馳結
軍旅閏月辛丑詔假黃鉞率大衆出屯新亭中
興堂治嚴築壘教曰河南稱慈諒由摶齒廣

漢流仁實存殯朽近裹製茲營崇濡浚斬古
墟曩隧時有湮移深松茂草或致刈薙憑軒動
懷巡隍增愴宜竝爲收政葬并設薄祀
太尉增封三千戶都督南徐南兗徐兗青冀司
豫荊雍湘郢梁益廣越十六州諸軍事太祖解
驃騎辭都督不許乃表送黃鉞三月已酉增班
劍爲四十人甲伏百人入殿丙子加羽葆鼓吹

餘竝如故辛卯太祖誅鎭北將軍黃回大明泰
始以來相承奢侈百姓成俗太祖輔政罷御府
省二尚方諸飾玩至是又上表禁民閒華僞雜
物不得以金銀爲箔馬乘具不得金銀度不得
織成繡裙道路不得著錦履不得用紅色爲幡
蓋衣服不得作鹿行錦及局脚檉柏床牙箱籠雜物
飾不得作翦綵帛爲雜花不得以綾作雜服
綵帛作屏鄣錦綠薦席不得私作器伏不得以
七寶飾樂器又諸雜漆物不得以金銀爲花獸

不得輒鑄金銅為像皆滇墨敕凡十七條其中
宮及諸王服用雖依舊例亦請詳畫九月丙午
進位假黃鉞都督中外諸軍事太傅領揚州牧
劍履上殿入朝不趨贊拜不名置左右長史司
馬從事中郎參軍各四人使持節太尉驃騎大
將軍錄尚書南徐州刺史如故固辭詔遣勑勸
乃受黃鉞殊禮甲寅給三望車
部羽葆鼓吹丁巳命太傅府依舊辟召丁卯給
三年正月乙巳太祖表齒百姓通負丙辰加前
太祖甲仗五百人出入殿省甲午重申前命劍履
上殿入朝不趨贊拜不名三月甲辰詔進位相
國摁百揆封十郡為齊公備九錫之禮加璽綬
遠遊冠位在諸侯王上加相國綠綟綬其驃騎
大將軍楊州牧南徐州刺史如故太祖三讓公
卿乃勑勸固請刀受甲寅策相國齊公曰天地變
通莫大乎炎涼懸象箸明莫崇乎日月嚴冬播
氣貞松之操自高光景時氏若華之映彌顯是
故英睿當亂而不移忠賢臨危而盡節目景和

九　　吳明

昏虐王綱弛紊太宗受命紹開中興運屬屯難
四郊多壘蕭將軍震威奮華戎定資義烈康國
濟民於是乎在朕以不造凤罹閔凶嗣君失德
書契未紀威侮五行虐劉九縣神歇靈繹海水
群飛暴器巳塵宗禋誰主綴旒之始未足為譬
豈直小宛興燎棄昧篡承大業鴻緒再維閟基重
啓明宰爰登貴昧篡承大業鴻緒再維閟基重
造高勳至德振古絕倫昔保衡翼殷博陸匡漢
方斯蔑如也今將授公典禮其敬聽朕命乃者

表劉搆禍寔繁有徒子房不目稱兵協亂跨跆
五湖憑陵吳越浮褐鷁辰沈氛晦景梓鼓振於
王畿鋒鏑交乎天邑顧瞻宮掖將戎茂草言念
邦國蒯為仇讎當此之時人無固志公投袂殉
難超然奮發執金板而先馳登寅車而戒路軍
政端嚴卒乘輯睦庵鉞一臨凶黨冰泮此則霸
業之基勤王之始也安都背叛竊據徐方敢率
犬羊陵虐淮滸索見愚悖同惡相濟天祚無象
背順歸逆北鄙黝鬃奮墜塗炭均人廢職邊師

二十　　吳宗

告警言公受命宗初精貫朝日攄節和門氣蹹霄
漢破釜之揆斬馘敵石梁之戰禽其渠帥保
境全民江陽即序此又公之功也張淹迷眛弗
顧本朝受自南區志圖東夏澶軍閒入竊說不
虞千時江服未夷皇塗阻公忠誠慷慨在險
彌亮深識九變炒棨五色以寡制衆所向風偃
朝廷無東顧之憂閩越有來蘇之慶此又公之
功也灑血成川伏尸千里醜羯佃張勢振彭泗乘勝

●南齊紀一　　　　二十一

長驅窺覦京甸冠帶之軌將湮被髮之容行及
公奉辭伐罪旦晨征兵車始交氣候時蕩弔
死撫傷弘宣皇澤俾我淮肥復詰盛化此又公
之功也自兹厥後斂狁孔熾封豕長蛇重窺上
國而世故相仍師出日老戰士無臨陣之心戎
卒有懷歸之思足以下邪精甲望風振恐角城
高壘指日淪陷公春言手事發慎忘食躬擐甲
胄視險若夷短兵纔接巨猾鳥散分疆畫界開
剗青兖此又公之功也泰始之末入參禁旅任

兼軍國事同顧命桂陽自衆輕問九鼎裂冠毀
晃拔本塞源入兵萬乘之國頓綏戰象魏之下烈
火林炎於王城飛矢集平君尾至機綫修忽終古莫
二羣后憂惶元戎無主公按翻疑神則奇謀捷
世秉旄指麾則懦夫成勇曾不崇朝新亭獻捷
信宿之間宣陽底定雲霧廓清區宇康又又
公之功也皇室多難釁起戚藩邪臣應韓翻為
離敵鋌平失圖興兵內侮公又指授六師義形
乎色役未踰旬朱方底寧晏此又公之功也蒼梧

●南齊書紀一　　　　二十二

肆虐諸夏慘麋沸淫刑以逞誰則無罪火炎崑岡
玉石俱焚黔首相悲朝不謀夕高祖之業已淪
大明之軌誰嗣公遠稽殷漢義近遵魏晉之
典猥以眇身入奉宗祜七廟清謐九區反政此
又公之功也表粲無質劉秉攜貳韜述相扇成
此亂階醜圖潛樹危機竊發據有石頭志犯應
路公神謀內運霜鋒外舉妖氛泠載澄國塗悅穆
此又公之功也苞禍歲月滋彰蜂目豺聲
阻兵安忍哀彼荊漢獨為匪民乃春西顧緬同

異域而經綸維始九伐未申長惡不悛遂凶

逆驅合姦回勢過虓虎朝野憂缺三軍沮氣公

秉鍼出關疑威江甸正情與瞻日同亮明略與

秋雲競奕至義所感人百其心鼖鼓一麾夏首

寧謐雲梯未舉魯山剗定積年通誅一朝顯戮

沮浦安流章臺自東祖西靡有寧晏險阻艱難

肆心勠勞王室自明哲道庇生民志匡宇宙勤力

備嘗之矣乃乃緝構宗稷之勤造物資始之澤

雲布霧散光被六幽彌子一人永清四海是以

秭草騰芳於郊園景星垂暉於清漢邈方款開

而慕義荒服重譯而來庭注哉邈乎無得而名

焉朕聞疇庸表德前王盛典崇樹茂伯有國攸

同所以文命成功玄珪顯錫姬旦秉哲曲阜啟

蕃或改王以弘風或胙土以宣化禮絕常班寵

冠羣辟爰逮桓文軍服異數惟公勳業超於先

烈而襃賞闕於舊章古今之道何其爽歟靜言

欽歎良有缺然今進授相國以青州之齊郡徐

州之梁郡南徐州之蘭陵魯郡琅邪東海晉陵

義興揚州之吳郡會稽凡十郡封公為齊公錫

兹玄土苴以白茅定爾邦家用建冢社斯實尚

父故蕃世作盟主紀綱侯甸率由舊則往者周

邵建國師保兼司空副貳尚書令僧虔授齊公

空衛將軍零都縣開國侯淵授相國印綬齊公

寄同規在昔命使持節兼太尉侍中中書監司

璽紱持節兼司空副守尚書令僧虔授齊公茅

土金虎符第一至第五左竹使符第一至第十左

相國位摠百辟秩踰三鉉職以禮移號隨事革

其以相國摠百辟去錄尚書之稱送所假節侍

中貂蟬中外都督太傅太尉印綬竟陵公印策

其驃騎大將軍揚州牧南徐州刺史如故又加

公九錫其敬聽後命以公秉禮弘律儀刑區宇

退邇一體民無異業是用錫公大輅戎輅各一

玄牡二駟公崇脩南畝所寶惟穀玉府充實百

姓繁阜是用錫公袞冕之服赤舄為副焉公居身

以謙道導物以義鎔鈞庶品固不和悅是用錫公

軒縣之樂六佾之儛公翼贊王猷聲教遠洎蠻
夷竭歡回首內附是用錫公朱戶以居公明鑒
人倫澄辨涇渭官方與能英乂克舉是用錫公
納陛以登公保佑皇朝屬身化下杜漸防萌含
生寅是用錫公虎賁之士三百人公禦究以
鈇各一公鳳舉四維龍驤八表威靈所振異域
刑禦姦以德君親無將而必誅是用錫公鈇
同文是用錫公彤弓一彤矢百玈弓十玈矢千
公明發載懷蕭恭禋祀孝敬之重義感靈祇是用
錫公秬鬯一卣珪瓚副焉齊國置丞相以下一
遵舊式往欽哉其祗服朕命經緯乾坤宏亮洪
業茂昭爾大德闡揚我高祖之休命太祖三讓
公卿敦勸固請乃受之丁巳下令赦繫寫孤
以下今月十五日昧爽以前一皆原赦緜家孤
獨不能自存者賜穀五斛府州所領亦同蕩然
宋帝詔齊公十郡之外隨宜除用以齊國初建
給錢五百萬布五千匹絹五千四月癸酉詔進
齊公爵為王以豫州之南梁陳郡潁川陳留南兗

州之盱眙山陽秦郡廣陵海陵南沛十郡增封
使持節司空衛將軍褚淵奉策授璽綬金虎符
第一至第五左竹使符第一至第十右錫玆玄土苴
白茅改立王社相國揚州牧驃騎大將軍南徐
州刺史改命齊王晃十有二旒建天子
旌旗出警入蹕乘金根車駕六馬備五時副車
置旄頭雲罕樂儛八佾設鍾虡宮縣王世子為
太子王女王孫爵命一如舊儀庚辛卯宋帝禪位
下詔曰惟德動天王衡所以載序窮神知化億
兆所以歸心用能經緯乾坤彌綸宇宙闡揚鴻
烈大庇生民晦往明來積代同軌前王踵武世
必由之宋德湮微昏毀相龍景和聘悖於前元
徽肆虐於後三光冊霾七廟將墜璇極委馭含
識知泯我文武之祚眇焉如綴靜惟此憂夕惕
疚心相國齊王天誕叡聖河嶽炳靈拯傾提危
澄氣靜亂匡濟艱難功均造物宏謀所拂無思不偪
雲回旌斾所臨一麾必捷英風所拂無思不偪
表裏清夷遐邇寧謐譖旣而光啟憲章弘宣禮教

姦究之類覩觀隆威而隔情慕善豈僑仰徽猷而
增屬道邁於重華勳超乎文命蕩蕩乎無得而
稱焉是以辮袞左衽之酋歎開請吏木衣卉服
之長航海來庭豈惟蕭慎獻楛越嘗薦羃而已
哉故四奧載宅六府克和川陸効珍禎祥鱗集
卿煙玉露旦夕揚藻嘉秭英峯刻呈茂革運
去宋謳歌適齊昔金政飫淪水德締構天之曆
斯炳代終彌亮負扆握樞允歸明哲固以懲訟
數皓焉攸徵朕雖冥昧闇于大道稽覽春秋為

宮懸禪于齊一依唐虞晉故事是日宋帝遜位別
日巳久敢忘列代遺則人神至願乎便遜位別
于東邸備羽儀乘畫輪車出東掖門問今日何
不奏敔吹左右莫有答者壬辰策命齊王曰伊
太古初陳萬物紛綸開耀靈以鑑品物立元后
以驅蒸人若夫容成大庭之世宓羲五龍之辰
靡得而詳焉自軒黃以降墳素所紀略可言者
其崇乎堯舜披金繩而握天鏡開玉匣而揔地
維德之休明宸居靈極期運有終歸禪與能所

以大唐遜位謳歌有虞揖讓卿雲發采亮
符命之收臻坦至公以成務懷生載懌靈祇劾
祉遺風餘烈光被無垠漢魏因循弗敢失墜爰
逮晉氏亦遵前儀惟我祖宗英叡勳格幽顯從
天人而齊七政凝至德而撫四維末葉不造仍
世多故難滅星謀山竭惟王聖哲淵明榮
鏡寓宙體望日之威資就雲之澤臨下以簡御
衆必寬仁育羣生義征不譓國塗弘五慮
而又寧皇緒將湮秉六衔以匡濟及至權臣內

悔蕃屏陵上兵革雲翔萬邦震駭裁之以武風
綏之以文化遐通清夷表裏肅穆戢瑏戈而事
蕭厳委馭門而恭儒館聲化遠泊荒服無塵殊
類同規華戎一揆是以五光來儀於軒庭九穗
含芳於郊牧象緯昭澈布新之符巳顯圖讖彰
炳受終之義旣彰靈祇乃眷兆民引領朕聞至
道深微惟人是弘天命無常惟德是與所以仰
鑒妄情俯察羣望敬禪神器授帝位于爾躬四
海困窮天祿永終於戲王其允執厥中儀刑前

式以副率土之欣望命司袞而謁蒼旻奏雲門
而升圓丘時膺大禮永保洪業豈不盛歟冊命
璽書曰皇帝敬問相國齊王大道之行與三代
之英朕雖闇昧而有志焉夫昏明相襲譬景之
恒度春秋遞運時歲之常序求諸天數猶在
替矧伊在人能無終謝是故勛華弘風於上業
漢魏垂式於後昆昔我高祖欽明文思振民育
德皇靈眷命本有四海晚世多難姦宄寔繁鼓

故宵闌元戎旦警億兆夷人啓處靡厝加以嗣
君荒怠虐萬方神鼎將遷寶策無主實賴英
聖匡濟艱危惟王體天則地舍弘光大明旦日
月惠均雲雨國步斯梗則稜威外發王獻不造
則淵謀內昭重構閩吳再寧淮濟靜九江之洪
波卷海沂之氣滲放斥山昧存我宗祀舊物惟
新王光啟震逮至寵臣庶所冠則裁以廟略荊
漢反噬則雷霆屢震所臨風行草靡與文偃武
所指龍舉雲屬諸夏罡思廓清戎翟思與文偃武
闡揚洪烈明保沖昧翱翔禮樂之揚撫柔黔首

咸濟仁壽之域自霜露所墜星辰所經正朔不
通人跡罕至者莫不諭山越海北面稱蕃欸關
重譯脩其職貢是以禎祥發采左史載其奇互
象垂文保章審其度鳳書表類之運龍圖顯
班瑞之期重以珠衡日角神姿特挺君人之義
在事必彰書不云乎皇天無親惟德是輔民心
無常惟惠之懷神祇之眷如彼蒼生之願如此
笙管嘒龠鐘石改調朕所以撫璇持衡傾佇明

哲昔金德既淪而傳祚于我有宋曆數告終是
在茲日亦以水德而傳于齊式遵前典廣詢群
議王公卿士咸曰惟宜今遣使持節兼太保侍
中中書監司空衛將軍雩都縣疾淵兼太尉守
尚書令僧度奉皇帝璽綬受終之禮一依唐虞
故事王其允副幽明時登元后寵綏八表以酬
昊天之休命太祖三辭宋帝王公以下固請兼太
史令將作匠陳文建奏符命曰六六位也後漢自
建武至建安二十五年一百九十六年而禪自
黃初至咸熙二年四十六年而禪晉晉自太始至

元興二年一百五十六年而禪宋宋自永初元
年至昇明二年凡六十年咸以六終六受六元
位也驗往揆今若斯昭著敢以職任備陳穴
伏願順天時應符瑞二朝百辟又固請尚書右
僕射王儉表被宋詔遜位臣等參議宜剋日興
駕受禪撰立儀注太祖乃許焉
史臣曰案太一九宮占推漢高五年太一在四
宮主人與客俱得吉計先舉事者勝是歲高祖
破楚晉元興二年太一在七宮太一為帝天目

三百八十　南齊書一　三十　王林

為輔佐迫脅太一是年安帝為桓玄所逼出宮
大將在一宮參相在三宮格太一經言格者已
立政事上下格之不利有為安居之世不利舉
動元興三年太一在七宮宋武破桓元嘉元
年太一在六宮關有為徐傅廢帝陽王七年
太一在八宮關四惡歲大小將皆不得立其年
到彥之北伐初勝後敗客主俱不利十八年太
一在二宮客主俱不利是歲氏楊難當寇梁益
來年仇池破十九年大小將皆見關不立凶其

年裝方明伐仇池剋百頃明年失之泰始元年
太一在二宮為大小將奮擊之其年景和廢二
年太一在三宮太一先起主人勝其年晉安王
子勛反元徽二年太一在六宮先起敗是歲桂
陽王休範反並伏誅四年太一在七宮先起
客西北走其年建平王景素敗昇明元年太一
在七宮不利為客安居之世太一在杜門
臨八宮宋帝禪位不利為客安居之世興事為
為客表纂沈攸之等反伏誅是歲太一在
主人禪代之應也

三百全字　南齊書紀一　三十一

本紀第一

策文難滅星謀　疑

李思忠

高帝下

建元元年夏四月甲午上即皇帝位於南郊設
壇柴燎告天曰皇帝臣諱敢用玄牡昭告皇皇
后帝宋帝陟鑒乾序欽若明命以命于諱夫肇
自生民樹以司牧所以闡柩則天開元創物肆
茲大道天下惟公命不于常昔在虞夏受終上
代粵自漢魏揖讓中葉咸炳諸典讓載在方冊

〈南齊紀二〉 三五三

水德既微仍世多故寔賴諱臣拯之功以弘濟
于厥難大造顛隆再構區宇宣禮明刑締仁緝
義晏緯凝象川岳表靈誕惟天人罔弗和會乃
仰協歸運景屬興能用集大命于茲辭德匪嗣
至于累仍而羣公卿士庶尹御事爰及黎獻至
于百戎僉曰皇天之威致不祗從鴻曆敬簡元
不可以曠主畏天之威致不可以固違人神無託
辰虔奉皇符升壇受禪告類上帝以永答民衷
式數萬國惟明靈是饗禮畢大駕還宮臨太極

前殿詔曰五德更紹帝迹所以代昌三正迭隆
王度所以政耀世有質文時或因革其資元儁
曆經道振民固以異術同揆殊塗流貫者矣朕
以寡昧屬值艱季推肆勤之誠藉樂治之數賢
能悉心士民致力用獲拯溺龍暴匡天下業
未參古功殆侔昔宋氏以陸夷有徵曆數攸叉
思弘樂推永鑒崇替爰集天祿于朕躬惟志菲
薄鮮弗獲昭遂欽從天人式縣景命祗月正于
文祖升禋螢于上帝猥以寡德光宅四海蒸蒼

〈南齊紀二〉 三三十

代之蹤託王公之上若涉淵水罔知所濟寶祚
初啓洪慶惟新思俾利澤宣被億兆可大赦天
下改昇明三年為建元元年賜民爵二級文武
進位二等鰥寡孤獨不能自存者穀人五斛逋
租宿債勿復收有犯鄉論清議贓汙淫盜一皆
蕩滌洗除先注與之更始長徒敕繫之囚特皆
原遣主官失爵禁錮奪勞一依舊典封宋帝為
汝陰王築官冊陽縣故治行宋帝車旗服色
一如故事上書不為表簽表不稱詔宋晉熙王

璞爲陰安公江夏王躋爲沙陽公隨王翽爲舞
陰公新興王萬爲定襄公建安王禧爲荔浦公
郡公爲縣君縣公主爲鄉君詔曰繼世象賢
列代盛典曬庸嗣美前載令圖宋氏通疾乃宜
隨運省替但欽德懷義向表墳間況功濟區夏
道光民俗者哉降差之典宜導往制南康縣公
華容縣公可爲庶泙鄉縣庶乃以司空褚淵爲司
以繼劉穆之王弘何無忌後以司空褚淵爲司
徒吳郡太守柳世隆爲南豫州刺史詔曰宸運

肇創寶命惟新宜弘慶省廣敷彌汰劫賊餘口
沒在臺府者悉原故諸貢豐流徒普聽還本以
齊國左衛將軍陳顯達爲中護軍中領軍王敬
則爲南兖州刺史左衛將軍李安民爲中領軍
戌戌以荆州刺史疑爲尚書令驃騎大將軍開
府儀同三司揚州刺史冠軍將軍映爲荆州刺
史西中郎將晃爲南徐州刺史冠軍將軍垣崇
祖爲豫州刺史驃騎司馬崔文仲爲徐州刺史
斷四方上慶禮已亥詔曰自盧井毀制農桑易

業鹽鐵妨民貨輒傷治歷代成俗流蠹歲滋援
拯遺弊革末反本使公不專利氓無失業二宮
諸王悉不得營立屯邸封略山湖太官池籞宮
停稅入優量省置庚子詔宋帝后蕃王諸陵宜
有守衛有司奏帝各置長一人兵有差王陵
氏第秩雖宜省替其有預効屯夷宣力齊業者
寅號驃騎大將軍詔曰宸運革命引爵改封宋
月卯祖十二月未臘辛未詔曰設募取將懸賞
二人改元嘉曆爲建元曆木德威卯終未以正
兒等六十二人除廣興郡公沈曇亮等百二十

一仍本封無所減降有司奏留襄陽郡公張敬
購士蓋出權宜非曰悝制頃世艱險浸以成俗
且長逋逸開罪山湖是爲黥刑不辱亡竄無咎
自今以後可斷眾募壬子詔封佐命文武功臣
新除司徒褚淵等三十一人進爵增戶各有差
已卯河南王吐谷渾拾寅奉表貢獻丙辰詔遣
大使分行四方遣兼散騎常侍十二人巡行以

交寧道遠不遣使已未汝陰王薨追謚爲宋順
帝終禮依魏元晉恭帝故事爲衞陽公劉燮
等伏誅追封尊皇考曰宣皇帝姓爲孝
始安貞王丙寅追尊皇考曰宣皇帝姓爲孝
皇后妃爲昭皇后六月辛未詔相國驃騎中軍
三府職可依資勞度二宮若職限已盈所餘可
賜滿壬申以游擊將軍周山圖爲兗州刺史乙
亥詔曰宋末頻年戎寇兼災疾凋損或枯骸不
收毀櫬莫掩宜速宣下埋藏營邱若標題猶存
姓字可識可即運載致還本鄉有司奏遣外監
典軍四人周行離門外三十五里爲限其餘班
下州郡無棺器標題者所以臺錢供市庚辰
七廟主備法駕即于太廟詔諸將及客戮力艱
難盡勤直衞甲申立皇太子諱斷諸州郡禮慶見
荆州刺史甲申立皇太子諱斷諸州郡禮慶見
刑入重者降一等并申前赦恩百日立皇子彝
爲豫章王映爲臨川王晃爲長沙王曅爲武陵
王嵩爲安成王鏘爲鄱陽王鑠爲桂陽王鑑爲

廣陵王皇孫長懋爲南郡王乙酉葬宋順帝于
遂寧陵秋七月丁未詔曰交阯比景獨隔書朝
斯乃前運方季貟海不朝因迷遂往歸款莫由
曲赦交州部內李叔獻一人即撫南土文武
才選用并遣大使宣揚朝恩以試守武平太守
行交州府事李叔獻爲交州刺史丙辰丁巳詔
南蘭陵桑梓本鄉長復蠲租布武進王業所基復
茄蘆鎮主陰平公楊廣香爲沙州刺史丁巳詔
十年九月辛丑詔二吳義興三郡遭水減今年
田租乙巳以新除尚書令驃騎將軍豫章王疑
爲荆湘二州刺史平西將軍臨川王映爲揚州
刺史丙午司空褚淵領尚書令戊申車駕幸宣武
堂宴會詔諸王公以下賦詩冬十月丙子立彭
城劉胤爲汶陽王奉宋帝後已卯車駕殷祠太
廟辛巳詔曰朕嬰緫世務三十餘歲險阻艱難
備嘗之矣末路屯夷戎駕誠籍時來之運
實貧士民之力宋元徽二年以來諸從軍得官
者未悉蒙祿可催速下訪隨正即給才堪餘任

者訪洗量序若四州士庶本鄉淪陷簿籍不存
尋校無所可聽州郡保押從實除奏荒遠關中
正者特許據軍簿奏除或戍扞邊役未由旋反
聽於同軍各立五保所隸有司時爲言列汝陰
太妃王氏薨追贈爲宋恭皇后十一月庚子以
太子左衛率蕭景先爲司州刺史辛亥立皇太
子妃裴氏甲申封功臣驃騎長史江謐等十人
爵户各有差
二年春正月戊戌朔大赦天下以司空尚書令
褚淵爲司徒中軍將軍張敬兒爲車騎將軍領
軍本安民爲領軍將軍中護軍陳顯達爲
護軍將軍辛丑車駕親祠南郊癸卯詔索虜寇
淮泗遣衆軍北伐內外纂嚴二月丁卯虜寇壽
陽豫州刺史垣崇祖破走之置巴州壬申以三
巴校尉明慧昭爲巴州刺史戊子以寧蠻校尉
蕭赤斧爲雍州刺史長史崔惠景爲梁南
秦二州刺史辛卯詔西境獻捷解嚴癸巳遣大
使巡慰淮肥徐豫邊民尢貧遭難者刺史二千

石量加賑郎甲午詔江西北民避流徙者制
遣還本蠲今年租稅單貧及孤老不能自存者
即聽番籍郡縣押領三月丁酉以侍中西昌侯
譚爲郢州刺史吳郡太守張岱以護軍將軍陳顯達爲南
宛州刺史吳郡太守張岱以護軍將軍巳亥車駕
辛丑張岱以征虜將軍
王公以下賦詩夏四月丙寅進高麗
崔思祖爲青冀二州刺史夏四月丙寅進高麗
辛樂浪公高璉號驃騎大將軍五月立六門都
牆六月癸未詔普歲水旱曲赦丹陽二吳義興
四郡遭水尢劇之縣元年以前三調未充厲列
巳畢官長局吏應共償備外詳所除宥秋七月
甲寅以輔國將軍盧紹之爲青冀二州刺史戊
午皇太子妃裴氏薨閏月辛巳遣領軍將軍李
安民行淮泗庚寅索虜攻朐山青冀二州刺史
盧紹之等破走之冬十一月戊戌以氏楊後起
爲秦州刺史十二月戊戌以司空褚淵爲司徒
乙巳車駕幸中堂聽訟壬子以驃騎大將軍豫
章王嶷爲司空揚州刺史前將軍臨川王映爲

荊州刺史

三年春正月壬戌朔詔曰公卿壯薦讜言丙子
以平北將軍陳顯達為益州刺史貞陽公柳世
隆為南兗州刺史皇子鋒為江夏王領軍將軍
李安民等破虜於淮陽夏四月以寧朔將軍沈
景德為廣州刺史六月壬子大赦逋租宿債除
滅有差冬十月戊子以冠軍將軍徐榮祖為徐州刺
史⋯⋯為西秦河二州刺史河南王世子吐谷渾度易侯

三頁字　【南齊紀二】　九　壬戌

四年春正月壬戌詔曰夫膠庠之典彝倫攸先
所以招振才端啟發性緒弘字黎岷納之軌義
是故五禮之迹可傳六樂之容不泯朕自膺曆
受圖志闡經訓且有司羣僚奏議咸集蓋以戎
車時警文教未宣思樂泮宮永言多慨今開燧
無虞時和歲稔遠邇同風華夷慕義便可式遵
前准脩建敦學精選儒官廣延國胄以江州刺
史王延之為右光祿大夫癸亥詔曰比歲申威
西北義勇爭先殉氣寇場命盡王事戰亡彌復

雖有恇怛典主者遵用每傷簡薄建元以來戰云
賞鰥租布二十年雜役十年其不得收屍主軍
保押亦同此例以後將軍長沙王晃為護軍將
軍中軍將軍南郡王長懋為江州刺史南徐州刺史冠軍
將軍安成王暠為江州刺史二月乙未以冠軍
將軍桓康為青冀二州刺史上不豫庚辰詔原
京師囚繫元年以前逋責皆原除三月庚
甲召司徒褚淵左僕射王儉詔曰吾本布衣素
族念不到此因藉時來遂隆大業風道沾被先

三頁高　【南齊紀二】　十　昇

平可期遘疾彌留至于大漸公等奉太子如事
吾柔遠能邇緝和內外當今太子敦穆親戚委
任賢子崇尚節儉宣惠則天下之理盡矣
死生有命夫復何言壬戌上崩于臨光殿年五
十六四月庚寅上諡曰太祖高皇帝奉梓宮於
東府前渚外龍舟丙午空武進泰安陵上少沈
深有大量寬嚴清儉喜怒無色博涉經史善屬
文工草隸書弈棊第二品雖經綸夷險不廢素
業從諫察謀以威重得眾即位後身不御精細

之物敕中書舍人桓景真曰主衣中似有玉介
道此制始自大明末得泰始尤增其麗留以實置
主衣政是興長疾源可即時打碎凡復有可異
物皆宜隨例也後官器物欄檻以銅為飾者皆
改用鐵內殿施黃紗帳官人著紫皮履筆蓋除
金花爪用鐵廻釘每日使我治天下十年當使
黃金與土同價欲以身率天下移變風俗上姓
名骨體及期運曆數並遠應圖讖歷十百條歷
代所未有臣下撰録上抑而不宜盛矣

史臣曰孫卿有言聖人之有天下受之也非取
之也漢高神武駿聖觀秦氏東遊蓋是雅多大
言非始自知天命光武閒少公之論讖亦特一
時之笑語魏武初起義兵所期征西之墓宣
不內迫曹爽豈有定霸浮橋宋氏屈起四夫兵
由義立咸皆一世推雄辛開鼎祚宋氏正位八
君十年五紀四絶長嫡中興三稱內難屢兵
革世勳太祖基命之初武功潛用泰始開運大
拯時艱龍德在田見猜雲雨之迹及蒼梧暴虐

豐結朝野百姓懷命懸朝夕權道既行兼濟
天下元功振主利器難以假人羣才勤力實懷
尺寸之望豈其天厭水行固巳人希末德歸功
與能事極乎此雖至公於四海而運實時來無
心於黃屋而道隨物變應而不為此皇齊所以
集大命也
贊曰於皇太祖有命自天同度宇宙合晷量山淵
宋德不紹神器虛傳寧亂以武黜暴資賢庸發
西彊功興北翰偏師獨克孤旆霆斷援施東夏
江漢文藝雲在躬女方塵淵塞用下以才鎮民以德
職司靜亂指斧徐方時惟伐叛抗威京輦坐清
端巳雄睟君臨尊黙苞括四海大造家國

本紀第三

武帝

南齊書三　　臣蕭　子顯　撰

世祖武皇帝諱賾字宣遠太祖長子也小諱龍
見生於建康青溪宅其夜陳孝后劉昭后同夢
龍據屋上故字上焉初為尋陽國侍郎辟州西
曹書佐出為贛令江州刺史晉安王子勛反上
不從命南康相沈肅之執上於郡獄族人蕭欣
祖門客桓康等破郡迎出上蕭之率將吏數百
人追擊上與左右拒戰生獲蕭之斬首百餘級

遂率部曲百餘人舉義兵始興相劉嗣孚將萬兵
赴子勛於尋陽或勸上擊之上以眾寡不敵避
屯揭陽山中聚眾至三千人子勛遣其將戴凱
之為南康相及軍主張宗之千餘人助之上引
兵向郡擊凱之別軍主程超數百人於南康口
又進擊宗之破斬之遂圍郡城凱之以數千人
固守上親率將吏盡日攻之城陷凱之奔走殺
偽頴令陶沖之上即據郡城遣軍主張應期鄧

惠真三千人襲豫章子勛遣軍主談秀之等七
千人與應期相拒於西昌藥營疊交戰不能決
聞上將自下秀之等退散事平徵為尚書庫部
郎征北中兵參軍西陽縣子帶南東莞太守越
騎校尉正貞郎劉韞撫軍長史襄陽太守別封
頴縣子邑三百戶固辭不受轉寧朔將軍廣興
相桂陽王休範西諮議上遣軍襲陽至北嶠事平
除晉興郎沈攸之在荊楚宋朝密為之備元徵
史黃門郎沈攸之

四年以上為晉興王鎮西長史江夏內史行郢
州事從帝立徵晉熙王燮為撫軍揚州刺史以
上為左衛將軍輔燮俱下沈攸之事起未得朝廷
處分上以中流可以待敵即據盆口城為戰守之備
太祖聞之喜曰此真我子也上表求西討不許
乃遣偏軍援郢平西將軍黃回等皆受上節度
加上冠軍將軍持節昇明二年事平轉散騎常
侍都督江州豫州之新蔡晉熙二郡軍事征虜
將軍江州刺史持節如故封聞喜縣侯邑二千

方墊

戶其年徵侍中領軍將軍給鼓吹一部府置佐
史領石頭戍軍事尋又加持節督京畿諸軍事
三年轉散騎常侍尚書僕射中軍大將軍開府
儀同三司進爵為公持節都督領軍如故給豫
翻二十人齊國建為齊公世子改加侍中南豫
州刺史給油絡車羽葆鼓吹增班劍為四十人
以石頭進爵為世子宮官置二率以下坊省服章一
如東宮進爵王太子太祖即位為皇太子建元
四年三月壬戌太祖崩上即位大赦征鎮州郡

令長軍屯營部各行喪三日不得擅離任都邑
城守防備幢隊一不得還乙丑稱先遺詔以
司徒褚淵錄尚書事尚書左僕射王儉為尚書
令車騎將軍張敬兒為開府儀同三司詔曰喪
禮雖有定制先旨每存簡約內官可三日一還
臨外官閒一日還臨後有大喪皆如之丁卯以
右衛將軍呂安國為司州刺史庚午以司空豫
章王疑為太尉癸酉詔曰州郡歷代宜同之制
頃歲通弛遂以萬計雖在憲宜懲而原心可甚

二 陳琇

積年通城可悉原蕩自茲以後申明舊科有違
斜裁庚辰詔曰比歲未稔貧窮不少京師二岸
多有其弊遣中書舍人優量賑郵夏四月丙午
以輔國將軍張倪為兗州刺史辛卯追尊穆妃
為皇后五月乙丑以丹陽尹聞喜公子良為南
徐州刺史癸未詔曰新除左衛將軍垣崇祖為豫
州刺史甲戌詔曰頃水雨頻降潮流壤降滿一岸
居民多所淹漬遣中書舍人與兩縣官長優量
賑郵六月甲申立皇太子長懋詔申壬戌赦恩

百日乙酉以鄱陽王鏘為雍州刺史臨汝公子
卿為郢州刺史甲午立皇太子妃王氏進封聞喜公子
良為竟陵王臨汝公子卿為廬陵王應城公子
敬為安陸王江陵公子懋為晉安王枝江公子
隆為隨郡王皇子子貞為建安王皇孫昭業為
南郡王戊戌詔曰水潦為患星繼乖序京都四
繫可剋日評決諸遠獄委刺史以時察刺建康
秣陵二縣貧民加賑賜必令周悉吳興義興遭

四 徐弓山

水縣蠲除租調癸卯以司徒褚淵為司空驃騎
將軍秋七月庚申以衛尉蕭諶為豫州刺史壬
戌以冠軍將軍榮祖為青冀二州刺史八月
癸卯司徒褚淵薨九月丁巳以國哀故罷國子
學已巳以前軍將軍姜伯起為秦州刺史辛未
以征南將軍王僧虔為左光祿大夫開府儀同
三司尚書右僕射王奐為湘州刺史冬十二月
巳丑詔曰緣淮戍將父處邊勞三元行始宜沾
恩慶可遣中書舍人宣旨臨會後每歲皆如之

南齊書紀三　五　方塈

庚子以太子左衛率戴僧靜為徐州刺史
永明元年春正月辛亥車駕祠南郊大赦改元
壬子詔內外羣僚各舉所知隨方登敘詔曰
公卿士各舉所知隨方登敘詔曰經邦之寄寔
資任民守宰祿俸蓋有恒准往以邊虞尚警故
沿時損益今區寓寧晏績咸熙念勤簡能宜
加優獎郡縣丞尉可還田秩太尉豫章王嶷領
太子太傅護軍將軍長沙王晃為南兗州刺史
鎮北將軍竟陵王子良為南兗州刺史庚申以

侍中蕭景先為中領軍壬戌立皇弟銳為南平
王鏘為宜都王晃子明為武昌王晃子鉉為南
海王甲子為築青門溪舊宮詔朔朢使瞻復二月辛
巳以征虜將軍楊炅為沙州刺史辛丑以隴西
公宕昌王梁彌機為河源二州刺史東羌王傉
檀壤泰運初基草昧惟始思述先範永隆治根
舒彭陵遲西涼州刺史庶邦彌失其序邈速公私
風軌遷列宰庶邦彌失其序邈速謝端速公

南齊書紀三　六　高文

莅民之職一以小滿為限其有聲績尤異厚加
甄異理務無庸隨時代黜丙辰詔曰朕自丁茶
毒奄便周思瞻言負荷若墜淵歊而遠圖尚敢
政刑未理星緯失序陰陽愆度思播先澤兼酬
天眚可申辛亥赦恩五十日以期記為始京師
囚繫來悉皆原宥三署軍徒優量降遣都邑鰥
寡孤貧詳加賑邮戊寅詔四方見囚罪無輕重
及劫賊餘口長徒勑繫悉原散通貟督贓建元
四年三月以前皆特除夏四月壬午詔曰魏矜
袁紹恩洽丘墓晉昌其兩王榮覃餘喬二代弘義

前載美談袤蔡劉秉與先朝同獎宋室沈攸之
於景和之世特有遇心雖末節不終而始誠可
錄歲月彌往宜特優降蔡秉前年改葬堂兆未
修村槨可為經理令粗足周禮攸之及其諸子
喪柩在西者可符荊州送反舊墓在所為營葬
車五月丁酉車騎將軍張敬兒伏誅六月丙寅
詔凡坐事應覆治者在建元四年三月已前皆
原宥秋七月己卯以荊州刺史臨川王映為驃騎

將軍冠軍將軍廬陵王子卿為荊州刺史吳郡
太守安陸矣緬為郢州刺史
二年春正月乙亥以司
州刺史征北將軍竟陵王子良為護軍將軍兼
司徒征北長史劉悛為司州刺史丙子以右光
祿大夫王延之為特進三月乙亥以吳興太守
張代仍為南兗州刺史前將軍王奐為江州刺史
平北將軍呂安國為湘州刺史戊寅以少府趙
景真為廣州刺史夏四月甲辰詔揚南徐南兗

徐兗五州統內諸獄并豫江三州府州見四江
州尋陽新蔡兩郡鞠繫獄並部送還臺須候克日
斷枉直綠江遠郡及諸州委刺史詳察訊已巳
以寧朔將軍程法勤為寧州刺史六月癸卯車
駕幸中堂聽訟乙巳以安陸王子敬為南兗州
刺史戊申以黃門侍郎崔平仲為青冀二州刺
史秋七月癸未詔曰夫樂所自生先哲垂誥禮
不忘本積代同風是以漢光遷回於南陽魏文

般勤於譙國青溪宮體天岳則地栖寶光定
靈源允集符命在昔期運初開經綸方速繕築
之勞我則未暇時流事往永惟哽咽朕以寡薄
嗣奉鴻基思存締構式表王迹考星創制揆日
興功子來告畢規摹昭備宜申彝落之禮以暢
感尉之懷可克日小會甲申立皇子子倫為巴
陵王八月丙午車駕幸舊宮小會設金石樂在
位者賦詩詔申京師獄及三署見徒量所降宥
領宮職司詳賜幣帛戊申車駕幸玄武湖講
武甲子詔曰空枯掩骼義重前誥邱老哀矜

惟令典朕永思民瘼弗忘鑒寐聲憓未敷物多
乘所京師二縣或有父墳毀發可隨宜掩埋
遺骸未攢並加斂瘞疾病窮困不能自存者詳
為條格並加沾賚冬十月丁巳以桂陽王鑠為
南徐州刺史十一月丁亥以始興王鏘為益州
刺史
三年春正月丙辰以大司農劉楷為交州刺史
安西諮議參軍崔慶緒為南梁秦二州刺史甲
申以晉安王子楙為南豫州刺史辛卯車駕祠
南郊大赦都邑三百里內罪應入重者降一等
餘依赦制勑繫之身降遣有差賑貧民
又詔曰春秋國語云生民之有學歌猶樹木之
有枝葉東行育德咸必由茲在昔開運光宅華
夏方弘典謨克故仰瞻徽猷歲月彌遠今退通
就經始仍離屯故命彼有司崇建庠塾甫
一體車軌同文宜高選學官廣延胄子又詔守
宰親民之要刺史安部所先宜嚴課農桑相土
揆時必窮地利若耕蠶失衆足腐浮隨者所在

即便列奏其違方驕矜佚事妨農竟以名聞將
明賞罰以勸勤怠校覈殿最歲竟考課以申黜
陟二月辛丑車駕祠北郊夏四月戊戌以新除
右衛將軍豫章王世子響為豫州刺史輔國
將軍桓敬為兗州刺史五月乙未詔曰氓俗凋
獘于茲永久雜年穀時登而嘆之比室凡單丁
之身及黨獨而秩養養孤者並蠲今年田租是
月摠明觀六月庚戌進河南王度易度為車
騎將軍秋七月辛丑詔丹陽所領及餘二百里
內見四同集京師自此以外委州郡決斷甲戌
左光祿大夫開府儀同三司王僧虔薨丁亥以
驃騎中兵參軍董仲舒為寧州刺史八月乙未
車駕幸中堂聽訟丁巳以行宕昌王梁彌頡為
河涼二州刺史戊午以尚書令王儉領太子少
傅太子詹事蕭諄為領軍將軍冬十月壬戌詔
曰皇太子諄講畢當釋奠王公以下可悉往觀
禮十一月乙丑以冠軍將軍王文仲為青冀二
州刺史十二月丁酉詔曰九穀之重八材為末

是故潔粢豐盛祝史無愧於辭不籍千畝周宣
所以貽諫昔期運初啟庶政草昧三推之典我
則未暇朕嗣奉鴻基思先軌載來躬親率由
駕式可以開春發歲敬簡元辰鳴青鸞於東郊
覓朱紘而蒞事仰薦宗禋俯嗣黔阜將使困庚
內充遺秉外犐既富而教茲爲收在是夏琅邪
郡旱百姓芟除枯苗至秋擢穎大熟

四年春正月甲子以南琅邪彭城二郡太守隨
郡王子隆爲江州刺史征虜長史張瓌爲雍州
刺史征虜將軍薛淵爲徐州刺史護軍將軍兼
司徒竟陵王子良進號車騎將軍富陽人唐寓
之反聚衆桐廬破富陽錢塘等縣害東陽太守
蕭崇之遺宿衛兵出討伏誅丁酉冠軍將軍馬
軍主陳天福坐討唐寓之燒掠百姓弃市辛卯
車駕幸中堂策秀才閏月癸巳丁未以武都王楊
集始爲比泰州刺史辛亥軍駕藉田詔曰夫耕
邵陵王皇孫昭文爲臨汝公丁亥軍駕藉田詔曰夫耕
籍所以表敬親載所以率民朕景行前規躬執

三百二十　南齊紀三　十一　江字名

良耜千畝咸事六佾可期教義克宣誠感兼暢
重以天符靈貺歲月鱗萃實鼎開玉匣之祥嘉
禾發同穗之穎甘露凝暉於桐牧神爵舊著於
蘭囿斯乃宗稷之慶豈寡薄所臻思偉休和單
茲黔阜見刑罪殊死以下悉原宥諸通負在三
年以前尤窮弊者一皆蠲除孝悌力田詳授爵
位孤老貧窮賜穀十石九欲附農而粮種闕之
者並加給貸務在優厚癸丑以
爲廣州刺史甲寅以籍田禮畢車駕幸閱武堂
勞酒小會詔賜王公以下在位者帛有差戊午
車駕幸宣武堂講武詔曰今親閱六師少長有
禮領駁羣帥可量班賜二月己未立皇弟鏘爲
晉熙王鉉爲河東王庚寅以光祿大夫王玄載
爲兗州刺史三月辛亥國子講孝經車駕幸學
賜國子祭酒博士助教絹各有差夏四月丁亥
以尚書左僕射柳世隆爲湘州刺史臨沂縣麥
不登刈爲馬芻至夏秀五月癸巳詔楊南
徐二州今年戶租三分二取見布一分取錢來

三百廿四　南齊紀三　十二　江字名

歲以後遠近諸州輸錢處處減布直四准四百
依舊折半以為永制丙午以吳興太守西昌侯
諱為中領軍秋八月辛酉以鎮南長史蕭惠休
為廣州刺史冬九月甲寅以征虜將軍王廣之為
徐州刺史冬十二月乙亥以東中郎司馬崔惠
景為司州刺史

五年春正月戊子以太尉豫章王嶷為大司馬
車騎將軍竟陵王子良為司徒驃騎將軍臨川
王映衛將軍王儉中軍將軍王敬則並本號開
府儀同三司都官尚書沈文季為郢州刺史左
將軍安陸王子敬為荊州刺史征虜將軍音安
王子懋為南兗州刺史輔國將軍建安王子真
為南豫州刺史辛卯詔曰朕昧爽丕顯思康民瘼
雖年穀頻登而飢饉代有今履端肇運陽和告
始宜協時休曁茲黎庶諸孤老貧病並賜粟飢
遣使親賦每存均普雍司二州蠻虜屢動丁酉
遣丹陽尹蕭景先出平陽護軍將軍陳顯達出
宛葉二月戊子車駕幸芳林園禊宴丁未以

南齊紀三 十三 吳林

護軍將軍陳顯達為雍州刺史夏四月車駕殷
祠太廟詔殺緊囚見徒四歲刑以下悉原道五年
減為三歲京邑罪身應入重降一等六月辛酉
詔曰比霖雨過度水潦洊溢京師居民多離其
弊道中書舍人二縣官長隨宜賑賜秋七月戊
申詔丹陽屬縣建元四年以來至永明三年所
通田租殊為不少京甸之內宜加優貸其非中
貲者可悉原停八月乙亥詔今夏雨水吳興義
興二郡田農多傷詳蠲祖調九月己丑詔曰九

南齊書紀三 十四 朱

日出商飆館登昇晏羣臣辛卯車駕幸商飆
館上所立在孫陵崗世呼為九日臺也丙午
詔曰善為國者使民無傷而農益勸是以十一
而稅周道克隆開建常平漢載穆民畎畝樂泉
浮汰來貢把梓皮革必緣楚往自水德將謝喪
亂彌多師旅歲興饑饉代有貧室盡於課調泉
其傾於絕域軍國器用動資四表不因厥產咸
用九賦雖有交貨之名而無潤私之實民咨塗
炭寒此之日昔在開運星紀未周餘弊尚重農

桑不殷於襄日粟帛輕賤於當年工商罕兼金
之儲匹夫多飢寒之患良由圓法久廢上幣稍
寡所謂民失其資能無匱乎凡下貧之家可蠲
三調二年京師及四方出錢億萬糴米穀絲綿
之屬其皆悉停之必是歲賦攸宜都邑所之可
所產者皆悉停之必是歲賦攸宜都邑所之可
見直和市勿使逋刻冬十月甲申以中領軍西
昌侯諱為豫州刺史侍中安陸侯緬為中領軍

初起新林苑

南齊紀三

主

具推

三五十一

六年春正月壬午以祠部尚書安成王暠為南
徐州刺史詔二百里內獄同集京師尅日聽覽
自此以外委州郡訊眾三署徒隸詳所原釋三
月己亥以豫章王世子寶為巴東王癸卯以
光祿大夫周盤龍為行兗州刺史五月甲午以
宕昌王梁彌承為河涼二州刺史六月甲寅以
守房法乘為交州刺史秋七月乙巳都官尚書
散騎常侍沈景德為徐州刺史丙子以始興太
呂安國為領軍將軍八月乙卯詔吳興義興水

潦被水之鄉賜痼疾篤癃口二斛老落一斛小
口五斗九年春正月壬寅車駕幸琅邪城講武習水步
軍冬十月庚申立冬初臨太極殿讀時令辛酉
以祠部尚書武陵王曄為江州刺史閏月乙卯
詔曰此兗北異八州邊接疆場民
多縣磬原永明以前所通租調辛卯以尚書僕
射王奐為領軍將軍十一月乙卯以羽林監費
延宗為越州刺史庚申以後將軍晉安王子懋
為湘州刺史西陽王子明為南兗州刺史

南齊書紀三

十六

徐珂

七年春正月丙午以中軍將軍王敬則為豫州
刺史中軍將軍陰智伯為梁南秦二州刺史戊
申詔曰雍州頻歲戎役兼水旱為弊原四年以
前逋租宿責辛亥車駕祠南郊大赦京邑貧民普加
賑賜又詔曰春頒秋斂萬邦所以惟懷柔遠能
邇兆民所以允殖鄭渾宰邑因姓立名王濬剖
符尸殷盛今產子不育雖炳常禁比聞所在
猶或有之誠復禮以貧殺抑亦情由俗淡宜節
以嚴威敦以惠澤王者尋舊制詳量附定蠲卹

之宣務存優厚壬戌騶■阿將軍開府儀同三司
臨川王映薨戊辰詔曰詔大夫年秩隆重祿力
殊薄當所謂下車惟舊趨橋敬老可增體詳給
見役二月丙子以左衛將軍巴東王子響爲中
護軍己丑詔曰宣尼誕敷文德峻自天發輝
七代陶鈞萬品英風獨舉素王誰匹功隱於當
年道深於日月感麟厭世緬邈千祀川竭谷虛
邙仰崇脩寢廟歲月驟流鞠爲茂草今學敎興
立賁圖洪規撫事懷人罻增欽屬可敕築宗祊
務在業壇量給祭秩禮同諸疾奉聖之爵以時
紹繼壬寅以丹陽尹王晃女爲江州刺史癸卯以
巴陵王子倫爲豫州刺史三月丁未以太子右
衛率王玄邈爲兗州刺史更庚戌以中護軍巴東
王子響爲江州刺史中丞青令隨郡王子岳爲
護軍甲寅立皇子子岳爲臨賀王子峻爲廣漢
王子琳爲宣城王子珉爲義安王夏四月戊寅
詔曰婚禮下達人倫攸始周官設媒氏之職國

風興及時之詠四爵内陳義不期侈三鼎外列
事當存奢晚俗浮麗歷茲永久每思懲革而民
未知禁乃聞同牢之費華泰尤甚膳羞方丈有
過王侯當者扇其驕風貪員者恥躬不逮或以供
帳未具動致推遷年不再來盛時忽往宜爲節
文須之士庶並可擬則公朝力樣供設合巹之
禮無虧豐人儉之義斯在如故有違繩之以法五
月乙巳尚書令衛將軍開府儀同三司王儉薨
甲子以新除尚書左僕射柳世隆爲尚書令六
月丁亥車駕幸琅邪秋八月庚子以左衛將軍
建安王子眞爲中護軍冬十月己丑詔曰三季
澆浮舊章陵替吉凶奢靡動違矩則或裂錦繡
以競車服之飾塗金鏤石以窮塋域之麗至班
白不婚露棺累葉苟相姱衒顧太典可明爲
條制嚴勒所在悉使畫一如復違犯依事糾奏
十二月己亥以中護軍建安王子眞爲郢州刺
史江州刺史巴東王子響爲荊州刺史前安西
司馬垣榮祖爲兗州刺史

八年春正月庚子征西大將軍王敬則進號驃
騎大將軍左將軍沈文季為領軍將軍丹陽尹
鄱陽王鏘為江州刺史詔放遣𨻶城虜俘聽還
其本主辰零陵王司馬藥師薨夏四月戊辰詔
公卿巳下各舉所知隨才授職進得其人受登
賢之賞薦非其才獲濫舉之罰秋七月辛丑以
會稽太守安陸侯緬為雍州刺史癸卯詔曰陰
陽舛和緯象愆度儲備興惠淹旬暴思仰柢
天戒俯紆民瘼可大赦天下癸亥詔雍二州
比歲不稔雍州八年以前司州七年以前逋租
悉原汝南一郡復限東甲五年八月丙寅詔京
邑霖雨既過居民汎濫遣中書舍人二縣官長
賑卹乙酉以行河南王世子休留成為秦州二
州刺史巴東王子響有罪遣丹陽尹蕭譁率軍
討之子響伏誅冬十月丁丑詔吳興水淹過度
開所在倉賑賜癸巳原建元以前通租十一月
乙卯以建武將軍伏登之為交州刺史十二月

乙丑以振威將軍陳僧授為越州刺史戊寅詔
尚書丞郎職事繁劇郵俸未優可量增賜祿巳
卯皇子子建為湘東王癸巳以監青翼二州軍
刺史事張沖為青翼二州刺史
九年春正月甲午以侍中江夏王鋒為南徐州
刺史冠軍將軍劉悛為益州刺史辛丑車駕祠
南郊詔京師見四繫詳量原遣三月乙卯以南
中郎司馬劉揩為司州刺史夏四月乙亥有司奏舊格
率劉繢為廣州刺史
為雍州刺史秋九月戊辰車駕幸琅邪城講武
觀者傾都普領酒肉
十年春正月戊午詔諸責負衆通七年以前悉
原除高貲不在例孤老六疾人穀五斛內外有
務衆官增祿俸以左民尚書南平王銳為湘州
刺史司徒竟陵王子良領尚書令右衛將軍王

玄邈為北徐州刺史中空軍將軍廬陵王子卿進
號車騎將軍北中郎將並領海王子罕為兗州刺
史輔國將軍臨汝公昭文入為南豫州刺史
將軍主文和為北兗州刺史夏二月辛丑大司馬車駕
軍陳顯達領中領軍夏　月辛丑大司馬豫章
王嶷薨五月巳巳司徒音陵王子良為揚州刺
史冬十月乙丑車駕幸玄武湖講武甲午車駕
史秋八月丙申以新城太守郭安明為寧州刺
殷祠太廟十一月戊午詔曰頃者霖雨樵粮稍
貴京邑居民多離其弊遣中書舍人二縣官長

賑賜

十一年春正月癸丑詔京師見繫囚詳所原遣
以驃騎大將軍王敬則為司空江州刺史鄱陽
王鏘為領軍將軍鎮軍大將軍陳顯達為江州
刺史右衛將軍崔慧景為豫州刺史丙子皇太
子長懋薨二月壬午以車騎將軍廬陵王子卿
為驃騎將軍南豫州刺史撫軍將軍安陸王子
敬進號車騎將軍巳丑輔國將軍曹虎為梁南

（王　王本）

秦二州刺史癸卯以新除中書監晉安王子懋
為雍州刺史丙午以冠軍將軍王奐伏誅夏四月壬
刺史三月乙亥雍州刺史王奐為益州
午詔東宮文臣僚可悉度為太孫官屬甲午
立皇太孫昭業太孫妃何氏詔賜天下為父後
者爵一級孝子順孫義夫節婦粟帛各有差癸
卯以驍騎將軍劉靈哲為兗州刺史五月戊辰
詔曰水旱成災穀稼傷獎凡三調衆通可同申
至秋登京師二縣朱方姑熟可權斷酒庚午以
輔國將軍蕭惠休為徐州刺史丙子以左民尚
書宜都王鏗為南豫州刺史六月壬午詔霖雨
既過遣中書舍人二縣官長賑賜京邑居民秋
七月丁巳詔曰頃風水為災二岸居民多離其
惠加以貧病六疾孤老稚弱彌足矜念遣中書
舍人履行沿邮又詔曰水旱為災實傷農稼江
淮之閒倉廩既虛遂草竊死斥互相侵奪依江
山湖成此通逃曲赦南兗兗豫司徐五州南豫
州之歷陽譙臨江盧江四郡三調衆通宿債並

（至　吳縝）

同原除其緣淮及青冀新附僑民復除已詫更

申五年是月上不豫徙御延昌殿乗輿始階

而殿屋鳴呧上惡之虜偵邊戊辰遣江州刺史

陳顯達鎮雍州樊城士慮朝野憂惶乃力疾召

樂府奏正聲俊戊寅大漸詔曰始終大期萬機

不免吾行年六十亦復何恨但皇業艱難萬機

事重不能無遺慮耳太孫進德日茂社稷有寄

子良善相眂輔恩弘治道內外眾事無大小悉

與譚叅懷共下意尚書中是職務根本悉委　吳喜　南齊紀三

我識減之後身上箸夏衣畫天衣純烏犀導應

奉爾職謹事太孫勿有懈怠知復何言又詔曰　二二

王廣之王玄邈沈文季張環薛淵等百辟庶僚各

王晏徐孝嗣軍旅捍邊之略委王敬則陳顯達

諸器悉不得用寶物及織成等唯裝複袴衣各　三頁古

一本通常所服身刀長短二口鐵環者隨我入

梓官祭啟之典本在因心東隣殺牛不如西家

綸祭我靈上慎勿以牲為祭唯設餅茶飲乾飯

酒脯而已天下貴賤咸同此制未山陵前朔望

設菜食陵墓萬世所宅意常恨休安陵未稱今

可用東三處地最東邊以葬我名為景安陵喪

禮每存省約不須煩民百官停六時入臨朝望

祖日可依舊諸主六宮並不須從山陵內殿鳳

華壽昌耀靈三處是吾所治製夫貴有天下

富兼四海宴處乃陋謂此為奢儉之中　二古

慎勿壞去顯陽殿王像諸佛及供養之具如別牒

可盡心禮拜供養之應有功德事可專在中自

今公私皆不得出家為道及起立塔寺以宅為　陳壽

精舍並嚴斷之唯年六十必有道心聽朝賢選　南齊紀三　二古

序已有別詔諸小小賜乞及閒內處分亦有別

牒內外禁衛勞舊主帥左右悉付蕭譚優量驅

使之勿負吾遺意也是日上崩年五十四上剛　三頁古

殺有斷為治總大體以富國為先頗不喜遊宴

雕綺之事言常恨之未能頓遣臨崩又詔凡諸

遊費宜從休息自今遠近薦獻務存節儉不得

出界營求相高奢麗金粟繒續樊民已多珠玉

玩好傷工尤重嚴加禁絕不得有違准繩九月

丙寅葬景安陵

史臣曰世祖南面嗣業功參寶命雖爲繼體事
實艱難御家垂旒深存政典文武授任不革舊
章明罰厚恩皆由上出義兼長遠莫不肅然外
表無塵內朝多豫機事平理職貢有恒府藏內
充民鮮勞役宮室苑囿未足以傷財安樂延年
衆庶所同幸若夫割愛懷抱同彼甸人太祖羣
昭位後諸穆昔漢武留情晚悟追恨戾園魏文
侯克中山不以封弟英賢心述臣所未詳也

陳壽

贊曰武帝丕顯徽號止戈韶嶺歇浸彭湃澄波
威承景厝蕭御金科北懷戎款南獻夷歌市朝
晏逸中外寧如

本紀第三

鬱林王

鬱林王昭業字元尚文惠太子長子也小名法
身世祖即位封南郡王三千石永明五年十一
月戊子冠於東宮崇政殿其日小會賜王公以
下帛各有差給昭業扶二人七年有司奏給班
劍二十人鼓吹一部高選友學十一年給皁輪
三望車詔高選國官文惠太子薨立昭業為皇
太孫居東宮世祖崩太孫即位八月壬午詔稱
先帝遺詔以護軍將軍武陵王曄為衛將軍
征南大將軍陳顯達即本號開府儀同三司
尚書左僕射西昌侯諱為尚書令太孫詹事沈
文季為護軍將軍癸未以司徒竟陵王子良為
太傅詔曰朕以寡薄嗣膺寶政對越靈命欽若
前圖思所以敬守成規拱揖羣后衆荒在日有
懍大猷宜育德振民光昭睿範凡逋三調及衆
責在今年七月三十日前悉同蠲除其備償封

二百八十六　　南齊紀四　一　劉昭

籍貨弊寡未售亦皆還主御府諸署池田邸冶典
廢泛事本施一時於今無用者詳所罷省公宜
權禁一以還民關市征賦務從優減丙戌詔曰
近比掠餘口悉充軍實故無小閒或收敕撫
章興仁事深醲範宜從蕩宥許以自新可一同
放遣還復民籍已賞賜者亦皆為贖辛丑詔曰
往歲蠻虜協謀志擾邊氓率帥授略大殲凶醜
華城克捷及舞陰固守二處勞人未有沾賚宜
者可分遣選部往彼序用九月癸丑詔東西二
省府國長老所積射單祿寡良以矜懷選部可
甄才品能推校年月邦守邑丞隨宜量處以貧
為先辛酉追尊皇太孫妃為皇太后立皇后何
氏十月壬寅辛亥立臨汝公昭文為新安王曲江
公昭秀為臨海王皇弟昭粲為永嘉王
隆昌元年春正月丁未改元大赦加太傅竟陵
王子良殊禮驍騎將軍晉熙王銶為郢州刺史
丹陽尹安陸王子敬為南兗州刺史征北大將

三十七　　南齊紀四　一　顥榮

軍晉安王子懋為江州刺史臨海王昭秀為荊
州刺史永嘉王昭粲為南徐州刺史征南大將
軍陳顯達進號車騎大將軍郢州刺史建安王
子真為護軍將軍詔百僚極陳得失詔王公
以下各舉所知戊申以護軍將軍沈文季為領
軍將軍已酉以前將軍曹虎為雍州刺史蕭諶
為梁南秦二州刺史輔國長史申希祖為交州
將軍薛淵為司州刺史庚戌將軍蕭懿為領
刺史辛亥車駕祠南郊詔曰執耒勸農忘懸磬比
室秉機或惰無禍終年非息非荒雖由王道不
粮不茇實賴民和頃歲多稼無藥遺秉如積而
三登之美未臻萬斯之基尚遠且風土異宜百
民奸務刑章治緒未必同源妨本害政事非一
揆覺旒屬念無忘鳳興可嚴下州郡務滋耕殖
相勖關嘻廣開地利深樹國本克阜天民又詢
訪獄市博聽謠俗傷風損化各以條聞主者詳
為條格戊午車駕拜崇安陵已已以新除黃門
侍郎周奉叔為青州刺史二月辛卯車駕祠明

堂夏四月辛巳衛將軍開府儀同三司武陵王
曄薨戊子太傅竟陵王子良薨戊戌以前沙州
刺史楊炅為沙州刺史丁酉以驃騎將軍廬陵
王子卿為衛將軍尚書右僕射鄱陽王鏘為驃
騎將軍並開府儀同三司閏月乙丑以南東海
太守蕭穎冑為青冀二州刺史丁卯鎮軍大將
軍諶即本號開府儀同三司癸丑以中軍將軍
新安王昭文為揚州刺史六月丙寅以黃門侍
郎王思遠為廣州刺史秋七月庚戌以中書郎
蕭遙欣為兗州刺史東莞太守臧靈智為交州
刺史癸巳皇太后令曰鎮軍車騎左僕射前將
軍領軍左衛衛尉八座自我皇歷啟基受終于
宋睿聖繼軌三葉重光太祖以神武創業草昧
區夏武皇以英明提極經緯天人文帝以上哲
之資體元良之重雖功未被物而德已在民三
靈之眷方永七百之基已固嗣主特鍾沴氣爰
表弱齡險戾箸千綠車愚固彰於崇正狗馬是
好酒色方酒所務唯鄙事所疾唯善人世祖慈

愛曲深每加容掩箕年志稍改立守神器自入
纂鴻業長惡滋甚居喪無一日之哀纕經為歡
宴之服昏酣長夜萬機斯奉發號施令莫知所
從閻堅徐龍駒專揔樞密奉叔珍之互執權柄
自以為任得其人表裏緝穆邁蕭曹而愈信布
倚太山而坐平原於是恣情肆意闔顧天顯二
帝姬嬪並充寵御二宮遺服皆納玩府內外混
漫男女無別丹屏之比為酖酖之所青蒲之上
開桑中之肆又微服潛行信次忘反端委以朝
虚位交戰而守空宮積旬矣宰輔忠賢盡誠奉
主誅鉏羣小異能悛革曾無克巳更深怨猜公
卿股肱以異巳宜戮文武昭穆以德譽見猜放
肆醜言將行屠膾殆有過綴疏昔太宗
克光於漢世簡文代興於晉氏前事之不忘後
人之師也鎮軍居正體道家國是賴伊霍之舉
實寄淵謨便可詳依舊典以禮廢黜中軍將軍
新安王體自文皇睿哲天秀宜入嗣鴻業永寧
四海外即以禮奉迎未亡人屬此多難投筆增

慨昭業少美容止好隸書世祖勑皇孫手書不
得妄出以貴重之進對音吐甚有令譽王侯五
日一問訊世祖常獨呼昭業至幄座別加撫問
呼為法身鍾愛甚重文惠皇太子薨昭業每臨
哭輒號咷不自勝俄尒還內歡笑極樂在世祖
喪哭泣入後宮嘗列胡妓二部夾閣迎奏為南
郡王時文惠太子禁其起居節其用度昭業謂
豫章王妃庾氏曰阿婆佛法言有福德生帝
家令日見作天王便是大罪左右主帥動見拘
執不如作市邊屠酤富兒百倍矣及即位極意
賞賜動百數十萬每見錢輒曰我昔時思汝一
文不得今得用汝未甚年之間世祖齋庫儲錢
數億垂盡開主衣庫與皇后寵姬觀之給閹人
竪子各數人隨其所欲恣意輦取取諸寶器以
相剖擊破碎之以為笑樂居嘗輦著紅穀褌
雜采服好閹雞密買至數千價世祖御
物甘草杖宮人寸斷用之毀世祖招婉殿乞閹
人徐龍駒為齋龍駒尤親幸為後閣舍人日夜

在六宮房內昭業與文帝幸姬霍氏淫通龍駒
勸長留宮內聲云度霍氏爲尼以餘人代之嘗
以邪詔自進每謂人曰古時亦有監作三公者
皇后亦淫亂齋閤通夜洞開內外淆雜無復分
別中書舍人綦毋珍之朱隆之直閤將軍曹道
剛周奉叔爲帝羽翼高宗屢諫不納先啓誅
龍駒次誅奉叔及珍之帝竝不能違既而尼媼
外人頗傳異語乃疑高宗有異志中書令何胥
以皇后從叔見親使直殿省嘗隨后呼胥爲三

父與胥謀誅高宗令胥受事省不敢當依違杜
諫帝意復止乃謀出高宗於西州中勑用事不
復關諮高宗慮變定謀廢帝二十二日壬辰使
蕭諶坦之等於省誅曹道剛朱隆之等率兵自
尚書入雲龍門戎服加朱衣於上比入門三失
履王晏徐孝嗣蕭坦之陳顯達王廣之沈文季
係進帝在壽昌殿聞外有變使開內殿諸房閤
令闈人登興光樓望還報云見一人戎服從數
百人急裝在西鍾樓下須臾蕭諶領兵先入宮

截壽昌閤帝走向愛姬徐氏房拔劍自刺不中
以帛纏頸輿接出延德殿諶初入殿宿衛將士
皆操弓楯欲拒戰諶謂之曰所取自有人卿等
不須動宿衛信之及見帝出各欲自奮帝竟無
一言出西弄殺之時年二十二興尸出徐龍駒
宅窮葬以王禮餘黨亦見誅
史臣曰鬱林王風華外美衆所同惑伏情隱詐
難以見求立嫡以長未知瑕釁世祖之心不變
周道既而鬱鄙內作茀自宮闈雖爲害未遠足
傾社稷春秋書梁伯之過言其自取亡也
贊曰十儼有一無國不失鬱林負荷棄禮亡律

本紀第四

南齊書四

東西二省府國長老一本長字作屯疑

海陵王

梁　尚書僕射　蕭子顯　撰

海陵恭王昭文字季尚文惠太子第二子也永
明四年封臨汝公邑千五百戶初為輔國將軍
濟陽太守十年轉持節督南豫州諸軍事南豫
州刺史將軍如故十一年進號冠軍將軍文惠
太子薨還都鬱林王即位為中軍將軍領兵置
佐封新安王邑二千戶隆昌元年為使持節都
督揚南徐二州諸軍事揚州刺史將軍如故其
年鬱林王廢尚書令西昌侯譚議立昭文為帝
延興元年秋七月丁酉即皇帝位以尚書令鎮
軍大將軍西昌侯譚為驃騎大將軍錄尚書事
揚州刺史宣城郡公詔曰太祖高皇帝英謀光
大受命作齊世祖武皇帝宏猷冠世繼暉下武
世宗文皇帝清明懿鑠四海宅心並德漏下泉
功昭上象聲教所覃無思不洽洪基式固景祚
方融而天步多阻運鍾否剝嗣君沖忍暴戾滋

多棄侮天經悖滅人紀朝野重足遑遑側視民
怨神恫宗祧如綴賴忠謨蕭鸞舉霄漢廓清俾
三后之業絕而更纘載懷駭朽若墜危而復安黎以
沖人入篡乾緒改元文武賜位二等八月甲辰
共綏戢福大赦改元文武賜位二等八月甲辰
以新除衛尉蕭諶為中領軍司空王敬則進位
太尉新除車騎大將軍陳顯達為司空尚書左
僕射王晏為尚書令左衛將軍王廣之為豫州
刺史驃騎大將軍鄱陽王鏘為司徒詔遣大使

巡行風俗丁未詔曰新安國五品以上悉與滿
斂自此以下皆聽解遣其欲仕者適其所樂以
昭粲為荊州刺史代申以輔國將軍王詡為廣
臨海王昭秀為車騎將軍南徐州刺史
驍騎將軍河東王鉉為南徐州刺史西中郎將
騎板行參軍李慶綜為寧州刺史辛亥以安西
將軍王玄邈為中護軍新除後軍司馬蕭誕為
徐州刺史壬子以冠軍司馬臧靈智為交州刺

史乙卯申明織成金薄綵花錦繡履之禁九月
癸酉詔曰頃者以淮關徭戍勤瘁於行役故覃
以榮階薄酬勳狀淹留未集王府非所以
急舍爵之典趣報功之旨便可分遣使部往彼
銓用辛巳以前九品大守宋慈明爲交州刺史
癸未誅新除司徒鄱陽王鏘中軍大將軍隨郡
王子隆遣平西將軍王廣之誅南兗州刺史安
陸王子敬於是江州刺史晉安王懋起兵遣黃
中護軍王玄邈討之乙未驃騎大將軍諱假黃

鏚內外纂嚴又誅湘州刺史南平王銳郢州刺
史晉熙王銶南豫州刺史宜都王鏗丁亥以衛
將軍廬陵王子卿爲司徒撫軍將軍桂陽王鑠
爲中軍將軍開府儀同三司冬十月癸巳詔曰
所以布德弘教寬卹阜民朕君臨八紘志敷九
周設媒官趣及時之制漢務輕徭在休息之典
德而晉俗之風爲弊未改靜言多愧無忘晨昊
督勸婚嫁宜嚴更申明必使會窮幣以時摽梅息
怨正廚諸役舊出州郡徵吏民以應其數公獲

二旬私累數朝又廣陵年常遞出千人以助淮
戍勞擾爲煩抑亦苟且是貪今並可長停別量
所出諸縣使村長路都防城直縣爲劇尤深亦
宜禁斷丁酉解嚴進驃騎大將軍揚州刺史宣
城公諱爲太傅領大將軍揚州牧加殊禮進爵
爲衡陽王鈞侍中祕書監江夏王鋒撫軍將軍
軍桂陽王鑠鎮軍將軍
建安王子眞左將軍巴陵王子倫癸卯以寧朔
將軍蕭遙欣爲豫州刺史新除黃門郎蕭遙昌

爲郢州刺史輔國將軍蕭誕爲司州刺史宣城
王輔政帝起居皆諮而後行思食燕魚菜大官
令答無錄公命竟不與辛亥皇太后令曰司空
後將軍丹陽尹右僕射中領軍八座夫明晦迭
來屯平代有上靈所以睠命億兆所以歸懷自
皇家淳耀列聖繼軌諸庶官方百神受職而殷
憂時啓多難薦臻隆昌失德特茶人鬼非徒四
海解體乃亦九鼎將移賴天縱英輔大匡社稷
崩基重造隆典無興嗣主幼沖庶政多昧且早

嬰寇疾弗克負荷所以宗正內侮威藩外叛覘
天視地人各有心雖云祖之德在民而七廟之
免行又自非樹以長君鎮以淵器未允天人之
望寧息姦宄之謀太傅宣城王愐體宣皇鍾慈
太祖識冠生民功高造物符表夙著謳訟有在
宜入承寶命式寧宗祏帝可降封海陵王吾當
歸老別館昔宣帝中興漢室簡文重延晉祚
我鴻基於茲永固言念家國感慶載懷建武元
年詔海陵王依漢東海王彊故事給虎賁旄頭
書輪車設鍾虡宮縣供奉所須每存隆厚十一
月稱王有疾數遣御師占視乃殞之給溫明祕
器衣一襲斂以袞冕之服大鴻臚監護喪事葬
給轀輬車九旒大輅黃屋左纛前後部羽葆鼓
吹挽歌二部依東海王故事諡曰恭王年十五
史臣曰郭璞稱永昌之名有二日之象而隆昌
之號亦同焉案漢中平六年獻帝即位便改元
為光熹張讓段珪誅後改元為昭寧董卓輔政
改元為永漢一歲四號也晉惠帝太安二年長

沙王乂事敗成都王穎攻元為永安穎自鄴奉
河間王顒復攻元為永興一歲三號也隆昌延
興建武亦三改年號故知喪亂之軌迹雖千載
而必同矣
贊曰穆穆海陵因亡代興不先不後遭命是膺

本紀第五

南齊書五

本紀第六

明帝

南齊書六

臣蕭　子顯　撰

高宗明皇帝諱鸞字景栖始安貞王道生子也
小諱玄度少孤太祖撫育恩過諸子宋泰豫元
年為安吉令有嚴能之名補武陵王左常侍不
拜元徽二年為永世令昇明二年為邵陵王安
南記室參軍未拜仍遷齊朔將軍淮南宣城二
郡太守尋進號輔國將軍太祖踐阼遷侍中封

南齊書紀六　　一　　王倩

西昌侯邑千戶建元二年為持節督郢州司州
之義陽諸軍事冠軍將軍郢州刺史進號征虜
將軍世祖即位轉度支尚書領右軍將軍永明
元年遷侍中領驍騎將軍王子廄舊乘纒帷車
高宗獨乘下帷儀從如素士公事混撓販食人
擔火誤燒牛鼻豫章王百世祖世祖笑為轉為
散騎常侍左衛將軍清道而行上甚悅二年出
為征虜將軍吳興太守四年遷中領軍常侍如
故五年為持節監豫州郢州之西陽司州之

汝南二郡軍事右將軍豫州刺史七年為尚書
右僕射八年加領衛尉十年轉左僕射十一年
領右衛將軍世祖遺詔為侍中尚書令尋加鎮
軍將軍給鼓吹一部親兵五百人隆昌元年即本號為大
將軍給班劍二十人尋又加中書監
開府儀同三司鬱林王廢海陵王立為使持節
都督揚南徐二州軍事驃騎大將軍錄尚書事
揚州刺史開府如故增班劍為三十人封宣城
郡公二千戶鎮東府城給兵五千人錢二百萬

南齊書紀六　　二

布千匹九江作難假黃鉞置兵表送之尋加黃
鉞都督中外諸軍事太傅領大將軍揚州牧增
班劍為四十八人給幢絡三望車前後部羽葆鼓
吹劍履上殿入朝不趨贊拜不名置左右長史
司馬從事中郎掾屬各四人封宣城王邑五千
戶持節侍中中書監錄尚書事並如故未拜太后
令廢海陵王以上入纂太祖為第三子羣臣三
請乃受命
建武元年冬十月癸亥即皇帝位詔曰皇齊受

建極握鏡臨宸神武重輝欽明懿鑠七百收

長盤石斯固而王度中塞天階阻嗣命多違

纂蓥孔棘宏圖景曆將隆諸淵宣德皇后遠鑒

崇替憲章舊典疇咨台揆允定靈策用集賓命

于予一人猥以虛薄績戎大業仰繄鴻丕顧臨

兆民永懷先構若履春冰寅憂夕惕閒識攸濟

思與萬國播此惟新大赦天下改元宿衛負官

轉一階其餘文武賜位二等逋租宿責在臺府

物在建武元年以前悉原除劫賊餘口在臺府

者可悉原放員置流徙竝還本鄉太尉王敬則

為大司馬司空陳顯達為太尉尚書令王晏加

驃騎大將軍中領軍蕭諶為領軍將軍南徐州

刺史皇子寶義為揚州刺史中護軍將軍南

南兗州刺史新除右將軍張瓌為右光祿大夫

平北將軍王廣之為江州刺史乙丑詔勸遠近

上禮丁卯詔自今彫文篆刻歲時光新可悉傳

省番牧守宰或有薦歲事非任王嚴加斷追

贈安陸昭侯緬為安陸王己巳以安陸矦子

寶晊為湘州刺史詔曰頃守職之吏多違舊典

存私害公實興民蠧今商旅稅石頭後渚及夫

鹵借情一皆停息所在凡厥公宜可即符斷主

詳為其制憲司明加聽察十一月癸酉以西

中郎長史始安王遙光為揚州刺史晉壽太守

王洪範為青冀二州刺史尚書令王晏領太子

少傅甲戌大司馬尋陽公王敬則等十三人進

爵邑各有差詔省新林苑先是民地悉以還主

原責本直庚辰立皇子寶義為晉安王寶玄為

江夏王寶源為廬陵王寶攸為南平王甲申詔曰邑宰祿薄俸微

不足代耕雖任土恒貢亦為勞費自今悉斷又

詔宣城國五品以上悉與滿歲自此以下皆聽

解遣其欲仕適所樂乙酉追尊始安貞王為景

皇妃為懿后丙戌以輔國將軍聞喜公遙欣為

荊州刺史寧朔將軍豐城公遙昌為豫州刺

史丁亥詔細作中署材官車府凡諸工可悉開

番假遞令休息戊子立皇太子寶卷賜天下

為父後者爵一級孝子從孫義夫節婦普加甄
賜明揚表其衡閭資以束帛已丑詔東宮肇建
遠近或有慶禮可悉斷之壬辰以新除征虜將
軍江夏王寶玄為郢州刺史永明中御史中丞
沈淵表百官年登七十貧令致仕立窮困私門
庚子詔曰者百司者齒齒許以自陳東西二省
猶沾微俸辭事私庭榮祿兼謝興言愛老實
有矜懷自縉紳年及可遵永明七年以前銓
敘之科上輔政所誅諸王是月復屬籍各封子

南齊紀六　　五　　楊業

為庚十二月壬子詔曰上覽易遺下情難達是
以甘棠見美肺石流詠自月一視黃辭如有含
枉不申懷直未舉者茝民之司立任厥失
二年春正月辛未詔京師繫四殊死可降為五
歲刑三署見徒五歲以下悉原散王公以下各
舉所知隨王公卿士內外羣僚各舉朕違肆心
極諫索虜冠司豫徐梁四州壬申遣鎮南將軍
王廣之叔司州征討右衛將軍蕭坦之督徐州
征討尚書右僕射沈文季亭豫州征討已卯詔

京師二縣有毀發墳壠隨宜修理又詔曰食惟
民天義高姬載蠶生六教重軒經前哲盛範
後王茂則布令審端咸必由之朕蕭家嚴廊思
引風訓深務八政永鑒在勤靜言日吳無忘寢
興守宰親民之主牧伯調俗之司宜嚴課農桑
今令游墮概量力必窮地利固修堤防考校
殷最若耕蠶珠衆具而名聞游急害業即便列
奏主者詳為條格乙未虜改鍾離徐州刺史蕭
惠休破之丙申加太尉陳顯達使持節都督西

南齊紀六　　六　　彭

比征討諸軍事丁酉內外纂嚴三月戊申詔南
徐州僑舊民丁多充戎旅鰥今年三月課已未司
州刺史蕭誕與衆軍擊虜破之詔雍豫司南究
徐五州遇寇之家悉停今年租稅調其與虜交通
不問往罪丙寅停青州麥租蠲自壽春退走甲
申解嚴聽覽此以外委州郡訊察三署徒隸原
師克日夏四月已亥朔三百里內獄訟同集京
遣有差索虜圍漢中梁州刺史蕭懿拒退之已
未以新除黃門郎裴叔業為徐州刺史五月甲午

寢廟成詔臨作長師可賜位一等役身遣假一
年非役者蠲租同假限六月壬戌誅領軍將軍
蕭諶西陽王子鸞海王子昭邵陵王子貞乙
丑以右衞將軍蕭坦之為領軍將軍秋七月辛
未以右衞將軍晉安王寶義為司州刺史辛卯以氏揚馥
軍廬陵王寶源為南兗州刺史庚戌以新除輔
國將軍申希祖為兗州刺史九月已丑改封南
之為北秦州刺史仇池公八月丁未以右衞將

平王寶攸為邵陵王蜀郡王子文為西陽王廣
漢王子峻為衡陽王臨海王昭秀為巴陵王永
嘉王昭粲為桂陽王冬十月丁卯詔曰軌世去
奢事殷哲后訓物以儆理鏡前王朕屬隆平而
末興後華猶競玄風竟言集愧思所以還
夫龍潢浮之李雖恭已弘化刻意隆平而禮讓之
淳改俗及古後民可罷東田毀興光樓升詔水
衡量省御乘乙卯納皇太子妃褚氏大赦王公
已下班賜各有差斷四方上禮十二月丁酉詔

曰舊國都邑望之悵然況乃自經南面負展宸
居或功濟當時德覃一世而壟櫕封樹不
脩豈直嗟深牧豎悲其信陵而已或甘中京淪
覆非王東遷晉元締構之始簡文遺詠在民而
松門夷替延路榛蕪難年代殊往撫事興懷晉
帝諸陵悉加脩理升增守衞吳晉陵二郡失稔
之鄉蠲三調有差
三年春正月丁酉以陰平王楊炅子崇祖為沙
州刺史封陰平王北中郎將建安王寶寅為江
州刺史己巳詔申明守長六周之制乙酉詔去歲
索虜寇邊緣邊諸州郡將士有臨陣及疾病死
亡者並送還本土三月壬午詔軍府乘興有金
銀飾校者皆剔除夏四月虜寇司州戊兵擊破
之五月己巳以征虜將軍蕭懿為益州刺史前
軍將軍陰廣宗為梁南秦二州刺史前新除寧
州刺史李慶宗為寧州刺史秋九月辛酉以冠
軍將軍徐玄慶為兗州刺史冬十月以輔國將
軍申希祖為司州刺史閏十二月戊寅皇太子

冠賜王公以下帛各有差爲父後者賜爵一級

斷遠近上禮又詔今歲光新可以見錢爲

百官供給

四年春正月庚午大赦詔曰嘉有傳組定方旨

於必甘良王在攻表珪璋於既就是以陶鈞萬

品務本爲先經緯九區學教爲大往因時康崇

建庠序古屯虞莊有權從省廢謳誦寂寥候移年

稔言三古並無忘旴旦夳令華貢夳安要荒慕嚮

締脩東序是允適時便可式依舊章廣延國胄

弘數景業米光被後昆壬寅詔民產子者纑其父

毋調役一年又賜米十斛新婚者纑夫役一年

丙辰尚書令王晏伏誅二月甲子以左僕射徐

孝嗣爲尚書令征虜將軍蕭季領護軍將軍秋八

史三月乙未右僕射沈文季領護軍將軍徐

月追尊景皇所生王氏爲恭太后索虜冠沔北

冬十月又寇司州甲戌遣太子中庶子梁王右

軍司馬張稷討之十一月丙辰以氏楊靈珍爲

比秦州刺史仇池公武都王丁亥詔所在結課

【南齊紀六】九　章東

屋宅田桑可詳減舊價十二月甲子以冠軍將

軍裴叔業爲豫州刺史冠軍將軍徐玄慶爲徐

州刺史寗朔將軍左興盛爲兗州刺史丁丑遣

度支尚書崔慧景率眾救雍州

永泰元年春正月癸未朔大赦道遭宿債在四

年之前皆悉原除中軍大將軍徐孝嗣即本号

開府儀同三司沔北諸郡爲虜所侵相繼敗没

乙巳遣太尉陳顯達持節救雍州丁未誅河東

王鉉臨賀王岳西陽王子文衡陽王子峻南

康王子琳永陽王子珉湘東王子建南郡王子

夏挂楊王昭粲巴陵王昭秀二月癸丑遣左衛

將軍蕭惠休假節援壽陽雍州刺史裴叔

業擊虜於淮北破之辛巳平西將軍蕭遙欣領

雍州刺史三月丙午蠲雍州遇虜之縣租布戌

申詔曰仲尼明聖在躬允光上哲弘雅道大訓

生民師範百王軌儀千載立人斯仰忠孝攸出

玄功潛被至德彌闡雖及袟退曠而桃薦靡闕

時祭舊呂秋比諸族頃歲以來祀典陵替姐豆

【東昏紀六】十

寂寞性負莫興豈所以克昭盛烈永隆風教者
哉可式循舊典詳復祭秩使牢饌備禮欽饗兼
申夏四月甲寅改元赦三署四繫原除各有差
文武賜位一等內立武陵昭王子坦為衡陽王
中中領軍劉暄長史蕭坦之為侍
丙寅以西中郎長史劉暄為郢州刺史丁卯大
司馬會稽太守王敬則舉兵反五月壬午遺輔
國將軍劉山陽率軍東討乙酉斬敬則傳首曲
赦浙東吳晉陵七郡以後軍長史蕭穎胄為南
兗州刺史丁酉以北中郎將司馬元和為兗州刺
史秋七月以輔國將軍王珍國為青冀二州刺
史癸卯以太子中庶子梁王為雍州刺史太尉
陳顯達為江州刺史己酉帝崩正福殿年四十
七遺詔曰徐令可重申八命中書監本官悉如
故沈文季可左僕射常侍護軍如故江祏可右
僕射江祏可侍中劉暄可衛尉軍政大事委陳
太尉內外眾事無大小委徐孝嗣遙光坦之江
祏其大事與沈文季江祏劉暄參懷心膂之任

可委劉悛華蕭惠休崔惠景葬興安陵帝明審
有吏幹持法無所借制御親幸自下肅清驅使
寒人不得用四幅繖大存儉約罷世祖所起新
林苑以地還百姓廢文帝所起太子東田斥賣
之永明中興辇軍舟乘悉取金銀還主衣庫太
官進御食有裛蒸帝曰我食此不盡可四片破
之餘充晚食而世祖玅
改性猜忌多慮故砥行誅戮潛信道術用計數
出行幸先占利害南出則唱云西行東遊則唱
云此幸簡於出入竟不南郊上初有疾無輙聽
臨覽祕而不傳及寢疾其久勑臺省府署文簿求
白魚以為治外始知之身衣絳衣服飾皆赤以
為厭勝巫覡云後湖水頭經過宮內致帝有疾
帝乃自至太官行水溝左右啓太官若無此水
則不立帝決意塞之欲南引淮流會朋事寢
史臣曰高宗以支庶纂曆據猶子而為論一朝
到此誠非素心遺寄所當諒不獲免夫戕夷之
事懷抱多端或出自雄忍或生平畏懦令同財

之親在我而先弃進引之愛量物其必違疑怯
既深猜似外入流涕行誅非云義舉事苟求安
能無内愧既而自戕本根枝彫胤厥不昌
終覆宗社若令壓鈕之微必委天命盤庚之祀
亦繼陽甲杖運推公夫何譏禰
賛曰高宗傍起宗國之慶慕名儉德垂文法令
兢兢小心察察吏政沔陽失土南風不競

本紀第六　　　　　南齊書六

一百三十六　南齊紀六　十二

張柬

東昏侯

臣蕭　子顯　撰

東昏侯寶卷字智藏高宗第二子也本名明賢
高宗輔政後改焉建武元年立焉皇太子永泰
元年七月己酉高宗崩太子即位八月丁巳詔
雍州將士與虜賊死者復除有差又詔辨括選
序訪搜貧屈庚申鎮北將軍晉安王寶義進號
征北大將軍開府儀同三司南中郎將建安王
寶寅焉郢州刺史冬十月己未詔刑省科律十
一月戊子立皇后褚氏賜王公以下錢各有差
永元元年春正月戊寅大赦改元詔研覈秦孝
序課百司辛卯車駕祠南郊詔三品清資官以
上應食祿者有三[親或祖父每年登七十並給見]
錢癸卯以冠軍將軍南康王諱焉荊州刺史二
月癸丑以比中郎將邵陵王寶攸焉南兗州刺
更是月太尉陳顯達敗績於馬圈夏四月己巳
立皇太子誦大赦賜民焉父後爵一級甲戌以

三頁六　【南齊紀七】　一　吳明

寧朔將軍柳惔焉梁南秦二州刺史五月癸亥
以撫軍大將軍始安王遙光焉開府儀同三司
六月己酉新除右衛將軍崔惠景焉護軍將
軍癸亥以始興內史范雲焉廣州刺史甲子詔
原雍州今年二調秋七月丁亥乙巳蜀京師大水死者
衆詔賜死者材器并賑郵八月乙巳蜀京邑遇
水資財漂蕩者今年調稅又詔以焉馬圈戰亡將
士舉哀丙午楊州刺史始安王遙光據東府反
詔曲赦京邑中外戒嚴尚書令徐孝嗣以下屯衛
宮城遣領軍將軍蕭坦之率六軍討之戊午斬
遙光傳首已未以征北大將軍晉安王寶玄焉
南徐兗二州刺史己巳尚書令徐孝嗣焉司空
右衛將軍劉暄焉領軍將軍閏月丙子以江陵
公寶覽焉始安王虜偽東徐州刺史沈陵降以
焉比徐州刺史九月丁未以輔國將軍裴叔業
焉宛州刺史征虜長史張沖焉豫州刺史壬戌
以頻誅大臣大赦天下辛未以太子詹事王塋
焉中領軍冬十月乙未誅尚書令新除司空徐

三頁十四　【南齊紀七】　二　吳明

孝嗣右僕射新除鎮軍將軍沈文季乙巳以始
興內史顏翻為廣州刺史征虜將軍沈陵為越
州刺史十一月丙辰太尉江州刺史陳顯達舉
兵於尋陽乙丑護軍將軍崔慧景加平南將軍
督眾軍南討事丙寅以冠軍將軍王鴻為徐州
刺史十二月癸未以前輔國將軍楊集始為春
州刺史甲申陳顯達至京師宮城嚴警六軍固
守乙酉斬陳顯達傳首丁亥以征虜將軍邵陵
王寶攸為江州刺史

二年春正月壬子以輔國將軍張沖為南兗州
刺史庚午詔討豫州刺史裴叔業二月癸未以
黃門郎蕭寅為司州刺史丙戌以衛尉蕭懿為
豫州刺史征壽春巳丑裴叔業病死兄子植以
壽春降虜三月癸卯以輔國將軍張沖為司州
刺史乙卯遣平西將軍崔慧景率眾軍伐壽春
夏四月丁未以新除冠軍將軍張沖為南兗州
刺史崔慧景於廣陵舉兵襲京師壬子右衛將
軍左興盛督京邑水步眾軍南徐州刺史江夏

王寶玄以京城納慧景景乙卯遣中領軍王瑩率
眾軍屯北籬門壬戌慧景至鍾山等敗績甲子慧
景入京師宮內據城拒守豫州刺史蕭懿起義
救援癸酉慧景弃眾走斬首詔曲赦京邑南徐
兗二州乙亥以新除尚書右僕射蕭懿為尚書
令丙子以晉熙王寶嵩為南徐州刺史五月乙
巳以虜偽豫州刺史王肅為豫州刺史戊申以
桂陽王寶貞為中護軍王寶玄伏誅
壬子大赦乙丑曲赦京邑南徐兗二州戊辰以

冠軍將軍張沖為郢州刺史守五五尚書陸慧
遊苑內會如三元京邑女人放觀戊戌以新除
始安王寶覽為湘州刺史六月庚寅車駕於樂
穆為南兗州刺史秋七月甲辰以驃騎司馬張
曉為北徐州刺史八月丁酉以新除驃騎司馬
陳伯之為豫州刺史甲申夜宮內火冬十月巳
卯害尚書令蕭懿十一月辛丑以寧朔將軍張
穆為南兗州刺史甲寅中郎長史蕭穎冑起
義兵於荊州十二月雍州刺史梁王起義兵於

襄陽戊寅以冠軍長史劉繪為雍州刺史

三年春正月丙申朔合朔時加寅漏上八刻事
畢宮人於閱武堂元會皇帝正位閤人行儀帝
戎服臨視丁酉以驃騎大將軍晉安王寶義為
司徒新除撫軍將軍建安王寶寅為車騎將軍
開府儀同三司甲辰以寧朔將軍王珍國為北
徐州刺史辛亥軍駕祠南郊詔大赦天下百官
陳讜言二月丙寅乾和殿西廂火壬午詔遣羽
林兵征雍州中外纂嚴乙酉以威烈將軍胡元

■南齊書紀七　　五　■

進為廣州刺史三月巳亥以驃騎將軍沈徽孚
為廣州刺史甲辰以輔國將軍張欣泰為雍州
刺史丁未南康王諱即皇帝位於江陵癸丑遣
平西將軍陳伯之西征六月京邑雨水遣中書
舍人二縣宣長賑賜有姜蕭穎胄弟穎孚起兵
盧陵戊子曲赦江州安成盧陵二郡秋七月癸
巳曲赦荆雍二州甲午雍州刺史張欣泰前南
譙太守王靈秀率石頭文武奉建安王寶寅句
臺至杜姥宅宮門閉乃散走巳未以征虜長史

程茂為郢州刺史驍騎將軍薛元嗣為雍州刺
史是日元嗣以郢城降義師八月丁卯以輔國
將軍申申監豫州事壬巳光禄大夫張瓌鎮石
頭辛未以太子左率李居士為總督西討諸軍事
冠軍將軍王珍國為雍州刺史車騎將軍建安
王寶寅為荆州刺史王珍國為江州刺史新除
北新亭城九月甲辰以居士為江州刺史新除
龍驤將軍馬仙琕監豫州驍騎將軍徐元稱監
徐州是日義軍至南州甲胄軍二萬人於姑熟

■南齊書紀七　　六　■

奔歸戊申以後軍參寧參軍蕭璝為司州刺史前輔
國將軍魯休烈為益州刺史輔國長史趙越常
為梁南秦二州刺史丙辰李居士與義軍戰於
新亭敗績冬十月甲戌王珍國與義軍戰於朱
雀桁敗績戊寅十月甲戌將軍徐元瑜以東城降青
冀二州刺史桓和入衛屯東宮於是閉宮城門自守庚
大夫張瓌弃石頭還宮巳卯衆降光禄
辰以驍騎將軍胡虎牙為徐州刺史左軍將軍牛平為梁南秦
徐智勇為益州刺史游擊將軍

二州刺史李居士以新亭壘降琅邪城主張木亦
降義師築長圍守宮城十二月丙寅新除雍州
束史王珍國侍中張稷率兵入殿廢帝時年十
九帝在東宮便好弄不喜書學高宗亦不以
爲非但自以家人之行令太子求一日再入朝
發詔不許使三日一朝嘗夜捕鼠達旦以爲笑
樂高宗臨朋屬以後事以隆昌爲戒曰作事不
可在人後故委任羣小諛諸宰臣無不如意性
重澀少言不與朝士接唯親信閹人及左右御

南齊書紀七 〔七〕 求

刀應敕等自江祏始安王遙光誅後漸便騎馬日
夜於後堂戲馬與親近閹人倡伎鼓叫常以五
更就卧至晡乃起王侯節朝朝見晡後方前
或際聞遣出臺閣奏月數十日乃報或不知
所在二年元會食後方出朝賀裁竟便還殿西
序寢自巳至申百僚陪位皆僵仆莫色比起就
會忽怒遽而罷陳顯達事平漸出遊走所經道路
屛逐居民從萬春門由東宮以東至于郊外數
十百里皆空家盡室巷陌懸幔嶂爲高障置仗人

防守謂之屏除或於市肆左側過親幸家璅回
宛轉周遍京邑每三四更中鼓聲四出幡戟橫
路百姓喧走相隨士庶莫辨出輒不言定所東
西南北無處不馳人高鄣之內設部伍羽儀復
有數部皆奏鼓吹夜出晝反橫吹夜出晝反
火光照天拜愛姬潘氏爲貴妃乘卧輿帝騎馬
從後著織成袴褶金薄帽執七寶縛戎服急
裝不變寒暑不避坑穽馳騁渴之
輒下馬解取腰邊蠱器酌水飲之復上馬馳去

南齊書紀七 〔八〕 劉仁

馬乘具用錦繡爲兩所沾濕織雜綠珠爲
覆蒙備諸雕工教黃門五六十人爲騎客又選
無賴小人善走者爲逐馬左右五百人常以自
隨奔走往來略不暇息置射雉場二百九十六
處翳中帷帳及步鄣皆袷以綠紅錦金銀鏤弩
牙璅琕帖箭前郊野四民皆廢業椎蘇路斷吉凶
失時乳婦婚姻之家移產寄室或興病弃屍不
得殯葬有弃病人於青溪邊者吏懼爲監司所
問推置水中泥覆其面須更便死遂失骸骨後

宮遭火之後更起仙華神仙壽諸殿刻畫雕
綠青䰍金口帶廚香塗壁錦幔珠簾窮桮綺
麗縠役工匠自夜達曉猶不副速乃剔取諸寺
佛刹殿藻井仙人騎獸以充之世祖輿光樓
上施青漆世謂之青樓帝曰武帝不巧何不純
用瑠璃潘氏服御極選珍寶
周用貴市民間金銀寶物價皆數倍虎魄釧一
隻直百七十萬京邑酒租皆折使輸金以爲金
塗猶不能足下楊南徐二州橋桁塘埭丁計功
爲直歛取見錢供太樂主衣雜費由是所在塘
濱多有廢又訂出雉頭鶴氅白鷺縗親葉小
人因緣爲奸利課一輸十郡縣無敢言者三年
夏於閱武堂起芳樂苑山石皆塗以五采跨池
水立紫閣諸樓觀壁上畫男女私褻之像種好
樹美竹天時盛暑者未及經日便就萎枯於是徵
求民家望樹便取毀徹牆屋以移致之朝栽暮
拔道路相繼花藥雜草亦復皆然又於苑中立
市太官每旦進酒肉雜有使宮人屠酤潘氏爲

市令帝爲市魁執罰爭者就潘氏決判帝有膂
力能擔白虎橦自製雜色錦伎衣綴以金花玉
鏡衆寶逞諸意態所寵羣小黨與三十一
人黃門十人初任新蔡人徐世摽爲直閤驍騎
將軍凡有殺戮皆其命殺徐孝嗣後封爲臨
汝縣子陳顯達事起加輔國將軍雖用護軍崔
慧景爲都督而兵權實在世摽又事平世摽謂
人曰五百人軍主能平萬人都督世摽亦知帝
昏縱密謂其黨茹法珍梅蟲兒曰何世天子無
稍惡其凶強以二年正月遣禁兵殺之世祖拒
戰而死自是法珍蟲兒用事竝爲外監口稱詔
敕中書舍人王咺之與相脣齒專掌文翰其餘
二十餘人皆有勢力崔慧景平後法珍封餘千
縣男蟲見封竟陵縣男又義師起江郢二鎭已
降帝遊騁如舊謂茹法珍曰須來至白門前常
一決義師至近郊乃聚兵爲固守之計召王族
朝貴分置尚書都座及殿省又信鬼神崔慧景

事時拜蔣子文神為假黃鉞使持節相國太宰

太將軍錄尚書揚州牧鍾山王至是又尊為皇

帝迎神像及諸廟雜神皆入後堂使所親巫朱

光尚禱祀祈福以冠軍將軍王珍國領三萬人

據大桁莫有鬬志遣左右直長閤壘王寶孫督

戰呼為王長子寶孫切罵諸將帥直閤將軍席

豪發憤突陣死豪驍將既敗衆於是王崩軍

人從朱雀觀上自投豪騎赴淮死者無數於是閉

城自守城內軍事委王珍國兗州刺史張稷入

三五十五 【南齊書紀七】 十一

衛京師以稷為副實甲猶七萬人帝烏帽袴褶

備羽儀登南掖門臨望又虛設鎧馬齊伏千人

皆張弓拔白出東掖門稚蔣王出盜素好鬬軍

隊初使宮人為軍後乃用黃門親自臨陣詐被瘡使

人輿將去至是於閤武堂設牙門軍頓每夜嚴

驚言帝於殿內騎馬從鳳莊門入徽明門馬被銀

蓮葉具裝鎧雜羽孔翠寄生逐馬左右備從書

眠夜起如平常聞外鼓叫聲被大紅袍登景陽

樓屋上望怒幾中之衆皆忩怨不為致力募兵

出戰出城門數十步皆坐甲而歸靡城外有伏

兵乃燒城傍諸府署六門之內皆蕩盡城中閤

道西掖門內相聚為市販死牛馬南帝初與蓋

小計議陳顯達一戰便敗崔慧景圍城既退走恐

義師達來不過旬日亦應崔慧景圍城既

為百日粮而已大桁敗後衆情党懼法珍等恐

人衆驚走故閉城不復出盜屢戰不捷帝尤惜金錢

立壘柵嚴固然後出盜屢戰不捷帝

不肯賞賜法珍叩頭請之帝曰賊來獨取我邪

三百二四 【南齊書紀七】 十二

何為就我求物後堂儲數百具榜啓為城防帝

云擬作殿竟不與又催御府細作三百人精仗

待圍解以擬屏除金銀雕鏤雜物倍急於常王

珍國張稷懼禍及率兵入殿分軍又從西上閤

入後宮斬之御刀豐勇之為內應是夜帝在含

德殿吹笙歌作女兒子卧未熟聞兵入趨出北

戶欲還後宮清曜閣已閉閣人禁防黃泰平以

刀傷其膝仆地顧曰奴反邪後張齊斬首送

梁王宣德太后令曰皇室受終祖宗齊聖太祖

高皇帝肇基駿命膺籙受圖世祖武皇帝係明

下武高宗明皇帝重隆景業咸降年不永宮車

係晏自保祚之重充屬儲元而稟質凶愚發於稚

齒爰自保姆迄至成童忍戾昏頑觸途必著於高

宗留心正嫡立嫡惟長輔以羣才閒以賢戚密近

親元勳良輔覆族殲門旬月相係凡所任杖盡

黨窮斠皆營伍屠販容狀險醜身秉朝權手斷

國命誅戮無辜納其財産睚眦之閒屠覆比屋

【南齊書紀七　十三　　徐陵】

身居元首好是賤事危冠短服坐卧以之晨出

夜反無復已極驅斥氓庶巷無居人老細本遑

寢身無所東邁西屏北出南驅負疾興屍填街

塞陌興筑造日夜不窮晨構夕毀朝穿暮塞

絡以隨珠方斯巳陋飾以璧瑙曾何足道時暑

赫曦流金鑠石藝果匪日伊夜根未及植

葉巳先枯番鋪紛紜勤倦無巳散費國儲專事

浮飾遍奪民財自近及遠北庶怔怔流宂道路

府帑既竭肆奪市道工商褫販行號道泣屈此

萬乘躬事角觗昂首翹肩逞能種木觀者如堵

曾無怍容芳樂華林苙立關闥踞肆鼓刀手銓

輕重千戈鼓譟昏曉靡息無戎而城豈足云譬

至於居喪滛讌之衍三年載弄之醜反道違常

之讐牲鷄晨鳴之應於事巳細故可得而略也

中興乘勝席捲掃清京邑而羣小麤識嬰城自

征東將軍忠武奮發投袂萬里光奉明聖翊成

罄楚越之竹未足以言校辛癸之君豈或能匹

固緩親稽誅條彌旬月宜速勦定寧我邦家可

【南齊書紀七　十四】

潛遒閒介密宣此旨忠勇義舊遄加蕩撲放斤

昏凶衛送外第未亡人不幸驟此百羅感念存

没心焉如割奈何又令依漢海昏故事

道封東昏爰茹法珍蟲兒王呾之等伏誅豐

勇之原死

史臣曰漢宣帝時南郡獲白虎獲之者張武言

武張而猛服也東昏廢亡德橫流道歸撥亂躬

當蕭歝殺實啓太平推閹豎之名字亦天意也

贊曰東昏慢道四癸方辛乃隳典則乃弃彝倫

07-64

南齊書八

臣蕭　子顯　撰

和帝

和帝諱寶融字智昭高宗第八子也建武元年
封隨郡王邑二千戶三年爲冠軍將軍領石頭
戍軍事永元元年改封南康王爲持節都督荊雍
益寧梁南北秦七州軍事西中郎將荊州刺史
二年十一月甲寅長史蕭穎冑殺輔國將軍巴
西梓潼二郡太守劉山陽本梁王本義乙卯教

二九九十一　【南齊書紀八】　一　書

纂嚴又教曰吾躬率戎平管陽剋此凶醜于戎事方勤
宜單澤惠所領內繫囚見徒罪無輕重殊死已
下皆原遣先有位署即復本職將吏轉一階從
征身有家口停鎮給廩食凡諸雜役見在諸軍
帶甲之身克定之後悉免爲民其功効賞報別
有科條丙辰以雍州刺史梁王爲使持節都督
前鋒諸軍事左將軍已以蕭穎冑爲右將軍
都督行留諸軍事戊午梁王上表勸進十二月
乙亥羣僚勸進並不許壬辰驃騎將軍夏侯詳置

自京師至江陵稱宣德太后令西中郎將南康
王宜纂承皇祚光臨億兆僉清渭未即大號
可且討宣城南琅邪南東海東陽臨海新安尋
陽南郡竟陵宜都十郡爲宣城王相國荊州牧
加黃鉞僚屬選百官西中郎府南康國並如
故須軍次近路生者詳依舊典法駕奉迎三年
正月乙巳王受命大赦唯梅蟲兒茹法珍等不
在赦例右將軍蕭穎冑爲左長史進號鎮軍將
軍梁王進號征東將軍甲戌以冠軍將軍楊公

三百十　【南齊書紀八】　二　吳明

則爲湘州刺史甲寅建牙于城南二月乙丑以
冠軍長史王茂先爲江州郢陵王寶攸爲荊州刺
宗爲郢州刺史右將軍郢陵王寶攸爲荊州刺
史已巳羣僚上尊號立宗廟及南北郊甲申梁
王率大眾屯沔口郢州刺史張沖拒守三月丁
酉張沖死驃騎將軍薛元嗣等固城
中興元年春三月乙巳即皇帝位大赦改元文
武賜位二等鰥寡孤獨不能自存者穀人五斛
即永元三年也以相國左長史蕭穎冑爲尚書

令晉安王寶義為司空廬陵王寶源為車騎將
軍開府儀同三司建安王寶寅為徐州刺史散
騎常侍夏庚詳為中領軍領軍將軍蕭偉為雍
州刺史假梁王詔可乙酉尚書令蕭穎胄為零陽侯詔
不許又奏為涪陵王詔可乙酉尚書令蕭穎胄
行荊州刺史冠軍將軍鄧元起為廣州
悆為益寧二州刺史己未以冠軍將軍莊丘黑
為梁南秦二州刺史假梁王黃鉞壬子以征虜將軍柳
刺史夏四月戊辰詔曰荊雍義舉所基實始王

迹君子勞心細人盡力宜加酬獎副其乃誠凡
東討眾軍及諸響義之眾可普復除五月乙卯
車駕幸竹林寺禪床宴羣臣巴西太守魯休烈
巴東太守蕭惠訓子璝拒義軍秋七月東郡主
吳子陽十三軍救郢州屯加湖丁酉征虜將軍
王茂先擊破之辛亥以茂先為中護軍郢
山城主孫樂祖以城降己未郢城主薛元嗣降
八月丙子平西將軍陳伯之降乙卯以伯之為
江州刺史子虎牙為徐州刺史九月乙未詔梁

王若定京邑得以便宜從事冬十一月乙未以輔
國將軍李元履為豫州刺史壬寅尚書令鎮軍
將軍蕭穎胄卒以黃門郎蕭憺行荊州府州事
丁巳零陵王璝魯休烈降十二月丙寅建康城平己
巳皇太后令以梁王為大司馬錄尚書事驃騎
大將軍揚州刺史封建安郡公依晉武陵王遵
承制改事百僚致敬壬申改封建安王寶義為大
陽王癸酉以司徒揚州刺史晉安王寶義為大
尉領司徒甲戌給大司馬錢二千萬布絹各五

千匹乙酉以輔國將軍蕭宏為中護軍
二年春正月戊戌宣德太后臨朝入居內殿大
司馬梁王解承制致敬如先巳亥以寧朔將軍
事加殊禮己酉以大司馬長史王亮為守尚書
蕭昺內監南兗州壬寅以大司馬都督中外諸軍
令甲寅詔大司馬梁公備九錫之禮加遠遊冠位在
牧封十郡為梁公梁王進位相國揔百揆揚州
諸王上加相國綠綟綬已未以新除右將軍曹
景宗為郢州刺史三月壬戌相東主寶晊伏誅

戊辰詔進梁公爵為梁王增封十郡三月乙未

皇太后令給梁國錢五百萬布五千匹絹千四

萬桂陽王寶貞巴陵郡王寶攸晉熙王寶嵩

建天子旌旗出警入蹕乘金根駕六馬備五時

南徐州刺史新除中領軍慈道恭為司州刺史

王女爵命一如舊儀庚戌以冠軍長史蕭泰為

副車置旄頭雲罕樂舞八佾設鍾簴宮懸王子

車駕東歸至姑熟丙辰禪位梁王丁巳盧陵王

三言六十五

【南齊紀八】　　五　　蔣信

寶源薨夏四月辛酉禪詔至皇太后遜外宮丁

卯梁王奉帝為巴陵王宮于姑熟行齊正朔一

如故事戊辰薨年十五追尊為齊和帝葬恭安

陵史臣曰夏以桀亡殷紂滅郊天改朔理無

延世而皇符所集重典西楚神器斳夏來雖有冥

數徵名大號斯為幸臭

贊曰和帝晚隆掃難清宮逆㬢兼昏水終

本紀第八　　　　　　　　　南齊書八

禮儀繁博與天地而為量紀國立君人倫收始
三代遺文略在經誥蓋秦餘所亡逸也漢叔
孫通撰制漢禮而班固之志不載及至東京太尉
用廣撰舊儀左中郎蔡邕造獨斷應劭蔡質咸
綴識時事而司馬彪之書不取魏氏籍劉朝儀而
亂舊章殘滅侍中王粲尚書衛覬集創朝儀大
魚豢王沈陳壽孫盛並立未詳也吳則太史令丁
孚拾遺漢事蜀則孟光許慈草建眾典晉初司
空荀顗因魏代前事撰為晉禮參考今古更其
節文羊祜任愷更峻應貞並共刪集成百六十
五篇後摯虞咸續續此製未及成功中原覆
沒今虞之決疑注是遺事也江左僕射刁協太
常荀崧補緝舊文光祿大夫蔡謨又蹕修朝
故宋初因循改革事係群儒其前史所詳並不
重述求明二年太子步兵校尉伏曼容表定禮
樂於是詔尚書令王儉制定新禮立治禮樂學

士又職局置舊學四人新學六人正書令史各
一人幹一人祕書省差能書若弟子二人因集前
代撰治五禮吉凶賓軍嘉也文多不載若郊廟
産序之儀冠婚喪紀之節事有變革宜錄時事
者備今志其興駁常與往代同異者更立別篇
建元元年七月有司奏郊殷復於郊殷之禮未詳郊在何
年復以何祖配郊殷復在何時未詳郊未得先殷與
不明堂亦應與郊同年而祭不若郊祭者復有
配與無配不祀者堂殷職僚毀置云何八座丞
議通關博士議曹郎中裴昭明儀曹郎中孔逿
郎通關博士議曹郎中裴昭明來年正月宜南郊明堂並
祭而無配殿中郎司馬憲議南郊無配饗祠如
舊明堂無配宜應廢祀其殷祠同用今年十月
右僕射王儉議案禮記王制天子先祫後時祭
諸侯先時祭後祫議二年祫明年春禘
自此以後五年再殷禮緯稽命徵曰三年一祫
五年一禘經記所論祫禘與時祭其言詳矣初
不以先殷後郊為嫌至於郊配之重事由王迹

是故杜林議云漢業特起不因緣堯宜以高帝
配天魏高堂隆議以舜配天蔣濟云漢時奏議
謂堯已禪舜不得為漢祖舜亦已禪禹不得為前
魏之祖今宜以武皇帝配天晉宋因循即為前
式又案禮及孝經援神契並云明堂有五室天
子每月於其室聽朝布教祭五帝之神配以有功
德之君大戴禮記曰明堂者所以明諸侯尊卑
也許慎五經異義曰布政之宮故稱明堂以有
盛貌也周官匠人職稱明堂有五室鄭玄云周

【南齊書志一】　三

人明堂五室帝一室也初不聞有文王之寢鄭
志趙商問云說者謂天子廟制如明堂是為明
堂即文廟邪鄭答曰明堂主祭上帝以文王配
耳猶如郊天以后稷配也袁孝尼云明堂法天
之宮本祭天帝而以文王配其父於天位則可
牽天帝而就人鬼則非義也泰元十三年孫著
之議稱郊以后稷明堂以祀帝故配之以后稷
故配之以文王由斯言之郊為皇天之位明堂
即上帝之廟徐邈謂配之為言必有神主郊為

李昌

天壇則堂非文廟史記云趙綰王臧欲立明堂
于時亦未有郊配漢又祀汾陰五時即是五帝
之祭亦未有郊配議者或謂南郊之日巳旅上
帝若又以無配而特祀明堂則一日再祭於義
為黷案古者郊本不共日蔡邕獨斷曰祠南郊
祀畢次此郊又次明堂高廟世祖廟謂之五供
馬融云郊天之祀咸以夏正五氣用事有休有
王各以其時兆於方郊四時合歲功作相成亦
以此月揔旅明堂是則南郊明堂各日之證也

【南齊書志一】　四

近代從省故與郊同日猶無煩黷之疑何者其
為祭雖同所以致祭則異孔晁云言五帝佐天
化育故有從祀之禮旅上帝是也至於四郊明
堂則是本祀之所評猶功臣從饗豈復廢其私
廟且明堂有配之時南郊亦旅上帝此則不疑
於共日今何故致嫌於同辰又禮記天子祭天
地四方山川五祀歲徧尚書堯典則四方山川
云昭事上帝聿懷多福據此諸義則四方山川
猶必享祀五帝大神義不可略魏文帝黃初二

朱春

年正月郊天地明堂帝太和元年正月以武
皇帝配天文皇帝配上帝然則黃初中南郊明
堂皆無配也又郊之用辛日及牲色異議紛然
新絜也漢魏以來或用辛或丁或巳而用辛常多考之典據
辛日為允郊特牲又云郊牲幣宜以正色緣襲
據祭法云天地騂犢周家所尚魏以建丑為正
牲宜尚白白虎通云三王祭天一用夏正所以
然者夏正得天之數也魏用異朔故牲色不同
今大齊受命建寅創曆郊廟用牲一依晉宋謂
宜以今年十月殷祀宗廟自此以後五年再殷
來年正月上辛有事南郊宜以共日還祭明堂
又用次辛饗祀北郊而竝無配犧牲之色率由
舊章詔可明堂可更詳有司又奏明堂尋禮無
明文唯以孝經為正竊尋設祀之意蓋為文王
有配則祭無配則止愚謂既配上帝則以帝為
主今雖無配不應闕祀徐邈近代碩儒每所折

衷甚云郊為天壇則堂非芝文廟此實明堂據內外
百司立議已定如更詢諮終無異說傍儒依史
竭甘管見既聖旨惟疑垂下所未敢詳廢置之
宜仰由天鑒詔依舊
建元四年世祖即位其秋有司奏尋前代嗣位
或於前郊年或別始晉宋以來未有畫一今年
正月巳郊未審明年應南此二郊祀明堂不
依舊通關八座丞郎博士議尚書令王儉議案
秦為諸矦雜祀諸時始奉并天下未有定祀漢
高受命因雍四時而起此時始祠五帝未定郊
丘文帝六年新垣平議初起渭陽五帝廟武帝
初至雍郊見五時後常三歲一郊祠元鼎四
年始立后土祠於汾陰明年立太一祠於甘泉
自是以後二歲一郊與雍更祠成帝初即位丞
相匡衡於長安定南北郊哀平之際又復甘
泉汾陰祠平帝元始五年王莽奏依匡衡議
還復長安南北二郊光武建武二年定郊祀
兆於洛陽魏晉因循並辛由漢典雖時或參差而

【南齊志一】

類多間歲至於嗣位之君象差不一宜有定制
檢晉明帝大寧五年南郊其年九月崩成帝即
位明年改元即郊簡文咸安二年南郊其年七
月崩孝武即位明年改元亦郊宋元嘉三十年
正月南郊其年二月崩孝武嗣位明年正月亦
郊此則二代明例差可依放謂明年正月宜饗
祀二郊虞祭明堂自茲厥後依舊閒歲尚書領
國子祭酒張緒等十七人竝同儉議詔可
永明元年當南郊而立春在郊後世祖欲遷郊尚
書令王儉啓案禮記郊特牲云郊之祭也迎長
日之至也大報天而主日也易說三王之郊一
用夏正盧植云夏正在冬至後傳曰啓蟄而郊
此之謂也然則圜丘與郊各自行不相害也鄭
玄云建寅之月晝夜分而日長矣王肅曰周以
冬祭天於圜丘以正月又祭天以祈穀祭法稱
燔柴太壇則圜丘也春秋傳云啓蟄而郊則祈
穀也謹尋禮傳二文各有其義各有若
合符中朝省二丘以并二郊即今之郊禮義在

【南齊志一】

報天事兼祈穀既不全以祈農何必俟夫啓蟄
史官唯見傳義未達禮旨又犖景平元年正月
三日辛丑南郊其月十一日立春元嘉十六年正
月六日辛未南郊其月八日立春此復是近世
明例不以先郊後春為嫌若或以元日合朔為
礙者則晉成帝咸康元年正月一日加元服二
日親祠南郊元服之重百僚列雖在致齋行
之不疑今齋內合朔此即前准若聖心過恭寧
在嚴契合朔之日散官備防非預齋之限者於
止車門外別立幔省若日色有異則列於省前
望實為允謂無煩遷日從之
永明二年祠部郎中蔡履議郊與明堂本宜異日
漢東京禮儀志南郊禮畢次北郊明堂世祖
廟謂之五供蔡邕所據亦然近世存省故郊堂共
日來年郊祭宜有定准大學博士王祐議來年正
月上辛宜祭南郊次辛有事明堂後辛饗祀北郊
兼博士劉蔓議漢元鼎五年以辛巳行事自後郊
日略無違異元封元年四月癸卯登封泰山坐明

堂五年甲子以高祖配漢家郊祀非盡天子之
縣故祠祭之月事有不同後漢永平以來明堂
兆於國南而郊以上丁故供修三祀得并在初
月雖郊有常日明堂猶無定辰何則郊丁社甲
有說則從經禮無文難以意造是以必算良辰
而不祭寅丑且禮之莫祭無同共者唯漢以朝
日合於報天爾若依漢書五供祭五供便應先祭太常丞
然後明堂則是地先天食所未可比兼太常丞
蔡仲熊議鄭志云正月上辛祀后稷於南郊還

三百九十四 【南齊志】 九 陸澄

於明堂以文王配故宋氏創立明堂郊還即祭
是用鄭志之說也蓋爲志者失非玄意也玄之
言曰未審周明堂以何月於月令則以季秋案
玄注月令季秋大饗於明堂以文武配其時秋也
大饗於明堂以文武配帝云大饗編祭五帝又云
又周禮大司樂九大祭祀宿縣尋宿縣之旨以
日出行事故也若日閒而後行事則無假預縣
果日出行事何得方侯郊還東京禮儀志不記
祭之時日而志云天郊夕牲之夜夜漏未盡八

刻進熟明堂夕牲之夜夜漏未盡七刻進熟尋
明堂之在郊前一刻而進戲奏樂方侍郊還魏
高堂隆表九日南郊十一日北郊十一日明堂十二
日宗廟案隆此言是審于時定制是則周禮二
漢及魏皆不共日矣禮以辛郊書以丁祀辛丁
皆合宜臨時詳擇太尉從事中郎顧憲之議春
秋傳以正月上辛郊祀禮記亦云郊之用辛尚
書獨云丁巳用牲于郊先儒以爲先甲三日辛
後甲三日丁可以接事天神之日後漢永平二

三百九十四 【南齊志】 十 陸澄

年正月辛未宗祀光武皇帝於明堂辛旣是常
郊之日郊又在明堂之前無容不郊而堂則理
應郊堂同徒西閤祭酒梁王議孝經鄭玄注云
上帝郊天別名如鄭旨奧天亦言不郊近代
同辰良亦有據魏泰和元年正月丁未郊祀武
皇帝以配天宗祀文皇帝於明堂以配上天堂
則巳行之前准驍騎將軍江淹議郊旅上天陸
祀五帝非爲一日冊躓之謂無俟簦革尚書陸
澄議遺文餘事存乎舊書郊宗地近勢可共日

不共者義在必異也元始五年正月六日辛未
郊高皇帝以配天二十二日丁亥宗祀孝文於
明堂配上帝永平二年正月辛未宗祀五帝於
明堂光武皇帝配章帝元和二年正月巡狩代宗柴
祭翌日南郊五帝於明堂柴山祠地尚不共日郊
堂宜異於例益明陳忠奏事云延光三年正月
此表皆為相符高堂隆表二郊及明堂宗廟各
宗廟十七日世祖廟仲遠五祀紹統五供與忠
十三日南郊十四日北郊十五日明堂十六日

南齊書志一 十一 沈珍

一日摯虞新禮議明堂南郊闕三兆禋天饗帝
共日之證也又上帝非天昔人言之已詳今明
堂用日宜依古在北郊後漢唯南郊備大駕自
北郊以下車駕十省其二今祠明堂不應大駕
尚書令王儉議前漢各日後漢亦不共辰魏晉
故事不辨同異宋立明堂唯據自郊祖宮之義
未達祀天旅帝自郊壇旅天甫自詣朝
還祀明堂便在日昊雖致祭有由而煩黷斯甚
異日之議於理為弘春秋感精符云王者父天

母地則北郊之祀應在明堂之先漢魏北郊亦
皆親奉晉泰寶有詔未及遵遂咸和八年甫得
營繕太常顧和秉議親奉康皇之世已經遵用
宋氏因循未違釐革今宜親祠北郊明年正月
上辛祠昊天次辛座后土後辛祀明堂御降親
奉車服之儀率遵漢制南郊大駕北郊明堂降
為法駕袞冕之服諸祠咸用詔可
建武二年通直散騎常侍庾曇隆啟伏見南郊
壇貟兆外內永明中起瓦屋形制宏壯檢案經

三凡 南齊書志一 十二 吳志

史無所准據尋周禮祭天於圜丘取其因高之
義兆於南郊就陽位也故以高敞貴在上昭天明
旁流氣物自秦漢以來雖郊祀參差而壇域中
間立無更立宮室其意何也政是質誠尊天不
自崇樹兼事通曠必務開遠宋元嘉南郊至時
權作小陳帳以為退息太始薄加脩廣永明初
彌漸高麗往年工匠遂啟立瓦屋前代帝皇並
於上天之祀而昧營構所不為者深有情意記
稱掃地而祭於其質也器用陶匏天地之性也

故至敬無文以素為貴竊謂郊事宜擬休偓不
侯舉堂大以明謙恭肅敬之旨庶或仰允太靈俯
愜羣情詔付外詳國子助教徐景嵩議伏尋三
禮天地兩祀南北二郊但明祭取犧牲器用陶
匏不載入君偃廬之儀今棟宇之構雖殊祭非
千載成例宜務因循太學博士賀瑒議周禮王
旅上帝張氈案設皇郎國有故而祭亦曰旅氈
案以氈為牀於幄中不聞郊所置宮宇兼左丞
王撝議掃地而祭於郊謂無築室之議並同氈
漢之郊祀饗帝甘泉夫子自竹宮望拜息殿去
壇場既遠郊奉禮畢旋幸於此寢殿之與惟宮
謂無簡格祠部郎李撝議周禮凡祭祀張其旅
幕張尸次則有幃仲師云尸則於郊祀立尸所
居更衣帳也凡祭之文既不止於郊祀祀之尸
言理應闕於宗廟古則張幕今也房省宗廟旅
幕可藥為棟午郊祀氈案何為不轉製據等云
隆議不行

建武二年旱有司議雩祭依明堂祠部郎何佟
之議曰周禮司巫云若國大旱則帥巫而舞雩
鄭玄云雩旱祭也天子於上帝諸侯以下於上
公之神又女巫云旱暵則舞雩鄭玄云使女巫
旱祭崇陰也鄭眾云求雨以女巫禮記月令云有
司為民祈祀山川百原乃大雩帝用盛樂乃命百
縣雩祀百辟卿士有益於民者以祈穀實鄭玄陽
氣盛而恒旱山川百原能興雲致雨者也衆水所
出為百原必先祭其本雩吁嗟求雨之祭也雩帝
者上公以下謂勾龍后稷之類也春秋傳曰龍見而
鞞至枳敬為盛樂他雩用歌舞而已百辟卿士古
謂為壇南郊之旁祭五精之帝配以先帝也自鞞
雩止當以四月也若五月六月大旱亦用雩禮於五
而雩謂四月也若五月六月大旱亦用雩禮於五
月著雩義也晉永和中中丞啟雩制在國之南為
壇祈上帝百辟舞童八列六十四人歌雲漢詩皆
以孟夏得雨報大牢于時博士議舊有壇漢魏各
自討尋月令云命有司祈祀山川百原乃大雩又云

乃命百縣雩祀百辟卿士則大雩所祭唯應祭
五精之帝而已勾芒等五神既是五帝之佐依
鄭玄説宜配食於庭也鄭玄云雩壇在南郊壇
之旁而不辨東西尋地道尊右雩壇方郊為
輕理應在左宜於郊壇之東營域之外築壇既
祭五帝謂壇宜員尋雩壇高廣禮傳無明文
觀禮設方明之祀為壇高四尺用珪璋等六
王禮天地四方之神王者率諸侯親禮為所以
教尊尊也雩祭五帝粗可依放謂今築壇宜崇
四尺其廣論仍以四為度徑四丈周貟十二丈
而四階也設五帝之位各依其方如在明堂之
儀皇齊以世祖配五精於明堂今亦宜配饗於
雩壇矣古者孟春郊祀嘉穀孟夏雩榮祈甘
兩二祭雖殊而所為者一禮唯有冬至報天初
無得兩賽帝今雖闕冬至之祭而南郊兼祈報
之禮理不容別有賽苔之事也禮祀帝於郊則
所尚省費周祭祀靈威仰若后稷各用一性今祀
五帝世祖亦宜各用一犢斯外悉如南郊之禮

也武皇過乎密未終自可不奏盛樂至於旱祭舞
之雩盖是呼嗟之義既非存懽樂謂此不涉嫌其
餘祝史稱辭仰祈靈澤而已禮舞雩乃使無闕其
今之女巫並不習歌舞就教試恐不應速依
晉朝之議使童子或時取舍之宜司馬彪禮
儀志云雩祀箸皁衣盖是崇陰之義今祭服皆
緇差無所革其所歌之詩及諸供須報勤主者
申攝儉辨從之
隆昌元年有司奏參議明堂以世祖配國子
助教謝曇濟議案祭法禘郊祖宗並列嚴祀鄭
玄注義亦擾兼饗宜祖宗兩配文武雙祀助教
徐景嵩光祿大夫王逡之謂宜以世祖文皇帝
配祀部郎何佟之議周之文武尚推后稷以配
天謂文皇宜推世祖以配帝雖事施於尊祖亦
義章於嚴父焉左僕射王晏議以為若用鄭玄
祖宗通稱則生有功德沒垂尊稱歷代配帝何
止於郊今殷薦上帝允屬世祖百代不毀其文
廟平詔可至永元二年冬之又建議曰禘祭法

有虞氏禘黃帝而郊嚳祖顓頊而宗堯周人禘
嚳而郊稷祖文王而宗武王鄭玄云禘郊祖宗
謂祭祀以配食也禘謂祀昊天於圜丘也郊祭上
帝於南郊曰祭祀五帝五神於明堂曰祖宗郊
祭一帝而明堂祭五帝小德配寡大德配眾王
肅云祖宗是廟不毀何故止稱湯契且蕭言殷有三祖
三宗並應不毀何故上稱湯契且王者之後存
為舜寧立堯頊之廟傳世祀之乎漢文以高祖
配泰時至武帝立明堂後以高祖配食一人兩

配有乖聖典自漢明以來未能反者故明堂無
兼配之祀竊謂先皇宜列二帝於文祖尊新廟
為高宗並世祖而泛配以申聖主嚴父之義先
皇並武皇倫則第為秊義則經為臣設配饗之
坐應在世祖之下並列俱西向國子博士王揖
議以孝經周公郊祀后稷以配天宗祀文王於明
堂以配上帝不云武王又周頌思文后稷配天
也我將祀文王於明堂也武王之文唯執競云
祀武王此自周廟祭武王也詩彌知明堂無矣佟

之又議孝經是周公居攝時禮祭法是成王反
位後所行故孝經以文王為宗祭法以文王為
祖又孝莫大於嚴父配天則周公人也尋此
旨寧施成王乎若孝經所說周公時行則
為嚴祖何得云嚴父且思文是周公祀后稷若
配天之樂歌我將是祀文王配明堂之樂歌若
如揚議則此二篇皆應在復子明辟之後請問
周公祀后稷文王為何所歌又國語云周人禘
嚳郊稷祖文王宗武王韋昭云周公時以文王

為宗其後更以文王為祖武王為宗尋文王以
文治而為祖武王以武定而為宗欲明文亦有
大德武亦有大功故鄭注祭法云祖宗通言耳
是以詩云昊天有成命二后受之注云二后文
王武王也且明堂祭一帝還於明堂因祭一帝則以文
迎氣於郊祭一帝也享五帝於明堂則泛
王配明堂一實不容兩主也
王配武泛之為言無的之辭其禮既盛故祖宗
並配參議以佟之為言允詔可

太祖為齊王依舊立五廟即位立七廟廣陵府
君太中府君淮陰府君即丘府君太常府君宣
皇帝昭皇后為七廟建元二年太祖親祀太廟
六室如儀拜伏竟次至昭后室前儀注應倚立
上以為疑欲使廟僚行事又欲以諸王代祝令
於昭后室前執爵以問彭城丞劉瓛瓛對謂若
都不至昭后坐前竊以為薄廟僚即是代上執
晉爵饋奠耳祝令位卑恐諸王無容代之舊廟儀
諸王得兼三公親事謂此為便從之及太子穆

南齊書志

十九　顏澄

妃薨卒哭祔于太廟陰室永明十一年文惠太
子薨卒哭祔于太廟陰室太祖崩毁廣陵府君
鬱林即位追尊文帝又毁太中主止淮陰府君
明帝立復舊及崩祔廟與世祖為兄弟不為世數
史臣曰先儒說宗廟之義據高祖已下五世親
盡故親廟有四周以后稷始祖文武二祧所以
云王立七廟也禹無始祖湯不先契夏五殷六
此數如之漢立宗廟違經背古匡衡貢禹蔡邕
之徒空有遷毁之議亘年四百竟無成典魏氏

之初親廟止乎四葉吳蜀享祭失禮已多晉用
王肅之談以文景為共世上至征西其實六也
尋其此意非以兄弟為後嘗以立主之義可相
容於七室及楊元后崩征西之廟不毁則知不
以元后為世數廟有七室數盈八主江左賀循
立議以後弟不繼兄故世必限七主無定數宋
臺初立五廟以藏后為世室而求亦親廟
四矣義反會鄭非謂從王自此以來因仍舊制
夫妻道合非世葉相承辟由下祭殘嫡無關廟

南齊志一

二十　宋璪

三百三十年

數同之祖曾義未可了君據伊尹之言必及七
世則子昭孫穆不列婦人若依鄭立之說廟有
親稱妻者言齊豈或濫享且閟宮之德周七非
數楊元之祀晉八無傷今謂之七廟而上唯六
祀使受命之君流光之典不足若謂太祖未登
則昭穆之數何繼斯故禮官所宜詳也
宋泰豫元年明帝崩愽士周洽議權制諒闇之
內不親奉四時祠建元四年尚書令王儉議闇
中朝諒闇議奏曰權典既行喪禮斯奪事與漢

世而源由其遠殷宗諒闇非有服之稱周王即
吉唯宴樂為譏春秋之義嗣君踰年即位則預
朝會聘享焉左氏云諸侯即位小國聘焉以繼
舊好又云諸侯即位卿出並聘踐修結信謀
事補闕禮之大者至於諒闇之內而圖婚三年
未終而吉禘祀歸之喪不廢鬼杞公之卒不徹
樂皆致譏貶以明鑒戒自斯而談朝聘燕嘗之
典卒哭而備行婚禘蒐樂之事三載而後舉通
塞興廢各有由然又案大戴禮記又孔子家語
並稱武王崩成王嗣位明年六月既葬周公冠
成王而朝于祖以見諸侯命祝雍作頌襄十五
年十一月晉疾周卒十六年正月葬晉悼公平
公既即位改服惰官丞于曲沃禮記曾子問孔
子曰天子崩國君薨則取羣廟之主而藏諸祖
廟禮卒卒哭而後成事而後主各反其廟之主
傳凡君卒哭而祔祔而後特祀於主烝嘗禘於
廟先儒云特祀於王者特以喪禮奉新主者至
於寢不同於古烝嘗禘於廟者卒哭成事烝嘗廟

之主名反其廟則四時之祭皆即吉也三年喪
畢吉禘於廟踰年舉主以定新主也凡此諸義皆
著在經誥昭平方冊所以晉宋因循同規前典
卒哭公除親奉烝嘗率禮無違因心允愜爰至
泰豫元年禮官立議不宜親奉乃引三年之制
綷之旨事施未葬至哭之後何綷可越復依范
既葬釋綷而行事曾不知自天子達至於四
社稷越綷除事以權奪委裘襲袞孝享在越
自天子達又據晉武制稱喪三年不祭唯祭天地
時烝嘗蓋以哀疾未堪非便頓改舊式江左以
喪每欲存密亡戚之懷不全依諒闇之典至於
宣之難杜預議周之論士祭並非明據晉武在
又宜即心而言公卿大夫則貧庶親臨三元告
來通儒碩學所歷多矣卒而弗革義當豈徒然
始則朝會萬國雖金石輟響而籩豆充庭情深
於恌哀而跡降於凡制豈曰能安國家故也宗
廟烝嘗孝敬所先豈容古畫備行斯典獨廢就
令必宜廢祭則應三年永闕乃復同之他故有

司攝禮進退二三彌乖典衷謂宜依舊親本
從之
永明九年正月詔太廟四時祭薦宣帝麵起餅
鴨曤孝皇后筍鴨卵脯醬炙白肉高皇帝薦肉
膾葅羹昭皇后茗粣炙魚皆所嗜也先是世祖
夢太祖曰宋氏諸帝嘗在太廟從我求食可別
爲吾祠上乃敕豫章王妃庾氏四時還青溪宮
舊宅奧內合堂奉祠二帝二后牲牢服章用家
人禮

南齊志一　陸澄　二十三　二百七十六字

史臣曰漢氏之廟徧在郡國求祀巳潰綠情又
疎重檐閟寢不可兼建故前儒抗議謂之遷毀
光武八纂南頓尹巳上四世別祠春陵建武三
年幸春陵園廟是也張衡南都賦曰清廟肅以
微微明帝至于章和每幸章陵輒荷舊宅安
末魏氏立宗廟皆在鄴都魏文黃初二年洛廟
未成親祠武帝於建始殿甲家人禮世祖發漢
明之夢肇祀故宮孝事既申義合前典亦一時
之盛也

南齊書志一　王晏　二十四　二百九十五

永明六年太常丞何諲之議今祭有生魚一頭
干魚五頭少牢饋食禮云司士升魚腊膚皆用
鮒十有五上既云腊下必是鮮其數宜同稱膚
足知鮒革無毀記云橋魚曰商祭鮮曰脡祭鄭
注商量脡直也尋商旨裁截脡義在全賀猶祭
義猶用魚十五頭今鮮頓刪約橋皆全用謂宜
鮮橋各二頭橋尚玄酒而俎腥魚芝酒不容多
桑惠度議記稱斷首尾示存古義國子助教
鮮魚理宜約干魚五頭者以其既加人功可法
於五味以象酒之五齊也令欲鮮橋各雙義無
所法諲之議不行
十年詔故太宰褚淵故太尉王儉故司空柳世
隆故驃騎大將軍王敬則故鎮東大將軍陳顯
達故鎮東將軍李安民六人配饗太祖廟庭祠
部郎何諲之議配饗東行宋世祖廟遺事
題列坐位具書贈官爵諡及名文不稱主便是
設板也白虎通云祭之有主孝子以繫心也
斯而言外配廟廷不容有主宋時板度既不復

存令之所制大小厚薄如尚書召板為得其衷

有司攝太廟舊人亦云宋功臣配饗坐板與

尚書召板相似事見儀注

十一年右僕射王晏吏部尚書徐孝嗣侍中何

胤奏故太子祔太廟既無先准檢宋元后故事

太尉行禮太子拜伏與太尉祔太孫拜伏皆與

前典太常主廟位太尉執禮等參議依擬

之俱正禮既畢陰室之祭太孫宜親自進奠詔

可

建武二年有司奏景懿后遷登新廟車服之儀

祠部郎何佟之議曰周禮王之六服大裘為上

袞冕次之五車王輅為上金輅次之皇后六服

褘衣為上褕翟次之首飾有三副為上編次之

五車重翟為上厭翟次之公年大裘為上而

上公夫人有副及褘衣是以祭統云夫人副褘

立于東房也又鄭云皇后六服唯上公夫人亦

有褘衣詩云翟茀以朝鄭以翟茀為厭翟房伯

夫人入廟所乘今上公夫人副褘既同則重翟

或不殊矣況景皇懿后禮崇九命且晉朝太妃

服章之禮同於太后宋代皇太妃唯無五牛旗

為異其外侍官則有侍中散騎常侍黃門侍郎

散騎侍郎各二人分從前後部同於王者內職

則有女尚書女長御各二人綵引同於太后又

魏朝之晉之宋王置百官擬於天朝至

於晉文王終猶稱堯而太上皇稱崩則是禮加

於王矣故前議景皇后悉依近代皇太妃之儀

則侍衛陪乘並立不得異后乘重翟亦謂非疑也

尋齊初移廟宜皇皇神主乘金輅皇帝親奉亦乘

金輅先往行禮畢仍從神主至新廟今所宜依

准世也從之

永泰元年有司議應廟見不尚書令徐孝嗣

議嗣君即位並無廟見之文蕃支篡業乃有虔

謁之禮左丞蕭琛議竊聞祗見厥祖義著商書

朝于武宮事光晉冊豈有正位居尊繼業承天

而不虔觀祖宗格于太室毛詩周頌篇曰烈文

成王即政諸矦助祭也鄭注云新王即政必以

朝享之禮祭於祖考告嗣位也又篇曰閔予小
子嗣王朝廟也鄭注云嗣王者謂成王也除武
王之喪將始即政朝於廟也則隆周令典煥炳
經記禮體嫡君正莫成王又二漢由太子而嗣
位者西京七主東都四帝其昭成哀元明章六君
並皆謁廟文存漢史其惠景武元明章六君前
史不載謁事或是偶有闕文理無異說議者乃
云先在儲宮已經致敬卒哭之後即親奉時祭
則是廟見故無別謁之禮竊以為不然儲后在

【南齊書志二】 二十七 言同實

宮亦從郊祀若謂前虞可兼後敬開元之始則
無假復有配天之祭矣若以親奉時祭時非異主猶
見者自漢及晉支庶嗣位並皆謁廟既同有蒸
嘗何爲獨脩繁禮且晉成帝咸和元年故號以
謁廟咸康元年加元服又更謁夫時非異主猶
不疑二禮相因況位隔君臣而追以一謁兼敬
宜遠稽周漢之盛範近黜晉宋之乖義展誠以
廟駿奈并萬國奏可
永明元年十二月有司奏今月三日臘祠大社

櫻一日合朝日蝕既在致齋內未審於社祠無
疑不曹檢未有前准尚書令王儉議禮記曾子
問天子嘗禘郊社五禮之祭簠簋既陳唯大喪
乃廢至於當祭之日火日蝕則停尋代哉用牲
由來尚矣而簠簋初陳廢所不及據此而言致
孫瑞議以曰蝕廢社則不應廢祭又初平四年
父天親地郊社不殊此則前准謂不宜廢詔可
齊初尚仍值薄蝕初陳廢社而不廢祭初平四年

永明十一年兼祠部郎何佟之議案禮記郊特

【南齊書志一】 二十八 青之

牲社祭土而主陰氣也君南向於北墉下答陰
之義也鄭玄云答猶對也比墉社內北牆也王
肅云陰氣比向故君南向以答之是
位在帝社壇比西向於神背後行禮又名稷爲
稷社甚乖禮意及未知失在何時原此理當甚
久竊以皇齊改物禮樂惟新中國之神莫貴於
社若遂仍前謬懼虧盛典謂二社語甚義則殊

07-81

論其神則一位宜立北向稷若北向則成相背
稷是百穀之總神非陰氣之主宜依先東向齋
官立社壇東北南立東為上諸執事可名為
南為上稷依禮無兼稱今若欲尊崇正可名為
太稷耳豈得謂為稷社邪膱祠太社曰近寮奏
事御改定儀注儀曹稱治禮學士議曰郊特牲
又云君之南向答君也若以
陽氣在南則位應向北陰氣向北則宜向南今
南比二郊一限南向皇帝黑瓚階東西向故知

壇墠無繫於陰陽設位寧拘於南北羣神小祠
類皆限南面薦饗之時北向行禮蓋欲甲靈祇
之尊表求幽之義魏世秦靜使社稷別營稱目
漢以來相承南向漢之於周世代未遠鄗上頹
基商丘餘樹猶應尚存迷方失位未至於此通
儒達識不以為非便蔚令昔已有此議後徐爰
周景遠並不同仍舊不改佟之議來難引一南
向答陽臣北向答君敢問答之為言為是相
為是相背相背則社位南向君亦南向可如來

議郊特牲云臣之北向答君復是君皆臣令言
君南臣北向相稱答則君南不得稱答矣記何
得云祭社君南向以答陰邪社果同向則君亦
宜西向何故在社南向在郊西向邪解則不然
記云君南向之南向答陰此明朝會之時盛陽在南
故南向祀天地之日乎知祭社北向君答
義耳寧是祈祀天之日乎知祭社北向君答
記云君南向對之猶聖人南面而聽向明而治之
階東西向者斯蓋始入之別位兆接對之時也

案記云社所以神地之道也又云社祭土而主
陰氣又云社不用命裁于社孔安國云青礜陰
主殺君求幽宜北向便謂社應南向也案周禮
餘陰祀不北向而記云君南向答陰之義
亦地祇之貴而不主此義故位向不同不得見
南向求幽宜北向便謂社應南向也案周禮祭社
求幽之論不乖歟魏權漢社社稷同營共門稷
壇在社壇北皆非古制後後宮南自當加
靜此

言乃是顯漢社失周法見漢世舊事介時祭社南向未審出何史籍就如議者靜近言是祭社位向仍漢舊法漢又襲周成規因而不改者則社稷三座並應南向今何改帝社南向泰社又稷並東向邪治禮又難佟之凡三往反至建武二年有司議治禮無的然顯據佟之議乃行建武二年祠部郎何佟之奏棄周禮太宗伯以蒼璧禮天黃琮禮地鄭玄又云皆有牲幣各放其器之色知禮天圓丘用玄犢禮地方澤用黃牲矣牧人云凡陽祀用騂牲陰祀用黝牲鄭玄云騂赤黝黑也陽祀祭天南郊又宗廟陰祀祭地比郊又社稷祭法云燔柴於泰壇祭天也瘞埋於泰折祭地也用騂犢鄭云地陰祀用黝牲與天俱用犢故連言之耳知此祭天地即南北郊矣今南北兩郊同用玄牲又明堂宗廟社稷俱用赤今有違昔典又鄭玄云祭五帝於明堂芒等配食自晉以來并圜丘於南郊是以郊壇列五帝勾芒等今明堂祀五精更闕五神之位

比郊祭地祇而設重黎之坐二三乖舛懼盛則前軍長史劉繪議語云犉牛之子騂且角雖欲勿用山川其舍諸未詳山川合為陰祀不若在陰祀則與黝乖矣佟之又議周禮以天地為大祀四望為次祀山川為小祀周人尚赤自四望以下牲色各依其方者以其祀大宜從本也則山川以下牲色不見者以其祀小從所尚也則論禮二說堂不合符參議為允從之

求元元年步兵校尉何佟之議曰蓋聞聖帝明王之治天下也莫不尊泰地崇敬日月八故冬至祀天於負立夏至祭地於方澤春分朝日秋分夕月所以訓民事君之道化下嚴上之義也故禮云王者必父天母地兄日姝月周禮典瑞云王搢大圭執鎮圭藻藉五采五就以朝日馬融云天子以春分朝日秋分夕月觀禮天子出拜日於東門之外盧植云朝日以立春之日也鄭玄云端當為冕朝日春分之時也禮記朝事議云天子晃而執鎮圭尺有二寸率諸矦朝日於

東郊所以教尊尊也故鄭知此端為晃也禮記
保傅云三代之禮天子春朝朝日秋暮夕月所
以明有敬也而不明所用之定辰馬鄭云用二
分之時盧植云用立春之日佟之以為日者太
陽之精月者太陰之精春分陽氣方永秋分陰
氣向長天地至尊用其始故祭以二至日月禮
義矣漢世則朝朝日暮夕月魏文帝詔曰觀禮
次天地敬朝以分差有理據則融玄之言得其
天子拜日東門之外反禮方明朝事議曰天子

晃而執鎮圭率諸庚朝日於東郊以此言之蓋
諸庚朝天子祀方明因率朝日也漢改周法羣
公無四朝之事故不復朝於東郊得禮之變矣
然旦夕常於殿下東向拜日其夕月禮太煩今採周
春分之禮損漢日拜之儀又無諸庚之事無所
出東郊今正殿即亦朝會行禮之庭也宜常以
春分於正殿之庭拜日其夕月文不分明其議
奏魏秘書監薛循議云舊事朝日以春分夕
月以秋分案周禮朝日無常日鄭玄云用二分

故遂施行秋分之夕月多東潛而西向拜之皆實
遠矣謂朝日宜用仲春之朝夕月宜用仲秋之
朝淳于睿駮之引禮記云祭日於東祭月於西
以端其位周禮秋分夕月立行於上世西向拜
月雖如背實亦猶月在天而祭之於坎不復言
玄云日出東方月出西方又云大明生於東月
生於西此陰陽之分夫婦之位也鄭玄云大明
日也知朝日東向夕月西向斯蓋各本其位之
所在耳猶如天子東西遊幸朝堂之官及拜官
者猶北向朝拜寧得以背實為疑邪佟之謂魏
世所行善得與奪之衷晉初弃員丘方澤於兩
郊二至輅禮至於二分之朝致替無義江左草
創舊章多闕宋氏因循未能反古竊惟皇齊應
天御歷典敬惟新謂宜使盛典行之盛代以春
分朝於殿庭之西東向而拜日秋分於殿庭
東西向而拜月此即所謂必放日月以端其位
之義也使四方觀化者莫不欣欣而頌美旅藻

之飾蓋本天之至質也朝日不得同昊天至質
之禮故玄見三旒也近代祀天著袞十二旒極
文章之義則是古今禮之變也壇天朝日既服
宜有異頃世天子小朝會著絳紗袍通天金博
山冠斯即今朝之服次袞冕者也竊謂宜依此
拜日月甚得差降之宜也佟之任非禮局輕奏
大典寔為傳官伏追懟震從之

求明三年有司奏來年正月二十五日丁亥可
祀先農即日輿駕親耕宋元嘉大明以來竝用
無文通下詳議兼太學博士劉蔓議禮孟春之
月立春後亥日以元日祈穀又擇元辰
立春後亥日尚書令王儉以為亥日藉田陰也
至亥也郊天陽也故以日藉田陰也故以辰陰
躬耕帝藉盧植說禮通辰日日甲至癸也
禮甲後必居其末亥者末故記稱元辰法
曰吉亥也據五行之說木生於亥以亥日祭先
農又其義也太常丞何諲之議鄭注云元辰蓋
郊後吉亥也亥水辰也凡在墾稼咸存灑潤五

行說十二辰為六合寅與亥合建寅月東耕取
月建與日辰合也國子助教桑惠度議尋鄭玄
以亥為吉辰者陽生於子元起於亥取陽之元
以為生物亥又為水十月所建百穀賴茲沾潤
畢熟也助教周山文議盧植云元善也郊天陽
也故以日藉田陰也故以辰蔡邕月令章句解
元辰云日幹也辰支也辰有事於天用日有事於
地用辰助教何佟之議少年饋食禮
來日丁亥用薦歲事于皇祖伯某注云丁未必
亥也直舉一日以言之耳禘大廟禮日用丁亥
若不丁亥則用己亥辛亥苟有亥可也鄭又云
必用丁亥者取其令名自丁寧自變改以為謹
別義殿中郎顧昌之議鄭玄稱先郊後吉辰而
敬如此丁亥自是祭祀之日不專施於先農漢
文用此日耕藉祠先農故後王相承用之非有
不說必亥之由盧植明子亥為辰亦無常辰之
證漢世躬藉肇發漢文詔云農天下之本其開
藉田斯乃草創之令未觀親載之吉也昭帝癸

亥耕于鈞盾弄田明帝癸亥耕下邳章帝乙亥
耕定陶又平丑耕懷魏之烈書辛未不繫
一辰徵於兩代矣推晉之革魏宋之因晉政是
服膺康成非有異見者也班固序亥位云陰氣
應亡射誤藏萬物而雜陽闒種且亥飲水辰含
育為性播取吉其在兹平固序丑位云陰氣大
犁助黃鍾真種物使長大茂盛是漢朝迭選魏室
爇酌舊用丑實兼有據參議奏用丁亥詔可

〈南齊書志一〉　三十七　余玫

建元四年正月詔立國學置學生百五十人其
有位樂入者五十人生年十五以上二十以還取
王公巳下至三將著作郎廷尉正太子舍人領
護諸府司馬諮議經除教者諸州別駕治中等
見居官及罷散者子孫悉取家去都二千里爲
限太祖崩乃止
及員外郎之濬凡置生二百人其年秋中悉集有
永明三年正月詔立學創立堂宇名公卿子弟下
司奏宋元嘉舊事學生到先釋奠先聖先師禮又

有釋菜未詳今當行何禮用何樂及禮器尚書
令王儉議周禮春入學舍菜合舞記云始教皮弁
祭菜示敬道也又云始入學釋奠先聖先師中
朝以來釋菜禮廢今之所行釋奠而已金石俎豆
皆無明文方之七廟則五禮則重莫納車
胤謂宣尼廟宜依其族之爵范甯欲依周公之廟
用王者儀范宣謂當其爲師則不臣范之釋奠曰備
帝王禮樂此則車陸失於過輕二范傷於大重喻希
云若至王者自設禮樂則肆賞於至敬之所若欲

〈南齊志一〉　三百十一　陳壽

嘉美先師則所況非備尋其此說守附情理皇朝
屈尊弘教待以師資引同上公即事惟允元
嘉立學裴松之議應儛六佾以郊樂未具故權奏
登歌令金石巳備宜設軒縣之樂六佾之舞牲
牢器用悉依上公其冬皇太子講孝經親臨釋
奠車駕幸聽　三八　陳

建武四年正月詔立學永泰元年東昏侯即位尚
書符依永明舊事廢學領國子助教曹思文上表
曰古之建國君民者必教學爲先將以節其邪情

而禁其流欲故能化民裁俗習與性成也是以忠
孝篤焉信義成焉禮讓行焉算教宗學其致一也
是以成均煥於古典虎門炳於前經陛下體睿淳
神纘承鴻業今制書旣下而廢學先聞將恐觀國
之光者有以擬議也若以國諱故宜廢昔漢永成立
學之明文也永明以無太子故廢斯非古典也尋
且晉武之崩又其學猶存斯皆先代不以國諱而廢
國之有學本以興化致治也天子於以諮謀焉於

以行禮焉記云天子出征受命於祖受成於學
執有罪反釋奠於學又云食三老五更於太學
天子袒而割牲執爵而酳以敎諸侯悌也於斯學
是天子有國之基敎也或以之所言皆太學事
也今引太學不非證也據臣所見今之國學即
古之太學晉初太學生三千人旣多猥雜惠帝
時欲辯其涇渭故元康三年始立國子學官品
第五以上得入國學天子去太學入國學以行
禮也太子去太學入國學天子以齒讓也太學之興

國學斯是晉世殊其貴賤耳然貴賤
士庶皆須敎成故國學太學兩存之也非有太
子故立也然繫廢興於太子者此永明之鉅失
也漢崇儒雅幾致刑厝而猶道謝三五者以其
致敎之術未篤也古之敎者家有塾黨有序術
有序國有學以諷誦相摩仑學非唯不宜廢而
已乃更崇其道望古作規使郡縣有學鄉
間立敎請付尚書及二學詳議有司奏從之學
竟不立

永明五年十月有司奏南郡王昭業冠求儀注
未有前准尚書令王儉議皇孫冠事歷代所無
禮雖有嫡子嫡孫然而地居正體下及五世今
南郡王體自儲暉實惟國裔元服之典宜異列
蕃案士冠禮主人玄冠朝服實加其冠賛者結
纓鄭玄云主人冠者之　父兄也尋其言父及
兄則明祖在父不爲主也大戴禮記公冠篇云公冠
自爲主四加玄晃以卿爲賓此則繼體之君
及帝之庶子不得稱子者也小戴禮記冠義云

冠於阼以著代也醮於客位三加彌尊古者
也注稱嫡子冠於阼庶子冠於房記又云古者
重冠故行之於廟所以自卑而尊先祖也據此
而言彌與鄭注儀禮相會是故中朝以來太子
冠則皇帝臨軒司徒加冠光祿贊冠諸王則郎
中加冠中尉贊冠今同於儲皇則重依於諸王
斯為子君在斯為臣皇太子居臣子之節無專
則春秋之義不以父命辭王父命禮父在
用之道南郡雖處藩國非支庶之列宜稟天朝
之命微申冠阼之禮晉武帝詔稱漢魏遣使冠
諸王非古正典此蓋謂庶子封王合依公冠自
主之義至於國之長孫遣使惟允宜使太常持
節加冠大鴻臚為贊醮酒之儀亦歸二卿祝醮
之辭附准經記別更撰立不依蕃國常體國官
陪位拜賀自依舊章其日內外二品清官以上
詣止車集賀并詣東宮南門通牋別曰上禮
宮臣亦詣門稱賀如上臺之儀既冠之後尅日
謁廟以弘尊祖之義此既入典宜通關八座丞

【南齊書志一】 四十一 金震

郎并下二學詳議僕射王奐等十四人議並同
并撰立贊冠醮酒二辭詔可祝辭曰皇帝使給
事中太常武安侯蕭惠基加南郡王冠祝曰筮
曰筮賓爰肇加元服棄爾幼志從爾成德親賢使
能克隆景福醮酒辭曰旨酒既清嘉薦既盈兄
弟具在淑慎儀形永屆眉壽勑諸王納妃
六宮依禮止棗栗腵脩加以香澤花粉其餘衣
物皆停唯公主降嬪則止遺舅姑也永泰元年
永明中世祖以婚禮奢費

尚書令徐孝嗣議曰夫人倫之始莫重冠婚所
以尊表成德結歡兩姓年代汙隆古今殊則繁
簡之儀因時或異三加廢於王庶六禮限於天
朝雖因習未久事難頓改而大典之要深宜損
益案士冠禮三加畢乃醮冠者醮則唯一而已
故體辨無二若不體則每加輒醮以酒故醮辨
有三王肅云二醮本古其禮重酒用時味其禮輕
故也或體或醮二三之義詳許於經文今皇王
冠畢一酌而已即可擬古設禮而猶用醮辨宴為

【南齊志一】 四十二 付善可

乘衰尋婚禮實籬以四爵加以合卺既崇尚質
之理又象洋合之義故三飯卒食卺醻用卺先
儒以禮成好合事終於三然後用登合儀注先
醻登以卺以三有遺旨趣又郊特牲曰三王作
牢用陶匏言太古之時無共牢之禮三王作之
而用太古之器重夫婦之始也今雖以方揺示
約而彌成昔典又連卺以鑾盞出近俗復別有
燭雕貴采飾亦廚裏制方今聖政日隆聲教惟
穆則古昔以敦風存餼羊以愛禮沿龍婺之規有切

三百二十　南齊書志　四十三

治要嘉禮實童宜備舊章謂今王侯已下冠畢
一酌醴以遵古之義醴即用舊文於事為尤
亦依古以卺酌終醻之酒竝除金銀連鑷自餘
雜器悉用埏陶堂人執燭足充烆燎牢燭華俗
亦宜停省展斷雕可期移俗有漸參議竝同奏可
晉武太始二年有司奏故事皇后諱與帝諱俱
下詔曰禮內諱不出宮近代諱之也定元元年
太常上朝堂諱副僕射王儉議曰后諱依舊不
立訓禮天子諸疾諱羣祖臣隸既有從敬之義

宜為太常府君諱至於朝堂榜題本施至極既
迨尊所不及禮降於在三晉之京兆宋之東安
不列榜題孫毓議稱京兆列在正廟臣下應諱
而不上榜宋初博士司馬道敬議東安府君諱
名不犯太常府君及帝后諱者皆改宣帝諱同二
宜上榜何承天執不同即為明樿其有人名地
與承竝東官承華門亦改為宣華云

三百二十　南齊書志卷一　四十四

漢末蔡邕立漢朝會志竟不就秦人以十月旦
為歲首漢初習以大饗會後用夏正饗會猶未
廢十月旦會也東京以後正旦夜漏未盡七刻
鳴鐘受賀公侯以下執贄來庭二千石以上升
殿稱萬歲然後作樂宴饗張衡賦云皇輿夙駕
登天光於扶桑然則雖用漢儀必辨色而行事矣
魏武都鄴正會文昌殿用漢儀又設百華燈後
魏文修洛陽宮室權都許昌宮殿狹小元日於
城南立氈殿青帷以為門設樂饗會後還洛陽
依漢舊事晉武帝初更定朝會儀夜漏未盡十

刻庭燎起火羣臣集傳左朝會賦云華燈若乎
火樹熾百枝之煌煌此則因魏儀與庭燎並設
也漏未盡七刻羣臣入自賀未盡五刻就本位
至漏盡皇帝出前殿百官上賀如漢儀禮畢罷
入羣臣坐謂之辰賀晝漏上三刻更出百官奉
壽酒大饗作樂謂之晝會別置女樂三十人於
黃帳外奏房中之歌江左多厚不復晨賀夜
漏未盡十刻開宣陽門至平旦始開殿門晝漏
上五刻皇帝乃出受賀宋世至十刻乃受賀其

三十六

南志一

洪 晉

餘升降拜伏之儀及置立后妃王公巳下祠祀
夕牲拜授弔祭皆有儀注文多不載
三月三日曲水禊古禊祭也漢禮儀志云季
春月上巳官民皆絜濯於東流水上自洗濯祓
除去宿疾為大絜不見東流為何水也晉中朝
云卿巳下至於庶民皆禊洛水之側事見諸禊
賦及夏仲御傳也趙王倫篡位三日會天淵地
誅張林懷帝亦會天淵池賦詩陸機云夫天淵池
南石溝引御溝水池西積石為禊堂跨水流杯

飲酒亦不言曲水元帝文詔罷三日弄具今相
承為百戲之具雕弄技巧增損無常
史臣曰案禊與曲水其義必差舊言陽氣布
暢萬物訖出姑洗絜之巳者祉也言祈介也
一說三月三日清明之節將脩事於水側禱祀
以祈豐年應劭云三月上巳絜者祓也或云
漢世有郭虞者以三月上巳二女上巳又生
一女二日中頻生皆死時俗以為大忌民人每
至其日皆適東流水祈祓自絜濯浮酌清流後
遂為曲水案高后枕霸上馬融梁異西第賦云
西北戍亥至石承輸蝦幕吐為庚辛之域即曲
水之象也今據禊為田水事應在永壽之前巳
有祓除則不容在高后之後祈農之說於事
為當
九月九日馬射或說云秋金之節講武習射像
漢立秋之禮
史臣曰案晉中朝元會設卧騎倒騎顚騎自
東華門馳皇神虎門此亦角抵雜戲之流也宋武

二八九

南志一

洪 晉

為宋公在彭城九日出項羽戲馬臺……今相
承以為舊准

志第一　　南齊書九

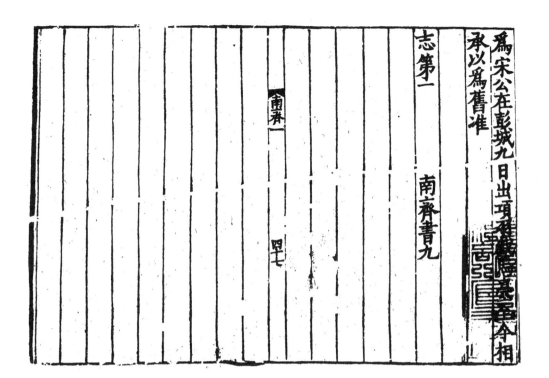

南齊一

四七

禮下

臣蕭子顯奉敕撰

建元四年高帝山陵昭皇后應遷祔祠部疑有
祖祭及遣啓諸奠九飯之儀不左僕射王儉議
奠如大斂賀循云從墓之墓皆設奠如將葬廟
朝之禮范甯云將變而奠雖不稱為祖而不得
無祭從之有司又奏昭皇后神主在寢 今遷祔葬
廣有虞以安神神既巳厝廟改葬出靈豆應虞

■ 南志二

祭鄭注改葬云從之廟禮宜同從墓之墓事何
容異前代謂應無虞左僕射王儉議范甯云葬
必有魂車若不為其歸神神將安舍世中改葬即墓
所施靈設祭何得不祭而毀耶賀循云既奠設奠
於墓以終其事雖非正虞亦粗相似晉民惰復
五陵宋朝敬后改葬皆有虞今設虞非疑從之
建元二年皇太子妃薨前宮臣疑所服左僕射王
儉議禮記文王世子父在斯為子君在斯為臣且
漢魏以來官僚充備臣隸之節具體在三晉庾翼妻

喪王充縢弘謂祔村吏宜有小君之服況臣節之
重邪宜依禮為舊君妻齊衰三月居官之未並
合屬朝脯臨哭悉繫東宮今臣之未從官在遠
者於居宮之所屬寧二日半仍行喪成服遺賤
表不得奔赴從之
太子妃斬草乘黃議建銘旌僕射王儉議禮既
塗棺祝取銘置于殯東大斂畢便應建于西階
之東
宋大明二年太子妃薨建九旒有司又議斬草

■ 南志二

日建旐與不若建旐應幾旒及畫龍外降云何
又用幾斿僕射王儉議旐本是命服無關於凶事
今公卿以下平存不能備禮故在凶乃建耳
官秩同上公九命之儀妃與儲君一體義不容
異無緣未同常例別立凶旐大明舊事是不經
詳議率爾便行耳今宜考以禮典不得効尤從
失吉部伍自有桁轄凶部別有銘旌若復立旐
復置何處婁自用八從之
有司奏大明故事太子妃玄宮中有石誌參議

基銘不出禮典近宋元嘉中顏延作王球石誌

素族無碑策故以紀德自爾以來王公以下咸

共導用儲妃之重禮殊恒列既有哀策謂不須

石誌從之

有司奏穆妃卒哭後靈還在道遇朔望當須設

祭不王儉議既虞卒哭之於廟本是祭序昭

穆耳未全同卒吉四時之祭也所以有朔望殷

事審國不行權制宋江夏王妃卒哭以後朔望

設祭帝室既以卒哭除喪無緣方有朔望之祭

靈遷雖未升廟堂而成行廟猶如桓主

及宋高祖長沙臨川二國竝有禘廟之禮豈復

謂靈遷在途便設殷事耶推此而言朔望不復

侯祭宋懿后時舊事不及此益可知時議從之

建元三年有司奏皇太子穆妃以去年七月薨

其年閏九月未審當月數閏為應以閏附正月

若用月數閏者南郡王兄弟便應以此四月

晦小祥至於祥月不為有疑不左僕射王儉議

三百六旬尚書明義文公納幣春秋致譏穀梁

云積分而成月公羊云天無是月雖然左氏謂

告朔為得禮是故先儒咸謂三年喪歲數沒

閏大功以下月數數閏夫閏者蓋是年之餘日

而月之異朔所以吳商云合閏以正苫允愜情

理今杖朞之喪雖以十月而小祥至於祥禫必

須周歲凡厭屈之禮要取象正服祥禫相去二

月厭降小祥亦以則之又且求之名義則小祥

本以年限考於倫例則相去必應二朞今以厭

屈而先祥不得謂此事之非苫事既同條情無

異貫沒閏之理固在言先設令祥在此晦則去

禫三月依例益復為碍謂應須五月晦刀

祥此國之大典宜共精詳并通關八座丞郎研

盡同異尚書令褚淵難儉議曰厭屈之典由所

尊奪情故祥禫備制而年月不申今以十一月

而祥從苫可知既計以月數則應數閏以成典

若猶含之何以異於苫計以祥之當閏故

月數相縣積分餘閏歷象所弘計月者數閏故

有餘月計年者苞含故致盈積稱理從制有何

不可儉又苔淵難曰令合閏之義通儒所難但祥

本應暮屈而不遂語事則名體具存論衰則情

無沒異迹雖數月義實計年閏是年之歸餘故

宜揔而苞之暮而兩祥緣尊故屈祥則沒閏象

年所申屈申兼著二途具舉經紀之言其在茲

予如使五月小祥六月乃閏則祥之去縞事成

二月是為十一月以象前暮二朔則祥以放後歲成

有區域不得相象魯襄二十八年十二月乙未

楚子卒唯書上月初丕言閏此又附上之明義

【南齊書志二】 五 鄭羊和

也鄭射王賀唯云暮則沒閏初不復區別杖暮

之中祥將謂不候言矣成休甫云大祥後禫有

閏別數之明杖暮之祥不得方於縓縞之末即

恩如彼就例如此淵又據舊義難儉十餘問儉

隨事解釋祠部即中王珪之議謂喪以閏施功

衰以下小祥值閏則略而不言今雖厭祥名猶

日既餘分月非正朔含而全制於情唯兄僕射

儉議理據詳傅謹所附同令司徒淵始雖疑難

再經往反未同儉議依舊八座丞郎通共博議

為允以來五月晦小祥其祥禫自依常限奏御

班下內外詔可

皇太子穆妃服尚書左丞兼著作郎王逡問左

僕射王儉中軍南郡王小祥應待閏喜不穆妃

七月二十四日薨聞喜公八月發哀計十一月

之限應在六月南郡王為當同取六月則大祥

復申一月應用八月南非復正月在存親之義若

各自為祥廬墾相聞立素雜糅未審當有此疑

【南志二】 六 秦顥

不儉曰送往有已復生有節困極非服制所申

祥縞明示終之斷相待之義經記無聞世人多

以廬室衰麻不宜有異故相去一二月者或申

以俱除此所謂任情徑行未達禮旨昔撰喪記

已嘗言之遠還之人自有為而未殊在家之子

立何辭以不變而除喪而歸者此則經記之

遺文不待之明據假使應待則相去彌年亦宜

必待乃為衰經永服以窮生吉釁長絕於宗廟

斯不可矣苟曰非宜則旬月之間亦不容申何

者禮有倫序義無徒設今遠則不待近必相須
禮例既爭即心無取若疑兄弟同居吉凶雜
則古有異宮之義設無異宮則遠還之子自應
開立別門以終喪事靈筵祭奠隨在家之人再
某而毀所以然者奔喪禮云為位不奠鄭玄云
以其精神不存乎此也聞哀不時定緣在遠為
位不奠益有可安此自有為而然不關嫡庶廢
子在家亦不待嫡矣而況諸妃正體王室中軍
長嫡之重天朝又行權制進退彌復非疑謂不
客此國之大典宜通關八座丞即共盡同異然
奏御司徒褚淵等二十人並同儉議為允請以
為永制詔可
應相待中軍祥縞之日聞喜致衰而已不受弔
慰及至忌辰變除昆弟亦宜相就寫情而不對
建元三年太子穆妃薨南郡王聞喜公國臣疑
制君母服儉又議禮廢人為國君齊衰先儒云
廢人在官若府史之屬是也又諸侯之大夫妻
為夫人服緦衰七月以此輕微踈遠故不得盡禮

今皇孫自是蕃國之王公太子穆妃是天朝之
嫡婦宮臣得申小君之禮國官豈敢為夫人之
敬當單衣白帢素帶哭于中門外每臨報入與
宮官同
永明十一年文惠太子薨右僕射王晏等奏案
喪服經云為君之父長子同齊衰某今至尊既不
行三年之典某制羣臣應降一等便應大功
九月功衰是兄弟之服不可以服尊日等參議謂
宜重其衰裳減其月數同服齊衰三月至於太孫
三年既申南郡國臣宜備齊衰某臨滄曲江既非
正嫡不得服禕先儲二公國臣並不得服詔依所議
又奏案喪服經雖有妾為君之長子從君而服
二漢以來此禮久廢請因循前准不復追行詔
曰既久廢停便
又奏伏尋御服文惠太子某內不奏樂諸王雖
本服某而儲皇正體宗廟服者一同釋服奏樂
姻娶便應並通竊謂二等誠俱是嘉禮輕重有
異娶婦思嗣事非全吉三日不樂禮有明文宋

世袞喪降在大功者婚禮廢樂以申私戚通以

前典詔依議

又秦案禮祥除比目先於今夕易服明旦乃設祭

尋比世服臨然後改服與禮為乖今東宮公除

目者依例皇太孫服臨方易服臣等參議謂先

哭臨音而後祭之應公除者皆於府第變服而

後入臨行奉慰之禮詔

不祠部郎何佟之議昔舜受終文祖義非肖堯

建武二年朝會時世祖過密未終朝議疑作樂

及放勳祖落過密三祀近代晉康帝繼成帝于

時亦不作樂懷帝永嘉元年惠帝喪制未終于

時江充議云古帝王相承雖世及有異而輕重

同禮從之

建武二年正月有司以世祖文皇帝今二年正

月二十四日冊巳日二十九日大祥三月二十

九日祥禮至尊及羣臣泄哀之儀應定准下二

學八座丞郎博士陶韶以為名立義生自古之

制文帝正號祖宗式序昭穆祥忌禮日皇帝宜

服祭服出太極泄哀百僚亦縗服陪位太常丞

李撝議曰尋尊號既追重服宜正但已從權制

故首杖不說至於鎮燋既同天地亦容得無

感乎且晉景皇后崩羣臣備小君之服追尊

之后無達后典追尊之帝固宜同帝禮矣雖臣

子一例而禮隨時異至尊龍飛中興事非嗣武

理無深衣之變但王者體國亦應弁服出正

殿舉哀百寮致慟一如常儀給事中領國子助

教謝墨濟議未喪禮制限節兩分虞祔追士之情

小祥抑存之禮斯蓋至愛可申撝痛宜屈耳文

皇帝雖君德早疑民化未洽追崇尊極是緣于

性令言臣則無實論已則事虛聖上駁駁更奉

天春祇禮七廟非從三后周忌祥禮無所依設

太學博士崔慰同陶韶議太常沈淡同李撝議

國子博士劉警等同謝墨濟議祠部郎何佟之

議曰春秋之旨臣子繼君親雖恩義有殊而其

禮則一所以敦資敬之情篤方喪之義主上雖

仰嗣高皇晉經比面方今聖曆御宇垂訓無窮

在三之恩理不容替窬謂世祖祥忌至尊宜弔

服升殿羣臣同致哀感事畢百官詣宣德宮拜

表仍致哀陵園以引進遠之慕尚書令王晏等

十九人同佟之議詔可

海陵王薨百官會哀時纂嚴朝議疑戎服臨會

祠部郎何佟之議羔衰立冠不以弔理不容以

兵服臨喪宋泰始二年孝武大祥之日于時百

寮入臨皆於宮門變戎服著衣幀入臨畢出外

還襲戎衣從之

〔南志二己〕　十一　方至

二百三

贊曰媢制孔作　訓範百王三千有數四維是張

損益尋典廢舉憲章戎祀軍國社廟郊庠冠

婚朝會服紀鹵喪存爲盛德戒在先亡

志第二　　　　　南齊書十

南齊書十一

臣蕭　子顯　撰

樂

南郊樂舞歌辭二漢同用見前漢志五郊互奏
之魏歌舞不見疑是用漢辟也晉武帝泰始二年
郊祀明堂詔禮遵用周室摩稱殷祀之義權用魏
儀後使傅玄造祠天地嶽夕牲歌詩一篇迎神歌二篇
宋文帝使顏延之造郊天夕牲迎送神饗神歌詩
三篇是則宋初又仍晉也建元二年有司奏郊廟
雅樂歌辭蒼使學士博議搜簡採用諸歡約義
學者並令製立參議太廟登歌宜用司徒褚淵悉
用黃門郎謝超宗辭超宗所撰多刪顏延之謝莊
以為新曲備改樂名永明二年太子步兵校尉伏曼
容上表宜集英儒刪纂雅樂詔付外群竟不行

羣臣出入奏蕭咸之樂

寅承寶命　嚴恭帝緒　奄受敷錫
升中拓宇　亘地稱皇　起天作主
月城來賓　日際率土　開元首正

禮交樂畢　六典聯事　九官列序

牲出入奏引牲之樂

皇平勒矣　恭事上靈　昭教國祀
薦蕭明明　有牲在滌　有絜在俎
以薦王衷　以荅神祐　奔精望夜
陟配在京　降德在民
高燎佇晨

薦豆呈毛血奏嘉薦之樂

我恭我享　惟孟之春　以孝以衛
立我蒸民　青壇葊霞　翠幰端凝
嘉俎重薦　兼籍舞外　誤業詳廣
展容玉庭　肇禋配祀　克對上靈

迎神奏昭夏之樂

惟聖饗帝　惟孝饗親
敬達郊禋　金枝中樹　廣樂四陳

右夕牲歌並重奏

月御賓節　星驅扶輪　遙興遠駕

曜曜振振　告成大報　受釐元神

皇帝入壇東門奏永至之樂

紫壇望靈　翠幘佇神　率天奉贄

磬地來賓　神睨竝介　泯祇合社

恭昭鑒耳　蕭光孝祀　威謁四靈

洞曜三光　皇德全被　大禮流昌

皇帝升壇奏登歌辭

報惟事天　祭實尊靈　史正嘉兆

神宅崇禎【南志三】　五時昭豐　六宗彝序　三　李僔

介丘望塵　皇軒蕭舉

皇帝初獻奏文德宣烈之樂

營泰時　定天衷　思心緒　謀筮從（此二句）

田燭置　權火通　大孝昭　國禮融（政此一句下除皆餘皆）

次奏武德宣烈之樂

功燭上宙　德耀中天　風移九域

禮飾八延　四靈晨炳　五緯宵明

應曆締運　道茂前聲

太祖高皇帝配饗奏高德宣烈之樂（此章永明

二年造奏　尚青令　王儉辭

饗帝嚴親　則天光大　馬弈前古

榮鏡無外　日月宣華　卿雲流靄

五漢同休　六幽咸泰

皇帝飲福酒奏嘉胙之樂

昌華應帝策　聖謨耀昌基　融社暉世曆

幽嘉禮　承休錫　盛德行景緯

聲正涵月軌　書文騰日迹　寶瑞昭神圖

靈睨流瑞波　我皇崇暉祚　重芬冠往籍

送神奏昭夏之樂【南志三】　四　朱玩

薦饗洽　禮樂該　神娛展　辰旆回

洞雲路　拂琁階　紫雲藹　青霄開

睟皇都　顧玉臺　留昌德　結聖懷

皇帝就燎位奏昭遠之樂

天以德降　帝以禮報　牲鐏俯陳

柴幣仰燎　事展司采　敬達瑄蹏

三百一十一

07-99

煙熅青昊　震颷紫場　陳馨示藥

肅志宗禋　禮非物備

皇帝還便殿奏休成之樂重奏　福唯誠陳

昭事上祀　饗薦具陳　回曛轉翠

羽炫深暴　綴縣敷暘　鐘石昭融

掃景翔宸　籥瞳行風　肆庪輯慶

肅禮傳文　四金聲備　六駭齊輪

右南郊歌辭

北郊樂歌辭案周頌昊天有成命郊祀天地也

是則周漢以來祭天地皆同辭矣宋顏延之饗

地神辭一篇餘與南郊同齊北郊蹇臣入奏蕭

咸樂牲入奏引牲薦豆毛血奏嘉薦皇帝八檀

東門奏來至飲福酒奏嘉胙還便殿奏休成辭

遠與南郊同迎送神昭夏登歌異

迎地神奏昭夏之樂

詔禮崇營　敬鄉食玄時　靈正丹惟

月肅紫墀　展薦登華　風縣凝鏘

神惟戻止　欑鬱葆遙莊　昭望歲芬

環游辰太　穆哉尚禮　横光秉籥

皇帝升壇登歌

佇靈敬事　禋肅蕭艾

薦絜牲芬　陰祇以睨　縣動聲儀

九服熙慶　六震祥正　昭司式慶

皇帝初獻奏地德凱容之樂

繕方立　端國陰　掩珪璧　仰靈心

詔源委　遍丘林　八句　禮獻物　樂薦音

次奏昭德凱容之樂

慶圖濬遒　蘊祥祕瑤　倪天炳月

嬪光紫霄　邦化霊慈　闇則風調

優德方儀　徽載以昭

送神奏昭夏之樂

薦神升　享序揪、淹玉祖　傅金奏

實施轉　旎駕旋　洼素纍　欑鬱紫躔

靈心顧　留辰睎　洽外瀜　瑞中縣

座埋奏隸幽之樂

后皇嘉慶

定祇玄時　承帝休圖
祇敕靈祉　筐幂周序　軒朱凝會
牲幣苾壇　精明佇蓋　調川瑞昌
警蹕岳祥泰

石北郊歌

明堂歌辭祠五帝漢郊祀歌皆四言宋孝武使
謝莊造辭莊依五行數木數用三火數用七土
數用五金數用九水數用六案鴻範五行一曰
水二曰火三曰木四曰金五曰土月令木數八
火數七土數五金數九水數六蒸邑云東方有
木三土五故數八南方有火二土五故數七西
方有金四土五故數九北方有水一土五故數
六又納音數一言得土三言得火五言得水七
言得金九言得木若依鴻範木數用三則應水
一火二金四世若依月令金九水六則應末八
火七也當以鴻範一二之數言不成文故有取
捨而使兩義並違未詳以數立言為何依據也
周頌我將祀文王言皆其一句五一句七謝

二百六七　七　李子偉

莊歌宋太祖亦無定句建元初詔黃門郎謝超
宗造明堂夕牲等辭并採用莊唯世祖四言也
祭明堂謝朓造辭一依謝莊
賓出入奏蕭咸樂辭二章

彝承孝典　恭事嚴聖　浹天奉贄
璧壞齊慶　司儀且序　羽容鳳章
芰枝揚烈　蕭構周張　助寶尊軒
酺珍充庭　璀縣凝會　埏朱竚聲
迅恭明神　絜盛牲俎　蕭書爾嚴宮
皇慶昭膺　尊事嚴儀　輝容昭序
先期選禮　蕭若有承　祇對靈祉

二十四　八

青帝歌

物色輕霄
戒誠望夜　端烈承朝　依微昭且
蒨蒨崇基　皇靈降止　白紙具司

參映夕　鷹將向　萌動達
駟昭晨　桐始鷙　萬品親
靈乘震　和風舞　潤無際
司青春　暄光遲　澤無垠

赤帝歌

龍精初見　大火中　朱光北至　圭景同

帝在在離　寅司衡　雨水方降　木董榮

庶物盛長　咸殷阜　恩澤四滇　被九有

黃帝歌

帝暉絪緼有　皇靈澄國步

白帝歌

二頁六字　南志三　九　王斉

百川若鏡　天地奭旦明　雲沖氣舉

盛德在素精貶此係　庶類收成　歲功行欲寧

布政司炎涼此下至分秉經昴　關啟集悩慶

履艮宅中宇　司繩撼四方　栽化福寒燠

黑帝歌

決地奉寒渥　馨宇承帝靈

玄雲合晦鳥蹼此下除四句　白雲繁亘天崖此下除四句

歲既暮日方馳　靈棄坎德司規

晨暴促夕漏延　大陰極微陽宜此下除二句

皇帝還東壁受福酒奏嘉胙樂歌辭同用太廟

禮薦洽　福祚昌　聖皇厚嘉祐

帝業凝休祥　居極乘景運　宅德瑞中王

澄明臨四奧　精華延八鄉　洞海同聲懷

澈宇麗乾光　靈慶纏世祉　鴻烈永無疆

送神奏昭夏樂歌辭宋謝莊辭

蘊禮容　餘樂度　靈方留　景欲暮

開九重　肅五達　鳳參差　龍巳秾

雲既動　河既梁　萬里照　四空香

神之車　歸清都　琁庭寂　玉殿虛

鴻化凝　孝風熾　顧靈心　結皇思

鴻慶邈　嘉薦令芳　並帝明德

南齊書志三　十

永祚深光增四字　以肅皇衷　蕭芳四舉

以承宗祀　以肅皇衷　蕭芳四舉

敬滌犧牲　駢蘭在豢　載溢載豐

惟誠絜饗　維孝尊靈　敬芳泰稷

性出入奏引牲樂歌詩

華火周傳　神鑒孔昭　嘉足參忭

薦豆呈毛血嘉薦樂歌詩二章

肇禮戒祀　禮容咸舉　六典飾文

昭夏樂歌辭 迎神奏昭夏樂歌辭

右夕牲辭

孝饗有容　儐僚賛列　肅肅雍雍

九司炤序　牲柔既昭　犧剛既陳
恭滌惟清　敬事惟神　加邊再御
兼祖兼薦　節動軒越　聲流金縣
奕奕闓幃　僮僮嚴闈　絜誠夕鑒
端服晨暉　聖靈戾止　翽我皇則
上綏四寓　下洋萬國　水言孝饗

三言字　[南齊志三]

地紐謐　乾樞回　華蓋動　紫微開
旌蔽日　車若雲　駕六氣　乘烟熅
燁帝景　耀天邑　聖祖降　五雲集（此下除入句）
懸粲盛　絜牲牷　百禮肅　羣司虔
皇德遠　大孝昌　貫九幽　洞三光
神之安　解王鑾　昌福至　萬寓歡（皆謝莊辭）

皇帝升明堂奏登歌辭

明水朝陳　雍臺辯朝　澤宮選辰　翠火夕焰
六瑚貳室　八羽華庭

十一　王升

昭事先聖　懷濡上靈　肆夏式虔
升歌發德　永固洪基　以綏萬國（皆謝辭）

初獻奏凱容宣烈樂歌辭　太廟

醽醴具登　嘉俎咸薦　饗貳洽誠陳
禮周樂徧　祝辭罷祼　序容輟縣
蹕動端庭　竈回嚴殿　神儀駐景
華漢高虛　八靈宴備　三代解途
翠蓋澄耀　單亦凝晨　王鑣息節
金輅懷音　戒誠達孝　厎心肅感
四緯昭明　仰福帝徽　俯齊庶生
追憑皇鑒　思承淵範　神錫懋祉

[南齊書志三]

右祠明堂歌辭建元永明中奏

雩祭歌辭

雲祭歌辭
清明暢　禮樂新　候龍景　選貞辰
陽律亢　陰嶨伏　耗下土　菲種稑
震儀警　王度乾　嗟雲漢　望昊天
張盛樂　奏雲俅　集五精　延帝祖
雲有諷　祟有秩　贄觱芬　圭瓚瑟

十二　陳囂

靈之來　帝闔開　車煜燿　吹徘徊

停龍犧　遍觀此　凄雨飛　祥風靡

壇可臨　莫可歆　對泯祉　鑒皇心

右迎神歌辭　依漢宋郊歌三言　宋明堂迎神八辭

濬哲維祖　長發其武　帝出自震

重光御寓　七德攸宣　九疇咸敘

靜難荊舒　凝威薰浦　昧旦丕承

夕惕刑政　化壹車書　德聲來盛

昭星夜景　非雲曉慶　衢室咸陰

靡愛牲牷　我將我享　永祚豐年

於鑠在詠　陟配于天　自宮徂兆

璧水如鏡　禮充玉帛　樂被筦絃

三百二十八字　〔南志三〕　十三　春頌

營翼日　鳥殷宵　燥冰泮　玄蟄昭

搏春酒　秉青珪　命田祖　渥羣黍

惟此夏德　德侠台　右歌青帝 木生數三　兩龍既御

右歌世祖武皇帝 四言 依廟歌

炎精來　火景方中　南譌秩

廉草云黃　含桃實　族雲葐蒀

溫風煽　興雨祁祁　黍苗徧

右歌赤帝 火成數七

稟火自高明　皛金挺剛克　涼燠資成化

羣方載厚德　陽季勾萌達　炎祖溽暑融

商暮百工止　歲極凌陰沖　皇流疏已清

原隰甸已平　咸言祚惟億　敦民保高京

右歌黃帝 土成數五　十四　玉春

帝悅于兗　執矩固司藏　百川收潦

精景應祖商　嘉樹離披　榆關命賓鳥

夜月如霜　秋風方嫋嫋　商陰肅殺

萬寶咸亦遒　勞哉望歲　場功異可收

右歌白帝 金成數九

〔南齊書志三〕　二十七

白日短玄夜深　招搖轉接太陰　霜鍾鳴冥陵起

星回天月窮紀　聽嚴風來不息　望玄雲黯無色

曾冰冽積羽幽　飛雲至天山側　關梁閉力不巡

合國吹饗蜡賓　充微陽究終始　百禮洽萬觀臻

敬如在　禮將周　神之駕　不少留
躍龍鑣　轉金蓋　紛上馳　雲之外
警七燿　詔八神　排閶闔　渡天津
有浄輿　虐寸積　雨冥冥　又終夕
俾栖粮　惟萬箱　皇情暢　景命昌

右送神歌辭

太廟樂歌辭周頌清廟一篇漢安世歌十七章是
也永平三年東平王蒼造光武廟登歌一章二十
六句其辭稱述功德建安十八年魏國初建侍
中王粲作登歌安世詩說神靈饗饗之意明帝
時侍中繆襲奏安世詩本故漢時歌名今詩所
歌非往詩之文龍襲周禮志云安世樂猶周房
中樂也往昔議者以房中歌后妃之德宜改安
世名正始之樂後續漢安世歌亦說神來宴饗
無有后妃之言思惟往者謂室中樂為后妃歌
恐失其意方祭祀娛神登歌先祖功德下堂詠
宴享無專歌后妃之化也於是改安世樂曰饗

南齊志三　十五　徐仁　二十

神歌散騎常侍王肅作宗廟詩頌十二篇不入
於樂晉泰始中傅玄造廟夕牲昭夏歌一篇迎
送神肆夏歌詩一篇登歌七篇立云五登歌
歌盛德之功列故廟異其文至於饗神猶周頌
之有賚及說祭饗神明禮樂之盛七廟饗神
皆用之夏侯湛又造宗廟歌十三篇為齊王韶
之造七廟登歌七篇且昇明中太祖為齊王令司
空褚淵造太廟登歌二章建元初詔黃門侍郎謝
超宗造廟樂歌詩十六章永明二年尚書殿中

曹奏太祖高皇帝廟神室奏高德宣烈之舞未
有歌詩郊應須歌辭禮皇后廟神室亦未有歌
辭案傳云登歌廟異其文饗神十室同辭此
議為允又尋漢世歌篇多少無定皆稱事立文
並多八句然後轉韻時有兩王韻而轉其例甚
寔張華夏侯湛亦同前式傅玄改韻頗數更傷
簡節之美近世王韶之顏延之並四韻乃轉得
促之中顏延之謝莊作三廟歌皆各三章章
欲此於序述功業詳略為宜今宜依之郊配

南齊志三　十六　徐杞

之曰改降尊作主禮殊崇廟穆后母儀之化事

異經綸此二歌為一章八句別奏事御奉行詔

可尚書令王儉造太廟二室及郊配辭

羣臣出入奏蕭咸樂歌辭

絜誠厎孝　孝感煙霜　寅儀飾序

肅禮綿張　金華樹藻　蕭哲騰光

殷殷升奏　嚴嚴階庠　匪椒匪玉

是降是將　懋分神衷　蚋祐傳昌

肇祀嚴靈　恭禋尊國　達歌敫典

結孝陳則　芬滫既肅　犧牷既整

鬋誠流思　端儀選景　肆禮佇夜

綿樂望辰　崇席皇鑒　用饗明神

籩豆呈毛血奏嘉薦為樂歌辭

清思眒眒　閟慇微微　恭言戠感

蕭若有希　苾苴且陳　嘉薦兼列

凝馨煙飈　分炤星哲　睿靈式降

協我帝道　上澄五緯　下陶八表

右夕牲歌辭

迎神奏昭夏樂辭

消展選氣　展禮恭祇　重闈月洞

屆牖煙施　載虛玉瓚　載受金枝

天歌折饗　雲舞鏧儀　神惟降止

泛景凝羲　帝華永謁　泯藻方摛

皇帝入廟北門奏永至樂歌辭

戲縣惟則　姻經式序　九司聯事

八方承宇　鑾輅靜陳　縵樂具舉

疑旒若慕　傾璜載竚　振振玎儒

穆穆禮容　載謁皇步　式敷帝蹤

太祝裸地奏登歌辭

清明既豒　大孝乃熙　天儀睟愴

皇心儼思　既芬房豆　載絜牷牲

樹裸升禮　銷玉登磬　茂對幽嚴

式奉徽靈　以享以祀　惟感惟誠

皇祖廣陵永府君神室奏凱容樂歌辭

國昭惟茂　帝穆惟崇　登祥緯遠

締世景醲　紛繪睿緒　蕃蔚王風
明進厭始　濬哲文終
皇祖太中大夫府君神室奏凱容樂歌辭
琁條寅蔚　瓊源浚照　懋矣皇烈
戴挻明劭　永言敬思　式恭惟教
休途良乂　榮光月耀
皇祖淮陰令府君神室奏凱容樂歌辭
嚴宗正典　崇饗肇禋　九章既飾
三清既陳　昭恭百至祖　承假徽神
貞祐伊協　卿謁是鄉
皇曾祖即丘令府君神室奏凱容樂歌辭
肅惟敬祀　絜事嬓嬪　環祓像綴
緬密絲簧　明明烈祖　尚錫龍光
粵雅于姬　伊頌在兩
皇祖太常卿府君神室奏凱容樂歌辭
神宮懋䬓　明寢昪垚　德凝羽綴
道燮容辭　假我帝躬　懿我皇維
昭大之載　國齊之祺

皇考宣皇神室奏宣德凱容樂歌辭
道闉期運　義開藏用　皇矣睿祖
至哉收縱　循規烈焀　襲矩重芬
昭皇后神室奏凱容樂歌辭
德溢軒義　道懋炎雲
月靈誕慶　雲瑞開祥　道茂淵柔
德表徽章　粹訓宸中　儀形宙外
容蹈凝華　金羽傳謁
皇帝還東壁上福酒奏永祚樂歌辭
橋宸抗宇　合軨齊文　萬靈戴溢
百禮以殷　朱紘繞風　翠羽俜雲
桂樽既滌　瑤俎既薰　升薦惟誠
昭禮惟芬　降祉遙裔　集慶氤氲
送神奏肆夏樂歌辭
禮既外　樂以愉　昭序溢　幽饗餘
人祇䣭　敬教數　申光動　靈駕翔
芬九坄　鏡八鄉　福無屆　祚無疆
皇帝詣便殿奏休成樂歌辭

睿孝武曲

饗敬美徧　諦容輯序

佾文靜縣　辰儀聳蹕　宵衞浮鑾

旒亦雲舒　翠華景搏　恭惟尚烈

沐明再纏　國猷遠藹　昌圖聿宣

簡日筮昬　閟眞外文　金罍淳桂

時祀暉經　瞻辰儇思　雨露追情

惟王建國　設廟凝靈　月薦流典

太廟登歌辭二章　備僚蕭列　駐景開雲

沖幄舒薫

【南齊書志三】　二十一

至饗收極

睿孝惇禮　具物咸絜

聲香合體　氣昭扶幽　眇慕纏遠

迎絲驚促　送佾留晩　聖夷蹜侯

節改增愴　妙成崇深　英徽彌亮

太祖高皇帝神室奏高德宣烈樂歌辭

悠悠草昧　穆穆經綸　乃文乃武

乃聖乃神　動龕危亂　靜比斯民

誕應休命　奄有八夤　握機摩運

光啓禹服　義滿天淵　禮昭地軸

澤靡不懷　威無不肅　戎夷竭歡

象來致福　昈日敷祥

信星含曜　秬莒流芳　七廟觀德

六樂宣章　惟先惟敬　是饗是將

穆皇后神室奏穆德凱容之樂辭

大妣嬪周　塗山儷禹　我后嗣徽

重規疊矩　肅肅閟宮　翔翔雲舞

有饗德馨　無絕終古

高宗明皇帝神室奏明德凱容之樂歌辭

多難固業　殷憂啓聖　帝宗纘武

惟時執競　起柳獻祥　百堵興詠

義雖祀夏　功符受命　遠無不懷

遹無不肅　其儀濟濟　其容穆穆

赫矣君臨　昭哉嗣服　允王維后

膺此多福　禮以昭事　樂以感靈

八簋陳室　六舞充庭　觀德在廟

象德在形　四海來祭　萬國咸寧

【南齊書志三】　二十二

藉田歌辭漢章帝元和元年玄武司馬班固

奏用商頌載芟祠先農晉傅玄作祠先農先
蠶之牲歌詩一篇八句迎送神一篇饗社稷先
農先聖先蠶歌詩三篇前一篇一十二句中一篇
十六句後一篇十二句辭皆敘田農事胡道安
先農饗神詩一篇並八句樂府相傳舊歌二章
永明四年詔驍騎將軍江淹造藉田歌
淹製二章不依胡傅世祖口勅付太樂歌之
祀先農迎送神升歌

羽籥從動　金駕時遊　敕騰義鏡

樂綴禮脩　率土丹耦　躬迍綠疇　二十三　林

靈之聖之　忝穀澤柔

饗神歌辭

瓊斝旣飾　繡篚以陳　方燮嘉種

永毓宵民

元會大饗四廂樂歌辭晉泰始五年太僕傅
玄撰正旦大會行禮歌詩四章壽酒詩一章
食舉東西廂樂十三章黃門郎張華作上壽
食舉行禮詩十八章中書監荀勖侍郎成公

綴言數各異宋黃門郎王韶之造肆夏四章
行禮一章上壽一章登歌三章食舉十章前
後舞歌一章酉微改革多仍舊辭其前後舞
二章新改其臨軒樂亦奏肆夏於鑠四章

肆夏樂歌辭

於鑠我皇　體仁苞元　齊明日月

比景乾坤　陶甄百王　稽則黃軒

許謨定命　辰告四蕃　二十四　林

右一曲客人四廂奏

將將蕃后　翼翼羣僚　盛服待晨

明發來朝　饗以八珍　樂以九韶

仰祗天顏　厭猷孔昭

右一曲皇帝當陽四廂奏皇帝入

變服四廂并奏前二曲

法章旣設　初筵長舒　濟濟列辟

端委皇除　歆和無盈　威儀有餘

溫恭在位　敬終如初　九功旣歌

六代惟時　被德在樂　宣道以詩

穆矣大和　品物咸熙　慶積自遠

告成在茲

赫赫明明

龍飛紫極　造我齊京　光宅宇宙

聖德通靈　有命自天　誕授休禎

配天作極　辰居四方　皇矣我后

道邁虞唐　德之克明　休有烈光

大哉皇齊　長發其祥　祚隆姬夏

大會行禮歌辭

右二曲皇帝入變服黃鍾大簇二廂奏

上壽歌辭

右二曲姑洗廂奏

獻壽爵辭　慶聖皇　靈祚窮二儀

休明等三光

右一曲黃鍾廂奏

殿前登歌辭

明明齊國　緝熙皇道　則天垂化

光定天保　天保既定　肆觀萬方

禮畢樂高　穆穆皇皇

馮彼流水　朝宗天池　洋洋貢職

抑抑威儀　既習威儀　亦閑禮容

一人有則　作乎萬邦

丞哉我皇　寔靈誕聖　履端惟始

對越休慶　如天斯崇　如日斯盛

介茲景福　永固洪命

右三曲別用金石太樂令跪奏

食舉歌辭

晨儀載煥　萬物咸覩　嘉慶三朝

禮樂備舉　元正肇始　典章徽明

萬方來賀　華夷充庭　多士盈九德

俯仰觀玉聲　恂恂俯仰　載爛其暉

鍾鼓震天區　禮容塞皇闈　思樂窮休慶

福履同所歸

五王既獻　三帛是薦　爾公爾侯

鳴玉華殿　皇皇聖后　降禮南面

元首納嘉禮　萬邦同欽顧

休哉休哉　君臣熙宴　建五旗
列四縣　樂有文　禮無勣　融皇風
窮一變
禮至和　感陰陽
瑞徵辟　應嘉鍾　德無不柔　繫休祥
景星見　甘露隆　僎雲鳳　躍潛龍
玄化洽　仁釋敔　木連理　禾同穗
懷荒速　綏齊民　極禎瑞　窮靈符
靡不賓　靡不賓　荷天祐　長世盛

昭明有融　繁嘉慶　繁嘉慶
熙帝載　含氣感和　蒼生欣戴
三靈協瑞　惟新皇代
王道四達　流仁德　窮理詠乾元
垂訓從帝則　靈化侔四時　幽誠通立默
德澤被八紘　禮章軌萬國
皇猷絹　咸熙泰　禮儀煥帝庭
要荒服遐外　被髮龔纓冕　右枉回衿帶
天覆地載　澤流汪濊　聲教布濩

德光大
開元辰　畢來王　奉貢職　朝后皇
鳴珩佩　觀典章　樂王慶　悅徽芳
陶盛化　遊大康　惟昌明　永克昌
惟建元　德丕顯　齊七政　敷五典
尋倫序　洪化闡
王澤流　太平始　樹靈祇　恭明祀
仁景祚　膺嘉祉　禮有容　樂有儀
金石陳　干羽施　邁武濩　均咸池
歌南風　德永稱　文明煥　頌聲典
歌盛美　告成功　詠休烈　邈無窮
道寸禮讓　移風俗　移風俗　永克融
王道純　德彌淑　寧八表　康九服
前舞階步歌辭〔新辭〕　三方維綱　川岳伊寧
天挺聖哲　茂育萬物　眾庶咸康
七耀重光

餘八篇二廟更奏之
右黃鍾先奏晨儀當門太蔟奏五王篇

道用潛通

仁施遐撥　德厚以極

功高昊蒼　舞象盛容　德以歌章

八音既節　龍躍鳳翔　皇基永樹

二儀等長

前舞凱容歌詩〔舊辭〕

於赫景命　天鑒是臨　樂來伊陽

禮作惟陰　歌自德富　舞由功深

庭列宮縣　陛羅瑟琴　韶簫籥會

笙磬諧音　簫韶雖古　九奏在令

如彼雲漢　爲章于天　熙熙萬類

協靈配乾　儀形六合　化穆自宣

導志和聲　德音孔宣　光我帝基

後舞階步歌辭〔新辭〕

陶和常年　擊轅中韶　永世弗騫

皇皇我后　紹業盛明　滌拂除穢

宇宙載清　允執中和　以莅蒼生

玄化遠被　兆世軌形　何以崇德

乃作九成　妍步恂恂　雅曲芬馨

孫

八風清鼓　應以祥禎　澤浩天下

功齊百靈

後舞凱容歌辭〔舊辭〕

假樂聖后　寔天誕德　積美自中

欽明惟神　臨朝淵默　不言之化

王猷四塞　龍飛在天　儀形萬國

品物咸得　告成于天　銘勳是勒

翼翼厥猷　亹亹其仁　從命創制

因定和神　海外有截　九國無塵

晃旒司契　垂拱臨民　乃舞凱容

欽若天人　純嘏孔休　萬載彌新

宣烈舞執干戚郊廟奏平晃黑介幘玄衣裳白

領袖絳領中衣絳合幅袴絳練朝廷則武冠

赤幘生絳袍單衣絳領袖皁領中衣虎文畫

合幅袴白布袴皁韋緹周大武舞秦改爲五

行漢高造武德舞執干戚象天下樂已除亂按

禮云朱干玉戚晃而舞大武是則漢放此舞

立也魏文帝改五行還爲大武而武德曰武頌

陳彬

舞明帝改造武始舞晉世仍舊傳玄六代舞歌

有武辭此武舞非一也宋孝建初朝議以凱容

舞為韶舞宣列舞為武舞據韶為言宣列即是古

之大武非武德也今世謬呼為武王伐紂其冠

服魏明帝世尚書所奏定武始舞服晉宋承用

晉初仍舊不改宋舞名其舞人冠服見魏尚書

奏後代相承用之

凱容舞執羽籥郊廟冠委貌服如前朝廷進賢

冠黑介幘生黃袍單衣白合幅袴餘如前本舞

韶舞漢高改曰文始魏復曰大韶又造成熙為

文舞晉傳玄六代舞有虞韶舞辭宋以凱容繼

韶為文舞相承用魏成熙冠服

前舞後舞晉泰始九年造正德大豫舞傳玄

張華各為歌辭宋元嘉中改正德為前舞大

豫為後舞

右朝會樂辭

舞曲皆古辭雅音稱述功德宴享所奏傳玄

歌辭云獲罪於天北徙朝方墳墓誰掃超若

流光如此十餘小曲名為舞曲疑非宴樂之辭

然舞曲揔名起此矣

明君辭

明君創洪業 盛德在建元 受命君四海

聖皇應靈乾 五帝繼三皇 三皇世所歸

聖德應期運 天地不能違 仰之彌已高

猶天不可階 將復結繩化 靜拱天下齊

右一曲漢章帝造鼙舞歌云關東有

賢女魏明帝代漢曲云明明魏皇帝傅

玄代魏曲作晉洪業篇云宣文創洪業

盛德存泰始聖皇應靈符受命君四海

今前四句錯綜其辭從五帝至不可階

六句全玄辭後二句本云將復御龍氏

鳳皇在庭栖又改易焉

聖主曲辭

聖主受天命 應期則虞唐 外旋綜萬機

端扆馭八方 盈虛自然數 揖讓歸聖明

北化陵河塞 南威越滄溟 廣德齊七政

敷教騰三辰　萬寓必承慶　百福咸來臻

聖皇應福始　昌德洞祐先

明君辭

明君御四海　挹鑒盡人靈　仰成恩巳洽

竭忠身必榮　聖澤洞三靈　德教被八鄉

草木變柯葉　川岳洞嘉祥　愉樂盛明運

舞踊升太時　微霜永昌命　軼心長歡怡

鐸舞歌辭

黃雲門　唐咸池　虞韶舞　夏夏殷濩

列代有五　振鐸鳴金　延太武　清歌發唱

形為主　聲和八音　協律呂　身不虛動

手不徒舉　應節合度　周期序　時奏宮角

雜之以徵羽　樂以穆風　禮相輔　安有出其所

右一曲傅玄辭以代魏太和時徵羽

除下厭衆目上從鍾鼓二句

白鳩辭

翩翩白鳩　再飛再鳴　懷我君德　來集君庭

右一曲舞敘云白符或云白符鳩舞

出江南吳人所造其辭意言患孫皓

虐政慕政化也其詩本云平平白符

思我君惠我金堂言白者金行符

合也鳩亦合也符鳩雖異其義是同

濟濟辭

暢飛暢舞　氣流芳　追念三五　大綺黃

右一曲晉濟濟舞歌六解此是最後一解

獨祿辭

獨祿獨祿　水深泥濁　泥濁尚可　水深殺我

右一曲晉獨鹿舞歌六解此是前一解

古辭明君曲後云勇安樂無慈不問

清與濁明清與濁無時濁邪交與獨祿伎

錄云求祿求祿清白不濁清白尚可

貪汙殺我晉歌為鹿字古通用也疑

是風刺之辭

碣石辭

東臨碣石　以觀滄海　水河淡淡

山嶋竦峙　樹木叢生　百草豐茂

秋風蕭蕭瑟　洪波涌起　日月之行

若出其中　星漢粲爛　若出其裏

幸甚至哉　歌以言志

右一曲魏武帝辭晉以爲碣石舞歌

詩四章此是中一章

淮南王辭

我欲渡河　河無梁　願作雙黄鵠　還故郷

淮南王　自言尊　百尺高樓　與天連

右一曲晉淮南王舞歌六解前是第一

頭　　南齊志三　三十五　王足

後是第五

齊世昌辭

齊世昌　四海安樂　齊太平　人命長

當結久　千秋萬歲　皆老壽

右一曲晉杯槃歌十解第三解云舞杯

槃何翩翩舉坐翻覆壽萬年千寶云

太康中有此舞杯槃翻覆至危之像

言晉世之士苟貪飲食智不及遠其

第一解首句云晉世寧宋改爲宋世

寧惡其杯槃翻覆辭不復取齊改爲

齊世昌餘辭同後一

公莫辭

吾不見公莫時　吾何嬰公來　嬰娥時吾

思君去時　吾何零　子以耶

思君去時　思來嬰　吾去時毋那

何去吾

右一曲晉公莫舞歌二十章無定句前

南齊書志三　三十六　孫

是第一解後是第十九二十解雜有三

句並不可曉解建武初明帝奏樂至此

曲言是似永明樂流涕憶世祖云

白紵辭

陽春白日風花香　趨步明月舞瑶堂

情發金石媚笙簧　羅袿徐轉紅袖揚

清歌流響繞鳳梁　如驚若思凝且翔

轉眄流精豔豔輝光　將流將引雙度行

歡來何晚意何長　明君馭世永歌昌

右五曲尚書令王儉造白紵歌周處

風土記云吳黃龍中童謠云行白者君
追汝句驪馬後孫權征公孫淵浮海東
舶舶白世今歌和聲猶云行白紵焉

俳歌辭

奮迅兩耳

馬無懸蹄　生抜牛角
牛無上齒　騾驢無角
狼率不止　呼俳翁所　俳適一起
俳不言不語
摩斷膚耳

右休儒道舞人自歌之古辭俳歌八
曲此是前一篇二十二句今休儒所歌
擿取之也

角抵像形雜伎歷代相承有也其增損源起事
不可詳大略漢世張衡西京賦是其始也魏世
則事見陳思王樂府宋世則見傅玄元正
篇朝會賦江左咸和中罷紫鹿伎行齲食管鼠
齊王卷衣絕倒五案等伎中朝所無見起居
注莫知所由也泰元中符堅敗後得關中櫂橦
胡伎進太樂今或有存亡案此則可知矣永明

三十七　辰三　南齊書志三　三十八

六年赤城山雲霧開朗見石橋瀑布從來所罕
觀也山道士朱僧標以聞上遣主書董仲民案
視以為神瑞太樂令鄭義泰案孫興公賦造天
台山伎作莓苔石橋道士捫翠屏之狀壽又
省焉

皇齊啟運　從瑤璣　靈鳳銜書　集紫微
和樂既洽　神所依　超商卷夏　耀英輝
永世壽昌　聲華飛

右鳳皇銜書伎歌辭蓋舞龍之流也元
會日侍中於殿前跪取其書宋世辭云
大宋興隆膺靈符鳳鳥感和衡素昌嘉
樂之美通玄虛惟新濟濟遠唐虞改魏
蕩蕩道有餘齊初詔中書郎江淹改
為十曲道人釋寶月辭頗美上常被之管絃而
永平樂歌者竟陵王子良與諸文士造奏之人
不列於樂官也

贊曰綜採六代和平八風殷薦……歌功

志第三

二百五十　南齊六三　三十八

07-116

天文上

臣蕭□□齡　撰

易曰聖人仰觀象於天俯觀法於地天文之事
其來已久太祖革命受終膺集期運宋昇明三
年太史令將作匠文孝建陳天文奏曰自孝建
元年至昇明三年日蝕有十虧上有七占曰有
亡國失君之象一曰國命絕主危亡孝建元年
至昇明三年太白經天五占曰天下革民更王

異姓興孝建元年至昇明三年月犯房心四太
白犯房心五占曰其國有喪宋當之孝建元年
至永光元年奔星出入紫宮有四占曰國去其
君有空國徙王大明二年至元徽四年天再裂
占曰陽不足白虹貫日人君惡之孝建二年至
大明五年月入太微孝建元年至昇明三年月
又八焱惑入太微六占曰七燿行不軌道危亡
各八焱惑入太微孝建元年至元徽二年太白入太微
之象貴人失權勢主亦衰當有王入為主孝

建二年至昇明二年太白焱惑經羽林各三占
曰國殘更世孝建二年四月十三日焱惑守南
斗成已占曰天下易更元孝建三年三年十二
月一日填星焱惑辰星合于南斗占曰改立王
公大明二年十二月二十六日太白犯填星于
斗六年十一月十五日太白填星合于危占曰
天子失土景和元年十月八日焱惑守太微成
勾已占曰王者惡之主命無期有徙主君主王天
下更紀泰始三年正月十七日白氣見西南東

西半天名曰長庚六年九月二十七日白氣又
見東南長二丈竝形狀長大猛過彗星占曰除
舊布新易主之象遠期一紀至昇明三年一紀記
泰始四年四月二十四日太白犯填星于胃占
曰主命惡之泰始七年六月十七日太白歲星
見合于東井占曰改立王公元徽四年至昇
明二年三月日有頻食占曰社稷將亡王者惡
之元徽四年十月十日填星守太微宮逆從行歷
四年占曰有亡君之戒易世立王元徽五年七

月一日熒惑太白辰星合于翼占曰改立王公
昇明二年六月二十日歲星守斗建陰陽終始
之門大赦昇平之所起律歷十政之本源德星
守之天下更年五禮更與多暴貴者昇明二年
十月一日熒惑守輿鬼三年正月七日熒惑守
兩戒間成勾巳占曰尊者失朝必有亡國去王
昇明二年正月十八日辰星孟劬西方占曰天
下更王昇明三年四月歲星在虛危徘徊玄枵
之野則齊國有福厚為受慶之符今所記三辰

七曜之變起建元訖于隆昌必續宋史建武世
太史奏事明帝不欲使天變外傳益祕而不出
自此闕焉

日蝕

建元二年九月甲午朔日蝕

三年七月巳未朔日蝕

永明元年十二月乙巳朔日蝕

十年十月二日癸未朔加時在午之半度到未初見
日始蝕虧起西北角蝕十分之四申時光色復還

隆昌元年五月甲戌合朔巳時日蝕三分之一
午時光復還

月蝕

建元四年七月戊辰月在危宿蝕

永明二年四月丁巳月在南斗宿蝕

三年十一月戊寅月入東井曠中因蝕三分之二

五年三月庚子月在氐宿蝕

九月戊戌月在胃宿蝕

六年九月癸巳月蝕在婁宿九度加時在寅之

十五日子時蝕從東北始至子時末都既到丑
少弱虧起東北角蝕十五分之十一
時光色還復

七年八月丁亥月在奎宿蝕

十月庚辰月奄蝕熒惑

八年六月庚寅月奄蝕畢左股第一星

十年十二月丁酉月蝕在柳度加時在酉之少
弱到亥時月蝕起東角蝕七分之三至子時光色
還復

弱到亥時月蝕起東角七分之二至子時光色
還復

永泰元年四月癸亥月蝕色赤如血三日而大
司馬王敬則舉兵眾以為敬則禍烈所感

永元元年八月己未月蝕盡色皆赤是夜始安
也交會舊術日蝕不從東始以月從其西東行
掩塞舊說曰日有五蝕謂起上下左右同度相
史臣曰日月代照實重天行上交下蝕同度相
及日於交中交從外入內者先會後交虧西南
角先交後會虧西北交從內出者先會後交
虧西北角先交後會虧西南角日正在交中者
則虧於東故也若日中有虧東名為東
子不名為蝕也漢尚書令黃香曰日蝕皆從西
月蝕皆從東無上下中央者春秋魯桓三年日
蝕貫中十上竟黑疑者以為日月正等月何得
小而見日中鄭玄云以為月正掩日日光從四過出
故言從中起也王逸以為月若掩日當蝕日西

月行既疾須過西崖既復過次東崖今察
日蝕西崖缺而光已復過東崖而獨不掩逸誰
此意實為巨疑先儒難月以望蝕去日極遠誰
蝕月平說者稱日有暗氣天有虛道常與日衝
相對月行在虛道中則為氣所弇故月為蝕也
雖時加夜半日月當子午正隔於地猶為暗氣
所蝕以天體大而地形小故也地亦有暗虛之氣如以
鏡在日下其光耀乃見於陰中常與日衡相
對故當星星亡當月月蝕今問之曰星月同體
俱兆日耀當月之蝕星不必亡若更有所當星
未嘗蝕同稟異虧其故何也答曰日為陰主以
當陽位體敵勢交自招盈損星雖同類而精景
陋狹小毀皆亡無有受蝕之地纖光可滿亦不
與孫望同形又難曰日之夜蝕驗於夜星有
晝蝕既盡晝星何故反不見答之曰夫言有所
所衝則有不衝之光矣言有所當亦有所不當
晝夜食度遠與所當而同沒晝食度近由非衝
而得明又問太白經天實緣遠日今度近更明

於何取喻咎日向論二蝕之體周衝不同經與

不經自由星遲疾難蝕引經恐未得也

箕宿

日光色

建元四年十一月午時日色赤黃無光至暮在

永明五年十一月丁亥日出高三竿失色赤黃

日暈虹抱珥直背

建元元年十二月未時日暈市黃白色至申乃

二年閏正月乙酉日黃赤無光至暮

消散

永明二年正月丁酉日交暈再重

三年二月丁卯日有半暈暈上生一闕

四年五月丙午日暈再重仍白虹貫日在東井

度

六年三月甲申日於薄雲中薄半暈頃曳過市

日東南暈外有一直竝黃色壬辰日暈須臾日

西北生虹貫日中

八年十一月己亥日半暈南面不市日東西帶

暈各生珥長三尺白色珥各長十丈許正衝日

久久消散背因成重暈竝青絳色

九年正月甲午日半暈南面不市竝帶暈生一

抱東西各生一珥抱北又有半暈抱珥竝黃色

北又生白虹貫日久久消散

建元元年六月甲申日南北兩珥西有抱黃白

色

永明二年十一月庚寅日久久消散

三年十一月辛巳日東北有一背

四年正月辛未日南北各生一珥又生一背

十二月辛未日西北生一直黃白色成寅日北

生一背青絳色

五年八月己卯日東南生一珥竝青絳色

六年二月丁巳日東北生黃色北有一珥黃赤

色久久並散庚申日西有一背赤青色東西生

一直南北各生一珥黃白色

七年十月癸未日東北生一珥竝青赤色須臾消

八年六月戊寅日於倉白雲中南北各生一珥

青黃絳雜色澤潤並長三尺許至巳午消

隆昌元年正月壬戌日於蘭雲中暈南北帶暈
各生一直同長一丈湏更消

永元元年十二月乙酉日中有三黑子

月暈犯

建元四年十月庚寅月暈五車及參頭

永明元年正月壬辰日至十五日月三暈太微及熒惑

三月庚申至十三日月三暈太微及熒惑

五年二月乙未自九日至是日月三暈太微

六年二月壬戌夜十三日甲夜十五日月並暈太微

永明元年十月已未月南北各生一珥又有抱月犯列星

建元元年七月丁未月犯心大星北一寸丁卯
月入軒轅中犯第二星

十月丙申月在心大星西北七寸

十一月壬戌月在氐東南星五寸

十二月乙酉月犯太微西蕃南頭第一星庚寅
月行傍道中無所犯癸巳月入南斗魁中無所犯

二年三月癸卯月犯心大星又犯後星

五月庚戌月入斗宿

七月已巳月入南斗

三年二月癸巳月入太微上將

四年二月乙亥月犯輿鬼西北星丙子月犯南
斗魁第二星辛未月犯心大星又犯後星

四月壬辰月軒轅左民星庚子月犯箕東北星

五月丙寅月犯心後星戊寅月掩昴西北星

六月乙未月犯箕東北星

七月癸亥月行南斗魁中無所犯庚辰月犯軒轅女主
星壬申月犯軒轅少民星

八月庚子月犯昴西南星壬寅月犯五車東南

九月丁已月犯箕東北星壬辰月在營室度八
羽林中二十日月入輿鬼犯積尸

十月甲戌月犯五車南星

十一月丁酉月犯軒轅女主星又掩女御

永元元年正月已亥月犯心後星

三月乙未月犯軒轅女主星

六月癸酉月犯輿鬼西南星

八月乙丑月犯南斗第四星又犯輿鬼星

九月庚辰月犯太白左蕃度癸巳月犯東井北
轅西頭第一星

十二月丁卯月犯前星又犯大星己巳月犯南斗第五星

二年二月甲子月犯南斗第四星又犯第二星

三月丁丑月犯東井南轅比頭第一星

四月戊寅月犯軒轅右角

六月丙寅月犯東井軒轅頭第一星

八月丙午月掩心大星戊申月犯南斗第三星

戊子月犯東井比轅西頭第一星

十一月庚辰月犯昴星丙戌月犯軒轅左角

十二月壬戌月犯心前星又犯大星

三年二月乙未月犯南斗第五星

三月壬申月在東井無所犯

六月丙午月掩心前星

八月丙辰月犯東井比轅西頭第二星

九月癸未月犯東井南轅西頭第一星

四年正月癸酉月入東井無所犯乙亥月犯輿鬼

（南齊書志四　土　十一）

閏月辛亥月犯房

二月丁卯月犯東井鉞

三月乙未月入東井無所犯

七月辛亥月犯東井

八月戊寅月犯東井

九月辛卯月與太白於尾合宿丙午月入東井

十一月辛丑月入東井曠中辛亥月犯房比頭
第二星

十二月己巳月犯東井比轅東頭第二星辛巳
月犯南斗第六星

五年正月丙午月犯房鉤鈐

二月癸亥月犯東井南轅西頭第二星

三月癸卯月犯南斗第二星

六月乙丑月犯南斗第六星在南斗七寸丙
寅月犯西建星北一尺

史臣曰月令昏明中星皆二十八宿箕斗之間

微爲疎闊故仲春之與孟秋建星再用與宿度

並列甄經陵犯炎之所主未有舊占石氏星經

（二九四　南齊書志四　一十二　朱絲）

云斗主爵祿襃賢進士故置建星以為輔若犯

建之異不與斗同則據文求義亦宰相之占也

七月丁未月行入東井曠中無所犯

八月壬申月在畢犯東井左股第二星西北三寸

九月戊子月在填星北二尺八寸為合宿

十月戊寅月入氐犯東南星西北一尺餘

十一月戊寅月入氐

十二月戊午月在東壁度在熒惑北相去二尺

七寸為合宿甲子月在東壁度東南九寸為犯

癸酉月在歲星南七寸為犯

六年正月戊戌月在角星南相去三寸

三眉十四 ▲南志四 十三

二月丁卯月在氐西南六寸

三月乙未月入氐中在歲星南一尺一寸為合

四月癸丑月犯東井南轅西頭第二星壬戌月

在氐西南星東南五寸為犯漸入氐中與歲星

同在氐度為合宿癸亥月行在房北頭第一星

西南一尺為犯

六月乙卯月在角星東一寸為犯丁巳月行入

氐無所犯在歲星東三寸為合宿

七月乙酉月入房北頭第二次相星西北八寸

為犯庚寅月在牽牛中星南一寸為犯庚子日

行在畢左股第一星七寸為犯又在歲星東二

八月壬子月行在歲星東二尺五寸同在氐中

為合宿

九月庚辰月在房北頭第一上相星東北一尺

為犯又掩犯關楗閉星丁酉月行入東井甲辰

月在左角星西北九寸為犯又在熒惑西南

三眉十五 ▲南志四 古賣

十月癸酉月入氐中在西南星東北三寸為犯

閏月壬辰月行入東井

十一月丙戌月行入羽林中無所犯乙未月行

在東井南轅西頭第二星南一尺為犯丙寅月

在左角北八寸為犯辛未月行在太白東北一

尺五寸同在箕度為合宿

十二月甲申月行在畢左股第二星北七寸為

犯乙未月行入氐西南星東北一尺為犯丙申

月在房比頭上相星比一尺爲犯

七年正月甲寅月入東井曠中無所犯戊辰月
掩犯牽牛中星

二月辛巳月掩犯東井比轅東頭第一星

三月庚申月在歲星西比三尺同在箕度爲
合宿、

四月乙酉月入氐中無所犯丙戌月犯房星比
頭第一上相星比一尺在楗閉西比四寸爲犯

六月乙酉月犯牽牛中星乙未月入畢在左股
比一尺爲犯

七月丁未月入氐中無所犯戊申在楗閉星東
第二星東八寸爲犯

八月甲戌月入氐在西南星東比一尺爲犯庚
寅月在畢右股第一星東比一尺爲犯

九月丁巳月掩犯畢右股第一星庚申月在東
井比轅東頭第一星西比八寸爲犯

十月甲申月行掩畢左股第三星丁酉月行在
楗閉星西比八寸爲犯

十二月壬午月在東井比轅東頭第一星比八
寸爲犯

八年正月丁巳月在亢南頭第二星南七寸爲
犯

二月已巳月行在畢右股第一星東比六寸爲
犯

六月甲戌月在亢南頭第二星西南七寸爲犯

八月乙亥月在牽牛中星南九寸爲犯辛卯月
在軒轅女御南八寸爲犯

九月辛酉月在太微左執法星南四寸爲犯

十月壬午月入東井曠中無所犯戊子月在太
微右執法星東南六寸爲犯

十一月戊戌月行在填星比二尺二寸
爲合宿乙卯月行在太微右執法星南
二寸爲犯

十二月庚辰月行在軒轅右角星南二寸爲犯

癸未月掩犯太微右執法

九年正月辛丑月在畢躔西星比六寸爲犯

庚申月在歲星西北二尺五寸同在須女度爲合宿
二月辛未月入東井曠中無所犯壬申月行東
井北轅東頭第一星北九寸爲犯
三月丙申月入畢在左股第二星東北六寸又
掩大星
四月庚午月在軒轅女御星南八寸爲犯癸酉
月在太微東南頭上相星南八寸爲犯癸未月
在歲星北爲犯在危度
五月庚子月行掩犯太微在執法丁未月掩犯
東建西星
巳月在歲星北六寸爲犯
七月癸巳月在太白東五寸爲犯乙未月在太
微東蕃南頭上相星西南五寸爲犯壬寅月掩
犯東建星癸卯月在牽牛南星北五寸爲犯乙
閏七月辛酉月在軒轅女御星西南三寸爲犯
八月月在軒轅左民星東八寸爲犯
九月乙丑月掩牽牛南星癸未月入太微在右
執法東北四寸爲犯甲申月掩太微東蕃南頭

上相星
十月甲午月行在填星西北八寸爲犯在虛度
戊申月在軒轅女主星南四寸掩女御並爲犯
辛亥月入太微在執法東北七寸爲犯
十一月壬戌月行掩犯歲星巳巳月在畢右股
大星東一寸爲犯辛未月在東井南轅西頭第
二星南八寸爲犯又八東井曠中丙子月入在
軒轅左民星東北七寸爲犯丁丑月行在太微
西蕃上將星南五寸爲犯
十二月庚寅　　在歲星東南八寸爲犯丙午
月掩犯太微東蕃南頭上相星
十年正月庚午月在軒轅右角大民星南八寸
二月巳亥月行太微在右掖門甲辰月行入氐
中掩犯東北星壬子月行入羽林
爲犯
三月巳卯月行入羽林在填星東北七寸爲犯
四月甲午月行入太微在右掖門內丙午月行
在危四度

五月巳巳月掩南斗第三星甲戌月行在危度
入羽林
六月戊子月在張度在熒惑星東三寸為犯巳
丑月行入太微在右掖門丁酉月掩西建星西
丁未月行入畢犯右股大赤星
七月甲戌月行在畢躔星西北六寸為犯丁丑
月在東井軒轅東頭第二星西南九寸為犯
八月辛卯月行西建星東一尺又在東星西四
寸為犯壬寅月行在畢右股大赤星東北四寸
為犯甲辰月行入東井曠中無所犯戊申月行
在軒轅女主星西九寸為犯辛亥月入太微在
左執法星北二尺七寸為犯
九月癸亥月行掩犯塡星一寸在危度
十月辛卯月在危度入羽林無所犯癸亥月入
東井曠中無所犯
十一月甲子月入畢進右股大赤星西北五寸
為犯壬申月入太微在右執法星東北一尺三

【南齊志四】 一九

寸無所犯丁丑月入氐無所犯
十二月甲午月入東井曠中又進北軒轅東頭第
二星四寸為犯庚子月入太微在右執法星東
北三尺無所犯
十一年正月辛酉月入東井曠中無所犯乙丑
月在軒轅女主星北八寸為犯壬申月行在氐
星東北九寸為犯
二月甲午月行入太微在上將星東北一尺五
寸無所犯壬寅月行掩犯南斗第六星癸卯月
掩犯西建中星又掩東星
四月乙丑月入太微在右執法西北一尺四寸
無所犯壬寅月行在危度入羽林無所犯
五月丁巳月行入太微左執法星北三尺無所
犯甲子月行在南斗第二星西七寸為犯乙丑
月掩犯西建中星壬寅月入
六月辛丑月行掩犯畢左股第三星壬寅月入
畢七月壬子月入太微在左執法星東三尺無所
犯丙辰月行入氐在東北星西南六寸為犯巳

【南齊志四】 二八 二十

未月行南斗第六星南四寸為犯庚申月行在
西建星東南一寸為犯

九月庚寅月行在哭星西南六寸為犯壬辰日
行在營室度入羽林無所犯丁酉月入畢在右
股大赤星西北六寸為犯己亥月入東井曠中
無所犯乙巳月行大微當右掖門内在屏星西
南六寸為犯

十月壬午月行在東建中星九寸為犯

十一月壬子月行在哭星南五寸為犯辛酉月行
在東井鉞星南八寸又在東井南轅西頭第一
星南五寸垃為犯進入井中丁卯月入太微壬
申月行入氐無所犯

十二月辛巳月入羽林又入東井曠中又入東
井北轅西頭第二星南六寸為犯乙未月入太
微在右執法星東北二尺無所犯乙亥月入氐
無所犯

隆昌元年正月辛亥月入畢在左股第一星東
南一尺為犯

三月辛亥月在東井北轅西頭第二星東七寸
為犯甲申月入太微在屏星南九寸為犯

六月乙丑月入畢在右股第一星東北五寸為
犯又在歲星東南一尺為犯丁卯月入東井南
轅西頭第一星東北七寸為犯

泰元元年七月月掩心中星

志第四

臣蕭　子顯　撰

天文下

史臣曰天文設象宜備內外兩宮但災之所躔
不必遍行景緯五星精景與二曜而爲七妖祥
是主曆敷攷司蓋有殊於列宿也若比辰不移
擾在杠軸衆星動流實繞天體五星從伏非關
二義故徐顯思以五星爲非星麋豈論之詳矣

五星相犯列宿雜災

建元元年八月辛亥太白犯軒轅大星
九月癸丑太白從行於軒犯填星
二年六月丙子太白晝見
四年二月丙戌太白晝見在午上
六年辛卯太白晝見午上庚子太白入東井無
所犯
七月己未太白有光影
八月戊子太白從軒轅犯女主星甲辰太白從
行犯軒轅少民星

南齊志五

九月巳卯太白從行犯太微西蕃上將辛酉太
白從行入太微在右執法星西北一尺戊辰太
白從行犯太微左執法
十二月壬子太白從行犯填星在氐度丙辰太
白從行犯房北頭第一星丁卯太白犯楗閉星
永明元年六月巳酉太白行犯太微上將星辛
酉太白行犯太微左執法
八月甲申太白犯南斗第四星
九月乙酉太白犯南斗第三星壬辰太白熒惑
合同在南斗度
十月丁卯太白犯哭星
二年正月戊戌太白晝見當午上
三月甲戌太白從行入羽林
四月丙申大白從行犯東井鈇星
六月戊辰太白熒惑合同在輿鬼度巳巳太白
從行輿鬼度犯歲星
三年四月丁未太白晝見癸亥太白晝見當上
五月戊子太白犯少民星

南書志五

八月巳太白晝見當午上

十一月壬申太白從行入氐

十二月巳酉太白從行合在箕度

四年九月壬辰太白晝見當午丙午太白犯
南斗

十一月庚子太白入羽林又犯天關

六月甲戌太白犯東井北轅第三星在西一尺

五年五月丁酉太白晝見當午上庚子太白三
犯畢左股第一星西南一尺

尺二寸不為犯戊辰太白從在太微西蕃上將

八月甲寅太白從行入軒轅在女主星東北一
星西南五寸辛巳太白從在太微左執法星西

六年四月辛酉太白從在熒惑北三寸為犯並

北四寸

在東井度

五月癸卯太白晝見當午上

六月巳太白從在太微西蕃右執法星東南

四寸為犯

七月癸巳太白在氐角星東北一尺為犯

八月乙亥太白從行在房南第二左股次將星

閏八月甲午太白晝見當午

十一月戊午太白從在歲星西北四尺同在尾
度又在熒惑東北六尺五寸在心度合宿

十二月壬寅太白從行在填星西南二尺五寸

斗度

七年二月辛巳太白從行入羽林

十月癸酉太白在歲星南相去一尺六寸從在
箕度為合

八月正月丁未太白晝見當午上

十一月丁卯太白從行入羽林

六年戊子太白從行入東井巳丑太白晝見當
午

八月庚辰太白從在軒轅女主星南七尺為犯

九月丙申太白從行在太微西蕃上將星西南

一尺為犯丁未太白從行入大微辛酉太白從

十月乙亥太白從行在亢南第二星西南一尺
為犯甲申太白從行入氐
十一月戊戌太白從行在房北頭第二星東北
一寸又在捷閣星西南七寸並為犯又在熒惑
西北二尺為合宿癸卯太白從行在熒惑東北
一度比來多陰至己丑開除已見在日比當西
一尺為犯
九年四月癸未太白從行歷夕見西方從疾參宿

〔二四六〕南齊書志五　五

六月丙子太白晝見當午上
此維上薄昏不見宿星則為先歷而見
七月辛卯太白從行入太微在西蕃上將星比
四寸為犯
九月乙亥太白從行在南斗第四星比二寸為
犯丁卯太白在南斗第三星西二寸為犯
十年二月甲辰太白從行入羽林
五月辛巳太白從行入東井在軒轅西第一星
東六寸為犯

王燮

七月乙丑太白從行在軒轅大星東八寸為犯
十一年正月戊辰太白從行在歲星西北六寸
為犯在奎度
二月丁丑太白從行東井北轅西頭第一星東
比一尺為犯
四月戊子太白在五諸侯東第二星西北六寸為犯
辛丑太白從行入與鬼在東北星西南四寸為犯
五月戊午太白晝見當午名為經天癸亥太白
從行入軒轅大星北一尺二寸無所犯

〔二五三〕南齊書志五　六

九月己酉太白晝見當午上
十月丙戌太白行在進賢星西南四寸為犯
十一月戊戌太白從行入氐丁卯太白從行在
捷閣星西北六寸為犯
十二月壬辰太白從行在南斗第六星東南一
尺為犯辛丑太白從行在西建東星西南一尺
為犯
建元元年五月己未熒惑犯太微西蕃上將又
犯東蕃上將

二年十月辛酉熒惑守太微

四年六月戊子熒惑從行入東井無所犯戊戌

熒惑在東井度形色小而黃黑不明丁丑熒惑

太白同在東井度

七月甲戌熒惑從行入輿鬼犯積尸

十月癸未熒惑從行犯太微西蕃上將星丙戌

熒惑從入太微

十一月丙辰熒惑後行在太微犯右執法

永明元年正月己亥熒惑逆犯上相辛亥熒惑

守角庚子熒惑逆入太微

三月丁卯熒惑守太白

六月戊申熒惑從犯亢己巳熒惑從行犯氐東

南星

七月戊寅熒惑填星同在氐度丁亥熒惑行犯

房北頭第二星

八月乙丑熒惑從行犯天江甲戌熒惑犯南斗

第五星

十一月丙申熒惑從行入羽林

二年八月庚午熒惑犯太微西蕃上將癸未熒

惑犯太微右執法丁酉熒惑犯太微右執法

十月庚申熒惑犯進賢

十月壬辰熒惑犯亢南第二星丙申熒惑犯

凡南星

十二月乙卯熒惑入氐

三年二月乙卯熒惑在房北頭第一星西北一

尺徘徊守房

四月戊戌熒惑犯

六月乙亥熒惑犯房癸亥熒惑犯天江南頭

二星

八月丁巳熒惑犯南斗第五星

十一月丙戌熒惑從行入羽林

四年八月戊辰熒惑入太微癸酉熒惑犯太微

右執法戊子熒惑在太微

九月戊申熒惑犯歲星已酉熒惑犯歲星芒角

相接

十月丁丑熒惑犯亢南頭第一星

土月庚寅六熒惑犯氐西南星

十二月己未熒惑犯房北頭第一星庚申熒惑
入房北犯鉤鈐星

五年二月乙亥熒惑犯填星
九月乙未熒惑行在哭星東相去半寸
同在南斗度為合宿

六年四月癸丑熒惑伏在參度去太白二尺五
寸辰星東南二尺五寸俱從行入東井曠中無
所犯

辰星東南二尺五寸三星為合宿甲戌熒惑在

七月丁丑熒惑從行在氐西南星北七寸為
犯己卯熒惑從行入氐無所犯乙巳熒惑從行
在房比頭第一上將右驂星南六寸為犯又在
鉤鈐星西北五寸

十一月丙寅熒惑從行在歲星西相去四尺同
在尾度為合宿

七年二月丙子熒惑從行在填星西相去三尺
同在牽牛度為合宿

三月戊午熒惑從在泣星西北七寸戊辰熒惑

從行入羽林

八月戊戌熒惑逆入羽林

九月乙丑熒惑入羽林成句巳

八年四月丙申熒惑從行入輿鬼在西北星東
南二寸為犯

十月乙亥熒惑入氐

十一月乙未熒惑從入北落門在第一星東南
去鉤鈐三寸為犯

九年三月甲午熒惑從在填星東北七寸在歲星
守同在虛度為犯為合宿

四月癸亥熒惑從行入羽林

閏七月辛酉熒惑從行在軍在股星西北一寸
為犯

八月十四日癸亥熒惑應伏在昴三度前先曆在軍
二十一日始逆行比轉垂及玄彣熒惑因死
之時而形色漸大於常

十年二月庚子熒惑從入東井比轅西頭第一
星西二寸為犯

三月癸未熒惑從行在輿鬼西北七寸爲犯乙
酉熒惑從行入輿鬼
六月壬寅熒惑從行入太微
十年二月庚戌熒惑從行在鎮星西北六寸爲
犯同在營室
五月戊午熒惑從行在歲星西南六寸爲犯同
在妻度
八月辛巳熒惑從行入東井在南轅西第一星
東北一尺四寸

三十六　南齊志五　十一　佑

十一月己巳熒惑逆行在五諸侯東星北四寸
爲犯
隆昌元年三月乙丑熒惑從行入輿鬼西北星
東一寸爲犯癸酉熒惑從行在輿鬼積尸星東
北七寸爲犯
閏三月甲寅熒惑從行入軒轅
五月丁酉熒惑從行入太微在右執法二寸爲犯
建元四年正月己卯歲星末白俱從行同在妻
度爲合

六月丁酉歲星晝見
永明元年五月甲午歲星入東井
七月壬午歲星晝見
三年五月丙子歲星與太白合
六月辛丑歲星與辰星合
三月庚申歲星犯太微上將
四年閏二月丙辰歲星犯太微上將
十一月甲子歲星從入太微犯右執法
十月己巳歲星從入太微

二百八三　南齊志五　十二　鄭寶玉

四月己未歲星犯右執法
八月乙巳歲星犯進賢又與熒惑於軒度合宿
五年二月癸卯歲星蓋見在軒度
六月甲子歲星蓋見在軒度
十月己未歲星從在氐西南星北七寸又辰星
從入氐在歲星西四尺五寸又太白從在辰星東
相去一尺同在氐度三星爲合宿
十二月甲戌歲星晝見
六年三月甲申歲星逆行入氐宿

六月丙寅歲星晝見在氐度

八年三月庚申歲星守牽牛

九年二月壬午歲星從在填星西七寸同在度為合

閏七月辛酉歲星在泣星西北五寸為犯又守填星九月辛卯在泣星西一尺五寸為合

永明元年六月辰星從行入太微在太白西北一尺

二年八月甲寅辰星於翼犯太白

九年六月丙子辰星隨太白於西方在七星度相去一尺四寸為合宿

十一年九月丙辰辰星依曆應夕見西方亢宿一度至九月八日不見

隆昌元年正月丙戌辰星見危度在太白北一尺為犯

建元三年十月癸丑填星逆行守氐

四年七月戊辰填星從行入氐

永明元年正月庚寅填星守房心

三月甲子填星逆行犯西咸星

二年二月戊辰填星犯東咸星

四年十二月辛巳填星犯建星

七年十二月戊辰填星在須女度又辰星從在填星西南一尺一寸為合宿

八年三月庚申填星守哭尾

九年七月庚戌填星逆在泣西星東北七寸為犯

十月甲午填星從行在泣星西五寸為犯

流星災

建元元年十月癸酉有流星大如三升堈色白尾長五丈從南河東北二尺出北行歷輿鬼西過末至軒轅後星而没没後餘中央曲如車輪俄頃化為白雲又乃滅流星自下而升名曰飛星

三年十月丙午有流星大如月赤白色尾長七大西北行入紫宮中光照牆垣

四年正月辛未有流星大如三升堈赤色從北極第二星北一尺出北行一丈而没

九月壬子流星如鵝卵從柳北出入軒轅又一

枚如瓜大出西行沒宰中

出南行沒氐

永明元年六月己酉有流星如二升椀從紫宮

南行在危後

二年三月庚辰有流星如二升椀從天市中出

四年二月乙丑有流星大如一升器戊辰有流

星大如五升器

四月丁卯有流星大如一升器從南斗東北出

西行經斗入氐

六月丙戌有流星大如鴨卵從砲瓜南出至虛

而入

八月辛未有流星大如三升堰從箕星南出西

南行入天潢沒

十一月戊寅有流星大如二升堰白色從亢東

比出行入天市

十二月丁巳有流星大如三升椀白色從天市

帝座出東比行一丈而沒

五年六月辛未有流星大如三升器沒後有痕

九月丙申有流星大如四升器白色有光照地

十二月甲子西比有流星大如鴨卵黃白色尾

長六尺西南行一丈餘沒

六年三月癸酉有流星大如鴨卵赤色無尾

四月丙辰比面有流星大如二升器白色比行

六尺而沒

七月癸巳有流星大如鵝卵白色從砲瓜南出

西南行一丈沒空中須更又有流星大如五升

器白色從比河南出東北行一丈三尺沒空中

十月戊寅南面有流星大如雞卵赤色在東南

行沒沒後如連珠

十二月壬寅有流星大如鵝卵黃白色尾長三

丈有光沒後有疾從梗河出比西行一丈許沒空中

七年正月甲寅有流星大如五升器白色尾長四

尺從坐旗星出西行入五吉甲而過沒空中

六月丁丑流星大如二升器黃赤色有光尾長

六尺許從亢南出西行入翼中而沒沒後如

連珠

十月乙丑有流星如三升器赤黃色尾長六尺
出紫宮內北極星東南行三丈沒空中壬辰流
星如三升器白色有光從五車北出行入紫宮
抵北極第一第二星而過落空中尾如連珠仍
有音響似雷太史奏名曰天狗
八年四月癸巳有流星如二升器黃白色有光
從心星南一尺許出南行二丈許從沒後如連珠
丁巳流星如鵝卵白色長五丈許從角星東北二

尺出西北行沒太微西藩上將星間
南行未至大角五尺許沒
七月戊申有流星如五升器赤白色長七尺東
六月癸未有流星如鴨卵赤白色從紫宮中出西
南行二丈沒空中
十月乙亥有流星如鵝卵白色從紫宮中出西
北行三丈許沒空中
十一月乙未有流星如鵝卵赤白色有光無尾
從氐北一丈出南行入氐中沒辛丑流星如鵝

頁七十　南志五　七

卯白色從參伐出南行一丈沒空中又有一流
星大如三升器白色從軫中出東南行入畢中沒
九年五月庚子有流星如雞子白色無尾從紫
宮裏黃帝座星西二尺出南行一丈沒空中丁
未流星如李子白色無尾從奎東北大星東二
尺出東北行至天將軍而沒戊申流星如鵝卵
黃白色尾長二丈從箕星東一尺出南行罕沒
七月乙卯西南行有流星大如二升器白色無尾
西南行一丈餘沒戊午有流星大如二升器黃白

色有光從天江星西出東北經天過入參中而
沒沒後如連珠
閏七月戊辰流星如鵝卵赤色尾長二尺從文
昌西行入紫宮沒巳巳西南有流星如二升器
白色西南行一丈沒
九月戊子有流星大如雞卵白色從少微星北
頭出東行入太微抵帝座星而過未至東藩次
相一尺沒如散珠
十年正月甲戌有流星如五升器白色從氐中

二九七　南志五　八　朱玩

出東南行經房道過從心星南二尺沒

三月癸未有流星如雞卵青白色尾長四尺從
牽牛南八寸出南行一丈沒空中

十一年二月壬寅東北有流星如一升器白色
無尾北行三丈而沒

四月丙申有流星如三升器白色有光尾長一
丈許從箕星東北一尺出行二丈許入斗度沒
空中臨沒如連珠

五月壬申有流星大如雞子黃白色從太微端
門出無所犯西南行一丈許沒沒後有痕

七月辛酉有流星如雞子赤色無尾從氐中出
西行一丈五尺波空中戌寅有流星如雞卵黃
白色從紫宮東蕃內出東北行一丈五尺至北
極第五星西北四尺沒

九月乙酉有流星如鴨卵黃白色從婁南一尺
出東行二丈

十二月己丑西南有流星如三升器黃赤色無
尾西南行三丈許沒散如遺火

永元三年夜天開黃色明照須臾更有物絳色如
小甕漸漸大如倉廩聲隆隆如雷墜太湖中野
雜皆雞世人鳴為木殊史臣案春秋緯天狗如
大奔星有聲望之如火見則四方相射漢史云
西北有三大星如日狀名曰天狗出則人
相食天官云天狗狀如大鏡星又云如火光炎炎
色黃有聲其止地類狗所墜望之如火光炎炎
衝天其上銳其下圓如數頃田見則流血千里
破軍殺將漢史又云照明下為天狗所下兵起
血流昭明星也洛書云昭明見而霸者出運斗
樞云昭明有芒角兵徵也河圖云太白散為天
狗漢史又云有星出其狀赤白有光即變為天
狗其下小無足所下國易政眾說不同未詳孰是
推亂亡之運此其必天狗乎

老人星

建元元年十一月戊辰老人星見南方丙上六月
癸卯祠老人星

老人星

永明三年八月丁酉老人星見南方丙上

六年八月壬戌老人星見南方丙上

七年七月壬戌老人星見南方丙上

九年閏七月戊寅老人星見南方丙上

十年八月乙酉老人星見南方丙上

十一年九月丙寅老人星見南方丙上

白虹雲氣

十一年九月甲午西方有白虹南頭指申北頭

永明十年七月癸酉西方有白虹須臾滅

建元四年二月辛卯白虹貫日

指成上久久消滅

至酉廣五丈久久消滅

建元四年二月辛卯黑雲氣大小二枚東至卯西

白氣

永明二年四月丁未北斗第六第七星間有一

四年正月辛未黃白氣長丈五尺許入太微

永明四年正月癸未南面有陣雲一丈許

五年四月己巳有雲色黑廣五尺東頭指丑西

頭指酉並至地

十一年乙巳東南有陣雲高一丈北至卯東南

至巳久久散漫

六年二月癸亥東西有一梗雲半天曲向西蒼

白色

三月庚辰南面有梗雲黑色廣六寸

七年十月辛未有梗雲蒼黑色廣六寸東頭至寅頭

指酉廣三尺貫紫宮久久消沒

八年十一月乙未有梗雲黑色六尺許東頭至

卯西頭至酉久久散漫

十二月庚辰南面有陣雲黑色高一丈許東頭

至巳西頭至未久久散漫

十一年七月丙辰東面有梗雲蒼白色廣二尺

三寸南頭指巳至地北頭指子至地久久漸散

漫

贊曰陽精火鏡陰靈水存有稟有射代爲明昏

垂光滿蓋列景周渾具位　　災生

竇簿崇起飛奔弗忘人懼瑜瑾　　天道

竈亦多言

南齊書五

志第六

撰

州郡上

揚　南徐　豫　南豫　南兗
北兗　北徐　青　冀　江
廣　交　越

揚州京輦神皐漢魏刺史鎮蓋壽春吳置持節
督州牧八人不見揚州都督所治至晉太康元年
吳平刺史周浚始鎮江南元帝為都督渡江左
遂成帝畿墾埴實隆重領郡如左

丹陽郡
建康　秣陵　丹陽　溧陽　永世
湖熟　江寧　句容

會稽郡
山陰　永興　上虞　餘姚　諸暨
剡　鄞　始寧　句章　鄮

吳郡
吳　婁　海虞　嘉興　海鹽

錢唐　富陽　鹽官　新城　建德
壽昌　桐廬

吳興郡
烏程　武康　餘杭　東遷　長城
於潛　臨安　故鄣　安吉　原鄉
吳寧　豐安　定陽　遂昌

東陽郡
長山　太末　烏傷　永康　信安

新安郡
始新　黟　遂安　歙　海寧

臨海郡
章安　臨海　寧海　始豐　樂安

永嘉郡
永寧　安固　松陽　橫陽　樂成

南徐州鎮京口吳置幽州牧屯兵在焉丹徒水
道入通吳會孫權初鎮之爾雅曰絕高為京今
京城因山為壘望海臨江緣江為境似河內郡
內鎮優重宋氏以來桑梓帝宅江左流寓多出

膏腴領郡如左

南東海郡
郯　祝其　襄賁　利成　西隰

晉陵郡
丹徒　武進

義興郡（永明二年後復舊）
南沙　海陽（揚州後復割屬）
陽羨　臨津　國山　義鄉　綏安

〔南齊書志六〕
三
徐陵

南琅邪郡（本治金城永）
臨沂（明徙治白下）
江乘　蘭陵　承（建武三年省）

建元二年平陽郡流民在臨江郡者立宣祚譙縣尋改為譙永明元年省懷化一縣并屬

臨淮郡（自此以下郡無實土）
海西　射陽　凌　淮陰　東陽
淮浦（建武二年省）

淮陵郡
司吾　武陽（建武三年泰山郡屬）甄城　陽樂
孫（建武三年省）

南東莞郡
東莞　莒　姑幕（建武三年省）

南清河郡（領冀州　南徐州）
東武城　清河　貝丘　繹幕（建武二年省）

南彭城郡
彭城　武原　傅陽　蕃　薛
開陽　洨　僮　下邳（建武四年省）

南高平郡（宋太始五年僑置初寄治淮南當塗二縣僑屬南豫後屬南徐）
呂（建武四年省）杼秋（建武四年）北陵（年省）

〔南齊書志六〕
四
王儉

南濟陰郡
金鄉　高平
城武　單父　城陽（建武三年省）

南濮陽郡（年省）
廩丘　東燕　會　鄄城（建武三年省濟陽郡度屬）

南魯郡（建武二年省）
榆次（建武二年省）

南平昌郡（建武三年省）
魯　樊　西安（建武二年省）

安丘郡省屬　新樂郡省屬　東武　高密

南泰山郡〔建武三年省〕

南城郡〔省度屬平　建武三年省〕　廣平

南濟陽郡〔建武…省〕

考城〔郡省度屬昌尋又省〕

豫州晉元帝永昌元年刺史祖約避胡賊自譙
還治壽春壽春淮南一都之會地方千餘里有
陂田之饒漢魏以來揚州刺史所治比拒淮水
禹貢去淮海惟揚州也咸和四年祖約以城降
胡復以庾亮為刺史治蕪湖蕪湖浦水南入亦
為險奧劉備謂孫權曰江東先有建業次有蕪
湖庾亮經略中原以毛寶為刺史治邾城為胡
所覆荊州刺史庾翼領州在武昌諸郡荒民就
民數十無徙業移西陽新蔡二郡荒民就
陂田於尋陽而刺史或治歷陽進馬頭又譙不
波以壽春降而穆帝永和五年胡僞揚州刺史王
復歸舊鎮世哀帝隆和元年袁真還壽春具為
桓溫所滅溫以子熙為刺史戍歷陽孝武寧康

元年桓沖移姑熟以邊寇未靜分割譙梁二郡
見民置之浣川立為南譙梁郡十二年桓石虔
還歷陽康准為刺史省諸權置比目還如本義
熙二年劉毅復鎮姑熟上表曰忝任此州地不
為曠西界荒餘密邇寇虜比垂蕭條土氣彊獷
民不識義唯戰是習逋逃不逞不謀日會比年
以來無月不戰實非空乏所能獨撫請輔國將
軍張暢領淮南安豐梁國三郡時豫州邊荒至
乃如此十二年劉義慶鎮壽春後常為州治撫

接遷荒扞禦疆場領郡如左

南汝陰郡〔建元二年罷南陳左郡二縣并〕

愼　汝陰　宋　安陽　和城

南頓　陽夏　宋丘〔永元元年〕　樊〔永元〕

鄭〔志無〕　東宋〔志無〕　南陳左縣〔永元志無〕

邊水〔志無〕

晉熙郡

新治　陰安　懷寧　南樓煩

齊興　太湖　左縣

潁川郡
臨潁 邵陵 南許昌[永元志無] 曲陽

汝陽郡
武津 汝陽

梁郡[雎陽新汲陳蒙崇義五縣]
北譙梁 蒙 城父[永元志屬南譙]

北陳郡
陽夏 西華 萇平 項

陳留郡

南齊書志六

浚儀 小黃 雍丘

七 求襦

南頓郡[永元元年地志無]
和城 南頓

西南頓郡[元年地志無][寄治州永元]
和城 譙 平郷

北梁郡[永元元年地志無]
北蒙 北陳

西汝陰郡
樓煩 浚陰 宋 陳[永元志無] 平豫[永元志無]

固始[永元志無] 新蔡[永元志無] 汝南[永元志無] 安城

北譙郡
寧陵 譙 蘄[屬南譙永元志]

弋陽郡
期思 南新息 弋陽 上蔡 平輿

北新蔡郡
鮦陽 新蔡 固始 苞信

汝南郡[永元志無]
瞿陽 安城 上蔡

陳郡
南陳 萇平[永元志無] 項[永元志無] 西華[永元志無]

悖十九卷三

南齊書志六

八

安豐郡
零婁 新化 史水[永元志屬安豐] 扶陽 開化
陽夏[永元志無]

尤城左郡
樂安 光城 茹田
邊城 松滋[永元新朱屬安豐]

邊城郡[地志無][永元元年]

陽城　建寧

齊昌郡

陽塘　保城　齊昌　永興

右三郡永明四年割郢州屬

南豫州晉寧康元年豫州刺史桓沖始鎮姑熟
後遷徙見晉書宋永初二年分淮西為南豫州
治歷陽而淮西為豫州元嘉七年省升大明元
年復置治姑熟泰始二年治歷陽三年治宣城

〇南齊志六　九

五年省淮西沒虜七年復分淮東置南豫達元
二年太祖以西豫吏民募刻分置兩州損費甚
多省南豫左僕射王儉啟愚意政以江西連接
汝潁土曠民希匈奴越逸唯以壽春為阻若使
州任得才虜要有聲聞豫設防禦此則不侯
南豫假令或應一失釁羯之來聲不先聞胡馬
倏至壽陽嬰城固守不能斷其路朝廷遣軍歷
陽已當不得先機戎車初戒每事草創載興方
鎮常居軍府素正臨時配助所益實少安不忘

危古之善政所以江左屢分南豫意亦可求如
聞西豫力役尚復粗可今得南譙等郡民戶盈
薄於其實益復何足云太祖不從永明二年割
揚州宣城淮南豫州歷陽譙廬江臨江六郡復
置南豫州四年寇軍長史沈憲啟二豫求以潁
川汝陽屬南豫廬江還西豫七年南豫州別駕
屬西豫廬江居晉熙汝陰之中屬南豫求以潁

〇南齊書志六　十

桑琛子亭為斷潁川汝陽在南譙歷陽界內悉
殷灑稱潁川汝陽荒殘來久流民分散在譙歷
二境多家復徐獲有郡名租輸益微府州絕編
將吏空受名領終無實益但寄治譙於方斷
之宜實應屬南豫二豫亟經分置廬江屬南豫
濆帶長江與南譙接境民黎租帛從流送州實
為便利遠踰西豫非其所領郡領隔舒及始新
左縣村竹產府多闕實不少府州新創異
為便藩資俊多闕實希得廬江請依昔分置
尚書參議往年應邊塵須實故啟迴換今淮泗
無虞宜許所讞詔可領郡如左

淮南郡

于湖〔永明八年省甬城高平下邳三縣并〕　繁昌　當塗

宣城郡

浚遒　定陵　襄垣

廣德　懷安　宛陵　廣陽　石城

臨城　寧國　宣城　建元　涇

安吳

歷陽郡

歷陽　龍亢　雍丘

南齊書志六　　十一　　領遷

南譙郡

山桑　蘄　北許昌〔志無〕

曲陽　嘉平　扶陽〔永元志無〕

廬江郡

舒〔建元二年為郡治〕　灊　始新　和城〔永元志無〕

西華〔永元志無〕

譙〔建元二年割南譙屬〕　呂亭左縣〔建元二年割晉熙屬〕

臨江郡〔歷陽後復置　建元二年罷并〕

烏江　懷德　酇

南兗州鎮廣陵漢故王國〔月江都浦水魏文帝
伐吳出此見江濤盛壯歎云天所以限南北也
晉元帝過江建興四年揚聲北討遣宣城公裒
督徐兗二州鎮廣陵其後或還江南然立鎮自
此始也時百姓遭難流移境內流民多庇大姓
以為客元帝太興四年詔以流民失籍使條名
上有司為給客制度而江北荒殘不可檢實明
帝太寧三年郗鑒為兗州鎮廣陵後還京口是
後兗州或治盱眙或治山陽桓玄以桓弘為青
州鎮廣陵義熙二年諸葛長民為青州徙山陽
時鮮甲接境長民表云此番十載豐故相襲城
池崩毀荒舊散伏邊〔疆諸戍不聞雞犬且大羊
侵暴抄掠滋甚乃還鎮京口晉末以廣陵控接
三齊故青兗同鎮宋永初元年罷青并兗三年
檀道濟始為南兗州廣陵因此為州鎮土甚平
曠刺史每以秋月多出海陵觀濤與京口對岸
江之壯闊處也永明元年刺史柳世隆奏尚書
符下土斷條格并省僑郡縣凡諸流寓本無定

南齊書志六　　十二　　邵士

廣陵郡 · 海陵郡 · 山陽郡 · 盱眙郡

慰十家五落各自星處一縣之民散在州境西
至淮畔東屆海隅今專罷僑邦不省荒邑雜居
舛止與先不異離為區斷無革游監謂應同省
隨堺并帖若鄉屯里聚二三百家并甸可偹區
域易分者別詳立於是濟陰郡六縣下邳郡四
縣淮陽郡三縣東荒郡四縣以散居無實土官
長無廨舍寄止民村及州治立見省民戶帖屬
領郡如左

廣陵郡（達元四年罷比淮陽比下邳比海陰東筧四郡并）

海陵　廣陵　高郵　江都
齊寧（元明元年置）

海陵郡

建陵　寧海　如皋　臨江　蒲濤
臨澤　齊昌（永明元年置）　海安（永明五年罷新郡并此縣度屬）
海陵

山陽郡

東城　山陽　臨城　左鄉

盱眙郡

考城　盱眙　陽城　直瀆　長樂

南沛郡

沛　蕭　相

北兗州鎮淮陰地理志云淮陰縣屬臨淮郡郡
國志屬下邳國晉太康地記屬廣陵郡穆帝永
和中中郎將荀羨北討鮮卑以淮陰舊鎮地
形都要水陸交通易以觀釁沃野有開殖之利
方舟運漕無他屯營立城池宋泰始二年
失淮比於此立州鎮建元四年後鎮盱眙仍領
盱眙郡舊晉比對清泗臨淮守險有平陽石鱉田
稻豐饒所領唯平陽一郡永明七年光祿大夫
呂安國啓稱比兗州民戴尚伯六十八訴舊壤
幽隔歷寓失所今雖創置淮陰而陽平一郡州
無實土寄山陽境內竊見司徒青三州悉皆新
立並有實郡東平既是望邦衣冠所係希於山
陽盱眙二界間割小戶置此郡東始招集荒落使
本壤族姓有所歸依臣尋東平郡既是此州本
領臣賤族桑梓願立此邦見許領郡如左

陽平郡（寄治山陽）

泰清　永陽　安宜　豐國

東平郡
　壽張　割山陽官瀆以西三百戶置

高平郡

濟北郡

泰山郡

新平郡

魯郡
　淮安　鎮割直瀆破釜以東淮陰下流雜一百戶置

右荒

北徐州鎮鍾離漢志鍾離縣屬九江郡晉太康
二年起居注置淮南鍾離未詳此前所省今晉
地記屬淮南郡宋泰始末年屬南兗元徽元年
置州割為州治防鎮緣淮永明元年省北徐
梁魏陽平彭城五郡領郡如左

鍾離郡
　燕縣郡治　朝歌　虞永明元年割馬頭屬
　零永明元年割馬頭屬

馬頭郡
　己吾永明元年罷譙郡屬二年刺史戴僧靜又以濟縣幷之

濟陰郡
　頓丘永明元年罷定淘幷
　睢陵　樂平永明元年割鍾離屬
　濟安永明元年割鍾離屬

新昌郡
　頓丘　穀熟　尉氏

沛郡
　相　蕭　沛

青州宋泰始初淮北沒虜昇明六年始治鬱
州在海中周迴數百里島出白鹿土有田疇魚
臨之利劉善明為刺史以海中易固不峻城雉
乃累石為之高可八九尺後為齊郡故治州治如舊
徙齊郡治亢步以北海治齊郡故治州治建元初
流荒之民郡縣虛置至於分居土著蓋無幾焉
建元四年移鎮朐山後復舊領郡如左

齊郡郡幷之治亢步　永明元年罷泰　永明二年省
　臨淄永明二年省　華城縣幷

齊郡
　齊安永明元年罷
　西安

宿豫　尉氏　平虜　昌國　泰

益都

北海郡

都昌　故用漢名也　廣饒　頡榆　膠東　宋變縣建元

劇　下密　平壽

東莞琅邪二郡　治胸　山也

即丘　南東莞　永明元年　以流戶置　北東莞

廣川平原清河樂陵魏郡河間頓立高陽勃海

安高密平昌北海東萊太原長廣九郡冀州領

冀州宋元嘉九年分青州置青州領僑濟南樂　怗三　州五三　南齊書志六　十七

九郡泰始初遇虜寇並荒沒今所存者泰始之

後更置立二州共一刺史郡縣十無八九但

有名存案宋志自知也建元初以東海郡屬冀

州全領一郡

北東海郡　治連

襄賁　僮　下邳　厚丘　曲城

江州鎮尋陽中流裕帶晉元康元年惠帝詔荊

揚二州疆土曠遠有司奏割揚州之豫章鄱陽

廬陵臨川南康建安晉安東陽宣

城舊豫章封內豫章之東北相去懸遠可如故

屬揚州又割荊州之武昌桂陽安成并十郡可

因江水之名為江州宜治豫章庾亮領刺史都

督六州云以荊江為本校二州戶口雖相去

事實覺過半江洲實為根本臨終表江陵正

尋陽以州督豫州新蔡西陽二郡治盆城義熙

東江諸郡往來便易其後庾又還豫章義熙

後還尋陽何無忌表竟陵去治遼遠去江陵

還荊州又司州弘農揚州松滋二郡寄尋陽人

常在夏口左欲資此郡助江濱戍防以竟陵

三百里荊州所立綏安郡民戶參入此境郡治　二八七　南齊書志六　十八

其東也領郡如在

民雜居宜並見督今九江在州鎮之北彭蠡在

尋陽郡

豫章郡

柴桑　彭澤

南昌　新淦　艾　建城　建昌

（豫章郡）望蔡　新吳　永脩　吳平　康樂　豫寧　豐城

臨川郡
南城　臨汝　新建　永城　宜黃　南豐　東興　安浦　西豐

廬陵郡
石陽　西昌　東昌　吉陽　巴丘　興平　高昌　陽豐　遂興

鄱陽郡
鄱陽　餘干　葛陽　樂安　廣晉　上饒

安成郡
平都　新喻　永新　萍鄉　宜陽　廣興　安復

南康郡
贛　雩都　南野　甯都　平固　南康　陂陽　廬化（永明八年罷　安遠縣并）

南新蔡郡

慎　苞信　陽唐左縣（宋）

建安郡
吳興　建安　將樂　邵武　建陽　綏城　沙村

晉安郡
侯官　羅江　原豐　晉安　溫麻

廣州鎮南海濱際海隅委輸交部雖民戶不多而俚獠猥雜皆樓居山險不肯賓服西南二江川源深遠別置督護專征討之卷握之資富兼十世尉他餘基亦有霸迹江左以其遠遠蕃戚未有居者唯宋隨王誕爲刺史領郡如左

南海郡
番禺　熙安　博羅　增城　龍川　懷化　酉平　綏寧　新豐　羅陽

高要　安遠　河源

東官郡
懷安　寶安　海安　欣樂　海豐　齊昌　陸安　興寧

義安郡　綏安　海寧　海陽　義招　潮陽

新寧郡　程鄉

蒼梧郡　博林　南興　臨沅　甘泉　新成
　　　　威平　單牒　龍潭　城陽　威化
　　　　歸順　初興　撫納　平鄉

（程）廣信　寧新　封興　撫寧　遂城
　　　　丁留　懷熙　猛陵　廣寧　蕩康
　　　　僑寧　思安

高涼郡　安寧　羅州　莫陽　西羣　思平
　　　　禽鄉　平定

永平郡　夫寧　安沂　畋安　盧平　貞鄉
　　　　蘇平　涌寧　雷鄉　開城　毗平
　　　　武林　豐城

晉康郡　威城　都城　夫阮　元溪　安遂
　　　　晉化　永始　端溪　賓江　熙寧
　　　　樂城　武定　悅城　文招　義立

新會郡　盆允　新夷　封平　初賓　封樂
　　　　義寧　新熙　永昌　始康　招集
　　　　始成

廣熙郡　龍鄉　羅平　賓化　寧鄉　長化
　　　　定昌　永熙　寶寧

宋康郡　廣化　石門　化隆　遂度　威覃
　　　　單城　開寧　海鄰　興定　綏定

宋隆郡　平興　招興　崇化　建寧　熙穆

海昌郡　崇德

寧化　招懷　永建　始化　新建

綏建郡　新招　四會　化蒙　化注　化穆

樂昌郡　始昌　樂山　宋元　義立　安樂

鬱林郡　領方　懷安　歸化　晉平　威化

龍平　賓平　新林　綏寧　中胄

桂林郡　布山　鬱平　阿林　建安　始集

司州

武熙　騰溪　譚平　龍岡　臨浦

中留　武豐　程安　威定　潭中

寧浦郡　安廣　簡陽　平山　寧浦　興道

安遠　安化　龍定

吳安

晉興郡　晉興　熙注　桂林　增翊　安廣

廣鬱　晉城　鬱陽

齊樂郡

希平　觀寧　臻安　宋平　綏南

齊康郡　封陵

齊建郡　樂康

齊熙郡　初寧　永城

交州鎮交阯在海漲島中楊雄箴曰交州荒遠水與天際外接南夷寶貨所出山海珍怪莫與為比民恃險遠數好反叛領郡如左

九真郡

移風　胥浦　松原　高安　建初

常樂　津梧　軍安　吉龐　武寧

武平郡

武定　封溪　平道　武興　根寧

南移

新昌郡

范信　嘉寧　封山　西道　臨西

九德郡

吳定　新道　晉化

九德　咸驩　浦陽　南陵　都澆

越常　西安

日南郡

西捲　象林　壽冷　朱吾　比景

盧容　無勞

交阯郡　【南齊書志六】　二十五　顧榮

龍編　武寧　望海　句漏　吳興

西于　朱戴　南定　曲易　海平

羸陵

宋平郡

昌國　義懷　綏寧

宋壽郡　建元二年割越州屬

義昌郡　永元二年改沃屯置

越州鎮臨漳郡本合浦北界也夷獠叢居隱伏

嚴障寇盜不賓略無編戶宋泰始中西江督護

陳伯紹獵北地見二青牛驚走入草使人遂之

不得乃誌其處云此地當有奇祥啟立為越州

七年始置百梁隴蘇永寧安昌富昌南流六郡

割廣交朱戴三郡屬元徽二年以伯紹為刺史

始立州鎮穿山為城門威服俚獠土有瘴氣殺

人漢世交州刺史每暑月輒避處高平交土調

和越瘴獨其刺史常事戎馬唯以賒代為務

臨漳郡　【南齊志六】　二六　卅

漳平　丹城　勞石　容城　長石

合浦郡

都井　綏端

徐聞　合浦　朱盧　新安　晉始

蕩昌　朱豐　朱豐　宋廣

永寧郡

杜羅　金安　蒙　廖簡　留城

百梁郡

百梁　始昌　宋西

安昌郡

武桑 龍淵 石秋 撫林

南流郡

方度

北流郡 永明六年立無屬縣

龍蘇郡

龍蘇

富昌郡

南立 義立 歸明

【南齊志六】 二十七

高興郡

宋和 寧單、高興 威成 夫羅

南安 歸安 陳蓮 高城 新建

思築郡

鹽田郡

杜同

定川郡

興昌

隆川郡

良國

齊寧郡 建元二年置割鬱林之新邑建初二縣并

開城 建元二 延海 新邑 建初

越中郡

馬門郡

鍾吳 田羅 馬陵 思寧

封山郡

安金

吳春俚郡 永明六年立無屬縣 【南齊志六】 小四

齊隆郡 先屬交州中改為末泰元年改為齊隆還屬州

二十八

志第六

南齊書十四

州郡下

荆巴郢司雍
湘梁秦益寧

臣蕭　子顯　撰

南志七

荆州漢靈帝中平末平吳以為刺史王睿始治江陵吳時西陵
督鎮之晉太康元年平末吳以為刺史王睿始治江陵吳時西陵
年刺史周顗避杜弢賊奔建康陶侃為刺史治沌口
王敦治武昌其後或還江陵或在夏口桓溫平蜀治江
陵以臨沮西界水陸紆險行逕裁通南通巴巫東出
州治道帶疆延囲土肥美立為汶陽郡以處流民屬武
陷襄陽桓沖避居上明頓陸遜樂鄉城上四十餘里以
田地肥良可以為軍民貧實又接近三峽無西疆之虞
故重戍江南輕戍江陵江北符堅敗後復得襄陽太元十四
年王忱還江陵去襄陽兵道五百勢同脣齒無
襄陽則江陵受敵不立故也自忱以來不復動移境
域之內含帶疆延壬土遼落稱為殷曠江左大鎮莫
過荆揚弘農郡陝縣周世二伯摠諸矦周公主陝

東召公主陝西故稱荆州為陝西也領郡如左

南郡
汪陵　華容　枝江
臨沮　編　當陽

南平郡
孱陵　作唐　江安　安南

天門郡
零陽　澧陽　臨澧　瀫中

宜都郡
夷道　佷山　夷陵　宜昌

南義陽郡
平氏　厥西

河東郡
聞喜　松滋　譙　永安

汶陽郡
僮陽　沮陽　高安

新興郡
定襄　新豐　廣牧

巴東太守又割涪陵郡屬永明元年省各還本

巴東建平益州巴郡爲州立刺史而領

巴校尉以鎮之後省昇明二年復置建元二年

巴州三峽險臨山蠻寇賊宋泰始三年議立三

屬焉

求寧郡　長寧　上黃

武寧郡　樂鄉　長林

〈南齊卷七〉　三

巴東郡　魚復　朐䏰　南浦　聶陽

巴渠　新浦　漢豐

建平郡　巫　秭歸　北井　泰昌

沙渠　新鄉

巴郡

涪陵郡　江州　枳　墊江　臨江

分荊州

郢州鎮夏口舊要害也矢置督將爲魯口屯對

魯山岸因爲名也晉永嘉中荊州刺史郡督山

簡自襄陽避賊奔夏口庾翼爲荊州刺史治夏口

並依地嶮也泰元中荊州刺史桓沖移鎮上明

上表言氐賊送死之日舊郢以北壁相望待

以不戰江州刺史相嗣宜進屯夏口據上下之

中於事爲便義熙元年冠軍將軍劉毅以爲

夏口二州之中地居形要控接湘川邊帶滇沔

請井州刺史劉道規鎮夏口夏口城據黃鵠磯

世傳仙人子安乘黃鵠過此也邊江峻險樓

櫓高危瞰臨沔漢應接司部宋孝武置州如此

以分荊楚之勢領郡如左

漢平　涪陵　漢玫

〈南齊書志七〉　四

江夏郡　沙陽　蒲圻　灄陽　沌南

沌陽　惠懷

竟陵郡　竟陵　雲杜　霄城　萇壽

武陵郡

新市　新陽

武昌郡

沅陵　臨沅　零陵　辰陽

巴陵郡

海陽　黚陽

西陽　沅南　漢壽　龍陽

下雋　州陵　巴陵　監利

武昌　鄂　陽新　義寧〔寄治鄂〕

西陽郡

真陽〔永明三年戶口簿無〕

〔南齊書志七〕　五　〔陳仁〕

西陵　蘄陽　西陽　孝寧

期思〔永明三年戶口簿無〕

希水左縣　東安左縣　蘄水左縣

義安左縣

齊興郡〔永明三年置〕

綏懷　齊康　茸波　綏平

齊寧　上蔡〔永明三年戶口簿無〕

東牂牁郡〔云新置無屬縣〕

宜　南平陽　西新市　南新市

方城左郡

西平陽　東新市

北新陽郡

城陽　歸義

義安左郡

西新陽　安吉　長寧

綏安

南新陽左郡

〔南齊書志七〕　六　〔陳五〕

北遂安左郡〔永明三年簿五縣皆缺〕

南新陽　新興　北新陽　角陵　新安

新平左郡

東城　綏化　富城　南城　新安

建安左郡

平陽　新市　安城

霄城

司州鎮義陽宋景平初失河南地元嘉宋僑立州於汝南縣領尋罷美知中立州於義陽郡有

三關之隘北接陳汝控帶許洛自此以來常為
邊鎮泰始既遷領義陽僑立汝南領三郡元
徽四年又領安陸隨安蠻三郡領郡如左

南義陽郡
南安　平春
孝昌　平輿　義昌　平陽

北義陽郡
平陽　義陽　保城　鄳

隨郡
鍾武　環水
隨　永陽　闕西　安化
南志七　七　王信

安陸郡　寄州治
安陸　應城　新市　新陽　宣化

汝南郡　寄州治
平輿　北新息　眞陽　安城　南新息
安陽　臨汝　汝南　上蔡

齊安郡
齊安　始安　義城

南安　義昌　義安

淮南郡
閭口　平氏

宋安左郡
仰澤　樂寧　襄城

安蠻左郡
木蘭　新化　懷　中聑陽
南聑陽　安蠻

永寧左郡
中曲陵　曲陵　孝懷　安德
百七　調　南志七　八　畢

東義陽左郡
永寧　革音　威清　永平

東新安左郡
第五　南平林　始平　始安　平林
義昌　固城　新化　西平

新城左郡
孝懷　中曲　南曲陵　懷昌

圍出左郡

及剌　章平　北曲　洛陽

建寧左郡　圍山　曲陵

建寧　陽城

北淮安左郡　高邑

南淮安左郡　慕化　栢源

北隨安左郡

南齊志七　九

東隨安左郡　濟山　油潘

西隨　高城　牟山

雍州鎮襄陽晉中朝荊州都督所治也元帝以

魏該爲雍州鎮鄀城襄陽別有重戍庾翼爲荊

州謀北伐鎮襄陽目永嘉亂石城疆埸之地對接

康八年尚書殷融言襄陽民戶流荒咸

荒寇諸荒殘寄治郡縣民戶實少可并合之朱

序爲雍州於襄陽立僑郡縣沒符氏氏敗復還

南復用朱序襄陽左右田土肥良桑梓野澤處處

而有稊𣚣爲雍州千時舊民甚少新戶稍多宋

元嘉中割荊州五郡屬送爲大鎮疆壃帶沔阻

以重山北接宛洛平途直至跨對樊沔爲鄢郢

比門部領壃左故別置壃府爲領郡如左

襄陽郡　襄陽　中廬　邔　建昌

南陽郡　宛　涅陽　冠軍　舞陰　酈

南齊志七　十

云陽　許昌

新野郡　新野　山都　池陽　穰　交木　惠懷

始平郡　武當　武陽　始平　平陽

廣平郡　鄀　比陽　廣平　陽

京兆郡　鄧　新豐　杜　魏

扶風郡　筑陽　汜陽

馮翊郡　蓮勺　高陸

河南郡　河南　新城　棘陽　襄鄉　河陰

南天水郡　略陽　華陰　西

義成郡　萬年　義成

建昌郡　永興　安寧

華山郡　藍田　華山　上黄

南上洛郡〔建武中此以下郡皆沒虜〕　上洛　商

北河南郡　新蔡　汝陰　上蔡　緱氏　洛陽

才

新安　回始　苞信

弘農郡　邯鄲　圉　盧氏

從陽郡　南鄉　槐里　清水　丹水　鄭　從陽

齊康郡

齊安郡

比上洛郡

西汝南郡

招義郡　右五郡不見屬縣

寧蠻府領郡如左

西新安郡

義寧郡　新安　汜陽　安化　南安

義寧郡　筑　義寧　汜陽　武當　南陽

南襄郡　新安　武昌　建武　武平

北達武郡
東舂秋　霸　北郡　高羅

蔡陽郡
西舂秋　平丘

求安郡
楊子　新安

樂安　東蔡陽　西舂陽　新化
東安樂　新安　西安樂　勞泉

安定郡〔二四〕南齊志七〔十三〕
思歸　歸化　皐亭　新安
士漢　士頃

懷化郡
懷化　編　遂城　精陽
新化　遂寧　新陽

武寧郡
新安　武寧　懷寧　新城　永寧

新陽郡
東平林　頭章　新安　朗城　新市

義安郡
新陽　武安　西林
郊鄉　東里　永明　山都　義寧
西里　義安　南錫　義清

高安郡
高安　新集

左義陽郡

南襄城郡

廣昌郡〔大十八〕南齊志七〔十四〕

東襄城郡

北襄城郡

懷安郡

北弘農郡

西弘農郡

析陽郡

北義陽郡

漢廣郡

中襄城郡

右十二郡沒虜

湘州鎮長沙郡湘川之奧民豐土闊晉永嘉
年分荊州置苟眺為刺史此後三省輒復置元
嘉十八年置至今為舊鎮南通嶺表脣齒荊區

領郡如左

長沙郡
　臨湘　羅　湘陰　醴陵　劉陽
　建寧　其昌

零陵郡
　泉陵　洮陽　零陵　祁陽　觀陽
　永昌　應陽

桂陽郡〔四〕
　郴　臨武　南平　耒陽　晉寧　汶城

衡陽郡
　湘西　益陽　湘鄉　新康　衡山

營陽郡
　營道　泠道　營浦　春陵

湘東郡

邵陵郡
　茶陵　新寧　攸　臨蒸　重安　陰山
　都梁　邵陵　高平　武剛　建興
　邵陽　扶

始興郡
　曲江　桂陽　仁化　陽山　令階
　含洭　靈溪　中宿　湞陽　始興

臨賀郡
　臨賀　馮乘　富川　封陽　謝沐

始安郡　本名始建齊改
　始安　荔浦　建陵左縣　熙平
　興安　寧新　開建　撫寧
　永豐　平樂

齊熙郡

梁州鎮南鄭魏景元四年平蜀所置也晉永嘉
元年蜀賊沒漢中刺史張光治魏興三年還漢
中建興元年又為氐楊難敵所沒桓溫平蜀復
舊土後為譙縱所沒縱平復舊與氐漢中刺史

輒鎮魏興漢中為巴蜀扞蔽故劉備得漢中云
曹公雖來無能為也是以蜀有難漢中輒沒雖
時還後而戶口殘耗宋元嘉中甄法護為民所
攻失守蕭思話復還漢中後氏虜數相攻擊關
隴流民多避難歸化於是民戶稍實州境興民
胡相隣亦為威御之鎮領郡如左

漢中郡
　南鄭　城固　沔陽　西鄉　西上庸

魏興郡
　○南齊書志七　　七
　西城　旬陽　興晉　廣昌　南廣城〔永元志無〕

新興郡〔永元二年志無〕
　廣城

南新城郡
　吉陽　東關

上庸郡
　房陵　綏陽　昌魏　祁鄉　閬陽　樂平

上庸郡
　上庸　武陵　齊安　北巫　上廉
　微陽　新豐　新安　吉陽

晉壽郡
　晉壽　邵歡　興安　白水

華陽郡
　宕渠　華陽　興宋　嘉昌

新巴郡
　新巴　晉城　晉安

北巴西郡
　閬中　安漢　宋壽　南國
　西國　平周　漢昌

巴渠郡
　宣漢　晉興　始興　巴渠
　東關　始安　下蒲

懷安郡
　懷安　義存

宋熙郡
　興平　宋安　陽安　元壽
　嘉昌〔永元志無〕

白水郡

　○二　南齊書志七　　十八

晉壽　新巴　漢德　益昌　興安　平周

南上洛郡

比上洛郡
　上洛　商　流民　比豐陽　渠陽　義陽

　上洛　商　豐陽[志永元無]

　陽亭　齊化　西豐陽　東鄞陽

齊寧[志永元無]
　京兆　新寧[志永元無]　新附

安康郡
　安康　寧都

南宕渠郡
　宕渠　漢安　宣漢　宋康

[志永元無]南齊書志七　　十九

齊寧

懷安郡
　永豐　綏成　預德

比陰平郡
　陰平　平武

南陰平郡
　陰平　懷舊

齊興郡

齊興郡[志永元無]安昌[志永元無]郎鄉　錫　安富　略陽

晉昌郡
　安晉　宣漢　吉陽　莨壽　東關

東晉壽郡
　新興　延壽　安樂

略陽郡

東昌郡
　東昌　魏郡

弘農郡

比梓潼郡
　右一郡縣巳事七

廣長郡

弍水郡

思安郡

宋昌郡

建寧郡

南泉郡

三巴郡

江陵郡

南齊書志七　　二十

南齊書志七

右半（自右至左）：
懷化郡
歸寧郡
東捷郡
址宕渠郡
宋康郡
南漢郡
南梓潼郡
始寧郡
江陽郡

南齊書志七

南部郡
南安郡
建安郡
壽陽郡
南陽郡
宋寧郡
歸化郡
始安郡
平南郡

懷寧郡
新興郡
南平郡
秦兆郡
齊昌郡
新化郡
寧章郡
隣溪郡
京兆郡

南齊志七

義陽郡
歸復郡
安寧郡
東宕渠郡
宋安郡
蠡安郡

九四十五郡兼或無民戶
秦州晉武帝泰始五年置舊土有秦之富跨
帶隴坂太康省惠帝元康七年復置中原亂沒

胡穆帝永和八年胡偽秦州刺史王擢降仍以

爲刺史尋又爲苻健所破十一年桓溫以氐王楊

國爲秦州刺史未有民土至秦元十四年雍州

刺史朱序始督秦州未有刺史則孝武所置也寄治

陽未有刺史是後雍州刺史常督之隆安三年

郎銓始爲梁南秦州刺史州寄治漢中軍桓

玄督七州但云秦州元興元年以苻堅子宏爲

比秦州刺史自此荊州都督常督秦州梁州富

帶南秦州刺史義熙三年以氐王楊國爲比秦

爲梁州刺史尹雅爲秦州刺史劉義員爲刺史郭恭

州刺史十四年罷東秦州宋文帝爲荊州

都督督秦州又進督北秦州州名雜出省置不

見永明郡國志秦州寄治漢中南鄭不曰南比

元嘉計偕亦云秦州而荊州都督常督二秦梁

南秦一刺史是則志所載秦州爲南秦氐爲比

秦領郡如左

武都郡

　下辯　上祿　陳倉

略陽郡　　略陽　臨漢

安固郡　　安固　南桓

西扶風郡　郿　武功

京兆郡　　杜　藍田　鄠

南太原郡　平陶

始平郡　　始平　槐里　宋熙

天水郡　　新陽　河陽

安定郡　　宋興　朝那

南安郡　　相道　中陶

金城郡

金城　榆中　臨洮　襄

馮翊郡

蓮勺　頻陽　下邽　萬年　高陵

隴西郡

河關　狄道　首陽　大夏

仇池郡

上辯　倉泉　白石　夷安

東寧郡

西安　北地　南漢

【齊郡書志七】　二十五

益州鎮成都起魏景元四年所治也開拓夷荒稍成郡縣如漢之永昌晉之雲山之類是也蜀矣輝杜以來四為偏據故諸葛亮云益州險塞沃野天府劉頴亦謂成都首憂親子弟以為王國故立成都王頴竟不之國三峽險阻蠻夷孔熾西通芮芮河南亦如漢武威張掖為西域之道也方面疆鎮塗此萬里晉世以處武臣宋世亦以險遠諸王不牧泰始中成都市橋忽生

小洲始康人邵碩有術數見之曰洲生近市常有貴王臨境永明二年而始興王鎮為刺史州土環富西方之一都焉領夷齊諸郡如左　郡見巴州　巴涪二　陵二

蜀郡

成都　郫　牛鞞　繁　永昌

廣漢郡

雒　什方　新都郫　伍城　陽泉

晉康郡

【南齊書志七】　二十六

寧蜀郡

江原　臨邛　從陽　晉樂　漢嘉

汶山郡

廣漢　升遷　廣都　墊江

都安　齊基　漫官

南陰平郡

陰平　綿竹　南鄭　南長樂

東遂寧郡

巴興　小漢　晉興　德陽

始康郡　康晋　談　新成

永寧郡　欣平　永安　冝昌

安興郡　南漢　建昌

犍爲郡　僰道　南安　資中　冶官　武陽

江陽郡　【南齊書志七】　二十七　　全
江陽　常安　漢安　綿

安固郡　柏陵　臨渭　興固　南苞　清水

懷寧郡　沔陽　南城固

巴西郡　萬年　西平　懷道　始平

巴郡　閬中　安漢　西充國　南充國　漢昌

平州　益昌　晉興　東關

梓潼郡　涪　梓潼　漢德　新興　萬安　西浦

東江陽郡　漢安　安樂　綿水

南晋壽郡　南晋壽　泉　南興

西宕渠郡　宕渠　宣漢　漢初　東關

天水郡　【南齊書志七】　二十六　　陳
西　上邽　冀　宋興

南新巴郡（治永元志寄陰平）　新巴　晉熙　桓陵

北陰平郡　陰平　南陽　北桓陵　扶風

新城郡　慎陽　京兆　綏歸

扶風郡（見永元三年志）　下辯　略陽　漢陽　安定

武江　華陰　茂陵

南安郡　見永元三年志

南安　華陽　白水　樂安　柏道

宕渠僚郡

宕渠　平州　漢初

東宕渠僚郡

北部都尉

越嶲僚郡

沈黎僚郡

蠶陵令無戶數

甘松僚郡

始平僚郡

蠶開左郡

蠶通左郡

右二左郡建武三年置

寧州鎮建寧郡本益州南中諸葛亮所謂不毛之地也道遠土墝蠻夷眾多森民甚少諸爨民彊族恃遠擅命故數有土反之虞領郡如

左建平郡

同樂　同瀨　牧麻　新興　新定

味　同並　萬安　昆澤　漏江

南廣郡

談槀　母單　存䭵

南廣　常遷　晉昌　新興

南朱提郡

朱提　漢陽　堂狼　南秦

南牂柯郡

且蘭　萬壽　母斂　晉樂　綏寧　舟南

梁水郡

梁水　西隨　母掇　勝休　新豐

建安　驃封

建寧郡

新安　永豐　綏雲　遂安　麻雅

臨江

晉寧郡

建伶　連然　滇池　俞元　穀昌

秦臧　雙柏

雲南郡

東古復 西古復 雲平 邪龍

西平郡

西平 暖江 都陽 西寧 晉綏
新城

夜郎郡

夜郎 談柏 談樂 廣談

東河陽郡

東河陽 楪榆

〔八七〕 南齊志七

西河陽郡

比蘇 建安 成昌

平蠻郡

平蠻 穀邑

興古郡

西中 宛暖 律高 句町 漏卧

興寧郡

南興

青蛉 弄棟

〔三十一〕

西阿郡

楪榆 新豐 遂

平樂郡

益寧 安寧

比朱提郡

河陽 義城

宋昌郡

江陽 安上 僰為

永昌郡 有名無民曰空荒不立

〔四六〕 南齊書志七

永安 永 不建 僰瑣 雍鄉

西城 博南

益寧郡 永明五年刺史董仲舒啟置領二縣無民戶自此已後皆然也

西益郡

南僰為郡 永明二年置

武陽 綿水

江陽郡

僰為郡

永興郡

〔三十二〕

永寧郡

安寧郡

右六郡隆昌元年置

東朱提郡 延興元年立

安上郡 建武三年刺史郭安明啓置

贊曰郡國既建因州而部離遷合不踰九分城列邑名號殷阜遷徙異代十代有

百官

臣蕭　　　　　撰

南齊書　　　　撰

建官設職興自炎昊方平隆周之冊表平咸漢
之書存改回沈備於歷代先賢往學以之雕篆
者眾矣若夫胡廣舊儀事惟簡撮應劭官典
殆無遺恨王朗奏議屬霸國之初基陳矯增曹
由軍事而補闕今則有魏氏官儀魚豢中外官
也山濤以意辯人不　　　荀勗欲去事煩唯
論并省定制成文本之賣今後代承業案為前
准摩域官品區別階　　蔚宗選簿梗槩欽明階
次詳悉虞通因荀氏之作矯梗繁欽新全古
相校一齊受宋禪事遵常典既有司存無所偏廢
其餘散在史注多已筌拾覽者易知不重述也

國相
諸臺府郎令史職吏以下具
見長水校尉王珪之職儀

蕭曹以來為人臣樞位宋孝建用南
譙王義宣至齊不用人以為贈不

列官

太宰　宋大明用江夏王義恭以後無人齊
　　　以為贈

太傅　太師太保周旋舊臣漢末董卓為
　　　太師晉惠帝初衛瓘為太保自後無
　　　太師而太保為贈齊唯置太傅

大司馬

大將軍　宋元嘉用彭城王義康後無人齊以
　　　　為贈

太尉

司徒　三公舊為通官司徒府領天下州郡
　　　名數戶口簿籍雖無常置左右長史
　　　左西掾屬主簿祭酒令史以下晉世

司空

王導守為司徒右長史于寶撰立官府

職儀已具

特進
位從公

諸開府儀同三司

驃騎將軍

車騎將軍

衞將軍

鎮軍將軍

四鎮將軍

四征將軍　東南　西北

撫軍將軍

中軍將軍

凡諸將軍加大字位從公開府儀同如

公凡公督府置佐長史司馬各一人諮

議參軍二人諸曹有錄事記室戶曹倉

曹中直兵外兵騎兵長流賊曹城局法

曹田曹水曹鎧曹集曹右戶十八曹局

曹以上署正衆軍法曹以下署行參軍

各一人其行參軍無署者為長史兼貞其

府佐史則從事中郎二人倉曹掾戶曹

屬東西閤祭酒各一人御屬

二人加崇者則左右長史四中郎掾屬

頑增數其未及開府則置府禁防參軍

其數有減小府無長流置府亦有佐史

四安將軍

四平將軍

左右前後將軍

征虜將軍

四中郎將
晉世荀羨王胡之並居此官宋齊以
來唯處諸王素族無為者

冠軍將軍

輔國將軍

寧朔將軍

寧遠將軍

龍驤將軍

凡諸小號亦有置府者

府置丞一人五官功曹主簿九府九

史皆然領官如左

博士謂之太學博士

國子祭酒一人博士二人助教十人

建元四年有司奏置國學祭酒准諸

曹尚書博士准中書郎助教准南臺

【南齊志八・】 五 顏永

御史選經學爲先若其人難備給事

中以還明經者以本位領其下典學

二人三品准太常主簿戶曹儀曹各

二人五品白簿治禮吏八人六品保

學醫二人威儀二人其夏國諱廢學

有司奏省助教以下永明三年立學

尚書令王儉領祭酒八年國子博士

何胤單爲祭酒疑所服陸澄等皆不

能據遂以玄服臨試月餘日博議定

乃服朱衣

總明觀祭酒一人

右太始六年以國學廢初置總明觀

玄儒文史四科科置學士各十人正

令史一人書令史二人幹一人門吏

一人典觀吏二人建元中掌治五禮

永明三年國學建省

太廟令一人丞一人

明堂令一人丞一人

太史令一人丞一人

太祝令一人丞一人

太樂令一人丞一人

廩犧令一人丞一人

置令丞以下皆有職吏

諸陵令

永明末置用二品三品勳置主簿戶

曹各一人六品保舉

【南齊書志八】 七十六 六

府置丞一人領官如左

左右光禄大夫

位從公開府置佐史如公

光禄大夫

皆銀章青綬詔加金章紫綬者爲金紫

光禄大夫樂安任遐爲光禄就王晏乞

一片金晏乃啓轉爲金紫不行

太中大夫

中散大夫

二十人

諸大夫官皆處舊齒老年重者加親信

衛尉

府置丞一人掌宮城管籥張衡西京賦

曰衛尉八屯警夜巡晝宮城諸卻敵樓

上本施鼓持夜者以應更唱太祖以鼓

多驚眠改以鐵磬云

廷尉

府置丞一人正一人監一人評一人

律博士一人

大司農

府置丞一人領官如左

太倉令一人丞一人

導官令一人丞一人

籍田令一人丞一人

少府

府置丞一人領官如左

左右尚方令各一人丞一人　八

鍛署丞一人 永明三年省

御府令一人丞一人 四年復置 亦屬尚書

東冶令一人丞一人

南冶令一人丞一人

平准令一人丞一人

上林令一人丞一人 殿中曹

將作大匠

太僕

大鴻臚

三卿不常置將作掌宮廟主未太僕

掌郊禮執鑾鴻臚掌導讚賛拜有

事權置兼官畢乃省

乘黃令一人

掌五輅安車大行凶器轀輬車

客館令

掌四方賓客

置之

南齊書志八　九　領丞

宣德衞尉少府太僕

鬱林王立文安太后即尊號以官名

大長秋

鬱林立皇后置

錄尚書

尚書令

揔領尚書臺二十曹爲內臺主行遇
諸王以下皆禁駐左右僕射分道無
令左僕射爲臺主與令同

左僕射

領殿中主客二曹事諸曹郊廟園陵
車駕行幸朝儀内非違文官舉補
滿敘疾假事其諸吉慶瑞應衆賀災
異賊發衆變臨軒崇拜改號格制莅
官銓選凡諸除署功論封爵貶黜八
議疑讞通關案則左僕射主右僕射
次經緯是黃案左僕射右僕射署朱
符見字經都丞貟右僕射橫畫成目
左僕射畫令畫右官闕則以次并畫若
無左右則直置僕射在其中閒揔左

南齊書志八　物　十　許忠

右事

吏部尚書

領吏部刪定三公比部四曹

度支尚書

領度支金部倉部起部四曹

左民尚書

領左民駕部二曹

都官尚書

五兵尚書

領中兵外兵二曹

祠部尚書

右僕射通職不俱置

起部尚書

興立宮廟權置事畢省

左丞一人

掌宗廟郊祠吉慶瑞應災異立作

格制諸蘖彈選用除置更補滿除遣

洋職

右丞一人

堂兵士百工補役死叛考代年老疾

病解遣其內外諸庫藏穀帛刑獄劾

業訟訟田地船乘稟拘兵工死叛考

剔討補差分百役兵器諸營署人領

州郡租布人民戶移徙州郡縣帖

城邑民戶割屬剌史二千石令長尉

被收及免贈文武諸犯削官事白案

右丞上署及左丞次署黃案左丞上署

諸立格制及詳議大事宗廟朝廷儀

體左丞上署右丞次署自令僕以

五尚書八座二十曹各置郎中令史

以下又置都令史分領之僕射掌朝

緣常及外詳議奏事應須命議相值者皆

軌尚書掌讞奏都丞任辭在彈違諸曹

郎先立意應奏黃案及關事以立意

官爲議主凡辭訴有漫命者曹旨緣諸

如舊若命有諮訴別以立意者爲議主

武庫令一人

屬庫部

車將令一人丞一人

屬駕部

公車令一人

大官令一人丞一人

大醫令一人丞一人

内外殿中監各一人

内外驊騮廐丞各一人

材官將軍一人司馬一人
　屬起部亦屬領軍

侍中祭酒　高功者謂
　　　　　之攝之

侍中

漢世爲親近之職魏晉選用稍增華

重而大意不異宋文帝元嘉中王華

王曇首殷景仁等並爲侍中情在親

案上語畢復手插之孝武時侍中何

偃南郊陪乘輦輅過白門閤偃將匣

帝乃接之曰朕乃陪卿齋世朝會多

以美姿容者兼官永元三年東昏南

郊不欲親朝士以主璽陪乘前代未

嘗有也侍中呼爲門下亦置令史領

宫如左

給事黃門侍郎

密與帝接膝共語貌拂帝手拔貂置

十三

十二

亦管知詔令世呼爲小門下

散騎常侍通直散騎常侍侍郎

舊與侍中通官其通直員外用衰老

人士故其官漸替宋大明雖華選比

侍中而人情久習終不見重尋復如初

散騎侍郎通直散騎侍郎員外散騎侍郎

給事中

奉朝請

駙馬都尉

　百餘人

　集書省職置正書令史朝散用衣冠

　之餘人數猥積永明中奉朝請至六

中書監一人侍郎四人通事舍人無員

中書省職置主書令史正書以下

祕書監一人丞一人郎著作佐郎

　晉祕書閣有令史掌眾書見晉令令

御史中丞一人

　亦置令史正書及弟子皆典教書畫

十四

晉江左中丞司隸分督百僚傳咸所

云行馬內外是也今中丞則職無不

察專道而行騶輦禁呵加以聲色武

將相逢輒致侵犯若有鹵簿至相歐

擊末孝建二年制中丞與尚書令分

道雖丞郎下朝相值亦得斷之餘內

外衆官皆受偉駐

治書侍御史十人

侍御史十人

蘭臺置諸曹內外督令以下

謁者僕射一人

謁者十人

謁者臺掌朝觀賞饗

領軍將軍中領軍

護軍將軍中護軍

凡為中小輕同一官也諸為將軍官

皆敬領護諸王為將軍道相逢則領

護讓道置長史司馬五官功曹主簿

左右二衛將軍

驍騎將軍

游擊將軍

晉世以來謂領護至驍游為六軍二

衛置司馬次官功曹主簿以下

左右二中郎將

前軍將軍後軍將軍左軍將軍右軍將軍號

四軍

虎賁中郎將

屯騎步兵射聲越騎長水五校尉

兗從僕射

羽林監

積射將軍

彊弩將軍

殿中將軍員外殿中將軍

殿中司馬督

武衛將軍

武騎常侍

自二衛四軍五校已下謂之西省而

散騎爲東省

丹陽尹
　位次九卿下

少傅

太子太傅

太子詹事
　府置丞功曹五官主簿

太子率更令
　府置丞一人以下

太子家令
　置丞

太子僕

太子門大夫

太子中庶子

太子中舍人

太子洗馬

太子舍人

太子左右衛率各一

太子翊軍步兵屯騎三校尉

太子旅賁中郎將一人

太子左右積弩將軍

太子殿中將軍員外殿中將軍

太子倉官令

太子常從虎賁督

右東宮職僚

州牧刺史

魏晉世州牧隆重刺史任重者爲使

持節都督輕者爲持節督起漢從帝

時御史中丞馮赦討九江賊督揚徐

二州軍事而何徐宋志云起魏武遣

諸州將督軍王珪之職儀云起光武

並非也晉太康中都督知軍事刺史

治民各用人惠帝末乃并任非要州

則單爲刺史州朝置別駕治中議曹

文學祭酒諸曹部從事史

府置佐史隸荊州晉宋末省建元元

年復置三年省延興元年置建武省

護三巴校尉

宋置建元二年改爲刺史

寧蠻校尉

府亦置佐史隸雍州

平蠻校尉

永明三年置隸益州

鎮蠻校尉

隸寧州

護羌校尉

護西戎校尉

右四校尉亦置四夷

平越中郎將

府置佐史隸廣州

郡太守內史

縣令相

南齊志八　十九　竟元

郡縣爲國者爲內史相

鎮蠻護軍

安遠護軍

晉世雜號多爲郡領之

諸王師友文學各一人

國官郎中令中尉大農爲三卿左右常侍侍郎

上軍中軍下軍三軍典書典祠學官典衞四令

食官廐牧長謁者以下分別置郎中令一卿

贊曰百司分置惟皇命職雲師鳥紀各有其式

志第八　　　南齊書十六

南齊志八　二十　陳壽

志第九

輿服

臣蕭 子顯 撰

昔三皇乘祇車出谷口夏氏以奚仲為車正肟
有瑞車山車垂司是也周禮匠人為輿以象天
地漢武天漢四年朝諸侯甘泉宮定輿服制班
于天下光武建武十三年得公孫述葆車輿輦
始具簇輅創立此志馬彪勒成漢典晉輿輦虞沿
禮亦議五輅制度江左之始車服多闕但有金

死後舊工人奔叛歸國稍造車輿太元中符堅
帝詔乘安車元明時屬車唯九乘永和中石虎
戎省充庭之儀太興中太子臨學宇無高葢車元
敗後又得偽車輦於是復設充庭之制永明中
中宋武平關洛得姚興偽氏復設充庭義熙
略妙盡時華始備偽典偏設充庭之制永明中
更增藻飾盛於前矣案周禮以檢漢志名器不
同晉宋改革稍與世異今記時事而已
玉輅漢金根也 漆畫輪 金塗縱容後 兩廂上望板前

優遊通縓織成衣 兩廂上金鏤碧絞成金塗鏤
板廂上金薄帖兩廂外立博衛山登仙鏤瑀帖
立花扶衛鈴鏤瑀筒金塗受福望龍諸末皆螭甲
文優遊橫前施瑀受福金塗面花釘外金塗前末皆
受福橫前銀帶枝瑀籠甲及諸末皆金塗花釘
在車前銀鏤鳳皇斗枝複碧綃染金塗博山

斗葢複碧綃染 二十八爪支子花黃鳳皇
金塗鈴雲朱結仙人綬准陰真孔雀立衡也又
赭舌孔雀毛複錦綠綬隨龍首銜轅義髦捷羂
飾枚

車衡 銀花帶葢所謂鸞鳥立衡也
系的望繩八枚 龍畫升龍竿首金塗花
尾上下花省絳綠紋為案立永

戰織成衣金塗省駐 漆案立牀 在車中錦複黃
受福金塗鳳鏤鏤 黃

錦複黃絞龍泥 筆帶織成花筆的
御繖 其重轂貳轄飛絡幡 用赤油令有紫葉羃
五輅江左相承駕四馬左右騑為六施絳系游
金鋄 金鐵廣數十有三繁纓
金塗華汗在馬膺前 方釪鐵掯雚尾其中 皆如古制世祖永

明初加玉輅為重葢又作麒麟頭采畫以馬首
戴之竟陵王子良啟曰臣聞車旗有章載馬首前
史器必依禮服無舛法凡葢員象天輪方法地

上無二天之儀下設兩蓋之飾求之志錄恐為

玷衰又假為麟首加乎馬頭事不師古鮮或可

施建武中明帝乃省重蓋等

金輅制度校飾如王輅而

象輅制飾少亦以金塗

木輅制飾如象而尤減

革輅 赤旗也首 建大麾施火㷮幡

宋昇明三年錫齊王大輅戎輅各一乘黃五輅無大

輅戎輅左丞王逡之議大輅戎輅各之祭車故不登

三百字 南齊志九 三 陸永

周輅之名而明堂位云大輅殷輅也注云大輅

木輅也月令中央土乘大輅注云殷輅也禮器

大輅繁纓一就注云大輅殷之祭天車也周禮

五路玉路金路象路革路木路則周之木輅殷

之大路也周革路建大白以即戎此則周之木輅殷

意謂國之大事在祀與戎故錫以殷輅以殷輅榮天之車

周之即戎之路祀則以殷戎必以周者明郊

天義遠建前代之禮即戎事近故以今世之制

明堂位云魯君孟春乘大路載十有二旒日月

之章祀干帝郊天必以大輅以錫諸庶良有以

也今木路即大路也太尉左長史王儉議宜用

金輅九旒時乘黃無副借用五輅大朝臨軒權

列三輅

王金輅建碧旒象木輅建赤旒永明初太子步

兵校尉伏曼容議以為齊德尚青五路五牛又

五色幡旗並宜以先青為次軍容戎事之所乘

犧牲繭握之所薦並宜悉依尚色三代服色以

姓音為尚漢不識音故還尚其行運之色今飯

南齊志九 四 吳春

無善律則大齊所尚亦宜依漢道若有善吹律

者便應還取姓尚太子僕周顒議三代姓音古

無前記裁音配尚起自曼容則是曼容善識姓

聲不復方假吹律何故能識遠代之宮商而更

迷皇朝之律呂而去當今無知吹律以定所尚

宜附漢以從關邪皇朝本以行運為所尚非關

不定於音氏如此設有善律之知音不宜遵聲

以為尚散騎常侍劉即之等十五人並議駮之

事不行

皇太后皇后重翟車
金塗蟠頭及神龍雀獸啣上施
釘漆畫輪轄金塗縱容後輗抗槃皆施
角金塗首施金塗爪支子花二十八青油黃
金塗長蓋鈒蓋漆畫裏襯黃
毛外上施
緋黃系絡

蓋隱膝後戶白牙的帖金塗面廂
人馬錦帖
子干縣雉色真孔雀

碧斿九旒葵戟宋元嘉東宮儀記云

中宮僕御重翟金根車未詳得稱為金根也

皇太子妃厭翟車 飾微減如重翟

指南車
四周廂上施
中二柱仙人衣裙天衣在廟

記里鼓車 制如指南鼓機皆在內

輦車 錦承輿竹蓮廂外綦漆畫鼓機皆在內

晉十三 五子 陸翥 【南志九】

指眉金塗松精登仙花鈕綠四緣四壁紗萌子上下前
帖金塗鑲鏤枕牙蘭角白牙龍角白牙驒瑁金塗飾漆郵
塵板在蘭前金銀花幔金塗飾面揄花銀
子摩尼炎銀口帶青龍師子龍板頭揄花鈕
鳳皇鈴環銀口帶星後瑀帖金塗香沓銀星自花
獸慢竿杖金塗龍牽縱橫長襯背花香尤床副車
輦以下二官御車皆綠油幢幰絳絲縷
御所乘雙棟其公主則碧油幢幰云

司馬法曰夏

漢書叔孫通傳云皇帝輦出房成帝輦過後宮
后氏輦白余車殷曰胡奴車周曰輈車皆輦也
此朝宴並用也輿服志云輦車具金銀丹青

采膊雕畫蒲陶之文乘人以行信陽侯陰就見
井丹左右人進輦是為臣下亦得之晉武帝
給安平獻王孚雲母輦晉中朝又有香衣輦江

左唯御所乘

臥輦 校飾如坐輦
不甚服用

漆畫輪車
塗鐺縱容後輗師子牙蘭轅枕

漆畫牽成車 鐵鐺錦衣廂裏隱膝後戶牙蘭轅枕
皆金塗校飾

公舉哀臨哭所乘 小形如輿車金塗縱容後路師子裸
梢橷竿枨梁御及皇太子所乘即古之羊車

御為輦

漆畫縱容校飾如輦微有減降金

御為輦

也晉泰始中中護軍羊琇乘羊車為司隸校尉
劉毅所奏武帝詔曰羊車雖無制非素者所服
免官衛玠傳云拋角乘羊車市人聚觀今不駕
羊猶呼牽此車者為羊車云

輿車 形如軺車柒畫金校飾錦衣兩廂後戶隱膝
牙蘭皆瑀帖刀格鏤面花釘橷竿枨梁成輦
梁下施八桐金塗瑀帖朱背蘭人輿之一曰小輿小行幸乘之皇太子
亦得於宮內乘之

衣畫十二乘 紗撙轂輪箕子壁綠油衣廂外綠
橷真形龍牽支子花鞣後棟梁柚
伏神抗承泥沓金塗校飾具 古副車之象也今亦曰

五時副車

青門胡車是謂搟幔車

油絡畫安車公主王妃三公特進夫人所乘漢
制皇后貴人紫劉輧車晉皇后乘雲母油畫安
車駕六以兩轅安車駕三為副公主畫安車駕三
六以兩轅安車駕五為副公主畫安車駕三
夫人青交絡安車駕三皆以紫絡劉輧車駕三
為副九嬪世婦輧車駕二王公妃特進夫人阜
交絡為副漢賤輧車而貴輧車晉賤輧而貴

輧車皆行禮所乘

黃屋車建碧旂九旒　九旒鸞輧出漢輿服志云金根車蓋黃繒為裹謂之黃屋今金玉輅皆以黃地錦唯此車以黃繒皆金塗校具黃綩緣陵青毛羽二十八瓜支子花緣系絡

命上公所乘

諸王禮行所乘凡車有轅者謂之軒阜蓋安
車朱輪漆班輪駕一通幰牛車為副三公禮行

副諸王禮行所乘凡車有轅者謂之軒阜蓋安

青蓋安車朱輪漆班輪駕一左右騑通幰車為

所乘

安車黑耳阜蓋馬車朱輪駕二牛車為副國公

【南齊志九】　七　九

列侯禮行所乘

馬車駕一九卿領護二衛驍游四軍五校從郊
陵所乘晉制三公下至九卿又各安車黑耳一
乘公駕三特進駕二卿駕一復各輧車施黑耳
後戶阜輪一乘

油絡輧車尚書令施黑耳後戶阜輪僕射中書監令猶然
晉制中書散騎侍郎皆駕一牛朝直所乘
侍中黃門中書監令尚書令僕射中書監令
直施後戶阜輪尚書無後戶皆漆輪轂令猶然

安車赤屏駕一又輧車施後戶為副太子二傅
禮行所乘

四望車通幰油幰絡班桼輪轂

詔給魏舒陽燧四望小車

三望車制度如四望　或謂之夾望亦以加禮貴臣次

四望

油幢絡車　制似三望而減　王公加禮者之為常乘次三望

平乘車　竹簣子壁仰横榆為輪通幰竿刺代棟梁貞形龍牽金塗支子花細輧頭後稍
沓伏神承泥庶人三公諸王所乘自四望至平乘
亦然但不通幰

【南齊志九】　八

皆銅校飾

輬輬車

四輪飾如金根四角龍首銜璧垂五
采析羽薄流蘇前後雲氣幡畫惟裳以素
為池而纁散駕四白駱馬太僕執轡
貴臣覺亦如之羽飾駕御微有減降

虞書曰予欲觀古人之象日月星辰山龍華
作繢宗彝藻火粉米黼黻絺繡以五采章施于
五色天子服備日月以下公山龍以下卿
蟲以下子男藻火以下卿大夫粉米以下天子
六冕王后六服著在周官公族以下咸有名則
佩玉組綬立具禮文後代浴革見漢志晉服制

令其冕十三品見蔡邕獨斷立不復具詳宋明
帝太始四年更制五輅議脩五冕朝會饗儐各
有所服事見宋生舊相承三公以下冕七旒卿
玉珠卿大夫以下五旒黑玉珠永明六年太常
丞何諲之議案周禮命數改三公八旒卿六旒
尚書令王儉議依漢三公服山龍九章卿華蟲
七章從之

平冕黑介幘今謂平天冠皂表朱綠裏廣七尺
長尺二十垂珠十二旒以朱組為纓如其綬色

衣皂上絳下裳前三幅後四幅衣畫而裳繡為
日月星辰山龍華蟲藻火粉米黼黻十二章素
帶廣四寸朱裏以朱綠裸飾其側要中以朱垂
以綠垂三尺中衣以絳緣其領袖赤皮韍絳袴襪
赤烏郊廟臨朝所服也漢世冕初仍舊後乃
改江左以美玉難得遂用珊瑚珠琭珠世謂之白璇珠
魏明帝好婦人飾改以珊瑚珠晉初仍舊後乃
袞衣漢世出陳留襄邑所織宋末用繡及織成
建武中明帝以織成重乃采畫為之加飾金銀

薄世亦謂為天衣

史臣曰黼黻之設經緯為用故五色六章十二
衣還相為質也歷代龍袞織以成文今體不勝
衣斐易舊法豈致美黻冕之謂乎

通天冠黑介幘金博山顏絳紗袍皂緣中衣乘
輿常朝所服舊用駁犀簪導東昏改用玉其
朝服臣下皆同

黑介幘單衣無定色乘輿拜陵所服其白帢單
衣謂之素服以舉哀臨喪

遠游冠太子諸王所冠太子朱纓翠羽緌珠節

諸王玄纓公侯皆同

平晃各以組為纓王公八旒衣山龍九章卿七
旒衣華蟲七章並助祭所服皆畫皂絳繢為之

進賢冠諸開國公侯鄉亭侯卿大夫尚書關內
候二千石博士中書郎丞郎祕書監丞郎太子
中舍人洗馬舍人諸府長史卿尹丞下至六百
石令長小吏以三梁二梁一梁為差事見晉令

武冠待臣加貂蟬餘軍校武職黃門散騎太子
中庶子二率朝散都尉皆冠之唯武騎虎賁服
文衣捕雉尾於武冠上

史臣曰應劭漢官釋附蟬及司馬彪志並不見侍
中與常侍有異唯言左右珥貂而已案項氏說
云漢侍中蟬刻為蟬像常侍但為瑯而不蟬未
詳何代所改也

法冠廷尉等諸執法者冠之

高山冠謁者冠之

樊噲冠殿門衛士冠之

黑介幘文冠平幘冠武冠尚書令僕射尚書

納言幘後飾烏異

童子空頂幘施假髻貴賤同服

救日蝕文武官皆免冠著赤介幘對朝服赤幘

示威武也

袴褶車駕親戎中外纂嚴所服黑冠帽緌紫標
以絳帶代幘帶中官絳標外官絳標其纂嚴戎
服不綴標行留來同校獵巡幸從官戎服革帶
鑾帶文官不纓武官脫冠

大手髻其燕服則施嚴雜寶為佩瑞桂襨用繡

挂襨大衣謂之襦衣皇后謁廟所服公主會見
為衣裳加五色鏤金銀校飾

乘輿黃赤綬黃赤標綠紺五采太子朱綬諸
王纁朱綬黃赤標紺四采綠紺五采諸
綬三采綠紫紺郡公玄朱侯伯青朱男素朱
皆三采公世子青鄉亭關內侯黑綬
皆二采郡國太守內史青尚書令僕中書監令
祕書監晉黑丞皆黃諸府丞亦黃皇后與乘輿

同赤貴嬪夫人貴人紫王太妃長公主封君亦

紫綬六宮青綬青白紅郡公侯夫人青綬

乗輿傳國璽泰璽也晉中原亂没胡江左初無

之比方人呼晉家為白板天子舟閔敗璽還南

別有行信等六璽皆金為之亦秦漢之制也皇

后金璽太子諸王金璽皆龜鈕公侯五等金章

公世子金印侯銀印貴嬪夫人金章公主王太

妃封君金印六宮以下公侯太夫人夫人銀印

其公將軍金章光祿大夫卿尹太子傅諸領護將

軍中郎將校書郡國太守内史四品五品將軍

皆銀章尚書令僕中書監令祕書丞太子二率

諸府長史卿尹丞尉中丞都水使者諸州刺史

皆銅印

三臺五省二品文官皆簪白筆王公五等及武

官不簪加内侍乃簪

百官執手板尚書令僕手板頭復有白筆

以紫皮裹之名曰笏漢末仲長統謂百司皆宜

執之其肩上紫袷囊名曰契囊世呼為紫荷

佩玉自乗輿以下與晉宋制同建元四年制王

公侯卿尹珠水精其餘用牙蟀太官宰人服離

支衣後定

贊曰文物煌煌儀品穆穆分別禮數莫過輿服

南齊書志第九

　　南齊書十七

漆畫索車注戊棟梁一本戊校作戊校衣書云

棟梁一本戊校作戊校衣書云棟梁疑

乘車注剌代棟梁並疑

祥瑞

南齊書

臣蕭 撰

天符瑞命遐哉邈矣靈篇祕圖固以蘊金匱而
充石室炳契決陳緯候者方策未書啓覺天人
之期扶獎帝王之運三五聖業神明大寶二謀
恊贊罔不由茲夫流火赤雀實紀周祚雕雲素
靈發祥漢氏光武中興皇符爲盛魏鷹當塗之
讖晉有石瑞之文史筆所詳亦唯舊矣齊氏受
命事殷前典黃門郎蘇侃撰聖皇瑞應記永明
中庾溫撰瑞應圖其餘眾品史注所載今詳錄
去取以爲志云
老子河洛讖曰年曆七七水滅緒風雲俱起龍
麟舉宋水德王義熙十四年元熙二年永初三
年景平一年元嘉三十年孝建三年大明八年
永光一年泰始七年泰豫元年元徽四年昇明
三年凡七十七年故曰七七也易曰雲從龍風從
虎闔尹云龍不知其乘風雲而上天也

〔南齊書志十〕 一 持 金震

讖又曰蕭成道德懷書備出身形法治吳出
南京上即姓諱也南京南徐州治京口也
讖又曰壇堨河梁塞龍淵消除水災泄山川壇
堨河梁爲路也路即道也淵塞者壁言路成也即
太祖讖也消水災言除宋氏患難也
讖又曰上李南斗第一星下立草屋爲紫庭神
龍之崗梧桐生鳳鳥舒翼翔且鳴鳳鳥翼也
吳分也草屋蕭字也又蕭管之器像鳳鳥翼也
讖又曰蕭繭爲二十天下大樂二十主字也
讖又曰天子何在草中宿宿蕭也
尚書中候儀明篇曰仁人傑出握表之象曰角
姓合音之于蘇侃云蕭繭角姓也又八音之器有簫
管也
史臣曰蒀音光祿大夫何禎解音之于爲曹字
謂魏氏也王隱晉書云卯金音于亦爲魏也候
書音句本無銓序二家所稱既有前釋未詳侃
言蒀爲何推據
孝經鉤命決曰誰者起視名將君者羣也理物

〔南齊書志十〕 二 賈

為雄優劣相次以期興將太祖小諱也征西將

軍蕭思話見之曰此我家諱也

王子年歌曰金刀治世後遂苦帝王昏亂天神

怒災異屢見戒人主三分二叛失州土三王九

江一在吳餘悉稚小早少孤一國二主天所驅

金刀劉也三分二叛宋明帝世也三王九江者

孝武於九江興晉安王子勛雖不終亦稱大號

後世祖又於九江基霸迹此三王一在吳謂

齊氏桑梓亦寄治南吳也一國二主謂太祖符

運潛興為宋氏驅除寇難

歌又曰三禾攙攙林茂孳金刀利刃齊刈之刈

爾也詩云實始翦商

歌又曰欲知其姓草爾穀中最細低頭熟鱗

身甲體神興福穀道熟成又諱也太祖體有龍

鱗斑駮成文始謂是黑歷治之甚至而文愈明

伏義亦鱗身也

金雄記曰鑠金作刀在龍里占睡上人相須起

又云當復有作爾入草蕭字也易云聖人作之

記又云草門可憐乃當悴建號不成易運沸詩

命也

去不時時也不成成也建號建元號也易運革

讖曰周文王受命十五百歲河雒出聖人受命

於巳未至丙子為十八周旅布六郡東南隅四國

安定可以留案周減殷後七百八十年秦四十九

年漢四百二十五年魏四十五年晉百五十年宋

六十年至建元元年千五百九年也武進縣彭山

崔昌墓在焉其山岡阜相屬數百里上有五色雲氣

有龍出為宋明帝惡之遣相墓工高靈文占視

靈文先與世祖善還詭苔云不過方伯退謂世

祖曰貴不可言帝意不已遣人於墓左右校獵

以大鐵釘長五六尺釘墓四維以為厭勝太祖

後改樹表柱柱忽龍鳴響晉震山谷父老咸志之云

會稽剡縣刻石山相傳為名不知文字所在昇

明末縣民見襲祖行獵忽見石上有文曰此齊

苔生其上字不可識刋苔去之犬石上有文曰黃

者黃公之化氣也立石文曰黃天星姓蕭關字某

甲得賢勠天下太平小石文曰刻石者誰會稽
南山李斯刻秦望之封也

益州齊后山父老相傳其名亦不知所起昇明
三年有沙門安暢於山丘立精舍其曰太祖受
禪日也

嵩高山昇明三年四月榮陽人於山東南澗見
天兩石墜地石開有璽在其中方三寸其文曰
戊丁之人與道俱蕭然入草應天符又曰皇帝
興運午詐雍州刺史韋闡亦齊表獻之

興運午詐雍州刺史韋闡亦齊表獻之

▊南齊書志十　　　五行　　妗　王進

史臣案昔大人見臨兆而見銅人鑄臨洮生董卓
而銅人毀有卓而世亂世亂而卓亡如有似也

晉末嵩高山出玉璧三十二宋氏以為受命之
祥今此山出璽而水德去謝終始之徵亦有領也

元徽四年太祖從南郊望氣者陳安寶見太祖
身上黃紫氣屬天安寶謂親人王洪範曰我少
來未嘗見軍上有如此氣也太祖年十七夢乘
青龍西行逐日目將薄山乃止覺而恐懼家人
問占者云至貴之象也蘇侃云青門木色曰暮者

宋氏末運也

泰始七年明帝遣前淮南太守孫奉伯往淮陰
監元會奉伯與太祖同寢夢上乘龍上天於下
捉龍脚不得覺謂太祖曰兗州當大庇生民弟
不見也奉伯卒於宋

清河崔靈運為上府參軍夢天帝謂已曰蕭諱
是我弟十九子我去年已授其天子位自三皇
五帝至齊受命君凡十九人也

宋泰始中童謠云東城出天子故明帝殺建安

▊南齊書志十　　　六　　操　王淡

王休仁蘇侃右後從帝自東城即位論者謂應
之乃是武進縣上所居東城里也熊襄云上舊
鄉有大道相傳云秦始皇所經呼為天子路後
遂為帝鄉焉案從帝實當授立猶如晉之懷愍
亦有徵符齊運既無巡幸路名或是秦舊疑不
能詳

世祖年十三夢鼻體生毛髮生至足又夢人指
上所踐地曰周文王之田又夢虛空中飛又夢著
孔雀羽衣庚溫去崔爵位也又夢鳳皇從天飛

下青溪宅齋前兩扇相去十餘丈翼下有紫雲
氣及在襄陽夢著桑屐行度太極殿階庚溫云
屐者運應未也臣案桑字爲四十而二點世祖
年過此即帝位謂著屐爲宋行也及有兩齒有
聲是爲明兩之齒至四十二而行即眞矣及在郢
州夢人從天飛下頭插筆來畫上衣兩邊不言
而去庚溫釋云畫者山龍華蟲也
世祖宋元嘉十七年六月己未夜生無火娷吹
灰而火自燃
世祖於南康郡内作伎有絃無管於其空中有
麂聲調節相應
世祖爲廣興相嶺下積旱水涸不通船上部伍
至水忽暴長庚溫云易利涉大川之義也
世祖頓盆城城内無水欲鑿引江流試掘井得
伏泉九處皆湧出建元元年四月有司奏延陵
令戴景度稱所領季子廟舊有涌井所廟祝
列云舊井比忽聞金石聲即掘深三尺得沸泉
其東忽有聲鏗鏗又掘得泉沸湧若浪泉中得

二百九十二　南齊志十　　七　　何通

一銀木簡長一尺廣二寸隱起文曰盧山道人
張陵再拜謁詣起居簡木墾百而字色亦謹案
瑞應圖浪井不鑿自成王者清靜則仙人主之
孔氏世錄云張陵叶精帝道孔書明巧當在張陵宋
均注云張陵佐封禪一云陵仙人也
元徽三年太祖在青溪宅齋前池中忽揚波起
浪湧水如山有金石響須臾有青龍從地中出
左右皆見之
昇明元年青龍見齊郡

二百七十五　南齊書志十　　八

建元四年青龍見從陽郡清水縣平泉湖中
永明七年黃龍見曲江縣黃池中一宿二日
永明二年山上雲障四塞頭有玄黃五色如龍
長十餘丈從西北升天
宋泰始末武進舊塋有獸見羊頭龍翼馬
足父老咸見莫之識也
永明十年鄱陽郡獻一角獸麟首鹿形龍鱗共
色瑞應圖云天子萬福允集則一角獸至
十一年白象九頭見武昌

史臣曰記云外中于天麟鳳至而龜龍格則鳳
皇巢平阿閣麟在乎郊藪豈非馴之在庭攝
以感畜其爲瑞也如此今觀魏晉已來世稱靈
物不少而亂多治少史不絕書故知來儀在沼遂
非前事見而不至未辨其爲祥也

昇明三年三月白虎見歷陽龍亢縣新昌村新
昌村嘉名也瑞應圖云王者不暴白虎仁

建元四年三月白虎見安蠻廢化縣

中興二年二月白虎見東平壽張安樂村

【南齊志十】

昇明二年騶虞見安東縣五界山師子頭虎身
龍脚詩傳云騶虞義獸白虎黑文不食生物至
德則出

昇明三年太祖患齊王白毛龜見東府城池中

建元二年休安陵獲玄龜一頭

永明五年武騎常侍唐潛上青毛龜一頭

七年六月彭城郡田中穫青毛龜一頭

八年延陵縣前澤畔獲毫龜一枚

八年四月長山縣王惠獲六目龜一頭腹下有

萬歡字幷有卦兆

六月建城縣昌城田獲四目龜一頭下有萬齊字

九年五月長山縣獲神龜一頭腹下有異允卦

中興二年正月邏將潘道蓋於山石穴中獲毛
龜一頭

昇明三年世祖遣人詣宮亭湖廟還福船泊諸
有白魚雙躍入船

永明五年南豫州刺史建安王子眞表獻金色
魚一頭

【南齊書志十】

建元元年八月男子王約獲白雀一頭

九月秣陵縣獲白雀一頭

二年四月郢州府館

永明元年五月郢州丁䒦屯獲白雀一頭

三年七月安城縣王高第獲白雀一頭

五月白雀見會稽永興縣

二年白雀集郢州府館

九月南郡汪陵縣獲白雀一頭

四月七日白雀見臨汝縣

七年六月臨官縣獲白雀一頭

八年天門臨澧縣獲白雀一頭

九年七月吳郡錢塘縣獲白雀一頭

八月豫州獲白雀一頭

建元元年五月齊郡獲白雀一頭

十年五月白烏見巴郡

隆昌元年四月陽羨縣獲白烏一頭

永明四年三月陽羨縣獲白烏一頭

八年四月陽羨縣獲白烏一頭

建元二年三足烏巢南安中陶縣庭

建元二年江陵縣獲白鼠一頭

昇明元年六月慶雲見益都

永明四年丹楊縣獲白兔一頭

十年九月義陽郡獲白鼠一頭

永明六年白鼠見芳林園

建元元年世祖拜皇太子日有慶雲在日邊

三年華林園體泉堂東忽有瑞雲周圓十許丈

高下與景雲樓平五色藻密光彩映山徘徊良

久行轉南行過長船入華池

昇明二年宣城臨成縣於藉山獲紫芝一枝

永明八年五月陽城縣獲紫芝一株

隆昌元年正月襄陽縣獲紫芝一莖

昇明二年四月昌國縣徐萬年門下棠樹連理

九月豫州萬歲澗廣數丈有樹連理隔澗騰枝

相通越堅跨水為一榦

建元二年九月有司秦上虞縣楓樹連理兩根

相去九尺雙株均臂去地九尺合成一榦

故鄣縣楓樹連理兩株相去七尺大八圍去地

一丈仍相合為樹泯如一木

山陽縣界若邪村有一槻木合生為連理

淮陰縣建業寺梨樹連理

建康縣梨樹耀穰（一本作穰）五圍連理六枝

永明元年五月木連理生安成新喻縣又生南

梁陳縣閏月瓘明殿外閣南槐樹連理

八月臨官縣內樂村木連理

二年七月烏程縣陳文則家槿樹連理

七月新治縣梂栗二木合生異根連理去地數

尺中央小開上復為一

三年正月安城縣榆樹二株連理

二月安陽縣梓樹連理

九月句陽縣之穀山槿樹連理興根雙挺共秒

為一

十二月永寧左郡櫺木連理

四年二月秣陵縣喬天明園中本樹連理生高

三尺五寸兩枝別生復高三尺合為一榦

五年正月秣陵縣華僧秀園中四樹連理

六年四月江寧縣北界賴鄉齊平里三成邏門

葉繁茂圓密如盖

外路東太常蕭惠基園槻樹二株連理其高相

去二尺南大比小小者傾柯南附合為一樹枝

七年江寧縣蕭惠基園槐樹二株連理兩根相去二尺五尺

八年巴陵郡沙成槐木連理四株

三月武陵白沙成槐木連理相去五尺俱高三

尺東西二枝合而通柯

十二月柴桑縣陶委天家樹連理

永明五年山陰縣孔廣家園樗樹十二層曾楷

太守隨王子隆獻之種芳林園鳳光殿西

九年秣陵縣闞場里安明寺有古樹眾僧改架

屋宇伐以為新剖樹木裏自然有法大德三字

始興郡本無欀樹調味有關世祖在郡堂屋後

忽生一株

昇明二年十月甘露降建康縣

十一月甘露降長山縣

十二月甘露降彭山松樹至九日止

建元元年九月甘露降淮南郡桃石榴二樹

司奏甘露降新汲縣王安世園樹

永明二年四月甘露降南郡桐樹

四年二月甘露降臨湘縣李樹

三月甘露降南郡桐樹

四月甘露降雎陽縣桃樹

五年四月甘露降荊州府中閣外桐樹

六年甘露降芳林園故山堂桐樹

六年甘露降上定林寺佛堂庭中天如雨

九年八月甘露降

遍地如雪其氣芳其味甘耀日舞風至晡乃止

爾後頻降鍾山松樹四十餘日乃止

十月甘露降大安陵樹

中興二年三月甘露降芒山彌漫數里

元徽四年三月醴泉出昌國白鹿山其味甚甘

永明元年正月新蔡郡固始縣獲嘉禾一莖五穗

八月新蔡縣獲嘉禾二莖九穗一莖七穗

十一月固始縣獲嘉禾一莖九穗

二年八月梁郡睢陽縣界野田中獲嘉禾一莖二十三穗

五年九月莒縣獲嘉禾一株

十年六月海陵齊昌縣獲嘉禾一莖六穗

十一年九月睢陽縣田中獲嘉禾一株

昇明二年九月建寧縣建昌村民採藥於萬歲山忽聞澗中有異響得銅鍾一枚長二尺一寸邊有古字

建元元年十月浩陵郡蜑民田健所住巖間常留雲氣有聲響徹若龍吟求之積歲莫有見者去四月二十七日巖數里夜忽有雙光至明

往獲古鍾一枚又有一器名淳于延蛮人以為神物奉祠之

永明四年四月東昌縣山自比歲必來恒發異響去三月十五日有一巖褫落縣民方元泰往視於巖下得古鍾一枚

五年三月豫寧縣長岡山獲神鍾一枚

九年十一月寧蜀廣漢縣田所墾地入尺四寸獲古鍾一枚形高三尺八寸圍四尺七寸縣柄長一尺二寸合高五尺四面各九孔更於陶所瓦間見有白光窺尋無物自後夜輒復有光既經旬日村民張慶宣瓦作屋又於屋間見光照內外慶宣疑之以告孔休先乃共發視獲玉璽一鈕璧方八分上有鼻文曰帝真

曲阿縣民黃慶宅左有園園東南廣袤四丈每種菜輒鮮異雖加採披隨復更生夜中恒有白光皎質屬夭狀似縣絹私疑非常請師卜候道士傳德占使掘之深三尺獲玉印一鈕文曰長承萬福

永明二年正月冠軍將軍周普孫於石頭比相
將堂見地有異光照城堞往獲玉璽一鈕方七
分文曰明玄君
十一月虜國民齊祥歸入靈丘關聞殿然有聲
仰視之見山側有紫氣如雲衆鳥回翔其間祥
往氣所獲璽方寸四分獸鈕文曰坤維聖帝永
昌送興虜太后師道人惠度欲獻虜主惠度觀
其文竊謂當今衣冠正朔在於齊國遂附道人
惠藏送京師因羽林監崔士亮獻之
三年七月始興郡民龔玄宣云去年二月忽有
一道人乞食因摭懷中出篆書真經一卷六紙
又表北極一紙又移付羅漢居士一紙云從塊
率天宮下使送上天子因失道人所在今年正
月玄宣又稱神人授皇帝璽龜形長五寸廣二
寸厚二寸五分上有天地字中央蕭字下萬世
字十年蘭陵民齊伯生於六合山獲金璽一
鈕文曰年子主
世祖治盆城得五尺刀一十口永明年曆之數

昇明三年左里村人於宮亭湖得銕戟二枚傍
有古字文遠不可識
泰始中世祖於青溪宅得錢一枚文有比斗七
星雙節又有人形帶劍及治盆城又得一大錢
文曰太平百歲
永明七年齊興太守劉元寶治郡城於塹中獲
錢百萬形極大以獻臺為瑞世祖班賜朝臣以
下各有差
十年齊郡民王攄掘地得四文大錢一萬二
千七百十枚品製如一
建元元年郢州監利縣天井湖水色忽澄清出
綿百姓採以為纊
永明二年護軍府門外桑樹一株立有蠶絲綿
被枝莖
史臣案漢光武時有野蠶成璽百姓得以成衣
服今則浮波幕幕樹其亦此之類乎
永明八年始興郡昌樂村獲白鳩一頭
二年彭澤縣獲白雉一頭

七年糵林獲白雉一頭
十年青州涯液戍獲白雉一頭
五年望蔡縣獲白鹿一頭
九年臨湘獲白鹿一頭
七年荊州獲白麞一頭
六年蒲儔縣兀野村獲白麞一頭
八年餘干縣獲白麞一頭
九年義陽安昌縣獲白麞一頭
十年司州清激戍獲白麞一頭
十一年越州獻白珠自然作思惟佛像長三十上
七年廣陵海陵縣獲白麞一頭
起禪靈寺置刹下
七年吳郡太守江敩於錢塘縣獲蒼玉璧一枚
以獻
七年主書朱靈議於浙江得靈石十人舉乃起
在水深三尺而浮世祖親授于天淵池試之刻
為佛像
二年從陽丹水縣山下得古鼎一枚

○南齊志十 九 十

三年越州南高凉俚人海中網魚獲銅獸一頭
銘曰作寶鼎齊臣萬年子孫承寶
贊曰天降地出星見先吉造物百品詳之載述

志第十

南齊書十八

五行

臣蕭　子顯　撰

木傳曰東方易經地上之木為觀故木於人威
儀容貌也木者春生氣之始農之本也無奪農
時使民歲不過三日行什一之稅無貪欲之謀
則木氣從如人君失威儀逆木行田獵馳騁不
反宮室飲食沈湎不顧禮制出入無度多發繇
役以奪民時作為姦詐以奪民財則木失其性
矣蓋以工匠之為輪矢者多傷敗故曰木不曲
直宋泰豫元年京師柢垣寺皂莢樹枯死昇明
末忽更生花葉京房易傳曰樹枯冬生不出二
年國後君子亡其占同宋氏禪位
建元元年朱爵航華表柱生枝葉
建元初李子生毛
二年武陵沉頭都尉治有栗樹方冬生葉京房
易傳曰木冬生花天下有殃其占同後二年宮
車晏駕

四年巴州城西古樓腳栢柱數百年忽生花
永明六年子岡栢木長二尺四寸廣四寸半
化為石時里駕數游幸應本傳木失其性也
永明中大艑一舶無故自沈艒中無水
隆昌元年廬陵王子卿齋屋梁柱際無故出血
建武初始安王遙光治湖威東安寺屋以直廟
栫載梁水出如淚

貌傳曰失威儀之制怠慢聽恣謂之狂則不肅
矢下不敬則上無威天下既不敬又肆其驕恣
肆之則不從夫不敬其君不從其政則陰氣勝
故曰厥罰常兩
永明八年四月已巳起陰兩晝或晴晴夜時見
星月連兩積霖至十七日乃止
十一年四月辛巳朔去三月八戊寅起而其間輒
時晴從四月一日又陰兩或或見日夜乍見月
回後陰兩至七月乃止
永泰元年十二月二十九日兩至永元元年五
月二十一日乃晴京房占曰冬兩天下饑春兩

有小兵時虜寇雍州餘應本傳

傳曰大雨雪猶庶徵之常雨也然有甚焉兩陰

大雨雪者陰之畜積甚也一曰與大水同象曰

攻為雪耳

建元二年閏月巳丑雨雪

三年十一月兩雪或陰或晦八卜餘日至四年

二月乃止

傳曰雷於天地為長子以其首長萬物與之出

入故雷出萬物出雷入萬物入夫雷者人君之

象入則除害出則興利雷之微氣以正月出其

有聲者以二月出以八月入其餘微者以九月

入冬三月雷無出者若是陽不閉陰則出涉危

難而害萬物也

建元元年十月壬午夜電光因雷鳴

十月庚戌電光有頃雷鳴乆而止

永明五年正月戊申夜西北雷聲

六年十月申夜陰細兩始聞雷鳴於西北上

七年正月甲子夜陰雷鳴西南坤宮隆隆一聲

南齐志土 三 十六

而止

八年正月庚戌夜雷起坎宮水門其音隆隆一

聲而止

九年二月丙子西北有電光因聞雷聲隆隆仍

續十聲而止

十年二月庚戌夜南方有電光因聞雷聲隆隆

相續丁亥止

十年庚子夜雷電起西北

十一月丁丑西南有光因間雷聲隱隱再聲而

止西南坤宮

十二月甲申陰兩有電光因間西南及西北上

雷鳴頻續三聲

丙申夜聞西北上雷頻續二聲

辛亥雷兩

傳曰兩電君臣之象也陽之氣專為電陰之氣

專為霰陽專而陰脅之陰盛而陽薄之電者陰

薄陽之象也霰者陽脅陰之符也春秋不書霰

者猶月蝕也

南齐志十一 四

建元四年五月戊午朔雹

永明元年九月乙丑雹落大如蒜子須臾乃止

十一年四月辛亥霰落大如蒜子須臾滅

貌傳又曰上失節而狂下急慢而不敬上下失

道輕法侵制不顧君上因以荐飢貌氣毀故有

雞旤一曰水歲雞多死及為怪亦是也上下不

相信大臣姦究民為寇盗故曰厥惡一曰民

多被刑或形貌醜惡風俗狂慢變節易度則為

輕剽奇怪之服故曰時則有服妖

二百七十「南齊志十一」 【五】 黄四崇

永明中宮內服用射獵錦文為騎射兵戈之象

至建武初虜大為寇

永明中蕭諶開博風帽後襄之製為破後帽世

祖崩後謀建廢立誅滅諸王

永明末民間制荷勸帽及海陵廢明帝之立勸

進之事倚立可待也

建武中帽襄覆頂東昏時以為襄應在下而今

在上不祥之羣下反上之象也

永元中東昏廢族自造遊宴之服綴以花采錦繡

難得詳也羣小又造四種帽帽因勢為名一曰

山鵲歸林者詩云鵲巢夫人之德東昏寵璧渥

亂故鵲歸其林數二曰兔子度天意言天下

將有逐兔之事也三曰反縛黃離嘍黃口小鳥

也反縛面縛之應也四曰鳳皇度三橋鳳王者

嘉瑞三橋梁王宅處也

貌傳又曰危亂端見則天地之異生木者青故

曰青眚為惡祥凡貌傷者金沴木木沴金衝氣

相通

二百九十一「南齊志十一」 【六】 黄四崇

延興元年海陵王初立文惠太子家上有物如

人長數文青色直上天有聲如雷

火南方揚光輝出炎燼為明者也人君向明而

治蓋取其象以知人為分讒佞棄法律不誅讒

則為明而火氣從矣火失其性上災宗廟下災府

邪則讒口行內閒骨肉外踈忠臣至殺世子逐

功臣以妾為妻則火災上災宗廟下災府

榭內爨本朝外爨關觀雖與師旅不能救也

永明三年正月甲夜西北有野火光上生精西

比有四東北有一巫長七八尺黃赤色

三月庚午丙夜北面有野火光上生精長六尺

戊夜又有一枚長五尺竝黃赤色

四年正月丁亥夜有火精三處

閏月丁巳夜有火精四所

十二月辛酉夜東南有野火精二枚

五年十二月丙寅夜西北有野火火上生精一

六年十一月戊申夜西南及北三面有野火

枚長三尺黃白色

【南齊志十】　　七

上生精九枚竝長二尺黃赤色

九年二月丙寅甲夜北面有野火火生精二

枚西比又一枚竝長三尺須更消

求元三年八月宮內火燒西齋璿儀殿及昭陽

顯陽等殿北至華林牆西及祕閣凡屋三千餘

閒京房易傳曰君不思道厥妖火燒宮祕閣與

春秋宣榭火同天意若曰旣無紀綱何用典文

爲也

二年冬京師民閒相驚云當行火災南岸人家

往往於離閒得布火纏者云公家以此禳之

三年正月豫章郡天火燒三千餘家京房易占

曰天火下燒民屋是謂亂治殺兵作是年臺軍

與義師偏眾相攻於南江諸郡

齋旣火帝徙居東齋高宗所住殿也與燒官占

三年二月乾和殿西廂火燒屋三十閒是時西

同

傳又曰上犯者不誅則草犯霜而不死或殺不

以時事在殺生失柄故曰草妖也一曰草妖者

【南齊志十一】　　八

失衆之象也

求元中御刀黃文濟家齋前種昌蒲忽生花光

影照壁成五采其見見之餘人不見也少時文

濟被殺

劉歆視傳有羽蟲之孽謂雞禍也班固案易雞

屬巽今以羽蟲之孽類是也依歆說附視傳云

建武二年有大鳥集建安形如水犢子其年郡

大水

三年大鳥集東陽郡太守沈約表云鳥身備五

采赤色居多案樂緝叶圖徵云焦朋鳥質赤至

則水之感也

永明二年四月鳥巢内殿東鴟尾

三年大鳥集會稽上虞其年縣大水

傳曰維水沴火又曰赤青赤祥

建武四年王晏子德元所居帷屏無故有血灑

之少日而散

思心傳曰心者土之象也思心不審其過在瞀

亂失紀風於陽則為陰於陰則為大臣之象專

恣而氣盛故罰常風心為五事主猶土為五行

主也一曰陰陽相薄偏氣陽多為風其甚也常

風陰氣多者陰而不雨其甚也常陰一曰風宵

起而晝晦以應常陰同象也

建元元年十一月庚戌風夜暴起雲雷合冥從

戌亥上來

四年十一月甲寅酉時風起小駛至二更雪落

風轉浪津

永明四年二月丙寅巳時風迅急

十一月己丑戌時風迅急從西北戌亥上來

五年五月乙酉子時風迅急從西北戌亥上來

七年正月丁卯陽徵陰賊之日時加子風起迅

急從北方子丑上來暴疾浪津寅時止

八年六月乙酉加子時風起迅急暴疾浪津發

屋折木塵沙從西南未上來因雷雨須更風微

雨止

九年七月甲寅陽羽廉貞之日時加亥風起迅

急從東方来暴疾彭勃浪津至乙卯陰賊時漸

微名羽動羽

九月乙丑時加未雷驟雨風起迅急暴疾浪津

從西北戌上來

十月壬辰陽羽姦邪之日時加丑風起從北方

子丑上來暴疾浪津迅急塵埃五日寅時漸微

名羽動宮

十年正月辛巳陽商寬大之日時加寅風從西

北上來暴疾浪津迅急揚沙折木酉時止

二月甲辰陽徵姦邪之日時加辰風起迅急從

西北亥上來暴疾彭勃浪津至酉時止

三月丁酉陽徵廉貞之日時加未風從北方子

丑上來迅急暴疾浪津戍時止

七月庚申陰商貪狼之日時加午風從東北丑

上來迅急浪津至辛酉巳時漸微

十一年二月庚寅陽羽廉貞之日時加亥風從

西北亥上來迅疾浪津丑時漸微為角動角

七月甲寅陽羽廉貞之日時加巳風從東北寅

上來迅疾浪津發屋折木戍夜漸微為羽動徵

┃南齊志十一┃ 十一 陳顯

巳巳陽角寬大之日時加未風從代上來暴疾

良久止為角動商及宮

凡時無專恣疑是陰陽相薄

建昌元年三月乙酉未時風起浪津暴急從此

方上來應本傳務亂

建武二年三年四年每秋七月八月輙大風三

吳尤甚發屋折木殺人京房占獄吏暴風害人

時帝嚴刻

永元元年七月十二日大風京師十圍樹及官

府居民屋皆拔倒應本傳

傳又曰山之於地君之象也山崩者君權捨京

陵易處世將變也陵轉為澤貴將為賤也

建元二年夏廬陵石陽縣長溪水衝激出麓崩

長六七丈下得柱干餘口皆十圍長者一丈短

者八九尺頭題有古文字不可識江淹以問王

儉儉云江東不閑隸書此秦漢時柱也後年宮

車晏駕世變之象也

┃南齊志十一┃ 三天 十二

永明二年秋始興曲江縣山崩雍底溪水成陂

京房占山崩人主惡之

傳又曰雷電所擊蓋所感也此皆思心有尤之

所致也

建元二年閏六月丙戌夜震電

四年五月五日雲電闇都雷震于樂遊安昌

殿電火焚湯盡

永明八年四月六日雷震會稽山陰恆山保林

寺刹上四破電火燒塔下佛面窗戶不異也

永明中震東宮南門無所傷毀殺食官一人

十一年三月震于東齋棟崩左右密欲治繕竟
陵王子良曰此豈可治留之志吾過且旃天之
愛我也明年子良薨

傳又曰土氣亂者木金水火亂之

建武二年二月丁巳地震

永元元年七月地日夜十八震

九月十九日地五震

金者西方萬物既成殺氣之始也其於王事兵
戎戰伐之道也王者興師動衆建立旗鼓伏旄
把鉞以誅殘賊止暴亂殺伐應義則金氣從工
冶鑄化革形成器也人君樂侵陵好攻戰貪淫
邑輕百姓之命人民不安內外騷動則金失其
性蓋冶鑄不化水滯固堅故曰金不從革又曰
維木沴金

建武四年明帝出舊宮送豫章王第二女綏安
主降嬪還上輦上金翅無故自折落地

言傳曰言易之道西方曰兌為口人君過差無
度刑法不一斂從其重或有師旅炕陽之節若

動衆勞民是言不從人君既失衆政令不從孤
陽持治下畏君之重刑陽氣衆勝則旱象至故曰
厥罰常陽也

建元三年大旱時有虜寇

永明三年大旱明年唐寓之起

建武二年大旱時虜寇方盛比目動衆之應也

言傳曰下既悲苦君上之行又畏嚴刑而不敢
正言則必先發於歌謠歌謠口事也口氣逆則
惡言或有怪謠焉

宋泰始既失彭城江南始傳種消梨先時所無
百姓爭欲種植讖者曰當更有姓蕭而來者十餘
年齊受禪

元徽中童謠曰襄陽白銅蹄郎殺荊州見後沈
攸之反雍州刺史張敬兒龔江陵殺沈攸之子
元琰等

永明元年元日有小人發白虎樽既醉興筆扎
不知所道直云憶高帝敷原其罪

世祖起青溪舊宮時人反之曰舊宮者窮廐也

叉上崩後宮人出居之

永明初百姓歌曰白馬向城啼欲得城邊草後
句間云陶郎來白者金色馬者兵事三年妖賊
唐寓之起言唐來必力也

世祖起禪靈寺初愛百姓縱觀或曰禪者授也
靈菲美名所授必不得其久後太孫竟廢也

永明中宮內坐起御食之外皆為客食世祖以
客非家人名改呼為別食時人以為分別之象

少時上晏駕

〔南齊書志十一〕

文惠太子在東宮作兩頭纖纖詩後句云磊砢磊

文惠太子作七言詩後句輒云愁和諦後果有
落落至山崩自此長王宰相相繼斃但三宮晏駕

和帝禪位

永明中虜中童謠云黑水流北赤火入齊尋而
京師人家忽生火赤於常久熱小微貴賤爭取
以治病法以此火灸桃板亡廷七月皆差敷禁
之不能斷京師有病癭者以火灸數日而差隣
人笑曰病偶自差豈火能為此人便覺頤間癭

十五

明日癭還如故後梁以火德興

文惠太子起東田時人反云後必有癲童果面
太孫失位

齊宋以來民間語云擾攘建武上明帝初誅害
蕃戚京師危駭

永元元年童謠曰洋洋千里流流翼東城頭烏
馬烏皮袴三更相告訴脚跛不得起誤殺老姥
子千里流者江柘也東城遙光也遙光夜舉事
垣歷生者烏皮袴褶往奔之跛脚亦遙光老姥

〔南志十一〕

子孝字之象徐孝嗣也

永元中童謠云野豬雖嗚嗚馬子空間渠不知
龍與虎飲食江南墟七九六二三廣莫人無餘
烏集傳舍頭今汝得寬休但看三八後摧折景
陽樓識者解云陳顯達屬豬崔慧景屬馬非也
東昏侯屬豬馬子未詳梁王屬龍蕭穎胄屬
虎崔慧景攻臺頓廣莫門死時年六十三烏
集傳舍即所謂瞻烏爰止于誰之屋三八二十
四起建元元年至中興二年二十四年也摧折

十六

景陽樓亦高臺傾之意也言天下將去乃得休
息也

齊宋之際民間語云和起言以和顏而為變起
也後和帝立

山徑慧景圍臺城有二五色幡飛翔在雲中半日
乃不見眾皆驚怪相謂曰幡者事尋當飜覆也

數日而慧景敗

言傳曰言氣傷則民多口舌故有口舌之（）痾金
者白故有白眚若有白為惡祥

宋昇明二年飆風起建康縣南塘里吹帛一匹
入雲風止下御路紀僧真啓太祖當宋氏禪者
其有四天居之

水北方冬藏萬物氣至陰也宗廟祭祀之象死
者精神放越不反者故為之廟以收散為之貌
以收其魂神而孝子得盡禮焉敬之至則神歆
之此則至陰之氣從則水氣從溝瀆隨而流去
不為民害矣人君不禱祀簡宗廟廢祭祀逆天
時則霧水暴出川水逆溢壞邑軼鄉沈溺民人

十七　·　董瓙　一四

故曰水不潤下

建元二年吳興義興三郡大水

二年夏丹揚吳二郡大水

四年大水

永明五年夏吳興義興水兩傷稼

六年吳興義興二郡大水

建武二年冬吳晉陵二郡水兩傷稼

永元元年七月濤入石頭漂殺緣淮居民應本

傳荊州城內有沙池常漏水蕭潁冑為長史水

乃不漏及潁冑云乃復竭

傳曰極陰氣動故有魚孽魚者常寒罰之符也

永明九年鹽官縣石浦有海魚乘潮來水退不

得去長三十餘丈黑色無鱗未死有聲如牛土

人呼為海䱛取其肉食之

永元元年四月有大魚十二頭入會稽上虞江

大者近二十餘丈小者十餘丈一入山陰稱浦

一入永興江皆睸岸側百姓取食之

聽傳曰不聽之象見則妖生於耳以類相動故

二百四六　南齊志十一　十六　吳春

日有鼓妖也一曰聲屬鼓妖

求明元年十一月癸卯夜天東北有聲至戌夜

傅曰皇之不極是謂不建其咎在霜亂失聽故

厥咎霧思心之咎亦霧天者正萬物之始王者

正萬事之始失中則害天氣類相動也天天轉

於下而彌於上雲者起於山而彌於天天氣動

則其象應故厥罰常陰陰亦眾多而蔽天

蔽君明則雲陰亦眾多而蔽天光也

建元四年十月丙午日入後土霧勃勃如火煙

永明二年十一月已亥四面上霧入人眼鼻至
辛丑止

二年十一月丙子日出後及日入後四面土霧

六年十一月庚戌丙夜土霧音亹天昏塞濃厚至
六日未時小開到甲夜仍後濃密勃勃如火煙

勃勃如火煙

辛慘入人眼鼻

八年十月壬申夜土霧音亹天濃厚勃勃如火
氣入人眼鼻至九日辰時開除

九年十月丙辰晝夜恒昏霧勃勃如火煙其
氣辛慘入人眼鼻兼日色赤黃至四日甲夜開除
十年正月辛酉酉初四面土霧勃勃如火煙其
氣辛慘入人眼鼻

傅曰易曰乾為馬逆天氣馬多死故曰有馬禍

一曰馬者兵象也將有寇戎之事故馬為怪

建昌四年王晏出至草市馬驚走鼓朵從車而
歸十餘日晏誅

建武中南岸有蘭馬走逐路上女子女子窘

急走入人家林下避之馬終不置發林食女子
股胸間肉都盡禁司以聞敕殺此馬是後頻有
寇賊

京房易傅曰生子二胥以上民謀其主三手以
上臣謀其主二口已上國見驚以兵三耳已上
是謂多聽國事無定三鼻以上國主久病三足
二脊已上天下有兵其類甚多蓋以象占之

永明五年吳興東遷民吳休之家女人雙生二
兒自腰以下齊以上合

京房易傳曰野獸入邑其邑大虛又曰野獸無
故入邑朝廷門及宮府中者邑逆且虛
永明中南海王子罕為南兗州刺史有麇入廣
陵城投井而死又有象至廣陵是後刺史安陸
王子敬於鎮被害
建武四年春當郊治丘圓宿設已畢夜虎攖傷
之
建武中有鹿入景皇寢朝皆為上崩及禪代也
凡無占者皆為不應本傳

贊曰木怪變魍火為水妃□□□□□□□明威
形聲異迹影響同歸皆由數應豈不類□

志第十一　　　　　　　　南齊書十九

臣蕭　　子顯　撰

皇后

六宮位號漢魏以來因襲增置世不同矣建元
元年有司奏置貴嬪夫人貴人為三夫人脩華
脩儀脩容淑妃淑媛淑儀婕妤容華充華為九
嬪美人中才人才人為散職永明元年有司奏
貴妃淑妃並加金章紫綬佩于寶玉淑妃舊擬
九棘以淑為溫恭之稱妃為亞后之名進同貴
妃以比三司夫人之號不殊蕃國降淑媛以比
九卿七年復置昭容位在九嬪建元三年太子
宮置三內職良娣比開國侯保林比五等侯才
人比駙馬都尉

宣孝陳皇后諱道止臨淮東陽人魏司徒陳矯
後父礃之郡孝廉后少家貧勤織作家人衿其
勞或止之后終不改嫁于宣帝庶生衡陽元王
道度始安貞王道生太祖水嘉元年二歲乳
人乏乳后夢人以兩甌麻粥與之覺而乳大出

異而說之宣帝從任在外后常留家治事敕子
孫有相者謂后曰夫人有貴子而不見也后歎
曰我三兒誰當應之呼太祖小字曰正應是汝
耳宣帝殂後自親勤媌使有過誤恕不問
也太祖雖從官而家業本貧后每撤去兼肉
等冬月猶無纊纊而奉膳甚厚后每歸高宗
曰於我過足矣殂于縣舍年七十三昇明三年
追贈竟陵公國太夫人蜜印畫青綬祠以太牢
建元元年追尊孝皇后贈外祖父礃之金紫光
禄大夫諡曰敬侯后母胡氏為永昌縣靖君

高昭劉皇后諱智容廣陵人也祖女之父壽之
宣員外郎后母桓氏夢吞玉勝生后時有紫光
滿室以生后壽之曰恨非是男桓曰雖女亦
足興家矣后常見上如有雲氣為
年十餘歲歸太祖嚴正有禮法家庭肅然宋泰
豫元年殂年五十歸葬宣帝墓側今泰安陵也
門生王清與墓工始下鋪有白兔跳起尋之不
得及墳成免還栖其上昇明二年贈竟陵公國

夫人三年贈齊國妃印綬如太妃建元元年尊
謚昭皇后三年贈后父金紫光祿大夫母桓氏
上都鄉君壽之子興道司徒屬文蔚豫章內史
義徽光祿大夫義倫通直郎

武穆裴皇后諱惠昭河東聞喜人也祖朴之給
事中父機之左軍參軍后少與豫章王妃庾氏
為娣姒庾氏勤女工奉事太祖昭后恭謹不倦
后不能及故不為男姑所重世祖家好亦薄焉
性剛嚴竟陵王子良妃袁氏布衣時有過后加
訓罰昇明三年后薨謚穆妃葬休安陵世祖即位追
尊皇后贈璣之金紫光祿大夫母檀氏餘杭
廣昌鄉君舊顯陽昭陽殿太后皇后所居也
永明中無太后皇后羊貴嬪居昭陽殿西泛貴
妃居昭陽殿東寵姬荀昭華居鳳華柏殿宮內
御所居壽昌畫殿南閣置白鷺鼓吹二部乾光
殿東西頭置鍾磬兩廂皆宴樂處也上數遊幸
諸苑囿載宮人從後車宮內深隱不聞端門鼓

漏聲置鍾於景陽樓上宮人聞鍾聲早起裝飾
至今此鍾唯應五鼓及三鼓也車駕數幸琅邪
城宮人常從早發至湖北埭雞始鳴吳郡韓蘭
英婦人有文辭宋孝武世獻中興賦被賞入宮
明帝世用為宮中職僚世祖以為博士教六宮
書學以其年老多識呼為韓公

文安王皇后諱寶明琅邪臨沂人也祖韶之吳
興太守父曄之太宰祭酒宋世太祖為文惠太
子納后桂陽賊至太祖在新亭傳言已沒宅復
年為南郡王妃王妃無寵太子為
妃及后挺身送后兄昺之家事平乃出元元
為人所抄掠文惠太子竟陵王子良奉穆后庾
宮人製新麗衣裳及首飾而后宋惟陳設故舊
釵釧十餘枚永明十一年為皇太孫太妃鬱林
即位尊為皇太后稱宣德宮贈后父金紫光祿
大夫母桓氏豐安縣君其年十二月備法駕謁
太廟高宗即位出居鄱陽王故第為宣德宮永
元三年梁王定京邑迎后入宮稱制至禪位天

臨十一年薨年五十八葬崇安陵諡曰安后兄

兄義興太守

鬱林王何妃名婧英廬江灊人撫軍將軍戢之

女也永明二年納為南郡王妃十一年為皇太

孫妃鬱林王即位納母劉氏為高昌縣

都郷君所生母宋氏為餘杭廣昌郷君拜領

在床無故墮地其冬與太后同日謁大廟后票

性淫亂為妃時便與外人姦通在後宮復通帝

左右楊珉之與同寢處如伉儷珉之又與帝相

愛襲故帝恣之迎后親戚入宮賞賜人百數十

萬以世祖耀靈殿處后家屬帝被廢后貶為王妃

海陵王王妃名韶明琅邪臨沂人太常慈女也

永明八年納為臨汝公夫人鬱林即位為新安

王妃延興元年為皇后其年降為海陵王妃

明敬劉皇后諱惠端彭城人光祿大夫道弘孫

也太祖為高宗納之建元三年除西昌侯夫人

永明七年卒葬江乘縣張山延興元年贈宣城

王妃高宗即位追尊為敬皇后贈父通直郎景

【南齊傳一】 五 王戎

獻金紫光祿大夫母王氏平陽郷君永泰元年

高宗崩政葬祔于興安陵

東昏褚皇后名令璩河南陽翟人太常澄女也

建武二年納為皇太子妃明年謁敬后廟東昏

即位為皇后帝寵潘妃后不被遇黃淑儀生太

子誚東昏廢並為庶人

和帝王皇后名舜華琅邪臨沂人太尉儉孫也

初為隨王妃中興元年為皇后帝禪位后降為妃

史臣曰后妃之德箸自風謠義起閨房而道化

天下綠盆獻種困非耕織管晨興與子同

事可以光熙闈業作儷公庭孝昭二后並有賢

明之訓不得母臨萬國寶命方昌椒庭虛位有

婦人焉空慕周與禎符顯瑞徒華徽名若使掖

作同休陰教遠憙則馬鄧風流復存乎此太祖

創命宮禁貶約毀宋明之紫極革前代之踰奢

衣不文繡色無紅采永巷貧空有同素室世祖

嗣位運藉休平壽昌前與鳳華晚措香栢文檉

花梁繡柱雕金鏤寶頗用房帷趙瑟吳趨承閒

【南齊傳】 六 高昊

奏曲歲費傍恩足使充物事由私蓄無損國儲

高宗仗數矯情外行儉陋內本宮業曾莫云改

東昏喪道侈風大扇銷靡海內以贍浮飾哲婦

傾城同符殷憂夏鳴呼所以垂戒於方來

贊曰宣武孝則識有先知高昭誕武世載母儀

裴穆儲闈位亦從隟明敬典冊配在宗枝秋官

亦遠軒景前虧文安廢主百憂已離中興秉制

揖讓弘規

列傳第一
二十

七

南齊書二十

南齊書二十一

臣蕭　子顯　撰

文惠太子

文惠太子長懋字雲喬世祖長子也世祖年未
弱冠而生太子為太祖所愛姿容豐潤小字白
澤宋元徽末隨世祖還鎮盆城拒沈
攸之使太子勞接將帥親侍軍旅除祕書郎不
拜授輔國將軍遷晉熙王撫軍主簿轉寧世祖
遣太子還都太祖方創霸業心存嫡嗣謂太子
曰汝還吾事辦矣慮之府東齋令通文武賓客
勅荀伯玉曰我出行日城中軍悉受長懋節度
我時時履行轉祕書丞以與宣帝諱同不就改
除中書郎遷黃門侍郎未拜昇明三年太祖將
受禪世祖太子為持節都督雍梁二州郢州之竟
陵司州之隨郡軍軍左中郎將寧蠻校尉雍州
刺史建元元年封南郡王邑二千戶江左未有
嫡皇孫封王始自此也進號征虜將軍先是梁

州刺史范栢年誘降晉壽六命奉烏奴討平氐
賊楊城蘇道熾等著威名沈攸之事起栢年
遣將陰廣宗領軍出魏興聲援京師而候望形
勢平朝廷遣王玄邈代之烏奴勸栢年遲回魏
中不受命栢年計未決玄邈已至栢年許啓為
興不肯下太子疑其為變乃遣說栢年招啓
府長史栢年乃進襄陽因執誅之栢年梓潼人
徙居華陽世為土豪知州里宋泰始中氐寇
斷晉壽道栢年以倉部郎假節領數百人慰勞
通路自益州道報命除晉壽太守討平氐賊遂
為梁州栢年彊立善言事以應對為宋明帝所
知旣被誅巴西太守柳引稱啓太祖勅荅曰栢
年幸可不爾為之恨恨時襄陽有盜發古塚者
相傳云是楚王塚大獲寶物玉屐玉屏風竹簡
書青絲編簡廣數分長二尺皮節如新盜以把
火自照後人有得十餘簡以示撫軍王僧虔
虔云是科斗書考工記周官所闕文也是時州
遣按驗頗得遺物故有同異之論會此虜南侵

上應當出樊汃二年徵爲侍中中軍將軍置府
鎮石頭穆妃薨晻日車駕出臨喪朝議疑太
子應出門迎左僕射王儉曰案禮記服問君所
主夫人妻太子嫡婦言國君爲此三人爲主喪
也今轝輿臨降自以主喪而至雖因事撫慰義
止哭出門太子既一宮之主自應以車駕幸宮依
常奉候既當成服之日吉凶不容相干宜以衰

幘行事望拜止哭率由舊章尊駕不以臨弔奉
迎則惟常體求之情禮如爲可安解侍中上以太
子哀疾不宜居石頭山障移鎮西州四年遷使
持節都督南徐兗二州諸軍事征北將軍南徐
州刺史世祖即位爲皇太子初太祖好左氏春
秋太子承旨諷誦以爲口實既正位東儲善立
名尚禮接文士畜養武人皆親近左右布在省
闈永明三年於崇正殿講孝經少傅王儉以摘
句令太僕周顒撰爲義疏五年冬太子臨國學

親臨策試諸生於坐問少傅王儉曰曲禮云無
不敬尋下之奉上可以盡禮上之接下慈而非
敬今揔同敬名不爲昧儉曰鄭玄云禮主於
敬便當是尊卑所同太子曰若如來通則忠惠
可以一名孝慈不湏別稱儉曰尊卑號稱不可悉
同愛敬之名有時相次忠惠之異誠以聖旨孝
慈五舉義竊太子曰資敬奉事親兼此二
此則其義乃移敬接下豈復在三之義儉曰

資敬奉君必同至極移敬遠下不慢而已太子
曰敬名雖同深淺既異而文無差別彌復增疑
儉曰鳞文不可備設略言深淺已見傳云不忘
恭敬民之主也書云奉先思孝接下思恭此又
經典明文五相起發太子問金紫光祿大夫張
緒曰愚謂恭敬是立身之本要非接下之稱尚書云
太子曰敬雖立身之本要非接下之稱尚書云
惠鮮鰥寡何不言恭敬鰥寡邪緒曰令別言之居
然有恭惠之殊揔開記首所以共同斯稱竟陵

王子良曰禮者敬而已矣自上及下思謂非嫌
太子曰本不謂有嫌正欲使言與事符輕重有
別耳臨川王聯曰先舉必敬以明大體尊卑事
數備列後章亦當不以揔略而礙太子又以此義
問諸學生謝幾卿等十二人竝以筆對太子問
王儉曰周易乾卦本施天位而說卦云帝出乎
震震本非天義豈相主儉曰乾健震動為德君
動為德故言帝出震為象豈體天所出儉曰主器
自體天居位震雷為象豈體天所出儉曰主器
者莫若長子故受之以震萬物出乎震故亦帝
所與焉儉又諸太子曰孝經仲尼居曾子侍夫
孝理弘深大賢方盡其致何故不授顏子而寄
曾生太子曰曾生雖德斬體二而色養盡禮去
物尚近接引非隔弘宣規教義在於此儉曰接
引非隔弘宣雖易去聖轉遠其事彌輕既有在
能弘道將恐人輕道廢太子曰理既有在不容
以人廢言而況中賢之才弘上聖之教寧有壅
塞之嫌臨川王聯諮曰孝為德本常是所疑德

施萬善孝由天性自然之理豈因積習太子曰
不因積習而至所以可為德本聯曰率由斯至
不俟明德夫孝縈親衆德光備以此而言豈得
為本太子曰孝有深淺德有小大因其分而為
本何所稍疑太子以長年臨學亦前代未有也
明年上將訊丹楊所領囚及南北二百里內獄
詔曰藏訟之重政化所先太子乃於玄圃園宜
詳覽此訊事委以親決太子立年作貳上
堂錄三署囚原宥各有差上晚年好遊宴尚書
曹事亦分送太子省視太子與竟陵王子良俱
好釋氏立六疾館以養窮民風韻甚和而性頗
奢麗宮内殿堂皆雕飾精綺過於上宮開拓玄
圃園與臺城北望其中樓觀塔宇多聚奇石
妙極山水慮上宮望見乃傍門列脩竹內施高
鄣造游牆數百間施諸機巧宜須鄣蔽須更成
立若應毀撤應手遷徙善製珍玩之物織孔雀
毛為裘光彩金翠過於雉頭矣以晉明帝為六
子時立西池乃啟世祖引前例求東田起小笿

上許之永明中二宮兵力全實太子使宮中將
吏更番役築宮城苑巷制度之盛觀者傾京師
上性雖嚴多布耳目太子所爲無敢啟者後上
幸豫章王宅還過太子東田見其彌亘華遠壯
麗極目於是大怒收監作王帥太子懼皆藏匿
之由是見責太子素多疾體又過壯常在宮內
簡於遨遊玩弄羽儀多所僭擬雖恐尺宮禁而
上終不知十年豫章王疑薨太子見上友于既

有疾上自臨視有憂色疾篤上表曰臣地屬元
良業微三善光道樹風於焉蓋闕晨宵怵惕有
若臨淵攝生夭和構離疴疾大漸惟幾顧陰待
謝守器難永視膳長逢仰戀慈顏內懷感哽籲
惟死生定分理不足悲伏願割無已之悼旣
往之傷寶躬同休七百臣雖沒九泉無所
遺恨時年三十六太子年始過立久在儲宮得
參政事內外百司咸謂曰暮繼體及薨朝野驚
悵焉上幸東宮臨哭盡哀詔斂以袞冕之服諡

曰文惠葬於崇安陵世祖屢復行東宮見太子服翫
過制大怒勑有司隨事毀除以東田殿堂爲崇
虛館鬱林立追尊爲文帝廟稱世宗初太子內
懷惡明帝密謂竟陵王子良曰我意色中殊不
悅此人當由其福德薄所致子良便苦救解後
明帝立果大相誅害

史臣曰上古之世父不哭子壽夭悠悠尚嗟惜
事況夫正體東儲方樹年德重基累葉載茂皇
家守器之君巳知耕稼雖　　具美交弘盛迹

而論亦有宜數矣
武運將終先期鳳殞傳之幼少以速顚危推此
贊曰二象垂則三星麗天樹嫡惟長義匪求賢
方爲守器植命不延

列傳第二

南齊書二十一

豫章文獻王

臣蕭　子顯　撰

豫章文獻王嶷字宣儼太祖第二子寬仁弘雅
有大成之量太祖特鍾愛焉起家為太學博士
長城令入為尚書左民郎錢唐令太祖破薛索
兒攺封西陽以先爵賜為晉壽縣族除通直散
騎侍郎以偏憂去官桂陽之役太祖出頓新亭

嶷板嶷為寧朔將軍領兵衞從休範率士卒攻

墨南疑執白虎幡督戰屢摧却之事寧遷中書
郎尋為安遠護軍武陵內史時沈攸之責嶷伐
荆州界內諸蠻遂及五溪禁斷魚鹽群蠻怨酉
溪蠻王田頭擬殺攸之使攸之責嶷千萬頭擬
溪蠻王田頭擬殺基立頭擬子田都
輸五百萬錢氣死其弟妻族甚立頭擬子田都
走入獠中於是蠻部大亂抄掠平民至郡城下
遺隊主張莫兒率將吏擊破之田都自獠中請
立而妻族懼亦歸附嶷誅妻族於郡獄命田都
繼其父蠻衆乃安入為宋從帝車騎諮議參軍

府揉轉驃騎仍遷從事中郎詣司徒表解祭謂
人曰後來佳器也太祖在領軍府嶷居清溪宅
蒼梧王夜中微行欲掩襲宅內嶷左右儛刀戟
於中庭蒼梧從牆開窺見以為有備乃去太祖
常南宛州鎮軍府長史蕭諶在鎮憂危既期
渡江北起兵嶷諫曰主上狂人下不自保單
行道路易以立功外州起兵鮮有克勝物情疑
惑必先人受福今於此立計萬不可失蒼梧王
殞太祖報嶷曰大事已判汝明可早入從帝即

位轉侍中揔宮內直衞沈攸之之難太祖入朝
堂嶷出鎮東府加冠軍將軍表蘂兵夕丹楊
丞王遜告蘂先至東府嶷遣帳內軍主戴元孫
二十人隨薛道淵等俱至石頭焚門之功元孫
預焉先是王蘊薛部曲六十人助為城防實以
為內應也嶷知蘊懷貳不給其伏散勳外省及
難作搜檢皆已亡去遷中領軍加散騎常侍上
流平後世祖目尋陽還嶷出為使持節都督江
州豫州之新蔡晉熙二郡軍事左將軍江州刺

史常侍如故給鼓吹一部以定策功改封永安
縣公千五百戶仍徙都督荊湘雍益梁寧南北
秦八州諸軍事鎮西將軍荊州刺史持節常侍
如故時太祖輔政務在省約傅府州儀迎物初
沈攸之欲聚衆開民相告士庶坐執役者甚衆
疑至一鎮一日遺三千餘人見四五歲刑以下不
連臺者皆原遣以市稅重濫更定橋格以稅還
民禁諸市調及苗籍二千石官長不得興人為
公宜曹吏聽分番假百姓甚悅禪讓之間世祖

南齊傳三　三

太祖即位赦詔未至疑先下令蠲除國內昇明
二年以前逋負遷侍中尚書令都督揚南徐二
州諸軍事驃騎大將軍開府儀同三司揚州刺
史持節如故封豫章郡王邑三千戶僕射王儉
牋曰舊楚蕭條仍歲多故荒民散亡寔須緝理
公臨蒞甫爾英風惟穆江漢來蘇八州慕義自
踐亮以來荊楚無復如此美政古人朞月有成
而公旬日致治豈不休哉會北虜動上思為經

略乃詔曰神牧摠司王畿誠為治要荊楚領駄
遐速任寄弘隆自頃公私凋盡綏撫之宜尤重
恒日復以為都督荊湘雍益梁寧南北秦八州
諸軍事南蠻校尉荊湘二州刺史持節侍中將
軍開府如故晉宋之際刺史多不領南蠻別以
重人居之至是有二府二州荊州資費歲錢三
萬斛給南蠻資費歲三百萬布萬匹綿千斤絹三
斛給鎮府湘州資費歲七百萬布三千四米五
千萬布萬匹米六萬斛又以江湘二州米十萬

南齊書傳三　四

百匹米千斛近代莫比也弄給油絡俠望車一
年春虜寇司豫二州疑表遣南蠻司馬崔慧景
北討又分遣中兵參軍蕭惠朗援司州屯西關
虜軍濟淮攻壽春分騎當出隨鄧衆以為憂疑
曰虜入春夏非動衆時令豫司彊宇過其津要
彼見堅嚴自當潰散必不敢越二鎮而南也是
時慕嶷嚴疑以荊州隣接蠻疆處其生心令鎮內
皆緩服旣而虜竟不出樊鄧於壽春敗走壽春給
班劍二十人其夏於南蠻園東南開館立學上

表言狀置生四十人取舊族父祖位正佐臺郎
年二十五以下十五以上補之置儒林參軍一
人文學祭酒一人勸學從事二人行釋菜禮以
穀過賤聽民以米當口錢優評斛一百義陽劫
帥張羣亡命積年鼓行爲賊義陽武陵天門南
平四郡界被其殘破沈攸之連討不能禽乃於
用之攸之起事羣從下郢於路先叛結寨於三
溪依據深險疑遣中兵參軍虞欣祖爲義陽太
守使降意誘納之厚爲禮遣於坐斬首甘黨數
百皆散四郡獲安入爲都督揚南徐二州諸
軍事中書監司空揚州刺史持節侍中如故加
兵置佐以前軍臨川王映府文武配司空府疑
以將還都脩治解宇及路陌東歸部曲不得罷
府州物出城發江津士女觀送數千人皆垂泣
疑發江陵感疾至京師未瘳上深憂之爲之大
赦三年六月壬子赦令是也疾愈上幸東府設
金石樂赦得乘輿至宮六門太祖朋疑衷號眼
耳皆出血世祖即位進位太尉置兵佐解侍中

南齊書傳三　　　五　　方中

增頒劒爲三十人建元年中世祖以事失旨太
祖顏有代嫡之意而疑事世祖恭悌盡禮未嘗
違忤顏色故世祖友愛亦深求明元年領太子
太傅解中書監餘如故手啟上曰陛下以叡孝
纂業萬寓惟新諸弟有序臣屢荷隆愛叨授台
首不敢固辭俛仰祗寵心魂如失負重量力古
今同規臣窮生如浮質操空素任居鼎右已移
氣序自頃以來宿疾稍縷心慮恍惚表於容狀
視此根候常恐命不勝恩加以星緯屢見災祥
雖脩短有恒能不耿介此心欲從俗啟解今職
但厤辭爲鄙或貽物誚所以息意緘嘿一委時
運而可復加寵榮增其顛隆且儲傅之重實非
恒選遂使太子見臣必束帶宮臣皆再拜二三
之宜何以當此陛下同生十餘今唯臣而已友
于之愛豈當不臣鍾其隆遇別奉啟事仰祈恩
照近亦侍言太子告意子良具因天儉申啟臣
未知粗上聞未福慶方隆國祚求始若天假臣
年得預人位唯當請降貂璫以飾微軀求侍天

南齊書傳三　　　六　　虎元

顏以惟畢世此臣之願也服之不衷猶為身災
況寵爵平殊榮厚恩必誓以命請上答曰事中
恐不得從所陳宋氏以來州郡秩俸及供給多
隨土所出無有定準疑上表曰循革貴宜損益
資用治在風均政由一典伏尋郡縣長尉俸祿
之制雖有定科而其餘資給復由風俗東比異
源西南各緒習以為常因而弗變緩之則莫非
通規澄之則靡不入罪殊非約法明章先令後
刑之謂也臣謂宜使所在各條公用公田秩石

迎送舊典之外守宰相承有何供調尚書精加
洗覈務令優衷事在可通隨宜開許公侵民
一皆乙却明立定格班下四方永為恆制從之疑
中二年詔曰漢之梁孝寵異列蕃晉之交獻
殊恓序況乃地侔前准勳兼徃式雖天倫有本
而因事增情宜廣田邑用申恩禮增封為四千
戶宋元嘉世諸王入齋閣得白服帢帽見人主
唯出大極四廟乃備朝服自此以來此事一斷

上與疑同生相友睦宮內曲宴許依元嘉嶷固
辭不奉敕唯車駕幸第乃白服烏紗帽以侍宴
焉乃自陳曰臣自還朝便省儀刀捉刀左右十
餘亦省唯郊外遠行或復暫有入殿亦省服身
今所牽仗二俠轂二白直共七八十人事無犬
小臣必欲上啓伏度聖心脫未委曲或有言其
多少不附事實仰希即賜垂敕又啓揚州刺史
舊有六百領合扇二白拂臣脫以為疑不審此
當云何行園苑中乘輦出籠門外乘輿舉鳴皆

相仍如此非止於帶神州者未審此當云何方
有行來不可失衷上答曰儀刀捉刀不應省也
俠轂白直乃可共百四五十以還正是耳亦不
曾聞人道此吾自不使諸王無仗況復汝耶在
私園人乘中乘此非疑郊外鳴角及合扇开拂先
刀有不復施用此來其父凡在鎮自異還京師
先廣州乃立鼓吹交部途有輦事隨時而改亦
復有可得依舊者汝若有疑可與王儉諸人量
衷但令人臣之儀無失便行也又啓曰臣拙知

自處閒於疑訪常見素姓扶認或著布屬不意
為異臣在西朝拜王儀飾悉依宋武陵事例有
二部扇仍此下都脫不為疑小兒奴子並青布
袴衫臣齋中亦有一人意謂外庶所服不疑與
羊車相類目歸朝曲荷慈旨今悉改易臣昔在邊鎮
無羽衛目歸朝以來便相勿遣俠轂置
三百許人臣項所引不過一百常謂京師諸王
不煩牽仗若郊外遠行此所不論有仗者非臣
一人所以不容方幅啟省又因王儉備宣下情

■南齊書傳三

　　　　　　　　　九　　曹昌祖

臣出入榮顯禮容優泰第宇華曠事乖素約雖
宋之遺製恩厚有在猶深非服之賑威衛之請
仰希曲照上荅曰傳詔臺家人耳不足洗嫌邾
扇吾識及以來未見故有敕耳小兒奴子本非
嫌也吾五有所聞豈容不敕汝知令物致議耶吾
已有敕汝二人不省俠載但牽之吾昨不通仗
事儉已道吾即令苾宗煩有此啟間言首更
二又啟曰違遠侍宴將踰一紀憂苦閒之始
得開顏近頻侍座不勝悲喜沾飲過量實欲仰

示恩狎令自下知見以杜游塵陛下留恩子弟
此情何異外物致自彊生閒節聲其厚薄伏度
或未上簡臣前在東田承恩過醉思歎往秋
之謗故言啟至切亦亦聾物聞之伏願巳照此
心前侍幸諱　帝也宅臣依常乘車至仗後監同
不能示臣可否便互競啟云臣車逼突黃屋
麈尾如欲相中推此用意亦何容易仰賴慈明
即賜垂敕不爾臣終不知閒貽此累比日林示斷
整密此自常理外聲乃云起臣在華林輒捉御

■南齊書傳三

　　　　　　　　　十　　馬祖

刀因此更嚴庱情推理必不容兩為復上啟知
耳但風塵易至和會實難伏願循憶臣石頭所
啟無生閒縫此閒侍無次略附如亮巳宣臣由
來華素巳具上簡每欲存衰意廳不周或有乖
當且華五十之年為覘幾時為此亦復不能以
理內自剝北第舊邸本自甚華臣改脩正而已
小小製置已自仰簡往歲收合得少雜材并蒙
賜故板啟榮內許作小眠齋始欲成就皆補接
為辦無乖格製要是檉栢之華一時新淨東府

又有齋亦為華屋而臣頗有二處住止下情竊
所未安訊訪東宮玄圃乃有栢屋製甚古拙內
中無此齋臣乃欲壞取以奉太子非但失之於
前且補接既多不可見移亦恐外物或為異論
不審可有垂許送東府齋理否臣公家住止率
爾可安臣之今啟實無意識亦無言者太子亦
不知臣有此屋政以東宮自處之體不疑
宜爾爾所啟甚蒙允臣便當敢成第屋安之不疑
陛下若不照體臣心便當永廢不修臣自謂今
啟非但是自處宜然實為微臣往事伏願少垂
降許伏見以諸王舉貸屋嚴旨少拙營生已
應上簡府州郡邸舍非臣私有今巨細所資皆
是公潤臣私累不少未知將來罷州之後或當
不能不試學營貪以自贍連年惡疾餘顧影單
回無事畜聚唯逐手為樂耳上答曰茹亮今啟
汝所懷及見別紙汝勞疾亦復那得不動何意
為作煩長啟事凡諸普敕此意可尋當不關汝
一人也宜有敕事吾亦必道頃見汝自更委悉

書不欲多及屋事慎勿彊厝此意白澤亦當不
解何意爾三年文惠太子講孝經畢求解太傅
不許皇孫婚竟又陳解詔曰公惟德惟行無所
厭聲屢旦且衛其誰與二方式範當時流聲史籍
豈容屢秉攜謙以乖期寄嶷常慮盛滿又因言宴
求解揚州授青陵王子良上終不許曰畢汝一
世無所多言世祖即位後頻發詔拜陵不果行
遣嶷拜青陵還過延陵季子廟觀沸井有水牛突
部伍直兵執牛推問不許取絹一疋橫繫牛角
寓之賊起啟上曰此段小寇出於兇愚天網宏
罩理不足論但聖明御世幸可不爾此藉聲聽
皆云有由而然豈得不仰啟所懷少陳心欵山
海崇深臣獲保安樂公私情願於此可見齊有
天下歲月未久澤沾萬民其實未多百姓猶有
懷惡者眾陛下曲垂流愛每存優旨但頃小大
士庶每以小利奉公不顧所損者大撻籍撿工
巧督邸簡小塘藏丁匿口凡諸條制實長怨府
放歸其家為治存寬厚故得朝野歡心四年唐

此目前交利非天下大計一室之中尚不可精
寓宙之內何可周視公家何嘗不知民多巧
古今政以不可細碎故不為此實非乖理但識
理者百不有一陛下弟見大臣猶不皆能伏於
況復天下悠悠萬品怨積聚黨党迷相類止於
一處何足不除脫復多所便成紜紜吾欲上啓
閑侍無因謹陳愚管伏願特留神思上答曰欺
巧那可容宋世混亂以為是不蚊蟻何足為憂
已為義勇所破官軍昨至今都應散滅吾政恨
其不辦大耳亦何時無亡命邪後乃詔聽復籍
注五年進位大司馬八年給阜輪車尋加中書
監固讓疑身長七尺八寸善持容範文物衛從
禮冠百僚每出入殿省皆瞻望嚴肅自以地位
隆重深懷退素比宅舊有園田之美乃盛脩理
之七年啓求還第上令世子廉代鎮東府上
數幸嶷第宋長寧陵謙道出第前路上曰我便
是入他家墓內尋人乃徙其表闕麒麟於東岡
上麒麟双闕形勢甚巧宋孝武於襄陽致之後

諸帝王陵皆模範而莫及也永明末車駕數游
幸唯嶷陪從上出新林死同輦夜歸至宮門疑
下輦辭出上曰今夜行無使為尉司所呵也疑
對曰京輦之內皆屬臣州頗陛下不垂過慮上
大笑上謀北伐以屬所獻氈車賜疑每幸第清
除不復屏人上敕外監曰我從大司馬來言
家耳妃庾氏常有疾瘵上幸後堂設金石樂宮
人畢至每臨幸輒日盡歡嶷謂上曰古來言
頗陛下壽皆南山或稱萬歲此殆近貌言如臣
所懷實願陛下極壽百年亦足矣上曰百年復
何可得止得東西一百於事亦濟十年上封疑
其年疾篤表解職不許賜錢百萬營功德嶷又
諸子舊例千戶嶷欲五子俱封啓減人五百戶
啓曰臣自嬰今患丞降天臨醫徒術官泉開藏
府慈寵優渥備極人臣生年疾迫遠陰無幾頤
陛下審賢與善極壽蒼旻彊德納和為億兆御
臣命運昌數奄摩恩憐長辭明世伏涕嗚咽慕
年四十九其日上再視疾至薨乃還宮詔曰嶷

明哲至親勳高業始德懋王朝道光區縣奄至
薨逝痛酷抽割不能自勝奈何奈今便臨哭
九命之禮宜備其制斂以袞冕之服溫明祕器
命服一具衣一龍襄事一依漢東平王故事大
鴻臚持節護喪事大官朝夕送奠大司馬太傅
二府文武悉停過葬竟陵王子良啓上曰臣聞
之儀在晉則齊王其殊服九命之贈江左以來
禮秩殊品爵命崇異在漢則梁王備出警入蹕
春秋所以稱王毋弟者以尊其所重故也是以
其位非禮虧省齊王故事與今不殊締構王業
〔尊〕親是關故致袞章之典廢而傳宜由人缺
功迹不異凡有蒙革隨時之宜者政緣恩情有
輕重德義有厚薄若事籌刪規禮無異則且梁
齊闕令終之美猶饗饗贈之榮況故大司馬仁
和著於天性孝悌終於立身節義表於勤王寬
猛彰於御物奉上無艱劬之貌接下無毀傷之
容淡矣止於清身無喜慍之色悠然栖於靜默
絕馳競之聲詩云靡不有初鮮克有終夫終之

者理實為難在於今行無廢斯德東平樂於小
善河間悅於詩書勳績無聞艱危不涉尚致卓
兩不羣英聲萬代況今協贊皇基經綸霸始功
業高顯類茲美臣愚忖度未有斯例凡庶族同氣
今駈類清譽逾彰富貴隆重廉潔彌峻舉古彤
愛睦尚少豈有仰觀墜下垂友于之性若此
者平共起布衣俱登天貴生平遊處何事不同
分甘均味何珍不等未常觀貌而天心不懼見
形而聖儀不悅愛及臨危捨命親瞻喘息萬分
之際没在聖目號哭動乎天地感慟驚平鬼神
刀至撤膳移寢坐且神儀損耗隔宿改容
奉瞻聖顏誰不悲悚歷古所未聞記籍所不載
既有若斯之大德實不可見典服之贈不彰如
其脫致虧忘追改為煩不今千載之下物有遺
恨其德不具美者尚荷嘉隆之命況事光先烈
者寧可缺茲盛典臣恐有識之人容致其議且
庶族近代祖溫康亮之類亦降殊命伏度天心
已當有在又詔曰寵章所以表德禮秩所以紀

幼慎終追遠前王之盛策累行疇庸列代之通
諧故使即都督揚南徐二州諸軍事大司馬
領太子太傅揚州刺史新除中書監豫章王嶷
體道東哲經仁緯義挺清譽於弱齡發韶風於
早日締綸霸業之初畫讚皇基之始孝睦著於
鄉閭忠諒彰乎邦邑又秉德論道摠牧神甸七
拯物有篤於矜懷雍容廊廟之華儀形列郡之
教必荷六府咸理根風潤兩無譽於時候邮民
觀神凝自遠具瞻允集朕友于之深情兼家國

方授以神圖委諸廟勝緝頌九絃陪禪五岳天
不愨遺奄焉薨逝哀痛傷惜震慟乎厥心今先
遠戒期龜謀襲吉宜加戊典以愒微歐可贈假
黃鉞都督中外諸軍事丞相揚州牧綠綬綬具
九服錫命之禮侍中太司馬太傅王如故給九
旒鑾輅黃屋左纛虎賁班劍百人輼輬車前後
部羽葆鼓吹葬送儀依東平王故事疑臨終召
子子廙午恪曰人生在世本自非常吾年已老
前路幾何居今之地非心期所及性不貪聚自

幼所懷政以汝兄弟緊多預吾基志耳無吾欲
當共相勉勵篤睦為先才有優劣位有通塞運
有富貧此自然理無足以相陵侮若天道有靈
汝等各自脩立灼然之分無失也勤學行守基
業治閨庭尚閑素如此足無憂虞聖主儲皇及
諸親賢亦當不以吾沒易情也朔望菜食一盤加
火燥水千飯酒脯檳榔四而巳朔望菜食一盤加
以甘菜此外悉省葬後除靈可施吾常所乘輿
扇繖朔望時即席地香火燥水酒脯干飯檳榔

便足雖才愧古人意殊恨粗亦有在不以遺財為
累主衣所餘小弟未婚諸妹未嫁凡應此用本
自足然當稱力及時嫁有為辦事事甚多不復
甲乙棺器及墓中勿用餘物為後患也朝服之
外唯下鐵鐶刀一口作家勿令深一依格莫
過度也後堂樓可安佛供養外國二僧送二宮及
舊與汝遊戲後堂船乘吾所乘牛馬送二宮又
司徒服飾衣裘悉為功德子廉等號泣奉行世
祖哀痛特至至冬乃舉樂宴朝臣上獻歔流涕

諸王邸不得起樓臨瞰宮掖上後登景陽望見
樓非感乃敕毀之齊後第四庫無見錢世祖敕以其
雜物服飾得數百萬起集善寺月給第四庫百
萬至上崩乃省性沉愛不樂聞人過失左右有
投書相告置辭中意不視火焚之齊庫失火
燒荊州還資評直三千餘萬主局各杖數十而
已群吏中南陽樂藹彭城劉繪其郡張稷最被
親禮藹輿竟陵王子良善日道德以可又傳聲
風流以浸遠揮稱雖復青簡緗芳未若玉石之

不朽飛翰圖藻豈伊雕篆之無沫丞相沖梓表
於天真淵照殆乎機象經邦緯民之範體國成
務之規故以業茂惟賢功高則哲神輝眇邈歡
筭不追感纒奉車恨百留滯下官鳳凰名節恩
義我輩慕望欷結哀輒率荊江湘三州僚吏建
碑龍首庶徽猷有述茂則方存昔子香淳德留
銘江介鉅平遺烈墜淚漢南況道尊前往惠積
聯綿者或下官今便反假無由躬事刊勒須至
西州鳩集所資託中書侍郎劉繪營辦藹又與

右率沈約書曰夫道宣餘烈竹帛有時先朽德
平道事金石更非後亡丞相獨秀生民傍照日
月摽勝丘園素稷於忠義譽鷹華衰功迹著
於孤詣無得而稱理絕照載若夫日用閒寂雖
無取於錙銖歲功宏達諒有寄於衡石竊承貫
江漢道基分陜表俾我荊南閒感無地且作紀
州士民或建碑冠冕禮樂被後昆若其望碑
蓋禮我州之舊俗傾壤罷肆郡士之遺風庶幾
引烈或不泯墜荊江湘三州策名不少並欲各

辭毫釐少申景慕斯文之託歷選惟疑必待文
蔚辭宗德余茂復非高明而誰豈能騁無愧之
目崩心蓋常謂福齊南山慶鍾仁壽吾儕小人
塵帷蓋逼豈圖一旦遂投此請約吾丞相風道
引曠獨秀生民疑猷盛烈方軌伊旦愍遺之感
朝野同悲承當列石紀功傳華千載宜洒盛述
實允來談郭有道漢末之匹夫非蔡伯喈不足

以偶三絕謝安石素族之台輔時無麗藻迄乃
有碑無文況文獻王冠冕舜儀形寓內自非
一世辭宗難或與此約閭閻鄙人名不入第歟
酬今旨便是以禮許人聞命懃顏己不覺汗之
沾背也建武中第二子恪字託約及太子詹事
孔稚珪為文子廉宇景謂初嶷養魚復侯子響
為世子午廉封永新侯千戶子響還本子廉為
世子除寧朔將軍淮陵太守太子中書舍人前
軍將軍善撫諸弟十一年卒贈侍中諡哀世
子弟三子子操泉陵侯王侯出身官無定淮素
姓三公長子一人為員外郎建武中子操解褐
為給事中自此齊末皆以為例永泰元年南康
侯子恪為吳郡太守避王敬則難奔歸以子操
園城子操與弟宜陽侯子光卒於尚書都座弟
四子子行洮陽侯早卒午元琳嗣今上受禪詔
曰褒隆往代義烔霹則朕當此樂推思引前典
豫章王元琳故巴陵王昭秀胄子周齊氏宗國

高武嫡胤宜祚井邑以傳世祀降新淦縣侯五
百戶
史臣曰楚元王高祖亞弟無功漢世東平憲王
辭位永平本及光武之業梁孝感於勝詭安平
心備晉運蕃輔貴盛地實高危持滿戒盈鮮能
全德宰相之器誠有天真因心無矯率由遠度
故能光贊二祖內和九族實同周氏之初周公
以來則未知所匹也
贊曰堂堂烈考德邁前蹤移忠以孝植友惟恭
帝載初造我王奮庸邦家有關我王彌縫道深
日用事緝民雍愛傳餘祀聲流景鍾

列傳第三　　　　　　　　　南齊書二十二

列傳第四

南齊書卷二十三

褚淵 淵弟澄
　　　　淵嗣

王儉

臣蕭子顯　　　　撰

褚淵字彥回河南陽翟人也祖秀之宋太常父
湛之驃騎將軍尚宋武帝女始安哀公主少
有世譽復尚文帝女南郡獻公主姑姪二世相繼
拜駙馬都尉除著作佐郎太子舍人太宰參軍
太子洗馬祕書丞湛之卒淵推財與弟唯取書
數千卷襲爵都鄉矦中書郎司徒右長史吏
部郎宋明帝即位加領太子屯騎校尉不受遷
侍中知東宮事轉吏部尚書尋領太子右
衛率固辭司徒建安王休仁南討義嘉賊屯鵲
尾遣淵詣軍選將帥以下動階得自專決事平
加驍騎將軍薛安都以徐州叛虜頻寇淮泗遣
淵慰勞北討衆軍淵還啟帝言肝胎以西戎備
單賨宜更配衣汝陰荊亭竝已圍逼安豐又已
不守壽春衆力王足自保若使遊騎擾壽陽則

江外危迫歷陽瓜步鍾離義陽皆須實力重
戍選有幹用者處之帝在藩與淵以風素相善
及即位深相委寄事皆見從改封雩都縣伯邑
五百戶轉侍中領右衛將軍轉遷散騎常侍丹
陽尹出為吳興太守常侍如故增秩千石固辭
增秩明帝疾甚馳使召淵付以後事帝謀誅建
安王休仁淵固諫不納復為吏部尚書領常侍
衛尉如故不受乃授右僕射衞尉如故淵以母年
高羸疾晨昏須養固辭衞尉不許明帝崩遺
詔以為中書令護軍將軍加散騎常侍與尚書
令袁粲受顧命輔幼主淵同心共理庶事當舍
倦之後務弘儉約百姓賴之接引賓客未嘗驕
倨王道隆阮佃夫用事奸略公行淵不能禁也
遭庶母郭氏喪有至性數日中毀頓不可復識
年不盈朞惟江淚處乃見其本質焉詔斷哭絕
平客華畢起為中軍將軍本官如故元徽二年
桂陽王休範反淵與衞將軍袁粲入衞宮省鎮
集衆心淵初為丹陽與從弟炤同載出道逢太

祖淵舉手指太祖車謂焰曰此非常人也出為
其與太祖餉物別淵又謂之曰此人材貌非常
將來不可測也及顧命之際引太祖豫焉太祖固
既平桂陽遷中領軍領南兗州增戶邑太祖固
讓與淵及衛軍袤褧書曰下官常人志不及遠
隨運推斥妄蹈非淮才輕任重夙宵冰惕近值
國危合氣同奮況在下官寧容身命屢冒鋒炭
報效恆理而褒嘉之典偏見甄沐貴登端戎秩
加爵土膽言霄衢魂神震墜下官奉上以誠率

性無矯前後乘荷未嘗固讓至若今授特深恛
迫寒以銜恩先旨義兼陵關識蔽防萌宗戚構
禍引訕怨既已靦顏乃復乘災求幸籍亂取
貴斯實國家之恥非臣子所忍也且榮不可濫
寵不可昧乞躑中候請傅增邑庶保止足輸効
淮湄如使伐匈奴凱歸反旃以此受爵不復固
辭矢淵槳杏日來告穎亮敬挹無已謙居心
深承非飾此誠此旨火著言外況復造席舒於
迂翰緒意推情顧已信足書紳佪令之所宜商

摧必以輕重相推世惟多難事屬雕弊四維恛
擾邊垠未安國家費廣府藏涸備北狄侵邊憂
虞交切寓內含識尚念為天下危心相與共荷任
寄若此當可稍脩廉退不求之懷抱實謂不可
了其不可理無固執且勑寇窮以勢過原燎墅
逆枕戈待敵斷決之策定有由狄鋒鏑初交元
惡送首摠律制奇判於此舉裂邑萬戶登爵槐
鼎亦何足少酬勳勞粗塞物聽今以近侍禁旅

進昇中候乘平隨牒取此非叨濟河昔所履牧
鎮軍秩不逾本詳校階序愧在未優就加冲損
特黁朝制本職數載同舟無幾劉領軍峻節霜
明臨危不顧音迹未晞奄成今古迷途失偶慟
不及悲戎誤內寄恆務倍急秉操辭榮將復誰
委誠惟軍柄所期自增茂圭社晉貫朝廷四夫
里語尚欲信厚君令必行遂然何路凡位居物
首功在衆先進退之宜當與衆共苟殉獨善何
以處物受不自私彌見至公表裏詳究無而後

可想體殊常深思然納太祖乃受命其年淵加
尚書令侍中給班劍二十人固謙令三年進爵
爲俠贈邑千戶服闋改授中書監侍中護軍如
故給鼓吹一部明年淵後嫡母吳郡公主薨野
瘠如初葬畢詔攝職固辭又以菅祭禮及解職
並不許蒼梧酷暴甚太祖與淵及袤袤言世
事袤曰主上幼年微過易改伊霍之事非代所
行縱使功成亦終無全地淵默然歸心及廢蒼
梧羣公集議表袤劉秉既不受任淵曰非蕭公
無以匕此手取書授太祖太祖曰相與不肯我
安得辭事乃定順帝立改號衞將軍開府儀同
三司侍中如故甲仗五十人入殿沈攸之事
起袤懷貳太祖名淵謀議淵曰西夏釁難
事必無成公當先備其內耳太祖密爲其備
事平進中書監司空本官如故齊臺建淵白
太祖列何曾目魏司徒爲晉丞相求爲齊官
太祖謙而不許達元元年進位司徒侍中中
書監如故封南康郡公邑三千戶淵固謙司

徒與僕射王儉書欲依蔡謨事例儉以非所宜
言勸淵受命淵終不就淵美儀貌善容止俯仰
進退咸有風則每朝會百僚遠國莫不延首目
送之宋明帝嘗歎曰褚淵能遲行緩步便持此
得宰相矣尋加尚書令本官如故二年重申前
命爲司徒又固謙是年虜動上欲發王公已下
無官者爲軍淵諫以爲無益實用空致擾動上
乃止朝廷機事及與諮謀每見從納禮遇甚重

上大宴集酒後謂羣臣曰卿等並宋時公卿亦
當不言我應得天子王儉等未及答淵斂板曰
陛下不言臣不早識龍顏談議善彈琵琶世
叔知公爲朱祐矣淵涉獵笑曰吾有愧文
祖在東官賜淵金鏤柄銀柱琵琶性和雅有器
度不妄舉動宅嘗失火煙焰甚逼左右驚擾淵
神色怡然索輿來徐去輕薄子頗以名節議之
以淵眼多白精謂之白虹貫日言爲宋氏亡徵也
太祖崩遺詔以淵爲錄尚書事江左以來無單
拜錄者有司疑立優策尚書王儉議以爲見

居本官別拜錄推理應有策書而舊事不載中
朝以來三公王侯則優策並設官品第二策而
不優者襃美策者無明委寄尚書職居天官
政化之本尚書令品雖第三拜必有策錄尚書
品秩不見而摠任彌重前代多與本官同拜故
不別有策即事緣情不容均之凡儌宜有策書
用申隆寄既異王侯不假優文從故
臺淵憂之表遷位又因王倫及侍中王晏口陳
綳為三十八日一朝頒之寢疾從上相星增淵班
於世祖世祖不許又啟曰臣顧惟凡薄福過災
生未能以正情自安遽悲彥輔既內懷耿介便
覺愍刻難推叩職未久首歲便嬰疾篤爾來沈
痼頻經危殆彌深憂震陛下曲存遲回或謂僉
議同異此出於留慈每過愛欲其榮臣年四十
有八叨忝若此以疾陳遜宣駁聽察摠錄之任
江左軍授上隣亞台升降蓋微今受祿弗辭退
紬斯顇於臣名器非曰眇少萬物耳目皎然共
見寧足仰延聖慮稍垂矜惜臣若內飾廉譽外

南齊傳四　七

循謙後此則憲書行劾刑綱是肅臣赤誠不能
行亦幽明所不宥匡寸心歸啟以實自咎于
陰實顏方倍堯世昔王引自請乃於司徒為衛
將軍宋氏行之不疑當時物無異議以臣方之
曾何足說伏願宏閣開亭造則臣死之
日猶生之年乃改授司空領驃騎將軍侍中錄
尚書如故上遣侍中王晏黃門郎王秀之問疾
薨家無餘財負債至數十萬詔曰司徒奄至薨
逝痛悼惘懷比雖廷際便力出臨哭給東園秘
器朝服一具衣一襲錢二十萬布二百疋蠟二
百斤時司空揔屬以淵未拜疑應為更敬不王
倫議依禮婦在塗聞夫家喪改服而入今揔屬
雖未服勤而吏節栗於天朝宜申禮敬司徒府
史又以淵既解職而未恭後授府猶應上服以
不倫又議依中朝士孫德祖從樂陵遷為陳留
未入境樂陵郡吏依居官制服又詔
女有吉日齊衰弔司徒府宜依陳留迎吏依要
曰夫襄德所以紀民慎終所以歸厚前王習但

南齊傳四　八

盛典咸必由之故侍中司徒錄尚書事新除司
徒領驃騎將軍南康公淵履道秉哲鑑識弘
曠爰初弱齡清風夙舉應務具瞻允集孝
友著於家邦忠貞彰於亮采佐命先朝經綸王
化契闊屯夷綢繆終始揔錄機衡四叶惟穆緝誘以
同規往古式範來今謙光彌遠歷屢陳降挹權從
高曰用虧大猷將登上列永翼殷歷教天不憖遺
奄焉薨逝朕用震慟于厥心其贈公太宰侍中
錄尚書公如故給節加羽葆鼓吹增班劍為六
十人葬送之禮悉依宋太保王弘故事諡曰文
簡先是庶姓三公輼輬車未有定格天倏議官品
第一皆加幢絡自淵始也又詔淵妻宋故巴西
主塈隧輤啟宣贈南康郡公夫人長子貢字蔚
先解褐祕書郎昇明中為太尉從事中郎
司徒右長史太傅屬黃門郎領羽林監齊
世子中庶子領翊軍校尉建元初仍為宮官歷
侍中淵薨服闋見世祖貢流涕不自勝上甚嘉
之以為侍中領步兵校尉長史左民尚書散騎

常侍祕書監不拜六年上表稱疾讓封與弟蓁
世以為貢恨淵失節於宋室故不復仕永明七年
卒詔賜錢三萬布五十四
蓁字茂緒永明中解褐為員外郎出義興太守
八年改封巴東郡侯明年表讓度支尚書領軍
詔許之建武末卒贈太子詹事度支尚書領軍
將軍永元元年卒贈太常諡穆納側室郭氏
生淵後向吳郡公主生澄淵事主孝謹主愛之湛
澄字彥道初湛之尚始安公主薨納側室郭氏
馬都尉歷官清顯善音醫術建元中為吳郡太
守豫章王感疾太祖召澄為治立愈尋遷左民
尚書淵薨澄以錢萬一千就招提寺贖太祖所
賜淵白貂坐褥壞作裘及纓又贖淵介幘犀導
及淵常所乘黃牛永明元年為御史中丞袁彖
所奏免官禁錮見原遷侍中領右軍將軍以勤
謹見知其年卒澄女為東昏皇后永元元年追
贈金紫光祿大夫時東陽徐嗣殿術妙有一僧

父冷病積年重茵累褥狀下設鑪火猶不差嗣焉作治盛冬月令偈父踝身坐石啟以百瓶水從頭自灌初與數十瓶寒戰垂死其子弟相守垂泣嗣令滿數得七八十瓶後舉體出氣如雲蒸嗣令徹狀去被明日立能起行云此大熱病也又春月出南籬門戲閹笪屋中有呻吟聲嗣曰此病其重更二日不治必死乃往視一嫗稱舉體痛而處處有黶黑無數嗣還煮升餘湯送令服之嫗覺痛愈甚跳投狀者無數須臾

南齊書傳四 十一 李偵

所黶處皆拔出長寸許乃以膏塗諸瘡口三日而復云此名釘疽也事驗甚多過於澄矣

王儉字仲寶琅邪臨沂人也祖曇首宋右光祿父僧綽金紫光祿大夫儉生而僧綽遇害叔父僧虔所養數歲襲爵豫章侯拜受茅土流涕嗚咽幼有神彩專心篤學手不釋卷丹陽尹袁粲聞其名言之於明帝尚陽羨公主拜駙馬都尉帝以儉嫡母武康公主同太初巫蠱事不可以為婦姑欲開塚離葬儉因人自陳密以死請

故事不行解祕書郎太子舍人超遷祕書丞上表求校墳籍依七略撰七志四十卷上表獻之表辭甚典又撰定元徽四部書目毋憂服闋為司徒右長史晉令公府長史著朝服宋大明以來著例補義興太守還為黃門郎轉吏部郎昇明二年遷長兼侍中以父終此職固讓儉之為吳興例補義興太守出引晉新安主婿王獻虐儉憂懼告袁粲求出不許蒼梧暴察太祖雄異先於領府衣裾大祖為太尉引為

南齊書傳四 十二 朱看

右長史恩禮隆密專見任用轉左長史及太傅之授儉所唱也少有宰相之志物議咸相推許時大典將行儉為禪詔策文皆出於儉褚淵唯為佐命禮儀詔策皆出於儉褚淵領吏部時年二十八太祖從容謂儉曰我今以青溪為鴻溝對曰天應民從庶無楚漢之事建元元年改封南昌縣公食邑二千戶明年轉左僕射領選如故上壞宋明帝紫極殿以材柱起宣陽門儉與褚淵及叔父僧虔連名上表諫曰

臣聞德者身之基儉者德之輿春臺將立晉卿

秉議北宮肇構漢臣盡規彼二君者或列國常

庶或守文中主向使諫爭在義即悅況陛下聖

哲應期臣等職司隆重敢藉前誥竊乃有心陛

下登庸宰物節省之教既昭龍袞斑極簡約之

門臣等未塵壹也夫移心疾於股肱非良醫之美

訓彌遠乾華外構采椽不斲紫極故材為宣陽

畏影斂迹而馳騖日靜慶之方且又三農在日千

畛咸事輟翫望王威之勤興土木之役非所以宣昭

大猷光宗遷邇若以門居宮南重陽所屬年月

稍父漸就淪胥曰可隨宜修理而合度改作之

煩於是平息所啓諾合請付外施行上手詔酬

納宋世外六門設竹籬是年初有發白虎樽者

言白門三重門竹籬穿不完上感其言改立都

墻儉又諫上答曰吾欲令後世無以加也朝廷

初其制度草創儉識舊重問無不答上歎曰

詩云維獄降神生甫及申今亦天為我生儉也

其年儉固請解選表曰臣遠尋終古近察身

事邀恩幸藉未見其倫何者子房之遇漢高公

達之逢君史籍以為美談君子稱其高義二

臣才堪王佐理非曲私兩主專杖威武有傷寬裕

豈與庸流之人憑含弘之澤者同年而語哉預

在有心胡寧無感如使傾宗殞元有益塵露猶

當畢志驅馳仰訓萬一豈容稍在形飾以徇常

事九流任要風獻所先玉石朱素由斯而定臣亦

不謂文案之間都無微解至於品裁臧否特所

未閑雖存自勖識不副意兼竊而任彼此俱蘊

專情本官庶幾易職且前代掌選未必其在

代來何為於今非臣不可傾心奉國匪復退讓

之與預同休戚寧侯位任為親陛下若不以此理

賜期豈仰望於殊眷眷冒嚴威分甘尤戾見許

加侍中固讓復除散騎常侍上曲宴羣臣數人各使

劾伎藝褚淵彈琵琶王僧虔彈琴沈文季歌

子夜張敬兒舞王敬則拍張儉曰臣無所解唯

知誦書因跪上前誦相如封禪書上笑曰此盛

德之事吾何以堪之後上使陸澄誦孝經自仲

尼居而起儉曰澄所謂博而寡要臣請誦之乃
誦君子之事上章曰善張子布更覺非奇
也尋以本官領太子詹事加兵三百人上崩遺
詔以儉為侍中尚書左鎮軍將軍將軍世祖即位給
班劍二十人永明元年進號衛軍將軍雜掌選
事二年領國子祭酒丹陽尹本官如故給鼓吹
一部三年領太子祭酒叔父僧虔亡儉表解職不
許又領太子少傅本州中正解丹陽尹舊太子
敬二傅同至是朝議接少傅以賓友之禮是歲

▲南齊傳四　十五

省揔明觀於儉宅開學士餚悉以四部書充儉家
又詔儉以家為府四年以本官領吏部儉長禮學
語究朝儀毋博議證引先儒罕有其例一坐丞郎
無能異者令史諸事賓客滿席儉應接觴使
無留滯十日一還學監試諸生巾卷在庭劍衛儉令
史儀容甚盛作解散髻斜插幘朝野慕之相
與放效儉常謂人曰江左風流宰相唯有謝安蓋
比也世祖深委仗之士流選用奏無不可五年即
本號開府儀同三司固讓六年重申前命先是

詔儉三日一還朝尚書令史出外詔事上以往
來煩數復詔儉還尚書下省月聽十日出外儉啟
求解選不許七年乃上表曰臣比年辭選具簡天
明欵言彰於侍接丹誠亦於朝野物議不以為非
聖心未垂矜納臣聞知懲不如明時求之微躬實
允斯義妄庸之人沈浮無取命偶休泰遂踐康
衢之暉晦往明來五德遞運聖不偏治元亮采
燼之暉昧叩其位常搃端右巫管銓衡事涉
臣逢其時而叨 吳大明

▲南齊傳四　十六

兩朝歲綿一紀盛年已老孫攝巾冠人物祖遷
逝者料半三考無聞尤流寂寞能官之詠輒響
於當時大車之剌方典於來日若天珥貂衣袞
之貴四輔六教之華誠知匪服職務差簡端揆
雖重猶可勉勵至於品藻之任尤懼其阻鳳霄
聲竭屢試無庸歲月之女近世罕比非唯悔吝
在身故乃惟塵及國方今多士盈朝塞才競爽
選衆而授古亦何人冒陳微翰必希天照至敬
無文不敢煩顯見許叩願中書監參掌選事其

年疾上親臨視薨年三十八吏部尚書王晏啟
及儉喪上答曰儉年德富盛志用方隆豈意忽暴
疾不展救護便為異世奄忽如此痛酷彌深其
契闊艱運義重常懷言尋悲切不能自勝痛矣可
奈何往矣奈何詔衛軍文武及臺所兵伕可悉
停待葬又詔曰慎終追遠列代通規曁德紀勳
彌峻恒策故侍中中書令太子少傅領國子祭
酒衛軍將軍開府儀同三司南昌公儉體道秉
哲風宇淵曠肇自弱齡清猷自遠登朝應務

民望斯屬草昧皇基協隆鼎祚宏謨盛烈載銘
彝篆及贊朕躬徽績光茂忠圖令範造次必
斯四門允穆時序宗臣之重情寄兼常方
正位論道永龍系職弼茲京化以嬪貝隆平天不
憖遺奄焉薨逝朕用震慟于厥心可追贈太尉
侍中中書監公如故給節加羽葆鼓吹增班劍
為六十人葬禮依故太宰文簡公褚淵故事家
墓材官營辦謚文憲公儉寡嗜慾唯以經國為
務車服塵素家無遺時手筆典裁為當時所

重少撰古今喪服集記幷文集並行於世今上
受禪下詔為儉立碑降爵為庚千戶儉弟遜
昇明中為丹陽丞告劉秉事不蒙封賞建元
初為晉陵太守有怨言儉應門為禍因褚淵啟
聞中丞陸澄依事舉奏詔曰儉世載德竭誠
佐命特降刑書宥遜以遠從來嘉郡道伏誅
史臣曰褚淵裒粲俱受宋明帝顧託粲既死節於

夫湯武之迹異平堯舜伊呂之心亦非稷契降
宋氏而淵逢興運世之非責淵者眾矣臣謹論之
此風規未足為證也自金張世族袁楊鼎貴委
質服義豈由漢氏膏腴見重事起於斯魏氏君
臨年祚短促服褐前代冒成後朝晉氏登庸任
之從事名雖魏臣實為晉有故主位雖改臣任
如初自是世祿之盛習為舊準羽儀所隆人懷
慶平流進取坐至公卿則知殉國之感無因
羨其君臣之節徒致虛名貴仕素資皆由門
念宜切市朝亞革寵貴方來陵關雖殊顧眄之
如中行智伯未有異遇褚淵當泰始初運清

涂已顯數年之間不患無位既以民望而見引

亦隨民望而去之夫爵祿既輕有國常選恩

非已獨責人以死斯故人主之所同謬世情之

過差也

贊曰猗歟褚公德素內充民譽不爽家稱克隆

從容佐世貽議匪躬文憲濟濟輔相之體稱述

霸王綱維典禮期寄兩朝綱緩官陛

柳世隆
張瑰

南齊書二十四

臣蕭‧子顯　撰

柳世隆字彥緒河東解人也祖憑馮翊太守父
叔宗早卒世隆少有風器伯父元景宋大明中
為尚書令獨賞愛之異於諸子言於孝武帝得
名見帝曰三公一人是將來事也海陵王休茂
為雍州辟世隆為迎主簿除西陽王撫軍法曹
行參軍出為虎威將軍上庸太守帝謂元景曰
卿昔以虎威之號為隨郡令復以授世隆使卿
門世不絕公也元景為景和所殺世隆以在遠
得免泰始初諸州反叛世隆以門禍獲申事由
明帝乃擄郡起兵遣使應朝廷引農人劉僧驎
亦聚眾應之収合萬人奄至襄陽萬山為孔道
存所破衆皆奔散僅以身免逃藏民間事乃
出還為尚書儀曹郎明帝嘉其義心發詔擢為
太子洗馬出為寧遠將軍巴西梓潼太守還為

越騎校尉轉建平王鎮北諮議參軍領南泰山
太守轉司馬東海太守入為通直散騎常侍尋
為晉熙王安西司馬加寧朔將軍時世祖為長
史與世隆相遇甚懽太祖之謀渡廣陵也令世
祖率衆下同會京邑世隆與長流蕭景先等戒
嚴待期事不行是時朝廷疑憚沈攸之密為之
防府州器械皆有素蓄世隆將下都劉懷珍白
太祖曰夏口是兵衝要地宜得其人太祖納之
與世隆書曰汝既入朝當須文武兼資人與汝
意合者委以後事世隆其人也世祖舉世隆自
代轉為武陵王前軍長史江夏內史行郢州事
昇明元年冬攸之反遣輔國將軍中兵參軍孫
同寧朔將軍軍中兵參軍武寶龍驤將軍騎兵參
軍朱君拔寧朔將軍沈惠真龍驤將軍騎兵參
軍王道起三萬人為前驅又遣司馬冠軍將軍劉攘
兵領寧朔將軍外兵參軍公孫方平龍驤將軍
騎兵參軍朱靈真沈僧敬龍驤將軍高茂二萬
人次之又遣輔國將軍王靈秀丁珍東寧朔將

軍中兵參軍王彌之寧朔將軍外兵參軍楊景
穆二千四騎分兵出夏口據會山收之乘輕舸
從數百人先大軍下住白螺洲坐胡床以望其
軍有自驕色既至郢以郢城弱小不足攻遣人
告世隆曰被太后令當暫還都卿既相與奉國
郢城小鎮自守而已收之之將去世隆遣軍於西
想得此意世隆使人答曰東下之師久承聲問
渚挑戰收之果怒令諸軍登岸燒郢邑築長
圍攻道顧謂人曰以此攻城何城不剋晝夜攻

南齊書傳五

戰世隆隨宜拒應皆披却世祖初下與世隆
別曰收之一旦為虜焚夏口舟艦泝流而東則
坐守空城不可制也雖留攻城不可卒拔卿為
其內我為其外乃無憂耳至是世祖遣軍主
桓敬陳省叔苟元賓等八軍據西塞令堅壁以
待賊疲廏世隆危急遣腹心胡元直潛使入郢
城通授軍消息內外並喜尚書符曰沈收之出
自龍臥寂寞累故司空沈公以從父宗廟愛
之考子羽翼吹噓得昇官次景和昏悖猜畏柱

三　宋通

臣而收之凶忍趣利樂禍請衡詔旨躬行反噬
又收之與譚金童泰壹等暴寵狂朝並為心
贅同功共體世號三疾當時親昵情過管鮑
仰遭革運凶當黨懼裁收之反善圖全用得自免
既殺從父又虐良朋雖呂布販君酈寄賣友
方之斯人未足為酷泰始開關網漏吞舟略其
凶險取其搏噬故階亂獲全因禍興福吞城之
下邳望旗宵遁再經王師久應肆法值先帝宥
其回溪之恥並冀有封崤之捷故得幸會推遷頻
煩顯授內端戎禁外緩萬里聖去鼎湖遠須顧
命託寄崇深義感金石而收之始奉國諱喜形
于顏普天同衰已以為慶累登蕃岳自郢遷荊
晉熙王以皇弟代鎮地望垂重收之斷割候迎肆
意陵略料擇士馬簡箕器械權撥精銳並取自
隨郢城所留單不遺一專恣園奪固顧國典踐
荊巳來恆用姦數既懷異志興造無端乃感迫
羣犀驪擾山谷揚聲討代盡戶上丁蟻聚郢邑

南齊書傳五

六

四　方中

伺國衰盛從來積年求不解甲遂四野百縣路
無男人耕田載祖皆驅女弱自古酷虐未聞於
此昔歲桂陽內釁宗廟阽危收之任官上流兵
殭地廣勤王之舉寔宜悉行裁遣羸弱不滿三
千至郢州粟受節度欲令判否之日委罪晉熙
招誘細客羈絆行侶竄叛入境輒加擁護通亡
賦暴參夷之刑鞭笞國士全用虜法一人逃亡
閭宗捕逮皇朝赦令初不遵奉曠蕩之澤長隔

彼州人懷怨望十室而九今乃舉兵內侮姦回
外熾斯寔惡熟罪成之辰決癰潰疽之日幕府
過荷朝寄義百常憤董御元戎襄陽諸軍事平西將
軍郢州刺史聞喜縣開國侯黃回員外散騎常
新除使持節郢州司州之義陽諸軍事平西將
侍輔國將軍驍騎將軍重安縣開國子軍主王宜與
敬則屯騎校尉長壽右軍將軍葛陽縣開國男
屯騎校尉陳承叔右軍將軍葛陽縣開國男
彭文之驃騎行參軍振武將軍部宰精甲二萬

衝其首旅又遣散騎常侍游擊將軍臨湘縣開
國男呂安國持節郢將軍越州刺史孫曇瓘
屯騎校尉窅朔將軍崔慧景窅朔將軍左軍將
軍新亭侯任侯伯龍驤將軍虎賁中郎將尹略
屯騎校尉南城令曹虎頭輔國將軍驍騎將軍蕭
崇祖等舳艫二萬驍驛繼邁屯騎校尉荀
譚新除窅朔將軍游擊將軍下邳縣開國子垣
奉朝諸諸龍光等輕艦一萬截其精要驍騎將
元賓撫軍參軍郢文考撫軍中兵參軍程隱雋
軍周盤龍後將軍成買輔國將軍王勒勤屯騎
校尉王洪範等鐵騎五千步道繼進先據陸路
斷其走伏持節督雍梁二州郢州之竟陵司州
之隨郡諸軍事征虜將軍寧蠻校尉雍州刺史
襄陽縣開國侯新除鎮軍將軍張荀兒志節慷
慨卷甲樊鄧水步俱馳破其巢窟持節督司州
諸軍事征虜將軍司州刺史領義陽太守范陽
縣侯姚道和義烈梗槩投袂方隅風馳電掣龍襄
其輔重萬里建於四方飛旆莫不撟率衆師雲

沈攸之

翔雷動人神同憤遠通并心今皇上聖明將相
仁愛約法三章寬刑緩賦年登歲阜家給人足
上有惠民之澤下無樂亂之心攸之不識天時
妄圖大逆舉無名之師驅饑怨之眾是以朝野
審其易取含識判其成敗彼士民罷毒日久
今復相逼迫投赴鋒刃交戰之日蘭艾難分去
世弘宥之典有如皎日郢城既不可攻而平西
就在機望思先曉無使一人迷疑而九族就禍
將軍黃回軍至西陽乘三層艦作羌胡伎泝流

■南齊書傳五　　七　　　郢春

而進攸之素失人情本逼以威力初發江陵已
有叛者至是稍多攸之日夕乘馬歷營撫慰而
去者不息攸之大怒召諸軍主曰我被太后令
建義下都大事若剋白紗帽共著耳如其不振
朝廷自誅我百口不關餘人此軍人叛身自今
等不以為意我亦不能問叛遣十人追並去不
者軍主任其罪於是一人叛遣十人追並去不
反莫敢發覺咸有異計劉攘兵射書與世隆許
降世隆開門納之攘兵燒營而去火起乃覺攸

之怒銜鬚咀之收攘兵兄子天賜女壻張平虜
斬之軍旅大散攸之渡魯山岸猶有數十四騎
自隨宣令軍中日荊州城中大有錢可相與抄
取以為資糧郢城未有追軍而散軍畏蠻抄更
相聚結可二萬人隨攸之將至江陵乃散世隆
仍遷尚書右僕射封貞陽縣侯邑二千戶出為
刀遣軍副劉僧驎道追之攸之已死徵為侍中
左將軍吳郡太守加秩中二千石丁母憂太祖
踐阼起為使持節都督南豫司二州諸軍事平

■南齊書傳五　　八　　　馬祖

南將軍南豫州刺史進爵為公上手詔與司徒
褚淵曰向見世隆毀瘠過甚始欲不可復識非
直使人惻然實亦珍國寶也淵答曰世隆至
性純深哀過平禮事陛下在危盡忠憂惶居憂
杖而後起立人之本二理同極加榮增寵足以
厲俗敦風建元二年進號安南將軍是時虜寇
壽陽上敕世隆曰歷陽城大恐不可卒治正宜
斷隔之深為保固處分百姓若不將家守城單
身亦難可委信也尋又敕曰吾更歷陽外城若

有賊至即勒百姓守之故應勝割棄也垣崇祖既
破虜上欲罷併二豫敕世隆曰比思江西蕭索
二豫兩辦爲難議者多云省一足一於事爲便
吾謂非乃乖謬卿以爲云何可具以聞尋授後
將軍尚書右僕射不拜世隆性愛涉獵啓大祖
借祕閣書上給二千卷三年出爲使持節督南
兗兗徐青冀五州軍事北將軍南兗州刺史
江北畏虜寇搔動不安上敕世隆曰比有此信
賊猶治兵在彭城年巳垂盡或當未必送死然杆
狼不可以理推爲備或不可憚彼郭既無關要
用宜開除使去金城三十丈政佳耳發民治之
無嫌若作三千人食者巳有幾米可指牒付信
還民間若有丁多而細口少者悉令式非疑也
又敕曰昨夜得比使啓鍾離間賊巳渡淮既審
送死便當制加勦撲卿好參候之有急令諸小
戍還鎮不可賊至不覺也賊既過淮不容遽退
散要應有處送死者定改壽陽吾當遣援軍也
又遣軍助世隆并給軍糧虜退上欲土斷江北

三・九四　南齊傳五　九　宋璐

又敕世隆曰呂安國近在西土斷郢司二境上
雜民大佳民殆無殘恐近又令垣豫州斷其州
内商得意卿啓事巳行竟近無云云殊稱前代
舊意卿視寇部中可行此事不若無所擾春便
就手也其見親委如此世祖即位加散騎常侍
世隆善卜別龜甲價至一萬永明建號世隆題
州齊壁曰永明十一年謂當有李黨曰我不見
也入爲侍中護軍將軍遷尚書右僕射領太子
右率雍州大中正不拜改授散騎常侍尚書左
僕射中正如故湘州蠻動遣世隆以本官惣督
代蠻衆軍仍爲使持節都督湘州諸軍事鎮南
將軍湘州刺史常侍如故世隆至鎮以方略討
平之在州立邸治生爲中丞庾杲之所表詔原
不問復入爲尚書左僕射領衛尉不拜仍轉尚
書令世隆少立功名晚專以談義自業善彈琴
世稱柳公雙璵爲士品第一常自云馬稍第一
清談第二彈琴第三在朝不干世務垂簾鼓琴
風韻清遠甚獲世譽以疾遜位改授侍中衛將

三百卅　南齊傳五　十　李倍

軍不拜轉左光祿大夫侍中如故九年卒時年
五十詔給東園祕器朝服一具衣一襲錢十
万布三百四蟣三百斤又詔曰故侍中左光祿
大夫貞陽公世隆秉德居業才兼經緯少播清
徽長弘美譽入參內禁出贊西牧專寄郢劽剗
雅頌震慟良深贈司空班劒三十人鼓吹一部

三百卅五　【南齊傳五】　十　李偐

挈臣猾超越前勳功第一代及揔任方州民頌
寬德翼教崇闡朝稱元正忠謨味用爕鴻化奄至
可期不謂一旦便爲異世痛但之深此何可言
其昔在郢誠心鳳間全保一蕃勳業克著尋准
契闊增泣悲咽卿同在情亦當無已已耶世隆
世隆雖抱疾積歲志氣未衰耆翼醫藥有效奎差
侍中如故謚曰忠武上又敕吏部尚書王晏曰
曉數術於倪塘創基與實客踐履十往五往常
坐一處及卒墓正取其坐處焉箸龜經祕要二
卷行於世長子悅早卒
張瓌字祖逸吳郡吳人也祖裕宋金紫光祿大

夫父永右光祿大夫曉音律宋孝武問永以大
極殿前鍾聲嘶永答鍾有銅滓乃扣鍾求其處
鑿而去之聲遂清越瓌解褐江夏王太尉行參
軍署外兵隨府轉爲太傅五官爲義恭所遇遷
太子舍人中書郎驃騎從事中郎司徒右長史

三兵四　【南齊傳五】　十二　吳志

初永拒桂陽賊於白下潰阮佃夫等欲加罪
太子固申明之瓌由此感恩自結轉通直散騎
常侍驍騎將軍遭父喪還吳持服昇明元年劉
秉有異圖弟遐爲吳郡瓌潛相影響因沈攸之事
難聚衆三千人治攻具太祖密遣殿中將軍十
白龍令瓌取遐諸張世有豪氣瓌宅中常有父
時舊部曲數百還召瓌僞受旨與叔恕領兵
十八人入郡與防郡隊主彊弩將軍郭羅進中
齊取遐蹦窬而走瓌部曲顧憲子手斬之郡內
莫敢動者獻捷太祖以告領軍張沖沖曰瓌以
百口一擲出手得盧矣即授輔國將軍吳郡太
守封瓌義成縣侯邑千户太祖故以嘉名錫之
除冠軍將軍東海東莞二郡太守不拜建元元

年增邑爲二百户尋改封平都侯遷侍中加領步
兵校尉二年遷都官尚書領校尉如故出爲征虜
將軍吳興太守三年馬程之顧昌有罪瓛坐不
糾免官明年爲度支尚書世祖即位爲冠軍將軍
鄱陽王北中郎長史襄陽相行雍州府州事隨府
轉征虜長史四年仍爲持節督雍梁南府北秦四州
郢州之竟陵司州之隨郡軍事輔國將軍雍州刺
史尋領寧蠻校尉還爲左民尚書領右軍將軍遷
冠軍將軍大司馬長史十年轉太常自陳襄疾願

南齊書傳五 十三

從閑養明年轉散騎常侍光祿大夫頊之上欲復
用瓛乃以爲後將軍南東海太守秩中二千石行
南徐州府州事又行河東王國事到官復稱疾還
爲散騎常侍光祿大夫瓛林即位加金章紫綬隆
昌元年給親信二十人瓛林廢朝臣到宮門參承
蕃起兵託脚疾不下海陵立加右將軍高宗疑外
高宗瓛託眾軍事瓛見朝廷多難遂
恇怯臥疾建武元年轉給事中光祿大夫親信如故
月加給錢二萬二年虜盛詔瓛以本官假節督廣陵

諸軍事行南兗州事虜退乃還瓛居室豪富伎
妾盈房有子十餘人常云其中要應有好者建
武末屢啓高宗還吳見許優游自樂或有譏瓛
者瓛曰我少好音律老而方解平生嗜
欲無復一存唯未能遣此處耳高宗疾甚防疑
大司馬王敬則以瓛素著幹略授平東將軍吳
郡太守以瓛爲之備及瓛遣將吏三千人
迎拒於松江聞敬則軍鼓聲一時散走瓛棄郡
逃民間事平瓛復還郡爲有司所奏免官削爵

南齊書傳五 十四　朱春

永元初爲光祿大夫尋加前將軍金章紫綬三
年義師下東昏假瓛節戍石頭義師至新亭瓛
棄城走還宮梁初復爲光祿天監四年卒
史臣曰文以附衆武以立威元帥之才稱爲國
輔沈攸之十年治兵白首舉事荊楚上流方江
東下斯驅除之巨難帝王之大敵柳世隆勢居
中夏年淺位輕首抗全師孤城挑攻臨坰授策
曾無汗馬勍寇沮力屈於高壖亂轍爭先降
奔郢路陸遜之破玄德不是過也及世道清寧

出牧內佐體之以風素居之以雅德固興家之
盛美也
贊曰忠武匡贊貴號兼文□□□□□□□□□旗
游藝養術安絃拂龜義□□□□□□□□□佛民

列傳第五　　　南齊書二四

榮

垣崇祖

張敬兒

臣蕭子顯撰

崇祖字敬遠下邳人也族姓豪彊石虎世
自略陽徙之於鄴曾祖敞爲慕容德僞吏部
尚書祖苗宋武征廣固率部曲歸降仍家下邳
官至龍驤將軍汝南新蔡太守父詢積射將軍
宋孝武世死事贈冀州刺史崇祖年十四有幹
略伯父豫州刺史護之謂門宗曰此兒必大成
吾門汝等不及也刺史劉道隆辟爲主簿厚遇
之除新安王國上將軍景和世道隆求出爲梁
州啓轉崇祖爲義陽王征北行參軍與道隆同
行使還下邳召慕明帝立道隆被誅薛安都反
明帝遣張永沈攸之北討崇祖士衆會靑州援
世雄據下邳祖隆引崇祖共拒戰會靑州援
主劉珍之背逆歸降祖隆士衆祖敗崇祖與親
近數十人夜救祖隆與俱走還彭城旣陷徐州

崇祖仍爲虜將游兵琅邪閒不復歸虜不能制
密道人於彭城迎母欲南奔事覺虜執其母爲質
崇祖妹夫皇甫肅兄婦薛安都之女故虜信之
蕭仍將家屬及崇祖母奔胸山崇祖因將部曲
據之遣使歸命太祖在淮陰板爲胸山戍主
其母還京師明帝納之胸山邊海孤險人情未
安崇祖常浮舟舸於水側有急得以入海軍將
得罪亡叛具以告虜虜僞靑州刺史東徐州刺
史成固公始得靑州閒叛者說遣步騎二萬襲
崇祖屯洛要去胸山城二十里崇祖出送客未
歸城中驚恐皆下船欲去崇祖還謂腹心曰賊
此擬來本非大舉政是乘信一說易遣誑之今
若得百餘人還事必濟矣但一人騎不可斂
集卿等可急去此二里外大叫而來唱艾塘義
人已得破虜須戍軍速往相助遂退船中人果
喜爭上岸崇祖引入據城遣嬴弱入島令人持
兩炬火登山鼓叫虜參騎謂其軍備甚盛乃退
崇祖啓明帝曰淮北士民力屈胡虜南向之心

日夜以冀崇祖父伯並爲淮北州郡門族布在
北邊百姓乞假名號以示遠近明帝以爲輔國
不足威衆所信一朝嘯咤事功何立名位尚輕
將軍北琅邪蘭陵二郡太守亡命司馬從之謀
襲郡崇祖討捕斬之數陳計筭欲剗復淮北時
虜聲當寇淮南明帝以問崇祖崇祖因啟宜以
其窺窬之患帝許之崇祖數百人入虜界七
輕兵深入出其不意進可立勳退可絕
百據南城固家山扇動郡縣虜率大衆攻之其

三六四　■南齊書傳六　　三　林叔

別將梁湛母在虜虜執其母使湛告部曲曰大
軍已去獨住何爲於是衆情離阻一時奔退崇
祖謂左右曰今若俱退必不獲免乃住後力戰
大敗而歸以父勞封下邳縣子泰豫九年行徐
州事徙戍龍沮在胸山南崇祖啟斷水清平地
以絕虜馬彭城鎮將劉懷珍云可立崇祖率將吏
塞之未成虜主謂僞彭城鎮將平陽公曰龍沮
若立國之恥也以死爭之數萬騎掩至崇祖馬
樂陷陣不能抗乃築城自守會天雨十餘日虜

乃退龍沮竟不立歷肝眙平陽東海二郡太守
將軍如故轉郡陵王南中郎司馬復爲東海太
守初崇祖遇太祖於淮陰太祖以其武勇善待
之崇祖謂皇甫肅曰此其吾君也吾今逢主矣
入虜界更聽後旨會倉梧廢太祖召崇祖領部
令崇祖受旨即以家口託皇甫肅勒數百人將
曲還都除游擊將軍平以崇祖爲持
所謂千載一時遂密布誠節元徽末太祖憂虜
節督兗青冀二州諸軍事輔冠軍將將

三六五　■南齊傳六　　四　具

刺史太祖踐阼謂崇祖曰我新有天下夷虜不
識運命必當動其蟻衆以送劉昶爲辯賊之所
衝必在壽春能制此寇非卿莫可徙爲使持節
監豫司二州諸軍事豫州刺史將軍如故封望
蔡縣侯七百戶建元二年虜遣僞梁王郁豆眷
及劉昶馬步號二十萬寇壽春崇祖召文武議
曰賊衆我寡當用奇以制之當修外城以待敵
城既廣闊非水不固今欲僭肥水却淹爲三面
之險諸君意如何衆曰昔佛狸侵壙宋南平王

士卒完盛以郭大難守退保內城今日之事十
倍於前古來相承不築肥堰皆以地形不便積
水無用故也若必行之恐非事宜崇祖見
其二不識其二若捨外城賊必據之外脩樓櫓
內築長圍四周無礙表裏受敵此坐自為擒守
郭築堰是吾不諫之策也乃於城西此立堰塞
肥水堰北起小城周為深塹使數千人守之崇
祖謂長史封延伯曰虜貪而少慮必悉力攻小
城圖破此堰見斬狹城小謂一往可尅當以蟻
附攻之放水一激急踰三峽事窮奔透自然沈
溺此豈非小勞而大利邪虜眾由西道集堰南
分軍東路肉薄攻小城崇祖著白紗帽肩輿上
城手自轉式至日晡時決小史埭水勢奔下虜
攻城之眾漂墜塹中人馬溺死數千人眾皆退
走初崇祖在淮陰見上便自此韓信白起至上
信唯上獨許之崇祖再拜奉旨及破虜啟至上
謂朝臣曰崇祖許為我制虜果如其言其恒自
擬韓曰今具其人也進為都督號平西將軍增

封為千五百戶崇祖聞陳顯達李安民皆增
給軍儀啟上求鼓吹橫吹上敕曰何可不與
眾異給鼓吹一部崇祖慮虜復冠淮北啟徙下
蔡戍於淮東其冬虜果欲攻下蔡既聞內徙乃
揚聲平除故城眾疑虜當於故城立戍崇祖曰
恐奔蔡去鎮恐尺書豈敢置戍實欲除此故城政
下蔡戍恐虜軍果夷攜下蔡城
自率眾渡淮與戰大破之追奔數十百殺護千
計上遣使人關參虜消息還敕崇祖曰卿視吾
然平殄殘醜敕崇祖脩治苟陂田世祖即位徵
為散騎常侍左衛將軍俄詔留本任加號安西
仍遷五兵尚書領驍騎將軍初豫章王有盛寵
是守江東而已邪所少者食卿但努力營田自
世祖在東宮崇祖不自附結及破虜認使深結
與共密此世祖疑之曲加禮待酒後謂崇祖曰
世間流言我已豁諸懷抱自今已後富貴見付
也崇祖拜謝崇祖去後上復遣荀伯玉口敕以
邊事受旨夜發不得辭東宮世祖以崇祖心誠

不實銜之太祖崩慮崇祖為異便令內轉永明
元年四月九日詔曰垣崇祖凶詭險躁少無行
業昔因軍國多虞採擇一夫之用大運光啟頻
煩外擢溪壑靡厭恐其一夫之用大運光啟
境外無君之心已彰退邇特加遵養庶或悛革
而猜貳滋甚志興亂階隨與荀伯玉驅合不逞
窺覦非覬構扇邊荒為表裏寧朔將軍孫景
育冤惡姦計具以啟聞除惡務本刑茲罔赦便
可收掩蕭明憲辟死時年四十四子惠隆從番

禺卒

張敬兒南陽冠軍人也本名苟兒宋明帝以其
名鄙改焉父醜為郡將軍官至節府參軍敬兒
年少便弓馬有膽氣好射虎發無不中南陽新
野風俗出騎射而敬兒尤多膂力求入隊為曲
阿戍驛將州差補府將還為郡馬隊副轉隊主
稍官寧蠻府行參軍隨同郡人劉胡領軍伐襄
陽諸山蠻深入險阻所向皆破又擊湖陽蠻官
軍引退蠻賊追者數千人敬兒單馬在後衝突

賊軍數十合殺數十人箭中左腋賊不能抗平
西將軍山陽王休祐鎮壽陽求善騎射人敬兒
自占見寵為長史兼行參軍領白直隊泰始初
除寧朔將軍隨府轉參驃騎軍事署中兵領軍
討義嘉賊與劉胡相拒於鵲尾洲啟明帝乞本
郡事平為南陽太守將軍如故初王玄謨為雍
州土斷敬兒見家屬舞陰敬兒至郡復還冠軍三
年辭安都予栢令環龍等竊據順陽廣平略義
成扶風界刺史巴陵王休若遣敬兒及新野太

守劉攘兵攻討合戰破走之從為順陽太守將
軍如故南陽蠻動復以敬兒為南陽太守遭母
喪還家朝廷疑桂陽王休範密為之備乃起敬
兒為寧朔將軍越騎校尉桂陽事起隸太祖頓
新亭賊矢石既交休範白服乘輿往勞樓下城
中望見其左右人兵不多敬兒與黃回白太祖
曰桂陽所在備防寡闕若詐降而取之此必可
擒也太祖曰卿若能辦事當以本州相賞敬兒
相與出城南放仗走大呼稱降休範喜召至舉

側回陽致太祖密意休範信之回目斵見斵見
奪取休範防身刀斬休範首休範左右數百人
皆驚散斵見馳馬持首歸新耳除驍騎將軍加
輔國將軍太祖以斵見輕不欲便使為
襄陽重鎮斵見求之不已乃微動太祖曰沈攸
之在荊州公知其欲何所作不出斵見以防之
恐非公之利也太祖笑而無言乃以斵見為持
節督雍梁二州郢二郡軍事雍州刺史將軍
如故封襄陽縣庆二千戸部伍泊洲口斵見乘

● 南傳六　九

也艦過江詣晉熙平燮中江遇風船覆左右
壯者各泗走餘二小吏没輪下叫呼官斵見兩披
挾之隨船覆見常得在水上如此瓞覆行數十
里方得迎接失所持節更給之沈攸之聞斵見上
遣人伺覘見雍州迎軍儀甚盛廬見掩龍蒙密
防備斵見至鎮厚結攸之信饋不絕得其事迹
密白太祖攸之得大祖書翰論選用方伯密事
輙以示斵見以為反間斵見終無二心元徽末
襄陽大水平地數丈百姓資財皆漂沒襄陽虚

耗太祖與攸之書令賑貸貧之音不歷意斵
見與攸之司馬劉攘兵情款及苍梧廢斵見疑
攸之當因此起兵以問攘兵無所言寄
斵見馬鐙一隻乃為之備斵昇明元年冬攸
之反遣使報斵見見勞接周至為設酒食謂
之曰沈公那忽使君來君殊可命乃列伏於廳
事前斬之集部曲傾攸之下當龍襄江陵時攸之
遺太祖書曰吾聞魚相望於江湖人相忘於道
術彼我可謂通之矣大明之中譯奉聖主忝同

● 南傳六　十

侍衛存契門義著斷金刀分帛而衣等糧而
食值景和昏暴心爛形燋若斯之苦寧可言盡
吾自分碎首於闕下亦懼滅族於舍人矙
時盤石之心既固義無弍計踟躕時難相引求
全天道袗善此理不空結姻之始實關於厚又
明帝龍飛諸人皆為鬼矣吾與足下得蒙大造
親過夙眷遇若代臣錄其忠迹復忝驅使臨朋
之日吾像在遺託加榮授寵恩深往高難復情
謝古人粗識忠節誓心仰報期之必死此誠志

竟未申遂先帝登遐微願求奪自爾已來與
足下言面殆絕非唯分張形跡自然至此脫枉一
告未嘗不對紙流涕豈願相詶於今哉苟有所
懷不容不白初得賢子譚疏云得家信云足下
有廢立之事也俄奉皇太后假令云功魏魏非吾等常人
所能信也此俄奉皇太后假令云功魏魏非吾等常人
獨斷懷抱一何能壯但冠雖弊不可承足下潛構深略
尊高故耳足下交結左右親行殺逆以免身患
卿當謂龍逢比干癡人耳凡廢立大事不可廣
披心匈者哉昏明改易自古有之豈獨大宋中
屯邪前代盛典煥盈篇史請爲足下言之羣公
共議宜啓太后奉令而行當以王禮出第足下
乃可不通大理要聽君子之言豈可囷滅天理
膏腴人位竝居時望若此不與議復誰可得共
一何若故孝經云資於事父以事君縱爲宗社
大計不爾寧不識有君親之意邪乃復慮以家危
陷以爵賞小人無狀遂行弒害吾雖寡識竊求

古比豈有爲臣而有近日之事邪使一旦荼毒
身首分離生自可恨者何罪且有登齋之賞
此科出於何文凡在臣隸誰不惋駭舉朝忿行
路泣血乃至不殞使流蟲在戶自古以來此例有
幾衞國微小故有弘演小不圖我宋獨無其人撫
膺惆悵不能自已足下與向之殺者何異人情
易反還成嗟悲爲子君者無乃難乎蹴田之譬
豈復有異嘗仲有言君豈未嘗不諫足下諫諍
不聞　崔杼之罪何惡逆之苦昔大甲還位伊
不自疑昌邑之過不可稱數霍光荷託尚共議
於朝班然後廢之由有湯沐之施論者不以劫
主爲名桓溫之心未忘於篡海西失道人倫頓
盡廢之以公猶禮處之當溫疆盛誰能相抗尚
畏懼於形跡四海不愜未嘗有樂推之者伊尹
霍光名高於臣節桓氏亦得免於群奪凡是諸
車布於書策若此易曉當待指掌卿常言此跡
夷叔如何一旦行過桀跖邪聖明啓運荃公忘私
造普天率土誰不歌抃實是披心瀝節奉公忘私

之日而卿大收宮妓劫奪天藏器械金寶必充
私室移易朝舊布置私黨被甲入殿內外宮闈
管籥悉關家人吾不知子孟孔明遺訓如此王
謝陶頓行此舉止且朱方帝鄉非親不授足下
非國戚也一旦專縱自樹云是兒守臺城父居
東府一家兩錄何以異此知卿防內若德允物望夷貊猶畏
可推心共處如其失理乘道金城湯池無所用
萬端言以禦遠實為防內若德允物望夷貊猶畏
也文長以戈戟自衛何解滅亡吳起有云義禮

十三　　金萬

不脩舟中之人皆讎也足下既無伍員之痛苟
懷貪悕而有賊宋之心吾寧抈申包之節邪聞
求忠臣者必出孝子之門卿忠孝於斯盡矣今
竊天府金帛以行姦惠盜國權爵以結人情且
授非其理合我則賞此事已復不可恒用用之
既訖恐非忠策且受者不感識者不知不能過
姦折謀誠節慷慨隔礙數千無因自對不能知
復何情顏當與足下敘平生懽舊款吾聞則哲絕
交不出惡言但此自陳名節於匈心因告別於

千載放筆增歎公私潸淚想不深怪往言然天
下耳目當伊可誣抑亦當自知投杖無彊為必
先及太祖出頓新亭報攸之書曰辱足下誚書
交道不終為恥已欲下便來何故多悶君子
吾結綬入仕豈期遠大蓋感子路之言每不擇
官而宦遠文帝之世初被聖明鑒賞及孝武之
朝復蒙英主顧眄因此感激自及與足下
下斂袂定交款箸分好何嘗不勤慕古人國士
之心務重前良忠貞之節至於契闊杯酒殷勤

三〇二十四　　張瓌

攜袖薦女成姻志相然諾義信之篤誰與間之
又乃景和陵虐事切憂畏明帝正位運同休顧
啓膽論心安危豈貳元徽之季聽高道慶邪言
欲相討伐發威施救已行外內于時臣子鉗口
道路以目吾以分交義重患難宜均犯陵白刃
以相任保悖主手敕全封送相示當不云足威念
周旋之義耳推此陰惠何愧懷怖不云足下撼
含禍設前遣王思文所牒朝事蓋情等家國共
詳衷否虛心小大必以先輸問張雍州遷代之

曰將欲誰擬本是逆論來軍非欲代張乃封此
示張激使見怒若張惑一言果與怨恨事貞雅
素君子所不可為況張之奉國忠亮有本情之
見與意契不貳邪又張雍州啟事稱彼中蠻動
兼民遭水患敕令足不思經拯之計吾亦有白
論國如家布情而往每思虛達事之相接惝則
敢舊廁以篤終吾止附還自申馨情本契然遂
相阻傷負心期自誰作故先時足下遣信尋盟
猜離及謂無故遺信此乃覘察平諒之襟動則
末德執亡禋祀足下備聞無待亟述太后惟憂
式遵前誥典毀之略事屬鄙躬黜昏樹明實惟
前則寧宗靜國何愧前脩嚴立有章足下所允
冠弊之譏將以何語封為郡王寧為失禮景和
無名方之不愈乎龍逢自四夫之美伊霍則社
穆之臣同異相乘非吾所受也登齊有賞壽寂
已蒙之於前同謀獲功明皇亦行之於昔此則
接踵成事誰敢異之謂其大牧宮女劫奪天藏

器械金寶必充私室必若虛設市虎亦可不翅
此言若以此詐民天下豈患無眼心苟無瑕非
所耿介甲杖之授事既舊典豈見有任鎮邦家
勳經定主而可得出入輕單不資寵衛斯之患
慮豈直身憂祇奉此恩職惟事理惟事朱方之牧公
卿僉意吾亦謂微勳之次無忝一州且魏晉舊
事帝鄉蕃職何嘗豫州必曹司州必馬拊膠受
柱在體非愧表粲據石頭足下無不可吾之守
東府來告便謂非動容見疾頻笑入戾乃如是
乎表粲劉東受遇深重家國旣安不思撫鎮遂
與足下表襄潛規據城之夜豈顧社稷幸天未
長亂宗廟有靈即與褚衛軍協謀義斷以時殄
滅想足下聞之悵然孤沮小兒喬侍中代來之
澤遇直上臺便呼一家兩錄發不擇言良以太
甚吾之方寸古列共言乃以陶庾往賢大見譏
責足下自省詎得以此見貽邪比蹤夷叔論吾
則可行過桀蹠無乃近誣哉謂吾不朝此則良
詬朝之與否想更問之足下受先帝之恩施擁

戎西州新湖之日率土載奔而宴安中流酣飲
自若即懷狼望陵侮皇朝晉熙殿下以皇弟代
鎮而斷制候迎圖幾昔徵宗子驅略士馬志以西上郢
中所遺示餘劣弱旨動義師況荊
州物產雍峙交梁之會自足下為牧薦獻何品
良馬勁卒彼中不無良皮美劉兩賂所聚前後
貴本多少何如唯聞大官時納飲食耳擬賴原即
難坐觀成敗自以雍容漢南西伯可擬賴原即
天世非望亦消又招集通亡斷過行侶治舟試
艦恒以朝廷為旗的林馬桉嶼常願天下有風
塵為人臣者固若是邪至乃不遵制書敕下如
空國恩莫行命令擁隔詔除郡縣輒自板代罷
官去職禁還京師凶人出境無不千里尋躡而
反募臺將來必厚加繪賞太妃遣使市馬靈實
往蜀足下悉皆斷折以為私財此皆遠邇共聞
暴於視聽主上叡明當壁寓縣同慶絕域奉贄
萬國通書而盤桓百日始有單騎事存送往於
此可徵不朝如此誰應受詔反以見呵非所反

側今乃勒兵以關象館長戟以指魏闕不亦為
忠臣孝子之所痛心疾首邪賢子元琰獲免虎
口及凌波西邁吾所發道猶推素懷不更嗤嗤
足下尚復滅君臣之紀況吾布衣之交乎遂事
不諫既往難咎今六師西向吾憂之收之
與兼長史汪文別駕宣令守江陵城敬兒軍
中力援因以為別敬見告虜使至太祖大喜進
號鎮軍將軍加散騎常侍改為都督給鼓吹一
部攸之於郢城敗走其子元琰軍至白水元琰
聞城外鶴唳謂是叫聲心懼欲走其夜又宣開
門出奔城潰元琰奔寵洲見殺百姓既相抄改
敬見至江陵誅攸之親黨波又其財物數十萬
悉以入私攸之於湯渚村自經死居民送首荊
州敬見便楯礐之蓋以青繳徇諸市郭乃送京
師進號征西將軍爵為公增邑為四千戶敬兒
於襄陽城西起宅聚財貨又欲移羊叔子墮淚
碑於其處立臺綱紀諫曰羊大傅遺德不宜遷
動敬兒曰大傅是誰我不識也敬兒弟恭兒不

肯出官常居上保村中與居民不異敬兒呼納
之甚厚恭敬兒月一出視敬兒輒後去恭兒本名
豬兒隨敬兒改名也初敬兒既斬沈攸之使報
隨郡太守劉道宗聚衆得千餘人立營頓司州
刺史姚道和不殺攸之使密令道宗罷軍及攸
之圍郢道和頓董城爲郢援事平依例蒙
爵賞敬兒具以啟聞建元元年太祖令有司奏
道和罪誅之道和字敬邑羌主姚興孫也父萬
壽偽鎮東大將軍降宋武帝卒於散騎侍郎道

和出身爲孝武安北行佐有世名頗讀書史常
誰人云祖天子父天子身經作皇太子元徽中
爲游擊將軍隨太祖新亭破桂陽賊有功爲撫
軍司馬出爲司州疑怯無斷故及於誅三年徵
敬兒爲護軍將軍常侍如故敬兒武將不習朝
儀聞當內遷乃於密室中屏人學撝讓答對空
中俯仰如此意日妾侍竊窺笑爲太祖即位授
侍中中軍將軍以敬兒秩窮五等一仍前封建
元二年遷散騎常侍車騎將軍置佐史太祖崩

敬兒於家竊泣曰官家大老天子可惜太子年
少向我所不及也遺詔加敬兒開府儀同三司將拜
謂其妓妾曰我拜後應開黃閤因口自爲敬聲既
拜王敬則戲之呼爲褚淵敬兒曰我馬上所得
終不能作華林閤勳也敬兒則甚恨敬兒始不識書
晚既爲方伯乃習學讀孝經論語於新林慈姥
廟爲妾乞兒咒神自稱三公然而意知滿足初
娶尚氏尚氏有美色敬兒弄前妻毛氏生子道文後
得鼓吹蓋便奏之初

猶居襄陽宅不自隨敬兒應不復外出乃迎家
口悉下至郡啟世祖不蒙勞門敬兒心疑及垣
崇祖死愈恐世祖謂敬兒曰昔時夢手熱如火
而君得南陽郡元徽中夢半身熱而君得本州
今復夢舉體熱有閤人聞其言說之事達世
祖敬兒又遣使與藥中交關世祖疑其有異志
永明元年敕朝臣華林八關齋於坐收敬兒敬
兒左右雷仲顯知有變抱敬兒而泣敬兒脫冠
詔毅地曰用此物誤我少曰伏誅詔曰敬兒奉蟲

茲邊裔昏迷不脩屬值宋奉多難顧野戰之
力拔迹行伍超發非分而愚躁無已矜伐滋深
往莅本州久苞異志在黃含弘庶能懲革位班
三槐秩窮第五等懷音靡聞姦回屢構六畿迄今
嫌貳滋甚鎮東將軍敬則丹陽尹安民每侍接
之日陳其凶狡必圖反噬朕猶謂恩義所感本
質可移頃者已來釁戾遂著自幼子弟在西足
惑妄設徵祥潛圖問鼎履霜於開運之辰堅冰
動殊俗招扇羣蠻規擾夏假託妖巫用相震

於嗣業之世此而可忍孰不可容天道禍淫逆謀
顯露建康民湯天獲商行入臺備親姦討信驛
書翰證驗炳明便可收掩式正刑辟同黨所及
特皆原宥子道文武道慶見宥後數年上與
固弟道休並伏誅少子道暢征虜功曹道
豫章王嶷三日曲水內宴解艤船流至御坐前
覆沒上由是言及敬兒悔殺之恭見官至員外
郎在襄陽聞敬兒敗將數十騎走入蠻中收捕
不得後首出上原其罪

史臣曰平世武臣立身有術若非愚以取信則
宜智以自免心迹無阻乃見優容崇祖恨結東
朝敬兒情疑烏盡嗣運方初委以嚴憲若情非
發憤事無感激功名之間不足為也
贊曰崇祖為將志懷馳逐規撫淮部立動豫牧
敬兒莅雍深心防楚豈不勌勞實興師旅焦夫
藏弓同歸異緒

列傳第六　南齊書二十五

賴原即大世　疑

王敬則
陳顯達

臣蕭　子顯　撰

王敬則晉陵南沙人也母為女巫生敬則而胞
衣紫色謂人曰此兒有鼓角相敬則年長兩腋
下生乳各長數十夢騎五色師子年二十餘善
拍張補刀戟左右景和使敬則跳刀高與白虎
幢等如此五六撥無不中補倈轂隊主領細鎧
左右與壽寂之同殺景和明帝即位以為直閤
將軍坐捉刀入殿啓事繫尚方十餘日乃復直
閤除奮武將軍封重安縣子邑三百五十戶敬
則少時於草中射獵有虫如烏豆集其身敬
乃脫其虔皆流血敬則惡之詣道士卜道士曰
不須慮此封侯之瑞也敬則聞之喜故出都自
劾至是如言泰始初以敬則為龍驤將軍軍主
隨寧朔將軍劉懷珍遣敬則以千人繞後直出橫
四塁於死虎懷珍遣敬則以千人繞後直出橫

塘賊衆驚退除奉朝請出補東武暨陽令敬
則初出都陸主山下宗侶十餘船同發敬則船
獨不進乃令弟入水推之見一烏漆棺敬則曰
爾非凡器若是吉善使船速進吾當重貲改葬
後縣有一部劫逃紫山中為民患敬則遣人致
意劫帥可來出首當相申論治下廟神甚酷烈
百姓信之敬則引神為誓必不相負劫帥既出
敬則於廟中設會於座收縛曰吾先啓神若負
誓遠神十牛今不違誓即殺十牛解神并斬諸
劫百姓悅之遷員外郎元徽二年隨太祖拒桂
陽賊於新亭敬則與羽林監陳顯達盧朝將軍
高道慶乘舸艒於江中迎戰大破賊水軍焚其
舟艦事寧帶南泰山太守右俠轂主轉越騎
校尉安城王車騎參軍蒼梧王狂虐左右不自
保敬則以太祖有威名歸誠奉事每下直輒往
領府夜著青衣扶匐道路為太祖聽察蒼梧去
來太祖命敬則於殿內伺機未有定日既而楊

玉夫等危急殞帝敬則時在家玉夫將首投斫
則敬則馳詣太祖太祖慮蒼梧所誑不開門敬
則於門外大呼曰是敬耶門猶不開乃於牆
上投進其首太祖索水洗視竟乃戎服出
則從入官至承明門門郎疑非蒼梧還敬則慮
人覘見以刀環塞窬孔開門其急衛尉承顏
靈寶親見太祖乘馬在外竊謂親人曰今若不
開內領軍天下會是亂耳門開敬則臨太祖入
殿明旦四貴集議敬則拔白刃在床側跳躍曰
官應慮分誰敢作同異者昇明元年遷員外散
騎常侍輔國將軍驍騎將軍領臨淮太守增封
為千三百戶知殿內宿衞兵事沈攸之事起進
敬則號冠軍將軍太祖入守朝堂袁粲起兵久
領軍劉韞直閤將軍卜伯興等於宮內相應戒
嚴將發敬則開關掩襲皆殺之殿內竊發盡平
敬則之力也遷右衞將軍常侍如故增封為二
千五百戶尋又加五百戶又封敬則子元遷為
東鄉族邑三百七十戶齊臺建為中領軍太祖

將受禪封官薦易太極殿桂徙帝欲避主不肯
出宮遂位明日當臨軒帝又逃宮內敬則將擧入
迎帝啓譬令出帝拍敬則手曰必無過慮當餉
輔國十萬錢建元元年出為使持節散騎常侍
都督南兗兗徐青冀五州軍事平北將軍南兗
州刺史封尋陽郡公邑三千戶加敬則妻懷氏
爵為尋陽國夫人二年進號安北將軍虜冠淮
泗敬則恐委委鎮都百姓皆驚散奔走以其
功臣不問以為都官尚書撫軍尋遷使持節散
騎常侍安東將軍兵與太守郡舊多剽掠有十
數歲小兒於路取遺物殺之以殉自此道不拾遺
郡無劫盜又錄得一偷召其親屬於前鞭之令
偷身長掃街路父之乃令偷擧舊偷民代諸偷
恐為其所識皆逃走境內以清出行從市過見
屠肉欸曰夫興谷無此作也我少時在此所
作也遷護軍將軍常侍如故以家為府三年以
改葬去職詔贈敬則毋尋陽公國大夫人改授
侍中撫軍將軍太祖遺詔敬則以本官領丹陽

尹尋還爲使持節散騎常侍都督會稽東陽新
安臨海永嘉五郡軍事鎮東將軍會稽太守永
明二年給鼓吹一部會土邊帶湖海民丁無士
庶皆保塘役敬則以功力有餘悉評斂爲錢送
臺庫以爲便卽上許之竟陵王子良啓曰伏尋
三吳內地國之關輔百度所資民庶彫流日有
困殆蠶農奪穫饑寒尤甚言者稍增其饒貧者
轉鍾其弊可爲痛心難以辭盡頃錢貴物賤殆
欲兼倍凡在觸類莫不如茲稼穡難勸斛直數
令機杼勤苦四裁三百所以然者實亦有由年
常歲調既有定期僅郵所上咸是見直東間錢
多前驅鑒鮮復完者公家所受必須員吏以兩代
一困於所貿鞭捶賀繫益致無聊臣昔忝會稽
粗閑物俗鞭下所上本不入官良由陂湖宜壅
橋路須通均夫訂直民自爲用若甲分毀壞則
年一修改若乙限堅完則終歲無役全郡通課
此直悉以還臺租賦之外更生一調致今塘路
崩蕪湖源泄散害民損政實此爲劇建元初狡

虜游寇軍用殷廣浙東五郡丁稅二千乃有貲
賣妻兒以充此限道路愁窮不可聞見所通尚
多收上事絕臣登具啓聞卽蒙蠲原而此年租
課三分遺一明知徒足擾民實自獎國愚謂受
丁一條宜還復舊臺在所折市布帛若民有雜物
錢不限大小仍令在所通邮優量原除凡應受
是軍國所須用在私實荷其渥昔晉民初遷江左
公不虧其實荷其渥直不必其應送錢於
草創絹布所直十倍於今賦調多少因時增減
永初中官布一匹直錢一千而民間所輸聽爲
九百漸及元嘉物價轉賤私貨則束直六千官
受則匹准五百所以每欲優民必爲降落今入官
好布匹堪百餘其四民所送猶依舊制昔爲刻上
今爲刻下垠庶空儉豈不由之救民拯弊莫過
減賦時和歲稔尚爾虛乏儻值水旱寧可熟念
且西京熾強實基三輔東都全固寔賴三河歷
代所同古今一揆石頭以外裁足自供府州方
山以東深關朝廷根本夫股肱要重不可不郵

「耳蒙寬政以加優養略其目前小利取其長
火大益無患民貧不殺國財不阜也宗臣重
寄咸云以利國竊如愚管未見可安上不納三年
進號征東將軍宋廣州刺史王翼之子妾路氏
剛暴數殺婢翼之子法明告敬則付山陰
獄殺之路見敬則入朝上謂敬則曰人命至重是誰
棄市刑敬則入朝上謂敬則曰人命至重是誰
下意殺之都不啓聞敬則曰是臣愚意臣知何
物科法見背後有即便言應得殺人劉岱亦引
罪上乃赦之敬則免官以公領郡明年遷侍中
中軍將軍尋與王儉俱即本號開府儀同三司
倫既固讓敬則亦不即受七年出為使持節散
騎常侍都督豫州郢州之西陽司州之汝南二
郡軍事征西大將軍豫州刺史開府如故進號
驃騎十一年遷司空常侍如故世祖崩遺詔改
加侍中高宗輔政密有廢立意隆昌元年出敬
則為使持節都督會稽東陽臨海永嘉新安五
郡軍事會稽太守本官如故海陵王立進位太

尉敬則名位雖達不以富貴自遇危拱傍邊略
不肯坐接士庶皆吳語而殷勤周悉初為散騎
使虜於北館種楊柳後員外郎虞長曜比使還
敬則問我皆種楊柳樹今若大小長曜曰虜中
以為甘棠敬則笑而不答世祖御座賦詩敬則
執紙曰臣若知書幾落此奴度內世祖問此何言敬則
曰臣若知書不大識書而性甚警黠臨州郡令史
讀辭下教判決皆不失理明帝即位進大司馬
增邑千戶臺使拜授曰兩大洪注敬則文武皆
失色一客在傍曰公由來如此者拜丹陽異興
時亦然敬則大悅曰我宿命應得兩乃列羽儀
備朝服道引出聽事拜受意猶不自得吐舌又
之至事竟帝既多殺害敬則自以高武舊臣心
懷憂恐帝雖外厚其禮而內相疑備數訪問敬
則飲食體幹堪宜聞其襄老且以居內地故得
少安三年中遣蕭坦之將齋仗五百人行武進
陵敬則諸子在都憂怖無計上知之遣敬則世

子仲雄入東安慰之仲雄善彈琴當時新絕江
左有蔡邕焦尾琴在主衣庫上敕五日一給仲雄
仲雄於御前鼓琴作懊憹歌曰常歎負情儂
郎今果行許帝愈猜慊永泰元年帝疾屢經危
殆以張瓌為平東將軍吳郡太守置兵佐密防
敬則內外傳言當有異處分敬則聞之竊曰東
今有誰祇是欲平我耳諸子怖懼第五子幼隆
遣正員將軍徐嶽密以情告徐州行事謝朓為
計若同者當往報敬則朓執嶽馳啟之敬則城
局參軍徐庶家在京口其子密以報庶庶以告
敬則五官王公林則族子常所委信公林
勸敬則急送啟賜兒死單舟星夜還都敬則令
司馬張思祖草啟既而曰若爾諸郎在都要應
衆曰卿諸人欲令我作何計莫敢先荅防閤丁
興懷曰官祇應作耳敬則不作聲明旦召山陰
令王詢曰諸臺侍御史鍾離祖願敬則橫刀跋坐問
詢等發丁可得幾人傳庫見有幾錢物詢荅

縣丁卒不可上祖願稱傳物多未輸入敬則怒
將出斬之王公竹又諫敬則曰官是吾皆可悔
惟此事不可悔官詎不更思敬則唾其面曰小
子我作事何關汝小子乃起兵上詔曰謝朓啟
事騰列如右王敬則稟質凶獷本謝人綱
直以宋季多艱頗有膂力之用驅獎所至遂
外榮顯皇運肇聞末議功非匡國賞實
側目而溪谷易盈鴟梟難改猜心內駭醜辭外
布衣明之朝履霜有漸隆昌之世堅冰將著從
容附會朕有力焉及景歷惟新推誠盡禮中使
相望軒晃成陰迤嫌跡圖茲構收合亡
命結黨聚眾暴晉內伺國隙元遷兄弟
萃淵藪姦契澄通將謀竊發朓即姻家
邑子取據匪他昭然以信方邵之美未聞韓彭
之豐已積此而可劝寄刑典便可即遣收掩
肅明國憲大辟所加其父子而已見諸詿誤一從
蕩滌收敬則子員外郎世雄記室參軍本哲太

子洗馬幼隆太子舍人少安等於宅殺之長子

黃門郎元遷為寧朔將軍領千人於徐州舉虜

敕徐州刺史徐玄慶殺之敬則招集配衣二三

日便發欲劫前中書令何佟還為尚書令長史

王弄璋司馬張思祖止之乃率實甲萬人過浙

江謂思祖曰應須作輔國將軍前軍司馬

用作此敬則乃止朝廷道輔國將軍崔恭祖輔國將軍

左興盛後軍將軍直閣將軍馬軍主胡松三千

劉山陽龍驤將軍直閣將軍馬軍主胡松三千

【南齊書傳七】　十一

餘人築壘於曲阿長岡右僕射沈文季為持節

都督屯湖頭備京口路敬則舊將舉事百姓擔

篙荷鍤隨逐之十餘萬眾至晉陵南沙人范脩

化殺縣令公上延孫以應之敬則至武進陵口

興盛使軍人逃告敬則曰公兒死已盡公持許

底作官軍不敢欲退一面圍不開各死戰胡松領

馬軍突其後百丁無器仗皆驚散敬則軍大敗

敬則索馬再上不得上興盛軍容秦文曠斬之

傳首是時上疾已篤敬則倉卒東起朝廷震懼

東昏侯在東宮議欲叛使人上屋望見征虜亭

失火謂敬則至急裝欲走有告敬則者敬則曰

檀公三十六策走是上計汝父子唯應急走耳

敬則之來聲勢甚盛凡事起少日而敗時年七十餘

封左興盛新吳縣男崔恭祖興縣男劉山陽

湘陰縣男胡松沙陽縣男各四百戶賞平敬則

也又贈公上延孫為射聲校尉

陳顯達南彭城人也宋孝武世為張永前軍幢

主景和中以勞歷使太始初以軍主隸徐州

刺史劉懷珍北征累至東海王板行參軍員外

郎泰始四年封彭澤縣子邑三百戶歷馬頭義

陽二郡太守羽林監濮陽太守隸太祖討桂陽

賊於新亭蠻劉勔大桁敗賊進杜姥宅及休範

死太祖欲還衛官城或諫太祖曰桂陽雖死賊

黨猶熾人情難固不可輕動太祖乃止遣顯達

率司空參軍高敬祖自查浦渡淮緣石頭北道

入承明門屯東堂宮中恐動得顯達乃至稍定

【南齊書傳七】　十二

顯達出杜姥宅大戰破賊矢中左眼拔箭而鏃不出地黃村潘媪善禁禁先以釘釘柱媪禹步作氣釘即時出乃禁顯達目中鏃出之封豐城縣疾邑千戶轉游擊將軍尋為使持節督廣交越三州湘州之廣與軍事輔國將軍平越中郎將廣州刺史進號冠軍沈攸之事起顯達遣軍援臺長史到遣司馬諸葛導謂顯達曰沈攸之擁眾百萬勝負之勢未可知不如保境蓄眾分遣信驛密通彼此顯達於座手斬之遣表疏歸

南齊書傳七

心太祖進使持節左將軍軍至巴丘而沈攸之平除散騎常侍左衛將軍轉前將軍太祖太尉右司馬齊臺建為散騎常侍左衛將軍領弩衛尉太祖即位遷中護軍增邑千六百戶轉護軍將軍顯達啟讓上答曰朝廷莭爵人以序卿忠發萬里信折言如期雖居城殘國之勳無以相加此而不賞典章何在若必未宜爾吾終不妄授於卿數吉息同家人豈止於君臣邪過明與王季子俱祗召也上即位後御膳不宰牲顯達上熊烝一

十三 夫

盤上即以充飯建元二年虜寇壽陽淮南江比百姓搔動上以顯達為使持節散騎常侍都督南兗兗徐司冀五州諸軍事平北將軍南兗州刺史之鎮虜退上敕顯達曰虜經破散後當無復犯關理但國家邊防自應過存備豫宋元嘉二十七年後江夏王作南兗徙鎮盱眙沈司空亦以孝建初鎮彼政當以淮上要於廣陵耳卿謂前代此處乃當以何今詳議皆云卿應在廣地吾未能決乃當以淮上要於廣陵若是公計不

南齊書傳七

得憚之事竟不行遷都督益寧二州軍事安西將軍益州刺史領宋寧太守持節常侍如故世祖即位進號鎮西部山陰多不買服大度村獠前後刺史不能制顯達遣使書其祖縣獠師曰兩眼刺史尚不敢調我遂殺其使顯達分部將吏聲將出獵夜往襲之男女無少長皆斬之自此山夷震服廣漢賊司馬龍駒據郡反顯達又討平之永明二年徵為侍中護軍將軍顯達累任在外經太祖之憂及見世祖流涕悲咽上

十四 夫

亦泣心甚嘉之五年荒人桓天生自稱相玄宗
族與雍司二州界蠻虜相扇動據南陽故城上
遣顯達假節率征虜將軍戴僧靜等水軍向宛
葉雍司眾軍授顯達節度天生率虜眾萬餘人
攻舞陰舞陰戍主輔國將軍殷公愍擊殺其副
騎常侍都督雍梁南北秦郢州之竟陵司州之
張麒麟天生被瘡退走仍以顯達為使持散
隨郡軍事鎮北將軍領寧蠻校尉雍州刺史副
達進據舞陽城遣僧靜等先進與天生及虜再

戰大破之官軍還數月大生復出政舞陰殷公
怒破之天生還竄荒中羹城平民日土三城賊
稍稍降散八年進號征北將軍其年仍遷侍中
鎮軍將軍尋加中領軍出為使持節散騎常侍
都督江州諸軍事征南大將軍江州刺史給鼓
吹一部顯達謙厚有智計自以人微位重每遷
官常有愧懼之色有子十餘人誡之曰我本志
不及汝此等勿以富貴陵人家既豪富諸子與
王敬則諸兒並精車牛麗服飾當世快牛稱陳

世子青王三郎烏呂文顯折角江矔昌雲白鼻
顯達謂其子曰麈尾扇是王謝家許汝不須捉此
自逐十一年秋虜動詔屯樊城世祖遺詔即本
號開府儀同三司隆昌元年遷侍中車騎將軍
開府如故置兵佐隆慶欝林之勳延興元年為
司空進爵公甲仗五十人入殿高宗
即位進太尉侍中如故改封鄱陽郡公邑三千
加兵二百人給油絡車建武二年虜攻徐司
詔顯達出頓往來新亭白下以為聲勢上欲悉

除高武諸孫微言問顯達若此等豈足介慮
上乃止顯達建武世心懷不安深自貶匿車乘
朽故導從鹵簿皆用羸小不過十數人侍宴酒
後啟上曰臣年已老富貴已足唯少枕枕死特
就墜下乞之上失色曰公醉矣以年禮告退不
許是時虜頻冠雍州眾軍不捷失沔北五郡永
泰元年乃遣顯達北討詔曰晉氏中微宋德將
謝蕃臣外叛要荒內侮天未悔禍在枉亂華巢
宂神州逆移年載朕嗣膺景業踵武前王靜言

隆替思乂區夏但多難用夷恩化肇洽與師擾
衆非政所先用戰遠圖權緩此略異戎夷知義
懷我好音而凶醜梟狡專事優掠驅扇異類蟻
聚西偏乘彼自來之資撫其天亡之會軍無冉
駕民不重勞傅檄以定三秦一麾而臣禹迹在
此舉矣且中原士庶又望皇威乙師請援結軌
號侍中太尉顯達可斬是輔槐陰指授羣帥中外
馳道信不可失時豈終朝宜分命方嶽因兹大
策嚴加顯達使持節宮襄陽永元元年顯達督

平北將軍崔慧景衆軍四萬圍南鄉堺馬圍
城去襄陽三百里攻之四十日虜食盡噉死人肉
及樹皮外圍既急虜突走斬獲千計官軍競取
城中絹不復窮追顯達入據其城遣軍主莊丘
黑進取南鄉縣故從陽郡治也虜王元宏自領
十餘萬騎奄至顯達引軍渡水西據鷹子山築
城人情沮敗虜兵甚急軍主崔恭祖胡松以烏
布幔盛顯達虜數人檐之逕道從分磧山出均水
口憙軍緣道奔退死者三万餘人左軍將張千

戰死追贈游擊將軍顯達素有威名著於蠻虜
至是大損喪焉御史中丞范岫奏免顯達官朝
議優詔答曰昔衛霍出塞往往無功馮唐入關
有時虧喪況公規謨蕭舉期寄籌深見可知難
無損威略方振遠圖廓清朝土雖執憲有常非
所得議顯達表解職不許求號又不許以顯
官如故都督江州軍事江州刺史鎮盆城持節本

顯達爲變欲追軍還事尋平乃寢顯達亦懷危
達爲都督江州軍事初王敬則事起始安王遙光啓明帝虞
怖及東昏立彌不樂還京師得此授甚喜尋加
領征南大將軍給三望車顯達聞京師大相殺
戮又知徐孝嗣等皆死傳聞當遣兵襲江州顯
達懼禍十一月十五日舉兵令長史庾弘遠司馬
徐虎龍與朝貴書曰諸君足下我太祖高皇帝
叡哲自天超人作聖屬彼宋季綱紀自頓應禪
從民遷此基業世祖武皇帝昭略通遠克纂洪
嗣四關罷嶮三河靜鏖鬱林海陵頓孤負荷明
帝英聖紹建中興至平後主行悖三才琴横田

席繡積麻筵謡犯先宮穢興閨闥皇陛為市廛之所雕房起征戰之門住非華尚寵必寒厮江僕射兄弟忠言屬焉正諫縈興覆族之誅於斯而至故乃言狀噬之刑四剿於海路家門之壘一起於中都蕭劉二領軍立升御座共稟遺詔宗戚之苦諒不足談渭陽之悲何辜至此徐司空歷葉忠榮清簡流世匡翼之功未著宗之罰已彰沈僕射年在懸車將念机杖歡歌園數絕影朝門忽招陵上之罰何万古之傷哉遂使紫臺

【南齊傳七】 九

之路絕縉紳之傅纓組之閣罷金張之胤悲哉蟬晃為賤寵之服鳴呼皇陛列劫豎之坐且天人同怨乾象變錯往歲三州流血令者五地目動昔漢池異色骨王因之見廢其郡暫震步生以為姦倖況事隆於往怪豐倍於前厄此而未廢既不可興王僕射王領軍崔護軍中維簡正逆念剖心蕭衛尉蔡詹軍沈左衛各員良家共傷時檢先朝遺舊志在名節同列丹書要同義舉建安殿下秀德沖遠定允神器昬明之舉往

聖流言今忝役我驅丞請乞路湏京塵一静西迎大駕歌舞太平不亦佳哉裝豫州宿遺誠言火懷慷慨計其勁兵巳登淮路申司州志節堅明分見迎合摠勤偏率殿我而進蕭雍州房僧寄垃巳纂邁雄鼓將及南兗州司馬崔恭祖壯烈起群嘉驛屢至所聽烽謀共戍脣齒荆郢行軍蕭張二賢莫不絢飡風戈待節開識蕃守之傳靫非義侶我太尉公體橫合聖杖德脩文神武橫於七伐雄略震於九綱是乃從彼英

【南齊傳七】 二十

庪還抗社稷本欲鳴箛細鍚無勞戈刃但忠黨有心節義難遣信次之間森然十萬飛矢咽於九派列艦迷於三川此盖捧海澆螢烈火消寒也朝廷遺後軍將軍胡松驍騎將軍李叔獻水軍據梁山左衛將軍左興盛假節加征虜將軍督前鋒軍事屯新亭輔國將軍驍騎將軍徐世標領兵屯杜姥宅顯達率眾數千人發尋陽與胡松戰於採石大破之京邑震恐十二

月十三日顯達至新林築城壘左於興盛率衆軍
為拒戰之計其夜顯達多置屯火於岸側潛軍
渡取石頭北上襄宮城遇風失曉十四日平旦
數千人盡落星岡新亭軍望火謂顯達猶在既
而奔歸赴救屯城南宮掖大駭開閉守備顯達
馬稍從步軍數百人於西洲前與臺軍戰卅合
斬之於籬側血湧濺籬似溥于伯之被刑也時
走至西州從烏榇村為騎官趙潭注剌落馬
大勝手殺數人稍折官軍繼至顯達不能抗退
甚不悦是冬連大雪東首於朱雀而雲不集之
年七十二顯達在江州遇疾不治尋而自差意
諸子皆伏誅

史臣曰光武功臣所以能終其身名者非唯不
任職事亦以繼奉明章心算正嫡君安乎上臣
習乎下王陳拔迹奮飛外則建元永明之運身極
鼎將則建武永元之朝動非佐時位踰谷等禮
授雖重情分不交加以主猜政亂危亡慮及舉
手扞頭人思自免干戈既用誠淪犯上之跡敵

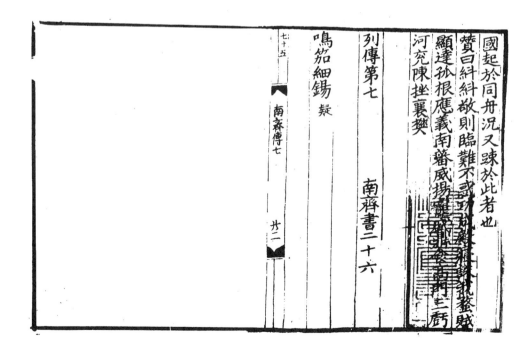

國起於同舟況又踈於此者也
贊曰料料敬則臨難不我
顯達孤根應義南蠻威揚
河兖陳挫襄樊

鳴笳細鍚　疑

七十五

南齊傳七

廿二

列傳第八

劉懷珍
李安民
王玄載 第玄邈

臣蕭子顯撰

劉懷珍字道玉平原人漢膠東康王後也祖昶奉伯宋世為陳南頓二郡太守懷珍幼隨奉伯至壽陽豫州刺史趙伯符出獵百姓聚觀懷珍獨避不視奉伯異之曰此兒方興吾宗本州辟主簿元嘉二十八年亡命司馬順則聚黨東揚州遣懷珍將數千人掩討平之宋文帝召問破賊事狀懷珍謙功不肯當親人怪問焉懷珍曰昔國子尼恥陳河間之級吾豈能論邦域之捷哉時人稱之江夏王義恭出鎮昐貽遇懷珍以應對見重取為驃騎長兼墨曹行參軍臺除振武將軍長廣太守孝建初為義恭大司馬參軍直閤將軍長懷珍北州舊姓門附殿積啟上門

[南齊書八] 王渙 一

生千人充宿衛孝武大驚召取青冀豪家私附得數千人士人怨之隨府轉太宰參軍大明二年虜圍泗口城青州刺史顏師伯請援孝武遣懷珍將步騎數千赴之於糜溝湖與虜戰破七城拜建武將軍樂陵河間二郡太守賜爵廣晉縣族明年懷珍啟求還孝武善曰邊將維須壯宜陳貢陵王誕反郡豪民王弼勸懷珍應之懷珍斬弼以聞孝武大喜初除寧朔將軍東安象軍加龍驤將軍泰始初

[南齊書八] 二

莞二郡太守率龍驤將軍王敬則姜產步騎五千討壽陽盧江太守王仲子南本賊遣偽盧江太守劉道蔚五千人頓建武澗築三城懷珍遣軍主段僧愛等馬步三百餘人掩擊斬之引軍至晉熙偽太守閻湛拒守劉子勖遣將王仲虫步卒萬人救之懷珍遣王敬則步卒三十人龔擊仲虫大破之於莫邪山遂進壽陽又遣王敬則劉琰將劉從等四圍於橫塘死虎懷珍等乘勝逐北頓壽春長邏門宋明帝嘉其功除羽林監屯

騎校尉將軍如故懷珍請先平賊辭讓不受建
安王休仁濃湖與賊相持久未決明帝召懷珍
還拜前將軍加輔國將軍向青山助擊劉
胡事平除游擊將軍如故青州刺史
沈文秀拒命明帝遣其弟文炳宣喻使懷珍領
馬步三千人隨文炳俱行未至薛安都引虜徐
盱眙自淮陰濟淮救永等而官軍為虜所逐相
繼奔歸懷珍乃還三年春敕懷珍權鎮山陽先
是明帝遣青州刺史明僧暠北征僧暠遣將於

南齊傳八

王城築壘以逼沈文秀漸壁未立為文秀所破
仍進攻僧暠帝使懷珍率龍驤將軍主廣之
百騎步卒二千人泛海救援至東海而僧暠已
退保東萊懷珍進據朐城衆心怕怕或欲且保
郁州懷珍謂衆曰鄉等傳文秀厚賂胡師規為
外援察其徒黨何能必就左袒齊士庶見於民
義積葉聲介一馳東萊當飛書而下何容阻軍
緩邁止於此邪遂進至黔陬偽高密平昌二郡

三

太守潰走懷珍達朝廷意送致文炳文秀終不
從命焚燒郭邑百姓聞懷珍至皆其偽長廣太
守劉桃根領數十人戍不其城懷珍引軍次洋
水衆皆曰文秀今遊騎境內宜堅壁伺隙懷珍
曰今衆少糧單我懸彼固政宜簡精銳掩其不
備耳遣王廣之將百騎龍襲陷其城劫留高麗
萊太守鞠延僧數百人據城高麗獻使懷
珍又遣寧朔將軍明慶符與廣之擊降延僧遣
高麗使詣京師文秀聞諸城此日敗乃遣使張靈

南齊書傳八

碩請降懷珍乃還其秋虜遂侵齊圍歷城梁鄒
二城游騎至東陽擾動百姓冀州刺史崔道固
兗州刺史劉休賓吾急休賓懷珍從弟也朝廷
以懷珍為使持節都督兗二州軍事輔國將
軍平胡中郎將徐州刺史封艾縣矦邑四百戶
督水步四十餘軍赴救二城既沒乃止改授寧
朔將軍竟陵太守轉巴陵王征西司馬領南義
陽太守建平王景素為荊州仍從右軍司馬遷
南郡太守加寧朔將軍明帝手詔懷珍曰鄉性

四

王奐

忠謨平所葬賴在彼與年少共事不可深存營盖
景素而乃佳但不能接物頗亦隨事卿每諫之
懷珍奉旨帝寢疾又詔懷珍曰卿乃作景
素佐才舊所寄令徵卿參二衛真會帝崩乃
為安成王撫軍司馬領南高平太守朝廷疑桂
陽王休範中書舍人道隆宣旨以懷珍為冠軍
將軍豫章太守懷珍雖有禍萌安敢便
發君終為冠必請奉律吞之今者賜使恐成猜
迫固請不就乃除黃門郎領虎賁中郎將青州

三七四　【南齊傳八】　五　王芬

大中正桂陽及加懷珍前將軍守石頭為使持
節督豫司二州鄞州之西陽軍事冠軍將軍豫
州刺史建平王景素及懷珍遣子靈哲領兵起
京師昇明元年進號征虜將軍沈收之在荊楚
朝議疑惑懷珍遣亢從僕射張護使鄞致誠於
世祖并陳計策及收之起兵衆謂當泝流直下
懷珍謂僚佐曰收之稱躁鳳著虐加楚服必當
阻兵中流聲劫幼主不敢長驅決勝明矣遣子
靈哲領馬步數千人衛京師收之遣使許天保

說結懷珍懷珍斬之送首於太祖太祖送示收
之進號左將軍從事封中宿縣族增邑六百戶收
之圍鄞城懷珍遣建寧太守張謨游擊將軍裴
仲穆蠻漢萬人出西陽破賊前鋒公孫方平
軍數千人收其器甲進平南將軍增督南豫此
徐二州增邑為千戶初孝武世太祖為舍人懷
珍為直閤相遇早舊懷珍假還青州上有白騘
馬懿人不可騎送與懷珍別懷珍報上百匹絹
或謂懷珍曰蕭君此馬不中騎是以與君耳君

三廿四　【南齊書傳八】　六

報百匹不亦多乎懷珍曰蕭君局量堂堂寧
應負人此絹吾方欲以身名託之豈計錢物多
少太祖輔政以懷珍內資末多二年冬徵為都
官尚書領前軍將軍以懷珍第四子竇朔將軍晃代
為豫州刺史或疑懷珍示不受代太祖曰我布衣
時懷珍便推款投誠況在今日寧當有異晃發
經日而疑論不止乃遣軍主房靈民領百騎
追送晃謂靈民曰論者謂懷珍必有異同我期
之有素必不應爾卿是其鄉里故遣卿行非唯

林叔

衛新亦以迎故也懷珍還仍授相國右司馬建
元元年轉左衛將軍加散騎常侍虜寇邑三
百戶明年加散騎常侍虜寇淮肥以本官加平
西將軍假節西屯巢湖為壽春勢援虜退乃還
年疾篤上表解職上優詔答許別量所授其夏
本官如故領兵救援未至事寧解安北持節四
常侍如故其多旅虜寇胸山授使持節安北將軍
懷珍年老以禁旅辛勤求為開職轉光祿大夫
卒年六十三遺言薄葬世祖追贈散騎常侍鎮

比將軍雍州刺史謚曰敬庶子靈哲字文明解
禍王國常侍行參軍尚書直郎齊臺步兵校尉
建元初歷寧朔將軍臨川王前軍諮議盧陵內
史齊郡太守前軍將軍靈哲所生母當病靈哲
躬自祈禱夢見黃衣老公曰可取南山竹笋食之
疾立可愈靈哲驚覺如言而疾瘳媬母崔氏及
兄子景煥泰始中沒虜靈哲為布衣不聽樂及
懷珍卒當襲爵靈哲固辭以兄子在虜中存云
未測無容越當茅土朝廷義之靈哲傾產私贖

嫡母及景煥累年不能得世祖哀之令比使告
虜主虜主送以還南襲懷珍封爵靈哲永明初
歷護軍長史東中郎諮議領中直兵出為寧朔
將軍巴西梓橦土郡太守西陽王左軍司馬隆
昌元年卒年四十九
李安民蘭陵承人也祖嶔衛軍參軍父欽之殿
中將軍補薛令安民隨父之縣元嘉二十七年沒
虜率部曲自援南歸太祖初逆使安民
降義師板建威將軍補曾梁左軍及燮反安民

遁還京師除領軍行參軍遷左衛殿中將軍大
明中虜侵徐兗以安民為建威府司馬無監令
除殿中將軍領安民計漢川互蟄賊晉安王子勛
反明帝除安民領水軍補建安王司
徒城局叅軍擊錯坼湖白荻浦獺窟皆捷除積
射將軍軍主張興世擽錢溪粮盡為賊所逼安
民率舟乘數百越五城送米與興世偽軍主
沈仲王張引軍自鱚口欲斷江安民進軍合戰
破之又擊鵲尾江城皆有功事平明帝大會

新直勞接諸軍主樗蒲官賭安民五擲皆盧帝大驩目安民曰卿面方如田封疾狀也安民少時貧窶窶有人從門過相之曰君後當大富貴與天子交手共戲至是安民壽此人不知所在從張永沈攸之討薛安都於彭城軍敗安民在後拒戰還保下邳除寧朔將軍戌軍淮陽論隴口功封邵武縣子食邑四百戶復隨吳喜沈攸之擊虜虜達睢口戰敗還保宿豫淮北既沒明帝敕留安民戌用城除寧朔將軍兄從僕射戌泗口領冊軍綠淮游防至壽春虜遣僞長社公連營十餘里冠汝陰豫州刺史劉勔動擊退之虜荊戌主昇之奴棄城歸降安民率水軍攻前破荊亭絕其津逕遷寧朔將軍冠軍司馬廣陵太守行南兗州事太祖在淮安民遙相結事明帝以爲疑從安民爲冠軍司馬寧遠將軍京兆太守又除寧朔將軍司州刺史領義陽山陽太守不拜重除本職又不拜改授寧朔將軍山陽太守泰始末淮北民起義欲南歸以安民督前鋒

軍事又請援接不克還除越騎校尉復爲寧朔將軍山陽太守三巴擾亂太守張澹棄涪城走以安民假節都督討蜀軍事輔師將軍五獠亂漢中敕安民回軍至魏興事寧還至夏口元徽初除督司州軍事司州刺史領義陽太守假節將軍如故別敕安民曰九江須防備宜重令有此授以增鄢郢之勢無所致辭也及桂陽王休範起事安民出頓遣軍援京師徵左將軍加給事中建平王景素作難冠軍黃回游擊將軍高道慶輔國將軍曹欣之等皆密遣致誠而游擊將軍高道慶領衆出討太祖慮其有變使安民及南豫州刺史段佛榮行以防之安民至京破景素軍於葛橋景素誅留安民行南徐州事城局參軍王逈素爲安民所親盜絹二匹安民流涕謂之曰我與卿契闊備嘗今日犯王法此乃卿負我也於軍門斬之厚爲斂祭軍府皆震服授冠軍將軍驍衛將軍不拜轉征虜將軍東中郎司馬行會稽郡事安民將東太祖與別宴

語淹留日夜安民密陳宋運將盡歷數有歸蒼
梧縱虐太祖憂道無計安民白太祖欲於東奉
江夏王蹕起兵太祖不許乃止蒼梧廢太祖徵
安民為使持節督北討軍事冠軍將軍南兖州
刺史沈攸之反太祖召安民以本官鎮白下治
城隍加征虜將軍進前將軍行至
盆城沈攸之平仍授督郢州司州之義陽諸軍
事郢州刺史持節將軍如故昇明三年遷左衛
將軍領衛尉太祖即位為中領軍封康樂侯邑

千戶宋泰始以來內外頻有賊寇將帥已下各
莫部曲屯聚京師安民上表陳之以為自非淮
北常備其外餘軍悉皆輸遣若親近宜立隨身
者聽限人數上納之故詔斷衆募時王敬則以
動誠見親至於家國密事唯與安民論議謂
安民曰署事有卿名我便不復細覽也尋為領
軍將軍虜寇壽春至馬頭詔安民出征加鼓吹
一部虜退安民泝淮進壽春先是宋世亡命王
元初聚黨呆合山僭號自云垂手過膝州郡計

不能擒積十餘年安民遣軍偵候生禽元初斬
建康市加散騎常侍其年虜又南侵詔安民持
節履行緣淮清泗諸戍屯軍虜攻胸山連口角
城安民頓泗口分軍應赴三年引水步軍入清
於淮陽與虜戰破之虜退安民知有伏兵乃遣
族弟馬軍主長文二百騎為前驅自與軍副周
盤龍崔文仲係其後分軍隱林及長文至宿豫
虜見衆少數千騎遮之長文且退且戰引賊向
大軍安民率盤龍等趨兵至合戰於孫溪渚戰

父鸞側虜軍大敗赴清水死不可勝數虜遣其
茷頭公送攻車村至布丘左軍將軍孫文顯擊
破走之燒其軍村淮北四州聞太祖受命咸欲
南歸至是徐州人桓標之兖州人徐猛子等合
義衆數萬柴險求援太祖詔曰青徐泗州義舉
雲集安民可長驅進駭指授羣帥安民赴救留
遲虜忽兵攻摽之等皆沒上甚責之太祖崩遺
詔加侍中世祖即位遷撫軍將軍丹陽尹永明
二年遷尚書左僕射將軍如故安民時屢啟密

謀見賞又善結尚書令王儉故世傳儉啟有此
授尋上表以年疾求退改授散騎常侍金紫光
祿大夫將軍如故四年為安東將軍吳興太守
常侍如故卒官年五十八購錢十萬布百四疋
與有項羽神護郡聽事太守不得上太守到郡
必須祀以軷下牛安民奉世以神牛箸屐
上聽事又於聽上八關齋俄而牛死菜廟令
呼為李公牛家及安民世以神牛為崇詔曰安
民歷位內外庸績顯著忠亮之誠每簡朕心敬
政近畿方申任寄奄至殞喪痛傷于懷贈鎮東
將軍鼓吹一部常侍太守如故諡曰肅厲
王玄載字彥休下邳人也祖宰僑北地太守父
孫軍泰始初為長水校尉隨張永征彭城臺軍
樊東莞太守玄載解褐江夏王國侍郎太宰行
大敗玄載全軍據下邳城拒廟假冠軍將軍官
軍新敗人情恐駭以玄載士堅板為徐州刺史
持節監徐州豫州梁郡軍事寧朔將軍平胡中
郎將尋又領山陽東海二郡太守五年督青冀兗

二州刺史將軍東海郡如故七年復為徐州督
徐充二州鍾離太守將軍郎如故遷左軍將
軍仍為寧朔將軍歷陽太守改持節都督二豫
冠軍將軍南豫州刺史太守如故遷撫軍司馬
出為持節都督梁南秦三州軍事冠軍將軍西
戎校尉梁秦二州刺史進號征虜將軍封鄂
益寧二州益州刺史建寧太守持節如故
沈攸之難玄載起義送進號後軍將軍封鄂
縣子徵散騎常侍領後軍未拜建元元年為左

民尚書鄂縣子如故會虜動南兗州刺史王敬
則奔京師上遣玄載領廣陵加平北將軍假節
行南兗州事本官如故事寧為光祿大夫貞外
散騎常侍永明四年為持節監兗州綠淮諸軍
事平比將軍兗州刺史六年卒時年七十六諡
烈子玄載夷雅好文言備士操在梁益有清績
西州至今思之從弟玄謨宋明帝世為黃
門郎素輕世祖世祖時在大牀寢瞻謂豫章王曰帳
中物亦復隨人寢興世祖銜之未嘗形色建元元年

為冠軍將軍永嘉太守詣闕跪拜不如儀為守
寺所列有司以啓世祖世祖召瞻入東宮仍送
付廷尉殺之遣左右口啓上曰父犀子死王瞻
傲慢朝廷臣輒以收治太祖曰語郎此何足計
既聞瞻已死乃默無言瞻兄寬宋世與瞻並為
帝加賞使隨張永討薛安都寬辭以母猶存在
西為賊所執請得西行遂襲破隨郡斬偽太守
初為隨郡值西方反父玄謨在都寬棄郡歸始
方伯至是瞻雖坐事而寬位待如舊也寬泰始
元年為太常坐於宅殺牛免官後為光祿大夫
元初為散騎常侍光祿大夫領前軍將軍永明
劉師念拔其母事平明帝嘉之使圖畫寬形建
三年卒
玄載弟玄邈字彥遠初為驃騎行軍參軍太子
左積弩將軍射聲校尉泰始初選輔國將軍清
河廣平二郡太守幽州刺史青州刺史沈文秀
反玄邈欲回朝廷慮見掩襲乃詣文秀求安軍
頓文秀令頓城外玄邈即立營壘至夜拔軍南

奔赴義比曉文秀追不復及明帝以為持節都
督青州青州刺史將軍如故太祖鎮淮陰為帝
所疑遣書結玄邈長史房叔安勸玄邈不
相答和罷州還玄邈以經途人要之玄邈雖許
既而嚴軍直過還都啓帝稱太祖有異謀太祖
不恨也丹陽中太祖引為驃騎司馬玄邈
太山太守玄邈甚懼而太祖待之如初遷散騎
常侍驍騎將軍冠軍將軍如故出為持節都督南
秦二州軍事征虜將軍西戎校尉梁南秦二州
刺史兄弟同時為方伯封河陽縣侯建元元年
進號右將軍戾如故亡命李烏奴作亂梁部陷
白馬戍玄邈率東從七八百人討之不克慮不
自保乃使人偽降烏奴告之曰王使君兵眾羸
弱棄役妾於城內攜愛妾二人去巳數日矣烏
奴喜輕兵襲城玄邈設伏擊破之烏奴挺身
走太祖聞之曰玄邈果不負吾意遇世還為征
虜將軍長沙王後軍司馬南東海太守遷都官
尚書世祖即位轉右將軍豫章王大尉司馬出

為冠軍將軍臨川內史秩中二千石還為前軍
司徒司馬散騎常侍太子右率永明七年為持
節都督兗州緣淮軍事平北將軍兗州刺史未
之任轉大司馬加後將軍八年轉太常還散騎
常侍右衛將軍出為持節監徐州軍事北平將
軍徐州刺史十一年建康蓮華寺道人釋法智與
州民周盤龍等作亂四百人夜攻州城西門登
虎徐思慶射殺城局參軍唐穎遂入城內軍主
梯上城射殺董文定等拒戰至曉玄邈率百餘人
登城便門奮擊生擒法智盤龍等玄邈坐免官
鬱林即位授撫軍將軍還使持節安西將軍歷
陽南譙二郡太守延興元年加散騎常侍轉
中護軍高宗使玄邈往江州殺晉安王子懋玄
邈苦辭不行及遣王廣之往廣陵取安陸王子
敬玄邈不得已奉旨給鼓吹置佐建武元年遷
南兗州刺史轉護軍將軍加散騎常侍四年卒
年七十二贈安北將軍雍州刺史諡曰壯侯同

族王文和宋鎮北大將軍仲德兄孫也景和中
為義陽王昶征北府主簿昶於彭城奔虜部曲
皆散文和獨送至界上昶謂之曰諸人皆去卿
有老母何不去邪文和斬其使乃去昪明中為巴陵內
史沈攸之事起文和乃去昪明中為巴陵內
郡奔邔城永明中歷青冀兗益四州刺史平北
將軍
史臣曰宋氏將季離亂曰北家懷逐鹿人有異
圖故蕭岳阻兵之機州郡觀豐之會此數子皆
宿將舊勳豈太祖比肩為方伯年位高下或為
先輩而薦誠君側奉義畚里以此知樂推之非
妄安信民心之有歸玄載兄弟門從世秉誠烈不
為道家所已斯令之耿氏也
贊曰霄城報馬分義先推靈哲守讓方軌二章
李佐東土謀發天機王為清政其風不褒玄邈
簡朕旱背同歸

列傳第八　　齊書二七

崔祖思
劉善明
蘇侃
垣榮祖

南齊書二十八

臣蕭　子顯　撰

崔祖思字敬元清河東武城人崔琰七世孫也
祖譚宋冀州刺史父僧護州秀才祖思少有志
氣好讀書旦史初州辟主簿宋刺史劉懷珍於兗
廟祠神廟有蘇侯像懷珍曰堯聖人而與雜神
之五也懷珍遂令除諸雜神太祖在淮陰祖思
為列欲去之何如祖思曰蘇峻今日可謂四凶
聞風自結為上輔國主簿甚見親待參預謀議
除本朝請安成王撫軍行參軍員外正員郎甚翼
州中正書云宋朝初議封太祖甚深公祖思啟太祖
曰讖書云金刀利刃齊刈之今宜稱禪實應天
命從之轉為相國從事中郎遷齊國內史建元
元年轉長兼給事黃門侍郎上初即位祖思啟

陳政事曰禮諮者人之襟袠帝王之樞柄自
古開物成務必以教學為先世不習學民忘志
義悖競斯而興禍亂是為而作故篤俗令無貲治
莫先道教不得以夷禍革憲儉泰移業令無貲
之官空受禄力三載無考績之効九年關登黜
之序國儲以之虛匱民力為之凋散能否無章
涇渭混流宜大廟之南引悄文庠司農以北廣
開武校臺州國限外之職間其所樂依方課習
各盡其能月供僮幹如先充給若有廢隋遣還
故郡殊經奇藝待以不次士修其業必有異等
民識其利能無勉勵又曰漢文集上書囊以為
殿帷身衣弋綈以韋帶劍慎夫人衣不曳地惜
中民十家之産不為露臺劉備取帳鉤銅鑄錢
以充國用魏武遺女阜帳婢十人東阿婦以繡
衣賜死王景興以浣米見誚宋武節儉過人張
妃房唯碧綃蚊幬三齊徒席五盞盤桃花米飯
殷仲文勸令畜伎荅云我不解聲仲文曰但畜
自解又苦畏解故不畜歷觀帝王未嘗不以約

素典後麗亡也伏惟陛下□暨唐成儉躧虞為撲
寢殿則素木甲□構鐠器則斷瓢充御瓊簪玉筋
碎以為塵珍裘繡服焚之如草斯實風高上代
民偃下世矣然教信雖子誄染未革宜加甄明
以速歸厚詳察朝士有紫單蓮館高以殊等雕
牆華輪甲其稱謂義方且懼且勸則調風變俗
酒守官不徙物識義方且懼且勸則調嗜音酣
不俟終日又曰憲律之重由來尚矣故曹參云
齊唯以獄市為寄餘無所言路溫舒言秦有十

失其一尚在治獄之吏是也冥宜清置廷尉茂
簡三官寺丞獄主彌重其選研習律令刪除繁
苟詔獄及兩縣一月三訊觀狼察情欺枉必達
使明慎用刑無殺大易寧失不經靡愧周書漢
來治律有家子孫竝世其業本聚徒講授至數百
人故張于二氏絜譽文宣之世陳郭兩族流稱
來明之朝決獄無冤慶昌枝梢槐袞相蔭蟬紫
武明之朝決獄無冤慶昌枝梢槐袞相蔭蟬紫
傳輝今廷尉律生乃令史門戶族非咸弘庭鈌
子訓刑之不措抑此之由如詳擇篤厚之士使

（三）　朱光

習律令試簡有徵擢為廷尉僚屬苟官世其家
而不美其績鮮矣廢其職而欲善其事未之有
也若累傳守其業庖人不乏之龍肝可饌斷可
知矣又曰樂者動天地感鬼神正情性立人倫
其義大矣按前漢編戶千萬太樂伶官方八百
二十九人孔光等奏罷不合經法者四百四十
一人正樂定員唯置三百八十八人令戶口不
能百萬而太樂鄭元徽時校試有餘人後
堂雜伎不在其數靡廢力役傷敗風俗今欲捵

邪歸道莫若罷雜伎王庭唯置鍾簴羽戚歌
而已如此則官充給養國反淳風矣又曰論儒
者以德化為本談法者以刻削為體道教治世
之梁肉刑憲亂世之藥石故以教化比雨露名
法方風霜是以有恥且格砥讓之樞紐令行禁
止為國之關楗然則天下之治者賞罰而已矣賞
不事豐所病於不均罰不在重所困於不當如
今甲勳少乙功多賞甲而捨乙天下必有不勸
矣丙罪重丁眚輕罰丁而赦丙天下必不懲矣

（四）　宋琰

是賞罰空行無當乎勸沮將令見罰者寵習之
臣受賞者仇讎之士戰一人而萬國懼賞四夫
而四海悅又曰籍以厚國國虛民貧廣田以
實廩國當民贍充資用天之儲實撅懷山之數
湯湯分地之積以勝流金之運近代魏置典農
而中都足食晉開汲頴而汴河委儲令將掃關
咸華題鐘漢冝簡右之蕪擅則共民優贍可以
池之咸禁深抑豪右之黨農開田廣稼時罷山
出師又曰古者左史記言右史記事故君舉必

南齊傳九
五

書盡直筆而不污上無妄動知如絲之成綸令
者著作之官起居而已述事之徒褒諫為體世
無董狐書法必隱時關南史直筆未聞又廢諫
官聽納靡依課勵朝僚徵訪勞與莫若推舉
賢直職思其憂夫越任于事在言為難當官而
行處辟或易物議既以無言望已亦當以吞
黙懃人中丞雖謝咸玄未有全髮劾廷尉誠以
非釋之寧容都無訊諜故知與其謬人寧不廢
職目前之明効也漢徵貢禹為諫大夫矢言先策

夏廣勝狂直拘縶出補諷職伐柯非退行之即善
又曰天地無心賦氣自均窻得誕秀往古而獨寂
寞一代將在知與不知用與不用耳夫有賢而不
知知賢而不用用賢而不委委賢而不信此四
者古今之通患也今誠重郭隗而招劇辛任鮑
叔以求夷吾則天下之士不待召而自至矣上

優詔報答尋遷寧朔將軍冠軍司馬領齊郡太
守本官如故是冬虜動遷冠軍將軍軍主屯淮
上二年進號征虜將軍軍主如故仍遷假節督

青冀二州刺史將軍如故少時卒上歎曰我方
欲用祖思不幸可惜詔賻錢三萬布五十四
思宗人文仲初辟州從事泰始初為薛安都平
北主簿拔難歸國元徽初從太祖於新亭拒桂
陽賊著誠効除游擊將軍沈收之事起助豫章
王鎮東府歷驃騎諮議出為徐州刺史建元初
封建陽縣子三百二年虜攻鍾離仲文擊破
之又遣軍主崔孝伯等過淮攻拔虜莊眉戍殺
戍主龍得族及偽陽平太守郭杜羝館陶令張

德濮陽令王明時虜攻殺馬頭太守劉從上曰
破莊眉足相補文仲攻文仲又遣軍主陳靖攻虜竹邑
戍主白仲都又遣軍主崔延叔攻僞淮陽太守
梁惡並殺之三年淮北義民桓磊硯於抱犢固
與虜戰大破之仲文馳啓上敕曰比聞起義者
眾深恐良會不再至卿善獎沛中人若能一時攝
被當遣一仕將直入也文仲在政為百姓所憚
除黃門郎領越騎校尉改封隨縣嘗獻太祖經
驎綖一枚上為納受永明元年為太子左率累

至征虜將軍冠軍司馬汝陰太守四年卒贈後
將軍徐州刺史諡襄子
劉善明平原人鎮北將軍懷珍族弟也父懷慶
宋世為齊北海二郡太守元嘉末青州飢荒人
相食善明家有積粟躬食饘粥開倉以救鄉里
多獲全濟百姓呼其家田少而靜處
讀書青刺史杜驥聞名候之辭不相見年四十刺
史劉道隆辟為治中從事父懷民謂善明曰我
已知汝立身復欲見汝立官也善明應辟仍舉

秀才宋孝武見甚對策強直甚異之泰始初徐
州刺史薛安都及青州刺史沈文秀之時州
治東陽城善明家在郭內不能自拔伯父彌之
詭說文秀求自効文秀使領軍主張靈慶等五
千援安都彌之出門密謂部曲曰始免禍坑矣
行至下邳起義背文秀善明從伯懷恭為北海
太守據郡相應善明密契收集門宗部曲得三
千人夜斬關奔北海族兄乘民又聚眾渤海以
應朝廷而彌之尋為薛安都所殺明帝贈輔國

將軍青州刺史以乘民為寧朔將軍冀州刺史
善明為寧朔長史北海太守除尚書金部郎乘
民病卒善明仍以善明為綏遠將軍冀州刺史文秀
降除善明為屯騎校尉出為海陵太守郡境
邊海無樹木善明課民種榆檟雜菓遂獲其利
還為後軍將軍直閣五年青州沒虜善明母陷
北虜移置桑乾善明布衣蔬食哀戚如持喪明
帝每見為之歎息時人稱之轉寧朔將軍已西
梓潼二郡太守善明以母在虜中不願西行涕

迤固請見許朝廷多哀善明心事元徽初遺北
使朝議令善明舉人善明舉州鄉北平田惠紹使
虜贖得毋還幼主新立羣公秉政善明獨結事
太祖委身歸誠二年出為輔國將軍西海太守
行青冀二州刺史至鎮表請北代朝議不同善
明從弟僧副與善明俱知名於州里東海依海島太祖在
淮陰壯其所為召與相見引至安成王撫軍參
暴准北僧副將部曲二千人東依海島太祖始初虜
軍蒼梧肆暴太祖憂恐常令僧副微行伺察聲
論使僧副密告善明及東海太守垣崇祖曰多
人見勸北固廣陵恐一旦動足非為長筭今秋
風行起卿若能與垣東海共動虜則我諸計
可立善明曰宋氏將亡愚智所辨故胡虜若動
反為公患公神武世出唯當靜以待之因機奮
發功業自定不可遠去根本自貽猖蹶遺部曲
健兒數十人隨僧副選詣領府太祖納之蒼梧
廢徵善明為冠軍將軍太祖驃騎諮議南東海
太守行南徐州事沈攸之反太祖深以為憂善

明獻計曰沈攸之控引八州縱情蓄歛收眾聚
騎營造舟伏苞藏賊志於茲十年性既險躁才
非持重而起逆累旬進豈應有所待也
一則闇於兵機二則人情離怨三則有制肘之
患四則天奪其魄本慓勇長於一戰疑其
晦失理不闊自潰盧龍乘道雖眾何施且衰絰
劉秉賊之根本既滅校集昔謝
之鳥耳事平太祖召善明還都謂之曰卿策沈
攸之雖復張良陳平適如此耳仍遷散騎常侍
領長水校尉黃門郎領後軍將軍太尉右司馬
齊臺建為右衛將軍辭疾不拜司空褚淵謂善
明曰高尚之事乃卿從來素意今朝廷方相委
待記得便學松喬邪善明曰我本無官情既逢
知已所以勠力驅馳顧在申志今天地廓清朝
盈濟鄙懷既申不敢昧於富貴矣太祖踐阼
以善明勳誠欲與善明祿召謂之曰淮南近畿
國之形勢自非親賢不使居之卿為我臥治也代

高宗為征虜將軍淮南宣城二郡太守遣使拜
授封新塗伯邑五百戶善明至郡上表陳事曰
周以三聖相資再駕乃就漢值廢立持權逐歷
方登魏祚攸主行令實踰二紀晉廢立持權逐歷
四世景祚攸集如此之難者也陛下疑暉自天
照湛神極睿周萬品道洽無垠故能高嘯閑軒
鯨鯢之棘苞泂江海籠苑萬份服載晏靡
半辰之間服載晏靡一戰之勞無
歸奉二三年間允膺寶命膺臨皇曆正位宸居
開闢以來未有若斯之盛者也夫常勝者無憂
恂成者好怠故雖休姬旦作誥安不忘危
尼父垂範今皇運草創萬化始基乘宋季華政
多撓億兆倒懸仰齊鳳翥蘇振臣早蒙殊養志
肝血徒有其誠曾闞埃露風瘻戰如墜淵谷
不識忌諱謹陳愚管瞽言芻議伏待斧鉞所陳
事凡十一條其一以為天地開創人神慶仰宜
存問遠方宜廣慈澤其二以為京師浩大遠近
所歸宜遣醫藥問其疾苦年九十以上及六疾

不能自存者隨宜量賜其三以為宋氏赦令蒙
原者寡愚謂下赦書宜令事實相副其四以為
匈奴未滅劉昶猶存秋風揚塵容能送死境上
諸城宜應嚴備特簡雄略以待事機資實所須
皆宜豫辦其五以為宋氏大明太始以來
諸苛政細制以崇簡易其六以為凡諸未之
費且可權停其七以為帝子王姬宜崇儉約其
八以為諸百官及府州郡縣各貢讜言以弘
唐虞之美其九以為忠貞孝悌宜擢以殊階清
儉苦節應授以民政其十以為革命惟始天地
大慶宜時擇才辨北使匈奴遂至怨叛令大化創
險貿要荒之表宋末政苛將士搖動垠且彼
始宜懷以恩德未應遠勞將士討伐之事
土所出唯有珠寶實非聖朝所須之急討伐之事
謂宜且停又撰賢聖雜語奏之託以諷諫上答
曰省所獻雜語並列聖之明規泉智之深軌鄉
能憲章先範綦綜情識忠款昭淵誠肅著
當以周旋無忘聽覽也又諫起宣陽門表陳宜

明守宰賞罰立學校制齊禮廣開賓館以接荒
民上又荅曰真卿忠謹之懷夫賞罰以懲守宰
飾館以待退荒皆古之善政吾所宜勉更撰新
禮或非易制國學之美巳敕公卿宣陽門全敕
停寡德多闕思復有聞善明身長七尺九寸質
素不好聲色所居茅齋斧木而巳林榻机桼不
加剗削少與崔祖思善祖思出為青冀二州
善明遺書曰昔時之遊于今邈矣或攜手春林
或負杖秋澗逐清風於林杪追素月於園垂一如

【南齊書傳九】　十三

何故人祖落殆盡足下方擁旄北服吾剖竹南
甸相去千里間以江山人生如寄來會何時嘗
覽書史數十年來略在眼中矣歷代參差萬理
同異夫龍虎風雲之契亂極必夷之幾古今豈
殊此實一揆曰者沈攸之擁長蛇於外粲秉　識
所祖唯有京鎮創為聖基遂乃擢吾為首佐授
吾以大郡付吾闊中委吾留任既不辦有抽劍
兩城之用橫槊摹旗小智名參
佐命常恐朝路一下深恩不酬憂深責重轉不

可襛還視生世倍無次緒薤蔞芙布被猶篤鄙
好惡色憎暮齡尤甚出蕃不與台輔別入國
不與公卿遊孤立天地之間無猜無託唯知奉
主以忠事親以孝臨民以潔居家以儉足下今
鳴箛舊鄉衣繡舊國宋季茶毒之悲巳蒙蘇泰
河朔倒懸之苦方須救技遺遊辯全泗上歸業稷下還
之使輕裝啓行經營舊壤今為鄉導
風君欲誰讓邪聊送諸心敬申貧贈建元二年
卒年四十九遺命薄殯贈錢三萬布五十四又

【南齊傳九】　十四

詔曰善明忠誠風亮幹力蕃宣豫經夷喻勤績
昭著不幸殞喪痛悼于懷贈左將軍豫州刺史
謐烈伯子滌嗣善明家無遺儲唯有書八千卷
太祖聞其清貧賜滌家葛塘屯穀五百斛
從弟僧副官至前將軍封豐陽男三百戶永明
四年為巴西梓橦二郡太守卒
蘇侃字休烈武邑人也祖護本郡太守父端州
治中侃涉獵書傳出身正員將軍補長城令薛
安都反引侃為其府參軍使掌書記安都降虜

佽目拔南歸除積射將軍遇太祖在淮在便自
委結上鎮淮陰以佽詳密取為冠軍錄事參軍
是時張永沈攸之反後新失淮北此始遣上此戍
不滿千人每歲秋冬開邊淮騷動恟恐虜至上見
廣遣偵候安集荒餘文營繕城府上在兵中久見
疑於時乃作塞客吟以喻志曰實緯素宗神經
思邊馬悲平原千里顧但見轉蓬飛星嚴海淨
越序德晦河晉力宣江楚渚秋風起寒草衰鵰鴻
直長指秦關凝精越漢渚北壯天山縣武

月澈河明清輝映幕素波凝庭金菇鷹羽輚
晨征斡晴潭而悵泗枻松洲而悼情蘭涵風而
寫豔菊籠泉而散英曲繞首燕之歎吹輻絕越
之聲秋園琴之孤弄犀麈首霞餘馨青關翠斷
白日可料恬源靚霧籠首暉霞我旂鏑躍波
情綿綿而方遠思臬裹而遂多奧擊秦中之築
因為塞上之歌歌曰朝發兮江泉日夕兮陵山
驚飆兮御汨淮流兮海溠胡埃兮雲聚楚施兮
星懸愁痛兮思宇惻懷兮何言定寰中之逸鑒

王

審雕陵之迷泉悟樊籠之或累悵遲心以栖玄
佽達上此旨更自勤勵秦以府事深見知待元
徽初巴西人李承明作亂太祖議遣佽衛使慰
勞還除羽林監加建武將軍桂陽之難上復以
佽為平南錄事領軍主從頓新亭使分金銀賦
賜諸將事寧除步兵校尉出為緩虜將軍山陽
太守清惰有治理百姓懷之進號龍驤將軍除
前軍將軍沈攸之事起除佽游擊將軍遷太祖
驃騎諮議領錄事除黃門郎復為太祖太尉諮

議佽事上既父備悉起居乃與丘巨源撰蕭太
尉記載上征伐之功以功封新建縣族五百戶
齊臺建為黃門郎領射聲校尉任以心膂上即
位佽撰聖皇瑞命記一卷秦之建元元年卒年
五十三上惜之甚至追贈輔國將軍梁南秦
二州刺史論質庶弟烈字休文初為東莞令張
鎮軍中兵累至山陽太守寧朝將軍游擊
將軍來粲起事太祖先遣烈助防城仍隨諸將
平石頭封吉陽縣男建元中為假節督巴州軍

志　李仲

七

事巴州刺史巴東太守寧朔將軍如故永明中

至平西司馬陳留太守卒官

桓榮祖字華先下邳人五兵尚書崇祖從父兄

也父諒之宋比中郎府參軍榮祖少學騎馬又

射或謂之曰武事可畏何不學書榮祖曰曹

操曹丕上馬橫矟下馬談論此於天下可不負

飲食矣君輩無自全之伎何異犬羊乎宋孝建

中州辟主簿後軍參軍伯父豫州刺史護之子襲

祖為淮陽太守宋孝武以事從之嶺南護之不食

而死帝疾篤又遣使殺龍襲龍襲祖臨死與榮祖

書曰弟常勸我危行言遜今果敗矣明帝初即

位四方反除僕射遣還徐州說刺史

薛安都曰天之所廢誰能興之使君今不同八

百諸侯如民所見非計中也安都曰天命有在今

京都無百里地莫論攻圍取勝自可拍手笑且

我不欲負孝武榮祖曰孝武之行足致餘殃今

雖天下雷同正是速死無能為也安都曰不知

諸人云何我不畏此大蹄馬在近急便作計榮

祖被拘執不得還因收集部曲為安都將領假署

冠軍將軍安都引虜入彭城榮祖攜家屬南奔

胸山虜遣騎追之不及榮祖懼得罪乃逃遁淮

上太祖在淮陰榮祖歸附上保持之及明帝崩

太守淵謂之曰蕭公稱卿幹略故以此郡相處

榮祖善彈彈鳥毛盡而鳥不死海鵠羣翔榮祖

登城西樓彈之無不折翅而下除晉熙王征虜

安成王車騎中兵左軍將軍元徽末太祖欲渡

廣陵榮祖諫曰領府去臺百步走人豈不知

若單行輕騎廣陵人一旦閉門不相受公豈欲何

之公今動足下牀便恐即有扣臺門者八事去

矣及蒼梧廢除寧朔將軍淮南太守進輔國將

軍除游擊將軍太祖驃騎諮議輔國將軍西中

郎司馬汝陰太守除冠軍將軍給事中驍騎將

軍預佐命勳封封樂縣子三百戶以其祖舊封

封之出為持節督青冀二州刺史冠軍如故遷

黃門郎永明二年為冠軍將軍尋陽相南新蔡

太守作大形棺材盛伏使鄉人田天生王道期
載渡江北監奴有罪坐之有司奏免官削爵付
東冶案驗無實見原為安陸王平西諮議帶江
陵令仍遷司馬河東內史遷持節督緣淮諸軍
事冠軍將軍兗州刺史領東平太守兗州大中
正巴東王子響事方鎮皆啟稱子響為逆榮祖
曰此非所宜言政應宗劉寅等孤負恩獎逼迫
巴東使至於此時諸啟皆不得通事平後上乃
省視以榮祖為知言九年卒年五十七子闓宋

王淶

孝建初為威遠將軍汕南新蔡太守據梁山拒
丞相義宣賊以功封西都縣子累遷龍驤將軍
司州刺史義嘉事起明帝使閣出守盱眙領兵
北討薛道樹破之封樂鄉縣男三百戶昇明初
為散騎常侍領長水校尉與豫章王對直殿省
遷右衛將軍太祖即位以心誠封爵如舊加給
事中領驍騎將軍累遷金紫光祿大夫年七十
六永明五年卒諡定子榮祖從弟歷生亦為驍
騎將軍宋泰始初辭安都反以女婿裴祖隆為

下邳太守歷生時請假還北謀殺祖隆舉城應
朝廷事發奔走歷官太子右率性奇暴好行鞭
捶與始安王遙光同反伏誅
史臣曰太祖作牧淮兗始基霸業恩威北被感
動三齊生円些蒙右崔劉望族先覩人雄希風結
義夫諫江都之略似任光之言雖讓不獨興理
成合契蓋帷幄之臣也
贊曰淮鎮北州獲在崔劉戳書□□□□□□
佪奉潛躍皇瑞是鳩垣方帶□□□□□□

列傳第九　　　南齊書二十八

吕安國　全景文

臣蕭子顯撰

周山

周盤龍

王廣之

吕安國廣陵廣陵人也宋大明末安國以將領
見任隱重有幹局為劉勔所稱泰始二年勔征
殷琰於壽春安國以建威將軍為勔軍副眾軍
擊破琰長史杜叔寶軍於橫塘安國抄斷賊糧
道燒其運車多所傷殺琰眾奔退勔遣安國追
之先至壽春琰開門自守安國與輔國將軍垣
閬屯據城南於是眾軍繼至安國勳第一封彭
澤縣男未拜明年改封鍾武縣加邑為四百戶
累至寧朔將軍義陽太守四年又改封湘南縣
男虜陷汝南司州失守以安國為督司州諸軍
事寧朔將軍司州刺史六年義陽立州治仍領
義陽太守稍遷右軍將軍假輔師將軍元徽二

二百四十五　南齊書傳十一　[一]

年為晉熙王征虜司馬輔師將軍如故轉游擊
將軍三年出為持節都督□充冀三州綠淮前
鋒諸軍事輔師將軍充州刺史明年進號冠軍
將軍還為游擊將軍加散騎常侍征虜將軍沈
攸之事起太祖以安國為湘州刺史征虜將軍
如故先是王蘊罷州行中郎將南陽王翽未之
鎮蘊寧朔長史庾佩玉權行州事朝廷先遣南
中郎將中兵參軍臨湘令韓幼宗領軍防州沈
攸之難二人各相疑阻佩玉輒殺幼宗平西將
水軍乘舸往赴會眾軍已至不得入太祖令安
國至鎮收佩玉誅之尋進號前將軍太元元年
進爵為增邑六百戶轉右衞將軍加給事中二
虜寇邊上遣安國出司州安集民戶詔曰郢司
之間流雜繁廣宜並加區判定其隸屬參兩
州事無專任安國可暫往經理以本官使持節
惣荊郢諸軍北計事屯義陽西關虜竟未至安國
軍黃回至郢州遣軍主任侯伯行湘州事又殺
佩玉侯伯與回同軍表祭謀石頭事回令侯伯

南齊書傳十一　[二]

穄屯沔口以俟應接改封湘鄉世祖即位授使

持節散騎常侍平西將軍司州刺史領義陽太

守永明二年徙都督兗兗徐青冀五州諸軍

事平北將軍兗州刺史仍爲都督湘州刺史

四年湘川蠻動安國督率州丘討之有疾徵爲光

祿大夫加散騎常侍安國欣有文授謂其子曰

汝後勿作袴褶驅使單衣猶恨不稱當爲朱衣

官世上遺中書舍人如法亮敕安國曰吾恨憂

卿疾病應有所須勿致難也明年遷都官尚書

領太子左率六年遷領軍將軍安國累居將率

在朝以宿舊見遇尋遷散騎常侍金紫光祿大

夫兗州中正給扶上又敕茹法亮曰吾見呂安

國疾狀自不宜勞且脚中既患恐惡扶人至吾前

於禮望殊成有虧吾難敕之其人甚諱病卿可

作私意向其若好差不復須扶人依例入辛勿

牽勉八年卒年六十四贈使持節鎮北將軍南

兗州刺史常侍如故給鼓吹一部謚肅侯將軍南舊

將帥又有吳郡全景文字引達少有氣力與沈

收之同載出都引奔牛埭於岸上息有人相之

君等皆力伯人行當富貴也景文謂彼之曰富

貴或可一人耳今言皆然此殆妄言也景文仍

得將領爲軍主孝建初爲竟陵王驃騎行參軍

以功封漢水縣除員外郎積射將軍泰始二年

爲假節寧朔將軍兗從僕射軍主隨前將軍劉

亮討破東賊於晉陵除長水校尉假輔國將軍

北討薛索兒於破釜領水軍斷賊糧運仍隨太

祖於蔿窯石梁再戰皆有功南賊相持未決敕

景文隸劉亮拒劉胡攻圍力戰身被數十創除

前軍將軍封孝寧縣廕邑六百戶除寧朔將軍

游擊將軍假輔師將軍高平太守鎮軍安西二

府司馬驍騎將軍元徽末出爲南豫州刺史歷

陽太守輔國將軍如故遷征虜將軍南琅邪濟

陽二郡太守主壽加散騎常侍建元元年以

不預佐命除授南琅邪太守常侍將軍如故遷

光祿大夫征虜將軍臨川王征西司馬南郡太

守還累遷爲給事中光祿大夫永明九年卒

周山圖字季玉寂鄉人也少貧微傭書自
業有氣幹爲吳郡晉陵防郡隊主宋孝武伐太
初山圖豫勲賜爵關中疾兖州刺史沈僧榮鎮
瑕丘與山圖有舊以爲己建武府參軍竟陵王
誕據廣陵反僧榮遣山圖領二百人詣沈慶之
受節度事平論勲爲中書舍人戴明寶所抑泰
始初爲殿中將軍四方反叛僕射王或舉山圖
將領呼典語甚悅使領百航爲前驅舉軍主佽
長生等攻破賊湖白赭圻一城除貟外郎加振武

〈南齊書傳十〉 五 夫

將軍豫平濃湖追賊至西陽還明帝賞之賜死
西宅一區鎮軍將軍張永征薛安都於彭城山
圖領二千人迎運至武原爲虜騎所追合戰多
所傷殺虜圍急山圖據城自固然後更結陣
死戰突圍出虜披靡不能禁衆稱其勇呼爲武
原將及永軍大敗山圖收散卒得千餘人守下
邳城還除給事中兒從僕射直閣將軍山圖好
酒多失明帝數加怒誚後遂自改出爲錢唐新
城戍是時豫州淮西地新沒虜更於歷陽立鎮

五年以山圖爲龍驤將軍歷陽令領兵守城初
臨海天命田流自號東海王逃竄會稽鄞縣邊
海山谷中立屯營分布要害官軍不能討明帝
遣直後聞人襲說降之招流龍驤將軍流受命
將黨與出行連海臨放兵大掠而反是冬殺命
令耿獻東境大震六年敕山圖將兵東屯浹口
廣設購募契所殺別師社連梅洛
生谷擁衆自守至明年山圖分兵討皆平之
豫章賊張鳳聚衆康樂山圖劫江抄臺軍主李

〈南齊書傳十〉 六 官

雙蔡保敫遣軍攻之連年不禽至是軍主毛寄
生與鳳戰於豫章江大敗明帝復遣山圖討之
山圖至先贏兵偃衆遣幢主龐嗣厚遺鳳要出
會聚聽以兵自備鳳信之行至坐蔡山圖設伏
兵於永側輙擊斬鳳首衆百餘人束首降除寧朔
將軍連口戍主山圖過連水築西城斷虜騎路
井以溉田元徽三年遷步兵校尉加建武將軍
轉督高平下邳淮陽四郡諸軍事寧朔將
軍淮南太守盗發桓溫塚大獲寶物客竊取以

遺山圖山圖不受簿以還官遷左中郎將太祖
輔政山圖密啟曰沈攸之父有異圖公宜深為
之備太祖笑而納之武陵王贊為郢州太祖令
山圖領兵衞送世祖與晉熙王燮自郢下以山
圖為後防攸之事起世祖與晉熙王燮議以盆城
為軍副世祖留據盆城衆議以西討都督啟山
圖不如還都山圖曰令據中流為四方勢援大衆
致力川岳可為城隍小事不足難也世祖使城
局參軍劉旻陳淵委山圖以廩分事山圖斷取

■南齊書傳十　七　佘政

行旅船板以造樓櫓立水柵旬日皆辨世祖甚
嘉之授前軍將軍加寧朔將軍進號輔國將軍
收之攻郢城世祖令山圖量其形勢山圖曰收
之見與隣鄉毆同征伐悉其為人性度險刻無
以結固士心如頓兵堅城之下適所以為離散
之漸耳攸之既敗平西將軍黃回乘輕舸從白
服百餘人在軍前下緣流叫盆城中恐須吏知
是回凱歸乃安世祖謂山圖曰周公前言可謂
明於見事矣還都太祖遣山圖領部曲鎮京城

鎮戍諸軍悉受節度遷游擊將軍輔國如故建
元元年封廣晉縣男邑三百戶出為假節督兖
青冀二州徐州東海胊山軍事寧朔將軍兖州
刺史百姓附之二年進號輔國將軍其秋廣動
上策虜必不出淮陰乃敕山圖曰知卿綏邊撫
戎其有次第應虜必不出淮陰乃敕山圖曰知卿恐列醜未
必能送死卿丈夫無可藉手耳虜果寇胊山為
元女度盧紹之所破虜於淮陽是時淮北四州
起義士使山圖自淮入清偕道應赴敕山圖

■南齊書傳十　八　夏又

日卿當盡相帥馭理每存全重天下事唯同心
力山岳可摧然用兵當使背後無憂慮若後令
然無橫來虞閉目痛打無不摧碎吾政應鑄金
待卿成勳耳若不藉此平四州非丈夫也努力
自運勿令他人得上功會義衆已為虜所沒山
圖按三百家還淮陰表移東海郡治漣口又於
石鱉立陽平郡皆納世祖踐阼遷竟陵王鎮
北司馬帶南平昌太守將軍如故以盆城之舊
出入殿省甚見親信義鄉縣長風廟神姓鄧先

經為縣令死遂發靈山圖啟乞加神位輔國將
軍上答曰足狗肉便了事何用階級為轉黃門
郎領羽林四廂直衛山圖於新林立野舍晨夜
往還上謂之曰鄉罷萬人都督而輕行郊外自
今徃墅可以伏身自隨以備不虞及疾上手敕
參問遣醫給藥永明元年卒年六十四詔賜朝
服一具衣一襲

周盤龍北蘭陵蘭陵人也宋世土斷屬東平郡
盤龍膽氣過人尤便弓馬泰始初隨軍計績坼
軍封晉安縣子邑四百戶元徽二年桂陽賊起
盤龍時為定從僕射騎官主領馬軍隨太祖
頍新亭與虜校尉黃回出城南與賊對陣尋
賊躬自臨戰陷陣先登累至龍驤將軍積射將
引還城中合力拒戰事窘徐南東莞太守加前
軍將軍稍至驍騎將軍昇明元年出為假節督
交廣二州軍事征虜將軍平越中郎將廣州刺
史未之官預平石頭三年沈攸之平司州軍事
姚道和懷貳被徵以盤龍督司州軍事司州刺

吏假節將軍如故改封沌陽縣太祖即位進號
右　將軍建元二年虜寇壽春以盤龍為軍主
假節助豫州刺史垣崇祖決水漂清盤龍率輔
國將軍張倪馬步軍於西澤中舊擊殺傷數萬
人獲牛馬輜重上聞之喜詔曰醜虜送死敢命
輕毛塡川蔽野師不淹晨西蕃蹄電舊水陸斬
壽春崇祖盤龍正勤義勇乘機電舊定斯實將率甬命
之功文武爭之力凡厥勳勞宜時銓序可符
列言盤龍愛妾杜氏上送金釵鐲二十枚手敕
曰餉周公阿杜轉太子左率改授持節軍主成
故明年虜寇淮陽圍甬城先是上遣軍主成買
戌甬城謂人曰我今作甬城戍我兒當得一子或
問其故買曰我與虜同岸危險具多我豈
能使虜不敢南向我若不沒虜則應破虜兒
不作孝子便當作世子也至虜圍買數重上遣
領軍將軍李安民為都督救之敕盤龍曰城漣口
賊始復進西道便是無賊卿可率馬步下淮陰
就本領軍鍾離船舶少致可致衣仗數日糧軍人

扶淮步下也置與虜拒戰手所傷殺無數晨朝
早起手中忽見有數升血其日遂戰死盤龍子
奉叔單馬奔二百餘人陷陣虜萬餘騎張左右
翼圍繞之一騎走還報奉叔巳沒盤龍方食棄
筯馳馬奮稍直奔虜素畏盤龍驍名即時披靡
時奉叔巳大殺虜衆莫敢當奉叔見其父久不
出復躍馬入陣父子兩四騎縈攬數萬人虜衆
擊西奔南突比賊得出在外盤龍不知乃衝東
大敗盤龍父子由是名播比國形甚嚴訥而臨

軍勇果諸將莫遠承明元年遷征虜將軍南琅
邪太守三年遷右衞將軍濟陽太守加給事中
五年轉大
司馬加征虜將軍世祖數講武帝令
盤龍領軍校尉騎騶後以疾為光祿大夫尋
出為持節都督兗州緣淮諸軍事平北將軍兗
州刺史進爵廣甬城戍將張蒲與虜潛相構結
因大霧乘船入清中採樵載虜二十餘人藏仗
笒下直向城東門防門不禁仍登岸拔白爭門
戍主皇甫仲賢率軍主孟靈寶等三十餘人

於門拒戰斬三人賊衆被創赴水而虜軍馬步
至城外巳三千餘人阻斷不得進淮陰軍主王
僧虔等領五百人赴救虜衆乃退坐為有司所
奏詔白衣領職八座尋奏復位加領東平太守
盤龍表年老力弱不可鎮邊求解職見許還為
散騎常侍光祿大夫世祖戲之曰卿著貂蟬何
如兜鍪盤龍曰此貂蟬從兜鍪中出耳十一年
病卒年七十九贈安北將軍兗州刺史子奉叔
勇力絕人隨盤龍征討所在為暴掠世祖使領

軍東討唐㝢之奉叔畏上威嚴檢勒部下不敢
侵斥為東宮直閤鬱林在西州奉叔密得自進
及即位與直閤將軍曹道剛為心膂道剛驍騎
將軍加冠軍將軍奉叔游擊將軍加輔國將軍
並監殿內直衞少日仍遷道剛為黃門郎高宗
固諫不納奉叔善騎馬帝從其學騎射尤見親
寵得入後宮尋加領淮陵太守兗州中正道剛
加南濮陽太守隆昌元年除黃門郎未拜仍出
為持節都督青冀二州軍事冠軍將軍青州刺

史時帝謀宰輔故出奉叔為外援除道剛中
軍司馬青冀二州中正本官如故奉叔就帝求
千戶侯許之高宗輔政以為不可封曲江縣男
三百戶奉叔大怒於衆中攘刀屬目高宗說論
之乃受奉叔辭畢將之鎮部伍已出高宗慮其
殺之勇士數人奉擊父之乃死啓帝云奉叔慢
一出不可復制與蕭謀謀稱敕召於省內
朝廷帝不獲已可其奏高宗廢帝之日道剛直
閤省蕭諶誌先入戶若欲論事兵人隨後奮進以
刀刺之洞胃死同進宮內廢帝奉叔弟世雄永
元中為西江督護陳顯達事後世雄殺廣州刺
史蕭季敞稱季敞同逆送首京師廣州刺史顏
　馘討殺之
王廣之字林之沛郡相人也少好弓馬便捷有
勇力初為馬隊主宋大明中以功補本縣令殿
中龍驤強弩將軍驃騎中兵南譙太守泰始初
除寧朔將軍軍主隸寧朔將軍劉懷珍征殷琰
於壽春琰將劉從築壘拒守臺軍相守移日琰

遣長史杜叔寶領五十人運車五百乘援從懷
珍遣廣之及軍主辛慶祖黃回千道連等要擊
於橫塘寶結營拒戰廣之等肉薄攻營自晡至
日沒大敗之殺傷千餘人遂退燒其運車從聞
之棄壘奔走時合肥城及官軍前後受敵都督
劉勔勔名諸軍主會議廣之曰請得將軍所乘馬
佳平之勔以馬與廣之廣之去三日攻尅合肥
賊仍隨懷珍討淮北時明帝遣青州刺史明僧
暠比征至三城為沈文秀所攻廣之將步騎三
千餘人祿海救之俱引退廣之又進軍襲文秀
所置長廣太守劉桃根桃根棄城走軍還封安
蠻縣子三百戶尋改蒲圻除建威將軍南陽太
守不之官除越騎校尉龍驤將軍鍾離太守遷
為左軍將軍加寧朔將軍高平太守又除游擊
將軍寧朔將軍如故加給事中冠軍將軍討宋建平
先登京口改封寧都縣子五百戶太祖廢蒼梧
出廣之為假節督徐州軍事徐州刺史鍾離太
守冠軍如故沈收之事起廣之留京師豫平石

頭仍從太祖頓新亭推號征虜將軍太祖誅黃

回回弟弟馳及從弟馬兄子奴亡逸太祖與廣之

書曰黃回雖有微勳而罪過轉不可容近遂啓

請御大小二輿為刺史書服飾五月不惜為其啓

聞政恐得輿復求書輪車此外粟不可勝數建

自悉今啓依法令廣之於江西搜捕騶等建

元元年爵戾食邑為千戶轉散騎常侍左軍將

軍北虜動明年詔假廣之節出淮上廣之家在

彭沛啓上求招誘鄉里部曲此取彭城上許之

以廣之為使持節都督淮北軍事平北將軍徐

州刺史廣之引軍過淮無所剽獲坐免官尋除

征虜將軍加散騎常侍太子右率世祖即位遷

長沙王鎮軍司馬南東海太守司徒司馬尋陽

柄南新蔡太守安陸王北中郎左軍司馬廣陵

太守將軍如故出為持節都督徐州諸軍事徐

州刺史將軍如故還為光祿大夫左將軍司徒

司馬遷右衞將軍轉散騎常侍前將軍司徒

廣之子珍國應堪大用謂廣之曰卿可謂老蚌

也廣之曰不敢辭上大笑除游擊將軍不拜

十一年虜動假廣之節招募隆昌元年遷給事

中左衞將軍時豫州刺史崔慧景密與崔勞通有

異志延興元年以廣之為持節督豫州郢州之

西陽司州之汝南二郡軍事平西將軍豫州刺

史預嚴戀林勳增封三百戶高宗誅害諸王遣

廣之征安陸王子敬於江陽給鼓吹一部事平

仍改授使持節散騎常侍都督江州諸軍事鎮

南將軍江州刺史進封應城縣公食邑二千戶

建武二年虜圍司州遣廣之持節督司州征討

解圍廣之未至百餘里虜退乃還明年遷侍中

鎮軍將軍給扶四十人卒年七十三追贈散騎常侍

車騎將軍謚曰莊公

史曰公侯杆城守國之所貧也必須父習兵

事非一戰之力安國等致勁累朝聲勤克舉並

識時慮食不託盤龍驍勇獨冠三軍嗚咽之

憚飛將賀不若也壯矣哉

贊曰安國崔冑將協同運社同禪九江迴從中夏

盤龍殺敵洞開胡馬廣之末年旌旆聚馬把

列傳第十　　南齊書二十九

臣蕭　子顯　撰

薛淵

戴僧靜

桓康　尹略

焦度

曹虎

薛淵河東汾陰人也宋徐州刺史安都從子本
名道淵避太祖偏諱改安都以彭城降虜親族
皆入北太祖鎮淮陰淵遁來南委身自結果幹
有氣力太祖使領部曲備衞帳內從征伐元徽
末以勳官至輔國將軍右軍將軍驍騎將軍
軍主封竟陵縣沈攸之難起太祖入朝堂豫章
王疑代守東府使淵領軍屯司徒左府分備京
邑表粲據石頭事主疑夜登西門進呼淵淵
驚起率軍赴難先至石頭焚門攻戰事平明旦
衆軍還集杜姥宅街路皆滿宮門不開太祖登
南掖門樓勅分衆軍各還本頓至食後城門開

淵方得入見太祖且喜且泣太祖即位增邑為二
千五百戶除淮陵太守加寧朔將軍驍騎將軍
如故尋為直閤將軍冠軍將軍仍轉太子左率
虜僞將薛道標寇壽春太祖以道標淵之親
近敕齊郡太守劉懷慰曰聞道標分明來其見
虜並在都與諸弟無復同生者凡此類無為不
多方慰示縱之意虜得書果道標道他將
代之世祖即位遷左衞將軍初淵南奔母索氏
憂迫之深固辭朝列昔東關舊典猶通婚官況
史崔慧景報淵云索在界首遣信拘引已得拔
難淵表求解職至界上迎之見許改授散騎常
侍征虜將軍淵母南歸事竟無實永明元年淵
上表解職送貂蟬詔曰遠隔殊方聲問難審淵
不得自拔政嫁長安楊氏淵私遣購贖梁州刺
母出有差音息時至依附前例不容申許便可
斷表速還章服淵以贖母既不得又表陳解職
詔不許後虜使至上為淵致與母書車駕幸安

樂寺淵從駕乘虜橋先是敕羌虜橋不得入伏
為有司所奏免官見原四年出為時即督徐州
諸軍事徐州刺史將軍如故明帝運右軍司馬
將軍如故轉大司馬譽陽太守將軍如故七年
為給事中右衛將軍以疾解職歸家不能乘車
去車脚使人舉之而去為有司所奏詔原十年為散騎
主劉起之被捕急以眠褥雜物十餘種賂淵自
為右將軍大司馬領軍討巴東王子響子響軍
逃淵匿之軍中為有司所奏詔原八年

常侍將軍如故世祖崩朝廷慮虜南寇假淵節
軍主本官如故尋加驃騎將軍假節本官如故
隆昌元年出為持節督司州軍事司州刺史右
將軍如故延興元年進號平北將軍未拜卒明
帝即位方有詔購錢五萬布五百匹日舉哀
戴僧靜會稽永興人也祖飾宋景平中與富陽
孫法先謀亂伏法家口徙青州僧靜少有膽力
便弓馬事刺史沈文秀俱沒虜後將家屬叛還
淮陰太祖撫畜之常在左右僧靜於都載錦出

為歐陽戍所得繫兗州獄太祖遣薛淵餉僧靜
酒食以刀子置魚腹中僧靜與獄吏飲酒既醉
以刀刳械手自折鎖發屋而出歸太祖匿之齊
內以其家貧年給穀千斛虜圍角城遣僧靜戰
盡數捷補帳內軍主隨還京師勳階至積射將
軍羽林監沈攸攸之事起太祖遣僧靜射書與
頭時蘇烈據倉城僧靜射書與烈夜縋入城烈
登城西南門烈燭火熨分臺軍至射之火乃滅

盞一合輒大殺傷官軍死者百餘人軍主王天
生殊死拒戰故得相持自亥至丑有流星赤色
照地墜城中僧靜率力攻倉門身先士卒眾潰
僧靜手斬粲於是外軍燒門入初粲大明中與
蕭惠開周即同車行逢大桁開駐車共語惠開
取鏡自照曰元可仕勖執鏡良久曰視死如
歸粲最後曰當至三公而不終也僧靜以功除
前軍將軍寧朔將軍將士戰亡者太祖為歆祭

為昇明二年除游擊將軍沈攸之平論封諸將
以僧靜為興平縣侯邑千戶太祖即位增邑千
二百戶除南濟陰太守本官如故除輔國將軍
改封建昌建元二年遷驍騎將軍加貞外常侍
轉太子左衛率世祖踐阼出為持節督徐州諸
軍事冠軍將軍北徐州刺史賈牛給貧民令耕
種甚得荒情遷給事中太子右率尋加通直常
侍永明五年隸護軍陳顯達討荒賊桓天生於
比陽僧靜與平西司馬韓孟慶華山太守康元

隆前進未至比陽四十里頓深橋天生引虜步
騎十萬奄至僧靜合戰大破之殺獲萬計天生
退還比陽僧靜進圍之天生軍出城外僧靜又
擊破之天生閉門不復出僧靜力疲乃退除征
虜將軍南中郎司馬淮南太守八年巴東王子
響殺僚佐世祖召僧靜使領軍向江陵僧靜面
啟上曰巴東王年少長史捉之太急忿不思難
故耳天子兒過誤殺人有何大罪官忽遣軍西
上人情惶懼無所不至僧靜不敢奉敕上不荅

而心善之徙為盧陵王中軍司馬高平太守將
軍如故九年卒詔曰僧靜志懷貞果誠著艱難
剋殄西塘勳彭運始奮致殞喪惻愴傷懷賵錢
五萬布百匹謚曰壯肅僧靜同郡餘姚人陳胤叔
本名歡叔避宣帝諱改彊果捷便刀楯初為
左夾轂隊將泰始初隨太祖東討遂歸身隨從
征伐小心慎事以功見賞封當陽縣子官至東
子左率啟世祖以鍛筒鏵多不如鑄作東
冶令張候伯以鑄鏵鈍不合用鐵事不行永明三

年卒
栢康北蘭陵承人也勇果驍悍宋大明中隨太
祖為軍容從世祖在頭縣泰始初世祖起義為
郡所繫衆皆散康裝擔一頭貯穆后一頭貯文
惠太子及竟陵王子良自負置山中與門客蕭
欣祖楊珠之皁分喜潛三奴向思奴四十餘人
相結破郡獄出世祖郡郡追兵急康等死戰破之
隨世祖起義攜堅陷陣賈力絕人所經村邑恣
行暴害江南人畏之以其名怖小兒畫其形以

辟癎無不立愈見擢為世祖冠軍府參軍除殿中將軍武騎常侍出補襄賁令桂陽事起康棄縣還都就太祖會事平除賁外郎元徽五年七月六日夜少帝微行至領軍府帝左右人曰一府人皆眠何不緣牆入帝曰我今夕欲一處作適待明日夜康與太祖所養健兒廬荒向黑於門聞聽得其語明夕王敬則將帝首至扣康謂是變與荒黑曉下按白欲出仍隨入宮太祖鎮東府除康武陵王中兵寧朔將軍帶蘭陵太

【南齊傳上】 十二

守常衛左右太祖誅黃回時將爲南兗州部曲數千遣收恐爲亂名入東府傅外齋使康將數十人數回罪然後殺之回初興屯騎校尉王宜與同石頭之謀太祖隱其事猶以重兵付回而配以腹心宜與拳捷善舞刀楯回常使十餘人以水交灑不能箸既廳宜與反巳乃先撤其軍將宜與不與回發怒不從戮分檀斬之諸將因此貳太祖以回握彊兵必遂及覆康請獨往刺之太祖曰卿等何疑其使無能為也及回被召上

車愛妾見赤光冠其頭至足苦捉留回不肯止時人為之語曰欲俯張問相康除後軍將直閤將軍南濮陽太守寧朔如故建元元年封吳平縣伯五百戶轉輔國將軍左軍將軍遊擊將軍太守如故太祖謂康曰卿隨我日久未得方伯亦當未解我意政欲與卿先共滅虜耳虜動遣康行假節尋進冠軍將軍三年春於淮陽與虜戰大破之進兵攻陷虜樊諧城太祖甚敕康迎淮北義民不剋明年以康為持節督青冀二

【南傳十一】 八

州東徐之東莞瑯邪二郡胸山戍北徐之東海連口戍諸軍事青冀二州刺史冠軍如故世祖即位轉驍騎將軍復前軍郡其年卒詔曰康昔預南勳義兼常懷倍深惻愴凶事所須厚加料理年五十七淮南人尹略少伏事太祖晚冒騎射以便捷見使為將昇明中為虎賁中郎越騎校尉建元初封平固男三百戶永明八年為游擊將軍討巴東王子響見害呂贈輔國將軍梁州刺史

焦度字文績南安氏人也祖文珪避難至襄陽
宋元嘉中僑立天水郡略陽縣乃屬焉度以歸
國補北館客孝武初青州刺史顏師伯出鎮臺
差度領幢主送之索虜寇青州師伯遣度領軍
與虜戰於沙溝杜梁度身破陣大捷師伯板為
己輔國府參軍虜道清水八拾首救文寇清口
度又領軍救援刺虜騎將豹皮公墮馬獲其具
裝鎧稍手殺數十人師伯啟孝武稱度氣力弓
馬絕人帝召還充左右見度身形黑壯謂師
伯曰真健物也除西陽王撫軍長兼行參軍補
晉安王勛夾轂隊主隨鎮江州子勛起兵以
度為龍驤將軍領三千人為前鋒屯赭圻每與
臺軍戰常自排突所向無不勝事敗逃宮亭湖
中為寇賊朝廷聞其勇甚壯惠之使江州刺史
王景文誘降度等將部曲出首景文以為已鎮
南參軍尋領度厚待之隨景文還都常在
府州內景文尋領害夕度大怒勸景文拒命景文
不從明帝不知也度武勇補晉熙王燮防閤除

征虜鎧曹行參軍隨鎮夏口武陵王贊代燮為
郢州度仍留鎮為贊前軍沈攸之事起轉度中
直兵加寧朔將軍軍主太祖又遣使假度輔國
將軍屯騎校尉收之大衆至夏口將直下都留
偏兵守郢城而已度於城樓上肆言罵辱攸之
至自發露故攸之怒改計攻城度親力戰收之
衆蒙楯將登度令投以穢器賊衆不能冒至今
呼此樓為焦度樓事寧度功居多轉後軍將軍封
東昌縣子東官直閤將軍為人朴澁欲就太祖
求州比及見意色甚變竟不得一語太祖以其
不閑民事竟不用建元四年乃除淮陵太守本
官如故度見朝廷貴賤說郢城事宣露如初好
飲酒醉輒暴怒上常使人節之年雖老而氣力
如故尋除游擊將軍永明元年卒年六十一贈
輔國將軍梁秦二州刺史子世榮避本
東王防閤子響事世榮避奔雍州世祖嘉之以
為始興中兵參軍
曹虎字士威下邳下邳人也本名虎頭宋明帝

末為直閤桂陽賊起隨六祖出新亭屢出戰先
斬一級持還由是識太祖太祖為領軍虎訴勳
補防殿隊主直西齋蒼梧廢明日虎何之虎欲出外避
難遇太祖在東中華門問虎何之虎因曰故欲
仰覓明公耳仍留直衛太祖鎮東府以虎與戴
僧靜各項白直三百人累至屯騎校尉帶南城
令豫平石頭封羅江縣男除前軍將軍上受禪
將軍東莞太守建元元年冬虎啟乞度封侯官
增邑為四百戶直閤將軍領細仗主尋除寧朔
尚書奏侯官戶數勳廣乃改封監利縣二年除
游擊將軍本官如故及彭沛義民起遣虎領六
千人入渦沈攸之橫吹一部京邑之絕虎啟以
自隨義民父不望虎乃攻虜別營破之將士貪
取俘執反為虜所敗死亡三千人世視即位除
員外常侍遷南中郎司馬加寧朔將軍南新蔡
太守永明元年徙為安成王征虜司馬輔國如
故明年江州蠻動敕虎領兵戍尋陽板輔國將
軍伐蠻軍主又領尋陽相尋除游擊將軍輔國

軍主如故世祖以虎頭名鄙敕改之六年四月
荒賊桓天生復引虜出據隔城遣虎督數軍討
之虎令輔國將軍朱公恩領騎百匹及前行踏
伏值賊遊軍因合戰破之遂進至隔城賊黨拒
守虎引圍柵絕其走路須臾候騎還報虜援已
至尋而天生率馬步萬餘人迎戰虎奮擊大敗
之獲二千餘人明日遂攻隔城拔之斬偽虎威
將軍襄城太守帛烏祝復殺二千餘人賊棄平
民城退走十一年遷冠軍將軍驍騎如故明年
遷太子左率轉西陽王冠軍司馬廣陵太守上
敕虎曰廣陵須心腹非吾意可委者不可得處
此任隨郡王子隆代巴東王子響為荆州備軍
容西上以虎為輔國將軍鎮西司馬南平內史
十一年收雍州刺史王奐敕領步騎數百步道
取襄陽仍除持節督梁南北秦沙四州諸軍事
西戎校尉梁南秦二州刺史將軍如故尋除
征虜將軍蠻林即位進號前將軍隆昌元年遷
督雍州郢州之竟陵司州之隨郡軍事冠軍將

軍雍州刺史建武元年進號右將軍二年進督
為監進號平北將軍尋為疥增邑三百戶四年
虜寇泗北虎聚軍襄陽與南陽太守房伯玉不
恊不急赴救末乃移頓雍州刺史樊城虜主元宏遺虎書
曰皇帝謝偽雍州刺史元宏居關洛
之隔幽顯含嗟人靈且漢北江邊密爾乾
惣元天方融八表而南有未賓之具治為兩主
縣故先動鳳駕整我神邑卿進無陳平歸漢之
智退關關羽殉節之忠嬰關窮城愛頓長江機

十三 陳顯外

勇兩缺何其堂哉朕比乃欲造卿遍宂未果且
還新都饗獻六戎入彼春月遲遲揚旆善脩兩
略以俟義臨虎使人答書曰自金精失道皇居
徙縣喬木空存茂草方蘩七狄交侵五胡代起
顧瞻中原每用弔焉皇蘭隨水瀍瀍伊川
之象爰在玆日古人有云匪宅是卜而鄰是卜
還漢無幸耶尺殊風折腰入塞乘秋犯邊親屬
窮於斬殺士女困於虜劉與彼秦蟲左共為唇齒
樊漢先露乃復改易氈裘棄妾自尊大
仁義弗聞苟暴先露乃復改易氈裘棄妾自尊大

我皇開運光宅區夏而式亂逋逃棄同即異每
欲出車鞠旅以征不庭所冀千戚兩階叛命來
格遂復遊魂不戢乾沒孤熾連率任屬方
邵組甲十萬雄戰千羣以此戡難何往不克主
上每矜率土哀彼民黎使不戰屈敵兵無血刃
故部勒小戎開壁清野抗威遵養庶能懷音者
遂迷復退當金鉦戒路雲旗北掃長驅
燕代併轡名王使少卿忽諸頭曼不祀兵交無
遠相為憫然永泰元年遷給事中右衛將軍持

十四 三孟

節隸都督陳顯達偁襄陽代虜度支尚書崔慧
景於鄧地大敗虜道至泗北元宏率十萬衆從
羽儀華蓋圍樊城虎開門固守虜去城數里
立營頓設氈屋復冉圍樊城臨泗水堅至襄陽岸
乃去虎遣軍主田安之等十餘軍出逐之顏相
始安王遙光反虎領軍屯青溪中橋事寧轉散
傷殺東昏即位遷前將軍鎮軍司馬永元元年
騎常侍右衛將軍虎形幹甚毅善於誘納日食
荒客常數百人晚節好貨賄咨齊在雍州得見

錢五千萬使女食醬菜無重肴每好風景輒開
庫柏張向之帝疑虎舊將兼利其財新除未及
拜見殺時年六十餘和帝中興元年追贈安北
將軍徐州刺史
史臣曰解厄鴻門貢舞陽之氣納降饗旅伏虎
灸之力觀效猛毅藉以風威未必投車挾輈然
後勝敵故桓康之聲所以震慴江蠻世
贊曰辭辭親愛歸身淮涘戴頹千秋興言帝子
桓勇焦壯爪牙之士虎守西邊功虧此郡

列傳第十一　　　南齊書三十

臣蕭　子顯　撰

江謐

　　荀伯玉

江謐字令和濟陽考城人也祖秉臨海太守宋
世清吏父徽尚書都官郎吳令為太初所殺謐
繫尚方孝武平京邑乃得出解褐奉朝請輔國
行參軍干湖令強濟稱職宋明帝為南豫州謐
傾身奉之為帝所親待即位以為驃騎參軍弟
蒙貌醜帝常召見狎侮之謐轉尚書度支郎俄
遷右丞兼比部郎泰始四年江夏王義恭第十
五女卒年十九未笄禮官議從成人服諸王服
大功左丞孫夐重奏禮記女子十五而笄鄭云
年應許嫁者也其未許嫁者則二十而笄慈
云二十九猶為殤禮官違越經典無據博士
太常以下結免贖論謐坐杖督五十奪勞百日
謐又奏夐夐先不研辨混同謬議准以事例亦宜
及各奪夐又結免贖論詔可出為建平王景素冠

軍長史長沙內史行湘州事政治苛刻僧遵道
人與謐情款隨謐在郡犯小事餓繫郡獄僧遵
裂三衣食之既盡而死為有司所奏徵還明帝
崩遇赦得免為正員郎右軍將軍太祖領南兗
州謐為鎮軍長史廣陵太守入為游擊將軍性
流俗善趨勢利元微末朝諂屬意建平王廢
素謐深自委結景素敗僅得免禍蒼梧王廢
後物情尚懷疑惑謐獨竭誠歸事太祖以本官
領尚書左丞昇明元年遷黃門侍郎左丞如故

沈攸之事起議加太祖黃鉞謐所建也事平遷
吏部郎稍被親待遷太尉諮議領錄事參軍齊
臺建為右衛將軍建元元年遷侍中出為臨川
王平西長史冠軍將軍長沙內史行湘州留事
王遣之鎮旣而驃騎豫章王疑領湘州以謐為
長史將軍內史知州留事如故封永新縣伯四
百戶三年為左民尚書諸皇子出閤用文武主
師皆以委謐尋敕曰江謐寒士誠當不得競等
華僑然其有干堪為委遇可遷掌吏部謐才

長刀筆所在事辦太祖崩諡稱疾不入衆頗疑
其怨不豫顧命也世祖即位諡又不遷官以此
怨望時世祖不豫諡詣豫章王嶷請間曰至尊
非起疾東宮又非才公令欲作何計世祖知之
出諡為征虜將軍鎮比長史南東海太守未發
上使御史中丞沈沖奏諡前後罪曰諡少懷輕
躁長習詔薄交無義合行必利動特以弈世更
局見擢宋朝而阿諛內外貨賂公行各盈憲簡
戾彰朝聽興金畫寶取容近習以沈攸之地勝

立強終當得志委心託身歲暮相結以劉景素
親屬望重物應樂推獻誠薦子窺寶非望時艱
網漏得全首領太祖匡飭天地方知遠圖薄其
艱洗之瑕許其革音之効加以非分之寵推以
不次之榮列迹動良比肩朝德以往者微勤刀
筆小用賞廁河山任雖富茂無滿重茬湘部顯行斷盜及
彭貪昧之情雖富茂無滿重茬湘部顯行斷盜及
居銓衡肆意受納連席同乘皆被鬻舊侶密廷
闍讓必貴賕賄常客理合外進者以為巳惠事宜

貶退者並稱中旨謂販鬻南威權藪首不露欺主
罔上奸議可掩先帝寢疾彌留人神憂震諡病
私舍曾無變容國諱經旬甫輒參訪遺詔
詭忤時旨以身列朝沭宜蒙兼帶先顧不逮舊
位無加遂崇飾惡言肆醜縱悖議誹朝政訕毀
皇歡遍舉忠賢歷詆臺相至於蕃岳入授列代
聽論復敢吷黜儲后不顧辭端毀折宗王毋窮
恒規動戚出撫前王舜則而諡妄發樞機坐構
訛誖皆云譖誣壅乖禮崇樹失宜仰指天俯畫地

希幸災故以申積慎犯上之跡既彰反噬之情
已彰請免官削爵土收送廷尉治罪詔賜死
時年五十二子介建武中為吳令治亦深切民
閭榜死人髑髏為諡首葉宜而去
荀伯玉字弄璋廣陵人也祖永南譙太守父闡
之給事中伯玉少為柳元景撫軍板行參軍南
徐州祭酒晉安王子勛鎮軍行參軍泰始初子
勛舉事伯玉友人孫沖為將帥伯玉隸其驅使
封新亭疾事敗伯玉還都賣卜自業建平王景

素聞而招之伯玉不往太祖鎮淮陰伯玉歸身
結事爲太祖冠軍刑獄參軍太祖爲明帝所疑
及徵爲黃門郎深懷憂慮應伯玉勸太祖遣行界
騎入虜界安置標榜於是虜游騎數百履行界
不成行而明帝詔果復太祖本任由是見親待
上太祖以聞猶懼不得留令伯玉卜伯玉斷封
從太祖還都除奉朝請令伯玉看宅知家事世
祖罷廣興還立別宅遣人於大宅掘樹數株伯
玉不與馳必聞太祖曰卿執之是也轉太祖平

| 南齊傳十二 | 五 | 楊泰 |

南府罶熙王府參軍太祖爲南兗州伯玉轉爲
上鎮軍中兵參軍帶廣陵令除羽林監不拜初
太祖在淮南伯玉假還廣陵夢上廣陵城南樓
上有二青衣小兒語伯玉云草中肅九五相追
逐伯玉視城下人頭上皆有草泰始七年伯玉
又夢太祖乘船在廣陵北渚見上兩掖下有翅
不舒伯玉問何當舒上曰却後三年伯玉夢中
自謂是呪師向上唾呪之凡六呪有六龍出兩
按下翅皆舒還而復斂元徽二年而太祖破桂

陽威名大震五年而廢蒼梧太祖謂伯玉曰卿
時乘之夢今且勃矣昇明初仍爲大祖驃騎中
兵參軍除步兵校尉不拜仍帶濟陽太守中兵
如故霸業既建伯玉忠勤盡心常衛左右加前
軍將軍隨太祖太尉府轉中兵將軍太守如故
建元元年封南曹縣子四百戶轉輔國將軍武
陵王征虜司馬太守如故徙爲安成王冠軍司
馬轉豫章王司空諮議太守如故世祖在東宮
專斷用事頗不如法任左右張景眞使領東宮

| 南齊傳十二 | 六 | 米 |

主衣食官穀帛賞賜什物皆御所服用景眞於
南澗寺捨身齋有元徽紫及袴褶餘物稱是於
樂遊設會伎人皆普御衣又慶絲錦與崐崘舶
營貨賛輒使傳令防送過南州津世祖拜陵還景
眞白服乘畫舴艋坐胡牀觀者咸疑是太子內
外祇畏莫敢有言伯玉謂親人曰我不啓聞誰應啓
終不知豈得顧死蔽官耳目太子所爲宮
者因世祖拜陵後密啓之上大怒檢校東宮世
祖還至方山日暮將泊豫章王於東府乘飛鷁

東迎具白上怒之意世祖夜歸上亦傳門篇待
之二更盡方入宮上明日遣文惠太子聞喜公
子良宣敕以景真罪狀示世祖稱太子令收景
真殺之世祖憂懼稱疾月餘日上怒不解書即
太陽殿王敬則直入叩頭啓上曰官有天下日
淺太子無事被責人情恐懼願官往東宮解釋
之太祖乃幸嘉伯玉盡心愈見親信軍國密事
多委使之時人爲之語曰十敕五令不如荀伯
玉命世祖深怨伯玉上臨崩指伯玉謂世祖曰
此人事我忠我身後人必爲其作口過汝勿信
也可令往東宮長侍白澤小却以南苑州處之
伯玉遭父憂除冠軍將軍南濮陽太守未拜除
黃門郎本官如故世祖轉爲豫章王太尉諮議
太守如故俄還散騎常侍祖善慮相扇爲亂加
無計上聞之以其與垣崇祖善慮相扇爲亂加
意撫之伯玉乃安永明元年垣崇祖誅伯玉并
伏法初善相墓者見伯玉家墓謂其父曰當出

暴貴而不久也伯玉後聞之曰朝聞道夕死可
矣死時年五十
史臣曰君老不事太子義烈之遺訓也欲夫專
心所奉在節無貳雖人子之親尚宜自別則偏
黨爲論豈或榜啓察江荀之行也雖異術而同
亡以古道而居今世難乎
贊曰謚口禍門荀巫盡...

列傳第十二　　　　　南齊書三十一

南齊書卷三十二

臣蕭子顯撰

王琨

張岱

褚炫

何戢

王延之

阮韜

王琨琅邪臨沂人也祖卲晉衛將軍父懌不慧
侍婢生琨名為巴俞懌後聚南陽樂玄女無子
改琨名立以為嗣琨少謹篤為從伯司徒謐所
愛宋永初中武帝以其娶桓脩女除郎中駙馬
都尉本朝請元嘉初從兄侍中華有權寵以門
戶衰弱待琨如親數相稱薦為尚書儀曹郎以
治中累至左軍諮議領錄事出為宣城太守司
徒從事中郎義興太守歷任皆廉約還為北中
郎長史黃門郎寧朔將軍東陽太守轉為建初
廷尉卿音陵王驃騎長史加臨淮太守轉吏部
郎吏曹選局貴要多所屬請琨自公卿下至士
大夫例為用兩門生江夏王義恭嘗屬琨用二
人後復遣屬琨啟不許出以為持節都督廣州
諸軍事建威將軍平越中郎將廣州刺史父懌
史南土沃實在任者常致巨富世云廣州刺史
但經城門一過便得三千萬也琨無所取納表
獻祿俸之半州鎮舊有鼓吹又啟輸還臺罷任
孝武知其清問還資多少琨曰臣宅百三十
萬餘物稱之帝悅其對為廷尉加給事中轉寧
朝將軍長史歷尋陽內史上以琨忠實從為寵子
新安王東中郎長史加輔國將軍遷右衛將軍
度支尚書出為永嘉王左軍始安王征虜二府
長史加輔國將軍廣陵太守皆孝武諸子泰始
長史加光祿大夫初從兄華孫
元年遷度支尚書尋加光祿大夫初從兄華嗜
門姪不休從孫長是故左衛將軍嗣息少資常
狠猶輩晚進頃更氐酗業身無檢故衛將軍華
忠蕭奉國善及世祀而長貧賤承封將傾其緒

嗣小息佟開立保退不乖素風如蒙趜立則存
亡荷榮私禄更撰出為冠軍將軍具郡太守遷
中領軍坐在郡用朝舍錢三十六萬營餉二宮
諸王及作緯襖奉獻常侍用遷光禄大夫尋加
太常及金紫加散騎常侍深被親寵朝廷多琨
為一神琨案舊糾駁時蘇深被親寵朝廷多琨
強正明帝臨崩出為賢會稽太守常侍如故坐
嘉五郡軍事左軍將軍會稽太守常侍如故坐
誤竟因降號冠軍元徽中選金紫光禄引訓太 〔三百卅〕

〔南齊傳十三〕 〔二〕 ▽

僕常侍如故本州中正加特進從帝即位進右
光禄大夫常侍餘如故從帝遜位琨陪位及辭
廟皆流涕太祖即位領武陵王師加侍中給親
信二十人時王儉為宰相琨用東海郡迎吏
琨謂信人曰語郎三臺五省皆是郎用人外方
小郡當乞寒賊省官何　復奪之遂不過其事
琨性既古慎而偷嗇過其家人雜事皆手自操
執公事朝會必夙夜早起簡閱及裳料數冠幘
如此數四世以此英之尋解王師建元四年太

祖崩琨聞國諱牛不在宅去臺數里遂步行入
宮朝士皆謂琨曰故宜待軍有損國望琨曰今
日奔赴皆應爾遂得病卒贈左光禄大夫餘如
故年八十四
張岱字景山吳郡吳人也祖敞晉度支尚書父
茂慶宋金紫光禄大夫岱少與兄太子中舍人
寅新安太守敦兄廣州刺史辨俱
知名謂之張氏五龍鏡少與光禄大夫顏延之
隣居頗談議飲酒喧呼不絕而鏡靜騎無言聲

〔南齊傳十三〕 〔四〕 ▽ 〔三百卅七〕

後延之於籬邊聞其與客語取胡床坐聽辭義
清玄延之心服謂客曰彼有人焉由此不復
酬呼寅鏡名最高永辨岱不及也郡舉岱上計
掾不行州辟從事累遷南平王右軍主簿尚書
水部郎出補東遷令時殷沖為吳興謂人曰張
東遷親貧湏養所以栖遲下邑然名器方顯終
常火至隨王誕於會稽起義以岱為建威將軍
輔國長史行縣事事平為司徒左西曹母年八
十籍注未蕭公便去官從實還養有司以岱違

制將欲紏舉宋孝武曰觀過可以知仁不須案
也累遷撫軍諮議參軍領令職事闕理巳
陵王休若爲比徐州未親政事以恢爲冠軍諮
議參軍領彭城太守行府州國事後臨海王爲
征虜廣州刺章王爲車騎揚州晉安王爲征虜
南兖州恢歷爲三府諮議三王行事與典籤主
帥共事事舉而情得或謂恢曰主王既以執事
多閒而每能緝和公私云何致此恢曰古人言
一心可以事百君我爲政端平待物以禮悔各

之事無由而及明闇短長更是才用之多少耳
入爲黃門郎遷驃騎長史領廣陵太守新安王
子鸞以盛寵爲南徐州割吳郡屬焉爲高選佐史
孝武帝召恢謂之曰卿美效鳳著兼資官已多
今欲用卿爲子鸞別駕懃刺史之任無謂小屈
終當大伸也帝崩累遷吏部郎明帝初四方反
帝以恢堪幹舊十除使持節督西豫州諸軍事
輔國將軍西豫州刺史尋徙爲冠軍將軍比徐
州刺史都督比討諸軍事並不之官泰始末爲

吳興太守元徽中遷使持節督益寧二州軍事
冠軍將軍益州刺史數年益土安其政徵侍中
領長水校尉度支尚書領左軍遷吏部尚書王
倫爲吏部郎時專斷曹事恢每相違執及倫爲
宰相以此頗相善兄子璲弟恕誅吳郡太守劉
遐太祖欲以怒恢歷...恕誅此所不
同勳自應有賞恢曰君以家貧賜禄此所不論
錦不宜濫裁太祖曰怨晉陵郡恢爲晉陵郡

語功推事臣門之恥尋加散騎常侍建元元年
出爲左將軍吳郡太守太祖知恢歷任清直至
郡未幾手敕恢曰大邦任重乃未欲回換但恢
戎務殷宜須實今用卿爲護軍加給事中恢
拜竟詔以家爲府陳疾明年遷金紫光禄大夫
領郡陽王師世祖即位後以恢爲散騎常侍吳
興太守秩中二千石恢晚節在吳興更以寬恕
著名遷使持節監南兖兖
青冀五州諸軍事
後將軍南兖州刺史常侍如故未祿卒年七十
一恢初作遺命分張家財封置箱中家業張減

隨後改易如此十數年贈卒官諡貞子

褚炫字彥緒河南陽翟人也祖秀之宋太常父
法顯鄱陽太守兄炤字彥昪少秉高節一目眇
官至國子博士不拜常非從兄淵身事二代聞
淵拜司徒歎曰使淵作中書郎而死不當是一
名士德不昌遂令有期顧之壽炫少清簡爲從
舅王景文所知從兄淵謂人曰從弟廉勝獨立
乃十倍於我也宋義陽王旭爲太常板炫補五
官累遷太子舍人撫軍車騎記室正貞郎從宋

〇南齊傳三 七

明帝射雉至日中無所得帝其精差召問侍臣
曰吾旦來如皋遂空行可笑座者莫答炫獨曰今
節候難適而雲露尚凝故斯翬心未警
但得神駕游豫羣情便爲慰帝意解乃於雉
場置酒遷中書侍郎司徒右長史昪明初炫以
清尚與劉俁謝朏江斅入殿侍文義號爲四友
遷黃門郎太祖驃騎長史遷侍中復爲長史祿
臺建復爲侍中領步兵校尉以家貧建元初出
補東陽太守加秩中二千石還後爲侍中領步

兵凡三爲侍中出爲竟陵王征北長史加輔國
將軍尋徙爲冠軍長史江夏內史將軍如故永
明元年爲吏部尚書炫居身清立非弔問不雜
交遊論者以爲美及在選部門庭蕭索賓客罕
至出行左右捧黃紙帽箱風吹紙剝僅盡罷江
夏還得錢十七萬於石頭并分與親族病無以
市藥表自陳解改授散騎常侍領安成王師國
學建以本官領博士未拜卒無以殮歛時年四
十一贈太常諡曰貞子

〇南齊傳三 八

何戢字慧景廬江灊人也祖尚之宋司空父偃
金紫光祿大夫被遇於宋武選戢尚山陰公主
拜駙馬都尉解褐祕書郎六子中舍人司徒主
簿新安王文學祕書丞中書郎景和世山陰主
就帝求吏部郎褚淵入侍已淵見拘逼終不
肯從與戢同居止月餘日由是特申情好明帝
立遷司徒從事中郎從建安王休仁征赭圻板
轉戰司徒除黃門郎出爲宣威將軍東陽太守
吏部郎元徽初褚淵參朝政引戢爲侍中時年

二十九戰以年未三十苦辭內侍表疏屢上時

議許之改授司徒左長史太祖嘗與戰來

往數置歡謔上好水引鴆戰令婦女躬自執事

以設上爲父之復爲侍中遷安成王車騎長史

守以疾歸爲侍中祕書監仍轉中書令太祖相

國左長史建元元年遷散騎常侍太子詹事尋

改侍中詹事如故上欲轉中書出爲吳郡太

淵以戰資重欲加常侍淵曰宋世王球從侍中

中書令單作吏部尚書資與戰相似項選職方

昔小輕不容頓加常侍聖旨毋以蟬冕不宜過

多臣與王倫既已左珥若復加戰則八座便有

三貂若怙以驍游亦爲不少乃以戰爲吏部尚

書加驍騎將軍戰美容儀動止與褚淵相慕時

人呼爲小褚公家業富盛性又華侈衣被服飾

極爲奢麗三年出爲左將軍吳興太守上頗好

畫扇宋孝武賜戰蟬雀扇善畫者顧景秀所

畫時陸探微顧彥先皆能畫歎其巧絕戰因王

晏獻之上令晏厚酬其意四年卒時年三十六

贈散騎常侍撫軍太守如故諡懿子女爲鬱林

王后又贈侍中光祿大夫

王延之字希琅邪臨沂人也祖裕宋左光祿

儀同三司父昇之都官尚書延之出繼伯父秀

弄祭之延之少而靜默不交人事州辟主簿不

就舉秀才北中郎法曹行參軍轉署外兵尚書

外兵部司空主簿並不就除中軍建平王主簿

記室仍度司空北中郎二府轉祕書丞西陽王

撫軍諮議州別駕尋陽王冠軍安陸王後軍司

馬加振武將軍出爲安遠護軍武陵內史不拜

宋明帝爲衞軍延之轉爲長史加宣威將軍司

徒建安王休仁征赭圻轉延之爲左長史加寧

朔將軍延之清貧居宇穿漏褚淵往候之見其

如此且啟明帝即敕材官爲起三間齋屋還

侍中領射聲校尉未拜出爲吳郡太守罷郡還

家產無所增益除吏部尚書領驍騎將軍出爲

拜復爲吏部尚書領驍騎將軍出爲後軍將軍

吳興太守遷都督浙東五郡會稽太守轉侍中
祕書監晉熙王師遷中書令師如故未拜轉右
僕射昇明二年轉左僕射宋德既衰太祖輔政
朝野之情人懷彼此延之與尚書令王僧虔中
立無所去就時人為之語曰二王持平不送不
迎太祖以此善之三年出為使持節都督江州
豫州之新蔡晉熙二郡諸軍事安南將軍江州
刺史建元二年進號鎮南將軍延之與金紫光
祿大夫阮韜俱宋領軍劉湛外甥並有早譽與湛

甚愛之曰韜後當為第一延之為次也延之甚
不平每致飾下都韜與朝士同倒太祖聞其如
此與延之書曰卿未嘗有別意常緣劉家
月旦故邪在州祿俸以外一無所納獨處內
吏民罕得見者四年遷中書令右光祿大夫本
州大中正轉左僕射光祿中正如故尋領竟陵
王師永明二年陳疾解職世祖許之轉特進右
光祿大夫王師中正如故其年卒年六十四追
贈散騎常侍右光祿大夫特進如故諡簡子延

之家訓方嚴不妄見子弟雖節歲問訊皆先克
日子倫之見子亦然求明中為侍中世祖幸
琅邪城倫之與光祿大夫全景文等二十一人
坐不參承為有司所奏詔倫之親為陪侍之職
而同外情慢免官景文等贖論建武中至侍中
領前軍將軍都官尚書領游擊將軍卒
義恭迭求資費錢韜曰此朝廷物執不與宋孝
也韜少歷清官為金紫光祿大夫江夏王劉
阮韜字長明陳留人為南苑州別駕刺史江夏王劉

師求明二年卒
史臣曰內侍樞近世為華選金璫耀朝之麗
服父忘儒藝專授名家加以簡擇少姿養貂冠
嘗隨從至散騎常侍金紫光祿大夫領始興王
長史桂陽王休範在鎮數出行遊韜性方峻未
與何偃為一雙常充兼假泰始末為征南江州
武選侍中四人並以風貌王或謝莊為一雙韜
晃基陰所通後才沈親事同謂者以形骸為官
斯達舊矣群強之在漢朝幼有妙絜仲宣之處

魏國見賎容陋何戢之讓雖未能深識前古之
美與尸官覗服者何等級哉
贊曰萬石祗愼琨既爲倫五龍一氏張亦繼荀
炫清褚族戢遺何姻延之居簡名峻王臣

列傳第十三　南齊書三十二

王僧虔
張緒

臣蕭　子顯　撰

黃戊

南齊書傳十四　一

王僧虔琅邪臨沂人也祖珣晉司徒伯父太保
弘宋元嘉世為宰輔賓客疑所諱弘曰身家諱
與蘇子高同父曇首右光祿大夫曇首兄弟集
會諸子孫弘子僧達下地跳戲僧虔年數歲獨
正坐採蠟燭珠為鳳凰弘曰此兒終當為長者

僧虔弱冠弘厚善隸書宋文帝見其書素扇歎
曰非唯跡逾子敬方當器雅過之除祕書郎太
子舍人退默少交接與袁淑謝莊善轉義陽王
文學太子洗馬遷司徒左西屬見僧綽為太初
所害親賓咸勸僧虔逃僧虔涕泣曰吾兄奉國
以忠貞撫我以慈愛今日之事苦不見及耳若
同歸九泉猶羽化也孝武初出為武陵太守兄
子儉於中途得病僧虔為廢寢食同行客慰喻
之僧虔曰昔馬援處慾見姪之閒一情不異鄧攸

於弟子更逾所生吾實懷其心誠朱異古士兄
之甥不宜忽當若此兒不減便當回舟謝職無
復遊官之興矣還為中書郎轉黃門郎太子中
庶子孝武欲擅書名僧虔不敢顯跡大明世常
用拙筆書以此見容出為豫章王子尚撫軍長
史遷散騎常侍復為新安王子鸞北中郎長史
南東海太守行南徐州事二蕃皆帝愛子也尋
遷豫章內史入為侍中遷御史中丞領驍騎將
軍甲族向來多不居憲臺王氏以分枝居烏衣

南齊書傳十四　二

者位官微減僧虔為此官乃曰此是烏衣諸郎
坐處我亦試為耳便為侍中領屯騎校尉泰
始中出為輔國將軍吳興太守秩中二千石王
獻之善書為吳興郡及僧虔工書又為郡論者
稱之從為會稽太守秩中二千石將軍如故中
書舍人阮佃夫在會下請假東歸客勸僧虔以
佃夫要倖宜加禮接僧虔曰我立身有素豈能
曲意此輩彼若見惡當搥衣去耳佃夫言於宋明
帝使御史中丞孫夐奏僧虔前蒞吳興多有謬命

檢到郡至遷凡用功曹五官主簿至二禮吏署
三傳及度與弟子合四百四十八人又聽民何
係先等一百一十家為舊門委州檢削坐免官壽
以白衣兼侍中出監吳郡太守遷使持節都督
湘州諸軍事建武將軍行湘州事仍轉輔國將
軍湘州刺史所在以寬惠著稱巴峽流民多在
湘土僧虔表割益陽羅西三縣綠江民立湘
陰縣從之元徽中遷吏部尚書高平檀珪罷沅
南令僧虔以為征北板行參軍訴僧虔求祿不

得與僧虔書曰五常之始文武為先文則經緯
天地武則撥亂定國僕一門雖謝文通乃忝武
達羣從姑叔三媾帝室祖兒二世糜軀奉國而
致子姪餓死草壤去冬今春頻荷二敕既無中
人屢見蹉奪經涉五朝踰歷四晦書牘十二接
觀六七遂不荷潤及更曝鰓九流繩平自不宜
獨苦一物蟬腹龜腸為日已久飢虎能嚇人遠
與肉餓麟不噬誰為落毛去冬々气豫章丞為馬
超所爭本春蒙敕南昌縣為史僵所奪二子勳

蔭人才有何見勝若以貧富相奪則分受不如
雖孤微百世國士姻媾位官亦不後物尚書同
堂姊為江夏王妃檀珪同堂姑為南譙王妃尚
書婦是江夏王女檀珪姑嬭長沙景王妃尚書
伯為江州檀珪祖亦為江州尚書從兄出身為
後軍參軍檀珪父釋褐亦為中軍參軍僕於尚
書人地本懸至於婚官不肯苦泰始之初八表
猶未気類尚書何事乃爾見苦泰始之初八表
同逆一門二世粉骨衛主殊勳異績已不能甄

常階舊途復見侵抑僧虔報書曰征北板比歲
處遇小優殊主簿從此府入崇禮何儀曹即代
殷亦不見訴為苦足下積一朝超升政自小
難泰始初勤苦十年自未見其賞帝頓就求稱
亦何可遂吾與足下素無怨憾何以相侵苦直
是意有佐佐耳珪又書曰昔荀公達漢之功臣晉
武帝方爵其立孫夏侯惇魏氏勳佐金德初融
亦始就甄顯方賞其孫封樹近族羊叔子必晉
泰始中建策代吳至咸寧末方加襃寵封其兄

07-316

子卜望之以咸和初殞身國難至興寧未方崇
禮秩官其子孫蜀郡主簿田混黃初末死故君
之難咸康中方擢其子孫似不以世代遠而被
棄年世疎而見遺檀琿百罹六極造化罕比五
喪停露百口轉命存亡披迫本希小祿無意階
榮自古以來有沐食族近代有王官府佐非沐
食之職參軍非王官之謂質非匏瓜實羞空縣
悠悠之人同口而語使僕就此職尚書能以郎

殷何二生或是府主情味或是朝廷意旨豈與
見轉不若使日得五外祿則不恥執鞭僧虔乃
用爲安城郡丞珪宋安南將軍韶孫也僧虔尋
加散騎常侍轉右僕射昇明元年遷尚書僕射
尋轉中書令左僕射二年爲尚書令僧虔好文
史解音律以朝廷禮樂多違正典民間競造新
聲雜曲時太祖輔政僧虔上表曰夫懸鍾之器
以雅爲用凱容之禮八佾爲儀今總章羽佾音
服舛異又歌鍾一肆克諧女樂以歌爲務非雅
器也大明中即以宮縣合和鞞拂鈒數雖會廬

乖雅體將來知音或謂聖世若謂鍾舞已諧重
違成憲更立歌鍾不參舊例四縣所奏謹依雅
條即義沿理如或可附又今之清商單員由銅爵
三祖風流遺音盈耳京洛相高江左彌貴諒以
金石干羽事絕私室桑濮鄭衛訓隔紳冕中庸
和雅莫復於斯而情變聽稍復銷落十數年

閒亡者將半自頃家競新哇人尚謠俗務在噍
殺不顧音紀流宕無崖未知所極排斥正曲崇
長煩淫士有等差無故可去樂禮有攸序長
幼不可共聞故喧醜之制日盛於廛里風味之
響曾獨盡於衣冠宜命有司務勤功課緝理遺逸
迭相開曉所經漏忘悉加補綴典全者祿厚藝
妙者位優利以動之則人思刻厲及本還源庶
可政踵事見納建元元年轉侍中撫軍將軍丹
陽尹二年進號左衛將軍固讓不拜改授左光
祿大夫侍中尹如故郡縣獄相承有上湯殺四
僧虔上疏言之曰湯本以救疾而實行冤暴或
以肆忿若罪必入重自有正刑若去惡宜疾則

應先啓自有死生大命而潛制下邑愚謂治下
囚病必先刺郡求職司與醫對共診驗諸縣家
人省視然後慮庶理可使死者不恨生者無怨上
納其言僧虔留意雅樂昇明中所奏雖微有釐
改尚多遺失是時上始欲通使僧虔與兄子儉
書曰古語云中國失禮問之四夷計樂亦如其
堅敗後東始備金石樂故知不可全誣也此國
或有遺樂誠未可便以補中夏之闕且得知其
存云亦一理也但欷吹舊有二十一曲今所能
者十二而已意謂北使會有散役得今樂署一
人粗別同異者充此使限復延州難追其得知
所知亦當不同若謂有此理者可得申吾意上
聞否試為思之事竟不行大祖善書及即位篤
好不已與僧虔賭書畢謂僧虔曰誰為第一僧
虔曰臣書第一陛下亦第一上笑曰卿可謂善
自為謀矣示僧虔古迹十一奏就求能書人名
僧虔得民間所有臧中所無者吳太皇帝景帝
歸命侯書桓玄書及王丞相導領軍洽中書令

珉張芝索靖衞伯儒張翼十二卷奏之又上羊
欣所撰能書人名一卷其年冬遷持節都督湘
州諸軍征南將軍湘州刺史侍中如故清簡無
所欲不營財產百姓安之世祖即位僧虔以風
疾欲陳解會遷侍中左光禄大夫開府儀同三
司僧虔少時群從宗族並會客有相之者云僧
虔年位最高仕當至公餘人莫及也及授僧虔
謂兄子儉曰汝任重於朝行當有八命之禮我
若復此授則一門有二台司實可畏懼乃固辭
不拜上優而許之改授侍中特進左光禄大夫
客問僧虔固讓之意僧虔曰君子所憂無德不
憂無寵吾衣食周身榮位已過所慙庸薄無以
報國豈容更受高爵方貽官謗邪兄子儉為朝
宰起長梁齋制度小過僧虔視之不悅竟不入
戶僉即毀之永明三年薨僧虔頗解星文坐見
豫章分野當有事故時豫章郡有事時僧虔
慮其有公事少時僧虔夢慈墓郡奔赴僧虔
時年六十追贈司空侍中如故諡簡穆其論書

曰宋文帝書自云可比王子敬時議者云天然
勝羊欣功夫少於欣王平南廙右軍叔過江之
前以爲最云曾祖領軍書右軍書逐不減
吾變古制今唯右軍領軍書不爾至今猶法鍾張
云從祖中書令書子敬云書如騶驥駿駃恠
欲度驊騮前廙征西翼書少時與右軍薺名右
軍後進廙猶不分在荊州與都下人書云小兒
亞賊家雖皆學逸少書湏吾下當比之張翼王
右軍自書表晉穆帝令翼寫題後筌名軍當時

三廿四 ■南齊傳廿五 九■

不別久後方悟云小人幾欲亂真張芝索靖韋
誕鍾會二衛並得名前代無以辨其優劣唯見
其筆力驚異耳張澄當時亦呼有意都愔章
玄自謂右軍之流論者以比孔琳之謝安亦入
亞於右軍都嘉賓章亞於二王緊媚其父桓
能書錄亦自重爲子敬書秘康詩羊欣書見重
一時親受子敬行書尤善正乃不稱名孔琳之
書天然放縱極有筆力規矩恐在羊欣後丘道
護與羊欣俱面受子敬故當在欣後范曄與蕭

思話同師羊欣後小叛既失故步爲復小有意
耳蕭思話書羊欣之影風流趣好殆當不減筆
力恨弱謝綜書其暴男云緊生起是得賞也恨少
媚好謝靈運乃不倫遇其合時亦得入流賀道
力賦傳於世第九子寂子玄性迅動好文章
書亞丘道護庾昕學右軍亦欲亂真委父著
讀范滂傳未常不歎挹王融敗後實容多歸之
建武初欲獻中興頌兄志謂之曰汝膏粱羊少
何惠不達不鎮之以靜將恐貽識寂乃止初爲

三廿四 南齊書傳十四 十 陳浩

祕書郎卒年二十一僧虔宋世嘗有書誡子曰
知汝恨吾不許學欲自悔厲或以闔棺自欺或
更擇美業且得有慨生但恐聞斯唱未
覩其實請從先師聽言觀行冀此不復虛身吾
未信汝非徒然也往年有意於史取三國志聚
置床頭百日許復徙業就玄自當小差於史猶
未近彷彿曼倩有云談何容易見諸玄志爲之
逸腸爲之抽專一書轉誦數十家注自少至老
手不釋卷尚未敢輕言汝開老子卷頭五尺許

未知輔嗣何所道平叔何所說馬鄭何所異指
例何所明而便廄於塵尾自呼談士此最險事
設令袁令命汝言易謝中書挑汝言莊張吳興
叩汝老端可復言未嘗看邪談故如射前人得
破後人應解不解即輸賭矣且論注百氏荊州
言類懸河不自勞苦何由至此汝曾未窺其題
至之有設也汝皆未經拂耳瞥目豈有庖厨不
惰而欲延大賓者或就如張衡思俳造化郭象
八袤又才性四本聲無哀樂皆言家口實如客
無以為訓然重華無嚴父放勳無令子亦各由
為長而終日欺人人亦不受汝欺也由吾不學
何者内外八袤所載凡有幾家四本之稱以何
目未辨其指歸六十四卦未知何名莊子衆篇
已耳汝輩竊議亦當云何日不學在天地間可
嬉戲何忽自課讃幸及盛時逐歲暮何必有所
減汝見其一耳不全爾也設令吾學如馬鄭亦
必甚勝復倍不如今亦必大減致之有曰從身
上來也今壯年自勵數倍許勝劣及吾耳世中

比例舉眼是汝足知此不復具言吾在世雖乏
德素要復推排人間數十許年故是一舊物人
或以比數汝等耳即化之後若自無調度誰復
知汝事者舍中亦有少負令譽弱冠越超清級
者于時王家門中優者則龍鳳劣者猶虎豹失
蔭之後豈龍虎之議況兄弟聲名異何也體
自努力耳或父子貴賤殊不聞布衣寒素
卿相屈體三公戚爾無所及欲以前車誡
盡讀數百卷書耳吾今悔無所及欲以前車誡
中學取過一生耳試復三思勿諱吾言猶捶撻
役情性何慮復得下惟如王郎時邪為可作世
爾後乘也汝年入立境方應從官兼有室累牽
志輩冀脫万一未死之間望有成就者不知當
有益否各在爾身已切身豈復關吾邪覞唯知
愛深松茂栢寧知子弟毁舉事因汝有感故略
叙省懷矣
張緒字思曼吳郡吳人也祖茂慶會稽太守父
寅太子中舍人緒少知名清簡寡欲叔父鏡謂

人曰此兒今之樂廣也州辟議曹從事舉秀才建平王護軍主簿右軍法曹行參軍司空主簿撫軍南中郎二府功曹尚書倉部郎都令史諮郡縣米事緒蕭然直視不以經懷除巴陵王文學太子洗馬中書郎黃門郎宋明帝每見緒輒歎其清淡轉太子中庶子本州大中正遷司徒左長史吏部尚書袁粲言於帝曰臣觀張緒有正始遺風宜為宮職復轉中庶子領翊軍校尉轉散騎常侍領長水校尉尋兼侍中遷吏部郎參掌大選元徽初東宮罷選曹擬舍人王儉格外記室緒以儉人地兼美宣轉祕書丞從之緒又遷侍中中郎如故緒忘情榮祿朝野皆貴其風堂與客閑言一生不解作諾時袁粲褚淵秉政有人以緒言告粲淵者即出緒為吳郡太守緒初不知也遷為祠部尚書復領中正遷太常加散騎常侍尋領始安王師昇明三年遷太子太傅長史加征虜將軍齊臺建轉

散騎常侍世子詹事建元元年轉中書令掌侍如故緒著言素望甚重太祖深加敬異僕射王儉謂人曰北士中覓張緒過江未有人不知陳仲弓黃叔度能過之不耳車駕幸莊嚴寺聽僧達道人講座遠不聞緒言難移緒乃遷僧達以近之尋加驍騎將軍欲用緒為右僕射以問王儉儉曰南士由來少居此職褚淵在座啓上曰儉年少或不盡憶江左用陸玩顧和皆南人也儉曰晉氏衰政不可以為准則上乃止四年初立國學以緒為太常卿領國子祭酒常侍中正如故緒既遷官上以王延之代緒為中書令時人以此選為得人比晉朝之用王子敬王季琰也緒長於周易言精理奧見宗一時常云何平叔所不解易中七事諸卦中所有時義是其一也世祖即位轉吏部尚書祭酒如故永明六年加遷金紫光祿大夫領太常明年領南郡王師加給事中太常如故三年轉太子詹事師給事如故緒每朝見世祖目送之謂王儉曰緒以位尊

我以德貴緒也遷散騎常侍金紫光祿大夫

師如故給親信二十人復領中正長沙王晃屬

選用吳興聞人邕為州議曹緒以資籍不當執

不許晃遣書佐固請之緒正色謂晃曰此是

身家州鄉殿下何得見逼七年竟陵王子良領

國子祭酒世祖敕王晏曰吾欲領司徒辭祭酒

以授張緒物議以為云何子良竟不拜必緒領

國子祭酒光祿師中正如故緒口不言利有財

輒散之清言端坐或竟日無食門生見緒飢為

之辦饌然未嘗求也卒時年六十八遺命作蘆

葭輴車靈上置杯水香火不設祭從弟融敬重

緒事之如親兄齋酒於緒靈前酌飲慟哭曰阿

兄風流頓盡追贈散騎常侍特進金紫光祿大

夫謚簡子子克蒼梧世正貞郎險行見寵坐廢

鋼克弟允永明中安西切曹淫通殺人伏法允

兄充永明元年為武陵王友坐書與尚書令王

儉辭旨激揚為御史中丞到攜所奏免官禁鋼論

者以為有恨於儉也案建元初中詔斥朝臣欲以

右僕射擬張岱褚淵謂得此過優者別有忠誠

特進升引者別是一理仰由裁照詔更宣說者

既異今兩記焉

史臣曰王僧虔有希聲之量兼以藝業戒盈守

滿發自容方執諸公實平世之良相張緒凝衿

素氣自然標格措搢紳端委朝宗民望夫如緒之

風流者豈不謂之名臣

贊曰簡穆長者其義悅悅聲律草隸變理三台

恩曼廉靜自絕風埃遊心文繫物允清才

臣蕭　子顯　撰

虞玩之

劉休

沈沖

庾杲之

王諶

虞玩之字茂瑤會稽餘姚人也祖宗晉庫部郎父
玫通直常侍玩之少閑刀筆汎涉書史解褐東
海王行參軍烏程令路太后外親朱仁彌犯罪依
法錄治怨訴孝武坐免官泰始中除晉熙國郎中
今尚書起部郎通直郎元徽中為右丞時太祖參
政與玩之書曰張華為度支尚書軍不徒然令漕
藏有闕五賢居右丞巳覺金粟可積也玩之上表
陳府庫錢帛器械役力所縣轉多與用漸廣慮不
支歲月朝議優報之遷安成王車騎錄軍轉少府
太祖鎮東府朝野致敬玩之猶躡屐造席太祖取屐
視之訛黑斜銳藜斷以芒接之問曰卿此屐巳幾載

玩之曰初釋褐拜征北行佐買之箸巳二十年
貧士買不辦易太祖善之引為驃騎諮議參
霸府初開實客輻湊太祖留意簡接玩之與樂
安任遐俱以應對有席上之美行兼與太祖素游褚淵王儉並
見親愛官至光祿大夫永元初卒玩之遷驃騎
將軍黃門郎領本部中正上惠民間欺巧及即
位敕玩之與驍騎將軍傅堅意檢定簿籍建元
二年詔朝曰曰黃籍民之大紀國之治端自頃
氓俗巧偽為日巳久至乃竊注爵位盜易年月
增損三狀貿襲萬端或戶存而文書巳絕或人
在而反託死叛傅私而云隸役身強而稱六疾
編戶齊家少不如此皆政之巨蠹教之深疵此
年雖即籍改書終無得實若約之以刑則民偽
巳遠卻籍改書終無得實若約之以德則勝殘未易
治體可各獻嘉謀以振澆化又臺坊訪募益深明
不近優刻素定開劇有常宋元嘉以前姦役恒
滿大明以後樂補稍絕或緣寇難頻起軍藩易

多民庶從利投坊者寡然國經未變朝紀悒存

相摸而言隆替何速比急病之洪源醫景之切

患以何科革斯弊邪玩之上表曰宋元嘉二

十七年八條取人孝建元年書籍衆巧之所始

也元嘉中故光祿大夫孝建年出七十猶手自

書籍躬加隱校隆何必有石建之慎高柔之勤

蓋以世屬休明服道脩身故耳今陛下日肝忘

食未明求衣詔逮幽愚謹陳安說古之共治天

下唯良二千石今欲求治取正其在勤明令長

南齊書主　三

凡受籍縣不加撿合但封送州州撿得實方却

歸縣吏貪其賂民肆其軒軒彌深而却彌多賂

愈厚而笞愈緩自泰始三年至元徽四年揚州

等九郡四號黃籍共却七萬一千餘戶于今十

一年矣而所正者猶未四萬神州奧區尚或如

此江湘諸部倍不可念愚謂宜以元嘉二十七

年籍爲正民懷法既久今建元元年書籍宜更

立明科一聽首悔迷而不反依制必戮使官長

審自撿挍必令明洗然後上州求以爲正若有

盧昧州縣同咨今戶口多少不減元嘉而板籍

頓闕弊亦有以自孝建已來入勳者衆其中操

干戈衞社稷者三分殆無一焉勳簿所領而詐

注辭籍浮遊世要非官長所拘錄後爲祿實潤

蘇峻平後庾亮就溫嶠求動簿而動不與以爲不少尋

陶侃所上多非實錄尋物之懷私無世不有宋

末落此巧充多又將位旣衆擧邸爲祿實潤

甚微而人領數萬如此二條天下合役之身已

據其太半矣又有改注籍狀詐入仕流苦爲人

役者今反役人又生不長髮便謂爲道塡街溢

巷是處皆然或抱子井居竟不編戶遷徙去來

公違土斷屬役無滿流亡不歸寧喪終身疾病

長卧法令必行自然競反又四鎮成將有名嘉

實隨才部曲無辨勇懦署位借給巫嫗比肩彌

山滿海皆是私役行貨求位甚易募役甲

劇何爲投補坊吏之所以盡百里之所以單也

今但使募制明信滿復有期民無逕路則坊不

立表而盈矣爲治不患無制患在不行不患不

南齊書主　四

行惠在不久上省玩之表納之乃別置板籍官
置令史限人一日得數巧以防懈怠於是貨賂
因緣籍注雖正猶強推卻以充程限至世祖來
明八年詔巧者戍緣淮各十年百姓怨望世祖
乃詔曰夫簡貴賤辨尊卑者莫不取信於黃籍
豈有假器濫榮竊服非分故所以澄革虛妄式
允舊章然聳起前代失既徃之譽不足
追咎自宋昇明以前皆聽復注其有謫役邊疆
各許還本此後有犯嚴加翦治玩之以父官年

疾上表告退曰臣聞負重致遠力窮則困竭誠
事君智盡必傾理固然也四十仕進七十懸車
壯則驅馳老宜休息臣生於晉長於宋老於齊
世歷三代朝市再易臣以宋元嘉二十八年為王
府行佐於茲三十年矣自頃以來襄耗漸篤為
性不嬾惰而倦怠頓來耳目本聰明而聾瞽轉
積腳不支身喘不緒氣景刻不推朝畫不保大
功兄弟四十有二人通塞壽天唯臣獨存朝露
未光窴埴長久且知足不辱臣已足矣稟命飢

寒不求富貴銅山由命臣何恨焉久甘之矣直
道事人不免纏絏屬遇聖明知其非罪臣之幸
厚矣授命於道消之晨竭節於百摟之日臣忠
之効也慶降命於文明之初荷澤於天飛之運臣
命之偶也不謀巧官而位至九卿德勳之矣而
忝居門下堯舜無窮臣亦通矣年過六十不為
天矢榮期之三樂東平之一善臣俱盡之矣經
昏踐亂涉艱履危仰聖德以求全憑賢輔以申
節未嘗獻屈於動權畏溺於狐鼠臣立身之本

於斯不虧在其壯也當官不讓及其衰矣豪露
靡因伏願慈臨賜臣骸骨非為希高慕古愛
泉林特以丁運孤貧養禮多闕風樹之感夙自
纏心庶天假其展得三年閒掃守丘墓以此
歸全始終之報遂矣上省玩之表許之玩之於
人物好臧否宋末王儉舉貞外郎邊邑使虜玩
之言論不相饒邊儉恨之至是玩之東歸儉
不出送朝廷無祖餞者玩之歸家起大宅數年
卒其後貞外郎孔瑄就儉求會稽五官儉方盟

投皁莢於地曰卿鄉俗惡虞玩之至死治人孔

邊字世遠玩之同郡人好典故學與王儉至交

昪明中為齊臺尚書儀曹郎太祖謂之曰卿儀
曹才也儉為宰相邊當謀議帷幄毎及選用顧

失鄉曲情儉從容啓上曰臣有孔邊猶陛下之

有臣也求明中為太子家令卒時人呼孔邊何
憲為王儉三公憲字子思廬江人也以強學見

知毋鎮北長史王軟之女聰明有訓識憲為本

州別駕求明十年使千虜中

三百廿三　南齊傳五　七　一五二

劉休字弘明沛郡相人也祖徽正員郎父超九

真太守休初為駙馬都尉奉朝請宋明帝東國

常侍好學諳憶不為帝所知襲祖封南鄉侯友

人陳郡謝儼同承相義宣反休坐匿之被繫尚

方七年孝武崩乃得出隨弟欽為羅縣太始初

諸州反休筮明帝當勝靜厭不預異謀數年還

投吳喜為輔師府錄事參軍喜稱其才進之明

帝得在左右板桂陽王征比參軍帝頗有好尚

兀嗜飲食休多藝能爰及鼎味問無不解後宮

孕者帝使筮其男女無不如占帝素肥瘦不能

御內諸王妃妾懷孕使密獻入宮生子之後閉

其毋於幽房前後十數從帝桂陽王休範子也

蒼梧王亦非帝子陳太妃先為李道兒妾故蒼

梧微行嘗自稱為李郎為帝憎婦人妬尚書右

丞榮彥遠以善棊見親婦妬傷其面帝曰我為

卿治之何如彥遠率爾應曰聽聖旨其夕遂賜

藥殺其妻休妻王氏亦妬帝聞之賜休妾敕與

王氏二十杖令休於宅後開小店使王氏親賣

掃箒皁莢以辱之其見親狎如此尋除員外郎

輔國司馬中書通事舍人帶南城令除尚書中

兵郎給事中舍人令如故除安城正撫軍參軍

為都水使者南康相善言治體而在郡無異績

還為正員郎邵陵王南中郎錄事參軍建威將軍新

蔡太守隨轉左軍府加鎮蠻護軍太守如

故遷諮議司馬進寧朔將軍司馬如故後遷長史沈收

故徙尋陽太守將軍鎮蠻護軍太守

之難世祖挾晉熙邵陵二王軍府鎮盆城休承

三百廿　南齊書傳十五　八　一五三

奉軍費事寧仍遷邵陵王安南長史除黃門郎
寧朔將軍前軍長史齊臺散騎常侍建元初爲
御史中丞項之休啟曰臣自塵榮南憲星毀交
春謀聞弱奏劾無空月豈唯不能使蕃邦效手
豪右屏氣爲遣聽巳暴之幸替綱觸羅之鳥
而猶以此理失鄉黨之和朝絶比肩之顧覆背
騰其嗟啐武人屬其甚吻怨之所聚勢難人甚
議之所裁執懷其允臣宋世載祀六十歷
職斯住者五十有三校其年月不過盈歲於臣

叨濫宜請骸骨上曰卿職當國司以威裁爲本
而忽憚世謂卿便應辭之事始何可獲情晚節
邪宋末上造指南車以休有思理使與王僧虔
對共監武元嘉世羊欣受子敬正隸法世共宗
之右軍之體微古不復見貴休始好此法至今
此體大行四年出爲豫章內史加冠軍將軍卒
年五十四

沈沖字景綽吳興武康人也祖宣新安太守父
懷文沖解褐衛尉五官轉揚州主簿宋大明中

懷文又有文名沖亦涉獵文義轉西陽王撫軍法
曹參軍尋舉秀才還爲撫軍正佐兼記室及
懷文得罪被繫沖兄弟行謝情及貌苦見者傷
之柳元景欲救懷文言於帝曰沈懷文三子塗
炭不可見願陛下速正其罪帝音殺之元景爲
之歎息沖以此知名泰始初以母老家貧
啓明帝得爲永與令遷巴陵王主簿除尚書殿
中郎元徽中出爲晉安王記室參軍還爲
司徒主簿山陰令轉司徒錄事參軍世祖爲江

州沖沖爲征虜長史尋陽太守甚見委遇世祖還
都使沖行府州事遷領軍長史建元初轉驃騎
諮議參軍領錄事未及到任轉黃門郎仍遷太
子中庶子世祖在東宮待以恩舊及即位轉御
史中丞侍中冠軍將軍盧陵王子卿爲郢州以沖爲
長史輔國將軍江夏內史行荊州府事將軍如故永
明四年徵爲五兵尚書沖與兄淡淵名譽有優
劣世號爲賢鼓兄弟淡淵並歷御史中丞兄弟

三人皆為司直晉宋未有也中丞案裁之職被
憲者多結怨淵永明中彈吳興太守柰豪建武
中丞從弟昂為中丞數日奏彈淵子續父
在懺白懍軍免官禁錮沖母孔氏在東隣家失
火疑為人所焚藝大呼曰我三兒皆作御史中
丞與人豈有善者世祖方欲任沖沖西下至南
州而卒時年五十一上甚惜之喪還詔曰沖喪
柩至止惻愴良深以其昔在南蕃特兼憫悼著
駕出臨沖喪詔曰沖貞詳闇理志局淹正誠著

三十　　南齊書傳十五　　十一　　童遇

蕃朝績彰出內不幸早世朕甚悼之追贈太保
諡曰恭子
庚杲之字景行新野人也祖深之雍州刺史父
祭司空參軍杲之少而貞立學涉文義起家奉
朝請巴陵王征西參軍郢州舉秀才除晉熙王
鎮西外兵參軍世祖征虜府功曹尚書駕部郎
清貧自業食唯有韮葅瀹韮生韮雜菜或戲之
曰誰謂庚郎貧食鮭常有二十七種言三九也
仍為世祖撫軍中軍記室遷貞外散騎常侍正

貞郎遷中書郎領荊湘二州中正轉尚書左丞
常侍領中正如故出為王儉衛軍長史時人呼
儉府為入芙蓉池儉謂人曰昔袁公作衛軍欲
用我為長史雖不獲就要是意向如此今亦應
須如我輩人也乃用杲之遷黃門郎兼御史中
丞尋即正杲之風範和潤善音吐世祖在座曰虜
使兼侍中上每歎其風采陛下故當與其即真
之為蟬冕所照更生風器之美王年少不得妄與人接
帝意未用也永明中諸王使申游好

三元四　　南齊書傳十五　　十二　　王誰

敕杲之與濟陽江淹五日一詣諸王使申游好
尋又遷廬陵王中軍長史遷尚書吏部郎參大
選事轉太子右衛率加通直常侍九年卒臨終
上表曰臣昨夜及旦更增氣疾自省綿痼頃刻
危殆無容復臥任居隆顯琚塵明世乞解所忝
待終私庭臣以凡庸謬徼昌運獎擢之厚千載
難逢且年踰知命志事榮顯倏大有分無所厝
言若天臨微誠斬錢借餘曆傾宗殞元陳力無遠
仰達庭闕伏枕鯁戀送貂蟬及章詔不許杲之

歷在上府以文學見遇上造崇虛館使爲碑文

卒時年五十一上甚惜之諡曰貞子時會稽孔

廣字淹源亦美姿制歷州治中卒

王諶字仲和東海郯人也祖万慶貟外常侍父

元閔護軍司馬宋大明中沈曇慶爲徐州辟諶

爲迎主簿又爲州迎從事湘東王國常侍諶比

行參軍州國府主皆宋明帝諶除義陽王征北

行參軍又除度明帝衛軍府諶

蕃佐及即位除司徒參軍帶薛令兼中書舍人

見親遇常在左右諶見帝所行慘僻屢諫不從

請退坐此見怒擊尚万少日出尋除尚書殿中

郎徙記室參軍正員郎薛令如故遷東太守秩中二千

晉平王驃騎板諮議出爲湘東太守秩中二千

石未拜坐公事免復爲桂陽王驃騎府諮議參

軍中書郎明帝好圍棊置圍棊州邑以建安王

休仁爲圍棊州都大中正諶與太子右率沈勃

尚書水部郎庾珪之彭城丞王抗四人爲小中

正朝請褚思莊傳楚之爲清定訪問出爲臨

川内史還爲尚書左丞桼以本官領東觀祭酒

即明帝所置摠明觀也遷黃門轉正貟當侍輔

國將軍江夏王右軍長史冠軍將軍轉給事中

廷尉卿未拜建元中武陵王畢爲會稽以諶爲

征虜長史行事冠軍如故永明初遷豫章王太

尉司馬將軍如故世祖與諶相遇於宋明之世

欲委任爲輔國將軍晉安王南中郎長史淮南

太守行府州事五年除黃門郎領驃騎將軍遷

太子中庶子驃騎如故諶貟正和謹朝庭稱爲

明在南兗州長史將軍如故諶爲征虜

長史徙廬陵王中軍長史將軍如故西陽王子

長史行南兗府州事將軍如故諶少貧甞自紡

績及通貴後每爲人説之世稱其志達九年卒

年六十九

史臣曰鷪居榖飲裁樹司牧板籍之起尚未分

民所以愛字之義深納隍之意重也季世以後

務盡民力量財品賦以自本養下窮而上不邮

世澆而事愈蔆故有竊名簿閱忍賊肌膚生濫
死乘趨避繩網積虛累謬已數十年欺蔽相容
官民共有為國之道良宜矯革若令優役輕徭
則斯詐自弭明糾羣吏則茲偽不行空閱舊文
徒成民幸是以崔琰之譏魏武謝安之論京師
斷民之難豈直遠在周世

贊曰玩之止足為論未光劉□□□□□□南湘
沖□時譽杲信珪璋諶惟儒學□世□□□□

列傳第十五 ·　　　南齊書三十四

南齊傳卅

南齊書卷三十五　　　　臣蕭子顯撰

高祖十二王

高帝十九男昭皇后生武帝豫章文獻王嶷謝
貴嬪生臨川獻王映長沙威王晃羅太妃生武
陵昭王曄任太妃生安成恭王暠陸脩儀生鄱
陽王鏘晉熙王銶袁脩容生桂陽王鑠何太妃
生始興簡王鑑宜都王鏗區貴人生衡陽王鈞
張淑妃生江夏王鋒河東王鉉李美人生南平
王銳第九第十三第十四第十七皇子早亡衡
陽王鈞出繼元王後

臨川獻王映字宣光太祖第三子也宋元徽四
年解褐著作佐郎遷撫軍行參軍南陽王文學
沈攸之事難太祖時領南徐州以映為寧朔將
軍鎮京口軍寧除中軍諮議從事中郎輔國將
軍淮南宣城三郡太守並不拜仍為假節都督
南兗兗徐青冀五州諸軍事行兗州刺史將軍
如故尋除給事黃門侍郎領□削軍將軍仍復為

冠軍將軍南兗州刺史假節都督復為監軍督
五州如故齊臺建宋帝詔封映及弟晃曇鑠
鑑鏘並為開國縣公各千五百戶未及定土宇
而太祖踐阼以映為侍持節都督荊湘雍益梁
寧南比秦八州諸軍事平西將軍荊州刺史封
臨川王食邑例二千戶又領湘州刺史豫章王
嶷既留鎮映以年少臨神州吏治聰敏府州
揚南徐二州諸軍事前將軍揚州刺史持節如
故國家初創映以年少臨神州吏治聰敏府州
未之有也出為都督荊湘雍益梁寧南比秦
曹局皆重足以奉禁令自宋彭城王義康以後
九州諸軍事鎮西將軍荊州刺史持節常侍如
故給鼓吹一部以國憂解散騎常侍進號征西
永興元年入為侍中驃騎將軍二年給油絡車
五年即本號開府儀同三司七年薨映姜騎射
朝野莫不惋惜為時年三十二詔賜東園祕器
朝服一具衣一襲贈司空九子皆封侯長子

晉歷東陽吳興二郡太守祕書監領後軍將軍
永元初為侍中遷左民尚書坐從妹祖日不拜
為有司所奏事留中子晉遂不復拜梁王定京
邑猶服侍中服入梁為輔國將軍高平太守第
二子子游州陵疾解褐員外郎太子洗馬歷琅
邪晉陵二郡太守黃門侍郎好音樂解綵竹雜
藝梁初坐閨門淫穢及殺人為有司所奏請議
禁錮子晉謀反兄弟並伏誅

長沙威王晃字宣明太祖第四子也少有武力
為太祖所愛宋世解褐祕書郎邵陵王反不拜
昇明二年代兄映為寧朔將軍淮南宣城二郡
太守初沈攸之事起晃便弓馬多從武容燻赫
都街時人為之語曰煥煥蕭四繖其年遷為持
節監豫司二州之西陽諸軍事西中郎將豫州
刺史太祖踐祚晃欲用政事頰為典籤所裁晃
執殺之上大怒手詔賜杖尋還便持節都督南
徐兗二州諸軍事後將軍南徐州刺史世祖為
皇太子拜武進陵於曲阿後湖闊隊使晃御馬

軍上聞之又不悅入為侍中護軍將軍以國憂
解侍中加中軍將軍太祖臨崩以晃屬世祖處
以輦轂近蕃勿令遠出永明元年上遷南徐州
刺史竟陵王子良為南兗州刺史以晃為使持節
督南徐兗二州諸軍事鎮軍將軍南徐州刺史
入為散騎常侍中書監諸王在京都唯置捉刀
左右四十人晃愛武飾諸王罷徐州還私載數百人
仗還都為禁司所覺投之江水世祖禁諸王畜
私仗上聞之大怒將糾以法豫章王嶷於御前
稽首流涕曰晃罪誠不足宥陛下當憶先朝念
白象晃小字也上亦垂泣太祖大漸時誡世祖
曰宋氏若不骨肉相圖他族豈得乘其弊汝
深戒之故也終無異意然晃亦不見親寵當
時論者以世祖優於魏文減於漢明尋加晃鎮
軍將軍轉丹陽尹常侍將軍如故又為侍中護
軍將軍鎮軍如故尋進號車騎將軍侍中如故
給油絡車鼓吹一部八年薨年三十一賜東園
祕器朝服一具衣一襲即本號贈開府儀同三

司世祖嘗辛鍾山晃從駕以馬稍刺道邊枯蘖
上令左右數人引之銀纏皆卷聚而稍不出乃
令晃復馳馬拔之應手便去毋遠州獻駿馬上
輒令晃於華林中調試之太祖常曰此我家住
城也世祖緣此意故諡曰威

短句詩學謝靈運體以呈上報曰汝二十字
轉征虜將軍晃剛穎儁出工弈基與諸王共作
太祖在淮陰以罪誅故晃見愛初除冠軍將軍
武陵昭王晃字宣照太祖第五子也毋羅氏從

諸見作中最為優者但康樂放蕩作體不辯有
首尾安仁士衡深可宗尚顏延之抑其次也建
元三年出為持節都督會稽東陽新安永嘉臨
海五郡軍事會稽太守將軍如故上遣儒士劉
懷珪往郡為晃講五經世祖即位進號左將軍入為
中書令遷祠部尚書常侍並如故晃無寵於世祖
書令遷方獄數以語言忤旨世祖幸豫章王疑
末嘗宴諸王獨不召晃晃疑曰風景殊美今曰甚
東田宴諸王獨不召晃晃疑曰風景殊美今曰甚

憶武陵上乃呼之晃善射屢發命中顧謂四坐
曰手何如上神色甚怪嶷曰阿五常曰不爾今
可謂仰藉天威帝意乃釋後於華林賭射上教
晃疊破凡放六箭五破一皮賜錢五萬又於御
席上舉酒勸晃晃曰下嘗不以此處許臣上
回面不答久之出為江州刺史常侍如故上以
此宅使臣歌哭有所陛下欲以州易宅臣請以
晃方出外鎮求晃宅給諸皇子晃曰先帝賜臣
宅易州至鎮百餘日典籤趙渥之啟晃得失於

是徵還為左民尚書俄轉前將軍太常卿累不
得志冬節問訊諸王皆出晃偶後來上已還便
殿聞晃至引見問之晃稱牛羸不能取路上教
車府給副御牛一頭敕主客自今諸王來不隨
例者不得復為通以公事還過音陵王子良宅
冬月道逢乞人脫襦與之子良見晃衣單薦襦
於晃晃曰我與向人亦復何異尚書令王儉詣
晃晃留儉設食枅中菹菜絕魚而巳又名後堂
山為首陽蓋怨貧薄也尋為開陽尹常侍將軍

如故始不復置行事得自親政轉侍中護軍將
軍給油絡車又給扶二人世祖臨崩遺詔為衛
將軍開府儀同三司給鼓吹一部大行在殯竟
陵王子良在殿內太孫未立衆論喧疑舉架中
言曰若立長則應在我立嫡則應在太孫鬱林
既立甚見憑賴隆昌元年年二十八薨賜東園
祕器朝服贈司空侍中如故給節班劍二十人
安成恭王暠字宣曜太祖第六子也建元二年
除冠軍將軍鎮石頭戍領軍事四年出為使持

節督江州豫州之晉熙諸軍事南中郎將江州
刺史永明元年進號征虜將軍明年為左衛將
軍尋遷侍中領步兵校尉轉中書令五年遷祠
部尚書領驍騎將軍六年出為南徐州刺史九
年遷散騎常侍祕書監領石頭戍事暠性清和
多疾其夏薨年二十四贈撫軍將軍常侍如故
鄱陽王鏘字宣韶太祖第七子也建元四年世
祖即位以鏘為使持節督雍梁南北秦四州郢
州之竟陵司州之隨郡軍事北中郎將寧蠻校

尉雍州刺史永明二年進號征虜將軍四年為
左衛將軍遷侍中領步兵校尉七年轉征虜將
軍丹陽尹尋加散騎常侍進號撫軍出為江州
刺史常侍如故九年始起府州事加使持節督
江州諸軍事安南將軍置佐史常侍如故先是
二年省江州府至是乃復十一年為領軍常侍
如故鏘和恂美令有寵於世祖領軍之授齊室
諸王所未為鏘在官理事無雍容當時稱之車駕
遊幸常甲仗衛從恩待次豫章王嶷其年給油

絡車隆昌元年轉尚書右僕射常侍如故俄遷
侍中驃騎將軍開府儀同三司領兵置佐鏘雍
容得物情為鬱林王所忌信鬱林心疑高宗諸
王問訊獨留鏘謂之曰公聞譚於法身何如鏘
曰臣譚於宗戚最長且受寄先帝臣等年皆尚
少朝廷之幹唯譚一人願陛下無以為慮鬱林
退謂徐龍駒曰我欲與公共計取譚公既不知
我不能獨辦且復小聽及鬱林廢鏘竟不知延
興元年進位司徒侍中驃騎如故高宗鎮東府

權勢稍異鏘每往高宗常屢至車迎鏘語及
家國言淚俱下鏘以此推信之而宮臺內皆屬
意於鏘勸鏘入宮發兵輔政制局監謝粲說鏘
及隨王子隆曰殿下但乘油壁車入宮出天子
置朝堂二王夾輔號令粲等閉城門上仗誰敢
不同東城人政共縛送蕭令耳子隆欲定計鏘
以上臺兵力既悉度東府且慮為難捷意甚猶
豫馬隊羊劉巨世祖時舊人詣鏘請間叩頭勸
鏘立臺事鏘命駕將入復回還內與母陸太如別
以夜遣兵圍宅或斧關排牆叫噪而入家財皆
謝粲等皆見殺鏘時年二十六凡諸王被害皆
見封籍焉
日暮不成行數日高宗遣二千人圍鏘宅害鏘

桂陽王鏘字宣朗太祖第八子也永明二年出
為南徐州刺史鎮京口歷代鎮府鏘出番始省
軍府四年加散騎常侍六年遷中書令度支尚
書七年轉中書令加散騎常侍時鄱陽王鏘好
文章鏘好名理時人稱為鄱桂十年遷太常常

侍如故鏘清羸有冷疾常枕臥世祖臨視賜
床帳衾褥隆昌元年前將軍給油絡車并給
扶侍二人海陵立轉侍中撫軍將軍開府儀同三司
鄱陽王見害鏘遷中軍將軍開府儀同三司鏘
不自安至東府詣高宗還謂左右局錄公見按
懇懃流連不能已而貌有慙色此必欲殺我三
更中兵至見害時年二十五

始興簡王鑑字宣徹太祖第十子也初封廣興
王後國隨郡改名永明二年世祖始以鑑為持
節都督益寧二州軍事前將軍益州刺史廣漢
什邡民段祖以錞于獻鑑古禮器也高三尺六
寸六分圍二尺四寸圓如筒銅色黑如漆其薄
上有銅馬以繩縣馬令去地尺餘灌之以水又
以器盛水於下以芒莖當心跪注錞于以手振
芒則其聲如雷清響良久乃絕古所以節樂也
五年鑑獻龍角一枚長九尺三寸色紅有文八
年進號安西將軍明年為散騎常侍祕書監領
石頭戍事上以與鑑久別車駕幸石頭宴會實

賵尋遷左衛將軍未拜遇疾上爲南康王子琳
起青陽巷第新城東駕與後宮幸第樂飲其日
鑑疾甚上遺騎問疾相繼爲之詔止樂竟年二
十一遺贈中軍將軍本官新除悉如故

江夏王鋒字宣穎太祖第十三子永明五年爲
輔國將軍南彭城平昌二郡太守轉散騎常侍
七年遷左衛將軍仍轉侍中領石頭戍事九年
出爲徐州刺史鬱林即位加散騎常侍隆昌元
年入爲侍中領軍驍騎將軍尋加祕書監鋒好琴
書有武力高宗深憚之不敢於第收鋒使兼祠官於太
廟夜遺兵燭之鋒出登車兵人欲上車防
勒鋒少手擊卻數人皆應時倒地於是敢近者
遂過害之時年二十

南平王銳字宣毅太祖第十五子也永明七年
爲散騎嘗侍尋領驍騎將軍明年爲左民尚書
朝直勤謹未嘗屬疾上嘉之十年出爲持節都
督湘州諸軍事南中郎將湘州刺史以此賞銳

鬱林即位進號前將軍延興元年害諸王遺裴
叔業平尋陽仍進湘州銳防閤周伯玉勸銳拒
叔業而府州力弱不敢動銳見害年十九伯玉
下獄誅

宜都王鏗字宣嚴太祖第十六子也初除遊擊
將軍永明十年遷左民尚書十一年爲持節都
督南豫司二州軍事冠軍將軍南豫州刺史鎮
姑熟時有盜發晉大司馬桓溫女塚得金蠶銀
繭及珪璧鬱林即位進號征虜將軍延興元年
虜將軍尋見害年十六

州軍事冠軍將軍郢州刺史延興元年進號征
年除驍騎將軍隆昌元年出爲持節督郢司二
晉熙王銶字宣儼太祖第十八子也永明十一

見害年十八

河東王鉉字宣胤太祖第十九子也隆昌元年
爲驍騎將軍出爲徐州刺史遷中書令高宗誅
諸王以鉉年少才弱故未加害建武元年轉爲
散騎常侍鎮軍將軍置兵佐建武之世高武子

孫憂危鉉每朝見常鞠躬俯僂不敢平行直視

尋遷侍中衛將軍鉉年稍長四年詠王晏以謀

立鉉為名免鉉官以王還第禁不得與外人交

通求泰元年上疾暴甚遂害鉉時年十九二子

在孩抱亦見殺太祖諸王鉉獨無後眾竊冤之

乃使揚州刺史始安王遙光臨川王子晉竟陵

王昭胄太尉陳顯達尚書令徐孝嗣右僕射沈

文季尚書沈淵沈約王亮奏論鉉帝答不許再

奏乃從之

史臣曰陳思王表云權之所存雖踈必重勢之

所去雖親必輕若夫六代之興亡曹固論之當

矣分珪命社實寄宗城就國之典既隨世革卿

士入朝作貴藩輔皇王託體同稟尊極仕無常

資秩有恒數禮地兼隆易生推擬世祖顧命情

深尊嫡淵圖遠慮意在無遺豈不以羣王少弱

未更多難高宗清謹同起布衣故韶末命於近

親寄重權於踈戚子弟布列外有強大之勢踈

親中立可息覬覦之謀表裏相維足固國家國嘗

不應機能運衡塞以制眾曹植之言信之矣

贊曰高十二王始建封植獻昭機教曰威汪才力

恭簡恬和鄱桂清識四王少盛同規謹敕

列傳第十六　　南齊書三十五

臣蕭　子顯　撰

謝超宗

劉祥

謝超宗陳郡陽夏人也祖靈運宋臨川内史父
鳳元嘉中坐靈運事同徙嶺南早卒超宗元嘉
末得還與慧休道人來往好學有文辭盛得名
譽解褐奉朝請以選補王國常侍新安王子鸞
母殷淑儀卒超宗作誄奏之帝大嗟賞曰超宗
殊有鳳毛恐靈運復出轉
新安王撫軍行參軍泰始初為建安王司徒參
軍事尚書殿中郎三年都令史駱宰議策秀才
考格五問並得為上四三為中二為下一不合
與第超宗議以為片辭折獄寸言挫衆魯史褒
貶孔論興替皆無俟繁而後東裁夫表事之淵
析理之會豈必委牘方切治道非患對不盡問
患其俱奇必使一亦宜採詔從宰議遷司徒主

〔一〕　三十九

簿丹陽丞建安王休仁引為司徒記室正員郎
兼尚書左丞中郎以直言忤僕射劉康左遷通
直常侍太祖為領軍與超宗屬文愛其才
翰衛將軍袠綜聞之謂太祖曰超宗開亮迥悟
善可與語取為長史臨淮太守袠既誅太祖以
超宗為義興太守昇明二年坐公事免詣東府
門自通其日風寒慘太祖謂四座曰此客至
便人不衣自暖矣超宗既坐飲酒數巡辭氣横
出太祖對之甚歡板為驃騎諮議及即位轉黃
門郎有司奏立郊廟歌敕司徒褚淵侍中謝
朏散騎侍郎孔稚珪太學博士王咺之撰明學
士劉融何法岡何曇秀十人並作超宗辭獨見
用為人仗才使酒多所陵忽在直省常醉上召
見語及北方事超宗曰虜動來二十年矣佛出
亦無如何以失儀出為南郡王中軍司馬超宗
怨望謂人曰我今日政應為司驢罵省所奏
以怨望免官蔡鉶十年司徒褚淵送湘州刺史
王僧虔庭道壞隆水僕射王儉嘗牛驚跣下車

〔二〕　三千一

吳

超宗撫掌笑戲曰落水三公墮車僕射前後言
誚稍布朝野世祖即位便掌國史除竟陵王征
北諮議參軍領記室超宗不得志超宗要張敬兒
女為子婦上甚疑之永明元年敬兒誅超宗謂
丹陽尹李安民往年殺韓信今年殺彭越尹
欲何計安民啟之此諮議參軍謝超宗輕慢使兼
丞表彈奏曰風聞仕近聲權務先諮狎人裁踈黙
浮險率情躁薄然面譽旋而背毀疑開台賢每窮

詭舌訕貶朝政必聲凶言腹誹謗莫此之甚
不敬不諱罕與為二輒攝自從王永先到臺辨
問超宗有何罪過詣貴皆有不遜言語並依
事列對永先列稱主人超宗恆行來詣諸貴要
每多觸忤言語怨懟與張敬兒周旋許結姻好
自敬兒死後怏歎怨懣今月初詣李安民語論
張敬兒不應死安民道敬兒書疏墨迹炳然卿
何忽作此語其中多有不遜之言小人不悉盡
羅縷語憶如其辭列則與風聞符同超宗罪自

已彰宜附常准超宗少無行檢長習民懣狂狡
之跡聯代所疾迷懷之豐累朝黜觸刻容掃輒
以理世表屬聖明廣愛忍禍舒怒捨之憲外許
以改過野心不悛在宥方驕愛才性無親處惡彌
戾遂違扇非端空生怨懟忿賣毒於京輔之門
揚凶悖於卿守之席此而不蔚國章何寄此而
可貸孰不可容請以見事免超宗所居官解領
記室輒勒外收付廷尉法獄治罪超宗品第末
入簡奏臣輒奉白簡以聞世祖雖可其奏以家

言辭依違大怒使左丞王逡之奏曰臣聞行父
盡忠無禮斯疾農夫去草見惡必耘所以振纓
稱良登朝筆續未有尸位存私而能保其榮名
者也今月九日治書侍御史臣司馬侃啟彈征
北諮議參軍事謝超宗稱根性昏動率心險放
悖議爽其實詭辭犯實雖朋忍聞衣冠掩目輒收
付廷尉法獄治罪處劫雖重文辭簡略事入主
書被却還外其晚兼御史中丞臣表彖改奏白
簡始粗詳備厥初隱衛是彖之由尋超宗植性

險戾稟行凶詖犴狼心父暴逆通張敬兒潛
圖反噬罰未塞愆言而稱怨痛枉于言貌附
姦邪疑閒動烈搆扇異端議議時政行路同忿
有心咸疾而阿昧苟容輕文略奏又彈事舊體
品第不簡而豐戾殊常者皆命議親奏以彰深
儼言況超宗罪愈四凶過窮南竹雖下輒收而文
止黃案沈浮牙見乘輕重相乘此而不斜憲網將
替承才識踈淺質幹無閒馮心戚升榮因慈荷任
不能克已屬情少酬恩獎撓法容非用申私惠
何以糾正邪違式明王度臣等參議請以見事　三洲

▲南齊傳十七　五古數

免象所居官解兼御史中丞輒攝曹依舊下禁
止視事如故治書侍御史司馬倪雖承稟有
由而初無疑亦合及笏請杖五十奪勞百
日令史單微不足申盡啟可奉行偁奏彈之始
臣等旋即經見加推糾案入主書方被却檢踈
謬之愆言伏追震悚詔曰超宗豐同大逆罪不容
誅之區情欺國愛朋闇主事合極法特原收治
免官如案禁錮十年超宗下廷尉一宿髮白皓

首詔徙越州行至豫章上救豫章內史虞悰驚曰
謝超宗令於彼賜自盡勿傷其形歲明年超宗
門生王永先又告超宗子才卿死罪二十餘條
上疑其虛妄以才卿付廷尉辯以不實見原永
先於獄自盡

劉祥字顯徵東莞莒人也祖式之眞郡太守父
歊太宰從事中郎祥宋世解褐為巴陵王征西
行參軍歷驃騎中軍二府太祖太尉東閤祭酒
驃騎主簿建元中為冠軍征虜功曹為府主武

▲南齊傳十七　六

陵王畢所遇除正員外郎祥少好文學性韻剛踈
輕言肆行不避高下司徒褚淵入朝以腰扇鄣
日祥從側過曰作如此舉止羞面見人扇鄣何
益淵曰寒士不遜祥曰不能殺袞劉安得免寒
士永明初遷長沙王鎮軍板諮議參軍撰宋書
讜斥禪代尚書令王儉密以啟聞上衘而不問
歷鄱陽王征虜豫章王大司馬諮議臨川王驃
騎從事中郎祥見整為廣州卒官祥就整妻求
還資事聞朝廷於朝士多所毀忽王奐為僕射

祥與奐子融同載行至中堂見路人驅驢祥曰
驢汝好為之如汝人才皆已令僕著連珠十五
首以寄其懷辭曰蓋聞典教之道無尚必同
俗之方理貴祛弊故捐讓之禮行乎堯舜之朝
干戈之功盛於殷周之世清風以長物成春素
湯武而隆英達之君假伊周而治蓋聞縣饑在
響天地涵靈資昏明以垂位是以俊又之臣借
霜以凋嚴戒節蓋聞鼓籥懷音待揚桴以振
歲式羨藜藿之飽重炎灼體不念狐白之溫故
才以偶時為勁道以調俗為尊蓋聞習數之功
假物可尋探索之明循時則缺故班匠日往繩
墨之伎不衰大道常存機神之智永絕蓋聞理
定於心不期俗賞情貫於時無悲世犀故芬芳
各性不待汨渚之哀明白為寶荊南之哭
蓋聞百仞之臺不挺陵霜之木盈尺之泉時降
夜光之寶故理有大而乖權物有微而至道蓋
聞忠臣赴節不必在朝列士臣時義存則幹故
包胥垂涕不荷肉食之謀王歜投身不主廟堂

之筭蓋聞智出乎身理無或困聲係於物才有
必窮故陵波之羽不能淨浪盈岫之木無以輟
風蓋聞良寶遇拙則奇文不顯達士逢讒則英
才滅耀故墜葉垂陰明月為之隔輝堂宇留光
蘭燈有時不照蓋聞跡慕近方必勢遺於遠大
情係驅馳固理志於肥遯是以臨川之士時結
羨網之悲負肆之氓不抱屠龍之歎蓋聞數之
所隔雖近則難情之所符雖遠則易是以陛歎
流霜時獲感天之誠泣血從刑而無悟主之智
蓋聞妙盡於詣神速則遺功接於人情微則著
故鍾鼓在堂萬夫傾耳大道居身有時不遇蓋
聞列草深岫不改先冬之悴植松澗底無奪後
凋之榮故歲寒三黜而無下愚之譽千秋一時
而無上智之聲蓋聞希世之寶違時則賤偉俗
之器無聖必淪故鳴玉黜於楚岫章甫窮於越
人蓋聞聽絕於聰非疾響所握神閉於明非盈
光所燭故破山之雷不發聲夫之耳朗夜之輝
不開瞍叟之目有以祥連珠啟上者上令御史

中丞任遐奏曰祥少而狡異長不悛徙請謁絕
於私館反脣彰議乗輿歷詆朝望肆
醜無避縱言自若厭兄浮櫬天倫無一日之悲
南金弗獲孤舟負反存沒相捐
遂令暴客掠奪骸柩行路流歎有識傷心攝祥
門生孫狼見列祥頃來飲酒無度言語闒逸道
說朝廷亦有不遜之語實不避左右非可稱紙
墨兄敕正先為廣州於職喪亡去年啟求迎喪還
至大雷聞祥與整妻孟爭計財物賕怨祥仍委

前還後未至鵲頭其夜遭劫內人並為凶人所
遣敕祥曰卿素無行檢朝野所悉輕弃骨肉侮
淫略如所列與風聞符同請免官付廷尉上別
蔑兄嫂此是卿家行不足乃無關他人卿才識
所知蓋何足論位涉清途於分非屈何意輕肆
口噉詆目朝士造席立言必以肆裁為口實甚異
卿年齒已大能自感厲日望悛革如此所聞轉
更增其誼議朝廷不避尊賤口極辭彰暴物
聽近見卿影連珠帝意悻慢彌不可長卿不見

謝超宗其才地二三故在卿前事殆是百分不
一我當原卿性命令卿萬里思愆卿若能改革
當令卿得還獄鞫祥辭對曰被問少習狡異
長而不悛頃來飲酒無度輕議乗輿歷詆朝望
每肆醜言無避尊賦必參末例朝
擢祭主簿並皆先朝相府聖明御寓宴必參末例朝
十餘年沈悴草萊無明天壤皇運初基便蒙抽
隆諮議中郎一年册澤廣筵華宴必參末例朝
半問訊時奉天暉凶雖頑愚豈不識恩有何怨

望敢生譏議因歷府以來伏事四王武陵功曹
凡涉二載長沙諮議故經少時奉隸大司馬並
被恩拂驃騎中郎親職少日臨川殿下不遺蟲
蟻賜參華司徒殿下文德英明四海傾屬因
不涯畢遠隨例問訊拜觀亦沾耻敕旨製
令王未被衹拜既不經伏節時節拜觀亦沾耻敕旨製
書令有疑則啟因以天日懸遠未敢塵穢私之
疑事衛將軍臣倫宰輔聖朝今望當世四自斷
才短密以諮儉儉為折衷紙迹猶存未解此理

云何敢為歷貶朝望云囚輕議乘輿為向誰道

若向人道則應有主甲豈有事無髮舞空見羅

謗因性不耐酒親知所悉強進一升便已迷醉

其餘事事自申乃從廣州祥至廣州不得意終

日縱酒少時病卒年三十九祥從祖兄彪祥魯

祖穆之正馴建元初降封南康縣公虎賁中郎

將求明元年坐廟墓不脩削爵後為羽林監九

年又坐與亡弟母楊別居不相料理楊死不殯

葬崇聖寺尼慧首剃頭為尼以五百錢為買棺

材以泥洹舉送葬劉墓為有司所奏事寢不出

史臣曰魏文帝云人不護細行古今之所同

也由自知情深在物無競身名之外一槩可蔑

既徇斯道其弊彌流聲裁所加取忓人世向之

所以貴身翻成害已故通人立訓為之而不

恔也

贊曰超宗薀文粗構餘芬劉祥慕異言亦不羣

達朝失典流放南濆

列傳第十七　　　南齊書三十六

到撝

劉悛

虞悰

胡諧之

臣蕭　　撰

到撝字茂謙彭城武原人也祖彥之宋驃騎將
軍父仲度驃騎從事中郎撝襲爵建昌公起家
為太學博士除奉車都尉試守延陵令非所樂
去官除新安王北中郎行參軍坐公事免除新
安王撫軍參軍未拜新安王子鸞為被殺仍除長
兼尚書左郎中明帝立欲收物情以為功臣
後權為太子洗馬除王景文安南諮議參軍撝
資籍豪富自奉養宅宇山池京師第一妓
妾姿藝皆窮上品才調流贍善納文遊庖廚豐
膳多致賓客愛妓陳玉珠明帝遣求不與逼奪
之撝頗怨望帝令有司誣奏撝罪付廷尉將殺
之撝入獄數宿驍驤皆白免死繫尚方奪封與

弟賁撝由是屏斥聲玩更以睞素自立帝除撝
為羊希恭等竄朝府參軍徒劉韞輔國王景文鎮
南參軍並辭疾不就尋板假明威將軍仍除桂
陽王征南參軍轉通直郎解職帝崩後弟賁表
讓封還撝朝議許之遷司徒左西屬又不拜居
家累年弟道元徽中為竟遠將軍輔國長史南
海太守在廣州昇明元年沈攸之反刺史陳顯
達起兵以應朝廷遁以猶預見殺遁家人在都
從野夜歸見兩三人持炬刷其家門須更滅明
日而遁死問至撝遑懼詣太祖謝即板為世祖
中軍諮議參軍建元初遷司徒右長史出為永
嘉太守又除黃門郎解職世祖即位遷太子中庶
子不拜長沙王中軍長史宋世上數遊會撝家同從明帝射雉郊野倦撝
得早青瓜與上對剖食之上懷其舊德意兩民
厚至是一歲三遷永明元年加輔國將軍轉御
史中丞車駕幸丹楊郡宴飲撝恃舊酒後狎侮
同列言笑過度為左丞庾杲之所糾贖論三年

復為司徒左長史轉左衛將軍隨王子隆帶彭
城郡撝問訊不修民敬為有司所舉免官久之
白衣兼御史中丞轉臨川王驃騎長史司徒左
長史母憂去官服未終八年卒年五十八弟貢
長史遷五兵尚書出為輔國將軍廬陵王中軍
為明帝所親待由是與世祖欵好遷通直散騎
祖驃騎諮議建元中為征虜司馬驃騎參軍太
初為衛尉主簿奉車都尉升明初為中書郎太
豫章王鎮西驃騎二府諮議坦美驍驒與世祖
豫章王有舊坦仍隨府轉司空太尉

晉安內史還又為大司馬諮議中書郎卒　　出為
劉悛字士操彭城安上里人也彭城劉同出楚
元王分為三里以別宋氏帝族祖穎之汝南新
蔡二郡太守父勔征延孫勔為南徐州初辟
悛從事隨父勔征竟陵王誕於廣陵以功拜
馬都尉轉宗慈寧蠻府主簿建安王司徒騎兵
參軍復隨父勔征殷琰於壽春於橫塘死虎累
戰皆勝歷遷員外郎太尉司徒二府參軍代世

祖為尚書庫部郎遷振武將軍蜀郡太守未之
任復從父勔征討假寧朔將軍鄳陽縣侯世
子轉桂陽王征北中兵參軍與世祖同直殿內
侍郎出為安遠護軍武陵內史南江古堤久
廢悛不緝悛脩治未畢而江水忽至百姓弃役奔
走悛親率屬之於是乃立漢壽人邵榮與六世
同爨表其門閭悛強濟有世調善於流俗蠻
田悛在山中年垂百餘歲南譙王義宣為荊州

僮出謁至是又出謁悛明帝崩表奔赴敕帶郡
還都吏民送者數千人悛人人執手係以涕泣
百姓感之贈送甚厚仍除散騎侍郎桂陽難加
寧朔將軍助守石頭父勔於大桁戰死悛時疾
病扶伏路次號哭求勔屍領殯後傷缺悛割髮補
之持哭墓側冬月不衣絮太祖代勔為領軍素
與勔善書壁自悛曰承其性毀瘵轉之名慮深以
酸悒終哀全生先王明乾豈有去縗繼絰徹溫席
以此非號得終其孝性邪當深顧往旨少自抑

勉建平王景素反太祖揔衆軍出頓玄武湖悛
初免喪太祖欲使領文軍召見悛兄弟皆羸削
改貌於是乃止除中書郎行宋南陽八王事轉
南陽王南中郎司馬長沙內史行湘州事未發
霸業初建悛先致誠節沈攸之事起世祖既不
軍世祖鎮盆城上表西討求悛自代加輔國將
行悛除黃門郎行吳郡事尋轉晉熙王撫軍中
刺史將軍如故襲爵鄱陽縣族世祖自尋陽還
軍二府長史行揚州事出爲持節督廣州廣州

遇悛於舟渚間歡宴敘舊停十餘日乃下遣文
惠太子及竟陵王子良攝衣履偹父友之敬太
祖受禪國除進號冠軍將軍平西記室參軍夏
族恭叔上書以柳元景中興功臣劉勳殞身王
事宜存封爵詔曰君昨耶乃正直而
定不容復曆意也初謂悟廢太祖集議中華門
見悛謂之曰急
言急在外至是上謂悛曰功名之際人所不
卿昔於中華門答我何其欲謝世事悛曰臣世

受宋恩門荷齋養非常之勳非臣所及進不遠
怨前代退不孤負聖明敢不以實仰答遷太子
中庶子領越騎校尉時世祖在東宮再幸悛坊
閤言至夕賜屏風帷帳世祖即位改領前軍將
軍中庶子如故征北竟陵王子良帶南兗州以
悛爲長史加冠軍將軍廣陵太守轉持節都督
司州諸軍事司州刺史將軍如故悛父勳討殺
琰平壽陽無所犯害百姓德之爲立碑祀悛步
道從壽陽之鎮過勳碑拜敬泣涕初義陽人夏

伯宜殺剛陵戍主叛渡淮虜以爲義陽太守悛
設討購誘之虜州刺史謝景殺伯宜兄弟北
襄城太守李榮公歸降悛於州治下立學校得
古禮器銅罍銅甎山罍樽銅豆鍾各二口獻之
遷長兼侍中車駕數幸悛宅宅盛治山池造甍
世祖著鹿皮冠被悛菟皮衾於悛床上數歎曰
冠賜悛至夜乃去後悛從駕登將山上數歎曰
貧賤之交不可忘糟糠之妻不下堂顧謂悛曰
此況卿也世言富貴好改其素情吾雖有四海

今目與卿盡布衣之適悵起拜謝遷冠軍將軍
司徒左長史尋以本官行北兗州緣淮諸軍事
徒始興王前軍長史平蠻校尉蜀郡太守將軍
如故行益州府州事郡尋改為內史隨府轉安
西悵治事嚴辦以是會旨宋代太祖輔政有意
欲鑄錢以禪讓之際未及施行建元四年奉朝
請孔覬上鑄錢均貨議辭證其博其略以為食
貨相通理勢自然李悝曰糴甚貴傷民甚賤傷
農民傷則離散農傷則國貧其賤其貴其傷

一也三吳國之關閫比歲被水潦而糴不貴是
天下錢少非穀穰賤此不可不察也鑄錢之弊
在輕重屢變重錢患難用而難用為累輕輕錢
弊盜鑄鑄而盜鑄為禍深民所盜鑄嚴法不禁者
由上鑄錢惜銅愛工也惜銅愛工者謂錢無用
之器以通交易務欲令輕而數多使省工而易
成不詳慮其為患也自漢鑄五銖錢至宋文帝
歷五百餘年制度世有廢興而不變五銖錢者
明其輕重可法得貨之宜以為宜開置泉府方

收貢金大興鎔鑄錢重五銖一依漢法府庫已
實國用有儲乃量奉祿薄賦稅則家給民足頃
盜鑄新錢者皆效作翦鑿不鑄大錢也摩澤淄
淬不復行矣所鞭賣者皆徒失其物盜鑄者復
賤買新錢淄淬更用反覆生詐循環起姦此明
主尤所宜禁而不可長也若官鑄已布於民使
嚴斷翦鑿小輕破缺無周郭者悉不得行官錢
細小者稱合銖兩銷以為大利貧良之民塞姦

巧之路錢貨既均遠近若一百姓樂業市道無
爭衣食滋殖矣時議者多以錢貨轉少宜更廣
鑄重其銖兩以防民姦太祖使諸州郡大市銅
會安駕事寢永明八年悵啟世祖曰南廣郡界
蒙山下有城名蒙城可二頃地有燒鑪四所高
一丈廣一丈五尺從蒙城渡水南百許步平地
掘土深二尺得銅又有古掘銅坑深二丈并居
宅處猶存鄧通南安人漢文帝賜嚴道縣銅山
鑄錢今蒙山近青衣水南青衣在側並是故秦

之嚴道地青衣縣又改名漢嘉且蒙山去南安二百里案此必是通所鑄近喚蒙山獠出云甚可經略此議若立潤利無極并獻蒙山銅一片又銅石一片平州鐵刀一口上從之遣使入蜀鑄錢得千餘萬功費多乃止悛仍代始興王鑑爲持節監益寧二州諸軍事益州刺史將軍如故悛旣藉舊恩尤能悅附人主承迎權貴賓客閨房供費奢廣罷廣司二州傾資貢獻家無留儲在蜀作金浴盆餘金物稱是罷任以本號還

都欲獻之而世祖晏駕鬱林新立悛奉獻減少鬱林知之諷有司收悛付廷尉將加誅戮高宗啓救之見原禁錮終身雖見廢黜而賓客日至悛婦弟王法顯同宋桂陽事遂啓別居終身不復見之海陵王卽位以白衣除兼左民尚書尋除正高宗立加領驍騎將軍復故官駙馬都尉建武二年虜主侵壽陽詔悛以本官假節出鎭漅湖遷散騎常侍右衛將軍虜寇旣盛悛又以本官出屯新亭悛歷朝皆見恩遇太祖爲鄱陽

王鏘納悛妹爲妃高宗又爲晉安王寶義納悛女爲妃自此連姻帝室王敬則反悛出守琅邪城轉五兵尚書領太子左衛率未拜明帝崩東昏卽位改授散騎常侍領驍騎將軍尚書如故衛送山陵卒年六十一贈太常常侍都尉如故謚曰敬

虞悰字景豫會稽餘姚人也祖嘯父晉左民尚書父秀之黃門郎悰少而謹敕有至性秀之於都亡悰東出奔喪水漿不入口州辟主簿建平

王參軍尚書儀曹郎太子洗馬領軍長史正員郎累至州治中別駕黃門郎初世祖始從官家尚貧薄悰推國士之眷數相分與每行必呼上同載上甚德之昇明中世祖爲中軍引悰爲諮議參軍遣吏部郎江謐持手書謂悰曰今因江吏郎有白以君情顧意欲相屈建元初轉太子中庶子遷後軍長史領爲太子中庶子領步兵校尉鎭北長史寧朔將軍南東海太守尋爲豫章內史將軍如故悰治家富殖奴婢無游手雖

在南土而會稽海味無不畢致焉遷輔國將軍
始興王長史平蠻校尉蜀郡太守轉司徒司馬
將軍如故悰善為滋味和齊皆有方法豫章王
嶷盛饌享賓實謂悰曰今日有蓋寧有所遺不悰
曰悰無黃頷臠何曾食跡所載也遷散騎常侍
太子右率永明八年大水百官戎服從救太廟悰
朱衣乘車圍簿於宣陽門外行馬內驅打人為
有司所奏見原上以悰布衣之舊從容謂悰曰
我當令卿復祖業轉侍中朝廷咸驚其美拜遷
祠部尚書世祖幸芳林園就悰求扁米糈悰獻
醒酒鯫鮓一方而已出為冠軍將軍軍騎長史
諸飲食方悰秋不肯出上醉後體不快悰乃獻
轉度支尚書領步兵校尉鬱林立改領右將
軍揚州大中正兼大匠卿起休安陵於陵所受
局下牛酒坐免官隆昌元年以白衣領職鬱林
廢悰竊歡曰王徐遂縛袴廢天子天下豈有此
理邪廷興元年復領右軍明帝立悰稱疾不陪

位帝使尚書令王晏賞廢立事示悰以悰舊人
引參佐命悰謂晏曰主上聖明公卿勠力寧不
朽老以臣贊惟新乎不敢聞命朝議欲紆之僕
射還徐嗣曰此亦古之遺直眾議乃止悰稱疾
篤還東上表曰臣族陋海區身微稽屬興
運荷竊稠私徒越星紀終懃報答銜塗乘方抱
疾嬰固寢療以來懔踰旬朝頻加醫治曾未療
損惟此朽頓理難振復乞解所職盡療餘辰詔
賜假百日轉給事中光祿大夫尋加正員常侍
永元元年卒時年六十五悰性敦實與人知識
必相存訪親踈皆有終始世以此稱之從弟惠
失志不仕王敬則反取惠監會稽郡而軍事悉
付寒人張靈寶郡人攻郡殺靈寶衣以不豫
事得全
胡諧之豫章南昌人也祖廉之治書侍御史父
翼之州辟不就諧之初辟州從事主簿臨賀王
國常侍員外郎撫軍行參軍晉熙王安西中兵
參軍南梁郡太守以器局見稱從邵陵王南中

郎中兵領汝南太守不拜除射聲校尉州別駕
除左軍將軍不拜仍除邵陵王左軍諮議世祖
頓盆城使諧之守尋陽城及為江州復以諧之
為別駕委以事任文惠太子鎮襄陽世祖以諧
之心腹出為北中郎司馬扶風太守爵關
內族在鎮毗贊甚有心力建元二年還為給事
中驍騎將軍本州中正轉黃門郎領羽林監永
明元年轉守衛尉中正如故明年加給事中三
年遷散騎常侍六子右率五年遷左衛將軍加
守

給事中中正如故諧之風形壞潤善自居處兼
以舊恩見遇朝士多與交遊六年遷都官尚書
上欲遷諧之嘗從容謂諧之曰江州有幾侍中
邪諧之答曰近世唯有程道惠一人而已上曰
當令有二後以語尚書令王儉儉意更異乃以
為太子中庶子領左衛率諧之兄誤之亡諧之
上表曰臣私門罪釁卓備荼苦兄弟三人共相
撫卹嬰孩抱疾得及成人長兄諧之復早須
没與亡第二兄臣誤之衛戚家庭得蒙訓長情

同極庶何圖一旦奄見弃故吉凶分違不獲臨
奉乞解所識詔不許改衛尉中庶子如故八年
上遣諧之率禁兵討巴東王子響於江陵蕭長
史行事臺軍為子響所敗有司奏免官權行軍
事如故復為衛尉領中庶子本州中正諧之有
識計每朝廷官缺及應選代必密量上所用人皆
如其言廙慄以此稱服之十年轉慶支尚書領
衛尉明年卒年五十一贈右將軍豫州刺史諡
曰肅

史臣曰送錢贏兩言此無忘一筍之懷報以都
尉千金可失貴在人心夫謹而信況愛衆其為
利也博矣況乎先覺潛龍結厚於布素隨才致
位理固然也

贊曰到藉豪華晚懷廬素
劉實朝交胡乃蕃顏頤

列傳第十八　　　　　　　南齊書三十七

蕭景先

蕭赤斧　于領胄

臣蕭子顯撰

南齊書

蕭景先南蘭陵蘭陵人太祖從子也祖爰之台
外郎父敬宗始與王國中軍景先少遭父喪有
至性太祖嘉之及從官京邑常相提攜解褐為
海陵王國上軍將軍補建陵令還為新安王國
侍郎桂陽國右常侍太祖鎮淮陰景先以本官

領軍主自隨防衛城内委以心腹除後軍行參
軍即縣令員外郎與世祖歃膽世祖為廣興郡
啓太祖求景先同行除建寧朔府司馬自此
常相随逐世祖為鎮西長史以景先為鎮西長
流參軍除寧朔將軍隨撫軍轉撫軍中兵參軍尋
除諮議領中兵如故昇明初為世祖征虜府司
馬領新蔡太守随上鎮盆城沈攸之事平還都
除寧朔將軍驍騎將軍仍為世祖撫軍中軍二
府司馬兼左衛將軍建元元年還太子左衛率

封新吳縣伯邑五百戶景先本名道先乃改避
上諱出為持節督司州軍事寧朔將軍司州
刺史領義陽太守是冬虜出淮泗增司部邊
兵義陽人謝天蓋與虜相構扇景先言於督府
驍騎豫章王遣輔國將軍中兵參軍蕭惠朗二
千人助景先惠朗依山築城斷塞關隘討天蓋
黨與虜尋遣偽南部尚書頻跋屯汝南洛州刺
史昌黎王馮莎屯清口景先嚴備待敵豫章王
又遣寧朔將軍王僧炳前軍將軍王應之龍驤

將軍莊明三千人屯義陽關外為聲援虜退進
號輔國將軍景先啓稱上德化之美上答曰風
淪俗敗二十餘年以吾當之宣得頓掃幸得數
載盡力救著生者必有功於萬物也治天下者
雖聖人猶須良佐汝等各各自竭不憂不治也
世祖即位徵為侍中左軍將軍尋兼領軍將
軍景先即事上盡心故恩寵特密初西還上坐景
陽樓召景先語故舊唯豫章王一人在席而已
轉中領軍車駕射雉郊外行游景先常申伏從

廉察左右尋進爵為疾領太子詹事本官如故

遭母喪詔超起為領軍將軍遷征虜將軍丹揚

尹五年荒人桓天生引蠻虜於雍州界上司部

以此人情驚動上以景先譜究司土詔曰得雍

州刺史張瓌啟事蠻虜相扇容或侵軼蜂蠆有

毒宜時勦盪可遣征虜將軍丹陽尹景先總率

步騎直指義陽可假節司州諸軍皆受節度景

先至鎮屯軍城比百姓乃安牛酒來迎軍未遷

遇疾遺言曰此度疾病異於前後自省必無起

理但凤荷深恩今謬充戎寄闇弱每事不稱上

勅慈旨便長違聖世悲哽不知所言可為作啟

事上謝至尊愚謝成長素願訓範身

等幼稚未有所識方以仰累聖明非殘息所能

陳謝自丁茶毒以來妓妾已多分張所餘醜猥

數人皆不似事可以明月佛女桂支佛兒玉女

美玉上臺美滿豔華秦東宮私馬有二十餘

匹牛數頭可簡好者十四牛二頭上臺馬五匹

牛一頭奉東宮大司馬司徒各奉二四驃騎鎮

軍各奉一匹應私仗器亦悉輸臺六親多未得

料理可隨宜溫邮微申素意所賜宅曠大恐非

殺等所居須喪服竟可輸還臺劉家前宅久聞

其貨可合率市之直若短少啟官乞足三虜田

勤作自足供衣食力少更隨宜買鷹犬奴婢充

使不須餘營生部曲還都理應分張其兒

舊勞勤勤者應料理隨宜啟聞乞恩卒時年五十

上傷惜之詔曰西信適至景先奄至喪逝悲懷

切割自不勝任今便舉哀賻錢十萬布二百匹

景先喪還詔曰故假節征虜將軍丹陽尹新吳

疾景先器懷開貞幹局通敏綢繆少長義兼勤

戚誠箸夷險績茂所司方外寵榮用申在寄奄

至喪逝悲痛良深可贈侍中征北將軍南徐州

刺史給鼓吹一部假節疾如故諡曰忠疾子毅

以勳戚子少歷清官太子舍人洗馬隨王友永

嘉太守大司馬諮議參軍南康太守中書郎建

武初為撫軍司馬遷北中郎司馬虜動領軍守

琅邪城毅性奢豪好弓馬為高宗所疑忌王晏

事敗并陷誅之遺軍團宅毅時會實客奏伎聞

蠻索刀未得收人突進挾持毅入與毋別出便
殺之

蕭赤斧南蘭陵人太祖從祖弟也祖隆子
衛軍錄事參軍父始之冠軍中兵參軍赤斧
歷官為奉朝請以和謹為太祖所知宋大明初
竟陵王誕反廣陵赤斧為軍主隸沈慶之圍廣
陵城攻戰有勳事竟封永安亭疾食邑三百七
十戶除車騎行參軍出補晉陵令員外郎丹楊
令還除晉熙王撫軍中兵參軍出為建威將軍
錢唐令遷正員郎赤斧治政為百姓所安吏民
請留之時議見許改除寧朔將軍太祖輔政以
赤斧為輔國將軍左軍會稽司馬輔鎮東境遷
黃門郎淮陵太守從帝遷位於丹陽故治立宮
上令赤斧輔送至斃乃還建元初遷武陵王冠
軍長史兼侍中祖毋喪去職起為冠軍將軍並如
故遷長兼侍中祖毋喪去職起為冠軍將軍寧
蠻校尉出為持節督雍梁南北秦四州郢州之

竟陵司州之隨郡軍事雍州刺史本官如故在
州不營產利勤於奉公遷散騎常侍左衛將軍
世祖親遇事與蕭景先相比封南豐縣伯邑四百
年會世祖使甲仗衛三廂赤斧夙患渴利永明三
戶遷給事中太子詹事赤斧不敢辭疾甚數
日卒年五十六家無儲積無絹為斂上聞之愈
加惋惜詔賻錢五萬上村一具布百匹蠟二百
斤追贈金紫光祿大夫諡曰懿伯子穎胄襲爵

穎胄字雲長弘厚有父風起家秘書郎太祖謂
赤斧曰穎胄輕朱被身覺其趨進美足慰人
意遷太子舍人遭父喪感脚疾數年然後能行
世祖有詔慰勉賜醫藥除竟陵王司徒外兵參
軍晉熙王文學穎胄好文義弟穎基好武勇世
祖登烽火樓詔羣臣賦詩穎胄詩合旨上謂穎
胄曰卿文弟武宗室便不乏才除明威將軍安
陸內史遷中書郎上以穎胄勳戚子弟除左將
軍知殿內文武事得入便殿出為新安太守吏
民懷之隆昌元年永嘉王昭粲為南徐州以穎

胄為南東海太守行南徐州事轉持節督青冀
二州軍事輔國將軍青冀二州刺史不行除黃
門郎領四廟直邁衞尉高宗廢立穎胄從容不
為同異乃引穎胄功建武二年進爵侯增邑
為六百戶賜穎胄以常所乘白褕牛上慕儉欲
鑄壞太官元日上壽銀酒鎗尚書令王晏等咸
稱盛德穎胄曰朝廷盛禮莫過三元此一器足

頴胄曰陛下前欲壞酒鎗恐宜移左此器也帝
甚有慙色冠軍江夏王寶玄鎮石頭以穎胄為
長史行石頭戍事復為衞尉出為冠軍將軍廬
陵王後軍長史廣陵太守行南兗州府州事是
年虜動楊聲當欲馬長江帝懼敕穎胄移居民
入城百姓驚恐席卷欲南渡穎胄以賊勢尚遠
不即施行虜亦尋退仍為持節督南兗徐青冀
荆五州諸軍事輔國將軍南兗州刺史和帝為
荆州以穎胄為冠軍將軍西中郎長史南郡太
守行荆州府州事東昏羣謀殺羣公委任廝小

崔陳敗後方鎮各懷異計永元二年十月尚書
令臨湘侯蕭懿及弟衞尉暢見害先遣輔國將
軍巴西梓潼二郡太守劉山陽領三千兵受旨
之官就穎胄共襲雍州刺史梁王起義云
兵虜穎胄不識機變遣使王天虎詣江陵聲云
山陽西上并襲荆雍雍書與穎胄或勸同義舉穎
胄意猶未決初山陽出為南州謂人曰朝廷以
白虎幡追我我亦不復還矣席卷而行復遣天虎齎書

至巴陵遲回十餘日不進梁王復遣天虎齎書
與穎胄陳設其略是時或云山陽謀殺穎胄以
荆州同義舉穎胄乃與梁王定契斬王天虎首
送示山陽發百姓車牛聲云起步軍征襄陽十
一月十八日山陽至江津單車白服從左右數
十人詣穎胄穎胄使前汝陽太守劉孝慶前永
平太守劉熈畢鎧曹參軍蕭文照前建威將軍
陳秀輔國將軍孫末伏兵城內山陽入門即於
車中亂斬之副軍主李元履收餘衆歸附遣使
蔡詣獻馳驛送山陽首於梁王乃發教纂嚴分

部購募東昏聞山陽死發詔討荊雍贈山陽寧
朔將軍梁州刺史穎冑有器局既唱大事虛心
委已眾情歸之加穎冑右將軍都督行留諸軍
事置佐史本官如故西中郎司馬夏矦詳加征
虜將軍遣竄朔將軍主法度向巴陵穎冑獻錢
二十萬米千斛鹽五百斛諸議議宗塞別駕宗史
獻穀二千斛牛二頭摸借富貨以助軍費長沙
寺僧業富沃鑄黃金為龍數千兩埋土中歷相
傳付稱為下方黃鐵莫有見者乃取此龍以充
軍實十二月移檄西中郎府長史都督行留諸
軍事右軍將軍南郡太守南曹縣開國侯蕭穎
官諸州郡牧守夫運不當夷有時而陂數無恒
剝否極則否普商邑中微彭韋投袂漢室方昏
虛牟劾節故風聲求樹卜世長又者也昔我太
祖高皇帝德範生民功格天地仰緯彤雲俯臨
紫極世祖嗣興增光前業雲雨之所沾被日月
之所出入莫不舉踵來王交臂納貢鬱林昏迷

顛覆厭序俾我大齊之祚翦焉將隳高宗明皇
帝建道德之盛軌垂仁義之至蹤紹二祖之鴻
基繼五之之絕業昧旦丕顯不明求故奇士
盈朝異人輻湊若趾經禮緯之文定鼎作洛
之制非雲如醴之祥白質黑章之瑞諒以則天
比大無德稱焉而嗣王不綱窮陵暴十偬言畢
行雲無德襲喪初而無及貌在感而有喜容酌
酒嗜音闇慝其侮讒賊狂邪是與比周遂令親
賢與茶毒之誅宰輔受葅醢之戮江僕射蕭劉
領軍徐司空沈僕射曹右衛或外戚懿親或皇
室令德或時宗民望或國之虎臣竝勳彰中興
功比申郚秉鈞贊契吳遺先朝曾無渭陽追遠
正直申貽蔑害加黨族虐及嬰孺曾無漸追遠
之情不顧本枝殲落之痛必見疑忠而獲罪
百姓業業困知攸依既崔慧景內逼淫刑外不堪
命驅士民為免死之計倒戈回刃還指宮
關城無完守人有異圖賴蕭令君勳濟宗祐業
拯蒼垠四海蒙一臣之德億兆憑再造之功江

夏王拘迫威強宰制巨力屈當時延心可亮
竟不能內愍探情顯加鴆毒蕭令自以親惟族
長任實宗臣至誠苦言朝夕獻入讒醜交構漸
見踈疑浸潤成災奄離怨酷用人之功以寧社
稷刈人之身以騁淫濫台輔既誅莠小競用梅
蟲兒苑法珍妖忍愚戾窮縱弩主恣其妖虐宮女千餘裸服宣
為家勢營感嗣主恣其妖虐宮女千餘裸服宣
婬尊臣數十祖楊相逐帳飲闈肆之間宵遊街
陌之上提挈群賢以為歡笑劉山陽潛受凶旨

規肆狂逆天誘其衷即就梟翦夫天生蒸民樹
之以君使司牧之勿使失性豈有尊臨寓縣
遍黔首絕親戚之恩無君臣之義功重者先誅
動高者速斃九族內離四夷外叛封境日蹙戎
馬交馳帑藏既空百姓巳竭不邮不憂慢遊是
好民怨於下天懲於上故熒惑襲月尊火燒宮
妖水表災震蝕告沴七廟岉危三才莫紀大懼
我四海之命永渝于地南康殿下體自高宗天
挺英懿食葉之徵箸於弱年當璧之祥兆乎繈

歲儵非顯顧顧咸思戴奉且勢居上游任揔連師
家國之否寧濟是當莫府身備皇宗泰尚顧託
憂深責重砥言清時難令命冠軍將軍西中郎諮
議領中直兵參軍軍主王法度冠軍將軍領中
兵參軍軍主楊公則寧朔將軍諮議參軍軍主龐
嶼輔國將軍諮議參軍領別駕軍主宗夫輔國
將軍諮議參軍軍主樂藹等領諮議參軍領國
電邁迤造硃陵冠軍將軍領中直兵參軍右軍府司
軍主蔡道恭輔國將軍中直兵參軍軍主任

馬軍主席闡文輔國將軍中直兵參軍軍主任
漾之寧朔將軍中直兵參軍軍主韓孝仁寧朔
將軍中直兵參軍軍主朱斌中直兵參軍軍主
宗冰之建威將軍中直兵參軍軍主朱景舒寧
朔將軍中直兵參軍軍主庾域遠將軍軍主
庾略等被甲二萬直指建業輔國將軍武寧太
守軍主鄧元起輔國將軍前軍將軍軍主王世
興等鐵騎一萬分趨白下征虜將軍領司馬新
興太守夏侯詳寧朔將軍諮議參軍軍主柳忱

寧朔將軍領中兵參軍軍主劉孝慶建威將軍
軍主江陵令江詮等帥組甲五萬駱驛繼發雄
劒高麾則五星從流長戰遠指則雲虹變色天
地為之喬皇山淵以之崩沸莫府親貫甲冑授
律中權董師熊羆之士十有五萬征鼓紛沓雷
動荊南寧朔將軍南康王友蕭穎達領虎旅三
萬抗威後拒蕭雍州勳業蓋世謀猷淵肅既痛
家禍兼憤國難泣血杭戈誓雪怨酷奮首江邨
巳出漢川張郢州節義慷慨志齊曩者江州

陵王湘州張行事王司州皆遠近懸契不謀而
同亟勒驍猛指景風驅舟艦魚麗萬里蓋水車
騎雲屯平原霧塞以同心之士代倒戈之衆盛
德之師救危亡之國何征而不服何誅而不克
哉今兵之所指唯在梅蟲兒如法珍二人而巳
諸君德載累世勳著先朝屬無妄之時居道消
之運受迫摹賢念有危懼大軍近次當各思拔
迹來赴軍門檄到之日有能斬送蟲兒法珍首
者封二千戶開國縣族若迷感凶黨敢拒軍鋒

刑茲無赦戮及宗族賞罰之信有如皦日江水
在此余不食言遣冠軍將軍楊公則向湘州王
法度不進軍免官公則進剋巴陵仍向湘川遣
寧朔將軍劉坦行湘州事穎冑遣人謂梁王曰
時月未利當須來年二月今便進兵恐非良策
梁王曰今坐甲十萬糧用自竭況藉待年月邪
有不利昔武王代紂行逆太歲豈復待年月
時驍銳且太白出西方杖義而動天時人謀無
穎冑乃從遣西中郎參軍鄧元起率衆向夏口

三年正月和帝爲相國穎冑領左長史進號鎭
軍將軍於是始選用方伯梁王屢表勸和帝即
尊號梁王剋竟陵太守曹景宗竝勸進
穎冑使別駕宗史撰定禮儀上尊號改元於江
陵立宗朝南北郊州府城門悉依建康宮置尚
書立五省以城南射堂爲蘭臺南郡太守爲尹建
武中荊州大風雨龍入柏齋中柱壁上有介足
處剌史蕭遙欣恐畏不敢居之至是以爲嘉祐
殿中興元年三月穎冑爲侍中尚書令假節都

督如故尋領吏部尚書監八州軍事行荊州刺
史本官如故左丞樂藹奏曰敕旨以軍旅務殷
且停朝直纘謂匪懈于位義昭夙興國容舊典
不可頓闕與兼右丞江詮等參議八座丞郎以
下宜一朝有事郎坐待下鼓無事許從實
還外奏可梁王義師出沔口郢州刺史張沖據
城拒守楊公則定湘州行事張寶積送江陵率
軍會夏口巴西太守曾休烈巴東太守蕭惠訓
遣子璝拒義師領胃道汶陽太守劉孝慶進峽

南齊傳九　　十五一　主一

口與巴東太守任漾之宜都太守鄭法紹衛之
時軍旅之際人情未安穎胃府長史張熾從絳
衫左右三十餘人入千秋門城內驚疑有同
異御史中丞奏彈熾詔以贖論穎胃弟穎孚在
京師廬陵人脩靈祐爲將軍南上於西昌縣山中
聚兵二千人襲郡內史謝篡章穎孚靈祐
據郡求援穎胃道寧將軍范僧簡入湘州南
道援之僧簡進尅安成仍以爲輔國將軍廬陵
內史拜穎孚爲冠軍將軍廬陵內史合二郡

兵出彭蠡口東昏侯遣軍主彭盆劉希祖三千
人受江州刺史陳伯之節度南討二郡義兵仍
進取湘州南康太守王丹保郡應盆還郡穎孚聞
兵至望風奔走前內史謝篡復還郡應盆至
安成攻戰七日城陷范僧簡見殺希祖爲安
成內史穎孚收散卒據西昌又遣軍攻之
衆敗奔湘州以穎孚爲督湘東衡陽零陵桂陽
營陽五郡湘東內史假節將軍如故尋病卒後
脩靈祐又合餘衆攻篡篡復敗走豫章劉希祖

南齊書十九已傳　　十六　五一半

亦以郡降湘東內史王僧粲亦拒義自稱平西
將軍湘州刺史以南平鎮軍主周敷爲長史率
前軍襲湘州去州百餘里楊公則長史劉坦守
州城道軍主尹法略拒之屢戰不勝及聞建康
城平僧粲散走乃斬之南康太守王丹亦爲郡
人所殺郢城降義師衆軍東下八月魯休烈蕭
璝破汶陽太守劉孝慶等於峽口巴東太守任
漾之見殺遂至上明江陵大震穎胃恐馳告梁
王曰劉孝慶爲蕭璝所敗宜遣楊公則還援根

本梁王曰公則今沔流上荊雍長之義且蕭璝
魯休烈烏合之眾尋自退散政須荊州少時持
重糧須兵力兩弟在雍指遣往徵不為難至潁
胄乃追贈佚湯之輔國將軍梁州刺史遣軍主
蔡道恭假節屯上明拒蕭璝時梁王已平郢江
二鎮領胄輔帝出居上流有安重之勢素能飲
酒啟白肉鱠至三升既聞蕭璝等兵相持不決
憂慮感氣十二月壬寅夜卒遺表曰臣疢患數
日不謂便至困篤氣息綿微待盡而已臣雖庸
薄忝籍殊眷過蒙先朝殊常之眷猥籠寵礪心誓
生以死屬皇業中否天地分崩揔率諸疾翼奉
明聖賴社禝靈長大明在運故兵之所臨陶無思
不服令四海乂平千戈行戰方希唵暗翠華法
駕反東都觀舊物不幸遘疾奄辭明世懷此深
恨求結泉壤竊惟王業至重萬機甚大登之實
難守之未易陛下富於春秋當遠尋祖宗創業
艱難殷鑒本末顛覆敏緒恩所以念始圖終康
此北庶征東大將軍臣諱元勳上德光贊天

下陛下垂拱仰成則風流日化臣雖萬沒無所
遺恨時年四十和帝出臨哭詔贈侍中丞相本
官如故前後部羽葆鼓吹班劍三十人輼輬車
黃屋左纛梁王圍建康城住在石頭和帝密詔
報領胄凶問祕不發喪及城平識者聞之知天
命之有在矣梁天監元年詔曰念功惟德歷代
所同追遠懷人彌與軍寫森故侍中丞相尚書
令領胄風挌峻遠器宇淵邵清猷盛業聞望朕
歸締構義始肇基王迹掣闊屯夷載形心事聯
膺天改於光宅區宇望岱瞻河永言增慟可封
巴東郡公邑三千戶本官如故喪還令上車駕
臨哭渚次詔曰森故侍中丞相尚書令領胄華
送有期前代所加殊禮依晉王導森豫章王故
車可悉給諡曰獻武范僧簡贈交州刺史
史臣曰魏氏基於用武夏矣諸曹並以戚族而
為將相夫股肱為義既有常然肺腑之重兼存
宗寄豐沛之間貴人滿市功臣所出多在南陽
夫貞幹所以成務非虛言也

贊曰新吳事武簡在帝心南豐治政迹顯亡余

鎮軍茂績機識弘深荊南垂軌嚮義漢陰

列傳第十九　　　南齊書三十八

南齊書傳十九

十九

展名遠

　　劉瓛
　　　弟璡

　　陸澄

劉瓛字子珪沛國相人晉丹陽尹惔六世孫也
祖引之給事中父惠治書御史瓛初州辟祭酒
主簿引之給事中父惠治書御史瓛初州辟祭酒
主簿宋大明四年舉秀才兄璲亦有名先應州
舉至是別駕東海王元曾與瓛父惠書曰此歲
賢子充秀州間可謂得人除奉朝請不就少篤
人謂此是劉尹時樹每想高風今復見卿清德
可謂不衰矣薦爲祕書郎不見用除邵陵王郡
學博通五經聚徒教授常有數十人丹陽尹袁
粲於後堂夜集瓛在座粲指庭中柳樹謂瓛曰
此樹婆娑無復生意瓛曰巳有十圍自餘斤斧
所不及耳又除安成王國常侍安成王撫軍行參軍南
主簿安陸王國常侍安成王撫軍行參軍南
免瓛素無官情自此不復仕除車騎行參軍南
彭城郡丞尚書祠部郎並不拜表粲誅瓛微服
往哭并致賻助太祖踐阼召瓛入華林園談語
謂瓛曰吾應天革命物議以爲何如瓛對曰陛

下誠前軌之失加之以寬厚雖安必危矣既出帝顧謂司徒褚淵曰方
覆轍雖安必危矣既出帝顧謂司徒褚淵曰方
直乃爾學士故過人敕瓛使爲瓛自非
詔見未嘗到宮門上欲用瓛爲中書郎使吏部
尚書何戩喻旨戩謂瓛曰上意欲以鳳池相處
恨君資輕可且就前除少日當轉國子博士便
即後授瓛曰平生無榮進意今聞得中書郎而
拜豈本心哉後以母老闕養重拜爲彭城郡丞
司徒褚淵曰自省無廊廟之才所願唯保彭城
丞耳上又以瓛兼摁明觀祭酒除豫章王驃騎
記室參軍瓛爲轝講除會稽郡丞瓛爲會稽
太守上欲令瓛爲舉講除會稽郡丞學徒從之
者轉衆求明初竟陵王子良請爲征北司徒記
室瓛與張融王思遠書曰奉教使恭召會當停
公事但念生平素抱有乖恩顧吾性拙人間不
習仕進昔嘗爲行佐便以不能及公事免黜此
皆春者所共知也量巳審分不敢期榮夙嬰貧
困加以踈懶衣裳容髮有足駭者中以親老供

養襄裳徒步爾違今二代一紀先朝使其更
目偹正勉屬於階級之次見其縱繢或復賜以
衣裳表褚諸公咸加勸勵終不能自反也一不
復爲安可重爲哉昔人有以冠一免不重加於
首每謂此得進止之儀古者以賢制爵或有秩
滿而辭老以庸制祿或有徐令上文長者求瞻
前良在已何若又上下午尊益不願居官次廢
晨昏也先朝爲此曲申從許故得連年不拜榮
授而帶帖薄祿既習此歲久齒長疾侵豈宜

攝齋河間之聽廁迹東平之傑本無絕俗之操
亦非能偃蹇爲高此又諸賢所當深察者也近
奉初教便自希得託迹於客遊之末而固辭榮
級其故何耶以古之王侯大人或以此延四方
之士甚美者則有輻湊燕路慕君王之義驤鑣
魏闕高公子之仁繼有追申白而入楚美鄒枚
而遊梁吾非敢叨夫曩賢庶欲從乎九九之遺蹤
既於聞道集泮不殊而幸無職司拘礙可得奉
溫清展私計志在此闕除步兵校尉並不拜職

姿狀纖小儒學冠於當時京師士子貴遊莫不
下席受業性謙率通美不以高名自居遊詣故
人唯一門生持胡床隨後主人未通便坐問答
仕在檀橋瓦屋數間上皆穿漏學徒敬慕不敢
指斥呼爲青溪焉竟陵王子良親往脩謁七年
表世祖爲瓛立館以揚烈橋故主第給之生徒
皆賀瓛曰室美爲人災此華宇豈吾宅邪幸可
詔作講堂猶恐見害未及徙居而卒良遣
從瓛學者彭城劉繪從陽羗嶺將廚於瓛宅營

有至性祖母病疽經年手持膏藥漬指爲爛毋
孔氏甚嚴明謂親戚曰阿稱便是令世當子阿
稱瓛小名也年四十餘未有婚對建元中太祖
與司徒褚淵爲瓛娶王氏女王氏椽壁挂履土
落孔氏牀上孔氏不悅瓛即出其妻及居父喪
不出廬足爲之屈杖不能起今上天監元年下詔
爲瓛立碑謚曰貞簡先生所箸文集皆是禮義行
於世初瓛講月令畢謂學生嚴植曰江左以來陰

陽律數之學廢矣吾今講此曾不得其髣髴時
濟陽蔡仲能禮學博聞謂人曰凡鍾律在南不
容復得調平昔五音金石本在中土今既來南
土氣偏陂音律乖爽仲能歷記安西記室尚書左
丞璩弟璉璉字子建平王景素征北主簿深見禮
遇邵陵王征虜參軍安南行參軍建元初為武陵王
帝挽郎舉秀才建元初為明
蕓冠軍征虜參軍皋與僚佐飲自割鵝炙璉曰
應刃落俎膳夫之事殿下親執鸞刀下官未敢
安席因起請退與友人孔澈同舟入東澈留目觀
岸上女子璉舉席自隔不復同坐豫章王太尉板行
佐兒璉夜隔壁呼璉共語璉不答方下牀箸衣立
然後應隔牆問其父璉曰向東帶未竟其立操如此
文惠太子召璉入侍東宮每上事輒削草尋署
中兵兼記室參軍大司馬軍事射聲校尉卒官
陸澄字彥淵吳郡吳人也祖邵臨海太守父瑗
州從事澄少好學博覽無所不知行坐眠食手
不釋卷起家太學博士中軍衛軍府行佐太宰

參軍補太常丞郡主簿北中郎行參軍宋泰始初
為尚書殿中郎議皇后譚及下外皆依舊稱姓
左丞徐爰案司馬孚議皇后不稱姓春秋逆王
后于齊澄不引典據明而以意立議坐免官白
衣領職郎官舊有坐杖有名無實澄在官積前
後罰一日并受千杖轉通直郎兼中書郎尋轉
兼左丞泰始六年詔皇太子朝賀服袞冕九章
澄與儀曹郎丘仲起議服袞冕以朝實著經文泰
除六晃漢明還備魏晉以來不欲令臣下服袞
晃故位公者加侍官今皇太子禮絕羣后宜遵
聖王盛典革近代之制尋轉著作正員郎兼官
如故除安成太守轉劉韞撫軍長史加綏遠將
軍襄陽太守並不拜仍轉劉秉後軍長史東海
太守遷御史中丞建元元年驃騎諮議沈憲等
坐家奴客為劫子弟被劾憲等晏然左丞任遐
奏澄不糾請免澄官澄上表自理曰周稱舊章漢
言故事委自河雒降逮淮海朝之憲度勳尚先准
若乃任情違古率意專造豈謂酌諸故實擇其

南齊傳二十

（七）

茂典案退啓彈新除諮議參驃騎大將軍軍事

沈憲太子庶子沈曠并弟息敕何建康而憲被

使曠受假俱無歸罪事狀臣以不糾憲等為失

伏尋晉宋左丞案奏不之於時其及中丞者從

來始無王獻之習逮朝章近代之宗其為左丞

彈司徒屬王濛懼罰目解屬疾遊行初不及中丞

桓祕不奉山陵左丞鄭襲不彈祕直彈中丞孔

欣時又云別攝蘭臺檢校此徑彈中丞之謂唯

左丞庾登之奏鎮北檀道濟北代不進致虎牢

所以咎及南司事非常憲然祕事猶非及中丞

陷沒蕃岳宰臣引咎謝僽言而具帥之劾曾莫奏

聞請收治道濟免中丞何尚之嵗夫山陵情敬之

極北伐專征之大祕霸李之貴道濟元勳之盛

也今若以此為例恐人之貴賤事之輕重物有

其倫不可相方左丞江奧彈段江景文又彈裴方

明左丞甄法崇彈蕭珍又彈杜驥又彈國又

彈范文伯左丞羊玄保又彈蕭洽左丞殷景熙又

彈張仲仁兼左丞何承天彈呂萬齡並不歸罪

李玄佩

南齊傳二十

（八）

皆為重劾凡茲十彈差是憲曠之比悉無及中

丞之議左丞荀萬秋劉藏江謐彈王僧朗王雲

之陶貴度不及中丞最是近例之明者謐彈在

今僉曰之後事行聖眷遠取十奏近徵二案自

宜依以為體豈得捨而不遵臣竊此人之諮奉

國憲今退所糾既行一時若默而不言則向為

來准後人被顯例引通國典雖有愚心不在微躬

所以備舉顯例引通國典雖有愚心不在微躬

請出臣表付外詳議若所陳非謬裁由天鑒詔

委外詳議尚書令褚淵奏宋世左丞荀伯子彈

彭城令張道欣等坐東劫累發不愈免道欣等

官中丞王淮不糾亦免官左丞羊玄保彈豫州

刺史管義之護梁羣盜免官中丞傅隆不

糾亦免隆官左丞羊玄保又彈兗州刺史鄭從

之濫上布又加課租綿免從之官中丞傅隆不

糾免隆官左丞陸展彈建康令丘珍孫丹陽尹

孔山士劫發不禽免官左丞羊玄保孫山士官中丞何勗不

糾亦免勗官左丞劉矇彈青州刺史劉道隆失

火燒府庫免道隆官中丞並蕭惠開不料免惠開
官左丞徐爰彈右衛將軍薛安都屬跌不直免
安都官中丞張永結免澄護聞膚見賍撓後曰此
上掩皇明下籠朝識請以見事免澄所居官詔
曰澄表據多謬不足深劾可白衣領職明年轉
給事中祕書監遷吏部四年復為祕書監領國
子博士遷都官尚書出為輔國將軍北鎮軍
二府長史廷尉領驍騎將軍永明元年轉度支
尚書尋領國子博士時國學置鄭王易杜服春

秋何氏公羊麋氏穀梁鄭玄孝經澄謂尚書令
王儉曰孝經小學之類不宜列在帝典乃與儉
書論之曰易近取諸身遠取諸物彌天地之道
通萬物之情自商瞿至田何其閒五傳年未為
遠無訛雜之失秦所不焚無崩壞之弊雖有異
家之學同以象數為宗旨百年後乃有王弼王
濟云弼所悟者多何必能頓廢前儒若謂易道
盡於王弼方須大論意者無乃仁智殊見四道
無體不可以一體求變遷不可以一遷執

也晉太興四年太常荀崧請置周易鄭玄注博
士行乎前代于時政由王庾皆儁神清識能言
玄遠捨輔嗣而用康成豈其安然泰元立王庾
易當以在玄之間元嘉建學之始玄弼兩立
儒顏延之為祭酒黜鄭置王意在貴玄事成敗
易今若不大弘儒風則無所立學衆經皆惟
玄獨玄立不可棄儒不可缺謂宜並存所以合

注今若專取弼易則繫說無注左氏泰元取服
無體之義且弼於注經中已舉繫辭故不復別
有無經者故也今留服而去賈則經有所闕案
杜預注傳惟深穀實祖述前儒特舉其導文釋
異古未如王之奪實祖述前儒特舉其導文釋
例之作所引惟深穀梁泰元舊有麋信注顏益
以范甯謂穀梁勞公羊為注者又不盡善竟無及
親常謂穀梁麋猶如故顏論閒分范注當以同我者
公羊之有何休恐不足兩立必謂范善便當除
麋世有一孝經題為鄭玄注觀其用辭不與注

07-365

書相類察立自序所注衆書亦無孝經倫答曰

日以體微遠實貫群籍施孟異聞周韓殊旨豈可

專據小王便爲該備依舊存鄭高同來說元凱

注傳超邁前儒若不列學官其可廢矣賈氏注

經世所罕習穀梁小書無俟兩注存麤略范率

由舊式凡此諸義並同雅論疑孝經非鄭所注

僕以此書明百行之首實人倫所先七略藝文

前代不嫌意謂可安仍舊立置儉自以博聞多

陳之六藝不與著頡凡將之流也鄭注虛實

識讀書過澄澄曰僕年少來無事唯以讀書爲

業且年已倍令君少便躭掌王務雖復一

覽便諳然見卷軸未必多僕儉集學士何憲等

咸自商略澄侍倫語畢然後談所遺漏數百千

條皆倫所未觀儉乃歎服倫在尚書省出巾箱

机案雜服飾令學士隸事事多者與之人人各

得一兩物澄後來更出諸人所不知事復各數

條并奪物將去轉散騎常侍秘書監具郡中正

光禄大夫加給事中中正如故尋領國子祭酒

以竟陵王子良得古器小口方腹而底平可將

七八升以問澄澄曰此名服匿單于以與蘇武

子良後詳視器底有字髣髴可識如澄所言隆

昌元年以老疾轉光禄大夫加散騎常侍未拜

卒年七十諡靖子當世稱爲碩學讀易三年不

解文義欲撰宋書竟不成王儉戲之曰陸公書

後乃出澄弟鮮得罪宋世當死澄於路見舍人

廚世家多墳籍人所罕見撰地理書及雜傳死

王道隆叩頭流血以此見原揚州主簿顧測以

兩奴就鮮質錢鮮死子暄誣爲賣券澄爲中丞

測與書相往反後又幾與太守蕭緬云澄欲

子弟之非未近義方之訓此趨販所不爲況搢

紳領袖儒宗勝達乎測遂爲澄所排抑世以此

少之時東海王摛亦史學博聞歷尚書左永竟

陵王子良校試諸學士唯摛問無不對永明中

天忽黃色照地衆莫能解摛云是榮光世祖大

悦用爲永陽郡

史臣曰儒風在世立人之正道聖哲微言百代

之通訓洙泗既往羲乘七十稷下橫論屈服千
人自後專門之學興命氏之儒起石渠朋黨之
事白虎同異之說六經五典各信師言嗣守章
句期乎勿失西京儒士莫有獨擅東都學術鄭
賈先行廉成主炎漢之季訓義優洽一世孔門
襄成迹軌故老以為前脩後生未之敢異而王
肅依經辯理與碩相非爰興聖證據用家語外
戚之尊多行晉代江左儒門參差互出雖於時
不絕而罕復專家晉世以玄言方道宋氏以文
章閭業服膺典藝斯風不純二代以來為教衰
矣建元肇運戎警未夷天子少為諸生昊拱以
思儒業載戢干戈遠詔庠序永明纂襲克隆均
校王儉為輔長於經禮朝廷仰其風冑子觀其
則由是家尋孔教人誦儒書靴卷欣欣此焉彌
盛建武繼立因循舊緒時不好文親臨待問無
校雖設前軌難追瞰法駕親臨待問無五更之禮
為師範虎門初闢蒲輪之御身終下秩道義空存斯故進
充庭闢蒲輪之御身終下秩道義空存斯故進

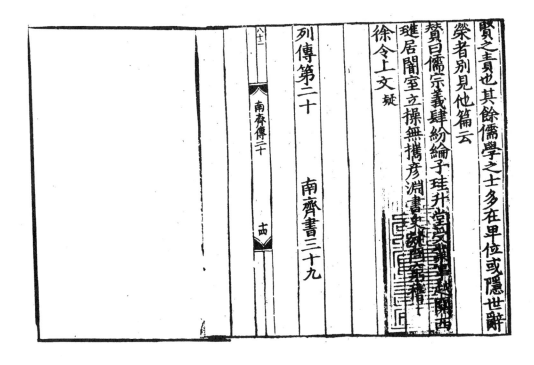

敗貝之圭貝也其餘儒學之士多在甲位或隱世辭
榮者別見他篇云
贊曰儒宗義肆紛綸子珪升堂武弁興西
雖居闇室立操無攜彥淵書史
徐令上文　疑

列傳第二十

南齊書三十九

列傳第二十一　武十七王

武帝二十三男穆皇后生文惠太子竟陵文宣
王子良張淑妃生廬陵王子卿魚復侯子響
周淑儀生安陸王子敬建安王子真阮淑媛生
晉安王子懋衡陽王子峻王淑儀生隨郡王
隆祭婕妤生西陽王子明樂容華生南海子
罕傳充華生巴陵王子倫謝昭儀生邵陽王子
貞江淑儀生臨賀王子岳庚昭容生西陽王子
文前昭華生南康王子琳顏婕妤生永陽王子
珉宮人謝生湘東王子建何充華生南郡王子
中繼衡陽元王後
夏第六十二二十五二十二皇子早亡子珉建武
竟陵文宣王子良字雲英世祖第二子也初沈
攸之難隨世祖在盆城板咨寧朔將軍仍為宋
陵王左軍行參軍轉主簿安南記室參軍邵陵
王友王名友不廢此官遷安南長史昇明三年

為使持節都督會稽東陽臨海永嘉新安五郡
輔國將軍會稽太守宋世元嘉中皆責成郡縣
孝武徵求急速以郡縣遲緩始遣臺使自此
役勞擾太祖踐阼子良陳之曰前臺使督切
調怕聞相望於道及臣至郡亦殊不踰凡此軍朝
使人既非詳慎懃順或貪險嶇嶇要求但令朱
辟禁門情態即興暮宿村縣威福便行但令
鼓裁完鍮槊具顧眄左右叱咤自專摣宗斷
族排輕斥運脅過津埭恐喝傳郵破崗水逆商
旅半引過令下先過已船新江風猛公私畏
渡脫舫在前驅令俱發呵蹴民固其常理侮
折守宰出愛無窮既瞻郭望境便飛下嚴符但
稱行臺未顯所督先詗鍾寺郤攝群曹開亭正
搶便振荊華其次絳標寸紙一日數至徵村切
里俄刻十催四鄉所召莫辨枉直孩老士庶具
令付獄或又布之通曲以當四百錢徐稅且增
為千或詭應質作尚方寄繫東冶萬姓駭迫人
不自固遂漂衰敗力競兼槳值令夕酒諧肉

飲即許附申敕格明日禮輕貨薄便後不入恩
科筐貢微關總撻肆情風塵毀謗隨忿而發及
其秫蒜轉積糶粟漸盈遠則分糶諸他境近則託
貿吏民及請郡邑助民由緩回刺言臺推信在
所如聞頃者令長守牧離此每實非後近歲愚
預衣冠荷恩感盛世多以闇緩貽譽少為欺猾入
臺使盈湊會取正屬所徒相疑債及更淹懈凡
外鎮宰明下條源既各奉別旨人競自舉離後
謂凡諸檢課宜停遣使密識州郡則指賜近遙

三二

應緩自依遣科坐之坐不必須重但令必
綱偏覺非才但賒促差降各限一期如乃事速
行期在可肅且兩裝之船充擬千緒三坊寡役
呼訂萬計每一事之發彌晨方辦粗計近遠率
遣一部職散人領無減二十舟船所資皆後稱
是長江萬里費固倍之較略一年脫得省者息
船優俊宜寔為不少兼折姦減竊遠近輒安封聞
喜縣公邑千五百户子良敦義愛古郡民朱百

年有至行先卒賜其妻米百斛邋一民給其薪
蘇郡閤下有廣離奮袜罷任還乃致以歸後於
西邸起古齋多聚古人器服以充之夏禹廟盛
有禱祀子良曰禹泣辜表仁菲食推約服觀果
粽足以致誠使歲獻辜而已建元二年穆妃
麤素官仍為征虜將軍丹陽尹開私舍賑屬縣
廣表周輪幾將千里縈原抱隰其處甚多舊過
古塘非唯一所而民貧業屢地利久無近啓遣

四

五官殿滿典籤劉僧瑗到諸縣循覆得丹陽溧
陽永世苐四縣鮮并村著辭列堪墾之田合計
荒熟有八千五百五十四頃脩治塘遏可用十
一萬八千餘夫一春就功便可成立上納之會
遷官事寢是年始制東宮官僚以下官敬子良
世祖即位封竟陵郡王邑二千户為使持節都
督南徐兖二州諸軍事鎮北將軍南徐州刺史
永明元年徙為侍中都督南兖兖徐青冀五州
征北將軍南兖州刺史持節如故給油絡車明

年入為護軍將軍兼司徒領兵置佐待中如
故鎮西州三年給鼓吹一部四年進號軍騎
將軍子良少有清尚禮才好士居不疑之地
傾意賓客天下才學皆遊集焉善立勝事夏
月客至為設瓜飲及甘果著之文教士子文
章及朝貴辭翰皆發教撰録是時上新親政
水旱不時子良密啟曰臣思水潦成患良田
沃壤變為汙澤農政告祥因高肆務播植旣

周繼以旱塵黔庶呼嗟相視䟴氣夫國資於
民民資於食匪食匪民何以能政臣每一念
此寢不便席本始中郡國大旱宣帝下詔除
民租令闓所在通餘尚多守宰嚴期兼夜課
切新稅力尚無從故調於何取給少降停傳恩微紆
為盜耳愚謂通租宜皆原除少降停恩微紆
民命自宋道無童王風陵簪竊官假號駈門
連室令左民所檢勳以萬數漸漬之來非後
始適一朝洗正理致沸騰小人之心閭思前咎
之以威反怨後罰獸窮則觸事在匪輕齊有

天下日淺恩洽未布一方或飢當加優養愚謂
自可依源削除未宜充猥役且部曹檢校誠
存精密令史好點鮮不容情情旣有私理或枉
謬耳目有限群狄無極變易是非居然可見今
而後取於事未遲明詔深犴獄圄恩累墜今
科網嚴密稱為峻察貧罪離佪豈充積牢戶
暑時樵鬱蒸加以金鐵聚憂之氣足感天和民
之多怨非國福矣頭土木之務其為殷廣雖役
未及民勤費已積炎旱致災或由於此皇明載速書

軌未一緣淮帶江數州地耳以魏方漢猶一郡之
譬以氽比古復為遠矣何得不愛其民緩其政
救其危存其命哉湘區奧密蠻寇熾彊疆如聞
南師未能挫戮百姓積年途炭食侵
淫邊虞方重交州留㝢絕一垂宜惟荒服恃遠
後賓固亦絚言今縣軍速代經途萬里衆寡事
外不足絚言今縣軍速代經途萬里衆寡事
殊客主勢異以逸待勞全勝難必又緣道調兵
從軍力民丁烏合事乘習銳廣州積歲無年

越州兵糧素乏加以發借必惟擾愚謂叔獻所
請不宜聽從取亂侮亡更俟後會雖緩歲月必
有可禽之理差息發動貲役之勞劉楷見甲以
助湘中威力既舉蟻寇自服詔折租布二分取錢
子良又啓曰臣正月入朝六登玫陛廣殿稠人裁奉
顏色縱有所懷豈敢自達比天旨吸見地孽
丞臻民下妖訛生嚼嗜穀價雖和比室飢喙
緜纊雖賤騈闐踝賞臣一念此每入心骨三吳
奧區地惟河輔百度所資空不自出宜在鈞優

南齊書列二十一　七

使其全富而守宰相繼務往良剝圉桑品屋以
准貲課致令斬樹發尾以充重賦破民財產要
利時東郡使民年無常限在所相承准令上
直每至州臺使命切求懸急應充搜役必申窮
困乃有畏失嚴期自殘驅命亦有斬絕手足以
避傜役生育弗起殆為怛事守長不務先富民
而唯言益國豈有民貧於下而國畐於上邪又
泉鑄歲遠類多翦鑿鑒江東太錢十不一在公家
所受必須輪郭遂買本一千加二七百猶求請無

地種革相繼尋完者為用既不兼兩回復遷
貲會非委積縱令小民母嬰困苦且錢帛相半
為制永久或聞長宰須令直進違舊科退容
姦利八屬近縣既在京畿發借徵調戛煩他邑
民特尤貧連年失稔草衣蓬食稍有流亡今
農政就興宜蒙賑給若通課未上許以申原充
豫二藩雖曰舊鎮往屬兵虞累棄鄉土密邇
寇庭下無安志編草結菴不違涼暑扶淮聚
落靡有生向俱稟人靈獨絕溫飽而賦斂多少

南齊書傳二十二　八

尚均沃實謂凡在荒民應加緜減又司市之要自
昔所難頃來此役不申干舉諒條其重貲許以
賈銜前人增佑求俟後人加稅請代如此輪回終
何紀極兼復交關津要共相屑齒野未開必
加陵註罪無大小橫沒貲載凡求試穀昂類非
廉謹未解在事所以開容夫獄訟惟平畫一在
制雖恩家得罪必宜申憲鼎姓貼促言最合從
網若訓典惟加賤下辟書必獨世族懼非先王
立理之本尚書列曹上應乾象如聞命議所出

陳仁

07-371

先諮於都既下意然後付郎謹寫關行愚謂
郎官九宜推擇宋運告終戎軍屢駕寄名軍牒
動輒數等故非分充朝資奉穀積廣越邦宰深
益郡邑參差調補寔充事機且此徒宂雜罕遷
王憲嚴加廉視隨彈斥二年間可減太半
五年正位司徒給班劍二十人侍中如故移居
雜籠山郎集學士抄五經百家依皇覽例為四
部要略千卷招致名僧講語佛法造經唄新聲
道俗之盛江左未有也世祖好射雉子良諫曰

鑾聲亞動天蹕屢巡陵犯風烟驅馳野澤萬乘
至重一羽甚微從甚微之懼忽至重之誠頃郊
郊以外科禁嚴重匪直芻牧事罷遂乃宛掩殆
廢且田月向登桑時告至士女呼嗟易生嘩議
景先詹事赤奔堅甲利兵左右屯衞今馳鶩外
棄民從欲理未可安襄時巡幸必盡威防領軍
野交侍疎闊晨出晚還頓遺清道此實愚臣最
所震迫狡虜玩威甫獲款關二漢全富猶加曲
待如聞使臣頻亦怨望前會東宮遂形言色昔

宋氏遣使舊列階下劉纘銜使始登朝殿今既
反命宜賜優禮伏謂中堂雲構實惟峻絕擅陛
深嚴事隔涼暑而別為一室如或有疑邊帶廣
途訛言孔熾毀立之易過於轉圓若仍舊制通
敞實允觀聽頃市司驅扇估租吹毛求瑕
廉察相繼被以小罪責以重備愚謂宜勑有司
更詳優格臣年方朝賢齒未相及以管窺天猶
知失得廊廟之士豈闇是非未聞一人開一說為
陛下憂國家非但面從亦畏威耳若不啟陛

下於何聞之先是六年左衞殿中將軍邯鄲超上
書諫射雉世祖為止久之超竟被誅永明末上
將射雉子良諫曰忽聞外議伏承當更射雉臣
下情震越心懷憂悚猶謂疑妄事不必然伏
度陛下以信心明照故所以傾金寶於禪靈仁愛
廣洽得使含魚養命於江澤豈惟國慶民懽
乃以翱翔治樂夫衞生保命人獸殊於
體彼我無異故禮去聞其聲不食其肉見其生
不忍其死且萬乘之尊降同匹夫之樂夭殺無

章傷仁害福之本菩薩不殺壽命得長施物安
樂自無恐怖不惱眾生身無患苦臣見功德有
此果報所以日夜勤懃屬身奉法實願聖躬康
御若此每至寢夢脫有異見不覺身心立就燋
爛陛下常日捨財脩福臣私心顒顒尚恨其少
豈可令日見此事一損福業追悔便難臣此啟
聞私心實切若是大事不可易改亦願陛下照
臣此誠曲垂三思況此嬉遊之間非關當否而
動輒傷生實可深慎臣聞子孝奉君臣忠事主

莫不靈祇通感徵祥證登臣近叚仰啟賜希受
戒天心洞遠誠未達勝善之途而聖恩遲疑尚
未垂履曲降尊極豈今月後隨此事臣不隱
心即實上啟雖不盡納而深見寵愛又與文惠
太子同好釋氏甚相友悌子良敬信尤篤數於
即園營齋戒大集朝臣眾僧至於賦食行水或
躬親其事世頗以爲失宰相體勸人爲善未嘗
厭倦以此終致盛名尋代王倫領國子祭酒驃
不拜八年給三望車九年京邑大水吳興偏劇

子良開倉賑救貧病不能立者於第北立解收
養給衣及藥十年領尚書令尋爲使持節都督
揚州諸軍事揚州刺史本官如故尋解尚書令
加中書監文惠太子薨世祖檢行東宮見太子
服御羽儀多過制度上大怒以子良與太子善
不啟聞頗加嫌責世祖不豫詔子良甲仗入延
昌殿侍醫藥子良啟進沙門於殿戶前誦經
世祖感夢見優曇鉢華捉子良授佛經宣旨使
御府以銅爲華插御床四角日衣在殿內太孫聞

日入參承世祖暴漸內外惶懼百僚皆已變服
物議疑立子良俄頃而蘇問太孫所在因召東
官器甲皆入遺詔使子良輔政高宗知尚書事
子良素仁厚不樂世務乃推高宗詔云事無大
小悉與讚參懷子良所志也太孫少養於子
良妃表氏甚著慈愛既懼前不得立自此深忌
子良大行出太極殿子良居中書省帝使虎賁
中郎將潘敞領二百人仗屯太極西階防之成服
後諸王皆出子良乞停至山陵不許進位太

傳增班劍為三十人本官如故解侍中隆昌元
年加殊禮劍履上殿入朝不趨贊拜不名進督
南徐州其年疾篤謂左右曰門外應有異遺人
視見淮中魚萬數皆浮出水上向城門尋薨時
年三十五帝常慮子良有異志及薨甚悅詔給
鴻臚持節護太官朝夕送祭又詔曰襃崇明
德前王令典追遠尊親沿情所隆故使持節都
督揚州諸軍事中書監太傅領司徒揚州刺史
東園溫明秘器斂以袞冕之服東府施喪位大

竟陵王新除督南徐州體膺正神鑒淵邈道
冠民宗具瞻允集肇自弱齡孝友光備爰及贊
邦協外景業燮曜台陛五教克宣敷奏端朝百
揆惟穆寄重先顏任均負圖諒以齊暉二南同
規牲哲方憑保祐天不慭遺奄焉薨
逝哀慕抽割震于厥心令龜謀襲吉先遠戒期
宜崇嘉制式引風烈可追崇假黃鉞侍中都督
中外諸軍事太宰領大將軍揚州牧綠綟綬備
九服錫命之禮使持節中書監王如故給九旒

故給九旒鑾輅黃屋左纛轀輬車前後部羽葆
鼓吹挽歌二部虎賁班劍百人葬禮依晉安平王
孚故事初豫章王疑裴妃金牛山文惠太子葬
夾石子良臨送望祖硎山悲感歎曰比瞻五已叔前
望吾兄死而有知請葬茲地硎薨遂葬焉所
著內外文筆數十卷雖無文采多是勸戒建
武中故吏范雲上表為子良立碑事不行子
昭胄嗣

昭胄字景徽沈沙有父風永明八年自竟陵王
世子為寧朔將軍會稽太守樊林初為右衛
將軍未拜遷侍中領軍將軍武三年復為右
侍中領驍騎將軍散騎常侍太常以封境邊
虜屬建元元年改封巴陵王先是王敬則事起南
康矦子恪在吳郡高宗有同異召諸王矦入
官晉安王寶義及江陵公寶覽等佳中書省高
孝諸孫在西省勅人各兩左右自隨過此依軍法
武抱者乳母隨入其夜太醫煑藥都水辦數
十具棺材須三更當悉殺之子恪本歸二更達

建陽門刺啓時刻巳至而帝眠不起中書舍人
沈微孚與帝所親左右單景儁共謀少留其事
須史帝覺景儁啓子恪巳至驚問曰未邪
景儁具以事各明日悉遣王矦還第建武以來
高武王族居常震怖朝不保夕王是尤甚及陳
顯達起事王族復入官昭冑懲往時之懼與弟
昭冑兄弟出投之慧景事敗昭冑兄弟音
永新疾昭穎逃奔江西變形爲道人崔慧景與
出投臺軍主胡松各以王族還第不自安諒爲身

計子良故防閤桑偃兒軍副結前巴西
太守蕭寅謀立昭冑許事克用寅爲尚書
左僕射護軍將軍以寅有部曲大事皆委之時胡
松領軍在新亭臺門城號令昏人必還就將
便率兵奉昭冑入臺門說之法須昏人出寅等
軍將軍但閉壘不應則三公不足得也松又許
諸會東昏新起芳樂苑月許日不復出遊偃等
議募健兒百餘人從萬春門入突取之昭冑爲
不可偃同黨王山沙應事久無成以事告御刀

徐僧重寅遣人殺山沙於路吏於麈勝中得其
事迹昭冑兄弟與同黨比皆伏誅昭穎官至寧朔
將軍彭城太守梁王定京邑追贈昭冑散騎常
侍撫軍將軍昭穎黃門郎梁受禪降封昭冑
子周監利矦

盧陵王子卿字雲長世祖第三子也建元元年
封臨汝縣公千五百戶兄弟四人同封世祖即位
爲持節都督郢州司州之義陽軍事冠軍將
軍郢州刺史永明元年徙都督荆湘益寧梁南

北秦七州安西將軍荆州刺史持節如故始興王
鑑爲益州子卿解督子卿在鎭營造服飾多
違制度上勑之曰五前後有勑非復一兩過道諸
王不得作乖軆格服飾汝何意都不憶五勑
邪忽作瑈珸乗具何意巳成不須壞可速送下
純銀乗具乃復可爾何以作鑑亦其是銀可即壞
之勿用金薄裹爾脚何意亦速壞去凡諸服章
自今不啓五知復專輒作者後有所聞當復得
痛校又曰汝比在都讀學不就年轉成長吾曰

冀汝美勿得勅如風過耳使吾失氣五年入爲

侍中撫軍將軍未拜仍爲中護軍侍中如故六

年遷秘書監領右衛將軍尋遷使持節都督

並如故十年進號車騎將軍俄遷使持節都督

南豫司二州軍事驃騎將軍南豫州刺史侍中

如故子卿之鎮道中戲部伍爲水軍上聞之大

怒殺其典籤遣宜都王鏗代之子卿還至崩

不與相見鬱林即位復爲侍中驃騎將軍隆昌

元年轉衛將軍開府儀同三司置兵佐鄱陽王

鏘見害以子卿代爲司徒領兵置佐尋復見殺

時年二十七

魚復侯子響字雲音世祖第四子也豫章王疑

無子養子響後有子表留爲嫡世祖即位爲輔

國將軍南彭城臨淮二郡太守見諸王不致敬

子響勇力絕人開弓四斛力數在園池中惏

馳走竹樹下身無馞傷既出繼車服異諸王每

入朝輒忿怒拳打車壁世祖知之令車服與皇

子同永明三年遷右衛將軍仍出爲使持節都

督豫州郢州之西陽汝南二郡軍事冠軍將軍

豫州刺史明年進號右將軍進南豫州之歷陽

淮南潁川汝陽四郡入爲散騎常侍右衛將軍

六年有司奏子響體自聖明出繼宗國大司馬

臣嶷昔未有胤所以因心鞠養陛下弘天倫之

愛臣嶷深猶子之恩遂乃繼體扶疏世祚垂政

茅蔣蓋蔡冢嗣莫移誠欣忭睦之風實勳立嫡

之教臣等參議子響宜還本乃封巴東郡王遷

中護軍常侍如故尋出爲江州刺史常侍如故

七年遷使持節都督荊湘雍梁寧南北秦七

州軍事鎮軍將軍荊州刺史子響少好武在西

豫時自選帶仗左右六十人皆有膽幹王鎮數

在內齋殺牛置酒與之聚樂令內人私作錦袍

絳襖欲餉蠻交易器仗長史劉寅等連名密

啓上勅精檢寅等懼欲誣諧議參軍江愈殷曇

粲中兵參軍周彥典籤吳脩之王賢宗魏景

見勅召寅及司馬席恭穆諮議參軍江愈使至不

淵於琴臺下詰問之寅等無言脩之曰既以降

勑言政應方便答塞景淵曰故檢校子響
大怒執寅等於後堂殺之以啟無江愈名欲釋
之而用命者已加戮上聞之怒遣衛尉胡諧之
游擊將軍尹略中書舍人茹法亮領齋仗數百
人檢捕羣小勑子響若束首自歸可全其性命
諧之等至江津築城燕尾洲道傳詔石伯兒入
城慰勞子響子響怒遣所養數十人收集府
受殺人罪耳乃殺牛具酒饌餉臺軍而諧之等
疑畏執錄其吏子響怒遣所養數十人收集府

州器伏令二千人從靈溪西渡明日與臺軍
對陣南岸子響自與百餘人袒騎將萬鈞弩三
四張宿江堤上明日凶黨與臺軍戰子響於堤
上放駑亡命王充天等掌楯陵城臺軍大敗尹
略死之宮軍引退上又遣丹陽尹蕭諧領兵繼
至子響部下恐懼各逃散子響乃白服降賜死
時年二十二臨死啟上曰劉寅等入齋檢仗具
如前啟臣罪既山海分甘斧鉞奉勑遣胡諧之
茹法亮賜重勞其等至竟無宣旨便建旗入津

對城南岸築城守臣累遣書信喚法亮見渡氣
白服相見其永不肯羣小懼怖遂致攻戰此臣之
罪也臣此月二十五日束身投軍不布還塞知
宅月臣自取盡可使齊代無殺子之譏臣免
逆父之諺既不遂心令便齎代盡臨啟嘆知復
何陳有司奏絕子響屬籍削土收付廷尉法
獄治罪賜為蛸氏諸所連坐別下考論賜尉法
侍中席恭穆輔國將軍益州刺史江愈躬雲粲
黃門郎周彥驍騎將軍寅字景樊高平人
也有文義而學不閑世務席恭穆安定焉氏人
關壠豪族上憐子響死後遊華林園見猿對
跳子鳴嘯上留目父之因嗚咽流涕豫章王嶷
上表曰臣聞將而必戮炳于甸人著於
經禮猶懷不忍之言尚有如倫之痛豈不事
因法往情以恩留故庶人蛸子響識懷靡樹見
淪不遑肆憤朝取陷凶德遂使迹隣非孝事
近無君身膏草野未云塞釁但報矢倒戈歸
罪司戮即理原心亦既迷而知返輿舁骨不收幸

竟莫敕撫軍事惟往哉傷心目昔閔榮伏庚慟
動墳園思荊扰辟側懷立墓皆兩臣響結於
明時二王議加於盛世積　周之為美歷史不
必非伏願二下天袟爰詔蛸氏使得安兆末
郊旋空餘麓微列葉輔之容薄申封樹之
禮當伊窮骸被德實且天下歸仁臣屬禾
皇枝偏留友睦以臣繼別未安子響言承出
命提攜鞠養俯見成人雖輟亂苗條歸體琰
蕐循執之念不移傅訓之憐何已敢冐宸嚴

布此悲乞上不許先　是貶為魚復矦
安陸王子敬字雲端世祖第五子也初封應城
縣公永明二年出為特節監南兗州徐圭共異五
州北中郎將南兗州刺史四年進號右軍明年
徙都督荊湘梁雍南比秦六州軍事平西將軍
荊州刺史持節如故尋進號安西將軍七年徵
侍中護軍將軍十年轉散騎常侍撫軍將軍
丹陽君十一年進車騎將軍尋給鼓吹一部隆昌
元年遷使持節都督南兗兗徐青共異五州征

比大將軍南兗州刺史延興元年加侍中高宗除
諸蕃王遣中護軍王玄邈征九江王廣之襲殺子
敬時年二十三

晉安王子懋字雲昌世祖第七子也初封江陵
公永明三年為持節都督南豫豫司二州南中郎
將南豫州刺史魚復矦子響反豫州子懋解
督四年進號征虜將軍南豫新置力役寡茹加子
懋領宣城太守明年為監南兗兗徐青共異五
州軍事後將軍南兗州刺史持節如故六年徙

監湘州平南將軍湘州刺史明年加持節都督
八年進號鎮南將軍撰春秋例苑三十卷奏之
世祖嘉之敕付秘閣九年親府州事十年入為
侍中領衛將軍十一年還散騎常侍中書監
未拜仍為使持節都督雍梁南北秦四州郢州
之竟陵司州之隨郡軍事征北將軍雍州刺史
望許得奏之隨郡王喪服未畢上以邊州須威
給鼓吹一部豫章王即位即本號為大將軍子懋
見幼主新立密懷目全之計令作部造器仗陳顯

達時為征虜屯襄陽欲為月取以為將帥顯達
密啟高宗徵顯達還隆昌元年遷子懋為都
督江州刺史留西楚部曲助鎮襄陽單將自直
俠轂自隨顯達入朝子懋謂曰朝廷令身單身
而反身是天王豈可過爾輕率人猶欲將二三
千人自隨公意何如顯達曰其事不輕且此間人亦難可收
便是大達勅曰其事不輕且此間人亦難可收
用子懋默然顯達因辭出便發去子懋計未
立還鎮尋陽延興元年加侍中聞郢陽臨郡二

嚴遣平西將軍主廣之南比討子懋之馳告高宗於是纂
阮報　其兄子瑤之為討子懋之馳告高宗於是纂
之遣三百人守盆城取業沂流下上至夜回下襲
與瑤之先龍襲尋陽聲云為郢州衍司馬子懋知
盆城城局參軍樂賁開門納之子懋率府州兵
力先已具船於稽阜渚聞權業得盆城乃據州
自衛子懋部曲多雍土人皆踴躍顧奮叔業畏
之遣千瑤之說子懋曰公還都必無過憂政當

作散官不失富貴也懋既不出兵攻叔業衆情
稍沮中兵參軍子琨瑤之兄也說子懋重賂
叔業子懋使琨之往琨之因說叔業請取子懋
叔業遣軍主徐女慶將四百人隨琨之入州城
僚佐皆奔散琨之二百人拔刀入齋子懋罵
曰小人何忍行此事琨之以袖鄣面使人害之
時年二十三初子懋鎮雍世祖勅以邊略欲
此連得諸處啟所說不異虜必無敢送死理然
為其備不可暫懶令秋犬羊輩越逸者其空

減徵五兵亦行密纂集有分明指的便當
有大處分今普勅鎮守並部偶民丁有事即使
應接運已勅更遣想行有至者次共諸人量
覓可使人數往南門舞陰諸要處參覷糧食
最為根本更不憂人伇當其堺其守馬不可
有廢闕并約語諸州當作五千人陣本擬應
事又曰五呂勅荊郢一鎮各作五千人真魚
接彼耳賊若送死者更即呼取之已勅子真魚
繼宗設公廨至鎮可以公廨為城主三十人配

之便汝可好以階級在意勿得人求或趨五
三階及文章詩筆乃是佳事然世務彌為根本
可常憶之汝所啟仗此悉是吾左右御仗也云
何得用之品格不可乘吾自當優量竟送是先為
啟求所好書上又曰知汝常以書讀在心足為
深欲也賜子懋杜預手所定左傳及古今善言
隨郡王子隆字雲興世祖第八子也有文才初
封枝江公永明二年為輔國將軍南琅邪彭城
二郡太守明年遷江州刺史未拜唐寓之賊平

【南齊傳王】 卅五

遷為持節督會稽東陽新安臨海永嘉五郡東
中郎將會稽太守遷長兼中書令子隆最少見
令王倫女為妃上以子隆要屬尚書
東阿也倫曰東阿重出實為皇家蕃屏未及拜
仍遷中護軍轉侍中左衛將軍八年代東
子響為使持節都督荊雍梁寧南比秦六州鎮
西將軍荊州刺史給鼓吹一部其年始興王鑑
罷益州進號督益州九年親府州事十一年
晉安王子懋為雍州子隆復解督鬱林立進

號征西將軍隆昌元年為侍中撫軍將軍領兵
置佐延興元年轉中軍大將軍侍中如故子隆
年二十一而體過充壯常服蘆茹丸以自鎖損
高宗輔政謀害諸王世祖諸子中子隆最以見
見憚故與鄱陽王鏘同夜先殺文集行於世
建安王子真字雲仙世祖第九子也永明四年為
輔國將軍南琅邪彭城二郡太守遷持節督
南豫司二州軍事冠軍將軍南豫州刺史領宣
城太守進號南中郎將六年以府州稍實表

【南齊傳王】 三六 方堅

解領郡七年進號右將軍遷丹陽尹將軍如故轉
左衛將軍七年遷中護軍仍出為持節都督郢
司二州軍事平西將軍郢州刺史鬱林立進號
安西將軍隆昌元年為散騎常侍護軍將軍
延興元年轉鎮軍將軍領兵置佐常侍如故其
年見殺年十九
西陽王子明字雲光世祖第十子也永明元年
封武昌王三年失國璽改封西陽六年為持節
都督兗充徐青冀五州軍事冠軍將軍南兗

州刺史八年進號征虜將軍十年進左將軍仍
為督會稽東陽臨海永嘉新安五郡軍事會
稽太守將軍如故子明風姿明淨士女觀者咸
嗟嘆之鬱林初進號平東將軍隆昌元年為右
將軍中書令延興元年遷侍中領驍騎將軍右
軍如故建武元年轉撫軍將軍領兵置佐二年
誅蕭諶諶子明及弟子鋒子貞與諶同謀見
害年十七

南海王子罕字雲華世祖第十一子也永明六
年為北中郎將南琅邪彭城二郡太守上初以日
下地帶江山徙琅邪郡自金城治之子罕始鎮
此城十年為持節都督南兗兗徐青冀五州
軍事征虜將軍南兗州刺史鬱林即位進號
後將軍隆昌元年遷散騎常侍右衛將軍建
武元年轉護軍將軍二年見殺年十七
巴陵王子倫字雲宗世祖第十三子也永明七
年為持節都督南豫司二州軍事南中郎將南
豫州刺史十年遷北中郎將南琅邪彭城刺史二

郡太守鬱林即位以南彭城祿力優厚奪子倫
與中書舍人綦毋珍之更以南蘭陵代之隆昌
元年遷散騎常侍左將軍延興元年遣中書舍
人姅法真亮殺子倫子倫正衣冠出受詔曰烏之
將死其鳴也哀人之將死其言也善先望滅
劉氏今日之事理數固然君是身家舊人今衛
此使當冊事不獲已法亮亦不敢答而退年十六
邵陵王子貞字雲松世祖第十四子也永明十
年為東中郎將吳郡太守建武二年見誅征
虜將軍遜為後將軍建武二年見誅年十五
臨賀王子岳字雲嶠世祖第十六子也永明七
年封高宗誅世祖諸子唯子岳及第六人在後
世呼為七王朔望入朝上還後宮輒嘆息曰我
及司徒諸見子皆不長高武子孫日長大永泰
元年上疾甚絕而復蘇於是誅子岳等延興
建中元年凡三誅諸王毎二行事高宗輒先燒香
嗚咽涕泣衆以此輒知其夜當相殺戮也子岳
死時年十四

西陽王子文字雲儒世祖第十七子也永明七
年封蜀郡王建武中改封西陽王永泰元年見
殺年十四

衡陽王子峻字雲嵩世祖第十八子也永明七
年封蜀漢郡王建武中改封永泰元年見殺年
十四

南康公楷慕以封子琳永泰元年見殺年十四

南康王子琳字雲璋世祖第十九子也母荀氏
盛寵子琳鍾愛永明七年封宣城王明年上改

氏無寵世祖度爲尼高宗即位使還母子建平
泰元年見殺年十三

湘東王子建字雲立世祖第二十一子也母謝

秋高子夏最幼寵愛過諸子初世祖夢金翅鳥
南郡王子夏字雲廣世祖第二十三子也上春
下殿庭搏食小龍無數乃飛上天永泰元年子

夏誅年七歲

史臣曰民之勞逸隨所遭遇習以成性有識斯
同帝王弟生長尊手薪禽之道未知富厚之

《南齊傳二十一》　二八十　二十九

圖已極齔年稚齒養與品深官習趨拜之儀受
文句之學坐躡搢紳傍絕交友情偽之事不經
耳目憂懼之道未涉阿袵雖卓爾天悟自得懷
抱孤憤爲識所陋猶多朝出閨閣暮司方岳帝
子臨州親民尚小年序次宜屏皇家防驕剪

逸積代怕典平允之情操捶貽應故輔以佐簡
自帝心勞舊左右用爲主帥州國府第先令後
行飲食遊屈動應間啓端拱守祿遵承法度
張弛之要莫敢厝言行事執其權典戳擊其

財苟利之義未申專違之從已及處地雖重行
巳莫申威不在身恩未接下倉卒一朝艱難摠
集望其釋位扶危不可得矣路溫舒秦有十

失其一尚存斯宋氏之餘風在齊而彌弊也

贊曰武十七王文宜令望愛才悅古信信溫良
宗英是審遺惠未忘廬陵犯色安陸括囊襄晉
安阜悟隨郡雕章建賀湘海二陵二陽幼蕃

盛寵南郡南康

列傳第二十一

南齊書四十

《南齊傳王》　三十　方堅

張融

周顒

臣蕭　子顯　撰

張融字思光吳郡吳人也祖禕晉琅邪王國
中令父暢宋會稽太守融年弱冠道士同郡陸
脩靜以白鷺羽塵尾扇遺融融曰此旣異物以奉
異人宋孝武聞融有早譽解褐為新安王北中
郎參軍孝武起新安寺僚佐多儭錢帛融獨儭

〔二九七〕　南齊傳二十二　一

百錢帝曰融殊貧當序以佳祿出為封溪令從
叔永出後諸送之曰似聞朝旨汝尋當還融曰
不患政恐還而復去廣越嶂峻獠賊執融
將殺食之融神色不動方作洛生詠賊異之而
不害也浮海至交州於海中作海賦曰蓋言之
用也情矣形乎使天形寅內敷情敷外寅者言
之業也吾遠職荒官將海得地行關入浪宿渚
經波傳懷樹觀長滿朝夕東西無里南北如天
反覆縣烏表重裹茫色壯哉水之奇也奇哉水

寒　　　南齊書傳王　　二　　錢宗

來往相羊泏突淼淼湗渤窔狀石成窟西
以舉波渤郭天地而為勢遲于渚沿合
江撞則八紘推隤鼓怒則九紐折裂擔于長風
回混浩漻賁倒發濤浮天振遠灌日飛高摅
川捴川振會導海飛門爾其海之狀也之相也
則窮區沒諸萬里藏岸挖會河濟朝捴江漢
自君矣分渾始地判氣初天作成萬物為山為
之壯也故古人以之頌之作君賦之
　　當其濟與絕感豈覺人在我外木生之作君
衝虞端之曲東振湯谷之阿若木於是平倒覆
折扶桑而為渣于薄瀨　音涧門渾涫音御於和硯
雍渤勃淬音　淪音博薄音蘭淺龍從其共
　　音擊撞　　非卒　　音藥澗　　　　湍轉
則日月似簸浪動而星河如覆旣烈大山與崑
尖崙相厤而共湏又盛雷車震漢破天以折轂港
於連流於瀨瀨輾轉縱橫揚珠起玉流鏡飛明
負涴　卵　　湖　　　　　　　　　　
是其回堆曲浦歊開驅渚之形勢也沙峴相接
洲島相連東西南北如滿于天梁禽楚獸胡木漢
草之所生焉長風動路深雲暗道之所經焉若

若帶帝宵翳晨鳥宿 秀音於東隅落河浪

其西界茫茫沉 汙河無桓 汨突干硯干磊漫官桓

芎踞委岳橫竦危巒重彰㠔尖橫嶺聚立

祥品 礭窟崊今品 嶔嶔 罪支磊磊若相陰蔭憒陁陁徙

橫出芎入巋巋 罪 磊磊若相追岍而下及夆執縱

橫岫形參錯或如前而未進卮非遷巴却天

抗暉於東曲日倒麗於西阿嶺集雪以懷鏡

巖照春而自華江澤許泊泊百涤子嚴拍百嶺

觸山礐石汙涇 涷寒況朗硯石決朗濃河阿流

三虫 南齊書二十三 三 王咸

鹹峻五窟波苦 頹浪低波茗降苦硗交砫苦王咸折

柴硬五 反拉朋山相磕合音萬里誷誷

嶺挫峯窟浪破郎音倒地相磕獸聞象逸魚路

極路天外電戰雷奔倒地相磕獸聞象逸魚路

鯨奔水遝龍睍陸振虎兔却瞻無後向望行

前長尋高朓唯水與天若乃山橫蹴浪倒摧

波磊若鶯山竭嶺以竦石欝若飛煙奔雲以

振霞連瑤光而交綵接玉繩以通華爾平夜

滿深霧晝密長雲高河滅景萬里無文山門

幽暖岫戶盇盇九天相捲玉地交氛永汪汪橫橫暐

沄沄 剛干浩浩 害音淬 貴鹵潰天人之表決 朗外蕩君子

之外風沫相排日閂雲開浪散波合岳起山隤

若乃漉沙構白㵛波出累積雪中春飛霜暑

路爾其奇名出錄詭物無書高岸乳鳥橫門

產魚則何懻 羅音鯹容音鯢 果音鯨音滑咲

日吐霞呑河漱月氛開地震聲動天發噴灑

嘁於嘁音 歲月 流雨而揚雲喬軆壯脊架岳而飛墳

跂音挺動崩五山之勢間爽輪軨燶七膿之文蟲蟻

瑂蚌綺貝繡螺玄珠互綠紫相華遊風秋瀨

閩 南齊書二十三 四 沈定

冰景瑩春伏鱗漬綵昇粉洮文若乃春代秋

緒歲去 歸柔風麗景晴雲積暐起龍塗

於靈步翔蝸道之神飛浮微雲之如晉落輕

兩之依依觸巧塗而硯紺去遠抵藂木以激揚浪

相磕各傍而起千狀波獨濴平驚萬容蘋藻留映

荷芰提陰扶容曼綵秀遠華深明藕移玉

清蓮代金耶芬芳於遙渚汎灼爍於長潯浮

艫雜軸遊舶交艘 軒帳席方遠連高入驚

波而箭絕振排天之雄飆越湯谷以逐景渡

07-384

虞淵以追月徧萬里而無時決天地於揮忽雕
隼飛而未半鯤龍趨歔而不逮舟人未及復其
喘巴周流宇宙之外矣陰陽禽毛秋羽遠
翅風遊高騫雲舉翔歸摻去連陰日路瀾溢漲波
鴻飛起雪合聲鳴侶並翰翻翠飛關溢繡
渚陶玄浴高嶼素長紘而斷平表九絕雄葺成霞
浦照文爾夫人微亮氣小白如淋凉空澄遠增流
無陰照天容於鱗　鏡河色於鈔潯括盖餘以
進廣浸夏洲以洞深形每驚而義維靜跡有事

三頁七　【南齊傳二十二】　五

而道無心於是乎山海藏陰雲塵入岫天英徧
日色盈秀則若士神中琴高道外袖輕羽以衣風
逸立裾於雲帶逶秋月於源潮帳春霞於秀瀨
蓬萊之靈岫望方壺之妙闕樹遇日以飛柯
曬回峯以蹴月空居無俗素館何塵谷門風道
林路雲具若刀幽崖陁炎陾倉隈奧之窮駿波
絡縹網雜結葉相籠通雲交拂連韻共風蕩
洲礒去角岸而千里若朋衝崖沃島其萬國如戰

宋琳

振駿氣以擺霆飛雄光以倒電若夫增壘不氣
流風斂聲瀾文指沒動波色還驚明月何遠沙裏
分星至其積珍全遠架寶諭深瓊池玉璧珠
岫玔岑合日開夜斜月解陰珊瑚開纈瓊璃味
華丹文鏡色雜照冰霞洪洪潰潰浴千日月淹
漢星壚滲河天界風何本而自生雲無祇而空
滅　麗色以拂烟鏡懸暉以照雪爾乃方員去
滯志不敗旅無成既覆卅而戴舟固以死而以生弘

三頁四　【南齊書三十三】　六

狗於人獸道守至本以充形雖萬物之日用諒何
緯其何經道湛天初機茂形外亡有所以而有
非膠有於生末亡無所以而無信無心以入太
不動動是使山岳相朋不聲聲故能天地交泰
行藏盧於用含應感真於圓會仁者見之謂之
仁達者見之謂之達咭者幾於上善五信武其
為大矣融文辭詭激獨與衆異後還京師以
元鎮國將軍顧凱之凱之曰鄉此賦實起立虛
但悵不道鹽耳融即求筆注之曰瀝沙構白煮

波出素積雪中春飛霜暑路此四句後所足也

凱之與融兄有恩好凱之卒融身負墳土在南

與交阯太守下展有舊展於嶺南為人所殺融

挺身奔赴舉秀才對策中第為尚書殿中郎不

就為儀曹郎泰始五年明帝取荊郢湘雍四州

射手版者斬亡身及家長家口沒奚官元徽

亡身刑五年尋請假奔叔父喪道中罰幹錢敬

道鞭杖五十寄繫延陵獄大明五年制二品清

官行僅韓杖不得出十為左丞孫緬所奏免官

尋復位攝祠舍部二曹領事劉勔戰死桐曹議

上應哭動不融議宜哭於是始舉哀兼會曹又以

正月俗人所忌太舍為可開不融議不宜拘束

小忌尋兼掌正廚融見宰殺回車徑去自

表解職為安成王撫軍倉曹參軍轉南陽

王友融父暢先為丞相長史義宣事難暢

為王左謨所錄將殺之之立謨子瞻為南陽

王立前軍長史融啟求去官不許融家貧頗

祿初與從叔征比將軍永書曰融昔稱幼學早

訓家風雖則不敏率以成性布衣葦席民生多所

安簞食瓢飲不覺不樂但世業清貧民生多待

榛栗棗脩女贄既長束帛禽鳥男禮已大飭身

就官十年七仕不欲代耕何至此事昔昔求三具

一丞雖屢舜錯今聞南康缺守願得為之融不

知階級階級亦可不知融政以求丞又與吏部尚書王

僧虔書曰融天地之逸民也進不辨貴退不知

賤兀然造化忽如草木實以家貧累積孤寡

傷心八姪俱孤二弟頗弱撫之而感古人以悲

甞能山海陋祿甲族累阢藉愛東平士風融亦

欣晉平關外時議以融情非治民才竟不果辟

太祖太傅操歷驃騎豫章王司空諮議參軍還

中書郎非所好乞為中散大夫不許融風止詭

越坐常危膝行則曳步翹身仰首意制甚多隨

例同行常稽遲不進太祖素奇愛融為太尉時

時與融款接見融常笑曰此人不可無一不可有

二即位後手詔賜融衣曰見卿衣服麤故誠乃素
懷有本交爾藍縷亦虧朝望今送一通故意
謂雖故乃勝新是吾所著巳令裁減稱卿之體
并履一量融與吏部尚書何戢善住諸戢誤通
領記室司徒從事中郎永明二年惣明觀講物
尚書劉澄融下車入門乃曰非是至戶外望澄
又曰非是既造席視澄曰都目非是乃去其為
異如此又為長沙王鎮軍竟陵王征北諮議並
朝臣集聽融扶入就榻私索酒飲之難問既畢
融曰既非步吏急帶何為融假東出世祖問融
住在何處融荅曰臣陸處無屋舟居非水後日
上以問融從兄緒緒曰融近東出未有居止權
牽小船於岸上住上大笑虞中聞融名上使融
接北使李道固就席道固顧之而言曰張融是
宋彭城長史張暢子不融嚬感父之曰先君

乃長嘆曰嗚呼仲尼獨何人哉為御史中丞到
揭所奏免官尋復融形貌短醜精神清澈王敬
則見融革帶垂寬殆將至骼謂之曰革帶太急

不幸名達六夷豫章王大會賓僚融食炙始
畢行炙人便去融欲求飽乃難曰融不早豫章
半日乃息出入朝廷皆矚目驚觀之八年朝臣
賀衆端公事融袂入拜起復為有司所奏見原
遷司徒右長史竟陵王子良
殺融父暢與世祖袒覆暢而坐之以此得免世
當死欣時父暢宋世討南譙王義宣官軍欲
卒融著高履貧主成墳至是融啓竟陵王子良
乞代欣時死子良荅曰此乃是長史羨事恐朝
有常典不得如長史所懷遷黃門郎太子中庶
司徒左長史融有孝義忌月三旬不聽樂事姨
甚謹左丞相起事父暢以不同將見殺司馬竺
起民諫免之暢臨終謂諸子曰昔丞相事難吾
綠笠一司馬得活爾等必報其子弟後超民孫
微父月遭冊喪居貧融往弔之悉脫衣以為賻
披牛被而反常兒事微豫章王疑音陵王子
良觅自以身經佐吏哭輒盡慟建武四年病卒
年五十四遺令建白旌無旐不設祭令人捉塵

尾登屋復魂曰吾生平所善自當凌雲矣三
千買棺無製新衾左手執孝經老子右手執小
品法華經妾二人哀事畢各遣還家又以吾
平生之風調何至使婦人行哭失聲不須暫停
閭閻融玄義無師法而神解過人自黑談論讕
能抗拒承明中遇疾為問律自序曰吾文章之
體多為世人所驚汝可師耳以不可使耳為
心師也夫文豈有常體但以有體為常政當使
常有其體丈夫當刪詩書制禮樂何至四佯寄

人離丁且中代之文道體關變尺寸相貧彌縫
舊旨物吾不拘也五旨義亦已極其所矣汝若復
別得體者吾不相許非途耳然其傳音振
逸鳴節竦韻或當未極亦如文造次乘我顛沛
之為用將使性入清波塵洗猶沐無得釣聲同
利舉價如高侔是道場險成軍路吾昔嗟僧

海名融譬王以比德海崇上善文集數十卷行
號哭而看之融目名集為王海司徒褚淵問王
蓋不隨家聲汝若不看父祖之意欲汝見也可
奇舷吾然別遺音吾文體英紀憂而屢
其韻吾意不然遺爾音五旨宋豈吾天挺
戒吾子自手澤存焉不讀況父音情婉在
為吾每以不爾爾曹當振綱也卒又
人生之口正可論道說義惟飲與食此外如樹銅
言多肆法辯此盡遊平言笑而汝等守無辜文云

於世張氏知名前有數演鏡暢後有充融卷授
周顒字彥倫汝南安城人晉左光祿大夫顒七
世孫也祖虎頭員外常侍父怕歸鄉相顒少為
族祖朗所知解褐海陵國侍郎益州刺史蕭惠
開賞異顒攜入蜀為厲鋒將軍帶肥鄉成都二
縣令轉惠開輔國府參軍將軍令如故仍為府
主簿常謂惠開性太險俊每致諫惠開不悅答
顒曰天險地險王公設險但問用險何如耳隨惠
開還都宋明帝頗好言理以顒有辭義引入殿

內親近宿直帝所為慘毒之事顯不敢顯諫輒
誦經中因緣罪福事帝亦為之小止轉安成王
撫軍行叅軍元徽初出為剡令有恩惠百姓思
遠還歷邵陵王南中郎三府叅軍太祖輔政引
顯裁荅轉齊臺殿中郎建元初為長沙王叅
軍後軍叅軍山陰令縣舊訂滂民以供雜使顯
言之於太守聞喜公子良自竊見滂民之困困
實極矣役命有常祗應轉竭感迫驅催莫安

其所險者或冒避山湖困者自經溝瀆爾亦有
權臂斬手苟自殘落販貼子權赴急難每至
滂使發動遽赴常促輒有桐杖被綠稽顙附垂
泣涕告哀不知所俵下官未嘗不晬食罷筯當
言倔筆為之之愴不能已交事不濟不得不
就加捶罰訶見此辛酸時不可過山陰邦治事倍
餘城然略聞諸縣亦爾亂皆躓唯上虞以百戶
一滂大為優足過此列城不無凋罄宜應有以普
救倒懸設流開便則轉患為功得之何遠還為

文惠太子中軍錄事叅軍隨府轉征北文惠在
東宮顯還正員郎始與王前軍諮議直侍殿省
復見賞遇顯音辭辯麗出言不窮官商朱紫
發口成句況涉百家長於佛理著三宗論立空假
名難不空假名設不空假名難二宗又立假
名立不空假名設不空假名難空西涼
州智林道人遺顯書曰此義旨趣似非始開妙聲
中紹六七十載貧道年二十時便得此義旨趣
喜無以共之年少見長安書老多云關中高勝
乃舊有此義當法集盛時能深得斯趣者本無
多多過江東略是無一貧道捉麈尾來四十餘年
東西講說諁重一時餘義顯見宗錄唯有此塗
白黑無一人得者為之發病非意此音猥來入耳

始是真實行道第一功德其論見重如此顯於
鍾山西立隱舍休沐則歸之轉太子僕兼著作
撰起居注遷中書郎兼著作如故常遊侍東宮
少從外氏車騎將軍臧質家得衛恒恂散隸書
法學之甚工文惠太子使顯書玄圃茅齋壁

曰天下有道丘不與易也每賓友會同顒虛席
晤語辭韻如流聽者忘倦兼善老易與張融
相遇輒以玄言相滯彌日不解清貧寡欲終日
長蔬食雖有妻子獨處山舍衛將軍王儉謂顒
曰卿山中何所食顒曰赤米白鹽綠葵紫蓼文
惠太子問顒菜食何味最勝顒曰春初早韭秋
末晚菘時何胤亦精信佛法無妻妾太子又問
顒卿精進何如何胤顒曰三塗八難共所未免

〈南齊書傳卷三二〉 十五

然各有其累太子曰所累伊何對曰周妻何肉
其言辭雁藥皆如此也轉國子博士兼著作如
故大學諸生慕其風爭事華辯後何胤言斷
食生猶欲食肉白魚鮰脯糖蟹以為非見生物疑
食蚶蠣使學生議之學生鍾岏曰鮰之就脯聚
於屈伸鱟蟹之〈將糖躁擾彌甚亡人用意深懷如
但至於車螯蚶蠣眉目內闕慙渾沌之奇礦殼
外緘非金人之慎不悴不榮曾草木之不若無
聲香無臭與瓦礫其何算故宜長充庖廚永為口

竟陵王子良見岏議大怒衒兄黥亦遁節
清信顒與書勸令菜食曰丈人之所以未極遐蹈
或在不近全菜邪脫灑離析之討非俎網罟之
興我載策其來寒遠誰敢干議觀聖人之設膳
脩伊復為之品節蓋以菇毛飲血與生民共始終
而勿翦將無厓畔善為士者當豈不以恕己為懷
是以各靜封疆困相陵軼乃變之於彼極切滋
死生生之所重而終身朝晡資之以永彼就寇
味之在我可餘而

〈南齊書傳卷三〉 十六

幾莫能自列我業父長吁哉可畏且區區微勿
晼薄易衿歔彼翦麋顧步宜愍觀其飲啄
飛沉使人物憐悼況可心撲視加復恣忍吞
嚼至乃野牧盛群開養重圈量肉揣毛以俟
枝剝如土委地欸謂常理百為悁息事宜塗
若古三世理諺則一往一來一生一死輪迴是常事雜報
形未息則往則幸矣良快如使此道果然而
如家人天如客遇安日勘在家日多吾儕信
業未足長免則傷心之慘行亦息念丈人於

血氣之類雖無身踐至於晨昬晝夜鱹不能不
取備屠門貼貝之經盗手猶為廉士所棄生
性之一啓竄為刀寧復慈心所忍躪虞雖飢非
自死之草不食聞其風豈不使人多愧衆生
之稟此形質必含肌骨皆由其積痩癡迷沈
流莫反報受穢濁歷苦酸長此甘與肥皆冊
明之報聚也何至復引此滋腴自汙腸胃丈人
得此有素卿復寸言發起耳顥卒官時會置檢
講荇經未畢舉呈雲齋自代學者榮之官為給

事中
史臣曰弘毅存容至仁表貌汲顥剛戇崔琰
聲姿然後能不憚雄朱亟成謗犯張融標心
託旨全等塵外吐納風雲不論人物而千君會
友敦義納忠誕不越檢常在名教若夫奇偉
之稱則虞飜陸績不得獨擅於前也
贊曰思光矯矯萬里一匹奕□銷印□□□□
擯孫在連衡不謀銷印□□□□□□□□□
白馬橫槎雲㮣獨振

張融海賦文多脱誤諸本同

07-391

臣蕭...撰

王晏
蕭諶
蕭坦之
江祏

王晏字士彥，琅邪臨沂人也。祖弘之，通直常
侍。父普曜，祕書監。安帝宋大明末起家臨賀王國常
侍員外郎巴陵王征北板參軍安成王撫軍板

【南齊書二十三】　一

刑獄隨府轉車騎。晉熙王燮為郢州，晏為安西
主簿。世祖為長史，與晏相遇。府轉鎮西板晏記
室諮議，沈攸之事難，鎮西職僚皆隨世祖鎮盆
城。上時權勢雖重而眾情猶有疑惑，晏便專心
奉事。軍旅書翰皆委焉，性甚便僻，漸見親待。乃
留為上征虜撫軍府板諮議，領記室，從還都，遷
領軍司馬，中軍從事中郎，常在上府參議機密。
建元初轉太子中庶子。世祖在東宮專斷朝事，
多不聞啟。晏應及罪，稱疾自踈。尋領驍騎校尉，

不拜。世祖即位，轉長兼侍中，意任如舊。永明元
年領步兵校尉，遷侍中祭酒校尉如故，遭母喪，
起為輔國將軍司徒左長史。晏父普曜藉晏勢，
官多歷通官。晏尋遷左衛將軍加給事中，未拜，
而普曜卒。居喪有稱，起冠軍將軍司徒左長史
濟陽太守。未拜，遷衛尉丹陽尹常侍如故。四年轉太子
詹事加散騎常侍。六年轉...朝事，自豫章王、尚
書令王儉皆降意以接之，而晏以踈漏被上

【南齊書二十三】　二

呵責，連稱疾女之上，以晏須祿養。七年轉為江
州刺史。晏固辭不願出外，見許，留為吏部尚書
領太子右衛率。終以舊恩見寵。時令王儉雖貴
而踈，晏既領選，權行臺閣，與儉頗不平。儉卒，禮
官議晏啟領選依王道諭為文獻，晏啟上曰道諭乃
得此諡，但宋以來不加素族。出謂親人曰平頭
憲事已行矣。八年改領右衛將軍，陳疾自解。上
欲以高祖代晏領選，手敕問之。晏啟曰謹清幹
有餘然不諳百氏，恐不可居此職。上乃止。明年

07-392

遷侍中領太子詹事本州中正又以疾辭十年
改授散騎常侍金紫光祿大夫給親信二十人中
正如故十一年遷右僕射領太孫右衛率世祖
崩遺旨以尚書事付晏及徐孝嗣令公於其職
鬱林即位轉左僕射中正如故隆昌元年轉
尚書令加後將軍立晏便饗曹應延興元年加
邑千戶鼓吹一部甲仗五十人入殿高宗興
晏宴於東府語及時事晏抵掌曰公常言晏性

▌南齊書晏傳于三　　三

今定何如建武元年進號驃騎大將軍給班劍
二十人侍中中令如故又加兵百人領太子
少傅進爵為公增邑為二千戶以虜動給兵千
人晏為人篤於親舊故所稱至是自謂得高宗
命惟新言論常非薄世祖故事眾始怪之高宗
雖以事際須晏而心相疑斤料簡世祖中詔得
與晏手敕三百餘紙皆是論國家事以此愈猜薄
之初即位始安王遙光便勸誅晏帝曰晏於我
有勳且未有罪遙光曰晏尚不能為武帝安能

為陛下帝默然變色時帝常遣心腹左右陳世
範等出塗巷採聽異言由是以晏為事晏輕淺
無防慮望開府人清間上聞之自視去當大貴與賓
客語好屏人清間上聞之疑晏欲反遂有誅晏
之意僭人鮮于文粲與晏子德元往來密探朝
旨告晏有異志世範等又啟上云晏謀因四年
南郊與世祖舊主帥於道中竊發會虜犯郊
壇帝愈懼未郊一日敕停行元會畢乃召晏於
華林省誅之下詔曰晏閭閻凡伍少無持操階

▌南齊書晏傳于三　　四

緣人之班齒宦途世祖在蕃搜揚權用棄略疵
瑕遂升要重而輕跳險銳在貴躬著猜忌反覆
觸情多端故以兩宮所弗容十手所指既內
愧于心外懼憲牘權述陳病多歷年載頻撥蕃
任輒辭請不行事以謙虛情實說伏隆昌以來
運集艱難匕贊之功顧有心力廼爵冠通庶位
登元輔綢繆恩寄朝莫均焉黍黍可勿無厭將
及視天畫地遂懷異圖廣求卜相取信巫觀論
薦嘗附遍滿臺府令大息德元淵敕命同惡

相濟劍客成群弟詡凶愚遠相脣齒信驛往來
密通要契去歲之初奉朝鮮于文聚備告姦謀
朕以信必由中義無與貳推誠委任覬能悛改
而長惡易流構廟彌大與北中郎司馬蕭毅臺
隊主劉明達等剋期竊發以河東王銓識用微
弱可爲其主得志之日當守以虛器明達諸弊
列炳然具存昔漢后以反屑致討魏臣以蚪髁
爲戮況無君之心旣彰陵上之迹斯著此而可
容誰實刑辟並可收付廷尉蕭明國典晏未敗

宋帝

數日於北山廟答賓夜還宴旣醉部伍人亦飲
酒羽儀錯亂前後十餘里中不復相禁制識者
云此非佳名也晏乃改之至是與弟晉安王友
史德元初名湛世祖謂晏曰劉湛江湛並不善
終比勢不復久也晏乃攻之至是與弟晉安王友
德和俱被誅晏弟詡永明中爲少府卿六年敕
位未登黃門郎不得畜女妓詡與射聲校尉陰
玄智坐畜妓免官禁錮十年敕特原詡禁錮後
出爲輔國將軍始興內史廣州刺史劉繢爲奴

所殺詡率郡兵討之延興元年授詡持節廣州
刺史詡亦篤舊晏誅上又遣南中郎司馬蕭季
敞襲詡殺之

蕭諶字彥孫南　　陵蘭陵人也祖道清員外郎
父仙伯桂陽國參軍諶初爲州從事晉熙國侍
郎左常侍諶於太祖爲絕服族子元徽末世祖
在郢州欲知京邑消息太祖遣諶就世祖宣傳
謀計留爲腹心昇明中爲世祖中軍刑獄參軍
東莞太守以勳勤封安復縣男三百戶建元初
爲武陵王冠軍臨川王前軍參軍除尚書都官
郎建威將軍臨川王鎮西中兵世祖在東宮諶
領宿衛太祖殺張景真世祖令諶口啓乞景真
命太祖不悅諶懼而退世祖即位出諶爲大末
令未之縣除步兵校尉領射陽令轉帶南濮陽
太守領御仗主永明二年爲南蘭陵太守建威
將軍如故復除步兵校尉太守如故世祖齋內
兵仗悉付之心膂密事皆使參掌除正員郎轉
左中郎將後軍將軍太守如故世祖即疾延昌殿敕

諶在左右宿直上崩遺敕諶領殿內事如舊蠻鬱
林即位深委委信諶每請急出宿帝通夕不得
寐諶還乃安轉衛軍司馬兼衛尉加輔國將軍
丁巳夢敕還本任守衛尉高宗勸行廢立有所匡
諫帝既在後宮不出唯遣諶及蕭坦之遙進乃
得聞達諶回附高宗勸行廢立密召諸王典籤
約語之不許諸王外接人物諶親要日久眾皆
憚而從之蠻林被廢日初聞外有變猶密為手
敕呼諶其見信如此諶性險用無計略及廢帝

日領其先入後宮齋內伏身素隸服諶莫有動
者海陵立轉中領軍進爵為公二千戶甲仗五
十人入直殿內月十日還府建武元年轉領軍
將軍左將軍南徐州刺史給特進爵衡陽郡公
食邑三千戶高宗初許事克用諶為揚州及有
此授諶惠曰見炊飯執炊推以與人王晏聞之曰
誰復為爾尚書諶作壏節者諶恃動重干豫朝政諸
有選用輒命議尚書使為申論上新即位而遣左
右要人於外聽察具知諶言深相疑阻二年六

月上幸華林園宴諶及尚書令王晏等數人盡
歡坐罷留諶晚出至華林閣伏身執還入省上
遣左右莫智明數諶曰隆昌之際非卿無今今
日今一門二州兄弟三封朝廷相報政可極此
卿死諶謂智明曰未去人亦復不遠我與至尊
卿恐懷怨望乃云炊飯已熟合飯與人邪今賜
殺高諶諸王是君傳語來去我今死還取卿於
省殺之至秋而智明死見諶為亦詔曰蕭鸞擢
自凡庸識用輕險因藉僥倖早預驅馳永明之

季曲頒恩紀纂蠻林昌悖頹立誠劬寵靈優渥期
遇兼隆內揽戎柄外暢藩威兄弟榮貴震灼朝
野曾不感佩殊荷少荅萬百以勳高伊霍事
均難賞十冠當時恥名物後矯制王權與奪由
已空懷疑懼坐構嫌猜牖候宮披親非望敢
上岡下之心誣君不臣之跡固以彰暴民聽喧
聒遑遑逖逖潛散金帛招集不逞交結亞豎為
唇齒密契戚邸將肆姦逆朕以其任寄既重爵為
列河山每加彌縫弘以大信庶能懷音翻然悛

改而犲狼其性凶謀滋甚夫無將必戮陽秋明
義況釁惡積禍盈若斯之大可收付廷尉速正刑
書罪止元惡餘無所問諶好左道吳興沈文獻
相謀云相不減高宗諶喜曰感卿意無為人言
也至是文獻伏誅諶兄諶字彥偉初為殿中將
軍求明中為建康令與林陵令司馬迪之同乘
行車前導四平左丞沈昭略奏兄有齒簿官共
乘不得兼列驛寺請免諶等官詔贖論延興元
年自輔國徐州為持節督司州刺史將軍如故
明帝立封安德侯五百戶進號冠軍建武二年

春虜攻司州諶誕盡力拒守虜退增封四百戶徵
左衛將軍上欲殺諶以誕在邊鎮拒虜故未及
行虜退六旬諶誅遣黃門郎梁王為司州別駕
使誅誕東身受敗家口繫尚方諶弟誅與諶同
豫廢立為寧朔將軍東莞太守轉西中郎司馬
建武初封西昌侯千戶仙民官至太中大夫卒
州圍還同伏誅諶伯父仙民官至太中大夫父
蕭坦之南蘭陵蘭陵人也祖道濟太中大夫父

欣祖有勳於世祖至武進令坦之與蕭諶同族
初為殿中將軍累至世祖中軍板刑獄參軍以
宗族見驅使除竟陵王鎮北征北參軍東莞直
閤以懃直為世祖所知除給事中淮陵令又除
蘭陵令給事中如故尚書起部郎司徒中兵參
軍世祖崩坦之隨太孫文武度上臺除射聲校
尉令如故未拜除正員郎南魯郡太守少帝以
坦之世祖舊人親信不難得入見皇后帝以
中及出後堂雜戲狎獪坦之皆得在側或值醉

後躶祖坦之輒扶持諫喻見帝不可奉乃改計
附高宗密為耳目除晉安王征北諮議隆昌元
年追錄坦之父勳封臨波縣男食邑三百戶徙
征南諮議高宗謀廢少帝既與蕭諶及坦之定
謀帝腹心直閤將軍曹道剛疑外間有異密有
處分諶未能發始興內史蕭季敞南陽太守蕭
穎基遷都尉諶欲待二蕭至籍其勢力以舉事
高宗應事變以告坦之坦之馳謂諶曰廢天子
古來大事比聞曹道剛朱隆之等轉已猜疑儲尉

明日若不就事無所復及弟有百歲母當其能坐
聽禍敗政應作餘計耳諸違明日遂廢帝坦一
之力也海陵即位除黃門郎兼衞尉卿進爵伯增
邑為六百戶建武元年遷散騎常侍右衞將軍
進爵族加領太子中庶子未拜遷領軍將軍勳假節擊
督徐州征討軍事虜圍鍾離春斷淮洲坦之節
破入還加領太子中領軍東昏立復職加將軍置府江祏
泰元年為侍中領軍將軍永
永元元年遭母喪起復職加將軍置府江祏

兄弟欲立始安王遙光密謂坦之曰明帝取
天下已非次第天下人至今不服今若復作此
事恐四海瓦解我其不敢言持喪還宅在東
府城東遙光起事遣人夜掩取坦之坦之科頭
著褌踰牆走從東治倏渡至朱渡間道還臺假節
督衆軍討遙光屯湘宮寺事平遷尚書右僕射
丹陽尹右軍如故進爵公增邑千戶坦之肥黑
無鬚語聲嘶時人號為蕭公剷很專執羣小畏
而憎之遙光事平二十餘日帝遣延明主帥黃

文濟領兵圍坦之宅殺之子貞秘書郎亦伏誅
坦之從兄翼宗為海陵郡將發坦之謂文濟曰
從兄海陵宅故應無他文濟曰海陵宅在何處
坦之告文濟曰應得罪仍遣收之檢家赤貧唯
有質錢帖子數百還以啓岳少為高宗所
德鄰司從有長史祏始為景祖遵竟朔鲞軍父
江祏子弘業濟陽考城人也祖遵宣朔鲞軍父
中興元年追贈府儀同三司
親恩如兄弟宋末解褐晉興國常侍太祖徐州

西曹員外郎高宗冠軍軍帶瀟陽令竟陵王
征北參軍尚書永部郎高宗為吳興以祏為郡
丞加宣威將軍盧陵王中軍切曹記室安陸王
左軍諮議領錄事帶京兆太守除通直郎補南
徐州別駕領高宗輔政委以心腹隆昌元年自正
貞郎補丹陽丞中書郎高宗為驃騎鎮東府以
祏為諮議參軍領南昌太守與蕭諶對直東府
省內時新立海陵人情未服其宗肺上有赤誌
常祕不傳祏勸帝出以示人賣譖爵太守王洪範

罷任還上祖示之日人皆謂此是日月相卿幸
無泄言洪範曰公曰公曰月之相在軀如何可隱轉
當言之公卿上大悅會直後張伯尹瓚等屢謀
竊發祐誅憂慮無計每夕輒託事外出及入篡
議定加祐寧朔將軍高宗為宣城王大史密奏
圖緯云一號當得十四年祐入帝喜以示祐曰
得此後何所望及即位遷守衛尉將軍如故封
安陸縣族邑千戶祐舅亦贈光祿大夫建武二年
大夫父德隣以帝舅亦贈光祿大夫建武二年

遷右衛將軍掌甲仗廉察四年轉太子詹事祐
以外戚親要勢冠當時遠致餉遺或取諸王第
名書好物然家行甚睦待子姪有恩意上寢疾
永泰元年轉祐為侍中中書令出入殿省上崩
遺詔轉右侯射祐弟衛尉祐為侍中欲皇后弟
劉暄為衛尉即位參掌選事高宗雖顧命
羣公而意寄多在祐兄弟至是更直殿內動止
關談八元元年領太子詹事劉暄遷散騎常侍
右衛將軍祐兄弟與暄及始安王遙光尚書令

徐孝嗣領軍蕭坦之六人更日帖敕時呼為六
貴帝稍欲行意孝嗣不能奪坦之雖時有異同
而祐堅執意執制帝深忿之帝失德既彰祐議欲
立江夏王寶玄劉暄初為寶玄郢州行事執事
過刻有人獻馬寶玄欲者之暄曰馬何用看妃
索者帳下諸暄聞之亦不悅至是寶
玄憲曰舅殊無謂暄寶寅密謀於遙光之亦不悅至是
不同祐議欲立建安王寶寅密謀於遙光遙光
自以年長屬當鼎命微旨動祐祐弟祐以少主

難保勸祐立遙光若立已失元舅之
望不肯同故祐遲疑久不決遙光大怒遣左右
異謀令作何計祐日政當靜以鎮之耳俄而召
黃曇慶於清溪橋道中刺殺暄曇慶見暄部伍
人多不敢發事覺暄告祐處分收祐兄弟
祐時直在內殿疑有異道信報祐日劉暄似有
祐入見停中書省初直齋表文曠取祐以刀
當封祐執不與帝使文曠取祐以刀環築其心
祐入見停中書省使文曠同日見殺祐字景昌初
日復能奪我封否祐祐同日見殺祐字景昌初

為南郡王國常侍歷高祖驃騎東閤祭酒秘書
丞晉安王鎮北長史南東海太守行府州事治
下有宣尼廟父廢不脩祀更開攝立祀弟禧
居憂早卒有子廢字偉卿年十二聞收至謂家
人曰伯既如此無心獨存赴井死後帝於後堂
騎馬致適顧謂在右曰江祏若在我當復能騎
此不暄宇士穆出身南陽國常侍遙光起事以
討暄為名事平暄遷領軍將軍封平都縣侯千
戶其年又見殺和帝中興元年贈祏衛將軍暄
騎常侍太常卿
散騎常侍撫軍將軍並開府儀同三司祀散
史臣曰士死知已蓋有生所共情雖愚智之品
有二而逢迎之運唯一夫懷可知之才受知人
之眄無慙外物此固天理其猶藏在中心衝恩
念報況乎義早蕃僚道同遇合踰越勝已顧邁
先流棄子如遺曾微舊德使狗之喻人致前譏
慭包疚心我無其事嗚呼陸機所以賦豪士也
贊曰王蕭提契世祖基之樂羊食子里克無辭

南齊傳二十三 主

江劉后戚明嗣是維廢興異論終用乘疑

列傳第二十三 南齊書四十二

南齊傳二十三 十六

臣蕭　子顯　撰

江斅
何昌㝢
謝瀹
王思遠

江斅字叔文濟陽考城人也祖湛宋左光祿大
夫儀同三司父恁著作郎為太祖所殺斅母文
帝女淮陽公主幼以戚屬召見孝武謂謝莊曰
此小兒方當為名器少有美譽桂陽王休範臨
州辟迎主簿不就尚孝武女臨汝公主拜駙馬
都尉除著作郎太子舍人丹陽丞時袁粲為尹
見斅歎曰風流不墜政在江郎斅與晏賞留連
日夜斅遷安成王撫軍記室祕書丞中書郎斅庶
祖母王氏老疾斅視膳嘗藥七十餘日不解衣
及累居內官每以侍養陳請朝廷優其朝直尋
轉安成王驃騎從事中郎初湛娶褚秀之女被
遣褚淵為衛軍重斅為人先通音意引為長史

加寧朔將軍從帝立隨府轉司空長史領臨淮
太守將軍如故轉太尉從事中郎齊臺建為吏
部郎太祖即位斅以祖母久疾連年臺閣之職
求廢溫清啟乞自解初宋明帝勅斅出繼從叔
斅為從祖祖渾後於是僕射王儉啟禮無從小
簡偷嗣所寄唯斅一人傍無春屬斅宜還本若
之文近世緣情皆由父祖之命未有旣孤之後
不欲江慈絕後可以斅小兒繼慈為孫尚書參
議謂間世立後禮無其文前顯無子立孫隆禮
之始何琦又立此論義無所據於是斅還本家
詔使自量立後者出為寧朔將軍豫章內史還
除太子中庶子領驍騎將軍未拜門客通贓利
世祖遣信撿覈斅慚此客而躬自引咎上其有
怪色王儉從容啟上曰江斅若能治郡王太尉諸
具美耳上意乃釋永明初仍為豫章王司徒司
議領錄事遷南郡丞亥竟陵王司徒司馬斅好
文辭圍棋第五品齊朝貴中最選侍中領本州

中正司徒左長史中正如故五年遷五兵尚書
明年出為輔國將軍東海太守加秩中二千石
行南徐州事七年徙為侍中領驍騎將軍尋轉
都官尚書領驍騎將軍王晏啟世祖曰江斅今
重登禮闥兼掌六軍慈渥所覃寔有優忝但語
其事任殆同閫輩天旨既欲外其名位愚謂以
侍中領驍望實清顯有殊納言上曰斅常啟
吾為其皇中惡令斂以何亂王塋還門下故有
此回換吳蘩林即位遷掌吏部隆昌元年為侍

〈南齊傳三十四〉　三

中領國子祭酒蘩林廢朝臣皆被召入宮斅至
雲龍門託藥醉吐車中而去明帝即位改領祕
書監又改領晉安王師建武二年卒年四十四
遺令儉約薄葬不受贈諡賻錢三萬布百匹子
舊啟遵斅令讓不受詔曰斅貽厥之訓送終以
儉立言歸善益有嘉傷可從所請贈散騎常侍
太常諡曰敬子
何昌㝢字儼望廬江灊人也祖叔度吳郡太守
父佟之太常昌㝢少而淹厚為伯父司空尚之

所遇宋建安王休仁為揚州辟昌㝢寓州主簿遷
司徒行參軍太傳五官司徒東閤祭酒尚書儀
曹郎建平王景素為征北南徐州昌㝢又為府
主簿以風素見重母老求祿出為湘東太守加
秩千石為太祖驃騎功曹昌㝢在郡景素被誅
昌㝢痛之至是啟太祖曰伏尋故建平王因心
自遠忠孝基性徽和之譽早布國言勝素之情
夙沾民聽世祖綢繆太宗眷異朝中貴人野外
賤士雖聞見有殊誰不悉斯事者元徽之間政

〈南齊傳三十四〉　四

關葦小棤扇異端共令傾覆懃懃之非古人所
悼況蒼梧將季能無銜感一年之中籍者再三
有必巔之危無蟄立之安行路寒心往來踧踖
而王夷慮坦然委之天命惟謙惟敬專誠奉國
閨無執戟之衛門關衣介之夫此五尺童子所
見不假闥曲言也一論疑似身名頓滅宽結淵
泉酷貫穹昊時經隆替歲改三元曠蕩之惠甌
申被枉之澤未流俱沐溫光獨酸霜露明公鋪
天地之施散雲雨之潤物無巨細咸被慶涯若

今日不蒙照滌則為萬代冤魂寓此非敢慕慷
慨之士激揚當世實義切於心痛入骨髓瀝腸
紓憤仰希神照辯明枉直虎王素行使還名帝
籍歸靈舊坐死而不泯豈忘德於黃壚分軀碎
首不足上謝又與司空褚淵書曰天下之可哀
者有數而埋冤於黃泉者為甚焉何者百年之
壽同於朝露揮忽去留寧足道哉政欲闔棺之
日不隕令名竹帛傳芳烈鐘石紀清英是以昔
賢甘心於死所者也若懷忠抱義而負枉冥冥
之下時主未之矜卿相不為言良史濡翰將被
以惡名豈不痛哉豈不痛哉尋故建平王地
屬親賢德居宗望道心惟沖眘性天峻散情風
雲不以塵務嬰衿明發懷古惟以琴書娛志言
忠孝行悖慎二公之所深鑒也前者阮楊連黨
搆此紛紜雖被明於朝貴愈結怨於羣醜覬察
繼踵疑防重著小人在朝詩史所歡句火一清識
飲涕王珮永言終日氣淚交橫既推信以期物
故曰去其備衞朱門蕭絛示存典刑而已求解

徐州以避北門要任苦乞會稽負㟪東區開務
此竝彰於事迹與公道昧相求期心有㟪方共
經營家國劬勞王室何圖時不我與契闊屯昏
忠誠弗亮罹此百殃䬃趨流已經四載皇命
惟新人沾天澤而幽穆不序松栢無行事傷行路痛
雜窮飄莫奇昭穆不序松栢無行事傷行路痛
結幽顯吾等叩心泣血豈有望於聖時公以德
佐世欲物得其所豈可令建平王枉直不分邪
田叔不言梁事袤絲諫止淮南以兩國暨禍尚
回帝意豈非親親之義寧從敦厚而令疑以未
辨為世大戮若使王心跡得申亦不海內理寃
枉明是非存立國繼絕世周漢之通典有國之
所急也昔叔向之理祁大夫而摽亮庶太子
之冤資軍丞相而見察幽靈者知豈不著眷於
明顧碎首抽脅自謂不殞淵答曰追風古人良
以嘉歎但事既昭晦理有逆從建平枉阻元徵
未惇專欲委各阮楊彌所致疑于時正亦謬參
此機若審如高論其傀特深太祖嘉其義轉為

記室遷司徒左西太尉戶曹屬中書郎王儉衛
軍長史儉謂昌寓曰後任朝事者非卿而誰亦永
明元年竟陵王子良表置友學官以昌寓為竟
陵王文學以清信相得意好甚厚轉楊州別駕
豫章王又善之遷太子中庶子出為臨川內史
除廬陵王中軍長史未拜復為太子中庶子領
屯騎校尉遷吏部郎郎轉侍中臨海王昭秀為荊
州以昌寓為西中郎長史輔國將軍鎮南郡太守
行荊州事明帝遣徐玄慶西上害蕃鎮諸王玄
慶至荊州欲以便宜從事昌寓曰僕受朝廷意
寄翼輔外蕃何容以殿下付君一介之使若朝
廷必須殿下還當更聽後旨昭秀以此得還京
師建武二年為侍中領驍騎將軍水校尉轉吏部尚書
復為侍中領驍騎將軍四年卒年五十一贈太
常諡簡子昌寓不雜交遊通和汎愛歷郡皆清
白士君子多稱之
謝瀹字義潔瀹陳郡陽夏人也祖引微宋太常父
莊金紫光祿大夫瀹四兄颺胐顗從世謂謝莊

名兒為風月景山水顗字仁悠少簡靜解褐祕
書郎累至太尉驃騎從事中郎建元初為吏部
郎至太尉從事中郎永明初高選友學以顗為
竟陵王友至北中郎長史卒瀹年七歲王或見
而異之言於宋孝武武召見於稠人廣眾之
中瀹舉動閑詳應對合旨帝甚悅詔尚公主值
女結婚厚為資送解褐車騎行參軍遷祕書郎
司徒祭酒丹陽丞撫軍功曹世祖為中軍引為
記室齊臺建遷太子中舍人建元初轉桂陽王
友以母老須養出為安成內史還為中書郎衛
軍王儉引為長史雅相禮遇除黃門郎兼掌吏
部尋轉太子中庶子領驍騎將軍轉長史兼侍
中瀹以晨昏有廢固辭不受世祖勑令速拜別
停朝直遷司徒左長史出為吳興太守長城縣
民盧道優家遭劫誣同縣殷孝悌等西人為劫
瀹收付縣獄考正孝悌母駱詣登聞訴稱孝悌
為道優所誣謗橫劫為劫一百七十三人連名保

徵在所不爲申理瀟聞孝悌母訴乃啓建康獄

覆道優理窮欵首依法斬刑有司奏免瀟官瀟

又使典藥吏煮湯失火燒郡外齋南廂屋五閒

又輒輒除身爲有司所奏詔並贖論在郡稱爲

美績母喪去官服闋爲吏部尚書高宗廢鬱林

領兵入殿左右驚走報瀟瀟與客圍碁每下子

輒去其當有意旨局乃還瀟視事後上讌會功上

明帝即位瀟又屬疾不視事也

酒尚書令王晏等與席瀟獨不起曰陛下受命

應天從民王晏妄叨天功以爲已力上大笑解

之座罷晏呼瀟共載還令省欲相撫悅瀟又正

色曰君巢窟在何處晏初得班劍瀟謂之曰身

家太傅裁得六人君亦何事一朝至此晏甚憚

之加領右軍將軍兄胤在吳興論啓公齊稽晚

瀟輒代爲啓上見非其手迹被問見原轉侍中

領太子中庶子豫州中正永泰元年轉散騎常

侍太子詹事其年卒年四十五贈金紫光祿大

夫謚簡子初胤爲吳興瀟於征虜渚送別胤

指瀟口曰此中唯宜飲酒瀟建武之初專以長

酣爲事與劉瑱沈昭略以醼酌交飲各至數斗

胤得父膏腴江淹有意上起禪靈寺刺瀟撰碑文

世祖嘗問王儉當今誰能爲五言詩儉對曰謝

王思遠琅邪臨沂人尚書令晏從弟也父羅雲

太守羊景元竝栖退高尚故思遠少無仕心宋

建平王景素辟爲南徐州主簿深見親遇景素

被誅左右散遠思視殯葬手種松栢栢與廬

平西長史思遠八歲父卒祖引之及外祖新安

女殷爲庶人思遠分衣食以相資贍年長爲備

笄總訪求素對傾家送遣除晉熙王撫軍行參

軍安成王車騎參軍建元初爲長沙王後軍主

簿尚書殿中郎出補竟陵王征北記室參軍府

遷司徒仍爲錄事參軍遷太子中舍人文惠太

子與竟陵王子良素好士並蒙賞接思遠友于甚

爲遠郡除建安內史長兄思玄卒思遠求出

至表乞自解不許及祥日又固陳世祖乃許之

除中書郎大司馬諮議世祖詔舉士竟陵王子
良薦思遠及吳郡顧暠之陳郡殷叡邵陵王子
貞為具郡世祖除思遠為具郡丞以本官行郡
事論者以為得人以疾解職還為司徒諮議參
軍領錄事轉黃門郎出為使持節都督廣交越
三州諸軍事寧朔將軍平越中郎將廣州刺史
高宗輔政不之任仍遷御史中丞臨海太守沈
昭略叔父文季請止之思遠不從晏事如故建

武中遷吏部郎思遠以從兄晏為尚書令不欲
並居內臺權要之職上表固讓曰近頻煩歸啟
實有微解陛下孫遇之厚古今罕儔臣若孤恩
誰當勠力既自誓輕命不復以塵驟為疑正以
臣與晏地惟密親必不宜俱居顯要懷懷丹赤
守之以死臣實庸鄙無足以獎拔下甄拔之旨
要是許其一節臣果不能以理自固有乘則哲
之明犯冒之尤誅責在已謬賞之私惟塵聖鑒
權其輕重寧守福心且亦緣陛下以德御下故

臣可得以禮進退伏願思垂拯宥不使零隆今
若柢鷹所忝三公不足為泰犯忤之後九泉未
足為劇而臣苟求刑戮自棄富榮愚夫不為臣
亦庶免此心志可憐可矜如其上命必行請
罪非理聖恩方置之通涂而臣固求擯壓自黜
自悼不覺涕流謹冒鈇鉞悉心以請窮則呼天
御斯一照上知其意乃改授司徒左長史初高
宗廢立之際思遠與晏聞言謂晏曰兄荷世祖
厚恩今一旦贊人如此事彼或可以權計相須

未知兄將來何以自立若及此引決猶可不失
後名晏不納及拜驃騎集會子弟謂思遠兄思
微曰隆昌之末阿戎勸吾自裁若從其語豈有
今日思遠遽應曰如阿戎所見猶未晚也及晏
敗故得無他思遠清脩立身簡潔衣服垢穢
方便不前形儀新楚乃與促膝雖然既去之後
治素淨實容來通輒使人先密視衣裳坦延窮
猶令二人交帚拂其坐處上從祖弟季敞性甚
豪縱上心非之謂季敞曰卿可數詣王思遠上

既誅晏還爲侍中掌優策及起居注永元二年
遷度支尚書未拜卒年四十九贈太常諡貞子
思遠與顧昙高之友善昙高之卒後家貧思遠迎其
兒子經邺甚至昙高之字士明少孤好學有義行
初舉秀才歷官府閤永明末爲太子中舍人兼
尚書左丞隆昌初爲安西諮議兼著作與思遠
竝屬文章建武初以疾歸家高宗手詔與思遠
曰此人殊可惜就拜中散大夫卒年四十九思
微求元中爲江州長史爲陳伯之所殺

十三

史臣曰德成爲上藝成爲下觀夫二三子之治
身豈直清體雅業取隆基構行禮蹈義可以勉
物風規云君子之居世所謂美矣
贊曰江篆世業有聞時陂何申舊主辭出乎義
謝獻壽詩觴戴色載刺思遠退食冲心篤寄

臣蕭　子顯　撰

徐孝嗣
沈文季

徐孝嗣字始昌東海郯人也祖湛之宋司空父
聿之著作郎立為太祖所殺孝嗣在孕得免幼
而挺立風儀端間八歲襲爵枝江縣公見宋孝
武升階流涕于就席帝甚愛之尚康樂公
主泰始二年西討解嚴車駕還官孝嗣登殿
不著韈為治書御史蔡准所奏罰金二兩拜駙
馬都尉除著作郎母喪去官為司空太尉二府
參軍安武王文學孝嗣姑適東莞劉彥之見藏
為尚書左丞孝嗣往詣之藏退語含曰徐郎是
令僕人三十餘可知矣汝宜善自結昇明中遷太
祖驃騎從事中郎帶南彭城太守隨府轉為太
尉諮議參軍太守如故齊臺建為世子庶子建
元初國除出為晉陵太守還為太子中庶子領
長水校尉未拜為寧朔將軍聞喜公子良征虜

長史遷尚書吏部郎太子右衛率轉長史善趨
步閑容止與太宰褚淵相埒世祖深加待遇尚
書令王儉謂人曰徐孝嗣將來必為宰相轉充
御史中丞祖問儉曰誰可繼卿者儉曰臣東
都之日其在徐孝嗣乎出為吳興太守儉贈孝
嗣四言詩曰方軌叔茂追清彥輔柔亦不吐剛
亦不茹時人以比蔡子尼之行狀也在郡有能名
會王儉薨上徵孝嗣為五兵尚書其年上敕儀
曹令史陳淑王景之朱玄真陳義民撰江左以
來儀典令謚文孝嗣明年遷太子詹事從世祖
幸方山上曰朕經始此山之南復為離宮之所
故應有遇靈丘新林死也孝嗣答曰
繞黃山歇牛首乃盛漢之事今江南未曠民亦
勞止願陛下少更留神上竟無所脩立竟陵王
子良其善之子良好佛法使孝嗣及廬江何胤
掌知齊講及衆僧轉吏部尚書尋如右軍將軍
轉領太子左衛率臺閣事多以委之世祖崩遺
詔轉右僕射隆昌元年遷散騎常侍前將軍丹

陽尹高宗謀廢鬱林以告孝嗣孝嗣奉旨無所

聲塗葬高宗入殿孝嗣戎服隨後鬱林既死高宗須

太后令孝嗣於袖中出而奏之高宗大悅以厲立

功封枝江縣侯食邑千戶給鼓吹一部甲仗五十

人入殿轉左僕射常侍如故明帝即位加侍中

軍大將軍定策勳進爵爲公增封二千戶給

班劍二十人加兵百人舊拜三公乃臨軒至是帝

特詔與陳顯達王晏竝臨軒授比虜動詔

孝嗣假節頓新亭時王晏爲令民情物望

不及孝嗣也晏謀轉尚書令領本州中正籍悉

如故孝嗣愛好文學賞託清勝器量弘雅

而壁崩壓床建武四年即本號開府儀同三司孝

嗣聞有詔斂容謂左右曰吾德慙古人位登襲職

童子邊二稅公床孝嗣驚起聞壁有聲行數步

野以此稱之初孝嗣在率府畫臥齋北壁一丈兩

不必權勢自居故見容建武之世恭已自保朝

將何以堪之明君可以理奪必當死請若不

獲命正當角巾立圍侍罪家巷耳固讓不受

是時連年虜動軍國虛之孝嗣表立屯田曰

有國急務兵食是同一夫輟耕於事彌切故井

陌壇里長轂盛於周朝屯田廣置勝戈富於漢

室降此以還詳略可見但求之自古爲論則賒

即以當今宜有要術籌尋綠淮諸鎮皆取給京

師費引既船漕運艱澀聚糧待敵每若不周利

害之基莫此爲急臣比訪之故老及經茂草平原

淮南舊田觸處極目陂遏不惰敵彼宰守

陸地彌望尤多今邊備既嚴戍卒增衆遠資

飢運近廢良疇士多飢色可爲嗟歎愚欲使刺

史二千石躬自履行隨地墾闢精尋灌溉之源

善商肥确異州郡縣主帥以下悉分番附

農令水田雖晚方事救麥救麥二種益是北土

所且彼人便之不減鞭稱開創之利宜在及時

所啓允合請即使至徐兗司豫兗及荊雍各當

培規度勿有所遺別立主曹專司其事田器耕

牛臺詳所給歲終言殿最明其刑賞此功克舉

庶有弘益若緣邊足食則江南自豐豈權其所饒

略不可計事御見納時帝已寢疾疾兵事未已竟
不施行帝疾甚孝嗣入居禁中臨受遺託重
申開府之命加中書監永元初輔政居尚書下省
出住宮城南宅不得還家帝失德稍彰孝嗣不
敢諫諍及江柘見誅内懷憂恐然未嘗委色始
安王遙光反眾情遑遑見孝嗣入宮内乃安羣
小用事亦不能制也進位司空固讓求解丹陽
尹不許孝嗣文人不顯同異名位雖大故得未
及禍虎賁中郎將許准有膽力領軍隸孝嗣陳
說事機勸行廢立孝嗣遲疑久之謂必無用干
戈理須少主出遊閉城門召百僚集議廢之雖
有此懷終不能決群小亦稍憚孝嗣勸帝召百僚
集議因誅之冬召孝嗣入華林省遣茹法珍賜
藥孝嗣容色不異少能飲酒至斗餘方卒乃
下詔曰周德方熙三監迷叛漢歷載昌宰臣構
戾皆身膏斧鉞族同煙燼殷鑒上代垂戒後昆
徐孝嗣憑藉世資早蒙殊遇階緣會逢登台
鉉匡翼之誠無聞詔黷之迹屢著沈文季門世

祕書郎以慶之勳重大明五年封文季為山陽
縣五等伯轉太子舍人新安王北中郎主簿西
陽王撫軍功曹江夏王太祖東曹掾選中書郎
慶之為景和所殺兵伐圍宅收捕諸子文季長
兄文叔謂文季曰我能死爾能報遂自縊文季
揮刀馳馬去收者不敢追遂得免明帝立起文
季為寧朔將軍遷太子右衛率建安王司徒
司馬賴圻平為宣威將軍征北司馬廣陵太守
為寧朔將軍征北司馬廣陵太守轉黃門郎領

長水校尉明帝宴會朝臣以南臺御史賀臧為
柱下史紏不醉者文季不肯飲酒被驅下殿晉
平王休祐為南徐州帝問褚淵須幹事人為上
佐淵舉文季轉寧朔將軍驃騎長史南東海太
守休祐被殺雖用竟禮僚佐多不敢至文季獨
往省墓展哀出為臨海太守元徽初遷散騎常侍
領後軍將軍轉祕書監出為吳興太守文季飲
酒至五斗妻王氏王錫女飲酒亦至三斗文季
與對飲竟日而視事不廢昇明元年沈攸之反

太祖加文季為冠軍將軍督吳興錢塘軍事攸
之先為景和街使殺慶之至是文季收殺攸之
弟新安太守登之誅其宗族加持節進號征虜
將軍改封陽縣侯邑千戶明年選丹陽尹將
軍如故齊國初建為侍中領祕書監建元元年
轉太子右衛率侍中如故改封西豐縣侯食邑
千二百戶文季風采稜岸善於進止司徒褚淵
當世貴望頗以門戶裁之文季不為之屈世祖
在東宮於玄圃宴會朝臣文季數舉酒勸淵淵

甚不平啟世祖曰沈文季謂淵經為其郡數加
淵酒文季曰惟桑與梓必恭敬止豈如明府二
國失土不識枌榆遂言及虜動淵曰陳顯達沈
文季當今將略足要委以邊事文季諱稱將門
因是發怒啟世祖曰褚淵自謂是忠臣未知身
死之日何面目見宋明帝世祖笑曰沈率醉也
中丞劉休舉其事見原後豫章王北宅後堂集
會文季與淵立喜琵琶酒闌淵取樂器為明君
曲文季便下席大唱曰沈文季不能作伎兒豫

章王巋又解之曰此故當不損仲容之德淵顏
色無異曲終而止文字幸除征虜將軍侍中如
故遷散騎常侍左衛州軍征虜如故世祖即位
轉太子詹事常侍如故永明元年出為左將軍
吳郡太守三年進號平東將軍四年遷會稽太
中將軍如故是時連年檢籍百姓怨望冨陽人
唐寓之僑居桐廬父祖相傳圖墓為業寓之自
云其家墓有王氣山中得金印轉相詿惑三年
冬寓之聚黨四百人於新城水斷商旅黨與分

布近縣新城令陸赤奮桐廬令王天愍棄縣走
寓之向冨陽抄略人民縣令何洵告烏浦子邏
主從係公發魚浦村男丁防縣永興道西陵戍
主夏侯曇羨率將吏及戍左右埭界人起兵
赴救寓之遂陷冨陽會稽郡丞張思祖遣臺使
孔矜王萬歲張緒等配以器仗將吏曰一防衛
永興等十屬文季亦遣器仗將吏救援錢塘寓
之至錢塘錢塘令劉彪戍王聶僧貴遣隊主張
斑於小山塘拒之力不敵戰敗寓之進抑洵登岸

焚郭邑虎棄縣走文季于又發吳嘉興海鹽臨
官民丁救之賊分兵出諸縣臨官令蕭元蔚諸
暨令陵琚之並逃走餘杭令樂琰戰敗乃奔是
春寓之於錢塘僭號置太子以新城戍為天子
宮縣解為為太子宮弟紹之為揚州刺史錢塘富
人柯隆為為寓之作仗加領尚方令分遣其黨高
道度徐寇東陽東陽太守蕭崇之長山令劉國
重拒戰見害崇之字茂敬太祖族弟至是臨難
數千口為寓之字茂敬太祖族弟至是臨難

貞正果烈追贈冠軍將軍太守如故賊遂據郡
又遣偽會稽太守孫泓取山陰時會稽太守王
敬則朝正故寓之謂乘虛可龍襲泓至浦陽江郡
永張思祖遣浹口戍主湯休武拒戰大破之上
在樂遊苑聞寓之賊謂豫章王起曰宋明初九
州同反鼠輩但作看蕭公命汝頭遣禁兵數千
人馬數百匹東討賊眾烏合畏官軍至錢塘
一戰便散禽斬寓之進兵平諸郡縣臺軍乘勝
百姓頗被抄奪軍還上聞之收軍主前軍將軍

陳天福棄市左軍將軍中宿縣子劉明徹免官
削爵付東治天福上寵將也既伏誅內外莫不
震蕭天福善馬稍至今諸將法之御史中丞徐
孝嗣奏曰風聞山東群盜剽掠列城雖匪日而
殄要斬賣于王略郡縣關攻守之宜倉府多侵耗
之弊舉善懲惡應有攸歸吳郡所領臨官令
著蘭元蔚桐廬令王天憨新城令陸赤奮等縣為
台赤奮不知所在又錢塘令劉彪富陽令何洵乃
率領吏民相戰不敵未委歸台餘建德壽昌在
劫斷上流不知被劫掠不吳興所領餘杭縣被
劫破令樂琰乃牽吏民逕戰不敵委走出都會
稽所領諸既旦縣為劫所破令陵琚之不經格戰
委城奔走不知所在案元蔚等妄藉天私作司
近服昧斯隱愿職啟虔劉僉昌稽郡丞張思祖謬
因承之惣任是尸消誠翽劬終為無紀平東將
軍吳郡太守文季征虜將軍吳興太守西昌侯
諱任屬關河威懷是寄輒下禁止彪琰洵思祖

文季視事如故諱等結贖論詔元蔚等免思祖
諱文季原文季固讓會稽之授轉都官尚書加
散騎常侍出為持節督郢州司州之義陽諸軍
事左將軍郢州刺史還為散騎常侍領軍將軍
世祖謂文季曰南士無僕射多歷年所文季對
曰南風不競非應一日文季雖不學言必有
辭采當世稱其應對尤善篆及彈某篆用五子
以疾遷金紫光祿大夫加親信二十人常侍如故
轉侍中領太子詹事遷中護軍侍中如故以家
為府降昌元年復為領軍將軍侍中如故廬
蠻林高宗欲以文季為江州遣左右單景雋宣
旨文季口自陳讓稱年老不願外出因問右執
法有人未景雋還具言之延興元年遷尚書右
僕射明帝即位加領太子詹事增邑五百戶尚
書令王晏嘗戲文季為吳興僕射文季答曰琅
邪執法似不出卿門尋加散騎常侍僕射如故
城固守數道經兵相抄擊明帝以為憂詔文季
建武二年虜寇壽春豫州刺史豐城公遵昌棄

領兵鎮壽春文季入城止游兵一聽出洞開城門嚴加備守虜軍尋退百姓無所傷損增封爲千九百戶尋加護軍將軍僕射常侍如故王敬則及詔文季領兵屯湖頭備京路永元元年轉侍中左僕射將軍如故始安王遙光反其夜遣三百人於宅掩取文季欲以爲都督而文季巳還臺掖門上時東昏巳行殺戮孝嗣深懷憂慮欲與文季共坐南掖門上時東昏文季輒引以他辭終不得

及事寧加鎮軍將軍置府侍中僕射如故文季見世方昏亂託以老疾不豫朝機兒子昭略謂文季曰阿父年六十爲員外僕射欲求自免豈可得乎文季笑而不荅見孝嗣被害甚自先被召見文季知敗興動如常登車顧曰此行恐往而不及也於華林省死時年五十八朝野冤之中興元年贈侍中司空謚忠憲兒子昭略有剛氣昇明末爲相國西曹太祖賞之及即位謂王儉曰南士中有沈昭略何職處之儉曰臣巳

有擬奏轉前軍將軍上不欲違可其奏尋遷爲中書郎永明初歷太尉大司馬從事中郎驃騎司馬黃門郎南郡王友學華選以昭略爲友尋兼左丞永元元年出爲臨海太守御史中丞昭略建武世嘗酒酣與謝瀹善　累遷侍中冠軍將軍撫軍長史永元元年始安王遙光起兵東府執昭略於城內昭略怒罵徐孝嗣曰廢昏立明古今令典宰相無才致有今日以甌擲面破曰茹法珍等進藥酒昭略謂文季俱被召入華林省如

作破面鬼死時年四十餘弟昭光聞收至家人勸逃去昭光不忍捨毋遂見獲殺之中興元年贈昭略太常昭光廷尉

史臣曰爲邦之訓食惟民天足食足兵民之信矣屯田之略實重戰守若夫充國耕殖用殄羌戎韓浩棗祗亦建華夏置典農之官興大佃之議一夫不耕或鍾餒緣邊戎卒坐甲千羣故繼以金城布險峻壘綿壇飛芻輓粒事難支宜盡收地利因兵務食緩則躬耕急則從戰歲

有餘糧則紅食可待前世達治言之已詳江左
以來不暇遠策王旅外出未嘗宿飽四郊嬰守
懼等松篘縣兵所救經歲引日淩風泝水轉漕
艱長傾罄底之儲盡倉教之粟流馬木牛尚深
前獘田積之要唯在江淮郡國同興遠不周急
故吳氏列戍南濱屯農水右魏世淮北大佃而
石橫開瀆皆輔車相資易以待商孝嗣當虜境
之晨薦希行之計王無外略民困首領觀機而
動斯議殆爲空陳惜矣

贊曰文忠作相器範先標有容斯弟可以立朝
豐城歷仕音儀孔昭爲舟等□海□□□□□□

列傳第二十五　　　南齊書四十四

宗室

衡陽元王道度

始安貞王道生　遙光　遙昌　遙欣

安陸昭王緬

衡陽元王道度太祖長兄也與太祖俱受學雷
次宗宣帝問二兒學業次宗答曰其兄外朗其
弟內潤皆良璞也隨宣帝征伐仕至安定太守
卒於宋世建元二年追加封諡無子太祖以第
十一子鈞繼道度後鈞字宣禮永明四年為江
州刺史加散騎常侍母區貴人卒居喪盡禮六
年遷為征虜將軍八年遷驍騎將軍常侍如故
仍轉左衞將軍鈞有好尚為世祖所知兄弟中
意遇次鄱陽王鏘十年轉中書令領石頭戍事
遷散騎常侍領祕書監領驍騎如故不拜隆昌元
年政加侍中給扶海陵立轉撫軍將軍侍中如
故尋遇害年二十二明帝即位以永陽王子珉

二六五　【南齊傳二十六】　一

仍本國繼元王為孫子珉字雲璩世祖第二十
子也永明七年封義安王後改永陽永泰元年
見害年十四後以武陵昭王曄第三子子坦奉
元王後

始安貞王道生字孝伯太祖次兄也宋世為奉
朝請卒建元元年追封諡建武元年追尊為景
皇妃江氏為后立寢廟於御道西陵曰修安生
子鳳高宗安陸昭王緬鳳字景慈官至正員郎
卒於宋世諡靖世子明帝建武元年贈侍中驃
騎將軍開府儀同三司始安靖王改華林鳳莊
門為望賢門太極東堂畫鳳鳥題為神鳥而政
鸞鳥為神雀子遙光嗣
遙光字元暉生有廢疾太祖謂不堪奉拜祭祀
欲封其弟世祖諫乃以遙光襲爵初為員外郎
轉給事郎太孫洗馬轉中書郎豫章內史不拜
高宗輔政遙光好天文候道密懷規贊隆昌元
年除驍騎將軍冠軍將軍南東海太守行南徐
州事仍除南彭城太守將軍如故又除輔國將

三〇七　【南齊傳二十六】　二

軍具興太守高宗廢鬱林又除冠軍將軍南蠻校尉西平中郎長史南郡太守一歲之內頻五除遙不拜是時高宗欲即位誅賞諸事唯遙光共謀議建武元年以為持節都督揚南徐二州諸軍事前將軍揚州剌史晉安王寶義為南徐州刺史遙光求解督通憶軍鼓吹遙光好吏事稱為分明頗多慘害足疾不得同朝例常侍輿自望閤門入每與上久清閒言畢上索香火明日必有所誅殺上以親近單少懼巳忿高武子孫欲并誅之遙光計畫參議當以次施行永泰元年即本位為大將軍給油絡車帝不豫遙光數入侍帝漸甚河東王鉉等七王一夕見殺遙光意也帝崩遺詔加遙光侍中中書令給扶永元元年給班劍二十人即本號開府儀同三司遙光既輔政見少主即位潛與江祏兄弟謀自樹立弟遙欣在荊楚擁兵居上流密相影響遙光當據東府號令使遙欣便星速急下潛謀將發而遙欣

病死江祏被誅東昏候召遙光入殿告以柘罪遙光懼還省便陽狂號哭自此稱疾不復入臺先是遙光行還入城風飄儀織出城外遙光弟遙昌先平壽豫州部曲皆歸遙光及遙欣死還葬武進僑東府前荊州部曲皆送遙光眾力甚盛江祏後慮遙光不自安欲轉為司徒還第召入勑旨遙光慮見殺八月十二日晡時收集二州部曲於東府門聚人眾街陌頗怪其異莫知指趣也遙光召親人丹陽丞劉沨及諸儕楚欲以討劉暄為名夜遣數百人破東冶出囚尚方取仗又召驍騎將軍垣歷生歷生隨信便至勸遙光令率城內兵夜攻臺臺盡蔽燒城門公但乘輦隨後及掌可得遙光疑不敢出天稍曉遙光戎服出聽事停輦廡分上仗登城行賞賜歷生復勸遙光不肯望臺內自有變至日中臺軍稍至尚書符遙光曰逆從之數皎然有徵千紀亂常刑茲罔赦蕭遙光宗室盅庸才行鄙薄緦裾可望天路何階受遇自昔恩加猶子禮絕帝體寵越皇□旗章車服窮

千乗之尊闔閭爽聞蹕踊百雉之制及聖后在天
親受顧託話言在耳德音猶存悔蔑天明罔畏
不義無君之心顧霜有日遂乃稱兵内犯竊發
京畿自古巨豐莫斯為其今便分命六師弘宣
九伐皇上當親御戎軒弘此廟略信賞必罰有
如大江於是戒嚴曲赦京邑領軍蕭坦之屯湘
宮寺鎮軍司馬曹虎屯清溪大橋太子右衛率
左興盛屯東府東籬門衆軍圍東城三面燒司
徒二府遥光遣垣歷生從西門出戰臺軍屬此
殺軍主桑天愛初遥光起兵問諮議參軍蕭暢
暢正色拒折不從十五日暢與撫軍長史沈昭略
潛自南出濟淮還臺人情大沮十六日垣歷生從
南門出戰因弃稍降曹虎軍虎命斬之遥光大
怒於牀上自踊踊使殺歷生兒其晚臺軍射火
箭燒東北角樓至夜城潰遥光還小齋帳中著
衣帢坐秉燭自照令人反拒齋閤皆重關左右
踰屋散出臺軍主劉國寶時當伯等先入遥
光聞外兵至吹滅火扶匐下牀軍人排閤入於

暗中牽出斬首時年三十二遥光未敗一夕城
内皆夢舉地緣城四出各共詵之咸以為異
臺軍入城焚燒屋宇且盡遥光府佐司馬端為
掌書記曹虎謂之曰君是賊非端曰僕荷殺之
厚恩今死甘心不殺端河内人渢南陽
劉渢遁走還家園為人所殺渢亦謹詃斂葬遥光
人事繼毋有孝行弟謙事渢南陽
屍原其諸子追贈桑天愛輔國將軍梁州刺史
以江陵公寶覽為始安王奉靖王後永元二年
中書郎延興元年高宗樹置以遥欣為持節督
欣繼為曾孫除祕書郎太子舍人巴陵王文學
遥欣字重暉宣帝兄西平太守本之無後以遥
為持節督湘州輔國將軍湘州刺史
兗州綠淮軍事寧朔將軍兗州刺史仍為督豫
州之西陽司州之汝南二郡輔國將軍豫州刺
史持節如故未之任建武元年進號西中郎將
封聞喜縣公遷使持節都督荊雍益寧深南北
秦七州軍事右將軍荊州刺史改封曲江公高

宗子弟弱小臂安王寶義有廢疾故以遙光為
揚州居中遙欣居陝西在外權勢并在其門
欣好勇聚畜武士以為形援四年進號平西將
軍永泰元年以雍州虜寇詔遙欣本官領刺史
審螢校尉移鎮襄陽虜退不行永元元年卒年
三十一贈侍中司空諡康公葬用王禮
遙昌字季暉解褐祕書郎太孫舍人給事中　祕
書永興元年除黃門侍郎未拜仍為持節督
郢司二州軍事寧朔將軍郢州刺史建武元年
進號冠軍將軍封豐城縣公千五百戶未之鎮
徒督豫州郢州之西陽司州之汝南二郡軍事征
虜將軍豫州刺史持節如故二年虜主元宏冠
壽春遣使呼城內人遙昌遣參軍崔慶遠朱選
之詣宏慶遠曰旌蓋飄飄遠涉淮泗風塵慘烈
無乃上勞宏曰六龍騰躍倏忽千里經途未遠
不足為勞慶遠曰川境既殊遠途勞軒駕屈完有
言不虞君之涉吾地也何故勞宏曰故卿
欲使我含瑕依違為欲指斥其事慶遠曰君包

荒之德本施比政未承來議無所含瑕宏曰朕
本欲有言會卿來問齊王廢立有其例不慶遠
曰廢昏立明古今同揆中興克昌豈唯一代主
上與先武帝非唯昆季有同魚水武皇崩詑
以後事嗣孫荒迷廢為擧林功臣固請爰立明
聖上通大后之嚴令下迫羣臣之稽顙俯從億
兆蹉登皇極未審聖旨獨何疑怪宏曰聞卿此
言殊解我心但哲婦傾城何足可用果如所言
武帝子弟今皆何在慶遠曰七王同惡皆伏管
蔡之誅其餘列蕃二十餘國內外清階外典方
收哲婦之戒古人所惑然十亂盈朝實唯文母
宏曰如我所聞靡有孑遺卿言美而事實未之
全信宏又曰雲羅所捲六合宜一故往年與齊
武有書言今日之事似未達齊主命也南使
反情有愧然朕亦保此此叚猶是本意不必專
為問罪君若卿言便可釋然慶遠曰見可而進
知難而退聖人奇兵今旨欲憲章聖人不失美
無豈不善哉宏曰卿為欲朕和親為欲不和慶

遠曰和親則二國交歡蒼生再賴不和則二國
交惡蒼生塗炭和與不和裁由聖裹宏曰朕來
爲復遊行鹽境此去洛都率爾便至亦不攻城
亦不伐璩卿勿以爲慮宏設酒及羊炙雜果又
謂慶遠曰聽卿黙黙自取慶遠若曰不違忠孝何以不
立近親如周公輔成王而苟欲自取慶遠若曰
成王有亞聖之賢故周公得輔而相之今近番
雖無懍德未有成王之賢霍光亦捨漢蕃親而

立宣帝宏曰若爾霍光寧自立爲君當復得
爲忠臣不慶遠曰此非其類乃可言宣帝立與不
立義當云何皇上豈得與霍光爲匹若爾何以
不言武王伐紂何意不立微子而輔之苟貪天
下宏大笑明日引軍向城東遣道登道人進城
內施衆僧絹五百四慶遠選之各袴褶絡帶遣
昌求泰元年卒上慶遣昌兄弟如子甚痛惜之
贈車騎將軍儀同三司帝以問徐孝嗣孝嗣曰
豐城本資尚輕贈以班台如爲小過帝曰鄉乃
欲存萬代准則此我孤兄子不得與計謚憲公

安陸昭王緬字景業姜容止初爲祕書郎宋邵
陵王文學中書郎建元元年封安陸侯邑千戶
轉太子中庶子遷侍中世祖即位遷五兵尚書
領前軍將軍仍出爲輔國將軍吳郡太守少時
大著風績竟陵王子良與緬書曰竊承下風數
十年來未有此政世祖嘉甚能轉持節都督郢
州司州之義陽軍事冠軍將軍郢州刺史永明
五年還爲侍中領驍騎將軍仍遷中領軍明年

轉散騎常侍太子詹事出爲會稽太守常侍如
故遷使持節都督雍梁南北秦四州荆州之竟
陵司州之隨郡軍事左將軍寧蠻校尉雍州
刺史緬心辭訟親自隱郵劫抄度口皆赦遣
許以自新再犯乃加誅爲百姓所畏愛九年卒
詔贈錢十萬布二百匹襄還古姓緣沔水悲泣
設祭於峴山爲立祠贈侍中中衞將軍持節都
刺史如故給鼓吹一部謚昭侯年三十七高宗
少相友愛時爲僕射領衞尉表求解衞尉私第
展哀詔不許每臨緬靈輒慟哭不成聲建武元

年贈侍中司徒安陸王邑三千戶子寶睟嗣爲

持節督湘州軍事輔國將軍湘州刺史弟寶覽

爲江陵公寶汝南公邑各千五百戶二年寶

睟進號冠軍將軍三年寶睟改封湘東王進號征虜

年以安陸郡邊虜寶睟改封宵城二元元

將軍二年爲左衞將軍高宗兄弟一門皆尚吏

事寶睟粗好文章義師下寶睟在城內東昏殺

寶睟塁物情歸已坐待法駕既而城內送首詣

梁王宣德太后臨朝以寶睟爲太常寶睟不自

一百七下　　南齊傳二十六　　十二　　有餘生

安謀反兄弟皆伏誅

史曰太祖膺期御世三昆凤殒慶命傍流追

序蕃胙安陸王緬以宗子戚屬弱年進仕典郡

臨州去有餘迹遺愛在民蓋因情而可感學以

從政夫豈必然

贊曰太祖二昆追樹雙蕃元託繼胤員輿子孫

趾用威福自取亡存安陸稱美事表西魂

臣蕭　子顯　撰

王秀之

王慈

蔡約

陸慧曉　顧憲之

蕭惠基

王秀之字伯奮琅邪臨沂人也祖裕宋左光祿
大夫儀同三司父瓚之金紫光祿大夫秀之幼
時裕愛其風采起家著作佐郎太子舍人父卒
為菴舍於墓下持喪服闋復職吏部尚書褚淵
見秀之正潔欲與結婚秀之不肯以此頻轉為
兩府外兵參軍遷太子洗馬司徒左西屬桂陽
王司空從事中郎秀之知休範將反辭疾不就
出為晉平太守至郡甚年謂人曰此邦豐壤祿
俸常充吾歲已足當留以妨賢路上表
請代時人謂王晉平恐當求歸為安成王驃
騎諮議轉中郎又為太祖驃騎諮議昇明二年

轉左軍長史尋陽太守隨府轉鎮西長史南郡
太守府主豫章王嶷既封王秀之遷為司馬河
東太守辟郡不受加寧朔將軍改除黃門郎未
拜仍遷豫章王驃騎長史於荊州立學以秀之
領儒林祭酒遷寧朔將軍南郡王司馬復為黃
門郎領羽林監遷長沙王中軍長史世祖即位
為太子中庶子吏部郎出為義興太守遷侍中
祭酒轉都官尚書初秀之祖裕性貞正徐義之
傅亮當朝裕不與來徃及致仕隱吳興與子瓚
之書曰吾欲使汝處不競之地瓚之歷官至五
兵尚書未嘗詣一朝貴顏師伯令僕貴要瓚之
今便是朝隱及柳元景顏師伯令王儉歆接
竟不候之王秀之為尚書又不與令王儉接
三世不事權貴時人稱之轉侍中領驍射聲校尉
出為輔國將軍隨王鎮西長史南郡內史州西
曹苟不遺秀之交知書秀之拒不答乃遺書
曰僕聞居謙之位既刊于易懷不可長禮明其
文是以信陵致夷門之義燕丹收荊卿之節皆

以禮而然矣丈夫處世豈可寂寞恩榮空爲後
代一丘土足下業潤重光聲居朝右不脩高世
之績將何隔於愚夫僕耿介當年不通羣品餞
寒白首望物噬來成人之美春秋所善薦我寸
長開君尺短故推風期德規於相益實非碌碌
有求於平原者也僕與足下同爲四海國士夫
盛衰迭代理之恒數名位參差運之通塞豈品
德權行爲之者哉第五之號既無易於驃騎西
曹之名復何推於長史足下見　若書題父之以

君若此非典何宜施之於國士如其循禮禮無
不荅謹以相還亦何犯於鱗哉君子處人以德
不以位相如不見屈於澠池毛遂安受辱於郢門
造敵臨事僕必先於二子未知足下之貴足下之威
執若秦楚兩王僕以德爲實足下以位爲實
其實無以貽離故薦貧者之贈平頴川人豫謂
之鄙無以賄離故薦貧者之贈平頴川人豫章
王疑爲荊州時平獻書令減損奢麗豫章王
優教酬之吕尚書令王儉當世不又與儉書曰足

下建高世之名而不顧高世之迹將何以書於
齊史哉至是南郡綱紀啓隨王子隆請罪不平
上書自申秀之尋徵侍中領游擊將軍未拜仍
爲輔國將軍吳興太守秀隱業所在心願爲之
長史可以止足矣吳興郡隆昌元年卒官年五
十三謚曰簡子秀之宗人僧祐太尉從祖兄也
父遠光祿勳宋世爲之語曰王遠如屏風屈曲
從俗能蔽風露而僧祐負氣不羣儉常候之辭

不相見世祖數閱武僧祐獻講武賦儉借僧
祐不與吾見陵王子良聞僧祐善彈琴於座取琴
進之不肯從命永明末爲太子中舍人在直屬
疾代人未至僧祐委出爲有司所奏贖論官至
黃門郎時衞軍掾孔逿亦抗直著三吳決錄
不傳

王慈字伯寶琅邪臨沂人司空僧虔子也年八
歲外祖宋太宰江夏王義恭迎之內齊施寶物
恣聽所取慈取素琴石研義恭善之少與從弟

儉共書學除祕書郎太子舍人安成王撫軍主
簿轉記室遷祕書丞司徒左西屬右長史試守
新安太守黃門郎太子中庶子領射聲校尉安
成王冠軍豫章王司空長史司徒左長史兼侍
中出為輔國將軍豫章內史父憂去官起為建
武將軍吳郡太守遷驍朔將軍大司馬長史重
除侍中領步兵校尉慈以朝堂諱榜非古舊制
上表曰天帝后之德綢繆天地君人之亮蟬聯
月至於名族不著昭自方象號諡書宣載伐篇
籍所以魏臣據中以建議曰主依經以下詔朝堂
榜誌諱字懸露義非綿古事殷中世空失資敬
之情從璇配之道若乃式功鼎臣賛庸元吏
或以勳崇或由姓表故孔悝見銘謂標叔舅子
孟應圖稱題霍氏況以處一之重列算名以止
仁無二之貴寅沖文而止敬昔東平即世孝章
延宮尚或灄江新野云終和熹見似而流涕感循
舊類尚或深心短觀徽跡能無惻隱今局禁歟
遂動延車蓋若使鑒駕紆覽四時臨閱豈不

重增聖慮應用感宸衷愚謂空彰簡第無益於
匪躬直目朝堂臺廁於夕惕伏惟陛下保合萬
國酋聖蹇生當刪前基之弊軌啓皇齊之孝則
詔付外詳議博士本于撫議據周禮凡有新令必
者絕則犯觸必衆儀曹郎任昉議撱取諱目之
也太常丞王儉之議算極之名宜率土同諱目
可得觀日不可言口不可言則知之者絕知之
奮鐸以警衆乃退以憲之千王宮注憲表懸之
文儼之即情惟允直班諱之典爰自漢世降及
有晉歷代無爽今之諱榜兼明義訓邦之字國
實為前事之徵名諱之重情敬斷故懸諸朝
堂搢紳所聚將使起伏晨昏不違耳目禁遊之
道昭然易從此乃敬恭之深旨何情興之或廢
算稱霍氏理例乖方居下以名故以不名為重
在上必諱故以班諱為尊因心則理無不安即
事則習行已久謂宜式遵無所創革慈議不
行慈惠脚世祖敕王晏曰慈在職未久既有
微疾不堪朝又不能騎馬聽乘車在伏後

左長史慈妻劉並東女子觀尚世祖長女吳縣公
主修婦禮姑未嘗交答江夏王鋒爲南徐州妃
慈女也以慈爲冠軍將軍東海太守加秩中二
千石行徐州府事還爲冠軍將軍廬陵王中軍
長史未拜永明九年卒年四十一謝超宗嘗謂
慈曰卿書何當及虔〈公〉慈曰我之不得仰及猶
雞之不及鳳也時人以爲名答追贈太常謚懿子

蔡約字景撝濟陽考城人也祖廓宋祠部尚書
父興宗征西儀同約少尚宋孝武女字言公主
拜駙馬都尉祕書郎不拜從帝車騎驃騎行參
軍通直郎不就選太祖司空東閤祭酒太尉主
簿齊臺建爲世子中舍人仍隨度東宮轉鄱陽
王友竟陵王鎮北征北諮議領記室中書郎司
徒右長史黃門郎領射聲校尉通真常侍領驍將
復爲黃門郎領本州中正出爲新安太守
軍太子中庶子領屯騎校尉永明八年八月合
朔約脫武冠解劍於省眠至下鼓不起爲有司

江左來少例出以疾從開任轉冠軍將軍司徒

所奏贖論太孫立領校尉如故出爲宜都王寇
軍長史淮南太守行府州事世祖謂約曰今卿
爲近蕃上佐想副我所期約曰南豫密邇京師
不治自理亦何人爛火不息時諸王行事多相
裁割約在任主佐之間穆如也還司左長史高
宗爲錄尚書輔政百僚履屣到席約躧履
不改帝謂江祏曰蔡氏故是禮度之門故首可
悅祏曰天將軍有揖客復見於今建武元年
遷侍中明年遷西陽王撫軍長史加冠軍將
書遷邵陵王師加給事中江夏王車騎長
軍從廬陵王右軍長史將軍如故轉都官尚
史加征虜將軍並不拜好飲酒夷淡不與
世雜遷太子詹事永明二年卒年四十四
贈太常

陸慧曉字叔明吳郡吳人也祖萬載侍中父子
真元嘉中爲海陵太守時中書舍人秋當親幸
家在海陵假還葬父子真不與相聞當請發民
治橋又以妨農不許彭城王義康聞而賞焉自

臨海太守眼疾歸為中散大夫卒慧曉清介正
立不雜交游會稽內史同郡張暢見慧曉童幼
便嘉異之張緒稱之曰江東裴樂也初應州郡
辟舉秀才衛尉史歷諸府行參軍以毋老還家
侍養十餘年不仕太祖輔政除為尚書殿中郎
隣族來相賀慧曉舉酒曰陸慧曉年踰三十婦
父領選始作尚書郎卿輩乃復以為慶邪太祖
表林宗本奢後慧曉撰答詔草為太祖所賞引為太
傳東閣祭酒建元初仍遷太子洗馬武陵王畢
守會稽上為精選僚吏以慧曉為征虜功曹與
府參軍沛國劉瑱同從述職行至吳墟謂人曰
吾聞張融與陸慧曉並宅其間有水此水必有
異味遂往酌而飲之盧江何點薦慧曉於豫章
王嶷補司空掾加以恩禮轉長沙王鎮軍諮議
參軍安陸侯緬為吳郡復禮異慧曉慧曉求補
緬府諮議參軍遷始興王前將軍安西諮議領
冠軍錄事參軍轉司徒從事中郎遷右長史時
陳郡謝朏為左長史府公竟陵王子良謂王融

曰我府二上佐求之前世誰可為比融曰兩賢
同時便是未有前例子良於西邸抄書令慧曉
參知其事尋遷西陽王征虜巴陵王後軍臨汝
公輔國三府長史行府州事隆昌元年徙為晉熙
王冠軍領長史江夏內史行郢州事慧曉歷輔五
政治身清肅僚佐以下造詣趣起送之或謂慧曉
曰長史貴重不宜妄自謙屈答曰我性惡人無
禮不容不以禮處人未嘗呼士大夫或問其故
慧曉曰貴人不可卿而賤者可卿人生何容立
輕重於懷抱終身常呼人位建武初除西中郎
長史行事內史如故俄徵黃門郎未拜遷吏部
郎尚書令王晏選門生補內要局慧曉為用
數人而止晏恨之送女妓一人欲與申好慧曉不
納吏曹都令史歷政以來諮執選事慧曉任己
獨行未嘗與語帝遣左右單景儁以事諮問
慧曉謂景儁曰六十之年不復能諮都令史為
吏部郎也上君謂身不堪便當拂衣而退帝甚

懼之後欲用為侍中以形短小乃止出輔國將
軍晉安王鎮北司馬征北長史東海太守行府
州事入為王兵尚書行揚州事崔惠景事平領
右軍將軍出監南徐州少時仍遷持節督南兗
兗徐青冀五州軍事輔國將軍南兗州刺史至
郡事時西陵戍主杜元懿吳興無秋會稽豐

同郡顧憲之字士思宋鎮南將軍凱之孫也性
尤清直永明六年為隨王東中郎長史行會稽
鎮俄爾以疾歸卒年六十二贈太常

登商旅往來倍多歲西陵牛埭稅官格日三千
五百元懿如即所見日可一倍盈縮相兼略計年
長百萬浦陽南北津及柳浦四埭乞為官領攝
一年格外長四百許萬西陵戍前檢稅無妨戍
事餘三埭自舉腹世祖敕示會稽郡此非是
事宜可訪祭即啟憲之議曰尋始立牛埭之
意非苟通僦以納稅也當以風濤迅險人力不
捷屢致膠溺濟急利物耳既公私是樂所以輸
直無怨京師航渡即其例也而後之監領者不

達其本各務已功互生理外或禁遏別道或空
稅江行或撲加倍價或力周而猶責凡如此類
不經埭煩牛者上詳被報格外十條並蒙停寢
從來誣訴始得暫弭案吳興頻歲失稔今茲尤
饉去之從豐豈自饑棘或鉤貫兒賀粒還拯親累
或攜老弱陳力餬口埭司責稅依格弗降舊格
新減尚未議登格外加倍將以何衛皇慈恤隱
振廛蠲調而元懿幸災推利重增困瘼人而不
仁古今共疾且此見加格置市者前後相屬非

宿

惟新加無言贏並皆舊格猶關愚恐元懿今啟亦
當不殊若事不劃言貽譏謹言便百方侵苦為
公賈怨元懿豈性哥刻已彰往效任以物上譬
以狼將羊其所欲舉腹心亦當虎而冠耳書云
與其有聚斂之臣寧有盜臣此言盜公為損蓋
微斂民所害乃大也今雍熙在運草末含澤其
非事宜仰如聖旨然掌斯任者應簡廉平廉幹
不稿於公平則無害於民矣愚又以便宜者蓋
謂便於公宜於民也竊見頃之言便宜者非能

於民力之外用天分地者率皆即日不宜於民
方來不便於公名與實反有乖政體凡如此等
誠宜深察山陰一縣課戶二萬其民貲不滿三
千者殆將居半刻之猶且三分餘一凡有貲三
者多是主人後除其貧極者悉皆露戶役民三
檢校首尾尋續橫相質累者亦復不少一人被
攝十人相追一緒裁萌千葉五起蟲事施而農
五屬官蓋惟分　百端輸調又則常然比衆局
業廢賤取庸而貴舉責應公贍私日不暇給
欲無為非其可得平死且不憚矧伊刑罰身且
不愛何況妻子是必前檢未窮後巧復滋綱辟
徒峻猶不能悛竊尋民之多偽實由宋季軍旅
繁興役賦殷重不堪勤劇倚巧祈優積習生常
遂迷忘反四海之大黎庶之衆心用參差難卒澄
一化宜以漸不可疾責誠存不擾藏疾納汙實
增崇曠務詳寬簡則稍自歸淳又被符簡病前後
年月父遠具事不存符不敢闇信縣簡
送郡郡簡呈使殊形詭狀千變萬源聞者忽不

三百九四　南齊書傳主七　十三

經懷見者實足傷駭親屬里伍流離道路時
轉棄溝壑事方未已其士人婦女彌厲夷不簡
則疑其有巧欲簡復未知所安愚謂此條宜縣
簡保舉其綱領略其　　乃襄漏不出斯中庶
嬰疾沈痼者重荷生造之恩也又永興諸暨
不易念俗諺云　　　　　吳興本是堉亡事在
會稽舊稱沃壤今猶若此吳興本是堉亡事在
可循餘弊誠宜改張汰元懿今啟敢陳管見世
唐寓之冦擾甚儹值水旱實
祖巡從之由是深以方直見委仍行南豫南兗
二州事簽典咨事未嘗與也動遵法制歷黃門
郎吏部郎永元中為豫章內史
蕭惠基南蘭陵蘭陵人也祖源之宋前將軍父
思話征西將軍儀同三司惠基幼以外戚見江夏
王義恭歡其詳審以女結婚解褐著作佐郎征
北行參軍尚書水部左民郎出為湘東內史除
奉車都尉撫軍車騎主簿泰始初見益州刺史
惠開拒命明帝遣惠基奉使至蜀宣旨慰勞惠

言天　南齊書傳主七　一四

開降而益州土人反引氐賊圍州城惠基於外宣
示朝廷威賞於是氐人邵虎郝天賜等斬賊
帥馬興懷以降還爲太子中舍人惠基西使千
餘部曲並欲論功惠基毀除勳簿競無所用或
問其此意惠基曰我若論其此勞則驅馳無已
宣吾素懷之本邪出爲武陵內史中書黃門郎
惠基善隸書及弈棊太祖與情好相得早相
器遇桂陽之役惠基妹爲休範妃棊以惠基爲
鄉家桂陽遂復作賊太祖頓新亭壘以惠基爲
軍副惠基弟惠朗親爲休範攻戰惠基在城內
了不自疑出爲豫章太守還爲吏部郎選長兼
侍中袁粲劉秉起兵之夕太祖以秉是惠基妹
天時直在侍中省遣王敬則觀其指趣見惠基
安靜不與秉相知由是益加恩信討沈攸之加
惠基輔國將軍從頓新亭事寧解軍號領長水
校尉母憂去官太祖即位爲征虜將軍衞尉惠
基就職少時累表陳解見許服闋爲征虜將軍
東陽太守加秩中二千石凡歷四郡無所蓄聚

還爲都官尚書轉掌吏部求明三年以父疾從
爲侍中領驍騎將軍尚書令王儉朝宗貴望惠
基同在禮閣非公事不私覿焉五年遷太常加
給事中自宋大明以來聲伎所尚多鄭衞淫俗
雅樂正聲鮮有好者惠基解音律尤好魏三祖
曲及相和歌每奏輒賞悅不能已當時能棊人
琅邪王抗第一品吳郡褚思莊會稽夏赤松並
第二品赤松思速善於大行思莊思遲巧於闘
棊宋文帝世羊玄保爲會稽太守帝遣思莊入
東與玄保戲因製局圖還於帝前覆之太祖使
思莊與王抗交賭自食時至日暮一局始竟上
倦遣還省至五更方決抗睡於局後思莊達曉
不寐世或云思莊所以品第致高緣其用思深
父人不能對也抗思莊並至給事中求明中敕
抗品棊竟陵王子良使惠基掌其事基常謂所
於曲阿起宅有閑曠之致惠基常朝廷所親曰須
婚嫁畢當歸老舊廬立身退素朝廷稱爲善士
明年卒年五十九追贈金紫光祿大夫弟惠休

永明四年爲廣州刺史罷任獻奉傾資上敕中
書舍人茹法亮曰可問蕭惠休五年先使婦宣敕
荅其勿以私祿足充獻奉今段殊覺其下情厚
於前後人問之故當不侵私邪吾欲分受之也
十一年自輔國將軍南海太守爲徐州刺史鬱
林即位進號冠軍將軍建武二年虜圍鍾離惠
休拒守虜遣使仲長文眞謂城中曰聖上方脩
文德何故完城拒命參軍羊倫荅曰獫狁孔熾
我是用急虜攻城惠休拒戰破之遷侍中領步

兵校尉封建安縣子五百戶永元元年徙吳興
太守徵爲名僕射吳興郡項羽神舊酷烈世人
云惠事神謹欲得美遷二年卒贈金紫光祿
大夫惠休弟惠朗善騎馬同桂陽叛版太祖叔
之復加序用永明九年爲西陽王征虜長史行
南兖州事典籤何益孫贓罪百萬棄市惠朗坐
免官
史臣曰長揖上宰廷折公卿古稱遺直希之未
過若夫根孤危峻情不屈則其於道雖行其身

永廢故多借路求容遜辭自炅高流世業不待
旁通直繢揚鑣莫能夭關丟秀之世守家風不
降節於權輔朝清心直
贊曰秀處邦朝清心直□□□□□美矣哉
約守先業觀進知止□□□□□□□
惠和時之選士

王融
謝朓

臣蕭子顯撰

王融字元長琅邪臨沂人也祖僧達中書令曾
高祖台輔僧達答宋孝武云父亡祖司徒司
空父道琰盧陵內史毋臨川太守謝惠宣女博
敏婦人世教融書學融少而神明警惠博涉有
文才舉秀才晉安王南中郎板行參軍坐公事
免音陵王司徒板法曹行參軍遷太子舍人融
以父官不通弱年便欲紹興家業啓世祖求自
試曰臣聞春庚秋蟬集俟相悲露木風榮臨年
共悅夫唯動植且或有心況在生靈而能無感臣
自本望宦闕沐浴私拔迹庸虛榮名盛列纓
觖紫復趨步丹墀歲時歸來誇榮邑里然無勲
而宦昔賢每議不任而祿有識必議臣所用懷
既憤薀不遑自安誠以深恩鮮報聖主難逢蒲
柳先秋光陰不待貪及明時展悉恩效以酬陛

下不世之仁若微誠獲信短才見序文武事法
唯所施用夫君道合弘臣術無隱翁歸乃居中
自是充國曰莫若老臣竊景前脩敢蹈輕節以
冒不媒之鄙式輕奉公之誠抑又唐堯在上不
參二八管夷吾恥之臣亦恥之願陛下裁覽還
秘書丞從叔儉初有儀同之授融贈詩及書儉
其奇憚之笑謂人曰穰侯印詎便可解尋遷丹
陽丞中書郎虜使遣求書朝議欲不與融上疏
曰臣側聞會議棄給虜書如臣愚情切有未喻
夫虜人面獸心狼猛蜂毒暴悖天經虧違地義
遘寬燭幽去來匈猁周漢而不懷歷晉宋其
蹄梗豈有愛敬仁智恭讓廉恥犬馬之馴心
同鷹虎之反目矣秦有儲筋舉足用必以草
竊關燃冠接邊疆寧容款塞里辭承衣請湖陛
下務存遵養不時悔亡許其膜拜之誠納裘之
責況復願同文軌儻見款道恩義胡餘唯或能自
拒辨使舊邑遺逸未知所實奉聲教方致情
推一令蔓草難鉏消流泛酌豈直介冑輕病容

為恐腹重惠抑孫武之言也困則數罰窘則多賞先暴而後畏其眾者虜之謂乎前中原士庶難淪膻殊俗至於婚葬之晨猶巾褠為禮而禁令苛刻動加誅戮千時雟粥初還犬羊尚結心徒戀困懼成逃自其將卒奔離資待銷關北畏勦蠕蠕西過南胡民背如崩勢絕隱敷無聞既南向從物情偽竊章服歷年將絕隱敷無聞既南向而泣者日夜以覬比顏而辭者江淮相屬凶謀歲窘淺慮無方於是稽顙郊門問禮求樂若來之以文德賜之以副書漢家軌儀重臨畿甸輔司隸傳節復入關河無待八百之師不期十萬之眾固其攝獎仔侯揮戈願倒三秦大同六漢一統又虜則後奉使不專漢人必介以匈奴備諸覘獲且設官分職彌見其情抑退舊苗扶任種覘師保則后族馮晉國惣錄則郅姓直勒渴侯台鼎則立頹苟仁端執政則凌鉗耳至於東都羽儀西京鞶帶崔孝伯程虞虯父在著作李元和郭季祐上于中書李思沖飾虜清官游明根

泛居顯職今經典遠被詩史比流馮李之徒必欲遵尚直勒等類居致乖阻何則匈奴以氈騎為帷牀馳射為猴粮冠方帽則犯沙陵雪服左衽則風驤鳥逝若衣以朱裳襲之玄頗飾其捐讓敎以翔趨必同難桎棺等懼冰淵婆娑蹒踊蹟困而不能前巳及夫春草水生桑堁別釀乳於冀俗聽韶雅如寵瓆臨乃丈若羌居馮李之徒風木落絕驅禽獸息沸屑炎桑堁別釀乳於固得志矣虜之凶族其如病何於是風土之思深慘戾之情動拂衣者連裾抽鋒者比鏃部落爭千下酋渠危於上我一舉而兼吞下莊之勢必也且棘寶員薦虜至旨疆彌盛大鍾出智宿民以亡帝略遠乎無思不服靈光幸代岱匪暮斯朝臣讀收籍伊瀍茲書復堂猶取之內府藏之外篇於理有惬即事何損若在言足採請決敕施行世祖若曰吾意不異卿今所啓比相見更委悉車竟不行永明末世祖欲此伐使毛惠秀畫漢武比伐圖使融掌其事融好功名因此上疏曰

曰臣聞情愊自中事符則感象構於始機動
斯彰莊敬之道可宗會揖讓其彌肅勇烈之士
足貴應華鐸以增思肇植生民歡詳既緬降及
興運維道有徵莫不有所因循而外皇業者也
若夫膏腴既稱天乙知五方之富及幣巳列帝
劉測四海之圖乃席卷之庸異封禪之文則外中之典收㐀
嘆興地之圖乃席居中偶化兩儀均明二耀拯玄綱於
頹絕反至道於澆澆可謂區寓萬形齊民先實
者也臣亦遭逢生此嘉運鑒飲耕食自幸唐年
而識用昏霾經術踈淺將適且軸尝歉與微皇
鑒燭幽天高聽下賞片言〔或善矜一物之失
時澗拂塵蒙密飾光價拔足草廬厠身朝序復
得拜賀歲時瞻望日月於臣心願曾巳畢矣但
千祀一逢休明難再思策鉉鷔樂陳消墳編習
戰陣攻守之術農桑牧藝之書申商韓墨之權
伊周孔孟之道常願待詔朱闕術對青蒲請關
宴之私談當世之務位賤人微徒深傾歆方今

九服清恬三靈和晏未有附枝輪無異轍東鞮
獻舞南辮傳歌羌辣踰山秦屠越海吉象竄委
體之勤輶譯厭瞻巡之數固將開桂林於鳳山
劍金城於西守而春爾獷狄敢讎大邦假息關
河竊命函谷渝故京之爽塒舊邑而荒涼息
反坥之儒炎伊川之被髮比地殘祇東都遺
老莫不茹涕吞悲傾耳戴目翹心仁政延首王
風若試馳咫尺之書其甗我旅之辛徇其墮城
納其降虜可弗勞弦鏃無待干戈真皇王之兵
征而不戰者也臣乞以執文先邁式道中原澄
瀚清之恫流掃狼山之積霧係單于之頭屈左
賢之膝胥呼韓之舊儀拜鑾輿〔巡幸然後天
移雲六動勒封岱宗咸五登三追蹤七百神肅警
萬國具僚瑣升星離于帛雲聚集三燭於蘭席
聆萬歲之禎聲豈不盛哉且不墮哉昔桓公志
在伐莒郭牙審其幽趣魏后心存去漢德究
其深言臣愚昧忖誠不足以知微然忖伏撰聖心
規模弘遠既圖載其事必克就其功臣不勝歡

喜圖成上置瑯邪城射堂壁上遊幸輒觀視焉

九年上幸芳林苑禊宴朝臣使融爲曲水詩序

文藻富麗當世稱之之上以融才辯十一年使兼

主客接虜使房景高宋弁見主客

年幾融曰五十二年父踰其半因問在朝聞主

客作曲水詩序景高又云在比聞主客此製勝

於顏延年實願一見融乃示之後日宋弁於瑤

池堂謂融曰昔觀相如封禪以知漢武之德令

覽王生詩序用見齊王之盛融曰皇家盛明豈

三百五十四 〔南齊傳二十八〕 七 宋琳

直比蹤漢武更慙鄒製無以遠匹相如上以虜

獻馬不稱使融開曰秦西冀北實多駿驪而魏

主所獻良馬刀駑駘之不若求名檢事殊爲未

乎將且旦信誓有時而爽駒駣之牧不能復嗣

宋弁曰不容虛僞之名當是不習土地融曰周

秣馬跡徧於天下若騏驥之性因地而遷則造

父之策有時而躓弁曰王主客何爲慇慇於千里

融曰卿國旣異其優劣聊復相訪若千里日至聖

上當駕鼓車弁曰向意旣須必不能駕鼓車

也融曰賢死馬之骨亦耶魂之故弁不能荅融

自恃人地三十內至爲公輔直中書省夜歎曰

鄧禹笑人行逢大斬開喧湫不得進又歎曰車

前無八騶卒何得稱爲丈夫朝廷討雍州刺史

王奐融復上疏曰臣每覽史傳見憂國忘家捐生

報德者未嘗不撫卷歎息以爲今古共情也然

或以片言微感一飱小惠必爲之盡節國士之既同

之遊耳豈有如臣獨技無聞之伍過越非分之

位名器雙假榮祿兩升而宴安其罷之晨優游

三百五十四 〔南齊傳二十八〕 八 朱玩

旰食之日所以敢布丹愚仰聞宸聽全議者咸

以西夏爲念臣竊謂之不爾其故何哉陛下聖

明輩臣悉力從以制逆上而御下指開賞黜之

言微示生死之路方域之人皆相爲敵旣兵威

遠臨人不自保雖窮鳥必啄固等命於梁鵙困

獸斯驚終並懸於厨鹿凱師勞飲固不待晨臣

之寸心獨有微願自檢犷若食荒悔伊濡天道

禍滛危二日至毋后內難粮力外虛謠言物情屬

當今會若藉巫漢之歸師聘士卒之餘憤取函

谷如反掌陵關塞若摧枯但士非素蓄無以即
用不教民戰是實棄之特希私集部曲豫加習
校若蒙垂許乞隸監省拘食人身權備石頭防
衛之數臣少重名節早習軍旅若試而無績伏
受面欺之誅用且有功仰訓知人之哲會虜動
竟陵王子良於東府募人板融密朔將軍軍主
融文辭辯捷尤善倉卒屬綴有所造作援筆可
待子良特相友好情分殊常晚節大習騎馬才
地既華兼藉子良之勢傾意賓客勞問周款父

三世
■南齊傳二十八
九一

武翁習輻湊之招集江西傖楚數百人竝有幹
用世祖疾篤斬絕子良在殿內太孫未入融戎
服絳衫於中書省閤口斷東宮仗不得進欲立
子良上既蘇太孫入殿朝事委高宗融知子良
不得立乃釋服還省歎曰公誤我鬱林深忿疾
融即位十餘日收下廷尉獄然後使中丞孔稚
珪倚為奏曰融姿性剛險音身浮競動迹驚羣
抗言異類近塞外微塵苦求將領遂招納不逞
扇誘荒傖狡筭聲勢專行權利反覆脣齒之

閒傾動頰舌之內威福自已無所忌憚譖訴朝
政歷毀王公謂已才流無所推下事曝遠近使
融依源擾名融辭曰因是頑蔽近行多摭虛鳳
恭門素得奉教君子爰自撫髮近年州閭
鄉黨見許愚慎朝廷垂眄接既身被國慈必欲
皇帝獎青之恩又荷文皇帝識擢之重司徒公
賜預士林安陸王曲文冠謂無暨登過蒙大行
以宛自効前後陳代屬之計亦仰簡先朝全段犬
羊乍擾紀僧真奉宣先敕賜語此邊動靜人凶

三世
■南齊書三十八
十
何昇

草撰符詔千時即因啟聞希侍變典及司徒宣
敕招募同例非一實以戎事不小不敢承教續
云叛不限傖楚狡笄聲勢應有形迹非敢虛庸且格取
又無贓賄反覆脣齒之閒未審悉與誰言輕動
頰舌之內不容都無主此恒聖主應教實所沐
浴目上甘露頌及銀甕啟三日詩草接虜語辭
又思稱揚得非訕謗且王公百司唯賢是與高
下之敬等秩有差不敢蹁躚濫宜應訛毀因才分

本劣謬被策用悚怍之情風宵兢惕未嘗謗示
里間彰暴遠通自循自省竝愧流言良由緣淺寬
虞致貽詈謗伏惟明皇臨宇普天蒙澤戍寅荷恩
輕重必宥百日曠期始蒙旬日一介罪身獨嬰憲
劾若事實有徵爰對有在九死之日無恨泉壞詔
歲老母當吐一言融意欲指斥帝在東宮時
於獄賜死時年二十七臨死歎曰我若不爲百
過失也融被收朋友部曲參問北寺相繼於道
融請救於子良子良憂懼不敢救融文集行於世

〔南齊天〕　　　土　　方鑿

謝朓字玄暉陳郡陽夏人也祖述吳興太守父緯
散騎侍郎朓少好學有美名文章清麗解褐豫
王太尉行參軍度隨王東中郎府轉王儉衛
軍東閤祭酒太子舍人隨王鎮西功曹轉文
學子隆在荊州好辭賦數集僚友朓以父尤
被賞愛流連晤對不捨日夕長史王秀之以朓
年少相動密以啟聞世祖敕曰爲詩寄西府曰常
恐鷹隼擊朓可還都朓道中爲詩寄尉羅者寮廓
恓應侍接朓可還都　秋菊委嚴霜寄言尉羅者寮廓

已高翔遠新安王中軍記室朓牋辭子隆曰朓
聞潢汙之水朝宗而每竭鴛鴦之乘希沃若
而中疲何則阜壤搖落對之惆悵岐路東西或
以鳴悒乃服義從擁歸志莫從邊若墜雨鳳似秋
帶朓實庸流行能無算屬天地休明山川受納
褰採一介搜揚小善拾未場圃奉筆競圍東亂
三江西浮七澤契闊戎旃從容謙語長裾日曳
後乘載脂立府庭恩加顏色沐髮晞陽未測
涯涘撫臆論報早誓肌骨不悟滄溟未運波臣
自・・・渤澥方春旅鷁先謝清切蕃房寂家舊軍
輕舟反沂弔影獨留白雲在天龍門不見去德
滋永思德滋深唯侍青衿可璧候歸鯉於春渚
未郎方開劾蓬心於秋實如其釁國倾或有衽席
悲來橫集尋以本官兼尚書殿中郎隆昌初敕
朓接北使朓自以口訥啟讓不當不見許高宗
輔政以朓爲驃騎諮議領記室掌霸府文筆文堂中
書詔誥除祕書丞未拜仍轉中書郎出爲宣城太守

以選復為中書郎建武四年出為晉安王鎮北

諮議南東海太守行南徐州事啟王敬則反謀

上甚善賞之遷尚書吏部郎眺上表三讓中書

疑眺官未及讓以問祭酒沈約約曰宋元嘉中

范曄讓吏部朱脩之讓黃門蔡興宗讓中書並

三表詔答具事宛然近世小官不讓遂成恒俗

恐此有乖讓意王藍田劉安西並讓重初不自

今豈可三署皆讓邪謝吏部今授超階讓記室

讓今當可慕此不讓邪孫興公孔顗並讓並有

意當豈關官之大小撝讓之美本出人情若大官

必讓便與詣關章表不異例既如此謂都自非

疑眺又啓讓上優答不許眺姜草隸長五言詩

沈約常云二百年來無此詩也敬皇后遷祔山

陵撰哀策文齊世莫有及者東昏失德謂眺曰

欲立江夏王寶玄末更回惑與弟祀密謂眺曰

江夏年少輕脫不堪負荷神器不可復行廢立

始安年長入篡素不乖物望非以此要富貴政是

求安國家耳遙光又遺親人劉沨密致意於眺

欲以為肺腑眺自以受恩高宗非沨所言不肯

答少日遙光以眺兼知衛尉事眺懼見引即以

眺等謀告左興盛興盛不敢發言仍回車付廷尉與徐

孝嗣祏暄等連名啓誅眺曰謝眺資性險薄大

彰遠近王敬則往搆凶逆微有誠效自爾昇擢

超越倫伍而矯弄是非怨懟無厭箕踞傲慢

外慝姦妬安貶乘輿無事扇動內外構扇間親賢

輕議朝宰醜言異計非可具聞無君之心既著

詔公等啓事如此眺資性輕險父彰物議直以

共棄之誅宜及臣等參議宜下北里肅正刑書

彫蟲薄伎見齒衣冠昔在渚宮構扇蕃邸日夜

縱諜仰窺俯畫及還京師靦自宣露江漢無波

以為己功素論於茲而盡縉紳所以側目去夏

之事頗有微誠賞權曲加踰邁倫序感悅末聞

陵競彌著遂復矯構風塵安惑朱紫詆毀朝政

疑間親賢巧言利口見醜前志消流纖孽作戒

遠圖宜有少正之刑以申去害之義便可收付

廷尉蕭明國典又使御史中丞范岫奏收朓下
獄死時年三十六朓初告王敬則敬則女為朓
妻常懷刀欲報朓朓不敢相見及為吏部郎沈
昭略謂朓曰鄉人地之美無乖此職但恨今日
刑于寡妻朓臨敗歎曰我不殺王公王公由我
而死

史臣曰晉世遷宅江表人無比歸之計英霸作
輔芟定中原見金德之不競也元嘉再略河
南師旅傾覆自此以來攻伐寢議雖有戰爭事
不足進取經略心旨殷表奏若使宮車未晏
有事邊關融之報劬或不易限夫經國體遠許
久為難而立功立事信居物右其賈誼終軍之
流亞乎
贊曰元長穎脫拊翼飛時來運往身沒志違
高宗始業乃顧玄暉逢昬屬亂先蹈禍機

南齊書傳二十八 十五

袁彖
孔稚珪
劉繪

臣蕭　子顯　撰

袁彖字偉才陳郡陽夏人也祖洵吳郡太守父
觀武陵太守彖少有風氣好屬文及玄言舉秀
才歷諸王府參軍不就觀臨終與兄顗書曰史
公才識可嘉足慰先基矣史公彖之小字也服

三百五十二　南齊二十九　　王洞孫　二

未闋顗在雍州起事見誅宋明帝投顗尸江中
不聽歛葬彖與舊奴一人微服潛行求尸四十
餘日乃得密瘞石頭後岡身自負土懷其父集
未嘗離身明帝崩後乃改葬顗從叔司徒粲外
舅征西將軍蔡興宗竝器之除安成王征虜參
軍主簿尚書殿中郎出為廬陵內史豫州治中
太祖太傅相國主簿祕書丞議駁國史檀超以
天文志紀緯序位度五行志載當時祥沴二篇
所記事用相懸日蝕為災宜居五行超欲立廳

士傳彖曰天事關業用方得列其名行今栖遁
之士排斥皇王陵轢將相此偏介之行不可長
風移俗故宜束列其業果傳班史莫編一介之善無緣
頓略宜列其性業附出他篇遷始與王友固辭
太祖使吏部尚書何戢宣旨令就遷中書郎兼
兼中丞如故坐彈謝超宗簡奏依違免官尋補
安西諮議南平內史除黃門郎未拜仍轉長史南
郡內史行荊州事還為太子中庶子本州大中

南齊書傳廿九　二　升

正出為冠軍將軍監吳興郡事彖性剛嘗以微
言忤世祖又與王晏不恊世祖在便殿用金柄
刀子治瓜晏在側曰外間有金刀之言恐不宜
用此物世祖愕然窮問所以晏曰袁彖為臣說
之上衒良久彖到郡坐逆用祿錢免官付東
冶世祖遊陵望東冶曰中有一好貴四數日車
駕興朝臣幸冶履行庫藏因宴飲賜囚徒酒肉
敕見彖與語明日釋之尋自冶行南徐州事司
徒諮議衛軍長史遷侍中彖形體充腴有異於

眾每從車駕射雉在郊野數人推扶乃能徒步
幼而母卒養於伯母王氏事之如親閨門中甚
有孝義隆昌元年卒年四十八諡靖子
孔稚珪字德璋會稽山陰人也祖道隆位侍中
父靈產泰始中罷晉安太守有隱遁之懷於禹
井山立館事道精篤言曰於靜屋四向朝拜涕
泗滂沱池東出過錢塘北郭輒於舟中遙拜杜子
恭墓自此至都東向坐不敢背側元徽中為中
散太中大夫頗解星文好術數太祖輔政沈攸
之起兵靈產白太祖曰攸之兵眾雖彊以天
時實數而觀無能為也太祖驗其言擢遷光祿
大夫以鹿盛盛靈產上靈臺令其占候餉靈產白
羽扇素隱几曰君性好古故遺君古物稚珪少
學涉有美譽太守王僧虔見而重之引為主簿
州舉秀才解褐宋安成王車騎法曹行參軍轉
尚書殿中郎太祖為驃騎以稚珪有文翰取為
記室參軍與江淹對掌辭筆遷正員郎中書郎
尚書左丞父憂去官與兄仲智還居父山舍仲

智妻李氏驕妒無禮稚珪白太守王敬則殺之
服闋為司徒從事中郎州治中別駕從事史本
郡中正永明七年轉驍騎將軍復領左丞遷黃
門郎左丞如故轉太子中庶子廷尉江左相承
用晉世張杜律二十卷世祖留心法令數訊囚徒
詔獄官詳正舊注先是七年尚書刪定郎王植
撰定律章表奏之曰臣尋晉律文簡辭約旨
通大綱事之所質取斷難釋張斐杜預同注一
章而生殺永殊自晉泰始以來唯斟酌參用是
則吏挾威福之勢民懷不對之怨所以溫舒獻
辭於失政綷侯忧慨而興歎皇運革祚道冠前
王陛下紹興光開帝業下車之痛每惻上仁滿
堂之悲有矜聖惠爰發德音刪正刑律敕臣集
定張二注謹礪愚蒙思詳撰削其煩害錄
其允衷取張注七百三十一條杜注七百九十
一條或二家兩釋於義乃備者又取一百七條
其注相同者取一百三條集為一書凡一千五
百三十二條為二十卷請付外詳校摘其違謬

從之於是公卿八座參議考正舊注有輕重處
竟陵王子良下意多使從輕其中朝議不能斷
者制旨平決至九年雍珏上表曰臣聞匹萬物
者以繩墨為正馭大國者以法理為本是以古
之聖王臨朝思理遠防邪萌深杜姦漸莫不資
法理以成化明刑賞以樹功者也伏惟陛下蹈
曆登皇乘圖踐帝天地更築日月再張五禮刻
而復縫六樂積而爰緝乃發德音下明詔降恤
刑之文申愼罰之典赦臣與公卿八座共刪注

【南齊傳二十九】 【五】

律謹奉聖旨詔審司徒臣子良粟受成規創立
條緒使兼監臣宋躬兼平臣王植等抄撰同異
定其去取詳議八座裁正大司馬臣嶷其中洪
疑大議泉論相背者聖照玄覽斷自天筆始就
成立律文二十卷錄敘一卷凡二十一卷今以
奏聞請付外施用宣下四海臣又聞老子仲尼
曰古之聽獄者求所以生之今之聽獄求所以
殺之覘其殺不辜寧失有罪是則斷獄之職自
古所難矣今律文雖定必須用之用失其平不異無

律書精細文約例廣疑似相傾故誤相亂一
乖其綱枉濫橫起法吏無解既多謬辟監司不
習無以相斷則法書徒明於帙裏寃魂猶結於
獄中今府州郡縣千有餘矣獄歲一成歲枉一
人則一年之中枉死千餘矣寃毒之死上千和
氣聖明所急不可不防致此之由又非但律吏
之咎列邑之宰亦亂其經或以軍勳餘力或以
貲財募齒獷猜濁氣忍并生靈昏心狼態吞剝
氓物虐理殘其命曲文被其罪寃積之興復緣
斯發獄吏雖良不能為用使于公哭於邊城孝
婦寃於退外唯下雖欲宥之其已血濺九泉矣
尋古之名流多有法學故釋之定國聲光漢臺
元帝文惠績映魏闕令之士子莫肯為業縱有
習者世議所輕良由空勳永歲不逢一朝之賞
積學當年終為閭伍所蚩將恐此書永墜下走
之手矣今若弘其爵賞開其勸慕課業官流班
習冑子按其精究使處內局簡其身良以居外
仕方岳咸選其能邑長並擢其術則阜縣之謀

【南齊傳二十九】 【六】

指掌可致杜鄭之業鬱焉何遠然後姦邪無所
逃其刑惡吏不能藏其詐如身手之相驅使絃
括之相接矢臣以踈短謬司大理陛下發自聖
衷憂矜刑網御延奉訓遠照民瘼臣謹仰述天
官伏奏雲陛所奏繆允者宜寫律上國學置律
助教依五經例國子生有欲讀者策試上過高
第即便權用使處法職以勸士流詔報從納事
竟不施行轉御史中丞遷驃騎長史輔國將軍
建武初遷冠軍將軍平西長史南郡太守稚珪

以虜連歲南侵征役不息百姓死傷乃上表曰
匈奴為患自古而然雖三代智男兩漢權奇籌
略之要二塗而已一則鐵馬風馳奮威沙漠二
則輕車出使通驛虜庭搉而言之優劣可觀今
之議者咸以文夫之氣恥居物下況我天威靈
先屈吳楚勁猛帶甲百萬截彼鯨鯢何往不碎請
和示弱非國計也臣以為戎狄獸性本非人倫鷗
鳴狼踞不足喜怒蜂目蠆尾何關美惡唯宜勝
之以深權制之以遠筭弘之以大度處之以蟲

賊豈足肆天下之怨捐羣生之命毀雷電之怒
爭蟲鳥之氣百戰百勝不足稱雄橫尸千里無
益上國而蟻聚蠭攢窮誅不盡馬足毛羣難與
競逐漢高橫威海表窘迫長圍孝文國富刑清
事屈陵辱宣帝撫納安靜胡馬不驚光武甲辭
厚禮寒山無霜是兩京四主英濟中區輸寶貨
以結和遺宗女以通好長轡遠駁子孫是賴豈
不欲戰惜民命也唯漢武籍五世之資承六合
之富驕心奢志大事匈奴遂連兵積歲轉戰千

里長驅翰海飲馬籠城雖斬獲名王屠走凶羯
而漢之棄甲十七其九故衛霍出關千隊不反
貳師入漢百旅頓降李廣敗於前鋒李陵沒於
後陣其餘奔北不可勝數使國儲空懸戶口
減半好戰之功其利安在戰不及和相去何若
自西朝不綱東晉遷鼎羣胡沸亂羌狄交橫荊
棘橫於陵廟狐虎咆於宮闥山淵反覆黔首塗
地逼迫崩騰開關朱有是時得失略不稍陳近
至元嘉多年無事末路不量復挑彊敵遂迤連

城覆從虜馬飲江□徐州之際草木為人耳建元之初胡塵犯塞永明之始復通和十餘年間邊候且息陛下張天造曆駕日登皇聲雷寓宇勢壓河岳而封豕殘魂未屠鯨首昔長蛇餘端偷窺漢甸烽亭不靜五載於斯師歲蟻壞瘻食樊漢今茲蠱毒浸淫未巳興師十萬日費千金五歲之費寧可勝計陛下何惜匹馬之驛百金之略數行之詔誘此凶頑使河塞息肩關境全命蓋養民以觀彼弊我策若行則為不世之福若不從命不過如戰失一隊耳或云遣使不受則為辱命夫以天下為量者不計細恥以四海為任者寧顧小節一城之沒尚不足惜一使不反曾何取勲且我以權取貴得我略行何嫌其恥所謂尺蠖之屈以求伸也臣不言遣使必得和自有可和之理猶如欲戰不必勝而有可勝之機耳今宜早發大軍廣張兵勢徵犀甲於岷峨命樓船於浦海使自青徂豫候騎星羅沿江入漢雲

陣萬里據險要以奪其魄斷糧道以折其膽多設疑兵使精悉而計亂固列金湯使神如應屈然後發衷詔馳輕驛辯釁重幣陳列吉凶比虜頑而愛奇貪而好吉畏我之威喜我之賂畏威喜賂願和必矣陛下用臣之啓行臣之計何勳臣之言和亦慷闊伏願察兩塗之利害檢二事之多少聖照玄灼然可斷所表謬奏希下之朝省使同博議臣謬荷殊恩奉佐庶岳敢肆瞽直伏奏千里帝不納徵侍中不行留本任稚珪風韻清踈好文詠飲酒七八斗與外兄張融情趣相得又與琅邪王思遠廬江何點弟胤並款交不樂世務居宅盛營山水憑机獨酌傍無雜事門庭之內草萊不剪中有蛙鳴或問之曰欲為陳蕃乎稚珪笑曰我以此當兩部鼓吹何必期效仲舉永元元年為都官尚書遷太子詹事加散騎常侍三年稚珪疾東昏屏除以牀舉走因此疾甚遂卒年五十五贈金紫光祿大夫

劉繪字士章彭城人太常悛弟也父勔宋末權
貴門多人客使繪與之共語應接流暢動喜曰
汝後若束帶立朝可與賓客言矣解褐著作郎
太祖太尉行參軍太祖見而歎曰劉公為不亡也
豫章王嶷為江州以繪為左軍主簿隨鎮江陵
轉鎮西外兵曹參軍驃騎主簿繪聰警有文義
善隸書數被賞召進對華敏徐孝嗣之中見遇莫
及琅邪王詡為功曹以吏能自進嶷謂僚佐曰
吾雖不能得應嗣陳蕃然閣下自有二驥也復
為司空記室錄事轉太子洗馬大司馬諮議領
錄事時豫章王嶷與文惠太子以年秩不同物
論謂宮府有疑繪若求外出為南康相郡事之
暇專意講說上左右陳洪讓假南還問繪在郡
何似既而聞之曰南康是三州喉舌應須治幹
當可以年少講學處之邪徵還為安陸王護軍
司馬轉中書郎掌詔誥敕助國子祭酒何胤撰
治禮儀永明末京邑人士盛為文章談義皆湊
竟陵王西邸繪為後進領袖機悟多能時張融

周顒並有言工融音旨緩韻頎辭致綺捷繪之
言吐又頓挫有風氣時人為之語曰劉繪貼宅別
開一門言在二家之中也魚復侯子響誅後豫章
王嶷欲求葬之召繪言其事使繪來表繪求紙筆
須臾便成嶷歎足八字云捉麝使來俯見成人乃
歎曰禰衡何以過此後比虜使來以辭辯敕
接虜使事畢當撰語辭繪謂人曰無論潤色未
易但得我語亦難矣事兄悰恭謹與人語呼為
使君隆昌中悰坐罪將見誅繪伏闕請代兄死
高宗輔政救解之引為鎮軍長史轉黃門郎高
宗為驃騎以繪為輔國將軍諮議領錄事典筆
翰高宗即位遷太子中庶子出為寧朔將軍無
軍長史安陸王寶晊為湘州以繪為冠軍長史
長沙內史行湘州事將軍如故寶晊妃悰女也
寶晊愛其待媵繪奪取具以啟聞寶晊以為恨
與繪不協遭母喪去官有至性持喪墓下三年
食鹿觸服闋為寧朔將軍晉安王征北長史南
東海太守行南徐州事繪雖豪俠常惡武事雅

善博射未嘗跨馬兄懷之亡朝議贈平北將軍
雍州刺史詔書已出朝廷以繪請尚書令徐孝嗣改之
及梁王義師起朝廷以繪為持節督雍梁南北
秦四州郢州之竟陵司州之隨郡諸軍事輔國
將軍領寧蠻校尉雍州刺史固讓不就眾以朝
廷皆亂為之寒心繪終不受東昏改用張欣泰
繪轉建安王車騎長史行府國事義師圍城南
兗州刺史張稷揔城內軍事與繪情款異常將
謀慶立開語累夜東昏殞城內遣繪及國子博
士范雲等送首詣梁王於石頭轉大司馬從事
中郎中興二年卒年四十五繪撰能書人名自
云善飛白言論之際頗好矜知弟鎮字士溫好
文章飲酒奢逸不去財物榮陽毛惠遠善畫馬
頊善畫婦人世並為第一官至吏部郎先繪卒
史臣曰刑禮相摯勸戒之道淺識言治莫辯後
先故宰世之堤防御民之羈絆端簡為政貴在
畫一輕重屢易手足無從律令之本文約旨曠
據典行罰各用情求舒慘之意既殊寬猛之利

亦異辭有出沒義生增損舊尹之事政非一途
後主所是即為成用張弛代積稍至遷訊故刑
開二門法有兩路刀筆之態深而刻舞弄之風起承
喜怒之機隙挾千金之斧利剪韭復生寧失有
罪抱木牢戶未必非冤下吏上司文簿從事辯
聲察色莫用袊府申枉理讞怨怒不在躬案法隨
過曾不待獄以律定罪無細非偽蓋由網密憲
科幸無咎悔至於郡縣親民百務萌始以情矜
煩文理相背夫懲耶難窮盜賊長有欲求猛勝
事在或然掃塞高門為利軹遠故永明定律多
用優寬治物不患仁心見累於弘厚為令貴在
必行而惡其姦雜也
替曰袞狗厥戚猶子為情稚珪夷遠奏諫罷兵
士章機悟立行砥名

列傳第二十九

南齊書四十八

王奐　從弟繢

張沖

臣蕭　子顯　撰

王奐字彥孫琅邪臨沂人也祖僧朗宋左光祿
儀同父粹黃門郎奐出繼從祖中書令球故字
彥孫解褐著作佐郎太子舍人安陸王冠軍主
簿太子洗馬本州別駕中書郎桂陽王司空諮
議黃門郎元徽元年為晉熙王征虜長史江夏
內史遷侍中領步兵校尉復出為晉熙王鎮西
長史加冠軍將軍江夏武昌太守徵詞部尚書
轉掌吏部昇明初遷冠軍將軍丹陽尹初王晏
父普曜為沈攸之長史常慮攸之舉事不得還
時奐為吏部轉普曜為內職晏深德之及晏仕
世祖奐從弟蘊反世祖謂晏曰王奐宋家外
戚王蘊親同逆黨既其羣從豈能無異志晏欲
具以啟聞晏叩頭曰王奐修謹保無異志晏父
母在都請以為質世祖乃止出為吳興太守秩

進號二千石將軍如故尋進號征虜將軍建元元年
進號左將軍明年遷太常領鄱陽王師仍轉侍中
祕書監領驍騎將軍又遷征虜將軍臨川王鎮西
長史領南蠻校尉南郡內史奐一歲三遷上表固
讓臣竊謂今天地初闢萬物載新荊蠻來威巴濮
不擾但使邊民樂業有司脩務本府舊州日就殷
阜臣昔遊西土較見盈虛兼日者戎爐之後瘡毀
難復雖復緝以善政未及來蘇令復割撤大府制
置偏校崇望不足以助強語實安能以相弊且資
力既分職司增廣衆勞務倍文案滋煩非獨臣見
其難竊以為國計非允見許於是罷南蠻校尉官
進號前將軍世祖即位徵石僕射仍轉使持節監
湘州軍事前將軍湘州刺史永明二年徙為散騎常
侍江州刺史初省江州軍府四年遷右僕射本州
中正奐無學術以事幹見處遷尚書僕射中正如
故校籍郎王植屬吏部郎孔琇之以校籍令史俞
公喜求進署矯稱奐意植坐免官六年遷散騎常
侍領軍將軍奐欲請軍駕幸府上晚信佛法御膳

不宰牲使王晏謂奐曰五呂前去年爲斷殺事不
復幸詣大臣巳判無容欻爾也王儉卒上用奐
爲尚書令以問王晏晏位遇巳重與奐不能相
推荅上曰柳世隆有勳望恐不宜在奐後乃轉奐
爲左僕射加給事中出爲使持節散騎常侍都
督雍梁南北秦四州郢州之竟陵司州之隨郡
軍事鎮北將軍雍州刺史上謂王晏曰奐於釋
氏實自專至其在鎮或以此妨務卿相見言次
及之勿道吾意也上以行此諸戍士卒多縹纏
送袴褶三千具令奐分賦之十一年奐輒殺寧
蠻長史劉興祖上大怒使御史中丞孔稚珪奏
其事曰雍州刺史王奐啓錄小府長史劉興祖
虛稱興祖扇動山蠻規生逆謀誹言誹謗言辭
不遜敕使送與興祖下都奐慮所啓欺妄於獄打
殺興祖詐啓稱自經死止今體傷楚著黥事暴
聞聽攝興祖門生劉倪到臺辨問列興祖與奐
共事不能相和自去年朱公恩領軍征蠻失利
興祖啓聞以啓呈奐奐因此便相嫌恨若云興

祖有罪便應事在民間民間恬然都無事迹去
十年九月十八日奐使仗身三十人來稱敕錄
興祖付獄安定郡蠻先在郡賦私興祖既知其
取與即牒啓奐不問興祖後執錄奐仍令蠻領
仗身於獄守視奐未死之前於獄以物畫漆
㭬子中出密報家道無罪令啓乞出都一辨萬
死無恨又云奐駐興祖嚴禁信使欲作方便殺
以除口舌又云奐意乃可奐第三息彪隨奐在
州凡事是非皆干豫扇構密除興祖又云興祖
家餉廉中下藥食兩口便覺回乞獄子食者皆
大利典獄大叫道廉中有藥近獄之家無人不
聞又云奐治箸興祖日急判無濟理十一月二十
一日奐使獄吏來報興祖家道興祖於獄自
經死尸出家人共洗浴之見興祖頸下有傷肩
胛烏黥陰下破碎實非興祖自經死家人又門
義共見非是一人重攝嘍苦望下旣蒙降旨欣
與倪符同狀興祖在獄雍州都留田文喜列
願始遂㠖容於此方復自經敕以十九日至興

祖以二十一日死推理撿迹灼然矯假尋敕使
送下奐輒拒詔所謗諸條悉出奐意毀故丞相
若陳顯達謀訕朝事莫此之深彪私隨父之鎮
敢亂王法罪並合窮載上遷中書舍人呂文顯
直閣將軍曹道剛領齊仗五百人收奐敕鎮西司
馬曹虎從江陵步道會襄陽奐子彪素凶剽奐
不能制女婿殷叡懼禍謂奐曰曹呂今來既不
見真敕恐為奸變政宜錄取馳啟聞耳奐納之
彪輒令率州內得千餘人開鎮庫取仗配衣甲

出南堂陳兵開門拒守奐門生鄭羽叩頭啟奐
乞出城迎臺使曰我不作賊欲先遣啟自申政
恐曹呂輩小人貪陵藉故且閉門自守耳彪遂
出與虎軍戰其黨范虎領二百人降臺軍彪敗
走歸土人起義攻州西門彪登門拒戰却之奐
司馬黃瑤起窴子蠻長史裴叔業於城內起兵攻
奐奐聞兵入還內禮佛未及起軍人遂斬之奐
五十九執彪及弟姪殷叡皆伏誅詔曰逆賊
王奐險詖之性自少及長外飾廉勤內懷凶慝

貽戻鄉伍取二衆衣冠拔其文筆之用擢以顯任
出牧樊阿政刑弛亂第三息彪矯弄威權父子
均執乃故寧謐置長史劉興祖忠於奉國每事匡執
奐忽其異已誣以訕謗肆怒囚錄奏聞朕
命天威電掃義夫咸奮曾未浹辰罪人斯獲方
殺害欺罔既彰中使辯覈遂接兵登陴逆捍王
察奐愚詐送興祖還都乃懼姦謀露濧加
隅克殄漢南肅清自非犯官兼預同逆謀為一
時所驅逼者悉無所問奐長子太子中庶子融

融弟司徒從事中郎琛於都廄市餘孫皆原宥殷
叡字文子陳郡人晉太常融七世孫也宋元嘉
末祖元素坐沐太初事誅叡遺腹亦當從戮外
曾祖王僧朗啟孝武救之得免叡解義有口才
司徒褚淵甚重之謂之曰諸殷自荊州以來無
出卿右者叡歆密咨曰殷族衰悴誠不如昔若
此旨為虛故不足降此旨為實彌不可聞奐為
雍州啟叡為府長史叡族父恆字昭度與叡同
承融後宋司空景仁孫也恆及父道矜並有古

風以是見蟲於世其事非一恒宋泰始初爲度
支尚書坐屬父疾及身疾多爲有司所奏明帝
詔曰殽道孫有生便病比更無橫病恒因愚習
情久妨清叙左遷散騎常侍領校尉恒歷官清
顯至金紫光祿大夫建武中卒奐弟伷女爲長
沙王晃妃世祖詔曰奐自陷逆節長沙王妃男
女竝長且奐又出繼前代或當有淮可特不離
絕奐從弟績

續字叔素宋車騎將軍景文子也弱冠爲祕書
郎太子舍人轉中書舍人景文以此授超階令
續經年乃受景文封江安侯續龍襲其本爵爲始
平縣五等男遷祕書丞司徒右長史元徽末除
寧朔將軍　平王征北長史南東海太守黃門
郎寧朔將軍東陽太守世祖爲撫軍吏部尚書
張岱選績爲長史呈選牒太祖笑謂岱曰此可
謂素望遷散騎常侍驍騎將軍出補義興太守
輒錄郡吏陳伯喜付陽羨獄欲殺之縣令孔道
不知何罪不受績教爲有司所奏績坐白衣領

職遷太子中庶子領驍騎轉長史兼侍中世祖
出射雉績信佛法稱疾不從駕轉左民尚書以
母老乞解職改授寧朔將軍大司馬長史淮陵
太守出爲宣城太守秩中二千石隆昌元年遷
輔國將軍大傳長史不拜仍爲冠軍將軍豫章
內史進號征虜又坐事免官除冠軍將軍司徒
左長史散騎常侍隨王師除征虜將軍驃騎長
史遷散騎常侍太常永元元年卒年五十三諡
靖子續女適安陸王子敬世祖寵子永明三年

納妃績外舅姑之敬世祖遣文惠太子相隨往
續家置酒設樂公卿皆冠冕而至當世榮之
張沖字思約吳郡吳人父東通直郎沖出繼從
恒侍中景沖小名查父邵小名梨宋文帝戲曰
沖曰查何如梨景沖答曰梨是百果之宗查何
敢及沖亦少有至性碎州主簿隨從叔永爲將
帥除綏遠將軍盱眙太守永征彭城遇寒雪軍
人足脛凍斷者十七八沖足指皆隨墮除尚書
部郎桂陽王征南中兵振威將軍歷驃騎太尉

南中郎參軍不拜遷征西從事中郎通直郎武
陵王北中郎直兵參軍長水校尉除寧朔將軍
本官如故遷左軍將軍加寧朔將軍輔國將軍
沖少從戎事朝廷以幹力相待故歷處軍校之
官出為馬頭太守徙肝眙太守輔國將軍如故
永明六年遷西陽王冠軍司馬八年為假節
監青冀二州刺史西陽王冠軍將軍如故沖初至遺命曰
祭我必以鄉土所產無用牲物沖在鎮四時還
吳園中取果菜流涕薦焉仍轉剌史欝林即

三百四　南齊書傳三十　九　周受

位進號冠軍將軍明帝即位以昌壽太守王洪
軌代沖除黃門即加征虜將軍建武二年虜寇淮
泗假沖節都督青冀二州北討諸軍軍事本官如
故虜升兵攻司州除青右出軍分其兵勢沖遣
軍主桑係祖由渣口攻拔虜建陵驛馬厚立三
城多所殺獲又與洪軌道軍主崔季延襲虜紀
城據之沖又遣軍主杜僧護攻拔虜虎坑馮時
即立三城驅生口輜重還至瀘溝虜救兵至緣
道要擊僧護力戰大破之其年遷盧陵北中

郎司馬加冠軍將軍未拜豐城公遷昌為豫州上
慮寇未已徙沖為征虜長史南梁郡太守永泰
元年除江夏王前軍長史東昏即位出為建安王
征虜長史輔國將軍江夏內史行郢州府州事元
元元年遷持節都督豫州軍豫州刺史代裴叔業
竟不行明年遷督南兗兗徐青冀五州輔國將
軍南兗州刺史持節將軍如故會司州刺史申希祖
辛以沖為督司州軍事冠軍將軍司州刺史裴
叔業必壽春降虜又遷沖為督南兗兗徐青冀

三廿四　南齊書傳三十　十一　弓華

五州南兗州刺史持節將軍如故並未拜崔慧
景事平徵建安王寶寅還都以沖為督郢司二
州郢州刺史持節將軍如故一歲之中頻授四州
至此受任其冬進征虜將軍封定襄侯食邑千
戶梁王義師起東昏遣驍騎將軍薛元嗣制局
監暨榮伯領兵及糧運百四十餘船送沖使拒
西師元嗣等懲劉山陽之敗疑沖不敢進停住
夏口浦聞義師將至元嗣榮伯相率入郢城時
竟陵太守房僧寄被代還至郢東昏敕僧寄留

守魯山除驍騎將軍僧寄謂沖曰臣雖未荷朝
廷深恩實家先帝厚澤蔭其樹者不折其枝實
欲微立塵効沖深相許諾共結盟誓乃分部拒
守遣運軍主孫樂祖深數千人助僧寄據魯山岸立
城壘明年二月梁王出汋口圍魯山城遣軍主
曹景宗等過江攻郢城未及盡濟沖遣中兵參
軍陳光靜等開門出擊爲義師所破光靜戰死
沖固守不出景宗於是據石橋浦連軍相續下
至加湖東昬遣軍主巴西梓潼二郡太守吳子

南齊傳三十 十一 三三三

陽光子衿李文劍陳虎牙等十三軍援郢至加
湖不得進乃築城舉烽城內亦舉火應之而內
外各自侵不能相救沖病死元嗣榮伯與沖子
孜及長史江夏內史程茂固守東昬詔贈沖加
騎常侍護軍將軍假元嗣子陽節江水暴長加
湖城淹漬義師乘高艦攻之大敗散魯
山城乏粮軍人於巇頭捕細魚供食密治輕船
將奔夏口梁王命偏軍斷其取路防備越逸房
僧寄病死孫樂祖窘以城降郢城被圍二百餘

日士庶病死者七八百家魯山既敗程茂及元
嗣等議降使孜爲書與梁王沖故吏青州治中
房長瑜謂孜曰前使君忠貞昊天操逾松竹郎
君但當端坐畫一以荷折薪若天運不與幅巾
待命以下從使君今若隨諸人之計非唯郢州
士女失高山之望亦恐彼所不取也魯山陷後
二日元嗣等以郢城降東昬贈沖輔國將軍郢
州刺史元嗣爲督雍梁南司
秦四州郢州之竟陵司州之隨郡冠軍將軍雍

南齊傳三十 十二 三四

州刺史並持節郢魯二城以降死者相積竟
無叛散時以沖及房僧寄比臧洪之被圍也贈
僧寄益州刺史時新蔡太守席謙永明中爲中
書郎王融所薦父恭穆鎮西司馬爲魚復侯所
害至是謙棄子弘義師東下曰我家世忠貞
殞死不二爲陳伯之所殺
史臣曰石碏棄子弘滅親之戒鮑永晚降知事
新之節王奐誠在麋貳迹允嚴科張沖未達天
心守迷義運致危之理異爲亡之事一也

贊曰王居比牧子未克家終成干紀覆此胄華
張融篤守死如亂麻爲悟既晩辯見方睽

七

南齊傳三十

十三

文二王　明七王

臣蕭　子顯　撰

文惠太子四男安皇后生鬱林王昭業宮人許
氏生海陵恭王昭文陳氏生巴陵王昭秀褚氏
生桂陽王昭粲

巴陵王昭秀字懷尚太子第三子也永明中封
曲江公千五百戶十年為寧朔將軍濟陽太守

鬱林即位封臨海郡王二千戶隆昌元年為使
持節都督荊雍益寧梁南北秦七州軍事西
中郎將荊州刺史延興元年徵為車騎將軍衞
京師以永嘉王昭粲代之明帝建武二年通直
常侍庾曇隆啓曰周定雒邑天子置畿內之
民漢都咸陽三輔為社稷之衞中晉南遷事
移威弛近郡名邦多有國食宋武創業依擬古
典神州部內不復別封而孝武末年分樹寵子
苟申私愛有乖訓准隆昌之元特開母弟少貴

（南齊列三十一　楊洞）　一

竊謂非古聖明御寓體舊為先畿內限斷宜遵
昔制賜非茅授土一出外州詔付尚書詳議其冬
改封昭秀為巴陵王永泰元年見殺年十六

永嘉郡王昭粲太子第四子也鬱林王立以皇弟封
桂陽王昭粲太子第四子也鬱林王立以皇弟封
都督荊雍益寧梁南北秦七州軍事西中郎
將荊州刺史明帝立欲以聞喜公遙欣為荊州
轉昭粲為右將軍中書令建武二年改封桂陽
王四年遷太常將軍如故永泰元年見殺年八歲

明帝十一男敬皇后生東昏侯寶卷江夏王寶
玄鄱陽王寶寅和帝聲其嬪生巴陵王寶隱王寶義
晉熙王寶嵩高宗貴妃生廬陵王寶源管淑妃
生邵陵王寶攸許淑媛生桂陽王寶貞俞皆早天
巴陵隱王寶攸字智男明帝長子也本名明基
建武元年為持節都督揚南徐州軍事前將
軍揚州刺史封晉安郡王三千戶寶義少有廢
疾不堪出入閒故止加除授仍以始安王遙光
代之轉寶義為右將軍領兵置佐鎮石頭二年

（三百片　南齊書傳五十）　二

出為使持節都督南徐州軍事鎮北將軍南徐
州刺史東昏即位進征北大將軍開府儀同三
司給伎永元元年給班劍二十人始安王遙光
誅為都督揚南徐二州軍事驃騎大將軍揚
州刺史持節如故東府被兵火屋宇燒殘帝方
營宮殿不暇修葺寶義鎮西州三年進位司
徒和帝西臺建以為侍中司空使持節都督刺
史如故梁王定京邑宣德太后令以寶義為太
尉領司徒詔云不言之化形于自遠時人皆云此
實錄也梁受禪封謝沐縣公尋封巴陵郡王奉
齊後天監中薨

江夏王寶玄字智深明帝第三子也建武元年
為征虜將軍領石頭戍事封江夏郡王仍出為
持節都督郢司二州軍事西中郎將郢州刺史
永泰元年還為前將軍領石頭戍事未拜東
昏即位進號鎮軍將軍永元元年又進車騎將
軍代晉安王寶義為使持節都督南徐兗二州
州軍事南徐兗二州刺史將軍如故寶玄要尚

書令徐孝嗣女為妃孝嗣被誅離絕少帝選
少姬二人與之寶玄恨望密有異計明年崔慧
景舉兵還至廣陵遣使奉寶玄為主寶玄
斬其使因是發將吏防城帝遣馬軍主戚平
外監黃林夫助鎮京口慧景將渡江寶玄密
與相應慧景殺司馬孔矜典籤呂承緒及平林夫開
門納慧景使長史沈佚之諸議柳憕分部軍
眾乘八栅輿手執絳幡隨慧景至京師住
東城百姓多往投集慧景敗收得朝野投寶
玄及慧景軍名帝令燒之曰江夏尚爾豈復可
罪餘人寶玄逃亡數日乃出帝召入後堂以步鄣
裏之令羣小數十人鳴鼓角馳繞其外遣人謂
寶玄曰波近圍我亦如此少日乃殺之

廬陵王寶源字智淵明帝第五子也建武元
年為北中郎將鎮琅邪城封廬陵郡王還右將
軍領石頭戍事仍出為使持節都督南兗兗
徐青冀五州軍事後將軍南兗州刺史壬戍則
伏誅徙寶源為都督會稽東陽臨海永嘉新

安五郡軍事會稽太守將軍如故永元元年進
號安東將軍和帝即位以為侍中車騎將軍開
府儀同三司都督太守如故未拜中興二年薨
鄱陽王寶寅字智亮明帝第六子也建武初
封建安郡王三年為北中郎將鎮琅邪城明年
出為持節都督江州軍事南中郎將江州刺史
東昏即位為使持節都督郢司二州軍事征虜
將軍郢州刺史尋進號前將軍永元二年徵為
撫軍領石頭戍事未拜三年為車騎將軍開
府儀同三司鎮石頭其秋雍州刺史張欣泰等
謀起事於新亭殺臺內諸主帥事在欣泰傳
難作之日前南譙太守王靈秀奔往石頭率城
內將吏兒見力去車腳載寶寅向臺城百姓數千
人皆空手道後京邑騷亂寶寅至杜姥宅日
已欲暗城閉城大射之眾棄寶寅逃去寶
寅逃亡三日我服詣草市尉尉馳以啟帝帝迎
寶寅入宮問之寶寅涕泣稱爾日不知何人逼
使上車仍將去制不自由帝笑乃復爵位和帝

立西臺以寶寅為使持節都督南徐兗二州軍
事衛將軍南徐州刺史少帝以為使持節都督
荊益寧雍梁北南秦七州軍事荊州刺史將軍
如故宣德太后臨朝梁王為建安公改封寶寅
為鄱陽王中興二年謀反伏誅
邵陵王寶攸字智宣明帝第九子也建武元
年封南平郡王三年改封二年為北中郎將鎮
琅邪城永元元年為持節都督南北徐青
與五州軍事南兗州刺史郎將如故未拜遷征
虜將軍領石頭戍事丹楊尹戍事左將軍如故陳顯達
車平出為持節都督江州軍事左將軍江州刺史
以本號還京師授中將軍祕書監中興二年謀
反宣德太后令賜死
晉熙王寶嵩字智靖明帝第十子也永元二年
為冠軍將軍丹楊尹仍遷持節都督南徐兗二
州軍事南徐州刺史將軍如故中興元年和帝
以為中書令明年謀反伏誅
桂陽王寶貞明帝第十二子也永元二年為中

護軍北中郎將領石頭戍事中興二年謀友伏誅

史臣曰春秋書鄭伯克段于鄢兄弟之恩離君
臣之義正夫逆從有勢況親兼一體道窮數盡
或容觸啄而寶玄自尋干戈欻受家難曾不
悟執柯所指踟躕相從以此而圖萬全未知其
鮷鮷也

贊曰文惠二王于嗟天殤明于七國政弄裏
七

列傳第三十一　　　南齊書五十

南齊書傳五

07-455

　裴叔業

　崔慧景

　張欣泰

梁　臣蕭子顯　子顯　撰

裴叔業河東聞喜人晉冀州刺史徽後也徽
游擊將軍黎遇中朝亂子孫泠涼州仕於張氏
黎玄孫先福義熙末還南至滎陽太守叔業父
祖晚渡少便弓馬有武幹宋元徽末累官爲羽
林監太祖驃騎行參軍建元元年除屯騎校尉
虜侵司豫二州以叔業爲軍主征討本官如故
上初即位羣下各獻讜言二年叔業上疏曰成
都沃壤四塞爲固古稱一人守隘萬夫趦趄雍
齊亂於漢世誰李寇於晉代成敗之迹載前
史頃世以來綏馭乖術地惟形勢居之者異姓
國實武用鎮之者無兵致寇掠充斥賦稅不斷
宜遣帝子之尊臨撫巴蜀抱益梁南秦爲三州
刺史率文武萬人先啓岷漢分遣郡戍皆配精

力搜盪山源糾度姦蠹威令旣行民夷必服除
寧朔將軍軍主如故永明四年累至右軍將軍
東中郎諮議參軍高宗爲徐州叔業爲右軍司
馬加建威將軍軍主領陳留太守七年爲王敬
則征西司馬將軍軍主如故隨府轉驃騎在壽
春爲佐史數年九年爲寧蠻長史廣平太守雍州
刺史王奐事難叔業率部曲於城內起義上以
其有幹用仍留爲晉安王征北諮議領中兵扶
風太守遷晉熙王冠軍司馬延興元年加寧朔
將軍司馬如故叔業早與高宗接事高宗輔政
厚任叔業以爲心腹使領軍掩襲諸蕃鎮叔業
盡心用命建武二年虜圍徐州叔業以軍主隸
右衞將軍蕭坦之救援淮柵外二城
刻之賊衆赴水死甚衆除黃門侍郎上以叔業
有動誠封武昌縣伯五百戶仍爲持節督徐州
軍事冠軍將軍徐州刺史四年虜主寇泗北上
令叔業援雍州叔業啓北人不樂遠行唯樂侵
伐虜堺則雍司之賊自然分張無勞動民向遠

也上從之叔業率軍攻虹城獲男女四千餘人
徙督豫州輔國將軍豫州刺史持節如故永泰
元年叔業領東海太守孫令終新昌太守劉思
效馬頭太守李僧護等五萬人圍渦陽虜南兗
州所鎮去彭城百二十里偽兗州刺史孟表固
守拒戰叔業攻圍之積所斬級高五丈以示城
州又遣軍虜主蕭璝成寶真分攻龍亢即虜馬
頭郡也虜閏城自守偽徐州刺史廣陵王率二
萬人騎五千四至龍亢璝等拒戰不敵叔業三

■南齊書傳王二　三　金

萬餘人助之數道攻虜虜新至營未立於是大敗
廣陵王與數十騎走官軍追獲其節虜又遣偽
將劉藻高忽繼至叔業率軍迎擊破之冊戰斬
首萬級獲生口三千人器仗驢馬絹布千萬計
虜主聞廣陵王敗遣偽都督王蕭大將軍楊大
眼步騎十餘萬救渦陽叔業見兵盛夜委軍遁
走明日官軍奔潰虜追之傷殺不可勝數日暮
乃止叔業還保渦口上遣使慰勞高宗崩叔業
還鎮少主即位誅大臣宗師屢有徵發叔業登

壽春城北望肥水謂部下曰卿等欲富貴平我
言富貴亦可辦耳永元元年徙督南兗兗徐青冀
五州軍事南兗州刺史將軍持節如故叔業見
時方亂不樂居近蕃朝廷疑其欲反叔業亦遣
使參察京師消息於其異論轉盛叔業兄子植
颭立為直閤殷內驅使慮至棄朝奔壽陽說
叔業以朝廷必見掩襲遣裴長穆宣旨許傳本任
遣其宗人中書舍人裴長穆宣旨許傳本任叔
業猶不自安而植等說之不已叔業憂懼問計

■三十四　南齊傳三十二　四

於梁王梁王令遣家還都自然無患叔業乃遣
子芬之等還質京師明年進號冠軍將軍傳叔
業反者不已芬之愈復奔壽春於是發詔討
叔業遣護軍將軍崔慧景征虜將軍小峴叔業
蕭懿督水陸眾軍西討頓軍小峴叔業病困植
請救親虜送芬之為質叔業壽卒虜遣大將軍
李醜楊大眼二千餘騎入壽春其下
武二年至壽春其下勸攻城宏曰不須攻後當
降也植等皆還洛陽

崔慧景字君山河東武城人也祖構奉朝請父
系之州別駕慧景初為國子學生宋泰始中歷
位至員外郎稍遷長水校尉尋太祖在淮
陰慧景與宗人祖思同時自結太祖欲北渡廣
陵使慧景具船於陶家後渚事雖不遂以此見
親除前軍沈收之事平仍出為武陵王安西司
馬河東太守使防扞陝西昇明三年豫章王為
荆州慧景留為鎮西司馬兼諮議太守如故太
祖受禪封樂安縣子三百戶豫章王遣慧景奉
表稱慶還京師太祖召見加意勞接轉平西府
司馬南郡內史仍遷為南蠻長史加輔國將軍
內史如故先是蠻府置佐資用甚輕至是始重
其選建元元年虜動豫章王遣慧景三千人頓
方城為司州聲援虜退梁州賊李烏奴未平以
慧景為持節都督梁南北秦沙四州軍事西戎
校尉梁南秦二州刺史將軍如故敕荆州資給
發遣配以實甲千人步道從襄陽之鎮初烏奴
屢為官軍所破走氐中乘間出擾動梁漢據關

城遣使詣荆州請降豫章王不許遣中兵參軍
王圖南率益州軍從劍閣討大擂破之烏奴
還保武興慧景發漢中兵眾進頓白馬遣支軍
與圖南腹背攻擊烏奴大敗遂奔干武興世祖
即位進號冠軍將軍在州苗聚多獲珍貨永明
三年以本號還遷黃門郎領羽林監明年遷隨
王東中郎司馬加輔國將軍出為持節督司州
軍事冠軍將軍司州刺史毋喪詔起復本任慧
景每罷州輒貧獻奉勳數百萬世祖以此嘉之
九年以本號徵還轉太子左率加通直常侍明
年遷右衛將軍加給事中是時虜將侵上出
慧景為持節督豫州郢之西陽司州之汝南
二郡諸軍事冠軍將軍豫州刺史鬱林即位進
號征虜將軍慧景以少主新立密與虜交通朝
廷疑懼高宗輔政遣還梁王至壽春安慰之慧景
遣密啟送誠勸進徵還為散騎常侍左衛將軍
建武二年虜冠徐豫慧景以本官假節向鍾離
受王玄邈節度尋加冠軍將軍四年遷度支尚

書曰領太子左率冬虜主攻汎北五郡假慧景節
率衆二萬騎千匹向襄陽雍州衆軍並受即度
永泰元年慧景至襄陽五郡已沒加慧景平北
將軍置佐史分軍助戍樊城慧景頓渦口村與
太子中庶子梁王及軍主前寧州刺史董仲民
麥騎還補虜軍且至須更望數萬騎俱來慧景等
據南門梁王據比門令諸軍上城上時慧景等
辱食輕行皆有饑懼之色軍中比館客三人走

投虜具告之虜僞都督中軍大將軍彭城王元
勰分遣僞武衞將軍元蚪趣城東南斷慧景歸
路分遣司馬孟斌向城東僞右衞將軍播正屯城
比交射城內梁王欲出戰慧景曰虜不夜圍人
城待日暮自當去也既而虜衆轉盛慧景於南
門拔軍衆不相知隨後奔退虜遣鎧馬百人入
劉山陽與部曲數百人斷後死戰虜軍從比門入
餘匹突取山陽使射手射之三人倒馬手
殺十餘人不能禁且戰且退慧景南出過開溝

軍人蹋藉橋皆斷虜軍夾路射之軍主傳法
憲見殺赴溝死者相枕山陽取襖杖塞之
得免虜主率大衆追之晡時虜主至汎北圍軍
主劉山陽山陽據城若戰至暮虜乃退衆軍恐
懼其夕皆下船還襄陽東岸慧景平南將軍徐
軍平比假節如故未拜永元元年遷護軍將軍
壽加侍中堂時輔國將軍徐世檦專勢號令慧
軍事屯中堂時慧景即位改領右衞將
景備員而已帝既誅戮將相舊臣皆盡慧景自

以年宿位重轉不自安明年裴叔業必壽春降
虜改授慧景平西將軍假節侍中護軍如故率
軍水路征壽陽軍頓白下將發帝長圍屏除出
琅邪城送之帝戎服坐城樓上召慧景單騎進
圍內無一人自隨者帝覺為直閣將軍慧景
既得出甚喜太子覺奔赴慧景密與期四
月慧景至廣陵覽便出奔慧景過廣陵數十里
召會諸軍主曰吾荷三帝厚恩常顧託之重勤
主民往朝廷壞亂危而不扶責在今日欲與諸

君共建大功以安宗杜何如衆皆響應於是回
軍還廣陵司馬崔恭祖守廣陵城開門納之帝
闓變以征虜將軍右衛將軍左興盛假節督京
邑水陸衆軍慧景停二日便收衆濟江集京口
江夏王寶玄又為內應合二鎮兵力奉寶玄向
京師臺遣驍騎將軍張佛護直閤將軍徐景智游盪主
屯騎校尉姚景珍等據竹里為數城寶玄遣
董伯珍將官軍靈福等攝竹里為數城
信謂佛護曰身自還朝君何意苦相齟齬過佛護

南齊書傳三十二　九　余

苍曰小人荷國重恩使於此劉立小戍殿下還
朝但自直過旦莫敢干斷遂射慧景軍因合戰慧
景子覺及崔恭祖領前鋒皆偽楚善戰文輕行
不糧食以數舫緣江載酒肉為軍糧每見臺軍
城中煙火起輒盡力攻擊臺軍不復得食以此
饑困元稱等議欲降佛護不許十二日恭祖等
復攻之城陷佛護單馬未追得斬首元稱降
餘軍主皆死慧景至臨沂令李元之發橋斷路
慧景收殺之臺遣中領軍王瑩都督衆軍據湖

頭築壘上帶蔣山西巖寶甲數萬慧景至查硎
竹塘人萬副兒善射獵能捕虜授慧景曰今平
路皆為臺軍所斷不可議進唯宜從蔣山龍尾
上出其不意耳慧景從之分遣千餘人魚貫緣
山自西巖夜下鼓叫臨城中臺軍驚恐即時奔
散帝又遣右衛將軍左興盛率軍入樂遊苑
慧景於北離門望風退走慧景引軍入拒
祖率輕騎十餘四突進北掖門乃復出宮門皆
閉慧景引衆圍之於是東府石頭下新亭諸

南齊書傳三十二　十一

城皆潰左興盛走不得入宮逃淮渚荻舫中慧
景擒殺之官中遣兵出盪不尅慧景燒蘭臺府
署為戰場守衛尉蕭暢屯南掖門處分城內隨
方應擊衆心以此稍安慧景稱宣德太后令廢
帝為吳王時巴陵王昭冑先逃民間出投慧景
覺與恭祖爭動慧景不能決恭祖勸慧景射火
箭燼北掖樓慧景以大事垂定後若更造費用
功力不從其計性好談義無解佛理頓法輪寺

對客高談恭祖深懷怨望先是衛尉蕭懿為征
虜將軍豫州刺史自歷陽步道征壽陽帝遣密
使告之懿率軍主胡松李居士等數千人自採
石濟岸頓越城舉火臺城中鼓叫稱慶恭祖先
勸慧景遣二千人斷西岸軍令不得渡慧景以
城旦夕降外救自然應散至是恭祖請擊義師
又不許乃遣子覺將精手數千人渡南岸義師
昧旦進戰數合士皆致死覺大敗赴淮死者二
千餘人覺單馬退開桁阻淮其夜崔恭祖與驍

將劉運詣城降慧景衆情離壞乃將腹心數人
潛去欲北渡江城北諸軍不知猶為拒戰城內
出灨殺數百人義軍渡北岸慧景餘衆皆奔慧
景圍城凡十二日軍旅散在京師不為營壘及
走衆於道稍散單馬至蟛浦為漁父所斬以頭
內鮓魚籃檐送至京師時年六十三追贈張佛
護為司州刺史左興盛豫州刺史竝征虜將軍
徐景智相靈福屯騎校尉董伯珍貟外郎李委
給事中其餘有差恭祖者慧景宗人驍果便馬

稍氣力絕人頻經軍陣討王敬則與左興盛軍
客奏文曠爭敬則首訴明帝曰恭祖兔馬絳衫
手刺倒賊故文曠得斬其首以死易勳而見枉
奪若失此勳要當刺殺左興盛帝以其勇便謂
慧景平後恭祖繫尚方少時殺之覺亡命為道
興盛曰何容令恭祖與文曠爭功遂封二百戶
人見執伏法臨刑與妹書曰捨逆歸順其家以
為大樂況得從先君遊太清平古人有力扛周
鼎而有立錐之歡以此言死亦復何傷平生素

心士大夫皆知之矣既不得附驥尾安得施名
於後世慕古竹帛之事今皆亡矣慧景妻女亦
頗知佛義覺弟僵為始安內史藏寬得免和帝
西臺立以為寧朔將軍中興元年詣公車門上
書曰臣竊惟太祖高宗之孝子忠臣
賊臣亂子者江夏王與陛下先臣與鎮軍是也
臣聞堯舜之心常以天下為憂而不以位為樂
被子然之舜龍蠢之人猶尚若此況祖業之重
蒙國之切江夏既行之於前陛下又蹈之於後

雖成敗異術而所由同力也陛下初登至尊與
天合符天下纖介之屈尚望陛下申之絲髮之
冤尚望陛下理之況先帝之子陛下之兄所行
之道即陛下所由哉如此尚弗恤其餘何幾哉
陛下德侔造化仁育羣生雖在昆蟲草木有不
得其所者覽而傷焉而況乎友愛天至孔懷之
深惟陛下公聽並觀以詢之疑此實左右不明未之或
詳夫豈不懷將以事割此實左右不明未之或
言為不可乙使臣廷辯之則天人之意塞四海

十三　圭　四

之疑釋必若不然僥小民之無識耳使其曉然
知此相聚而逃陛下以責江夏乎冤朝廷將何
以應之哉若天聽沛然回光發惻愴之詔而使
東牟朱虛東裏儀父之節則何戈之士誰不盡
死愚贛之言萬一上合事乙留中事寢不報僵
又上疏曰近冒陳江夏之寃定承聖詔已有嬰
贈此臣狂疎之罪也然臣所以諮問者不得其
實罪在萬沒無所復云但愚忠所恨非敢以父
子之親骨肉之間而僥幸曲陛下之法傷至公

之義誠不曉聖朝所以然之意何則狂主雖狂
而實是天子江夏雖賢實是人臣先臣奉人臣
逆人君以為不可申明詔得矣然未審陛下亦
是人臣不而鎮軍亦復奉人臣逆人君今之嚴
兵勁卒方指於象魏者其故何哉臣所不死苟
存視息非有他故所以待皇運之開泰申寃魏
之柱屈今皇運既已開泰矣世矢臣聞王臣之
反以為賊臣何用此生陛下世矢臣聞王臣盡忠
節蹋智盡公以奉其上居陛下股肱之任者申理寃

十四

滯薦達羣賢凡此眾臣夙興夜寐心不嘗須史
之間而不在公故萬物無不得其理而頌聲作
焉臣謹案鎮軍將軍臣穎胄宗室之親股肱之
重身有伊霍之功荷陛下稷旦之任中領軍臣
謹受帷幄之寄副宰相之算皆所以棟梁朝
廷社稷之臣天下所當遑遑匪懈盡忠竭誠
欲使萬物得理而頌聲大與者當豈復宜踊此哉
而同知先臣股肱江夏臣濟王室天命未遂王
亡與亡而不為陛下弊然一言知而不言是不

忠之臣不知而言乃不智之臣此而不知將何所
知如以江夏心興先臣受制臣力則江夏同致
死斃聽可鄙政濫刑見殘無道然江夏之異以
何為明孔呂二人誰以為戮手御麾幡言輒任
公同心共志心若膠漆而以為異臣竊惑焉如
以先臣遣使江夏斬之則征東之驛何為見戮
陛下斬征東之使寔詐山陽江夏遠先臣之請
實謀孔矜天命有歸故事業不遂耳夫唯聖人
乃知天命守忠之臣唯知盡死安顧成敗詔稱

江夏遭時屯故跡屈行令內怨採情無玷純節
今 之旨又何以慰鎮軍哉臣所言畢矣乞就
湯鑊然臣雖萬沒猶顧陛下必申先臣何則惻
愴而申之則天下伏以力屈耳先臣之忠有識
比面而事陛下者徒以力屈耳先臣之忠有識
所知南史之筆千載可期亦何待陛下屈申而
為襄吳然小臣惓惓之愚為陛下計耳臣之所
言非孝於父實忠於君唯陛下躬察少留心焉
臣頻觸宸嚴而不彰露所以每上封事者非自

為戇地猶以春秋之義有隱諱之意也臣雖淺
薄然今日之事斬足斷頭殘身滅形何所不能
為陛下耳臣聞生人之死肉人之骨有識之士
未為多感公聽並觀申人之爭為之死何以不可
之屈則晉天之人冤秉德任公理之
以已也陛下若引臣冤兔臣兄之罪收往失發
惻愴之認懷可報之意則梁之犬堯之客臣非為
之客實可刺由又何況由之犬堯之客臣非為
生實為陛下重此名於天下已成之基可惜之

實莫復甚加寖明寖旦不可不慎惟陛下熟察
可不慎惟陛下熟察詳擇其衰若陛下猶以為
疑之鎮軍未之允決乞下征東詳可否無以向
隅之悲而傷陛下之允決乞下征東
弟江夏亦氏曰主之弟鎮軍受遺記之恩先臣亦
荷顧命之重朝臣不勝愚忠請使臣延辯者
敗仰資聖朝旦臣不勝愚忠請使臣延辯者以成
臣乞專令一人精賜本語僥幸萬一天聽昭然
則軹沈七族離燔妻子人以為難臣當旦不易詔

報曰具卿冤切之懷卿門首義而旌德未彰亦
追以慨然令當顯加贈謚僵尋下獄死
張欣泰字義亨竟陵人也父與世祖左衛將軍
欣泰少有志節不以武業自居好隸書讀子史
年十餘詣吏部尚書褚淵淵問之曰張郎弓馬
多少欣泰答曰性怯畏馬無力牽弓淵甚異之
辟州主簿歷諸王府佐元徽中與世在家擁雍
州還貧見錢三千萬著梧王目領人劫之一夜
垂盡與世憂懼感病卒欣泰兄欣華時任安成

郡欣泰悉封餘財以待之建元初歷官當朝將
軍累除尚書都官郎世祖與欣泰早經款遇又
即位以為直閤將軍領禁旅除豫章王太尉參
軍出為安遠護軍武陵内史還復為直閤步兵
校尉領羽林監欣泰通涉雅俗交結多是名素
下直輒遊園池著鹿皮冠衲衣錫杖挾素琴有
以啟世祖者世祖曰將家兒何致作此舉止後
從車駕出新林敕欣泰甲仗廉察欣泰停仗於
松樹下飲酒賦詩制局監呂文度過見啟世祖

世祖大怒遣出外數日意稍釋召還謂之曰卿
不樂為武職驅使當處卿以清貫除正員郎永
明八年出為鎮軍中兵參軍南平内史巴東王
子響旦殺僚佐上遣中庶子胡諧之西討使欣泰
為副欣泰謂諧之曰今太歲在西南逆歲行軍
兵家深忌不可見戰戰必見危今段此行勝既
無名負誠可恥彼凶狡相聚所以為其用者或
利賞或威逼無由自潰若且頓軍夏口宣示禍福
可不戰而禽也諧之不從進屯江津尹略等見

殺事平欣泰徙為隨王子隆鎮西中兵改領河
東内史子隆深相愛納歡與談宴州府職局多
使關領意遇與謝朓相次典籤密以啟聞世祖
怒召還都家巷置宅南岡下面接松山欣
泰負譽射雉次情閑放衆伎雜藝頗多閑解明
帝即位為領軍長史遷諮議參軍上書陳便宜
二十條其一條言宜毀廢塔寺帝並優詔報答
建武二年虜圍鍾離城欣泰為軍主隨崔慧景
救援欣泰移虜廣陵戍曰聞攻鍾離是子之深

策可無謬哉兵法云城有所不攻地有所不爭
豈不聞之乎我國家舟艦百萬覆江橫海所以
來甲于今不至欲以邊城疲魏主幸我且千里
運糧行留俱弊一時霖雨川谷涌溢然後乘帆
渡海百萬齊進子復笑以御之乃令魏主以萬
乘之重攻此小城是何謂歟攻而不拔誰之恥
邪假令能拔子守之我將連舟千里舳艫相屬
西過壽陽東接滄海伐不再請糧不更取士卒
僵卧起而接戰乃魚鱉鳥不過飛鳥斷絕偏師淮

左其不能守邧可知矣如其不拔吾將假法于
魏之有司以請子之過若坐誣兵夷象攻不卒下
驅士填隍拔而不能守則魏朝名士其當別有
深致乎吾所未能量甚目觀之夫武佛狸傾一國
之眾攻十雄之城死亡太半僅以身返既智屈
於金塘亦雖拔而不守皆籌失所為至今為笑
前鑒未遠已恐之乎和門邑邑戲載徒思虜既
為徐州軍所挫更欲於邧陽洲築城慧景慮為
大由欲泰曰虜所以築城者外示矯夸實懼我

躍其後且今若說之以彼此各願罷兵則其患
自息慧景從之遣欣泰至虜城下具述此意及
虜引退而洲上餘兵萬人求輸五百匹馬假道
慧景欲斷路攻之欣泰說慧景曰歸師勿過古
人畏之死地之兵不可輕也既不足為武
賊萬人慧景放而不取帝以此皆不加賞
軍華垣之亦援鍾離還啟明帝曰邧陽洲有死
敗則人喪前功不如許之慧景乃聽虜過時領
四年出為永陽太守永元初還都崔慧景舉兵

欣泰入城內領軍守備事寧除輔國將軍廬陵
王安東司馬義師起以欣泰為持節督雍梁南
北秦四州郢州之竟陵司州之隨郡軍事雍州
刺史將軍如故時少帝昏亂人情咸伺事隙欣
泰與弟前始安內史欣時密閤將軍鴻選含德主
松前南譙太守王靈秀直閤將軍胡松等胡
帥苟勵直後劉靈運等十餘人並同契會帝遣
中書舍人馮元嗣監軍救邧茄法珍梅蟲兒及
太子右率李居士制局監楊明泰等十餘人相

送中興堂欣泰等使人懷刀於座斫元嗣頭墮
果柈中又斫明泰破其腹蟲見傷刺數瘡手指
皆墮居士瑜得出莢法珍亦散走還臺靈秀
仍往石頭迎達安王寶黃率文武數百唱警蹕
至杜姥宅欣泰初聞事發馳馬入宮異法珍等
在外城內廐分必盡見委表裏相應因行廢立
既而法珍得反廐分閉門上伏不配欣泰兵鴻
選在殿內亦不敢發城外衆尋散少日事覺詔
收欣泰胡松等皆伏誅欣泰少時有人相其當

王

得三公而年裁三十後尾堕傷頷又問相者
云無後公相年壽更增亦可得方伯耳死者年
四十六

史臣曰崔慧景宿將老臣憂危昏運回董御之
威畢晉陽之甲乘機用權內龍襲主因樂亂之
民藉淮楚之剽騎將授首群帥委律鼓鼙薩於
官寢文戰蹕於城隍埤負戶士衰氣竭屢發
銅虎之兵未有釋位之援勢易京魚爛待盡
征虜將軍投袂以先國急束馬旅師橫江競濟

風驅電掃制勝轉九越城之戰旗獲馘野津術
之捷獻俘象魏瞻塵望烽窮墨重關戟帶定襄
曾未及此咸矣哉柏文異世也
贊曰叔業外叛淮肥失除慧景倒戈宮門畫掩
欣泰倉卒霸刃不染實起時昏堅氷互漸

列傳第三十二　　南齊書五十一

臣蕭　子顯　撰

文學

丘靈鞠
檀超
卞彬
丘巨源
王智深
陸厥
賈淵

崔慰祖
王逡之
祖沖之

南齊傳三十三
一

丘靈鞠吳興烏程人也祖系祕書監靈鞠少好
學善屬文與上計仕郡為吏州辟從事詣領軍
沈演之演之曰身昔為州職詣領軍謝晦賓主
坐處政如今卿將來或復如此也舉秀才為
州主簿累遷貞外郎宋孝武殿貴妃亡靈鞠獻

南齊傳三十三
二

挽歌詩三首云雲橫廣階闇霜深高殿寒帝摛
句嗟賞除新安王北中郎家軍出為劉烏程令
不得志泰始初坐東賊黨錮數年褚淵為吳興
謂人曰此郡才士唯有丘靈鞠及沈勃耳乃啓
申之明帝使箸大駕南討紀論久之除太尉參
軍轉安北記室帶扶風太守不就為尚書三公
郎領本郡中正蕪中書郎昇明中遷正員
郎建康令轉通直郎如故時方禪讓太祖
使靈鞠參詔策建元年轉中書郎中正如
故敕知東宮手筆尋文掌知國史明年出為鎮
南長史尋陽相遷尚書左丞世祖即位轉通直
常侍領東觀祭酒靈鞠曰久居官不頗數遷
使我終身尋領東觀祭酒不恨也永明二年領驍騎將
軍靈鞠不樂武位謂人曰我應還東摑顧榮冢
江南地方數千里士子風流皆出此中顧榮忽
引諸傖渡妨我輩塗輀死有餘罪改正員常侍
靈鞠好飲酒臧否人物在沈淵座見王儉詩淵曰
王令文章大進靈鞠曰何如我未進此言達儉靈

輶宋世文名甚盛入齊顏頗減邈縱無形儀
不治家業王儉謂人曰丘公仕官不進才亦退
矣遷長沙王車騎長史太中大夫卒著江左文
章錄序起太興訖元熙文集行於世
檀超字悅祖高平金鄉人也祖弘宋南琅邪太
守超少好文學放誕任氣解褐州西曹薄與別
駕蕭惠開共事不為之下謂惠開曰我與卿俱
起一老姥何足相誇蕭太后惠開之祖姑也長沙
王道憐妃超祖姑也舉秀才孝建初坐事徙梁

《南齊傳三十三》 三 陸澄

州板宣威府參軍孝武聞超有文章敕還直東
官除驃騎參軍空王簿鎮北諮議超累佐蕃
職不得志轉向書度支郎車騎功曹桂陽內史
入為殿中郎兼中書郎零陵內史征北驃騎記
室國子博士兼左丞超嗜酒好言詠舉止和靡
自此晉都超為高平二超謂人曰猶覺我為優
也太祖賞愛之遷驍騎將軍常侍司徒右長史
建元二年初置史官以超與驃騎記室江淹掌
史職上表立條例開元紀號不取宋年封爵各

詳本傳無假年表立十志律曆禮樂天文五行
郊祀刑法藝文依班固朝會輿服依蔡邕司馬
彪州郡依徐爰合州郡班固五星
載天文日蝕載五行改日蝕入天文志以建元
為始帝女體自皇宗立傳左僕射王儉議金粟
之重八政本朝會志前史不書蔡邕稱先師胡廣
以崇務本朝會志前史不書蔡邕稱先師胡廣
虞士列女傳詔內外詳議左僕射王儉議加編錄
說漢舊儀此乃伯喈一家之意曲碎小儀無煩

《南齊書 三十三》 四 顏峻

錄宜立食貨省朝會洪範九疇一曰五行五行
之本平水火之精是為日月五行之宗也今
之本平水火之精是為日月五行之宗也今
宜憲章前軌無所改革又立帝女傳亦非淺識
所安若有高德異行自當垂載在列女若止於常
美則仍舊不書詔日災隸天文餘如儉議超
史功未就卒官江淹撰成之猶不備也時豫章
熊襄箸齊典上起十代其序云尚書堯典謂之
虞書則附所述故通謂之齊名為河洛金匱
下邽書
卞彬字士蔚濟陰宛句人也祖嗣之中領軍父

延之有剛氣爲上虞令郴才操不群文多指刺
州辟西曹主簿奉朝請貟外郎宋元徽末四貴
輔政彬謂太祖曰外間有童謡云可憐可念尸
著服褚子不在日代哭列管蟄鳴死滅族尸著
服褚宇邊衣也孝除子以日代者謂褚淵也列
管蕭也郴退太祖笑曰郴自作此齊臺初建郴
又曰誰謂宋遠跂子望之太祖聞之不加罪也
除右軍參軍家貧出爲南康郡丞郴頗飲酒擯
棄形骸作蚤虱賦序曰余居貧布衣十年不制

○南齊傳三十三　五

一袍之縕有生所託資其寒暑無與易之爲人
多病起居甚疎縈寢敗絮不能自釋無攝性懶
惰嬾事皮膚澡刷不謹澣沐失時四體頑頑加
以臭穢故謎席蓬纓之間蚤虱猥流溝攘渭濩
無時恕肉探揣撮日不替手虱有諓言朝生
暮孫若吾之虱者無湯沐之慮絕相弗之憂宴
聚乎父襟爛布之裳服無改換捃捫闟不能加脫
略緩嬾復不勤於捕討孫息三十五歲爲
其略言皆實錄也除南海王國郎中令尚書北部

郎安吉令車騎記室郴性飲酒以瓠壺瓢勺扺
皮爲肴著帛冠十二年不改易以大瓠爲火籠
什物多詭異自稱卞田居郴爲傳蠶室或諫
曰卿都不持操名器何由得升郴曰郴五木子
十擲輒鞬豈復是郴子之拙吾好擲政極此耳
永元中爲平越長史綏建太守卒官郴又目禽
獸云羊性淫而狠猪性甲而率鵝性頑而傲狗
性險而出皆指斥貴勢其蝦蟆賦云紆青拖紫

▲南齊傳三十三　六

名爲蛤魚世謂比令僕也又云科斗唯唯群浮
閭水維朝繼夕畫役如鬼比令史諮事也文章
傳於閭巷永明中琅邪諸葛勖爲國子生作雲
中賦賦祭酒以下皆有形似之目坐繫東冶作
東冶徒賦世祖見赦之又有陳郡表嘏自重其
文謂人云我詩應須大材迮之不爾飛去達武
末爲諸暨令被王敬則所殺
丘巨源蘭陵蘭陵人也宋初土斷屬丹陽後屬
蘭陵巨源少舉丹陽郡孝廉爲宋孝武所知大
明五年敕助徐爰撰國史帝崩江夏王義恭取

掌書記明帝即位使參詔誥引在左右自南臺
御史為王景文鎮軍參軍寧喪還家元徽初桂
陽王休範在尋陽以巨源有筆翰遣船迎之餉
以錢物巨源因太祖自啟敕板起巨源使留京
都桂陽事起使於中書省撰符檄事平除奉朝
請巨源望有封賞既而不獲乃與尚書令袁粲
書曰民信理推心聞於量事庶謂册誠感達賞
報屢舒期豈虞寂寞忽為三稔議者必云筆記賤
伎非殺活所待開勤小說非否判所寄然則先
聲後實軍國舊章七德九功將名當世仰觀
天緯則右將而在相府察人序則西武而東文
固非脊祝之倫伍巫匠之流匹矣去昔哥兵夔
起呼吸雖凶渠即勒而人情更迷芧恬開城千
齡出叛當此之時心瘠胡越奉迎新亭者士庶
填路投名朱雀者愚智空闇人感而民不惑人
畏而民不畏其一可論也臨機新亭獨能抽刃
斬賊者唯有張敬兒而中書省獨能奮筆弗顧
者唯有丘巨源文武相方誠有優劣就其死亡

以決成敗當崩天之敵抗不測之禍請問海內
此膽何如其二可論也又爾時顧沛普喚文士
黃門中書靡不畢集翰謀藻非為乏人朝廷
洪筆何故假手凡賤若以此賊疆盛勝負難測
羣賢怯不涤豪者則民宜以勇獲賞若云羽檄
之難必須筆傑羣賢推能見委者則民宜以才
賜外其三可論也窺見桂陽賊賞不赦凡
二十五人而李恂鍾蔡同往此例戰敗後出罪
址釋然而吳邁遠族誅之罰則操筆大禍而操

戈无害論以賞科則武人超越而文人埋没其
四可論也且邁遠置辭無乃侵慢民作符檄耳
言詈辱放筆出手即就虀粉若使桂陽得志民
若不輕裂軍門則應晉斬都市嬰孩脯膽伊
可熟念其五可論也往年戎旅萬有餘甲十分
之中九分隸可謂寡矣徒開敕旨空然泥沈詎
至若民狂夫可謂寡矣徒開敕旨空然泥沈詎
其荷嚴塵末皆是白起操續事始必非魯連邪
民俱國算迅足馳烽斾之機帝擇逸翰起尉羅

之會既能陵敵不殿爭先無負宜其徵賜存在
少沾飲輒遂乃奉之溝間如蚌如蟻擲之言外
如土如灰縫隸帖戰無拳無勇並隨資峻級矣
凡豫臺内不文不武巳坐拱清階矣撫骰如此
瞻例如彼既非草木何能弭聲巨源竟不被申
歷佐諸王府轉羽林監建元元年為尚書主客
郎領軍司馬越騎校尉除武昌大守拜尚書客
江外行世祖問之巨源曰古人云寧飲建業水
不食武昌魚臣年巳老寧死於建業以為餘杭

源作秋胡詩有譏刺語以事見殺
以此又望賞異自此意常不滿高宗為吳興巨
令沈攸之事太祖使巨源為尚書符荊州巨源
宗學屬文好飲酒拙澀乏風儀宋建平王景素
為南徐州作觀法篇智深和之見賞辟為西曹
書佐貧無衣未到職而景素敗後解褐為州祭
酒太祖為鎮軍時丘巨源薦之於太祖板為府
行參軍除豫章王國常侍遷大學博士豫章王

大司馬參軍兼記室世祖使太子家令沈約撰
宋書疑立袁粲傳以審世祖世祖曰袁粲自是
宋家忠臣約又多載孝明帝諸鄙瀆事宋明
帝卿可思諱惡之義於是多所省除又敕智深
撰宋紀召見芙蓉堂賜衣服給宅智深貧於
豫章王王須以須讓成當相論以禄書令拜表奏
卷世祖後召見智深成於瑯琊郡令拜表奏十表
未奏而世祖朋隆元年敕索其書智深遂為

竟陵王司徒參軍坐事免江夏王鋒衡陽王鈞
並善待之初智深為司徒袁粲所接及撰宋紀
意常依依粲幼孤祖母名其為慰孫後慕荀粲
自改名會稽賀賁識之智深於是著論家貧無
人事嘗會餓五日不得食掘芋根食之司空王僧
虔及子志分其衣食卒於家先是陳郡袁炳字
叔明有文學亦為袁粲所知著晉書未成卒頴
川庾銑善屬文見賞豫章王引至大司馬記室
參軍卒

陸厥字韓卿吳郡吳人揚州別駕闓子也厥少
有風槩好屬文五言詩體其新變永明九年詔
百官舉士同郡司徒左西掾顧暠之表薦焉州
舉秀才王晏少傅主簿遷後軍行參軍永明末
盛為文章吳興沈約陳郡謝朓琅邪王融以氣
類相推轂汝南周顒善識聲韻約等文皆用宮
商以平上去入為四聲以此制韻不可增減世呼
為永明體沈約宋書謝靈運傳後又論宮商
與約書曰范詹事自序性別宮商識清濁特能
適輕重濟艱難古今文人多不全了斯處縱有
會此者不必從根本中來沈尚書亦云自靈均
以來此祕未覩或闇與理合匪由思至張蔡曹
王曾無先覺潘陸顏謝去之彌遠大旨欲使宮
羽相變低昂舛節若前有浮聲則後須切響一
簡之內音韻盡殊兩句之中輕重悉異辭既美
矣理又善焉但觀歷代眾賢似不都闇此處而
云此祕未覩近於誣乎案范云不從根本中來尚
書云匪由思至斯可謂揚摧情謬於玄黃摘句差

其音律也范又云時有會此者尚書云或闇與
理合則美詠諌有辭章調韻者雖有差謬亦
有會合推此以往可得而言夫思有合離前哲
同所不免文有開塞即事不得無之子建所以
好人譏彈士衡所以遺恨終慤扁既曰遺恨非盡
美之作理可詆訶君子執其詆訶便謂合理為
闇豈如指其合理而寄詆訶為遺恨邪自魏文
屬論深以清濁為言劉植奏書大明體勢之致
岨峿妥怗之談操末續顛之說與玄黃於律呂
比五色之相宣苟此祕未覩茲論為何所指邪
故愚謂前英已早識宮徵但未屈曲指的若今
論所申至於掎摭疵病昧合少謬多則臨淄所云
人之著述不能無病者也非知之而不改謂不
改則不知斯曹陸又稱竭情多悔不可力彊者
今許以有病有悔為言則必自知無悔無病之
地引其不了不合為闇何獨誣其一合一了之
明乎意者亦賀文時異古今好殊將急在情物
而峻於章句情物文之所急美惡猶且相半章

句意之所綫故合少而謬多義兼於斯必非不

知明矣長門上林殆非一家之賦洛神池鴈便

成二體之作孟堅精正詠史無虧於東主平子

愀富羽獵不累於憑虛王粲初征他文未能稱

是楊修敬捷暑賦彌日不獻率意寡尤則事促

乎一日國翰愈伏而理賒於七步一人之思遲

速天懸一家之文拙壤隔何獨宮商律呂必

責其如一邪論者乃可言未窮其致不得言曾

無先覺也約苦曰宮商之聲有五文字之別累

萬以累萬之繁配五聲之約高不低卬非思力

所舉又非止若斯而已也十字之文顛倒相配

字不過十巧歷已不能盡何況復過於此者乎

靈均以來未經用之於懷抱固無從得其髣髴

矣若斯之妙而聖人不尚邪此蓋曲折聲韻之

巧無當於訓義非聖哲立言之所急也是以

子雲壁言之雕蟲篆刻云壯夫不為自古辭人

豈不知宮羽之殊商徵之別雖知五音之異而

其中參差變動所昧實多故鄙意所謂亡祕未

觀者也以此而推則知前世文士便未悟此處

若以文章之音韻同絃管之聲曲則美惡妍蚩

不得頓相垂反譬由子野操曲安得忽有闡緩

失調之聲以洛神此陳思他賦有似異手之作

故知天機啟則律呂自調六情滯則音律頓舛

也士衡雖云炳若縟錦寧有濯色江波其中復

有一片是衛文之服此則陸生之言即復若夫亦

者矣韻與不韻復有精麤輪扁不能言老夫亦

不盡辨此永元元年始安王遙光反厭父被

誅厭坐繫尚方尋有敕令厭恨父不及感慟而

卒年二十八文集行於世會稽虞炎永明中以

文學與沈約俱為文惠太子所遇意眄殊常官

至驃騎將軍

崔慰祖字悅宗清河東武城人世父慶緒永明

中為梁州刺史慰祖解褐奉朝請父喪不食鹽

毋曰汝既無兄弟又未有子毀不滅性政當

不進肴著耳如何絕鹽吾今亦不食矣慰祖不

得已從之父梁州之資家財十萬散與宗族姻

器題爲曰字曰字之器流乎遠近料得父時假
貫文跡謂族子絃曰彼有自當見還彼無吾何
言哉悉火焚之好學聚書至萬卷隣里年少好
事者求從假借日數十篋慰祖親自取與未嘗
爲辭爲始安王撫軍墨曹行參軍轉刑獄兼記
室遙光好甚數召慰祖對戲慰祖輒辭拙非朔
望不見也建武中詔舉士從兄慧景舉慰祖及
平原劉孝標並碩學帝欲試以百里慰祖辭不
就國子祭酒沈約吏部郎謝朓嘗於吏部省中

■南齊書三十三　　十五

賓友俱集各問慰祖地理中所不悉十餘事慰
祖口吃無華辭而酬據精悉一座稱服之朓歎
曰假使班馬復生無以過此慰祖賣宅四十五
萬買者云寧有減不荅曰誠勳韓伯休何容二
價買者又曰君但責四十六萬一萬見與慰祖
曰是即同君欺人豈是我心乎必與侍中江祀
款及祀貴常來候之而慰祖不往也與丹陽尹
劉渢素善遙光據東府及慰祖在城內城未潰
一日渢謂之曰卿有老母宜其出矣命門者出

之慰祖詣闕自首繫尚方病卒慰祖著海岱志
起太公迄西晉人物爲四十卷半未成臨卒與
從弟緯書之常欲更注遷固二史採史漢所漏
二百餘事在廚麓可寫數本付護軍諸從事人
良未周悉可寫數本付護軍諸從事人一通及
友人任昉徐寅劉洋裴揆又令以棺親土不須
埤勿設靈座時年三十五

■南齊書三十三　　十六　　階　　張堅

王逖之字宣約琅邪臨沂人也父祖皆爲郡守
逖之少禮學宣聞起家江夏王國常侍大司馬
行參軍章令安令累至始安內史不之官除山陽
王驃騎參軍兼治書御史成國郎中吳令昇
明末右僕射王儉重儒術逖之以著作郎兼尚
書左丞參定齊國儀禮初儉撰古今喪服集記
逖之難儉十一條更撰世行五卷轉國子博士
國學又廢建元二年逖之先上表立學又兼著
作撰永明起居注轉通直常侍驍騎將軍領博
士著作如故出爲寧朔將軍南康相太中光禄
大夫加侍中逖之率素衣裳不澣机案塵黑年

老手不釋卷建武二年卒從弟珪之有史學撰
齊職儀永明九年其子中軍參軍顥奉啓曰臣
亡父故長水校尉珪之籍素為基依儒習性以
宋元徽二年被勅使纂集古設官歷代分職凡
在墳策必盡詳究是以等級事司咸加編錄黜
陟遷補設研記述章服之差兼冠佩之飾屬值
啓運軌度惟新故太宰臣淵奉宣勅旨使速洗
正刊定未畢臣凶禍不捄庸微謹冒啓上
凡五十卷謂之齊職儀仰希永外天閣長銘祕
府詔付祕閣

祖冲之字文遠范陽劀人世祖昌宋大匠卿父
朔之奉朝請冲之少稽古有機思宋孝武使直
華林學省賜宅宇車服解褐南徐州迎從事公
府祭軍宋元嘉中用何承天所制歷比古十一
家為密冲之以為尚疎乃更造新法上表曰臣
博訪前墳遠稽曆典五帝躔次三王交分春秋
朔氣紀年薄蝕謠選載述庖固列志魏世注歷
晉代起居探異今古觀要華戎書契以降二千

餘稔日月離會之徵星度疎密之驗專功覽思
感可得而言也加以親置圭尺躬察儀漏目盡
毫釐心窮籌策考課推移又曲備其詳矣然
而古曆疎舛類不精密甚眾糾紛莫不審其會
遠以臣校之三觀厥詠月日所在差而置法簡略今已瞭
至昴景幾失一日五星見伏至差四旬留逆進
退或後兩宿分至失實則節閏非正宿度違天
則伺察無準臣生屬聖辰謭逮在運敢率愚管

更創新曆謹立改易之意有二設法之情有三

改易者一以舊法一章十九歲有七閏閏數為
多經二百年輒差一日節閏既移則應改法曆
紀屢遷寔由此條今改章法三百九十一年有
一百四十四閏令卻合周漢則將來永用無復
差動其二以堯典云日短星昴以正仲冬以此
推之唐世冬至日在今宿之左五十許度伐之
初即秦曆冬至日在牽牛六度漢武改立太初
曆冬至日在牛初後漢四分法冬至日在斗二

十二晉世姜岌又以月蝕檢日知冬至在斗十七今
參以中星課以蝕驗冬至之日在斗十一通而
討之未盈百載所差二度舊法並令冬至日有
定處天數既差則七曜宿度漸與舛訛乖謬既著
輒應改易僅合一時莫能通遠遷革不已又由
此條今令亥至所在歲歲微差却檢漢注並皆
審密將來父用無頗屢改又設法者其一以子
為辰首位在正北交應初九外氣之端虛為北方
列宿之中元氣肇建宜在此次前儒虞喜備

論其義今曆上元日度發自虛一其二以日辰
之號甲子為先曆法設元應在此歲而黃帝以
來世代所用凡十一曆上元之歲莫值此名令
曆上元歲在甲子其三以上元之歲曆中衆條
並應以此為始而景初曆交會遲疾元首有差
又承天法日月五星交會遲疾悉以上元歲首為始
置差裁得朔氣合卯已條序紛錯不及古意令
群流共源庶無乖誤若夫測以定形據以實効
設法日月五緯交會並遲疾悉以上元歲首為始

懸象著明尺表之驗可推動氣幽微寸管之候
不忒今目所立易以取信但綜數始終大存綫
密革新躔有約有繁用約之條理不自懼用
繁系之意顧非謬然何者天紀閏參差數各有分
分之為體非不細悉以成永定之製非異為思而莫
妙之准不辭積累以全求
知悟而弗改也若所上萬二可採伏願頒宣
司賜垂詳究事泰考之武朝士善曆者難之不
能屈會帝崩不施出為婁縣令謁者僕射初

一馬均以來未有也
追修古法沖之改造銅機圓轉不窮而司方如
每行使人於內轉之昇明中太祖輔政使沖之
宋武平關中得姚興指南車有外形而無機巧
對共校試而頗有差僻乃毀焚之永明中竟陵
能造指南車太祖使與沖之各造使於樂遊苑
王子良好古沖之造欹器獻之文惠太子在東宮
見沖之曆法啟世祖施行文惠尋薨事寢轉
長水校尉領本職沖之造安邊論欲開屯田廣

農殖建武中明帝使沖之巡行四方興造大業
可以利百姓者會連有事竟不行沖之解鐘
律博塞當時獨絕莫能對者以諸葛亮有木牛
流馬乃造一器不因風水施機自運不勞人力
又造千里船於新亭江試之日行百餘里於樂
遊苑造水碓磨世祖親自臨視又特善筭永元
二年沖之卒年七十二著易老莊義釋論語
孝經注九章造綴述數十篇
賈淵字希鏡平陽襄陵人也祖弼之晉貟外郎

父匪之驃騎參軍世傳譜學孝武世青州人發
古冢銘云青州世子東海女郎帝問學士鮑照
徐爰蘇寶生並不能悉淵對曰此是司馬越女
嫁苟晞兒檢訪果然由是見遇敕淵注郭子太
始初辟丹陽郡主簿奉朝請太學博士安成王
撫軍行參軍出為丹徒令昇明中太祖嘉淵世
學取為驃騎參軍武陵王國郎中令補餘姚令
未行仍為義興郡丞永明初轉尚書外兵郎歷
大司馬司徒府參軍竟陵王子良使淵撰見客

譜出為句容令先是譜學未有名家淵祖弼之
廣集百氏譜記專心治業晉太元中朝廷給弼
之令史書吏撰定繕寫藏祕閣乃遷左民曹淵
父及淵三世傳學凡十八州士族譜合百泰七
百餘卷該究精悉當世莫比永明中衛軍王儉
抄次百家譜與淵參懷撰定建武初淵遷長水
校尉荒傯人王泰寶襲琅邪譜尚書令王晏
以啟高宗淵坐被求當極法子棲長謝罪稽顙
流血朝廷哀之免淵罪數年始安王遙光板撫

軍諮議不就仍為北中郎參軍中興元年卒年
六十二撰氏族要狀及人名書並行於世
史臣曰文章者蓋情性之風標神明之律呂也
蘊思含毫遊心內運放言落紙氣韻天成莫不
稟以生靈遷乎愛嗜機見殊門賞悟紛雜若子
桓之品藻人才仲治之區判文體陸機辨於文
賦李充論於翰林張戒摘句褒貶顏延圖寫情
興各任懷抱共為權衡屬文之道事出神思感
召無象變化不窮俱五聲之音響而出言異句

等萬物之情狀而下筆殊形吟詠規範本之雅
什流分條散各以三言區若陳思代馬羣章主篆
飛驚諸製四言之美前超後絕少卿離辭五言
才骨難與爭鶩為桂林湘水平子之華篇飛館王
池魏文之麗篆七言之作非此誰先卿雲巨麗
升堂冤晃張左恢廓賦貴披陳未或
加夫顯宗之述傳毅簡文之摛彦分言制句
多得頌體裁顔内侍元規鳳池子章以來章表
之選孫綽之碑嗣伯喈之誄起安仁

三卅　南齊書傳三三　二三二　芊克

之塵顔延楊瓚自比馬督以多稱貴歸莊為允
王褒僮約束皙發蒙滑稽之流亦可奇瑋五言
之製獨秀衆品習玩為理事父則瀆在乎文章
彌患凡舊若無新變不能代雄建安一體典論
短長互出潘陸齊名機岳之文永異江左風味
盛道家之言郭璞舉其靈變許詢極其名理
文玄氣猶不盡除謝混情新得名未盛顔謝立起
乃各擅奇休鮑後出咸亦標世朱藍共妍不相
祖述今之文章作者雖衆揔而為論略有三體

一則啟閑繹託辭華曠雖存巧綺終致迂回
宜登公宴本凡准的而跪慢唯闡緩膏肓之病典
正可採酷不入情此體之源出靈運而成也次
則緝事比類非對不發博物可嘉職成拘制或
全借古語用申今情崎嶇牽引直為偶說唯觀
事例頓失清采此則傅咸五經應
全似可以類從次則發唱驚挺操調險急雕藻
滛豔傾炫心魂遺列也三體之有紅紫八音之有
鄭衛斯鮑照之遺列也三體之外請試妄談若
夫委自天機參之史傳應思悱來勿先構聚
尚易了文憎過意吐石含金滋潤婉切雜以風
謠輕脣利吻不雅不俗濁中質懷輪囷絕調言
之未盡文人談士罕或兼工非唯識有不周道
實相妨談家所習理勝其辭就此求文終然慶昧
奪故兼之者鮮矣
贊曰學亞生知多識前仁

大二六九　南齊書卷五十二　二四　匂建

列傳第三三　　南齊書五十二

臣蕭子顯奉敕撰

良政

傅琰

虞愿

劉懷慰

裴昭明

沈憲

李珪之

孔琇之

百合玉　南齊傳三十四　一　劉興

太祖承宋氏奢縱風移百城輔立幼主思振民瘼為政未期擢山陰令傅琰為益州刺史乃捐華反樸恭巳南面導民以躬意存勿擾以山陰大邑獄訟繁滋建元三年別置獄丞與建康為比永明繼運垂心治術杖威善斷猶多漏網長史犯法封刀行誅郡縣居職以三周為小滿水旱之災輒加賑郵明帝自在布衣曉達吏事君臨億兆專務刀筆未嘗枉法中恩守宰以之肅

震永明之世十許年中百姓無雞鳴犬吠之警都邑之盛士女富逸歌聲舞節袨服華粧桃花綠水之間秋月春風之下蓋以百數及建武之興虜難荐至急征役連歲不遑啓居軍國糜耗此衰矣齊世善政著名表績無幾焉位次遷外非直止乎城邑今取其清察有迹者餘則隨以附焉

傅琰字季珪地靈州人也祖邵貟外郎父僧祐安東錄事參軍琰美姿儀解褐寧蠻參軍本州主簿譽功曹宋永光元年補諸曁武康令廣威將軍除尚書左民郎又為武康令山陰東土故除吳興郡丞泰始六年遷山陰令大縣難為長官僧祐在縣有稱琰尤明察父名其年爵新亭侯元徽初遷尚書右丞遭母喪居南岸隣家失火延燒琰屋琰抱柩不動隣人競來赴救乃得俱全琰股髀之間巳被煙焰服關除邵陵王左軍諮議江夏王錄事參軍太祖輔政以山陰獄訟煩積復以琰為山陰令賣針

三八　南齊傳三十四　二　朱玩

賣糖老姥爭團絲來詣琰琰不辨戮縛團絲於
鞭之密視有鐵屑乃罰賣糖者二野父爭雞
琰各問何以食一人云粟一人云豆乃破雞得
粟罪言豆者縣內稱神明無敢復爲偷盜琰父
孫相傳不以示人昇明二年太祖權爲假節督
益寧二州軍事建威將軍益州刺史宋寧太守
建元元年進號寧朔將軍四年徵驍騎將軍黃
門郎永明二年遷建威將軍陸王北中郎長

〈南齊書列傳三五〉 三

史改寧朔將軍明年徙廬陵王安西長史南郡
內史行荊州事五年卒琰喪西還有詔出臨臨
淮劉玄明亦有吏能爲山陰令大著名續琰子
湘問玄明曰我臨去當告鄉將別謂之曰作縣
唯日食一升飲而莫飲酒
虞愿字士恭會稽餘姚人也祖賚給事中監刹
疾父望之早卒賚中庭橘樹冬熟子孫競來取
之愿年數歲獨不取賚及家人皆異之元嘉末
爲國子生再遷湘東王國常侍轉轉陽王府墨

曹參軍明帝立以愿儒學涉獵番國舊恩意
遇甚厚除太常丞尚書祠部郎通直散騎侍郎
領五郡中正祠部郎如故帝性猜忌體肥憎風
夏月常著皮小衣拜左右二人爲司風令史風
起方面輒先啓聞星文災變不信太史不聽外
奏勅靈臺二人給愿愿常直內省有異先啓
以相檢察帝以故宅起湘宮寺費極奢後以考
武莊嚴刹七層帝欲起十層不可立分爲兩刹
各五層新安太守巢向之罷郡還見帝曰卿至

〈南齊書三四〉 四

湘宮寺未我起此寺是大功德愿在側曰陛下
起此寺皆是百姓賣兒貼婦錢佛若有知當悲
哭哀愍罪高佛圖有何功德尚書令袁粲在坐
爲之失色帝怒使人驅下殿愿徐去無異容
以舊恩少日中已復召入帝好圍棋甚拙去格
七八道物議共欺爲第三品與第一品王抗圍
棋依品賭戲抗每饒借之目皇帝飛棋百抗不
能斷帝終不覺以爲信然好之愈篤愿又曰竟
以此教丹朱非人主所宜好也雖數忤旨而蒙

賞賜猶餘人遷無中書郎帝寢疾恩常侍醫
藥帝素能食九好遂夷以銀鉢盛蜜漬之一食
數鉢謂揚州刺史王景文曰此是奇味卿頗足
不景文曰臣鳳好此物貧素致之甚難帝甚悅
食遂夷積多貿腹痼脹氣瀕絕左右啓歙數升
酢酒乃消疾大困一食汁滓猶至三升水患積
父藥不復劾大漸曰正坐呼道人合掌便絕恩
以侍疾父轉正負郎出為晉平太守在郡不治
生產前政與民交關賣錄其兒婦恩遣人於道

三〇八　南齊傳三十四　五十

奪取將還在郡立學堂教授郡舊出騙蚍膽可
為藥有餉恩此不忍殺放二十里外山經宿復還故
一夜蚍還床下復送四十里外山中
敕恩更令遠乃不復歸論者以為仁心所致也
海邊有越王石常隱雲霧相傳云清徹無隱敕後琅邪王秀之為
得見恩性狷視清徹無隱敕後琅邪王秀乃
郡與朝士書曰此郡承虞公之後善政猶存遺
風易遵善得無事以母老解職除後軍將軍補
淵常詣恩不在見其眠床上積塵埃有書數表

淵歡曰虞晨之清一至於此令人掃地拂床而
去遷中書郎領東觀祭酒兄奉上虞令卒恩
從省步還家不待詔便歸東除驍騎將軍遷汝
尉祭酒如故恩管事宋明帝齊初宋神主遷汝
陰廟恩拜辭流涕建元元年卒年五十四恩著
五經論問撰會稽記文翰數十篇
劉懷慰字彥泰平原平原人也祖奉伯元嘉中
為冠軍長史父乘民冀州刺史懷慰初為桂陽
王征北板行參軍乘民死於義嘉事難懷慰持
喪不食醢醬冬月不絮衣養孤弟妹事寡叔母
甚有恩義復除邵陵王南中郎參軍廣德令尚
書駕部郎懷慰宗從善明等太祖心腹懷慰亦
懃焉沈攸之有舊令懷慰為書喻攸之太祖省之
稱善除步兵校尉齊國建上欲置齊郡於京邑
議者以江右土沃流民所歸乃治瓜步以懷慰
為輔國將軍齊郡太守上謂懷慰曰治瓜步以懷慰
業所基吾方以為顯任經理之事一以委卿
手勑曰有文事者必有武備今賜卿玉環刀一

三〇九　南齊傳三十四　六　朱玩

口懷慰至郡修治城郭安集居民墾廢田二百
頃決沈湖灌溉不受禮謁民有餉新米一斛
者懷慰出所食菜飯示之曰旦食有餘幸不煩賞
此因筈秦廉吏論以達其意太祖聞之手勑襃賞
進督秦沛二部妻子在都賜米三百斛兗州剌
今方古曾何足云在郡二年遷正負郎領青冀
史柳世隆與懷慰書曰膠東澗化潁川致美以
二州中正懷慰本名聞慰世祖即位以與舅氏
名同豹改之世祖監東陽郡為吏民所安還兼安
陸王比中郎司馬永明九年卒年四十五明帝
即位謂僕射徐孝嗣曰劉懷慰若在朝廷不憂
無清吏也懷慰與濟陽江淹陳郡袁彖善亦著
文翰永明初獻皇德論云
裴昭明河東聞喜人宋太中大夫松之孫也父
駰南中郎參軍昭明少傳儒史之業泰始中為
大學博士有司奏太子婚納徵用玉璧虎皮未
詳何所准據昭明議禮納徵儷皮為庭實鹿皮
也晉太子納妃注以虎皮二太元中公主納徵

虎豹皮各一豈其謂婚禮不詳王公之羔故取
虎豹文蔚以尊其事虎豹雖文而徵禮所不言
熊羆雖古而婚禮所不及珪璋雖美或為用各
異今宜准的經誥凡諸辟謬一皆詳正於是有
司參議加珪璋虎豹熊羆皮各二元徵正無還
沙郡丞罷任剌史王蘊謂之曰卿清貧必無還
資湘中人士有餞一禮之命者我不愛也昭明
曰下官忝為邦佐不能光益上府豈以鴻都之
事仰累清風歷祠部通直郎永明三年使虜世
祖謂之曰以卿有將命之才使還當以一郡相
賞還為始安內史郡民龔玄宣云神人與其玉
印玉板書不須箪吹紙便成字自稱龔聖人以
此感眼前後郡守敬事之昭明付獄治罪及還
甚貧罄世祖曰裴昭明罷郡還遂無宅我不諳
書不知古人中誰比遷射聲校尉九年復遣北
使建武初為王玄邈安北長史廣陵太守明帝
以其在事無所啓奏代還責之昭明曰臣不欲
競執關櫂故耳昭明歷郡皆有勤績常謂人曰

人生何事須聚蓄一身之外亦復何須子孫若
不才我聚彼散若能自立則不如一經故終身
不治產業中興二年卒從祖弟顗字彥齊少有
異操泰始中於揔明觀聽講不讓劉秉席秉用
為參軍昇明末為奉朝請齊臺建世子裴妃須
外戚譜顗不與遂分籍太祖受禪上表誹謗掛
冠去伏誅

沈憲字彥璋吳興武康人也祖說道巴西梓潼
二郡太守父璞之北中郎行參軍憲初應州辟

為主簿少有幹局歷臨首餘杭令巴陵王府佐
州刺史才也補烏程令甚著政績太守褚淵歎
帶襄令除駕部郎宋明帝與憲謀謂憲曰卿廣
之曰此人方負可施除通直郎都水使者長於
吏事居官有績除正負郎補吳令尚書左丞昇
明二年西中郎將晃為豫州太祖擢憲為晃
長史南梁太守行州事遷豫章王諮議未拜坐
事免官復除安成王冠軍武陵王征虜參軍遷
少府卿少府管掌市易與民交關有更能者皆

更此職遷王儉鎮軍長史東武陵王曄為會稽以
憲為左軍司馬太祖以山陰戶眾難治欲分為
兩縣世祖啟曰縣豈不可治但用不得其人耳
乃以憲帶山陰令政聲大著孔稚珪請假東歸
謂人曰沈令料事特有天才加寧朔將軍王敬
則為會稽仍留為鎮軍長史後軍長史如故
軍長史行南豫州事晉安王憲仍留為冠
守西陽王子明代為南兗州憲仍為冠軍長
史太守如故頻行州府事永明八年子明典籤

劉道濟取府州五十八役自給又役子明左右
及船伏賊私百萬為有司所奏世祖怒賜道濟
死憲坐不糾官尋復為長史輔國將軍以疾
去官除散騎常侍未拜卒當世稱為良吏憲同
郡丘仲起先是為晉平郡清廉自立褚淵歎曰
見可欲心能不亂此楊公所以遺子孫也仲起
字子震少為憲從伯領軍寅之所知宋元徽中
為太子領軍長史官至廷尉卒

李珪之字孔璋江夏人鍾武人也父祖皆為縣令

遷鎮西中郎諮議右軍將軍兼都水使者珪之
歷職稱為清能除游擊將軍兼使者如故轉兼
少府卒先是四年滎陽毛惠素為少府卿吏才
強而治事清刻敕市銅官碧青一千二百斤供
御畫用錢六十萬有讒惠素納利者世祖怒敕
尚書評賈貴二十八萬餘有司奏之伏誅死後
家徒四壁上甚悔恨

孔琇之會稽山陰人也祖季恭光祿大夫父靈
運著作郎琇之初為國子生舉孝廉除衞軍行
參軍員外郎尚書三公郎出為烏程令有吏能
還遷通直郎補吳令有小兒年十歲偷鄰家
稻一束琇之付獄治罪或諫之琇之曰十歲便
能為盜長大何所不為縣中皆震肅遷尚書左
丞又以職事知名轉前軍將軍兼少府遷驍騎
將軍少府如故出為寧朔將軍高宗冠軍征虜
長史江夏內史還為正員常侍兼左民尚書廷
尉卿出為臨海太守在任清約罷郡還獻乾薑
二十斤世祖嫌少及知琇之清乃歎息除武陵

王前軍長史未拜仍出為輔國將軍監吳興郡
尋拜太守治稱清嚴高宗輔政防制諸蕃致密
旨於上佐隆昌元年遷琇之為寧朔將軍晉熙
王冠軍長史行郢州事江夏內史琇之辭不許
未拜卒

史臣曰琴瑟不調必解而更張也魏晉為吏稍
與漢乖背猛而仁愛之情亦減蜀以
峻法限以常條以必世之仁未及宣理而暮月
之望已求治術先公後私在已未易割民奉國
於物非難期之救過所利苟免且目見可欲嗜
好方流貪以敗官取與違義吏之不臧闒非由
此摘軒辯偽誠侯異識垂名著績唯有廉平令
世之治民未有出於此也

贊曰蒸蒸小民吏職長親夢亂須理邸隱歸仁
枉直交贅寬猛代陳伊何導物貴在清身

臣蕭　子顯　撰

南齊書傳三五　一　嚴

易有君子之道四焉語默之謂也故有入廟堂
而不出徇江湖而永歸隱避紛紜情迹萬品若
道義內足希微兩亡藏景窮巖蔽名愚谷解

桎梏於仁義永形神於天壤則名教之外別有
風猷故竟封有非聖之人孔門謬雞黍之客次
則揭獨性之高節重去就之虛名激競違貪與
世為異或慮全後悔事歸知始或道有不申行
岑出澤咸昔用宇宙借風雲以為戒果
志遠道未或非然含貞養素文必藝業不然與
樵者之在山何殊別哉故藝華之譖期之塵外庶以
之望焉懷下節見兩張華之譖期之塵外庶以
弘多昔今十餘子者仕不求聞退不譏俗全身

南齊書傳三五　二

幽履服道儒門斯逸民之軌操故綴為高逸篇
云爾

褚伯玉字元璩吳郡錢唐人也高祖含始平太
守父邊征虜參軍伯玉少有隱操寡嗜欲年十
八父為婚婦入前門伯玉從後門出遂往剡居
瀑布山性耐寒暑時人比之王仲都在山三十餘
年隔絕人物王僧達為吳郡苦禮致之伯玉不
得已停郡信宿裁交數言而退寧朔將軍丘珍
孫與僧達書曰聞褚先生出居貴館此子滅景

雲樓不事王侯抗高尚之食有年載矣自非折
節好賢何以致之昔文舉標榱治城安道入昌門
於茲而三焉夫卻粒之士食霞之人乃可暫致
不宜久羈君當思遂其高成其羽化望其還
策之日暫紆清塵亦願助為壁說僧達答曰
比談討芝桂借訪荔蘿若巳窺煙液臨滄洲矣
峯絕嶺者積數十載故要其來此冀慰日夜
褚先生從白雲遊舊矣昔之逸民或留慮兒女
或使華陰成市而此子索絭唯朋松石介於孤

知君欲見之輒當申壁宋孝建二年散騎常侍
樂詢行風俗表薦伯玉加徵聘本州議曹從事
不就太祖即位手詔吳會二郡以禮迎遣又辭
疾上一不欲違其志敕於剡白石山立太平館居
之建元元年卒年八十六常居一樓上仍葬樓
所孔稚珪從其受道法為於館側立碑
明僧紹字承烈平原鬲人逆祖玩州治中父略
給事中僧紹宋元嘉中再舉秀才明經有儒
術永光中鎮北府辟功曹並不就隱長廣郡嶗

山聚徒立學淮北沒虜乃南渡江明帝泰始六
年徵通直郎不就昇明中太祖為太傅教辟僧
紹及顧歡臧榮緒以旍幣之禮徵為記室參軍
不至僧紹弟慶符為青州刺史僧紹之粮食隨慶符
之鬱洲住弇榆山栖雲精舍欣玩水石竟不一
入州城建元元年冬詔曰朕側席思士載懷塵
外齊郡明僧紹標遯素履志操清修
宜加賁飾徵為正員外郎稱疾不就其後與崔
思祖書曰明居士標意可重豈自易音未達邪
小涼欲有講事卿可至彼具述吾意令與慶符
俱歸又曰不食周粟而食周薇古猶發議在今
寧得息談邪聊以為笑慶符罷任僧紹隨歸住
江乘攝山太祖謂慶符曰卿兄高尚其事亦堯
之外臣朕雖不相接有時通夢遺僧紹竹根如
意筍籜冠僧紹聞沙門釋僧遠風德住候定林
寺大祖欲出寺見之僧遠問僧紹曰天子若來
居士若為相對見之僧紹曰山藪之人政當鑿坏以
遁若辭不獲命便當依戴公故事其永明元年

世祖勅召僧紹稱疾不肯見詔徵國子博士不
就卒子元琳字仲璋亦傳家業僧紹長兄僧胤
能玄言宋世為冀州刺史弟僧崇亦好學宋孝
武見之迎頌其名時人以為榮泰始初為青州
刺史慶符建元初為黃門僧偹子惠照元徽中
為太祖平南主簿從建元元年為巴州刺史綏懷蠻
荀伯玉對領直建元元年為巴州刺史綏懷蠻
蠻上詩為益州未遷卒
顧歡字景怡吳郡鹽官人也祖赴晉隆安末

避亂徙居歡年六七歲畫甲子有簡三篇歡析
計遂知六甲家貧父使驅田中雀歡作黃雀賦
而歸雀食過半父怒欲撻之見賦乃止鄉中有
學舍歡貧無以受業於舍壁後倚聽無遺忘者
八歲誦孝經詩論及長篤志好學母年老躬耕
誦書夜則燃糠自照同郡顧顗之臨縣見而異
之遣諸子與遊及孫憲之並受經句歡年二十
餘更從豫章雷次宗諮玄儒諸義母亡水漿不
入口六十日遂隱遁不仕於剡天台

山開館聚徒受業者常近百人歡早孤每讀詩
至哀父母輒執書慟泣學者由是廢蓼莪篇
不復講太祖輔政悅勸風教徵為揚州主簿遣
中使迎歡及踐阼乃至歡稱山谷臣顧歡上表
曰臣聞舉網提綱綱領既理毛目自
張然則道德綱也物勢目也上理其綱則萬機
時序下張其目則庶官不曠是以湯武得勢師
道則祚延項道任勢則身殘夫天天門開闔
自古有之四氣相新締袲代進令火澤易位三

靈政憲天樹明德對時育物搜揚爻陋野無伏
言是以窮谷愚夫敢露偏管謹撰老氏獻治
綱一卷伏願稽古百王斟酌時用不以芻蕘棄
言不以人微廢道則率土之賜也微臣之幸也
幸賜一疏則上下交泰雖不求民而民悅不祈
天而天應天悅民則皇基固矣臣志盡幽深
無與榮勢自足雲霞不湏祿養陛下既遠見尋
求敢不盡言既盡臾請從此退是時貟外郎
劉思劾表陳讜言曰宋自大明以來漸見凋弊

徵賦有增於往天府九貧於昔兼軍警屢興
傷夷不復戍役殘丁儲無半菽小民嗷嗷無樂生
之色貴勢之流侈貴室之族車服伐役爭相奢麗
亭池第宅競趣高華至于山澤之人不敢採飲
其水草貧富相輝捐源尚未墮下宜發明詔吐
德音布惠澤禁邪僞賦斂省傜役絕奇麗之
聰明郎衞人倡優曆運之化應質文之用不亦
大哉又彭汴有鴟梟之巢青丘爲狐兔之窟虐
害踰紀殘暴日滋鬼泣舊昌泉人悲故壤童孺視
編氓而慙生老目老者左袵而恥没陛下宜仰答
天人引領之望下弔黎傾首之勤授鉞儲霍
之將遺策蕭張之師萬道俱前窮山蕩谷此
即恒山不足指而傾渤海不足飲而竭豈徒殘
寇塵滅而已哉上詔曰朕夙旦惟夤思弘治道
佇夢嚴濱垂精管庫旰食舊懷其勤至矣吳
郡顧歡散騎郎劉思効或至自丘園或越在究
位並能獻書金門薦辭鳳闕辨章治體有愜朕
心今出其表外可詳擇所宜以時敷奏歡近已

加体貴思効可付選銓序以顯謹言歡東歸上
賜塵尾素琴永明元年詔徵歡爲太學博士同
郡顧黯爲散騎郎黯字長孺有隱操與歡俱不
就徵歡晚節服食不與人通每旦出戶山鳥集
其掌取食黃老道解陰陽書爲數術多効驗
初元嘉末出都寄住東府忽題柱云三十年二
月二十一日因東歸後太初弒逆果是此年
自知將終賦詩言志云精氣因天行遊魂隨物
化剗死日卒於剡山身體柔軟時年六十四還
葬舊墓基木連理出墓側縣令江山圖表狀世祖
詔歡諸子撰歡文議三十卷佛道二家立教既
異學者之牙相非毀歡箸夷夏論曰夫辨是與非
宜據聖典尋二教之源故兩標經句道經云老
子入關之天竺維衞國國王夫人名曰淨妙老
子因其晝寢乘日精入淨妙口中後年四月八
日夜半時剖左腋而生墜地即行七步於是佛
道典焉此出立妙內篇佛經云釋迦成佛有塵
劫之數出法華无量壽或爲國師道士儒林之

宗出瑞應本起歡論之曰五帝三皇莫不有師
國師道士無過老莊儒林之宗軌出周孔若孔
老非佛誰則當之然二經所說如合符契道則
佛也佛則道士也其聖則符其跡則反或和光以
明近或曜靈以示遠道濟天下故無方而不入
智周萬物故無物而不為其入不同其為必異
各成其性不易其事是以端委搢紳諸華之容
翦髮曠衣羣夷之服擊轂折疾甸之恭狐蹲
狗踞荒流之肅榗殯椰葬中夏之制火焚水沈
西戎之俗全形守禮繼善之教毀貌易性絕惡
之學豈伊同人爰及異物鳥王獸長往往是佛
無窮世界聖人代興或昭五典或布三乘在鳥
而鳥鳴在獸而獸乳教華而華言化夷而夷語
耳雖舟車均於致遠而有川陸之別若謂其致既均其法可換
達化而有夷夏之別若謂其致既均其法可換
者而車可涉川舟可行陸乎今以中夏之性效
西戎之法既不全異又不全同又可以中夏之
宗禮嗜欲之物皆以禮伸孝敬之典獨以法屈

悖禮犯順曾莫之覺弱喪忘歸軌識其舊且理
之可貴者道也事之可賤者俗也捨華效夷義
將安取矣若以道邪道固符合矣若以俗邪俗則
大氐矣屢見刻航沙門守株道士交諍小大互
相彈射或域以為兩或混俗以為一是牽異
以為同破同以為異則乖爭之由淆亂之本也
尋聖道雖同而法有左右始乎無端終乎無末
泥洹仙化各是一術佛號正真道稱正一一歸
無死真會曰無生在名則反在實則合但無生之
敫餘無死之化切法可以進謙餘法可以
退夸強佛教文而博道教質而精精非麤人所
信博非精人所能佛言華而引道言實而抑抑
則明者獨進引則昧者競前佛經繁而顯道
經簡而幽幽則妙門難見顯則正路易遵此二
法之辨也聖匠無心方圓有體器既殊用教亦
異施佛是破惡之方道是興善之術與善則自
然為高破惡則勇猛為貴佛跡光大宜以禮物
道跡密微利用為己優劣之分大略在茲夫蹲

夷之儀冕羅之辯各出彼俗自相矜解猶蟲噬
鳥眂何足述效歡雖同二法而意讜道教宋司
徒表察託爲道人通公駿之其略曰白日傅光恒
星隱照誕降之應事在老先似非入關方炳斯
瑞又老莊周孔有可存者依日末光憑釋遺法
盜牛竊善反以成蠹檢窺源流終異吾讜之爲
道耳西域之記佛經之說俗以膝行爲禮不慕
蹲坐爲恭道以三繞爲度不尚踞傲爲爾豈專
戎土爰亦茲方襄童謁帝膝行而進趙王見周

〈南齊傳三十五〉 十一

三環而止今佛法在華乘者常安戒善行交踣
者怕通文王造周大伯創吳華化戎夷不因舊
俗豈若舟車理無代用佛法垂化或因或革清
信之士容衣不改心之人服貌必變硬本從
道不遵彼俗教風自殊無患其亂孔老釋迦其
人或同觀方說教其道必異孔老治世爲本釋
氏出世爲宗髮軫旣殊其歸亦異符合之唱自
由臆說又仙化以變形爲上泥洹以陶神爲先
變形者白首還緇而未能無死陶神者使塵惑

曰損湛然常存泥洹之道無死之作乖詭若此何
謂其同歡答曰案道經之作著自西周佛經之
來始乎東漢年踰八百代懸數十若謂黃老雖
父而盜在釋前是呂尚盜陳恒之齊劉季竊王
恭之漢云戎氣強獷乃復略人頰車邪又
夷俗長跽法與華異翹左跂右全是蹲踞故周
公禁之於前仲尼戒之於後又舟以濟川車以
征陸佛起於戎當非戎俗言邪邪道出於華當
非華風本善邪今華風旣變惡同戎狄佛來

〈南齊書傳三五〉 十二 夫

破之民有以矣佛道實貴故戒業可遵戎俗實
賤故言貌可棄今諸華士女民族弗革而露首
編踞濫用夷禮云於翦落之徒全是胡人國有
舊風法不可變又若觀風流敎其道必異佛非
東華之道道非西戎之法魚鳥異淵永不相關
安得老釋二敎交行八表今佛旣東流道亦西
邁故知世有精麤敎有文質然則道敎執本以
領末佛敎救末以存本請問所異歸在何許若
以翦落爲異則胥靡翦落矣若以立像爲異

則俗巫立像矣此非所歸歸在常住之象

常道執異神仙有死權便之說神仙是大化之

揔稱非窮妙之至至名無其有名者二十

七品仙變成具具變成神或謂之聖各有九品

品極則入空寂無爲無名苦服食延壽延壽萬

億壽考盡則死藥極則枯此修考之士非神老全其

流也明僧紹正二敎論以爲佛明其宗老全其

生守生者薇明宗首通今道家稱長生不死名

補天曹大班老莊立言本理文惠太子竟陵王

【南齊書傳三五】　十三

子良並好釋法吳與孟景翼爲道士太子召入

玄圃園衆僧大會子良使景翼造禮佛景翼不

肯子良送十地經與之景翼造正一論大略曰

寶積五佛以一音廣說法老子云聖人抱一以

爲天下式一之爲妙玄絕於有景神化贍於

無窮爲萬物而无爲處一數而無數莫之能名

強號爲一在佛曰實相在道曰玄牝道之大象

即佛之法身以不守之守法身以不執之執

執大象但物有八萬四千行說有八萬四千法

法乃至於無數行亦速於無央等級隨緣須導

歸一歸一曰回向正即無邪邪觀既遣億善

曰新三五四六隨用而施獨立不改絕學無憂

曠劫諸聖共遵斯一老釋未始於嘗分迷者分

之而未合億億遍遍修修成聖雖十號千稱終

不能盡然不能盡豈可思議司徒從事中郎張

融作門律云道之與佛逗極無二五見道士與

道人戰儒墨道人與道士入獄是非昔有鴻飛天

首積遠難亮越人以爲鳬楚人以爲乙人自楚

【南齊傳三五】　十四　葉末

越鴻常一耳以示太子僕周顒顒難之曰虛無

法性其寂雖同位寂之方其旨則別論所謂逗

極無二者爲逗極於虛無當無二於法性耶足

下所宗之本一物爲鴻乙耳驅馳佛道無免二

末末知高鑒緣何識本輕而宗之其有旨乎往

復文多不載又注王弼易二繫學者傳

工鍾會四本之流也又注張永北征永敗

之始與人盧度亦有道術少隨張永北征永敗

虜追急阻淮水不得過度心誓曰若得免死從

今不復殺生酒更見兩楹流來接之得過後隱
居西昌三顧山為獸隨之夜有池養魚魚次來
汝壞我壁鹿應聲去屋前有池養魚魚次第度曰
取食乃去知死年月與親友別永明末以壽
終初永明三年徵驃騎參軍顧惠徇為司徒主
簿惠徇宋鎮軍將軍觀之弟子也閑居養志不
應徵辟

臧榮緒東莞莒人也祖奉先建陵令父庸民國
子助教榮緒幼孤躬自灌園以供祭祀母喪後

三九 【南齊書傳三十五】 十五 劉郡

珍未嘗先食純篤好學括東西晉為一書紀
錄志傳百二十卷隱居京口教授南徐州辟西
曹舉秀才不就太祖為揚州徵榮緒為主簿不
到司徒褚淵方隱妄旦命駕尋之建元中啟太祖
曰榮緒朱方隱妄其所好謝疾求免蓬廬守志漏
岱引為行佐非其所好謝疾求免蓬廬守志漏
濕是安灌疏終老與友關康之沈深典素追古
箸書撰晉史十七表贊論雖無逸才亦足彌綸一

代目歲時往京日與之遇近報其取書始方
送出庶得備錄渠閣採異甄善上咨呂公所道
臧榮緒者吾甚志之其有史翰欲令入天祿甚
佳榮緒博愛五經謂人曰昔呂尚奉丹書武王
致齊降位本釋教誠並有禮敬之儀因甄明至
道乃箸拜五經序論常以宜尼生庚子日陳五
經拜之自號被褐先生又以飲酒亂德言常為
誡永明六年卒年七十四初榮緒與關康之俱
隱在京口世號為二隱康之字伯愉河東人世

三百九 【南齊書傳三十五】 十六 令正

居丹徒以墳籍為務四十年不出門不應州府
辟宋太始中微通直郎不就晚以母老家貧來
為領軍府小縣性清約獨處一室稀與妻子相見
不通賓客弟子以業傳受充蓋左氏春秋太祖
為領軍素好此學送春秋五經康之手自點定
并得論禮記十餘條上甚悅寶愛之遺詔以經
本入玄宮宋末卒
何求字子有廬江灊人也祖尚之宋司空父鑠
宜都太守元嘉末為宋文帝挽郎解褐箸作郎

中軍諮軍行佐太子舍人平南叅軍撫軍主簿
太子洗馬丹陽尹郡丞清退無嗜欲又除征北
叅軍事司徒主簿太子中舍人泰始中妻亡還
吳葬舊墓除中書郎不拜仍住吳居波若寺
足不蹈戶人莫見其面明帝崩出奔國哀除為
司空從事中郎不就乃除永嘉太守求時寄住
南澗寺不肯詣臺乞於寺拜受見許一夜忽乘
小船逃歸吳隱虎丘山復除黃門郎不就永明
四年世祖以為太中大夫又不就七年卒年五
十六初求毋王氏為父所害求兄弟以此無官
情求弟點少不仕宋世徵為太子洗馬不就隱
居東離門下望之側性率到鮮狎人物建元
中褚淵既世族儉亦國華不賴舅氏遷郵外家儉
云淵既世族儉亦國華不賴舅氏遷郵外家儉
欲候之知不可見乃止永明元年徵中書郎豫
章王命駕造門點從後逃去竟陵王子良聞
之曰豫章王尚不屈非吾所議遺點祝叔夜酒
杯徐景山酒鎗以通意點常自得遇酒便醉交

遊宴樂不隔也永元中京師頻有軍寇點欲結
裳為袴與崔慧景共論佛義其語黙之迹如
此點弟胤有儒術亦懷隱遁之志所居宅名為
小山隆昌中為中書令以皇后從叔叔見親寵明
帝即位胤賣園宅將本志建武四年為散
騎常侍巴陵王師聞具與太守謝朏致仕慮後
之於是奉表彈胤然不待報而去隱會稽山大怒令
有司奏彈胤然發優詔焉永元二年徵散騎
常侍太常卿

劉虬字靈預南陽涅陽人也舊族徙居江陵虬
少而抗節好學須得祿便隱家宋太始中仕至晉
平王驃騎記室當陽令罷官歸家靜處斷穀餌
术及胡麻建元初豫章王為荊州教辟虬為別
駕與同郡宗測新野庾易立遣書禮請虬等各
修牋答而不應辟命永明三年刺史廬陵王子
卿表虬及同郡宗測宗尚之庚易劉昭五人請
加蒲車束帛之命詔徵為通直郎不就竟陵王
子良致書通意虬答曰虬四節卧病三時營灌

暢餘陰於山澤託暮情於魚鳥豈非唐虞重恩
周邵宏施虬進不研機入玄無洙泗稷館之辯
退不疑心出累非家間樹下之節遠澤既灑仁
規先著謹收樵牧之嫌苟加軾蠡之義虬精信
釋氏衣麄布衣禮佛長齋注法華經自講佛義
以江陵西沙洲去人遠乃徙居之建武二年詔徵
國子博士不就其冬虬病正晝有白雲徘徊檐
戶之內又有香氣及著聲其日卒年五十八劉
昭與虬同宗州辟祭酒從事不就隱居山中

庾易字幼簡新野新野人也徙居屬江陵祖玖
巴郡太守父道驥安西參軍易志性恬隱不交
外物建元元年刺史豫章王辟為驃騎參軍不
就臨川王映臨州獨重易上表薦之餉麥百斛
易謂使人曰民樵採麋鹿之伍終其解毛之衣
馳騁日月之車得保自耕之祿於大王之恩亦
已深矣辭不受永明三年詔徵太子舍人不就
以文義自樂安西長史袁彖欽其風通書致遺
易以連理机竹翹書格報之建武二年詔復徵

為司徒主簿不就卒
宗測字敬微南陽人宋徵士炳孫也世居江陵
測少靜退不樂人間歎曰家貧親老不擇官而
仕先哲以為美談余竊有惑誠不能潛感地金
其致江鯉但當用天道分地利軾能食人厚祿
憂人重事乎州舉秀才主簿不就驃騎豫章王
徵為參軍測答曰何為謬傷海鳥橫斤山
木毋喪身負土植松栢豫章王復遣書請之辟
為參軍測答曰性同鱗羽愛止山壑眷戀松筠

輕迷人路縱宕容嚴流有若狂者忽不知老至而
今矣已白豈容課責有限魚慕鳥哉永明三
年詔徵太子舍人不就欲遊名山乃寫祖炳所
畫尚子平圖於壁上測長子官在京師知父此
旨便求祿還為南郡丞付以家事刺史安陸王
子敬長史劉寅以下皆贈送之測無所受蕭老
子莊子二書自隨子孫拜辭悲泣測長嘯不視
遂往廬山止祖炳舊宅魚復族子響為江州厚
遺贈遺測曰少有狂疾尋山採藥遠來至此量

腹而進松木度形而衣薜蘿淡然巳足豈容當
此橫施子響命駕造之測避不見後子響不告
而來奄至所住測不得巳巾褐對之音不交言
子響不悅而退尚書令主儉飭測蒲褥唯與測
送弟喪還西仍留舊宅永業寺絕賓友唯與同
志庾易劉虯宗人尚之等往來講說刺史隨王
子隆至鎮遣別駕宗珩致勞問測咲曰貴賤理
隔何以及此音不答建武二年徵為司徒主簿
不就卒測善畫自圖阮籍遇蘇門於行障上坐

南齊列傳三五

對之又畫永業佛影臺皆為妙作頗好音律
善易老續皇甫謐高士傳三卷又嘗遊衡山七
嶺箸衡山記盧山記尚之字敬文亦好山澤與劉
虯俱以驃騎記室不仕宋末刺史武陵王辟贊
府豫章王辟別駕並不就永明中與劉虯同徵
為通直郎和帝中興初召為諮議並不就壽終
杜京產字景齊吳郡錢唐人杜子恭玄孫也祖
運為劉毅衛軍參軍父道鞠州從事善彈棋世
傳五斗米道至京產及子栖京產少恬靜閉意

宋逸

宋曰頗涉文義專修黃老會稽孔覬清剛有峻
節一見而為款交郡召主簿州辟從事稱疾去
除奉朝請不就與同郡顧歡同契始寧東山
開舍授學建元中武陵王曄為會稽太守遺儒
士劉瓛入東為曄講說京產請瓛至山會講書
傾資供待子栖躬自屝履為瓛生徒下食其禮
賢如此孔稚珪及光祿大夫陸澄祠部尚書虞悰
明十年稚珪周顒謝瀹並致書以通殷勤求
太子右率沈約司徒右長史張融表薦京產曰

南齊書傳三五

竊見吳郡杜京產潔靜為心謙志性通和發
於天挺敏達表於自然學遍玄儒博通史子流
連文藝沈吟道奧泰始之朝挂冠辭世遁迹捨家
業隱于太平葺宇窮巖採芝幽澗耦耕自足
薪歌有餘確爾不羣淡然寡欲麻衣藿食二十
餘載雖古之志士何以加之謂宜釋巾幽谷結
組登朝則品谷含懽薜蘿起褪癸不報建武初
徵貞外散騎侍郎京產曰莊生持釣豈為白璧
所回辭疾不就年六十四永元元年卒會稽孔

道徵守志業不仕京產與之友善永明中會稽
鍾山有人姓蔡不知名山中養鼠數十頭呼來
即來遣去便去言語狂易時謂之謫仙不知所終
沈驎士字雲禎吳興武康人也祖膺晉太中大
夫驎士少好學家貧織簾誦書口手不息宋元
嘉末文帝令尚書僕射何尚之抄撰五經訪舉
學士縣以驎士應選尚之謂子偃曰山東故有
高士也少時驎士稱疾歸鄉或勸驎士仕答曰魚縣歐檻
孤兄子義著鄉邑更不與人物通養

【南齊書傳三十五】　二十三

天下一契聖人玄悟所以每廢吉先吾誠未能
景行坐忘何為不希企日損乃作玄散賦以絕
世太守孔山士辟不應宗人徐州刺史曇慶待
中懷文左率勃來之驎士未嘗答也隱居餘
不吳差山講經授從學者數十百人各營屋
宇依止其側驎士重陸機連珠每為諸生講之
征北張永為吳興請驎士入郡驎士聞郡後堂
有好山水乃往停數月永欲請為功曹使人致
意驎士曰明府德履沖素留心山谷民是以被

朱六

褐貧杖志忘其疲病必欲飾渾沌以蛾眉冠越客
於文晃定雖不敢請附高節有踏東海而死爾
永乃止昇永明末太守王奐士表薦之詔徵為奉
朝請不就永明六年吏部郎沈淵中書郎沈約
又表薦驎士義行曰其興沈驎士英風挺峻
節早樹貞粹稟於天然綜博生平篤家世孤
貧菜蔬不給懷書而耕白首無倦挾琴采薪
行歌不輟長兄早卒孤姪數四攝生鞠稚吞苦
推廿年跡七十業行無改元嘉以來聘召仍疊

【南齊書傳三十五】　二十四

王質踰潔霜操日嚴若使聞政王庭服道守操
必能孚朝規於邊鄙播聖澤於荒裔詔又徵為
太學博士建武二年徵著作郎永元二年徵太
子舍人竝不就驎士負薪汲水并日而食守操
終老篤學不倦遭火燒書數千卷驎士年過八
十耳目猶聰手以反故抄寫火下細書復成二
三千卷滿數十篋時人以為養身靜嘿之所致
也箸周易兩繫莊子內篇訓注易經禮記春秋
尚書論語孝經喪服老子要略數十卷以楊王

徐經

孫皇甫謐深達生死而終禮矯偽乃自作終制

年八十六卒同郡沈儼之字士恭徐州刺史曇

慶子亦不仕徵太子洗馬永明元年徵中書郎

三年又詔徵前南郡國常侍沈顗為著作郎建

武二年徵太子舍人永元二年徵通直郎顗字

處默宋領軍寅之兄孫也

吳苞字天盖濮陽鄄城人也儒學善三禮及老

莊宋泰始中過江聚徒教學冠黃葛巾竹麈尾

蔬食二十餘年隆昌元年詔曰處士濮陽吳苞

南齊書傳三十五　二五　官

栖志窮谷秉操貞固沈情味古白首彌厲徵太

學博士不就始安王遙光右衛江祐於蔣山南

為立館自劉瓛卒後學者咸歸之以壽終會國

孔嗣之字敬伯宋世與太祖俱為中書舍人竝

非所好自廬陵郡去官隱居鍾山朝廷以為太

中大夫建武三年卒

徐伯珍字東陽太末人也祖父竝郡掾史伯珍少

孤貧書竹葉及地學書山水暴出漂溺宅舍村

隣皆奔走伯珍累床而止讀書不輟叔父璠之

與顏延之友善還祷蒙山立精舍講授伯珍往

從學積十年究尋經史遊學者多依之太守琅

邪王曇生吳郡張澹竝加禮辟伯珍應召便退

如此者凡十二焉徵士沈儼造膝談論申以素

交吳郡顧歡擿出尚書滯義伯珍訓答其有條

理儒者宗之好釋氏老莊兼明道術歲常旱伯

珍筮之如期雨澍舉動有禮過曲木之下趨而

避之早喪妻晚不復重娶自比曾參宅南九里

有高山班固謂之九嚴山後漢龍丘萇隱處也

南齊書傳三五　二六　官

珍移居之門前生梓樹一年便合抱館東右壁

夜忽有光洞照俄爾而滅白雀一雙栖其戶

楄論者以為隱德之感焉永明二年刺史豫章

王辟議曹從事不就家甚貧兒弟四人皆白

首相對時人呼為四皓建武四年卒年八十四受

業生凡千餘人同郡樓幼瑜亦儒學著禮捃遺

三十卷官至給事中又同郡樓惠明有道術居

金華山禽獸毒蟲莫敢犯者皆避之也明帝聞之勑出

住華林園除奉朝請固乞不受求東歸永明三
年忽秉輕舟向臨安縣衆不知所以尋而唐寓
之賊破郡文惠太子呼出住蔣山又求歸見許
世祖敕爲立館
史臣曰顧歡論夷夏優老而劣釋佛法者理寂
乎萬古迹兆乎中世淵源浩愽無姶無邊宇宙
之所不知數量之所不盡盛乎哉眞大士之立
言也探機扣寂有感必應以大苞小無細不容
若乃儒家之教仁義禮樂仁愛義禮從樂和

而已今則慈悲爲本常樂爲宗施舍惟機伍舉
成敬儒家之教憲章祖述引古證今於學易悟
今樹以前因報以後果業行交酬連璟相襲陰
陽之教占氣步景授民以時知其利害今則耳
眼洞達心智他通身爲奎井豈俟甘石法家之
教出自刑理禁姦止邪明用賞罰今則十惡所
墜五及無閒刃樹劍山焦湯猛火造受自貽閭
或差貳墨家之教遵上儉薄磨踵滅頂且猶非
客今則膚同斷瓠目如井星授子捐妻在鷹庇

鳥從橫之教所貴權謀天口運環歸平適蹙今
則一音萬解無待户說四辯三會咸得吾師雜
家之教兼有儒墨今則五時所宣于何不盡農
家之教播植耕耘善相五事以藝九穀今則樺鬱
單種稻已異閻浮生天果報自然飲食道家無
教執一虛無得性亡情疑神勿擾今則波若無
照萬法皆空豈有道之可名寧餘一之可得道
俗對校眞假將鐘釋理奧藏無往而不有也能
善用之即眞是俗九流之設用藉世敎刑名道

墨乖心異旨儒者不學無傷爲儒佛理立曠
實智妙有一物不知不成圓聖若夫神道應現
之力感會變化之奇不可思議難用言象而諸
張米道符水先驗相傳師法祖自伯陽世情去
就有此二學僧尼道士矛楯相非非唯重道兼
亦殉利詳尋兩敎理歸一極但迹有左右故敎
成先後廣略爲言自生優劣道本虛無非道本
至絶聖棄智已成有爲之無終非道本若
使本末同無曾何等級佛則不然具縛爲種轉

暗成明梯愚入聖途雖遠而可踐業雖曠而有
期勸慕之道物我無隔而局情淺智鮮能勝受
世途揆度因果一門雞鳴爲善呆必餘慶贍肉
東陵曾無厄禍身于高妙蠻灑而靡達器思庸
鹵富厚以終生忠反見遺詭乃獲用觀此而論
近無罪福而業有不定著自經文三報開宗斯
疑頓曉史臣服膺釋氏深悟斯綱開如道之莫
貴也
贊曰含貞抱樸履道敦

列傳第三十五　　南齊書五十四

南齊書列傳三五

官

二十九

臣蕭子顯

孝義

崔懷慎
公孫僧遠
吳欣之
韓係伯
孫淡
華寶
韓靈敏
封延伯
吳達之
王文殊
朱謙之
蕭叡明
樂頤
江泌
杜栖

陸繹

子曰父子之道天性也君臣之義也人之含孝
廪義夫生所同淳慢之性非侯學至運遇爲用
不謝始庶之法驕慢之性多賊水菽之事夫色
養盡力行義致身甘心寵叡非内德者所以寄
氏三樂之辭仲由負米之歎也通乎神明理緣
感召情澆世薄力表孝慈故非内德者所以寄
心懷仁者所以標物矣理名蘊節鮮或耶著紀
夫事行以列于篇

崔懷慎清河東武城人也父邪利魯郡太守宋
元嘉中沒虜懷慎與妻房氏篤愛聞父陷沒即
日遣妻希衣疏食如居喪禮邪利後仕虜中書
戒爲滎陽太守亦同沒虜模子雖居勷政節而
不廢婚官大明中懷慎宗人冀州刺史元孫比
使虜問之曰崔邪利摸竝力屈歸命二家子姪
出劇不同義將安在元孫曰王尊驅驥王陽回
車欲令忠孝竝弘臣子兩節泰始初淮比陷沒

界上流奔者多有去就懷慎因此入北至桑乾
邪利時巳卒懷慎絕而後蘇載喪還青州徒跣
冰雪土氣寒酷而手足不傷時人以為孝感喪
畢以弟在南建元初又逃歸而弟亦巳亡懷慎
公孫僧遠會稽剡人也治父喪至孝事母及伯
孤貧獨立宗黨哀之日斂給其外米永明中卒
父謹節年穀貴貼與隣里供斂送之費躬負土
手種松柏兄姊未嫁乃自賣為之成禮名聞
郡縣太祖即位遣兼散騎常侍虞炎十二部使
行天下建元三年表列僧遠等二十三人詔竝
表門閭蠲租稅
吳欣之晉陵利城人也宋元嘉末弟尉之為武
進縣戍尉隨王誕起義太祖遣軍主華欽討之吏
民皆散尉之獨留見執將死欣之詰欽乞代弟
命辭淚哀切兄弟皆見原建元三年有詔蠲表
永明初廣陵民章起之二息犯罪爭死太守劉
悛表以聞

南齊列傳三十六 三 徐埤

韓係伯襄陽人也事父母謹孝襄陽土俗隣居
種桑樹於界上為誌係伯以桑枝蔭妨他地遷
塀上開數尺隣畔隨復侵之係伯輒更改種久
之隣人慙愧還所侵地躬往謝之建元三年蠲
租稅表門閭以壽終
孫淡太原人也居長沙事母孝母疾不眠食以
差為期母哀之後有疾不使知也豫章王領湘
州辟驃騎行象軍建元三年蠲租稅表門閭卒
千家華寶晉陵無錫人也父孟熙末戍長安
寶年八歲臨別謂寶自須我還當為汝上頭長
安陷虜虜家沒寶年至七十不婚冠或問之者輒
號慟彌日不忍答也同郡劉懷胤與弟懷則年十
天生亦萊食母未免喪而死天生母遭艱菜食
肉與弟有因義又同郡劉颺建元三年竝表門
閭韓靈敏會稽剡人也早孤與兄靈珍竝有孝
性孝毋喪又亡家貧無以營凶兄弟共種苽半畝
歲遭父喪不絮帛不食鹽菜建元三年竝表門
朝採苽子暮已復生以此遂辦葬事靈珍亡無

南齊書傳三十六 四 朱褍

子妻卓氏守節不嫁慮家人奪其志未嘗告歸
靈敏事之如母晉陵吳康之妻趙氏父亡弟幼
值歲饑母老病篤趙詣鄉里自賣言謦哀苦鄉
里憐之人人分升米相救遂得以免嫁康之少
時夫亡家欲更嫁誓死不貳義興蔣儁之妻黃
氏夫亡不重嫁誓死自殺乃止建元三
年詔蠲租賦表門閭永明元年會稽永興倪翼
之母丁氏少喪夫性仁愛遭年荒分衣食以飴
里中饑餓者隣里求借未嘗違同里陳穰父母
死孤單無親戚丁氏收養之及長為營婚娶又
同里王禮妻徐氏荒年客死山陰丁氏為買棺器
自往斂葬元徽末大雪商旅斷絕村里比屋饑餓
丁自出鹽米計口分賦同甲左僑家露四喪無
以葬丁為辦塚禮有三調不登者代為輸送丁
長子婦王氏守貞執志不共醮州郡上言詔表
門閭蠲租稅又廣陵徐靈禮妻遭火救兒與見
俱焚死太守劉悛以聞又領稽人陳氏有三女
無男祖父母年八九十老耄無所知父篤癃病

母不安其室值歲饑三女相率於西湖採菱薻更
日至市貨賣未嘗虧息鄉里稱為義門多欲取
為婦長女自傷煢獨誓不肯行祖父母尋相繼
卒三女自營殯葬為葊舍墓側又求興嫂中里
王氏女年五歲得毒病兩目皆盲性至孝年二
十父母死臨屍一叫眼皆血出小妹娥舐其血
左目即開時人稱為孝感縣令何曇秀不以聞
又諸暨東洿里屠氏女父失明母痼疾親戚相
棄鄉里不容女移父母遠住紵羅晝樵采夜紡
績以供養父母卒親營殯葬負土成墳忽聞
空中有聲云汝至性可重山神欲相驅使汝可
為人治病必得大富女謂是魅魅弗敢從遂得
病積時隣舍有中溪蠱毒者試治之自覺
病便差遂以巫道為人治疾無不愈家産日益
鄉里多欲聚之以無兄弟誓守墳墓不肯嫁為
山賊劫殺縣令千琳之具言郡太守王敬則不
以聞建武三年吳興乘公濟妻姚氏生二男而
公濟及兄公願乾伯並卒各有一子欣之天

保姚養育之賣田宅為取婦自與二男寄止隣
家明帝詔為其二子婚娶門閭復旌役其郡范
法恂妻褚氏亦勤苦執婦業宋昇明中孫曇瓘
謀反亡命褚謂其子僧簡曰孫越州先姑之姊
子與汝父親則從母兄交則義重古人逃竄
脫不免汝冝收之曇瓘尋伏法褚氏令僧簡
欲葬年七十餘將殯舉尸不起尋而僧簡至焉
未至而褚巳卒永明中卒僧簡在都聞病馳歸
封延伯字仲璉渤海人也有學行不與世人交

三百四　　南齊傳三十六　　七　宋帝

車寡嫂甚謹州辟主簿舉二分十不就後乃仕垣
崇祖為豫州啓太祖用為長史帶梁郡太守以
疾自免僑居東海遂不至京師二世同財為北
州所宗附豫章王辟中兵參軍就卒建元三年大
使巡行天下義興陳玄子四世一百七十口同
居武陵郡邵榮興文獻叔八世同居東海徐生
之武陵范安祖李聖伯范淘根五世同居零陵
譚弘寶衡陽何弘華陽黑頭跌從四居同居
並共衣食詔表門閭蠲租稅又蜀郡王續祖華

陽郡道福並累世同爨建武三年明帝詔表門
閭蠲調役
吳達之義興人也姨亡無以葬自賣為十夫客
以營家擲從祖弟敬伯夫妻荒年被略賣江北達
之有田十敵貨以贖之與之同財共宅郡命為主
簿固以讓兄又讓世業舊田與族弟亦不受田
遂開廢建元三年詔表門閭河南辛普明僑

三百三　　南齊傳三十六　　八

居會稽皆首少與兒共處一帳兄亡以帳施靈座夏月
多蚊普明不以露寢見色兄將葬隣人嘉其義
贈助甚多普明初受後皆反之贈者甚怪普明曰
本以兄墓不周故不逆來意今何忍亡者餘物以
為家財後遭母喪幾至毀滅揚州刺史豫章王辟
為義曹從事年五十卒又有何伯璵弟幼璵俱
厲節操養孤兄子及長為婚推家業盡與之安
貧祐橋誨人不倦鄉里呼為人師郡守下車莫不
修謁永明十一年伯璵卒兄年幼璵少好佛法翦落
長齋持行精苦梁初卒兄弟年並八十餘
王文殊吳興故鄣人也父没庸妄又殊思慕泣血

蔬食山谷三十餘年太守謝瀹板為功曹不就
求明十一年太守孔琇之表曰文殊性挺五常
心符三教以父沒獨庭抱終身之痛專席恒居
衝困極之郵服縗絰以經年餼蔬菽以侯命婚
義滅於天情官序空於素抱儻降甄異之恩牓
其間里鬱林詔牓門改所居為孝行里

稱於鄉里朱謙之字處光吳郡錢唐人也父昭之假葦田
朱謙之字謙之年數歲所生毋亡同産姊密語之謙
側為族人朱幼方燻火所焚

之難小便哀戚如持喪年長不婚娶求明中手
刃殺幼方詣獄自繫縣令申靈勗表上別駕孔
稚珪兼記室劉璉司徒左西掾張融牋與刺史
豫章王曰禮開報怨之典以申孝義之情法斷
相殺之條以表權時之制謙之揮刃則成當世
私禮繫頸就死又明公法今仍殺之則成滅
罪人宥而治之即為盛朝孝子殺一罪人未足
弘憲活一孝子實廣風德張緒陸澄是其鄉舊
應具來田融等與謙之並不相識區區短見深

有恨然豫章王言之世祖時吳郡太守王慈太
常張緒尚書陸澄竝表論其事世祖嘉其義虞
相復報乃遣謙之隨曹虎西行將發幼方子懼
於津陽門伺殺謙之謙之又刺殺懼
有司以聞世祖曰此皆是義事不可問悉赦之
吳興沈顗聞而歎曰弟死於孝兄殉於義友
之節萃此一門選之字處林有志節著辯相論
幼時顧懽見而異之以女妻焉為官至江夏正

軍
參軍

蕭叡明南蘭陵人領軍將軍諶從祖兄弟也父
孝孫左軍叡明初仕負外殿中將軍少有至性
奉親謹篤母病躬禱夕不假寐及亡不勝哀而
卒求明五年世祖詔曰龍驤將軍安西中兵參
軍松滋令蕭叡明愛敬淳深色養盡禮喪過乎
哀遂致毀滅雖未達聖教而一至可歎宜加榮
命以祿善人可贈中書郎
榮頤字文德南陽涅陽人世居南郡少而言行
和謹仕為京府參軍父在郢州病亡頤忽思父

湉泣因請假還中路果得父凶問便徒跣號

號出陶家後渚遇商人附載西上水漿不入口數

日昏遇病與母隔壁忍痛不言齧被至碎恐母

之哀巳也湘州刺史王僧虔引為主簿以同僚

非人棄官去吏部郎庾杲之嘗往候頤為設食

祜魚菜菹而已杲之曰我不能食此毋聞之自

出常膳魚羹數種杲之曰卿過於茅季偉也非

郭林宗仕至郢州治中卒弟豫亦孝父臨亡執

其手以託郢州行事王奐豫悲國悶絕吐血數

▲南齊三十六　十一

升遂發病官至驃騎錄事隆昌末豫謂丹陽尹

徐孝嗣曰外傳籍籍似有伊周之事君羣蒙武帝

殊常之恩荷託付之重恐不得同人此舉人咲

褚公至今齒冷孝嗣心甚納之建武中為永世

令民懷其德卒官有一老嫗行擔斛薪若詣

市聞豫死棄檐號泣與仲恭亦僑居南郡

家行敢睉得纖豪賦利輒與兄弟平分毋病經時

不差入山採藥遇一老父語之曰得丁公藤病立

愈此藤近在前山際高樹垂下便是也忽然不

見仲恭如其言得之伯病毋即差至今江陵人

猶有識此藤者

江泌字士清濟陽考城人也父亮之員外郎泌

少貧晝日斫屧夜讀書隨月光握卷升屋性行

仁義衣獘瓠饑死乃復取置衣中數日間終身

無復虱毋亡後以生菜供養遇鮓不忍食食菜

不食心以其有生意也歷仕南中郎行參軍所

給募吏去役得病莫有舍之者吏扶杖投泌

泌親自隱卹吏死泌為買棺無僮役兄弟共輿

埋之領國子助教乘牽車至染烏頭見老翁步

三百四　▲南史儒三十六　十二

行下車載之躬自步去世祖以為南康王子琳

侍讀建武中明帝害諸王後泌憂念子琳詣誌

公道人問其禍福誌公覆香鑪灰示之曰都盡

無所餘及子琳被害泌往哭之淚盡繼之以血

親視殯歛乃去時廣漢王待讀嚴檀之亦哭王

盡哀泌尋卒泌族人兗州治中泌黃門郎念子

也與泌同名世謂泌為孝江泌以別之

杜栖字孟山吳郡錢唐人徵士京產子也同郡

張融與京產相友每相造言論栖常在側融指
栖曰昔陳太丘之召元方方之為劣以今方古
古人何貴栖出京師從儒士劉瓛受學善清
言能彈琴飲酒名遊多敬待之中書郎周
顒與京產書曰賢子學業清擺後來之秀嘆愛
之懷當知云已所謂人之英彥若已有之也刺
史豫章王聞其名辟議曹從事仍轉西曹佐竟
陵王子良數致禮接國子祭酒何胤治禮又重
栖以為學士掌婚冠儀以父老歸養悒悒情懷叡

南齊傳三六　十三　毛文

栖亡水漿不入口七日晨夕不能哭不食臨菜
每營買祭奠身自看視號泣不自持朔望歲
絕而復續吐血數升時何胤謝朏並隱東山遺書
敦壁言誠以毀滅至祥禫幕慶見其父慟哭而絕
初胤兄點見栖歎曰卿風韻如此雖獲嘉譽不
永年矣卒時年三十六當世咸嗟惜焉建武二
年剡縣有小兒年八歲與母俱得赤班病母死
家人以小兒猶惡不令其知小兒疑之問云母嘗

大三百九

數問我病昨來覺聲羸今不復聞何謂也因自
投下牀匍匐至母尸側頓絕而死鄉隣告之縣
令宗善才求表廬事竟不行

陸絳字魏卿吳郡人也父閑字退業有風縣與
人交不苟合少為同郡張緒所知仕至揚州別
駕明帝崩閑謂所親曰宮車晏駕將至矣乃感
心疾不復預州事刺史始安王遙光反事敗閑
家宰王王地重才弱必不能振難至矣乃感
以綱佐被召至杜姥宅尚書令徐孝嗣啟不
預逆謀未及報徐世摽令殺之絳時隨閑抱閑
頸乞代死遂并見殺

南齊列傳三六　十四　劉產

史臣曰澆風一起人倫毀薄抑引之教徒聞琤
璋之璞寧就若令事長移忠儻非行與薑桂辛
酸容遷本質而問讕重門餽存牢不過鰥寡
齊矜力田等勸其於扶獎名教未為多也
贊曰孝為行首義實因心白華秉節寒木齊心

倖臣

紀僧眞
劉係宗
茹法亮
呂文顯
呂文度

有天象必有人事焉倖臣一星列于帝座經禮
立教亦著近臣之服親倖之義其來已久爰自
襄周侯伯專命桓文霸主至于戰國寵用近習
不乏於時矣漢文幸鄧通雖錢遍天下位止郎
中孝武韓嫣霍去病遂至侍中大司馬迄于魏
晉世任權重才位稍衰而信倖唯在中書之職
舊臺機務漢元以令僕用事魏明以監令專權
及在中朝猶爲重寄陳准歸任上司苟勗恨於
失職晉令舍人位居九品江左置通事郎管司
詔誥其後郎還爲侍郎而舍人亦稱通事元帝

用琅邪劉超以謹愼居職宋文世秋當周糾立
出寒門孝武以來士庶雜選如東海鮑照以才
學知名又用會郡巢尚之江夏王義恭乃歎曰
選帝遣尚書二十餘牒宣敕論辯義恭表啓
爲倖矣齊初亦用久勞及以親信關讞表啓
發署詔敕頗涉辭翰者亦爲詔文侍郎之局復
見侵矣武世詔命殆不關中書專出舍人省
內舍人四人所置四省其下有主書令史舊用
文官宋文吏人數無員莫非左右要密天下
領武官有制局監內器仗兵役亦用寒人被恩
幸者今立倖臣篇以繼前史之末云
紀僧眞改文人也僧眞少隨逐征西將軍
蕭思話及子惠開皆被賞遇惠開性奇僧眞以
微過見罰既而委任如舊又罷益州還都不得
志僧眞事之愈謹惠開臨終歎曰紀僧眞方當
富貴我不見也乃以僧眞託劉秉周顒初惠開

在益州土反被圍危急有道人謂之曰城圍尋
解檀越貴門後方大與無憂外賊也惠開密謂
僧真曰我子弟見在者並無異于政是譚耳僧
真憶其言乃請事太祖隨從在淮陰以閑書題
令荅遠近畫疏自寒官歷至太祖冠軍府參軍
主簿僧真夢甚艾生滿江驚而白之太祖曰詩
人採蕭蕭即艾也蕭生斷流卿勿廣言其見親
如此元徽初從大祖頓新亭拒桂陽賊蕭惠郎
突入東門僧真與左右共拒戰賊退太祖命僧

【南齊傳三十七】 三

真領親兵遊羅城中事寧除南臺御史太祖領
軍功曹上將廢五謀之袁粲褚淵僧真啟上曰
今朝廷猖狂人不自保天下之望不在袁褚明
公豈得默已坐受夷滅存亡之機仰希敷慮太
祖納之太祖欲度廣陵起兵僧真又啟曰主上
雖復狂虐寰加萬民而累世皇基猶固盤石今
百口北度何必得俱縱得廣陵城天子居深宮
施號令目明公為逆何以避此如其不勝則應
北走胡中籍謂此非萬全策也上曰鄉顧家豈

能逐我行耶僧真頓首自稱無貳昇明元年除貞
外郎帶東武城令尋除給事中邵陵王參軍太
祖坐東府馬樓望石頭城僧真在側上曰諸將
勸我誅袁劉我意不欲便耳及沈攸之事起從
太祖入朝堂石頭夜火太祖遣衆軍撲討宮城
中望石頭火光及叫聲甚盛人懷不測僧真謂
衆曰叫聲不絕之必官軍所攻火光起者賊不
容自燒其城此必官軍勝也須而啟石頭平上
出頓新亭使僧真領千人在帳內初上在領軍

【南齊三十七】 四

府令僧真學上手迹下名至是報荅書疏皆付
僧真上觀之笑曰我下不復能別也初上在淮
陰治城得一錫鈌大數尺下有篆文莫能識者
僧真曰何須辨此文字此自大遠之物九錫之
徵也太祖曰卿勿妄言及上將拜齊公已剋日
有楊祖之謀於臨軒作難僧真更請上選吉辰
尋而祖之事覺上曰無鄉言亦當致小狠狽此
亦何異呼沱之冰轉齊國中書舍人建元初帶
東燕令封新陽縣男三百戶轉羽林監加建威

軍將軍遭母喪開冢得五色兩頭蛇世祖崩僧
令還除左右郎將泰山太守加先驅使世祖崩
遇除越騎校尉餘官如故出為建武將軍建康
門戶紀僧真常貴人所不及諸權要中最被眄
言吐雅有士風世祖嘗目送之笑曰人何必計
守又為舍人本官如故領諸王第事僧真容貌
求明元年寧喪起為建威將軍尋除南泰山太
以本官兼中書舍人太祖疾甚令僧真典遺詔
將軍遷尚書主客郎太尉中兵參軍令如故復

役使將客奪其鮮稟削封卒
團胸山遣法持為主頒支軍救援求明四年坐
罷道為寧朝將軍封州陵縣男三百戶二年虜
舊元徽末宣傳密謀昇明中少為僧正建元初
陵長史年五十五卒宋世道人楊法持與太祖有
求泰元年除司農卿襄明帝崩掌山陵軍出為盧
郡僧真啟進其弟僧猛為顒蠻護軍晉興太守
除游擊將軍兼司農侍之如舊欲令僧真治
真覲泣思慕明帝以僧真歷朝驅使建武元年

劉係宗丹陽人也少便書畫為宋竟陵王誕子
景粹侍書誕舉兵廣陵城內皆苑敕沈廣之叛
係宗必為東宮侍書泰始中為主書以寒官累
遷至勳品元徽初為奉朝請兼中書通事舍
人貟外郎封始興南亭矦食邑三百七十戶帶秩
陵令太祖廢蒼梧命太祖曰令天地重開是卿
能起係宗歡喜奉命太祖曰令天地重開是卿
盡力之日使寫諸處分敕令及四萬書疏使主
書七人書吏二十八人配之事皆稱旨除羽林監

難於動役係宗啟遣役東民丁隨㝢之為逆者
姓安帖甚快也賜係宗錢帛上欲脩治白下城
民伍係宗還上曰此段有征無戰以時平蕩百
遍至遭賊郡縣百姓被驅逼者悉無所問還復
白賊唐㝢之起宿衛兵東討遣係宗隨軍慰勞
軍舍人母喪自解起為寧朔將軍復本職四年
軍如故尋轉右軍將軍淮陵太守兼中書通
即位除龍驤將軍建康令求明元年除寧朔將
轉步兵校尉仍除龍驤將軍出為海鹽令太祖

上從之後車駕講武上履行白下城曰劉係宗
為國家得此一城永明中虜使晝常令係宗題
答秘書晝局皆隸之再為少府遷游擊將軍醫
郡太守鬱林即位除驍騎將軍仍除寧朔將軍
宣城太守係宗久在朝省開於職事明帝曰學
士不堪治國唯大讀書耳一劉係宗足持如此
輩五百人其重吏事如此建武二年卒官年元
十七

如法亮吳興武康人也宋大明世出身為小史
○南齊傳三十七　　　　　　　　　七
歷齊幹扶孝武末年作酒法鞭罰過度校獵江
右選白衣左右百八十人皆面首富室從至南
州得鞭者過半法亮憂懼因緣啟出家得為道
人明帝初罷道結事阮佃夫用為兗州刺史孟
吹陽典籤累至太祖冠軍府行參軍元徽初除
殿中將軍為晉熙王郢州典籤除長兼殿中御
史世祖鎮除南臺御史帶松滋令使人法亮求留為上江
善於承奉稍見委信從還石頭建元初度辟解事
東宮

主書除奉朝請補東宮通事舍人世祖即位仍
為中書通事舍人除員外郎帶南濟陰太守永
明元年除龍驤將軍明年詔曰苑法亮近在盆
城頻使銜命內宣朝旨外慰三軍義勇舊人
百其氣險阻艱難心力俱盡宜沾茅土以甄忠
績封望蔡縣男食邑三百戶轉給事中羽林監
七年除臨淮太守轉竟陵王司徒中兵參軍巴
東王子響於荆州殺僚佐上遣軍西上使法亮
宣旨慰勞安撫子響法亮至江津子響呼法亮
[○南齊列傳三十七]　　　八　　　夫
法亮疑畏不肯往又求見傳詔法亮又不遣故
子響怒遣兵破尹略軍事平法亮至江陵刑賞
處分皆稱敕遣兵校尉法亮被責
少時親任如舊蠻林即位除步兵校尉延興元
年為前軍將軍延昌殿為世祖陰室藏諸御服
二少帝並居西殿高宗即位住東齊開陰室出
世祖白紗帽防身刀法亮歔欷流涕除游擊將
軍建武舊人鮮有存者法亮以主署文事故不
見疑位任如故永泰元年王敬則事平法亮復

受敕守尉出法亮為大司農中書勢利之職法
亮不樂去固辭不受既而代人已致法亮渥涕
而出年六十四卒官
曰文顯臨海人也初為宋孝武齊幹直長昇明
初為太祖録尚書省事累位至殿中侍御史羽
林監帶蘭陵丞令龍驤將軍秣陵令封陽縣
男永明元年除寧朔將軍中書通事舍人本官
如故文顯治事以刻覈被知三年帶南清河太
守與茹法亮等迭出入為舍人並見親倖四方
餉遺歲各數百萬並造大宅聚山開池五年為
建康令轉長水校尉歷帶南泰山南譙太守尋
為司徒中兵參軍准南太守直南省累遷左
中郎將南東莞太守右軍將軍高宗輔政以文
顯守少府見任使歷建武永元之世尚書右丞
少府卿卒
吕文度會稽人宋世為細作金銀庫吏竹局匠
元徽中為射雉典事隨監莫脩宗上郢世祖鎮
盆城拒沈攸之文度仍留伏事知軍隊雜役以

此見親從還都為石頭城監仍度東宮世祖即
位為制局監位至員外郎帶南濮陽太守殿內
軍隊及發遣外鎮人悉關之其有要勢故世傳
越州嘗缺上覓一直事人住越州文度啟其所
知費延宗合旨上即以為刺史永明中敕親近
不得輒有申薦人士免官寒人鞭一百上性嚴
嚴吕文顯嘗在殿側咳聲高上使茹法亮訓詰
之以為不敬故左右畏懾承意非所隸莫敢有
言也時茹法亮掌雜驅使簿及宣通密敕吕文
顯掌穀帛事其餘舍人無別任虎賁中郎將潘
敞掌監功作上使造禪靈寺新成車駕臨視甚
悅敞喜要吕文顯私登寺南門橫上知之繫敞
上方而出文顯為南譙郡父之乃復潯陽江瞿
臺吳興與沈徽孚等以士流舍人通事而已無權
利徽孚粗有筆札建武中文詔多其辭也官至
黃門郎
史臣曰中世已來宰御天下萬機碎密不開外
司尚書八座五曹各有恒任係以九卿六府事

存副職咸昔冠冕搢紳任踈人貴伏奏之務既

寢趨走之勞亦息關宣所寄屬豈有歸通驛內

外切自音旨若夫璅繢敏筞俯仰晨昏瞻帷座

而竦躬位蘭檻而高聏探求恩色胃覩威顏遷

蘭戺鮑久而彌信因城社之固執開雍之機長

主君世振裹持領賞罰事股能不踰漏宮省咳

唾義必先知故能窺盈縮於望景獲驪珠於龍

睡坐歸聲勢卧震都鄙賄賂日積苞苴歲通富

擬公矦威行州郡制局小司專典兵力云陛天

居亘設蘭錡羽林精卒重屯廣衛至于元戎啓

轍式候還麾邐迤清道神行案轡督察來往馳

驚羣轂驅役分部親承几案領護所攝示揔成

規若徵兵動衆大興民役行留之儀請託在手

斷割牢票賣弄文符捕叛追亡長戍遠謫軍有

千齡之壽室無百年之鬼害政傷民於此為蠹

況乎主幼時昏民其為謗豈州州神紳絀此刪

贊曰恩澤而矦親倖為舊典

魏虜

臣　　撰

魏虜匈奴種也姓托跋氏晉永嘉六年并州刺
史劉琨為屠各胡劉聰所攻索頭猗盧遣子曰
利孫將兵為屠各胡劉聰所攻索頭猗盧入居代郡亦謂鮮
卑被髮左袵故呼為索頭猗盧孫什翼犍字犍
律旆後還陰山為單于領匈奴諸部泰元年
符堅遣偽并州刺史符落代犍破龍庭禽犍還

二六九　南列傳三八　一　宋琚

長安為立宅教犍書學分其部當居雲中等四郡
諸部主帥歲終入朝并得見犍差稅諸部以給
之堅敗子珪字涉圭隨舅慕容垂據中山還
其部後稍彊盛隆安元年珪破慕容寶於中山領
遂有并州僭稱魏年號天瑞追謚犍烈祖文平
皇帝珪死諡道武皇帝子木末立年號太常死
謚明元皇帝子燾字佛狸代立年號太平真君
宋元嘉中偽太子晃與大臣崔氏冠氏不睦
崔冠譖之女高道人有道術晃使祈福七日七

夜佛狸夢其祖父泣怒手刃向之曰汝何故信
讒欲害汝太子佛狸驚覺下偽詔旦旦者大業纂
承為重儲宮嗣紹百王舊例自今已往事無巨
細必經太子然後上聞晃後謀殺佛狸見殺壽
死諡大武皇帝立晃子濬字烏雷直勤年號和
平追謚晃景穆皇帝濬死諡文成皇帝子宏生字
為皇興立年號天安九年偽太子宏生改年
萬民立年號天安景和九年偽太子宏生改年
末始土著居處佛狸始破梁州黃龍徙其居民大
為皇興什翼犍珪始都平城猶逐水草無城郭木

三九一　南齊傳三八　二

築郭邑截平城西為宮城四角起樓女墻門不
施屋城又無壍南門外立二土門內立廟開四
門各隨方色凡五廟一世一間瓦屋其西立太
社佛狸所居佛狸所居雲母等三殿又立重屋居其上飲
食廚名阿真廚在西皇后可孫恒出此廚求食
初姚興以塞外虜赫連勃勃為安北將軍領五
部胡屯大城姚泓敗後入長安佛狸攻破勃勃
子昌聚勃勃女為皇后義熙中仇池公楊盛表
二索虜勃勃匈奴正胤是也可孫昔妻媵之殿西

鎧仗庫屋四十餘間殿比絲綿布絹庫土屋一
十餘間偽太子宮在城東亦開四門瓦屋四角
起樓妃妾住皆土屋婢使千餘人織綾錦販賣
酤酒養猪羊牧牛馬種菜逐利太官八十餘窖
窖四千斛半穀半米又有懸食瓦屋數十間置
尚方作鐵及木其袍衣使宮內悉築爲坊
有倉庫其郭城繞宮城南悉築爲坊坊開巷坊
大者容四五百家小者六七十家每南坊搜檢
以備奸巧城西南去日登山七里於山邊別立

【南齊列傳三十八】 三

父祖廟城西有祠天壇立四十九木人長丈許
白幍練裙馬尾被立壇上常以四月四日殺牛
馬祭祀盛陳崗薄邊壇奔馳伎爲樂城西三
刻石寫五經及其國記於鄴耶石虎文石屋
基六十枚皆長丈餘以充用胡洛眞曹局文
里直眞外左右爲烏矮眞曲局奏吏爲比德眞
直眞外左右爲樸大眞帶仗人爲可薄眞僞
乞萬眞守門人爲可薄眞僞臺乘驛賤人爲
竹眞諸州乘驛人爲咸眞殺人者爲契害眞僞

主出受辟人爲折潰眞貴人作食人爲附眞三
公貴人通謂之羊眞佛狸置三公太宰尚書令
僕射侍中與太子共決國事殿中尚書知殿內
兵馬倉庫樂部尚書知樂及角史伍伯駕部
尚書知牛馬驢騾南部尚書知南邊州郡北部
尚書知北邊州郡何比二千石受別官比諸侯
此剌史郁若比二千石受別官比諸侯諸曹府
有倉庫悉置比官皆使通虜漢語以爲傳驛蘭
臺置中丞御史知城內事又置九豆和官宮城

【南齊書列傳三十八】 四

三里內民戶籍不屬諸軍成者悉屬之其車服
有大小輦皆五層下施四輪三二百人牽之四
施縞索備傾倒輜車建龍旂尚黑妃后則施
左右廂主及后妃常行乘銀鏤羊車不施帷
幔皆偏坐垂脚轅中在殿上亦跂據正殿施
綵幰無幢絡太后出則婦女著鎧騎馬近輦
流蘇帳金博山龍鳳朱漆畫屏風緣成幌坐
施觀毻褥前施金香鑪琉璃鉢金椀盛雜
食器設客長盤一尺御饌圓盤廣一丈爲四

崇祖右將軍周盤龍徐州刺史崔文仲等所破

安又遣為南部尚書托跋等向司州分兵出兗

青界十萬衆圍胸山成主玄元度嬰城固守青

冀二州刺史盧紹之遣子奐領兵助之城中無

食紹之出頓州南石頭亭隔海運糧柴供給城

內虜圍斷海道緣岸攻城會潮水大至虜溺溺

元度出兵奮擊大破之臺遣軍主崔靈建楊法

持房靈民萬餘人從淮入海船艦至夜各舉兩

火虜衆望見謂是南軍大至一時奔退初元度

自云臂上有封侯志宋世以示世祖時世祖在

東宮書與元度曰努力成臂上之相也虜退上

議加封爵元度歸功於紹之紹之又讓故並見

寢上乃擢紹之為黃門郎鬱州呼右頭其為平

虜亭紹之字子緒范陽人自云盧諶玄孫宋大

明中領攻廣陵勳上紹之拔迹自投上以為州

州治中受心腹之任官至光祿大夫永明八年

卒三年領軍將軍李安民左軍將軍孫文顯與

虜軍戰於淮陽大敗之初虜寇至緣淮驅略江

輪車元會日六七十人牽上殿蜡日逐除歲盡城

門礙雞葦索桃梗如漢儀自佛狸至萬民世

增雕飾正殿西築土臺謂之白樓萬民禪位後常

遊觀其上臺南又有伺星樓正殿西又有祠屋琉

璃為瓦宮門稍覆以屋猶不知為重樓設削

泥采畫金剛力士胡俗尚水又規畫黑龍相盤

綏以為厭勝泰始五年萬民禪位子宏自稱太

上皇宏立號延興元年至六年萬民死諡獻文皇

帝改號為承明元年是歲元徽四年也祖母馮

氏黃龍人助治國事初佛狸母是漢人為木末

所殺佛狸以乳母為太后自此以來太子立輒

誅其母一云馮氏本江都人佛狸元嘉二十七

年南侵略得馮氏濬以為妾獨得全焉明年丁

已歲改號太和宋明帝末年始與虜和好元徽

升明之世虜使歲通建元元年偽太和三年也

宏聞太祖受禪其冬發衆遣丹陽王劉昶為太

師寇司豫二州明年詔遣衆軍比討宏遣大將

郁豆眷段長命攻壽陽及鍾離為豫州刺史坦

北居民猶懲佛狸時事皆驚走不可禁止乃於
梁山置二軍南置三軍慈姥置一軍汭州置二
軍三山置二軍白沙洲置二軍蔡州置五軍長
盧置三軍孤浦置二軍徐浦置一軍內外柴班
階實以示威刑偽昌黎王馮莎向司州荒人桓
天生說沙云諸虜皆目瞬雁莎至頭音不動沙天
怒於淮邊獵而去及壽春摧敗胸山不拔虜大
出定州大冶道路聲欲南行不敢進造頭稞
郡王計曰兵出彭泗間無復鬪志要當一兩戰
民先是或抄虜運車更相殺掠往往得南歸者
數千家上未遑外略以虜既摧破且欲示以威
懷遣後軍參軍車僧朗北使虜間僧朗曰祗輔
宋曰淺何故便登天位僧朗曰真夏登庸親當
革禪魏晉匡戰貽厥子孫豈二聖促促於天位
兩賢謙虛以獨善時宜各異豈得一於苟曰事
宜故屈已應物虜又問齊主悉有何功業僧朗
曰主上聖性寬仁天識弘遠少為宋文皇所器

七　吳志　三帖

遇入參禁旅泰始之初四方冠梁平中劉子房張
淹比討薛索兒兼掌軍國豫司顧命宋桂陽達
平二王阻兵內悔一麾殄滅蒼梧王反道敗德有
過桀紂遠遵伊霍杖鉞大定凶黨戮力佐命時
之同惡相濟又秉旄杖鉞大定凶黨可謂
四十餘載經綸夷險十五六年此功此德可謂
物無異議虜又問南國無復齊土何故封齊僧
朗曰營丘表海實為大國宋朝光啓土字謂是
呂尚先封今淮海之閒自有青齊非無地也又問
蒼梧何故送加斬戮僧朗曰蒼梧暴虐書契所聞
武王斬紂之黃鉞共是所聞何傷於義異明中
比使殷靈誕苟昭先在虜閒太祖登極靈誕謂虜
典客曰宋魏通好憂患是同宋今滅亡魏不相救
何用和親及虜寇豫州靈誕因請為劉昶路馬不
獲僧朗至北虜置之靈誕下僧朗立席言曰靈
誕昔是宋臣今成齊民實希魏主以禮見處靈
誕交言遂相念詈調虜曰使臣不能立節本
朝誠自慙恨劉昶賂客解奉君於會刺殺僧朗

八　宋帝　三百五十字

虜即收牟君誅之殯斂僧朗送喪隨靈延寺南
歸厚加贈賻世祖踐阼昭先其以啟聞靈延下
獄死贈僧朗散騎侍郎永明元年冬遣驍騎將
軍劉纘前軍將軍張謨使虜明年冬虜使李道
固報聘世祖於玄武湖水步軍講武登龍舟引
見之自此歲使往來疆場無事三年初令鄰里
年造戶籍分置州郡雍州涼州秦州沙州四
當置一長五家為隣五隣為里五里為黨四

州岐州河州西華州寧州陝州洛州荊州郢州
州北豫州東荊州南豫州西兗州東兗州南徐
州東徐州青州齊州濟州二十五州在河南湘
州懷州秦州東雍州肆州定州瀍州朔州并州
冀州幽州子州司州十三州在河北凡分魏晉
淮北為三十八州矣明年邊人桓天生作亂虜
遣步騎萬餘人助之至比陽為征虜將軍戴僧
靜等所破荒人胡立生起義縣甄瓠為虜所擊
敗南奔偽安南將軍遼東公平南將軍上谷

公又攻舞陰舞陰戍主輔國將軍殷公愍拒破
之六年虜又遣眾助桓天生與輔國將軍曹虎
戰大敗於隔城至七年遣使邢產姦靈紹復通
好先是劉纘冊使虜太后馮氏悅而親之馮氏
有計略作皇語十八篇偽左僕射李思沖稱史
二千餘人佛狸已來稍僭華典胡風國俗雜相
揉亂宏知談義解屬文輕果有遠略遊河北至
比干墓作弔比干文云脫非武發封墓誰因焉
臣注解是歲馮氏死八年世祖還隔城所俘獲

呼分土胡不我臣宏以己巳歲立圓丘方澤置
三天人九嬪平城南有干水出定襄堺流入海去
城五十里世號為索千都土氣寒凝風砂恒起
六月兩雪議遷都洛京九年遣使李道固蔣少
游報使少游有機巧密令觀京師宮殿楷式清
河崔元祖啟世祖曰少游臣之外甥特有公輸
之思宋世陷虜虜以大匠之官令為副使必欲
範宮闕豈可令氈鄉之鄙取象天宮臣謂且留
少游令使主反命世祖以非和通意不許少游

安樂人虜宮室制度皆從其出初佛狸討及胡
於長安殺道人且盡及元嘉南寇獲道人以鐵
籠盛之後佛狸感惡疾自是敬畏佛教立塔寺
浮圖宏父弘禪位後黃冠素服持戒誦經居石
窟寺宏太和三年道人法秀與苟兒王阿辱現
王等謀反事覺囚法秀加以籠頭鐵鑣無故自
肉不入遂穿而殂之三日乃死偽咸陽王復欲
解脫虜穿其頸骨使呪之曰若復有神當令穿
王后馮氏不許宏尢精信粗涉義理
盡殺道人太后馮氏不許宏尢精信粗涉義理

宮殿內立浮圖宏既經古洛是歲下偽詔尚書
思慎曰夫覆載垂化必由四氣運其功曦望
舒亦須五星助其暉仰惟聖母睿識自天業高
曠古將稽詳典範日新皇度不圖罪逆招禍掩
丁寧罰追惟困極永無逮及恩遵先旨勅造明
堂之樣卿所制體含六合事越中古理圓
義備可軌之千載信是應世之材先固之器也
羣臣瞻見模樣莫不斂然欲速造朕以宣祿亦
思逾盛禮卿可即於今歲停宮城少作營

建此構興皇代之奇制遠成先志近副朕懷又
詔公卿參定刑律又詔罷脯前儺年一儺又
詔季冬朝賀典無成文以袴褶事非禮敬之謂
若置寒朝服徒成煩濁自今罷小歲賀歲初一
賀又詔王爵非庶姓所僭伯號是五等常秩
烈祖之冑仍本王爵其餘王皆為公轉為庶
疾即為伯子男如舊名易於本而品不異昔
公第一品庶第二品伯第三品子第四品男第
五品十年上遣司徒參軍蕭琛范雲使西
郊即前相天壇處也宏與偽公卿從二十餘騎
戎服繞壇宏一周公卿七匝謂之蹋壇明日復
戎服登壇祠天宏又繞三匝公卿七匝謂之繞
天以繩相交絡紉木枝橫覆以青繪形制平圓
下容百人坐謂之為纖一云百子帳也於此下
宴息次祠廟及布政明堂皆引朝廷使人觀視
每使至宏親相應接申以言義甚重齊人常謂
其臣下曰江南多好臣偽侍臣李元凱對曰江
南多好臣歲一易主江北無好臣而百年一主

宏大勳出元凱為雍州長史俄召復職世祖初
治白下謂人曰我欲以此城為上頓處後於石
頭造靈車三千乘欲步道取彭城形迹頗著先
是八年北使顏幼明劉思敩反命儁南部尚書
李思沖曰二國之和義在庇民如聞南朝大造
升車欲侵淮泗推心相期何應如此幼明曰王
上方弘大信於天下不失臣妾既與輔和何容
二三其德壃埸之言差不足信且朝廷若必恭
恕使守在外亦不近相準凟思沖曰我國之壃

經略淮東何患不蕩海東岳政存於信哲言耳
和好既結豈可復有不信并華元子反戰伐之
際尚能以誠相告此意良厚也幼明幼明未
有子反之急詎求登床之請是後宏亦欲南
侵徐豫於淮泗間大積馬芻十一年遣露跛布
井上書稱當南寇世祖發揚徐州民丁廣設
召募北地人支酉聚數千人於長安城北西
山起義遣使告梁州刺史隂智伯泰州人王慶
人起義應酉攻獲儁刺史劉藻秦雍間七州民

皆響應震衆至十萬各自保壁望朝廷救其兵宏
遣弟儁河南王幹尚書盧陽烏毅擊秦雍義軍幹
大敗酉迎戰進至咸陽北闢谷圍儁司空長洛
王縿老生合戰又大破之老生走還長安梁州
刺史隂智伯遣軍主席德仁張弘林等數千人
應接酉等進向長安所至皆靡會世祖崩宏聞
關中尼急乃稱聞喪退師太和十七年八月

使持節安南大將軍都督徐青兗三州諸軍
事南中郎將徐州刺史廣陵戾府長史帶淮

陽太守鹿樹生移齊兗州府長史府奉被行所
尚書符騰詔皇師雷興搖旆南指誓清丘壑志
廓衡霩以去月下旬濟次河洛會前使人邢巒
等至審知彼有大艾以春秋之義聞喪寢伐
爰勑有司輟轡止軔伏馬華陽戰戈嵩北便
肇經周制光宅中區永皇基于無窮恢盛業
平萬祀辰居重正鴻化增新四海承休莫不
銘慶故以往示如律令并遣使弔國諱道儁
大將楊大眼張聰明等數萬人攻酉酉廣等

竝見殺隆昌元年遷司徒參軍劉軟車騎參軍
沈宏報使至比宏稱字玄覽其夏虜平比將
軍魯眞率衆降以爲督洛州軍事領平戎
校尉征虜將軍洛州刺史是歲宏徙都洛陽
改姓元氏初匈奴女名托跋妻李陵胡俗以
母名爲姓故虜爲李陵之後虜甚諱之有言
其是陵後者輒見殺至是乃改姓焉宏聞高
宗踐阼非正既新移都兼欲大示威力是冬
自率大衆分寇豫徐司梁四州遣僞荆州刺

所破建武二年春高宗遣鎮南將軍王廣之
開溝爲南陽太守房伯玉新野太守劉思忌
史薛眞度尚書郤阿婆出南陽向沙堨築壘
出司州右僕射沈文季出豫州左衛將軍崔慧
景出徐州宏自率衆至壽陽軍中有黑氈行殿
容二十人坐輦邊皆三郎刺眞虜多白眞耗
鐵騎爲羣前後相接步軍皆爲楯槊綴以黑
蝦蟆幡牛車及驢駱馳載軍資妓女三十許
萬人不攻城登八公山賦詩而去別圍鍾離城

徐州刺史蕭惠休輔國將軍甲希祖拒守出兵
奮擊宏衆敗多赴淮死乃分軍據郢陽州柵斷
水路夾築二城石衛將軍蕭坦之遣軍主姜敬業
攻二城拔之惠休又募人出燒虜攻城車虜力
竭不能剋王奐之惠休子蕭奔虜宏以爲鎮南將
軍司州刺史蕭遣肅書虜築圍漸柵三十萬衆居
陽南剌史蕭挺拒戰虜與劉昶號二十萬衆攻南
民淨盡幷力攻城城中負楯而立王廣之都督
救援虜道三萬餘人逆攻太子右率蕭季敞於

下梁李敞戰不利司州城內告急王廣之遣軍
主黄門侍郎梁王開道先進與太子右率蕭誄
輔國將軍徐立慶荆州軍主魯休烈據賢首
山出虜不備城內見援軍至蕭誕遣長史王
伯瑜及軍主崔恭祖出攻虜柵因風放火梁
王等衆軍自外擊之昶肅棄圍引退追擊
破之輔國將軍桓和出西陰平僞魯郡公郊城
戍主帶莫橫僞東海太守江道僧設伏路側
和與合戰大敗之青徐民降者百餘家青莫

之宏先又遣偽尚書盧陽烏華州刺史章靈智
攻赫陽城北襄城太守成公期拒守虜攻城百
餘日設以鈎衝不捨晝夜期所殺傷數千人臺
又遣軍主桓歷生蔡道貴救陽烏等退官軍
追擊破之夏虜又攻司州欀城二戌戌主魏
僧岷朱僧起拒敗之偽安南將軍鄭梁州刺史
郡王元英十萬餘人通斜谷南鄭梁州刺史
蕭懿遣軍主姜山安趙超宗等數軍萬餘人分

▲南齊列傳三十八卷　七　朱宗甫

據角弩白馬沮水拒戰大敗英進圍南鄭土山
衝車晝夜不息懿率東從兵二千餘人固守拒
戰隨手摧却英攻城自春至夏六十餘日不下
死傷甚眾軍中粮盡擣麭爲食畜菜葉直千錢
懿先遣軍主韓萬等征獠回軍援州城至黃牛
川爲虜所破懿遣氏人楊元秀還仇池說氐起
兵斷虜運道氐即舉衆攻破虜歷城畧蘭谷
仇池平洛蘇勒六戌偽尚書比梁州刺史辛黑
未戰死英遣軍副仇池公楊靈珍據泥

公山武興城主楊集始遣弟集朗與歸國氐楊
馥之及義軍主徐曜甫迎戰於黃亘大敗奔歸
時梁州土豪范季豹梁季羣於家請英設會伏兵
欲殺英事覺英執季羣殺之凝竄走英退保
濁水間氐衆盛與楊靈珍復俱退入斜谷會
天大雨軍馬舍清截竹煮米於馬上持炬炊
而食英至下辨英頗偽陵江將軍悅楊生領鐵
英衆散射中英頗偽陵江將軍悅楊生領鐵
騎死戰救之得免梁漢平武都太守杜靈瑗

▲南齊列傳三八　十八　朱宗甫

奮武將軍望法憘甯朔將軍望法泰治中
皇甫眈竝拒虜戰死追贈靈瑗羽林監
海太守鄭延祖棄西城走東城猶固守臺連口東
城爲戌主魏僧岷所拒破秋虜遣軍龔臺遣冠
法泰積射將軍時偽洛州刺史賈異冠甲口
爲上洛太守李靜所破三年虜又攻司州欀
軍將軍兗州刺史徐玄慶救援虜引退延祖伏
罪初偽太后馮氏兄昌黎王馮莎二女大馮義而
有疾爲尼小馮爲宏皇后生偽太子詢後大馮

尙善宏紿為昭儀宏初從都詢意不樂思歸奈桑
乾宏制衣冠與之詢竊毀裂解髮為編服左衽
大馮有寵日夜讒詢宏出鄴城馬射詢因景欲
叛比歸密選宮中御馬三千匹置河陰渚皇后
聞之召執詢馳使告宏無單城在河橋
此二里尋殺之以庶人禮葬立大馮為皇后便
五嵗太子恪是嵗偽太和二十年也偽征北將
從叔平陽王安壽戍懷褋在桑乾西北渾非宏
軍悕恆州刺史鉅鹿公伏鹿孤賀鹿渾守桑乾宏
公託跋阿幹見謀立窐壽分據河比期父不遂
任用中國人與偽定州刺史馬翩公目隣安樂
安壽懼告宏殺渾等數百人任安壽如故先是
所破宏怒以南陽小郡哲言取滅之四年自率軍
向雍州宏先至南陽房伯王嬰城拒守宏從數
萬騎冒黃纖去城一里遣偽中書舍人公孫雲
謂伯玉曰我今蕩一六合與先後行異先行冬
去春還不為停久令哲不有所剋終不還比伐此

或三五年卿此城是我六龍之首無容不先攻
取遂一年中不過百日近不過一月非為難珍
若不改迷當斬卿首梟之軍門闔城無貳幸可
改禍為福但卿有三罪今入令卿知卿先事武帝
蒙在左右不能盡節前主而盡節今主此是一
罪前嵗遣偏師薛伯度斬來此遂破傷此是二
主盡節遣軍劉樂雜柔答曰承三
二罪武帝之劬悉破誅我初無報効而反為
思勿令闔城受苦天召理此是三罪不可容恕卿
欲見攻圍期於必剋甲微常人得抗大威真可
謂獲其六死所先蒙武帝徒採賜預左右犬馬知
恩寶容無感但隆昌延興昏悖違常聖明復奪
家國不殊此則遘不負心退不愧幽前嵗薛伯
度道誘邊氓遂見陵突既荷國恩聊耳撲回
已而言應略此責宏引軍向城南寺前頓止
從東南角薄橋上過伯玉先遣勇士數人着班
衣虎頭帽從伏竇下忽出宏人馬驚退殺數
人宏呼善射將原靈度射之應弦而倒宏

乃過宏時大舉南寇偽咸陽王元愉彭城王
元勰常侍王元萬寶掌王元麗廣陵侯元變
都督大將軍劉昶王蕭楊大眼奚康生長孫稚
等三十六軍前後相繼眾號百萬奚其諸王軍朱
色鼓公麇綠色鼓伯子男黑色鼓並有韲角吹
肩沸地宏留偽咸陽王惺圍南陽進向新野
野太守劉思忌亦拒守臺先遣軍主直閤將軍
胡松助北襄城太守成期守赭陽城軍主鮑
舉助西汝南義陽二郡太守黃瑤起戍舞陰
城宏攻圍新野城戰鬥不息遣人謂城中曰房
伯玉已降汝南為獨自取糜碎思忌令人對曰
城中兵食猶多未暇從汝小虜語也
曹虎遣軍至均口不進永泰元年城陷縛思忌
問之曰今欲降未思忌曰寧爲南鬼不爲北臣
乃死宏贈冠軍將軍梁州刺史於是沔北大震湖
陽戍主蔡道福赭陽城主成公期及軍主胡松
舞陰城主黃瑤起及軍主繇舉從陽太守席謙
並棄城走虜追軍獲瑤起王蕭募人斷食其

肉追贈冠軍將軍兗州刺史數日房伯玉以城
降伯玉清河人既降虜以為龍驤將軍伯玉不
肯受高宗知其志月給其子希哲錢五千米二
十斛後伯玉就虜來南歸永元末希哲為虜生
子幼便教伯玉騎馬常欲南歸一郡為馮翊太守生
伯玉大怒曰我力屈至此不能死節猶望汝在
本朝以報國恩我若從心亦欲間關求反汝何
為失計送卒虜中虜得沔北五郡宏自將二十
萬騎破太子率崔慧景等於鄧城進至樊城臨
沔水而去還洛陽闓太尉陳顯達經略五郡圍
馬圈宏復率大眾南攻破顯達而死喪還未至
洛四百餘里稱宏詔徵偽太子恪會魯陽恪至
勰以宏偽法服衣之始發襲至洛乃宣布州郡
舉哀制服諡孝文皇帝是年王蕭爲虜制官品
百司旨如中國凡九品品各有二蕭初奔虜自
說其家被誅事狀宏爲之垂涕以弟六妹偽彭
城公主妻之封蕭平原郡公爲宅舍以香塗壁
送見信用悋立號景明元年永元二年也豫州

上欄

刺史裴叔業以壽春降虜先是僞東徐州刺史
沈陵率部曲降吳興人初以失志奔虜虜大見
任用宏旣死故南歸頻授徐越二州刺史時王
肅僞征南將軍豫州都督徐越旣新失大鎭荒
人往來許云蕭欲歸國少帝詔以蕭爲使持節
侍中都督豫徐司二州右將軍豫州刺史西豐
公邑二千戶虜旣得淮南其夏遣僞冠軍將軍
南豫州刺史席法友攻北新蔡安豐二郡太守
胡景略於建安城死者萬餘人百餘日朝廷無

救城陷虜執景略以歸其冬虜又遣將桓道福
攻隨郡太守崔士招破之後僞虜咸陽王僖以
年少與氏楊集始楊靈祐乞佛馬居及虜大將
支虎李伯尚等十餘人請會鴻池陂因剋日恪出比
芒僞襲殺之僖猶豫不能發欲更剋日恪說
僖曰殿下若不走向河北便可回師據洛城閉四
門天子聞之必不至此芒不可失也僖又不從
河南天子隔河而治此時不可失也僖又不從
靈祐疑僖反巳即馳告恪僖聞事敗欲走渡河

下欄

而天兩暗迷道至孝義驛恪巳得洛城遣弟度
平王領數百騎先入宮知無變乃還道真衛三
郎兵討僖執殺之虜法謀反者不得葬焉葉戶比
亡王蕭以執卒
史臣曰齊虜分江南爲國歷三代矣華夏分崩
舊京幅裂觀豐阻兵事興邺城以覆師稚恭至襄陽
而反姉褚裒以徐兗勁卒壹没於鄒魯殷浩驅
盛自許專征元規臨邾邾臨兵事興恭至襄陽
楊豫之衆大敗於山桑桓溫窮冠雄姿因平蜀

之聲勢步入咸陽開野戰洛鄴旣而鮮甲固於負
海羌虜割有秦代自爲敵國情險勢分宋武乘
機故能以次而行誅滅及魏虜兼井河南失境
兵馬土地非復曩時宋文雖得之知巳未能料
敵故師師無功毎戰必殆泰始以邊臣外叛遂
亡淮北經略不振刀議和親太祖創命未及圖
遠戎塵先起侵暴方牧淮豫剋捷青海摧杏以
逸待勞坐微百勝自四州淪没民戀本朝國作
惟新歌奉威德提戈荷甲人自爲關深壘結防

想望南旗天子習知邊事取亂而授兵律若前
師指日遠掃臨彭而督將逗留接接稽曉向義
之徒傾巢盡室既失事機朝議比寢僵武脩文
更思後會永明之世據巳成之策職問往來闕
禁寧靜壇場之民垃安堵而息窺覦百姓附農
桑而不失業者亦由此而巳也夫荊棘所生用
武之獎寇戎一犯傷痍難復豈非此之驗乎建
武初連獷雄南遍豫徐彊鎮嬰高城蓄壯卒不
敢與之校武胡馬蹂藉淮肥而常自戰其地梯
衝之害鼓掠所亡建元以來未之前有兼以穹
廬華徙即禮舊都雍司比部親近許洛平塗數
百通驛車軌漢世馳道直抵章陵讞業所驚晨
往暮返虜懷兼弱之威挾廣地之計彊兵大衆
親自凌殄旅鼓彌年矢石不息朝規懦屈莫能
救禦故南陽覆壘新野頹陽民戶彫田皆爲狄
保雖分遣將卒俱出淮南未解沔北之危巳深
渦陽之敗征賦內盡民命外殫比屋騷然不聊
生矣夫休兵之數誠有天機得失之迹各歸人

事豈不由將率相臨貪功昧賞勝敗之急不相
救讓號令不明固中國之所短也
贊曰天立勃胡縉有前圖如如鏃鏃致命稱孤
齊民急病并邑焚剠

列傳第三十八　　　　南齊書五十七

列傳第三十九　　臣蕭子顯撰

蠻

東南夷

蠻種類繁多，言語不一，咸依山谷，布荊、湘、雍、郢、司
等五州界。宋世封西陽蠻梅蟲生為高山侯，田
治生為威山侯，梅加羊為扞山侯。太祖即位，
有司奏蠻封應在解例，參議以：戎夷疏爵，理
章列代，酋豪世襲，事炳前葉，今宸曆改物，惟舊

册枸降而梅生等保落奉政，軍滇繩恩，命升
贊有異常品，謂宜存名以訓殊俗。詔特留以治生
為輔國將軍、虎賁中郎，轉建寧郡太守，將軍
如故。建元二年，虜侵豫、司，蠻中傳虜，巴近又
閻縣令焦文度戰死。司州蠻引虜攻平昌戍主
苟元賓擊破之。秦遠又出破臨阻百方岩殺略
百餘人，比上黃蠻文勉德冠汶陽，太守戴元孫
孤城力弱，慮不自保，棄戍歸江陵。荊州刺史豫

章王遣中兵參軍劉伍緒領千人討勉德，至當
陽，勉德請降，收其部落使戍汶陽，所治城子令保
持商旅付其清通。遠遽逃竄。汶陽本臨沮西界，
而水自田甚肥腴，桓溫時割以為郡，西北接梁
州新城，東北接南襄城，南接巴、巫，二邊並山蠻凶
二百里中，水陸迂狹。晉宋以來巴建蠻向宗頭反

盛據險岨，為寇賊。宋泰始以來巴建蠻向宗頭反
刺史沈攸之斷其鹽米，連討不剋。晉天興三年
建平夷王向弘、向瑤等詣臺求拜除尚書郎。張
亮議夷貊不可假以軍號，元帝詔持以弘為折
衝將軍、當平鄉蠻並親晉王，賜以朝服。宗頭其
後也。太祖置巴州以威靜之，其武陵酉溪蠻田思
飄寇抄內史王文和，討之引軍深入，蠻自後斷其
粮襆並旱，王遣中兵參軍莊明五百人將湘州鎮
兵合千人救之。思飄與文和拒戰，中弩矢死，蠻
眾以城降。永明初，向宗頭與黔陽蠻田豆渠等
五千人為寇，巴東太守王圖南遣府司馬劉僧
壽等斬山開道，攻其砦，宗頭夜燒砦退走。三年

湘川蠻陳雙李答寇掠郡縣刺史曰安國討之
不克四年刺史梛世隆督衆征討乃平五年雍
司州蠻與虜通助荒人桓天生爲亂六年除督
護北遂安左郡太守田駟路爲試守北遂安左
郡太守前寧朔將軍田驩王爲試守新平左郡
太守皆郢州蠻也九年安隆內史王僧旭發民
丁遺寬城戍主萬民和被傷失馬及器仗有
百丁村蠻爲繼所敗民和助八百丁村蠻伐千二
司奏免官西陽蠻田益宗沈攸之時以功勞得
將頴遂爲臨川王防閤叛投虜虜以爲東豫州
刺史建武三年虜遣益宗攻司州龍城戍爲戍
主朱僧起所破蠻俗畏跣或推髻或翦髮
兵器以金銀爲飾虎皮衣楯便弩射皆暴悍好
寇賊焉

東夷高麗國西與魏虜接界宋末高麗王樂浪
公高璉爲使持節散騎都督營平二州諸
軍事車騎大將軍開府儀同三司太祖建元元
年進驃騎大將軍三年遣使貢獻乘舶汎

海使驛常通亦使虜然疆盛不受制虜置諸
國使郎齊使第一高麗次之永明七年平南參
軍顏幼明冗從僕射劉思斅使虜虜會與高
麗使相次幼明謂偽主客郎裴叔業曰我等銜
銜上華來造卿國所爲抗敵在乎一魏自餘
外夷理不得望我鑣塵況東夷小貊臣屬朝廷
今日乃敢與我躡踵思斅謂偽南部尚書李思
沖曰我聖朝處魏使未嘗與小國列卿亦應知
沖曰實如此但主副不得升殿耳此間坐起
甚高足以相報思斅曰李道固昔使正以衣冠
致隔耳魏國必纓冕而至豈容見黜幼明又謂
虜主曰二國相亞唯齊與魏邊境小狄敢躡
蹤高麗俗服窮袴冠折風一梁謂之幘知讀五
經使人在京師中書郎王融戲之曰服之不衷
身之災也頭上定是何物苔曰此即古弁之遺
像也高璉年百餘歲卒隆昌元年以高麗王樂
浪公高雲爲使持節散騎都督營平二州
諸軍事征東大將軍高麗王樂浪公建武三年

南齊傳三十九

五

報功勞勤寶存名烈假行寧朔將軍臣姐瑾等
四人派竭忠効攘除國難志勇力果毅等並名將
可謂扞城固蕃社稷論功料勤宜在甄顯僉依
例輒假行職伏願恩愍聽除所假寧朔將軍面
中王姐瑾歷贊時務武功並列今假行冠軍將
軍都將軍漢王建威將軍八中庶餘古弼冠
輔佐忠効夙著今假行寧朔將軍阿錯王建威
將軍餘歷忠款有素文武列顯今假行龍驤將
軍邁盧王廣武將軍餘固忠効時務光宣國政

南齊書傳三九 六

今假行建威將軍弗斯庆羊大又表曰臣所遣行
建威將軍廣陽太守兼長史臣高達行建威將
軍朝鮮太守兼司馬臣楊茂行宣威將軍兼
軍臣會遇等二人志行清亮忠款夙著往太始
中比使宋朝今任各假行職且立澤靈休萬里
在進爵謹依先例各假行職臣使冒涉波險尋其至効宜
所企況親趾天庭乃不蒙賴伏願天監特愍除
正達邊効勤勞公務今假行龍驤將軍帶
方太守茂志行清壹公務不廢今假行建威將

軍廣陵太守萬執志周密慶致勤効今假行廣
武將軍清河太守詔可並賜軍號除太守為使
持節都督百濟諸軍事鎮東大將軍使兼謁者
僕射孫副策命大襲襲亡祖父牟都為百濟者
於戯惟爾世襲忠勤誠著遠表澄路蕭澄要責
軍百濟牟大令以大襲祖父牟都為百濟王
即位章綬等王銅虎竹符詔曰其共拜受不亦休乎
可不慎歟制詔行都督百濟諸軍事鎮東大將
無替式循爾其祗順典策顯命往欽哉其敬膺休業

是歲魏虜又發騎數十萬攻百濟入其界牟大
遣將沙法名贊首流解禮昆木干那率衆龍擊
虜軍大破之建武二年牟大遣使上表曰臣自昔
受封世被朝榮忝泰荷節鉞剗攘列辟往如謹等
竝蒙光除臣庶咸泰去庚午年獫狁弗悛舉兵
深逼臣遣沙法名等領軍逆討宵襲霆擊匈梨
張惶崩若海蕩乘奔追斬僵尸丹野由是摧其
銳氣鯨暴韜凶今邦宇謐靜斯名等之略尋其
功勳宜在襄顯今假沙法名行征虜將軍邁羅

七

王恭貢百流為行安國將軍辟中王解禮昆為行
武威將軍弗中侯木干那前有軍功又拔臺舫
為行廣威將軍弗中侯面中侯伏願天恩特愍聽除又
表曰臣所遣行龍驤將軍樂浪太守兼長史臣
慕遺行建武將軍城陽太守兼司馬臣王茂兼
參軍行振武將軍朝鮮太守臣張塞行揚武將
軍陳明在官忘私唯公是務見危授命蹈難弗
顧今任臣使冒沙波險盡其至誠實宜進爵各
假行署伏願聖朝特賜除正詔可並賜軍號

加羅國三韓種也建元元年國王荷知使來獻
詔曰量廣始登遠夷洽化加羅王荷知款關海
外奉贄東遐可授輔國將軍本國王
倭國在帶方東南大海島中漢末以來立女王
土俗已見前史建元元年進新除使持節都督
倭新羅任那加羅秦韓六國諸軍事安東大將
軍倭王武號為鎮東大將軍
南夷林邑國在交州南海行三千里北連九德
秦時故林邑縣也漢末稱王晉太康五年始貢

八

獻宋永初元年林邑王范楊邁初產母夢人以
金席藉之光色奇麗中國謂紫磨金夷人謂之
楊邁故以爲名楊邁死子咄立慕其父復改名
楊邁林邑有金山金汁流出於浦事尼乾道鑄
金銀人像大十圍元嘉二十二年交州刺史檀
和之伐林邑楊邁欲輸金萬斤銀十萬斤銅三
十萬斤還日南地大戎區栗城獲金寶無筭毀其金
兵破其北界大戎區栗城獲金寶無筭毀其金
人得黃金數萬斤餘物稱是和之後病死見胡

神爲崇孝建二年始以林邑長史范龍跋爲揚
武將軍楊邁子孫相傳爲王未有位號夷人范
當根純攻奪其國篡立爲王永明九年遣使貢
獻金簟等物詔曰林邑蟲介在遐外世服王化
當根純乃誠款到率其僚職遠績克宣良有可
嘉宜沾爵號以弘休澤可持節都督緣海諸軍
事安南將軍林邑王范楊邁子孫范諸農率種
人攻當根純復得本國十年以諸農爲持節都
督緣海諸軍事安南將軍林邑王建威二年進

號鎮南將軍永泰元年諸農入朝海中遭風溺
死以其子文款爲假節都督緣海軍事安南將
軍林邑王晉建興中日南夷師范稚奴文數商
賈見上國制度敎林邑王范逸起城池樓殿王
服天冠如佛冠身被香纓絡國人凶悍習山川
貴女賤男謂師君爲婆羅門群從相姻通婦先
遣婿求婦女嫁者迦藍衣橫幅合縫如井闌首
戴花寶婆羅門牽婿與婦握手相付呪願吉利
居喪剪鬚謂之孝燔尸中野以爲葬遠界有靈鷲
鳥知人將死集其家食死人肉盡飛去乃取骨
燒灰投海中水葬人色以黑爲美南方諸國皆
然區栗城建八尺表日影度南八寸自林邑西

南三千餘里至扶南
扶南國在日南之南大海西蠻中廣袤三千餘里
有大江水西流入海其先有女人爲王名柳葉又
有激國人混塡夢神賜弓一張敎乘舶入海混塡
晨起於神廟樹下得弓即乘舶向扶南柳葉見舶

率眾欲禦之混填舉弓遙射貫船一面通中人
柳葉怖遂降混填娶以為妻惡其躶露形體乃
疊布貫其首遂治其國子孫相傳至王槃況死國
人立其大將范師蔓蔓病姊子旃慕立殺蔓子金
生十餘年蔓少子長襲殺旃大將范尋又殺長國立
以為王是吳晉時也晉宋世通職貢宋末扶南王姓
僑陳如名闍耶跋摩遣商貨至廣州天竺道人
那伽仙附載欲歸國遭風至林邑掠其財物皆盡

南齊傳三九　宋琮　十一

那伽仙聞道得達扶南具說中國有聖主受命永
明二年闍耶跋摩遣天竺道人釋那伽仙上表稱
扶南國王臣僑陳如闍耶跋摩叩頭啟曰天化
撫育感動靈祇四氣調適伏願聖主尊體起
居康御皇太子萬福六宮清休諸王妃主內外
朝臣普同和睦隣境士庶萬國歸心五穀豐熟
災害不生土清民泰一切安穩臣及人民國土
樂四氣調和道俗濟並蒙陛下光化所被咸
荷安泰又曰臣前遣使齎雜物行廣州貨易

三百二十四

天竺道人釋那伽仙於廣州因附臣舶欲來扶
南海中風漂到林邑國王奪臣貨易并那伽仙
私財具陳其從中國來此仰序陛下聖德仁治
詳議風化佛法與顧眾僧殷集法事日盛工威
嚴整朝望國軌慈愍蒼生八方六合莫不歸伏
如聽其所說則化隣諸天非可為喻臣聞之下
情踊悅若暫奉見尊足仰慕慈恩澤流小國天
垂所感率土之民並得蒙恩祐是以臣今遣
此道人釋那伽仙為使上表問訊奉貢微獻呈

南齊傳三九　宋苖　十二

臣等赤心并別陳下情但所獻輕陋愧懼唯深
伏願天慈曲照鑒其丹款賜不垂責又曰臣有
奴名鳩酬羅委臣免走別在餘處構結凶逆遂
破林邑仍自立為王求不恭從違恩負義叛主
之譽天不容載伏尋林邑昔為檀和之所破
已歸化天威所被四海彌伏而今鳩酬羅守執
奴凶猶尚逆去朝廷遙遠豈復遵奉此國曰蜀
臣奴猶逆很彊且林邑扶南隣界相接親又是
陛下故謹具上啟伏聞林邑頃年表獻簡絕便

三百二十五字

欲永隔朝廷豈有師子坐而安大鼠伏願遣軍
將伐凶逆臣亦自効微誠助朝廷剪撲使邊海
諸國一時歸伏陛下若欲別立餘人為彼王者
伏聽勅旨脫未欲灼然興兵伐林邑者伏願特
賜勅在所隨宜以少軍助臣乘天之威殄滅小
賊伐惡從善平蕩之日上表獻金五婆羅金輕
此使送臣丹誠表所陳啓不盡下情謹附那伽
仙井其伴口具啓聞伏願愍所啓并獻金鏤龍
玉坐像一軀白檀像一軀牙搭二軀古貝二雙

【南齊傳三九】　十三　宋帝

瑠璃蘇鉁二口瑇瑁檳榔一枚那伽仙詣京師
言其國俗事摩醯首羅天神神常降於摩訥
山土氣恒暖草木不落其上書曰吉祥利世間
摩訥吉樹敷嘉榮摩醯首羅天依此降尊靈國
感攝於羣生所以其然者天感化緣明仙山名
土悉蒙祐人民皆安寧由斯恩起凡基一發而
菩薩行忍慈本迹起凡基一發菩提心二乘非
所期歷生積功業六度行大悲勇猛超劫數
財命捨無遺生死不爲猒六道化有緣身徧於

十地遺果度人天功業既已定行滿登正覺萬
善智圓備惠日照塵俗眾生感緣應隨機授
法藥佛化遍十方無不蒙濟擢皇帝聖弘道興
隆於三寶垂心贊萬機威恩振表國土及城
邑仁風化清皎亦如釋提洹眾天中最超陛下
報曰具摩醯羅於靈流施彼土雖殊俗異化遇深
臨萬民四海共歸心聖慈降無疆被臣不國深語
欣讚知鳩酬羅於彼背數窮塚林邑聚凶肆掠
殊宜則討彼雖介退休舊俯番貢自宋毒多難

【南齊傳三九】　十四

海譯致雍卓化惟新習迷未革朕方以文德來遠
人未欲便興干戈王旣歛忠到遠請軍威今
詔交部隨宜應接伐叛柔服冀惟國興勉立殊
效以副所期那伽仙屢衛邊譯頗悉中土闊狹
令其具宣上報以緋地黃碧綠紋綾各五疋
南人黠惠知巧攻略傍邑不賓之民為奴婢償
易者以布自敵銀金鏤鐲銀食器伐木起屋國
貧者以布自敵大家男子截錦為橫幅女為貫頭
王居重閣以木栅為城海邊生大筊葉長八九尺

編其葉以索復至人民亦為閣居為船八九丈
廣裁六七尺頭尾似魚國王行乘象婦人亦
能乘象鬬雞及豬為樂無牢獄有訟者則以
金指鐶若雞子投沸湯中令探之又燒鎖令
赤著手上捧行七步有罪者手皆燋爛無罪
者不傷久令没水直者入即不沈不直者即
沈也有甘蔗諸蔗安石榴及橘多檳榔鳥獸
如中國人性善不便戰常為林邑所侵擊不
得與交州通故其使空至交州斗絕海島控

帶外國故悋險數不實宋泰始初刺史張牧
卒交趾人李長仁殺牧比來部曲據交州叛
數年病死從弟叔獻嗣事號令未行遣使求
刺史宋朝以南海太守沈煥為交州刺史以叔
獻為煥寧遠司馬武平新昌二郡太守叔獻
得朝命人情服從遂發兵守險不納煥煥停
鬱林病卒太祖建元元年仍以叔獻為交州
刺史就安慰之叔獻受命既而斷割外國貢
獻寡少世祖欲討之求明　年以司農劉楷

為交州刺史發南康盧陵始興郡兵征交州叔
獻聞之遣使願更申數年獻十二隊純銀兜鍪
及孔雀毦世祖不許叔獻懼為指所龍間道自
湘川還朝六年以始與太守房法乘代指法乘
至鎮屬疾不理事專好讀書長史伏登之因此
擅權改易將吏不令法乘知錄事房季文白之
法乘大怒繫登之於獄十餘日登之厚賂法乘
妹夫崔景叔得出將部曲襲州執法乘謂之曰
使君既有疾不宜勞因之別室法乘無事復就

使之求書讀登之曰使君靜處猶恐動疾豈可
看書遂不與乃啟法乘心疾動不任視事世祖
仍以登之為交州刺史法乘還至嶺而卒法乘
清河人身長八尺三寸行出人上常自俯屈青州
刺史明慶符亦長與法乘等朝廷唯此二人
方簡身長八尺為太祖驃騎中兵至左中郎將性
史臣曰書稱蠻夷猾夏善懟而為言矣至於南夷
雜種分嶼建國四方珍怪莫此為先藏山隱海環
寶溢目商舶遠屆委輸南州故交廣富實牣積

王府充斥之事差微聲敎之道可被若夫用德
以懷遠其在此乎
乃貢竝亦來王
東夷海外碣石扶桑南域憬遠極泛溟滄非要
贊曰司雉分壇荆及衡陽參錯州部地有蠻方

列傳第三十九　　南齊書五十八

十七

量廣始登 疑

臣蕭　子顯　撰

芮芮虜

河南氐羌

芮芮虜，塞外雜胡也，編髮左衽。晉世什翼圭入塞內，後芮芮逐水草，盡有匈奴故庭，威服西域。土氣早寒，所居為穹廬氈帳，刻木記事，不識文書。馬畜丁肥，種眾殷盛，常與魏虜為讎敵。宋世其國相希利垔，解星筭數術，通胡漢語，常言南方當有姓名齊者其人當典。昇明二年，太祖輔政，遣驍騎將軍王洪軌使芮芮，剋期共伐魏虜。建元元年八月，芮芮主發三十萬騎南侵，至平城七百里，魏眾拒守不敢戰。芮芮主於燕然山下縱獵而歸。上自稱吾欲代魏虜。芮芮主頻遣使貢獻貂皮雜物，與上書，欲代魏虜。二年三年芮芮主頻遣使獻師子皮褲褶，皮如虎皮色，百謂上足下有賈胡在蜀見之，云此非師子皮，乃扶毛矩時有國相邢基祇羅迴表曰天四象一稟政技皮也。國相邢基祇羅迴本表曰天四象一稟政

<南齊書傳四十>　一　春

二儀政度，而萬物生焉，斯蓋厤盈迭襲厤數首然也。昔晉室將終，楚桓竊命，寔賴宋武臣濟之功，故能扶袤定傾，休咎以泰，祚流九葉而國嗣不繼。故今皇天降禍於上，宋室精亂千下，臣雖荒危，納祉宋滅齊昌，此其驗也。水運遷屯，木德應遠，粗闚圖書，數難以來，皇文改慶，房心受靈，虛運子年垂，刈劉穆之記，嶠頟有不祚之山，京房讖云，卯金十六草亦刈，云慶鍾蕭氏代宋者齊，會有使力法度及　此國使反，採訪聖德，彌驗天縱之姿，故能挾隆百祚，光權定之業，翼亮天功，濟悖主之難，樹勳京師，威振海外，杖義之功，伻蹤湯武，冥績旣著，寶命因歸，受終之曆，歸于有道，況夫無常族有德必昌，晤時來之數，唯靈是與，陛下承乾啟之機，因乘龍之運，計應符革，祚久已踐極，荒裔傾戴，莫不引領，設未龍飛，不宜沖挹，上違天人之心，下乘黎庶之望，宜承緒肇自二儀，拓土載民地越滄海，百代一族，大業天固，雖吳漢殊域義同

<南齊書傳四十>　二

唇齒方欲剋期中原襲行天罰治丘繕甲俟時
大舉振霸戈於并代鳴和鈴於秦趙掃殄凶醜
梟翦元惡然後皇輿遷幸光復中華永敉隣好
倅蹤齊魯使四海有奉蒼生咸賴荒餘歸仰豈
不盛哉永明元年王洪軌還京師經途三萬餘
里洪軌齊郡臨淄人為太祖所親信建武中為青
冀二州刺史漏刻並非所愛南方治疾與北土不
王求醫工等物世祖詔報曰知須醫及織成錦
工指南車漏刻此

同織成錦工並女人不堪涉遠指南車漏刻此
雖有其器工匠久不復存不副為惋目芮芮居
匈奴故廷十年丁零胡又南攻芮芮得其故地
芮芮稍南徙魏虜主元宏以其侵逼遣偽平元
王駕鹿渾龍驤將軍楊延數十萬騎伐芮芮大
寒雪人馬死者衆先是益州刺史劉悛遣使江
景玄使丁零宣國威德道經蘇善于闐鄯善為
丁零所破人民散盡于闐九信佛法丁零僭稱
天子勞接景玄使反命芮芮常由河南道而抵

河南匈奴種也漢建武中匈奴奴婢亡匿在涼
州界雜種數千人虜名奴婢為賝謂之賝虜
鮮卑慕容廆庶兄吐谷渾為氏土在益州西北
亘數千里其南界龍涸城去成都千餘里大戌
屈眞川皆子弟所治其土治墓駕川多畜逐水
草無城郭後稍為宮屋而人民猶以氈廬百子
帳為行屋地常風寒人行平沙中沙礫飛起行
迹皆滅肥地則有雀鼠同穴生黃紫花瘐地輒
有鄣氣使人斷氣牛馬得之疲汗不能行宋初
始受爵命至宋末河南王吐谷渾拾寅為使持
節散騎常侍都督西秦河沙三州諸軍事車騎
大將軍開府儀同三司領護羌校尉西秦河二
州刺史建元元年太祖即本官進號驃騎大將
軍宋世遣武衛將軍王世武使河南是歲隨拾
寅使來獻詔答曰皇帝敬問使持節散騎
都督西秦河沙三州諸軍事車騎大將軍開府

儀同三司領護羌校尉西秦河二州刺史新除
驃騎大將軍河南王賞命革拳羹集朕躬猥當
大業祗惕兼懷夏中增感王世武至得元徽五
年五月二十一日表聞之溫熱想比平安又卿
乃誠遙著命拜授又仍使王世武等往世想
王世武衛命拜授今詔外徽號以酬忠欸道
即資遣使得時達文奏所上馬等物悉至今往
別牒錦絳紫碧綠黃雲門等紋各十匹拾寅子易
度庹好星文皆求星書朝議不給寅子易卒三年以

河南王世子吐谷渾易度庹為使持節都督
秦河沙三州諸軍事鎮西將軍領護羌校尉西
秦河二州刺史河南王永明三年詔曰易度庹
守職西蕃綏懷允績兼舉有嘉焉可進
號車騎大將軍給事中立冠先使河南道并
送芮芮使至六年乃還得玉長三尺二寸厚一
尺一寸易度庹卒八年立其世子休留茂為使
持節督西秦河沙三州諸軍事鎮西將軍領護
羌校尉西秦河二州刺史復遣振武將軍丘冠

先拜授并行弔禮冠先至河南休留茂逼令先
拜冠先屬色不肯休留茂恥其國人執冠先於
絕巖上推墮深谷而死冠先字道玄吳興人晉
吏部郎傑六世孫也上初遣冠先示尚書令王
儉儉苔曰此人不帶堪行乃再銜命及死世
祖敕其子雄曰卿父受使河南秉忠守死不辱
王命我甚賞惜襄屍絕域不可復尋於卿後宜
塗無妨甚有高比賜錢十萬布三十四

氏楊氏與苻氏同出略陽漢世居仇池地號百
頃建安中有百頃氏王是也晉世有楊茂搜後
轉彊盛事見前史仇池四方壁立自然有樓櫓
却敵狀高並數丈有二十二道可攀緣而升東
西二門盤道可七里上有岡阜泉源氏於上平
地立宮室菓園倉庫無貴賤皆為板屋土牆所
治廣名洛谷宋元嘉十九年龍驤將軍裴方明
等伐氏剋仇池後為魏虜所攻失地氐王楊難
當從兄子文德聚眾布蘆宋世加以爵位文德
死從弟僧嗣文慶傳代之難當族弟廣香先奔

虜元徽中為虜攻殺文慶以為陰平公苟兒盧鎮
主文慶從弟文弘為白水太守屯武興朝議以
為輔國將軍北秦州刺史武都王仇池公太祖
即位欲綏懷異俗建元元年詔曰昔絕國入贄
美稱前冊殊俗內款聲流往記偽虜苟盧鎮王
陰平郡公楊廣香怨結同族豐起親黨當宋之
世遂舉地降敵苟盧失守華陽暫驚誠仰惟新之
馳宣揚皇威敵苟香等追其遂世之誠仰惟新之
化肉袒請附復地千里氐羌雜種咸同歸從宜
時領納厚加優邲廣香翻迷反正可特量所授
部曲酋豪隨名酬賞以廣香為督沙州諸軍事
平羌校尉沙州刺史尋進號征虜將軍梁州刺
史范柏年被誅其親將李烏奴懼奔叛文弘納
之烏奴率亡命千餘人攻梁州為刺史王玄邈
所破復走還氐中荊州刺史豫章王疑遣兵討
烏奴撤梁州能斬送烏奴首賞本郡烏田宅
事業釆賜之與廣香書曰夫發興無謬逆順有
恉古今共貫賢愚同察梁州刺史范柏年懷挾

詭態首鼠兩端既已被伐盤桓稽命遂潛遣李
烏奴叛楊文弘翼翼誘邊荒雜種柏年今已梟翦
烏奴頻被摧破計其餘燼行自消夷今遣參軍
行晉壽太守王道寶參軍事行北巴西新巴二
郡太守任湜之行石渠太守王安會參軍三
千遣照照巴郡太守魯休烈刊南巴西太守柳弘
稱益州刺史傳琰並簡徒競驚選甲爭馳雍州
尉明惠巴郡太守魯休烈列南巴西太守柳弘
水步行次魏興开山東僑舊會于南鄭或沈舟
墊江或飛舳翔道腹背飆騰表裏震擊文弘容
納叛戾專為淵藪外侮皇威內陵國族君弈世
忠款深識理順想即起義應接大軍共為掎角
討滅烏奴剋建中勤茂立誠節沈攸之資十年
之積權百旅之眾師出境而城潰兵未戰而自
屠朝廷無遺鏃之費士民靡傷痍之歎況最兩
小豎方之蕞涼氛沴蕩穢諒惟任職此府器械山積
分陜同蕃清氛蕩穢諒惟任職此府器械山積
戈旗林聳士卒剽勁董統權咸除難剿寇宣俟銜

習但以剪伐萌菌弗勞洪齊撲彼蚊蚋無假多
力皇上聖哲應期恩澤廣被罪止首惡餘無所
問賞罰之科具寫如別使道寶步出覘與分軍
沂墊江俱會晉壽太祖以文弘背叛進廣香爲
持節都督西秦州刺史廣香子比部鎮將軍郡
事旻爲持節寧朔將軍平羌校尉比秦州刺史武
起爲持節寧朔將軍武都太守以難當正胤楊後
復以爲征西將軍北秦州刺史先是廣香病死

氏眾半奔文弘半詣梁州刺史崔慧景文弘遣
從子後起進據白水白水居晉壽上流西接涪
界東帶益路比連陰平茄蘆爲形勝之地晉壽
太守楊公則啟經略之宜上答曰文弘罪不可
恕事中政應且加恩耳卿若能襲破白水必加
厚賞世祖即位進後起號冠軍將軍永明元年
以征虜將軍旻爲沙州刺史陰平王將軍如故
二年八座奏後起勒章款塞忠著邊城進號征
虜將軍四年後起卒詔曰後起奄至殞逝憫愴

干懷綏獷邊服宜詳其選行輔國將軍北秦州
刺史武都王楊集始幹局沈亮乃心忠款必能
緝境寧民宣揚聲教可持節輔國將軍比秦州
刺史平羌校尉武都王後起弟集明爲龍驤將
軍白水太守集弟集即爲寧朔將軍五年有
司秦集始驅狐剪棘仰化邊夷以子貴宜加
榮寵除集始母姜氏爲太夫人假銀印九年八
座奏楊旻嗣勤西牧馳款內昭宜增戎章用輝
遐外進號前將軍十年集始反率氐蜀雜眾寇

漢川梁州刺史陰智伯遣軍主甯朔將軍桓蘆
奴梁季羣率宋　　王士隆等千餘人拒之不利退保
白馬賊眾萬餘人縱兵火攻其城柵蘆奴等
死戰智伯又遣軍主陰仲昌等馬步數千人救
接至白馬城東千溪橋相去數里集始等乘力
攻之官軍內外奮擊集始大敗十八營一時潰
走殺獲數千人集始奔入虜塢隆昌元年以前
將軍楊旻爲使持節沙州諸軍事平西將軍
平羌校尉沙州刺史集始入武興以城降虜氏

人符幼孫起義攻之建武二年氐虜寇漢中梁
州刺史蕭懿遣前氐王楊後起弟子元秀收合
義兵氐衆響應斷虜運道虜亦遣僞南梁州刺
史仇池公楊靈珍據泥山以相拒格元秀病死
符幼孫領其衆高宗詔曰仇池公楊元秀氐王
苗胤乃心忠勇醜虜凶逼血誠彌篤宣播朝威
招誘戎種萬里齊契契然歸從誠効顯著寔有
可嘉不幸殞喪貤贈宜加恩陽秋明
義宣追覃榮典以引勸奬贈仇池公持歸國

氐楊馥之聚義衆屯沮水關城白馬比集始遣
弟集即率兵迎拒州軍於黃亘戰大敗集始走
下辯馥之據武興虜軍尋退馥之留弟昌之守
武興目引兵據仇池詔曰氐王楊馥之世篡忠
義率厲部曲樹績邊城克殄姦醜復內真朝律
外撫戎荒欵式昭朕其嘉之以爲持節督北
秦雍二州諸軍事輔國將軍平羌校尉北秦州
刺史仇池公沙州刺史楊炅進號安西將軍三
年炅死以炅子崇祖爲假節督沙州軍事征虜

將軍平羌校尉沙州刺史陰平王四年僞南梁
州刺史楊靈珍與二弟婆羅阿卜珍率部曲三
萬餘人舉城歸附虜遣中兵參軍猷王思考
爲質梁州刺史陰廣宗遣中兵參軍猷王思攻
率衆救援爲虜所得婆羅阿卜珍戰死靈珍攻
集始於武興殺其二弟集衆集始窮急請
降以靈珍爲持節督隴右軍事征虜將軍北梁
州刺史仇池公武都王永元二年復以集始爲
使持節督秦雍二州軍事輔國將軍平羌校尉

北秦州刺史靈珍後爲虜所殺自虜陷仇池以
後或得或失宋以仇池爲郡故以氐封焉

宕昌羌種也各有酋豪領部衆汧隴間宋末宕
昌王梁彌機爲使持節督河涼二州安西將軍
東羌校尉河涼二州刺史隴西公建元元年太
祖進號鎮西將軍又征虜將軍西涼州刺史羌
王像舒彭亦進爲持節督河涼二州軍事鎮
元年八座奏前使持節都督河涼二州軍事鎮
西將軍東羌校尉河涼二州刺史隴西公宕昌

王梁彌機前使持節平比將軍西涼州刺史羌
王像舒彭並著勤西垂寧安邊境可復先官爵
詔又可以隴右都帥羌王劉洛羊為輔國將軍
機卒三年詔曰行宕昌王梁彌頡忠款內附著
續西服宜加爵命式隆蕃屏可使持節督河涼
二州諸軍事安西將軍東羌校尉河涼二州刺
史隴西公宕昌王頡卒六年以行宕昌王梁彌
承為使持節督河涼二州諸軍事安西將軍東
羌校尉河涼二州刺史宕昌王使求軍儀及伎

例不外出五經集注論今特敕賜王各一部俗
器種其多致之未易內伎不堪涉遠祕閣圖書
雜書詔報曰知須軍儀等九種並非所愛但軍
史臣曰氐胡獷盛乘運迭起秦趙僭差相係復
滅餘類蠶春蝝西疆而奄比際芮芮地窮幽都
戎馬天隔氐楊密彌華夷分民按境僭犯漢漾
浸逼狼狐壇場之心窺望威德梁部多難於斯
爲梗殘羌遺種　肇昌盡隴憑河遠通南驛

據國稱蕃立受職命晉氏衰故中朝淪覆滅餘
四夷庶雪戎禍授以兵杖升進軍庵後代因仍
貪廣聲教綏外懷遠先名後實貿易有無開
邊利羽毛齒革无損於我若夫九種之事有
至於此也
贊曰芮芮河南同出胡種稱王僭帝擅疆專權
氐羌尊餘散出河隴來賓往叛放命承宗

列傳第四十　　　南齊書五十九

崇文院

嘉祐六年八月十一日

敕節文宋書齊書梁書陳書後魏書北齊書後
周書見今國子監並未有印本宜令三館祕閣
見編校書籍官員精加校勘⋯⋯頃自選
擇楷書如法書寫板樣⋯⋯送杭
州開板

治平二年六月　日

九十　　南齊傳中　　十五　　何邁

跋

右宋刊南齊書江安傅沅叔同年所藏卷末有
崇文院治平二年六月牒文中稱宋書齊書梁
書陳書後魏書北齊書後周書國子監未有印
本宜精加校勘書寫板樣送杭州開板晁公武
郡齋讀書志又稱治平中牽校定南齊梁陳三
書上之劉恕等上後魏書王安國上周書政和
中始皆畢頒之學官民間傳者幾亡紹興十四年
康丙午之亂中原淪陷此書頗有在者然
本時四川五十餘州皆不被兵書頗有在者然
往往亡缺不全收合補綴因命眉山重刊是書
宋諱避至構慎二字當是紹興蜀中重刊之本

南齊跋 一

通體僅有元補而無一明刻志第七之第三葉
列傳第十六之第十葉第二十五之第六葉第
三十九之第五葉明南北監本汲古閣本武英
殿本皆闕而前之二葉是本猶巋然獨存海
內秘笈矣卷末校語凡十則此監本殿本各存
其二南監本汲古閣本亦僅存其六其餘四則
則唯是本獨有之本紀第一之難滅星謀句殿
本日蝕星隕列傳第二十之或有身病而求歸
長者句殿本作或有身病而求歸者列傳第三
十之虜井兵攻司州除青右出軍句殿本除作
徐右作虜井攻不知宋本固有校語指作疑義南監
本校語已失其一而正文猶存至萬歷重刻北
監本時此三則已全佚疑爲刊本訛誤遽加改

竊武英殿校刊諸臣僅見監本無怪其沿訛襲
謬也不寧惟是本紀第一弟遐坐通嫡母殷
氏養女殷舌中血出眾疑行毒害南監本汲古
閣本均作殷言中血出不可通然僅南監古
出亦何足以云毒害不知宋本原作殷亡口中血
血出證以宋書長沙景王道憐傳義宗子澄字
彥道與嫡母殷養女雲敷私通殷每禁心之殷暴
病卒未大殮口鼻流血之語宋本當不誤北監
本以南監言殿本爲輕重相去不可以道里計
矣殿本志第六越州齊隆郡注先屬交州中改
兩者互較其情節之輕重相去不可以道里計
爲闕永泰元年改爲齊隆還屬闕州按是本並
無兩闕字原文漫漶不可辨南監本汲古閣

南齊跋 二

本各空一格北監本則各注闕字殿本遂誤闕
爲闕郡名豈有改稱爲闕之理而當時更無所
謂闕州又列傳第二十七州西曹荀平遺秀之
交知書殿本此監本汲古閣本均作荀平而是
本則作苟平南監本按下文不字凡六見兩
字形極相近且第二筆形勢亦顯南史列
均可辨別印墨稍漶筆畫易致合併然細認
傳第三十二豫章文獻王傳有潁川荀丕獻王
書又與長史王秀尚書令王儉書與本傳所載
辭意悉合苟傳寫偶訛丕至音義無別必爲
一人無疑而殿本考證絕末之及又州郡志上
南徐州南平昌郡安丘下是本有新樂東武高
密三縣越州齊寧郡開城下是本有延海新邑

建初三縣南北監本汲古閣本均有之而殿本
獨佚是則校勘諸臣難辭疏忽之咎也校印既
竟因述其大要如右海鹽張元濟

〈南齊跋〉

三

百衲本二十四史
南齊書

撰　　者◆蕭子顯
發行人◆王學哲
總編輯◆方鵬程
編印者◆本館古籍重印小組
承製者◆辰皓國際出版製作有限公司

出版發行：臺灣商務印書館股份有限公司
台北市重慶南路一段三十七號
電話：(02)2371-3712
讀者服務專線：0800056196
郵撥：0000165-1
網路書店：www.cptw.com.tw
E-mail：ecptw@cptw.com.tw
網址：www.cptw.com.tw

局版北市業字第 993 號
初版一刷：1937 年 01 月
臺一版一刷：1970 年 01 月
臺二版一刷：2010 年 11 月
定價：新台幣 1300 元

南齊書 ／ 蕭子顯撰. --臺二版. -- 臺北市 ：
臺灣商務， 2010. 10
面 ； 公分. --（百衲本二十四史）

ISBN 978-957-05-2532-8（精裝）

1. 南朝史

623.5201   99016433